Library of
Davidson College

le theatre complet de tristan l'hermite

le theatre complet de tristan l'hermite

edition critique par
claude k. abraham
jerome w. schweitzer
jacqueline van baelen

preface de amedee carriat

the university of alabama press
university, alabama

We would like to express our gratitude
to the University of Alabama Research
Committee, to the University of Florida
Graduate School, and to the University of
Illinois Research Board for their financial
assistance. Our thanks also to Amédée
Carriat for his constant and brilliant
guidance.

         Claude K. Abraham
         Jérôme W. Schweitzer
         Jacqueline Van Baelen

Copyright © 1975
By The University of Alabama Press
Standard Book Number: 0-8173-8600-9
Library of Congress Catalog Card Number: 74-17882
Manufactured in the United States of America

TABLE DES MATIERES

	Préface	vii
	Introduction	1
I	La Mariane	15
II	Panthée	125
III	La Mort de Sénèque	223
IV	La Folie du sage	327
V	La Mort de Chrispe	433
VI	La Célimène	523
VII	Le Parasite	625
VIII	Osman	761

PREFACE

Il arrive que le hasard ménage aux hommes et à leurs oeuvres des destinées et des rencontres singulières. Lorsque, en 1653, Tristan, dans sa comédie du *Parasite*, faisait disperser par le Capitan Matamore les cendres de Fripesauces jusqu' "en la Magellanique", il n'imaginait certes pas que trois siècles plus tard son oeuvre théâtrale ressusciterait par-delà l'Atlantique. Lorsque, une nuit de 1943, redoutant de retrouver les camps d'internement, un enfant s'enfuyait à pied du collège de Bourganeuf pour se réfugier près d'un grand'père, à dix lieues vers le nord, dans un pauvre hameau creusois, cet enfant — M. Claude K. Abraham — pouvait-il imaginer qu'en un certain point de son trajet dans la nuit périlleuse il laissait, sur sa gauche, à une heure de marche à peine, le château ruiné où naquit l'écrivain qui l'occupe aujourd'hui: Tristan l'Hermite, sieur du Solier, le chantre délicieux du *Promenoir des deux Amants*, qui avait connu lui aussi certaines *Terreurs nocturnes*?

Par-delà le temps et les lieues, c'est aux universités de Cincinnati et de l'Indiana que la rencontre fortuite s'est opérée, alors que le jeune Master of Arts s'occupait de recherches sur le libertinage en France au XVIIe siècle et sur l'entourage de Gaston d'Orléans. Et puis M. Abraham est venu à la fréquentation familière d'un auteur et d'une oeuvre qui sont si attachants à plus d'un titre. Cela nous vaut aujourd'hui, avec la collaboration de son collègue professeur le Dr. J. W. Schweitzer, lui-même auteur de *Georges de Scudéry's 'Almahide'* et de "The Contemporaries of Pierre Corneille" dans *A Critical Bibliography of French Literature*, et du Dr. J. Van Baelen, elle-même auteur de *Rotrou: le héros tragique et la révolte*, la première édition critique du théâtre complet de Tristan. Venant après le magistral ouvrage de H. Carrington Lancaster et les travaux divers de E. T. Dubois, L. Lockert, H. J. O'Reggan, Ph. A. Wadsworth, c'est une contribution américaine de plus aux études tristaniennes, qui va combler, en France même, une lacune importante.

Qu'on fasse en effet le tour de nos bibliothèques: on découvrira, non sans surprise, que celle de l'Arsenal est la seule à Paris qui puisse offrir aux curieux les textes des huit pièces de Tristan — lesquelles furent, selon l'usage d'alors, jouées avant d'être publiées — à savoir: cinq tragédies (*La Mariane*, 1636-37; *Panthée*, 1637-39; *La Mort de Sénèque*, 1643-45; *La Mort de Chrispe*, 1644-45; *Osman*, 1647-56), une tragi-comédie (*La Folie du sage*, 1644-45), une pastorale (*Amaryllis*, 1652-53) et une comédie (*Le Parasite*, 1653-54); encore l'édition originale de *La Mariane* manque-t-elle à cette collection de l'Arsenal. Quant à la Bibliothèque Nationale, elle ne possède aucune édition d'*Osman*. . . . Restent, dira-t-on, les bibliothèques qui ont acquis l'édition donnée en 1901-1907 par Edmond Girard. Oui, sans doute; mais, outre qu'en dépit des soins de l'éditeur elle ne livre pas toujours un texte irréprochable, les deux cents exemplaires de son tirage semblent être allés surtout à des collections particulières: la B.N., par exemple, ne possède que quelques-uns des quatorze fascicules qui la composent. . . . Restent aussi les excellentes éditions critiques données par Jacques Madeleine de *La Mariane* (1917), de *La Mort de Sénèque* (1919), du *Parasite* (1934) et de *La Folie du sage* (1936), et celle encore de *La Mariane*, publiée à Milan par P. A. Jannini (1953). Oui, bien sûr; mais les autres pièces?

Ainsi donc la présente édition sera la bienvenue et l'on ne peut que savoir gré à Mlle Van Baelen et à MM. Abraham et Schweitzer de s'être attelés, partant des travaux de leurs prédécesseurs — ceux de N. M. Bernardin surtout, auxquels il faut toujours revenir dès qu'il s'agit de Tristan, en dépit de quelques points de détail à réviser — à l'établissement et à l'annotation d'un texte d'accès matériellement difficile.

Faut-il cependant faire de Tristan un grand dramaturge méconnu? Bernardin, reprenant une formule d'Ernest Serret, a voulu voir en lui un "précurseur de Racine": nous reviendrons là-dessus tout à l'heure. Précurseur, c'est un titre que précisément lui dénient Antoine Adam et Jacques Scherer. A. Adam a montré le caractère oratoire et sentencieux de ses tragédies, qui, dit-il, "se développent avec la raideur et la noblesse un peu guindée des oeuvres du XVIe siècle finissant", situant leur auteur en somme plus près de Garnier que de Racine. J. Scherer, se fondant essentiellement sur l'étude de *La Mariane*, de *La Mort de Sénèque* et d'*Osman*, montre qu'au point de vue de la structure interne et externe de ces pièces — personnages, action, mise en scène, usage des stances, etc. — Tristan n'est nullement artisan de la dramaturgie classique: il se contente là encore d'être à la suite. Pas d'innovations donc dans l'écriture ni dans la technique théâtrale de Tristan; pour remarquable qu'elle soit en une période de confusion, *La Mariane* vient après la *Sophonisbe* de Mairet, d'où est partie l'orientation nouvelle de la tragédie. . . .

Pas d'innovations, mais pourtant . . . Un je-ne-sais-quoi traverse les meilleures tragédies de Tristan, qui nous séduit encore après trois siècles et qu'un Marcel Arland, dans son introduction au *Page disgracié*, a très finement réussi à exprimer. Avec *La Mariane* de Tristan, quel chemin franchi depuis celle de Hardy: "Une humanité pathétique se fait enfin sentir: la pièce se ramasse autour du coeur humain comme autour de son secret essentiel; on perçoit un frémissement, une chaleur, je ne sais quoi de charnel et de pantelant, je ne sais quel mélange de cruauté et de langueur, qui font de nous des complices. Et la voix qui s'élève alors, plainte et chant à la fois, pour confesser ces brûlants secrets, nous ne savons plus si elle vient du héros, du poète ou de nous-mêmes."

Mais si, nous savons: elle vient du poète, c'est bien certain. La différence entre Tristan et Rotrou, Mairet, Du Ryer, La Calprenède, c'est qu'ils sont, eux, des dramaturges uniquement, et que lui est, de surcroît et d'abord, un poète. D'où sa faiblesse, certes, quand il s'agit de technique; mais d'où sa force dès qu'il s'agit de faire parler le coeur humain et d'émouvoir. D'instinct, ce poète de l'amour insatisfait, de la mélancolie inquiète, de la nature et de la solitude, hanté par le sommeil, la nuit étoilée, le sens de son destin, d'instinct ce poète a su installer la

passion au coeur même de la tragédie et faire découler d'elle seule, au
terme d'une intrigue toute simple, un dénouement naturellement implacable.
S'agit-il de la passion amoureuse, ce dénouement sanglant naît du fait que
la passion s'exerce à sens unique; l'un des protagonistes aime qui ne
l'aime pas, voire qui l'abhorre ou le méprise: voyez Hérode avec Mariane,
Araspe avec Panthée, Fauste avec Chrispe, la Fille du Muphti avec Osman.
S'agit-il d'une intrigue politique (*La Mort de Sénèque*), c'est la jalousie
encore, non plus celle de coeur mais celle de tête, non moins redoutable,
qui pousse Sabine Popée à perdre le philosophe. Ici et là, mort et désespoir; tragédie de l'échec et de l'absurde. Ici ou là, l'amour est aveugle
et se trompe — comme chez Racine.

Et nous voici ramenés à l'expression employée par Bernardin: Tristan
"précurseur" du grand tragique. . . . On n'a pas manqué d'établir des
rapprochements entre les situations ou les comportements de tel et tel de
leurs héros respectifs: Pyrrhus n'est-il pas proche d'Hérode? Andromaque
de Mariane? Phèdre de Fauste? Hippolyte de Chrispe? *Britannicus* n'a-t-
il pas les mêmes sources que *La Mort de Sénèque*? *Bajazet* qu'*Osman*? Hérode
n'a-t-il pas à la fois inspiré par son cauchemar le songe d'Athalie, par sa
folie celle d'Oreste, par ses remords ceux de Phèdre? On pourrait pousser
longtemps encore le jeu des analogies. Nul doute possible: Racine a lu
Tristan et s'en est souvenu. Quant à soutenir que Racine sans Tristan . . .
Non, bien sûr: là où tout est plénitude, réussite achevée, beauté parfaite,
il n'est ailleurs que tentative, bonheur inégal, grâce ébauchée. Cependant
quelque négligence ne messied pas (je songe ici au vers des *Plaintes
d'Acante* qui ravissait Emile Henriot: "*Plus elle est négligée et plus elle
est charmante*"): au milieu d'une certaine raideur primitive ou, à l'opposé,
d'une certaine complaisance pour le conccettisme, les beaux vers abondent
dans le théâtre de Tristan, qui y gagnent en relief, soit qu'ils prennent
les plus suaves accents de la tendresse, soit qu'ils arrachent au coeur à
vif les imprécations les plus terribles. Qu'on voie par exemple, tout au
long des cinq actes de *La Mariane*, par quelle gamme de sentiments passe
Hérode éperdu de tendresse et de jalousie: Pyrrhus lui-même. . . .

Mais il n'y a pas dans le théâtre de Tristan qu'une préfiguration du
théâtre de Racine; sa nature est plus complexe que cela. Si la "raisonnable" Mariane apparaît comme une héroïne cornélienne avant la lettre, si
Jouvet aimait pour leur noble leçon de détachement les stances de Sénèque
("*Mon âme aprête-toi pour sortir tout entière — De cette fragile matière...*"),
il y a aussi, à l'opposé de cette "sagesse" et outre les tendres plaintes
d'hommes et de femmes mal-aimés qui souffrent d'aimer jusqu'à la déraison,
il y a les étourdissantes tirades d'Ariste devenu à demi-fou et maudissant
la science et les livres, il y a le langage plein de verdeur et de crânerie
de la courageuse Epicaris en face de ses oppresseurs ou de ses lâches com-
parses, il y a les plaisantes rodomontades du Capitan et la burlesque goin-
frerie de Fripesauces. . . . Monde étrange sur lequel semble épisodique-
ment souffler un vent shakespearien. Oeuvre composite, d'un dramaturge qui
sans doute cherchait sa voie. Oeuvre en même temps — lâchons le mot à la
mode — baroque. Dans une toute récente publication de Daniela Dalla Valle,
remarquable par la richesse et la minutie de l'information bibliographique
(*Il Teatro di Tristan l'Hermite*, Turin, 1964), l'accent est mis justement
sur cet aspect baroque du théâtre de Tristan, qui tient à la fois dans le
style, les formes de la pensée, et les thèmes de prédilection — songe,

spectacle funèbre, sang, larmes, eau. Tristan dramaturge donne par là la main à Tristan poète lyrique.

Voilà certes de très judicieuses observations. Mais, pour qu'une oeuvre dramatique puisse affirmer véritablement sa pérennité, il ne suffit point qu'elle soit rééditée et appelle les gloses: il faut qu'elle subisse l'épreuve victorieuse de la scène. De récentes expériences faites avec *La Mariane*, *Le Parasite*, *La Mort de Sénèque*, pour modestes qu'aient été les moyens mis en oeuvre, laissent augurer que le théâtre de Tristan peut renaître autrement que sur le papier.

Puisse la présente édition, en révélant enfin quelques hauts sommets de notre patrimoine théâtral, inciter d'autres metteurs en scène à poursuivre l'aventure et à persévérer jusqu'au succès, que mérite encore, trois siècles après sa mort, l'auteur de *La Mariane*. C'est le voeu que formule ici un admirateur fervent de Tristan; qu'il se réalise, et l'entreprise de Mlle Van Baelen et de MM. Abraham et Schweitzer déjà si digne de louanges, y trouvera sa plus belle récompense.

Amédée CARRIAT.

le theatre complet de tristan l'hermite

INTRODUCTION[1]

L'oeuvre de Tristan l'Hermite connaît, à notre époque, un regain de faveur qui doit son origine aux travaux d'Ernest Serret[2] et de N.-M. Bernardin[3] à la fin du dix-neuvième siècle ainsi qu'à la vogue récente du baroque. En effet, peu après la thèse magistrale de Bernardin qui reprenait et développait l'idée énoncée par Ernest Serret, à savoir, que Tristan était un précurseur de Racine, l'on voit paraître plusieurs éditions des oeuvres de Tristan ainsi que des études consacrées à divers aspects de son oeuvre. Edmond Girard donne le théâtre complet de Tristan entre 1900 et 1904; de 1917 à 1936, Jacques Madeleine fait paraître quatre éditions critiques: *La Mort de Sénèque*, *Le Parasite*, *La Folie du sage*, *La Mariane*; en 1953, enfin, V. Jannini donne une nouvelle édition critique de *La Mariane*.[4] Sans vouloir nier l'importance de ces nouvelles éditions, il convient, toutefois, d'en signaler les insuffisances: Girard reproduit des éditions anciennes auxquelles il apporte des corrections fantaisistes; les éditions de Jacques Madeleine sont de valeur inégale. Ainsi, nous sommes amenés à constater que malgré diverses éditions et études, il n'existe aucune édition critique du théâtre complet de Tristan l'Hermite. Nous espérons combler cette lacune avec l'édition que nous présentons.

C'est au château de Solier en Haute-Marche qu'est né François l'Hermite, en 1601[5] et ce ne sera qu'à l'âge de vingt ans qu'il prendra le nom de Tristan par hommage et admiration pour un ancêtre illustre. Trois ans plus tard, nous trouvons le jeune Tristan à Paris, établi chez une de ses tantes et peu après, il devient élève de Claude Dupont chez qui il aura l'occasion de fréquenter la jeunesse aristocratique de France. Cette ambiance révélera à Tristan deux passions qui ne cesseront de l'obséder sa vie durant: l'une pour l'érudition et l'autre pour le jeu. A partir de 1610, il fréquente les acteurs de l'Hôtel de Bourgogne et se lie avec Théophile de Viau; peu après, à la suite d'un incident fâcheux, Tristan doit prendre

---

[1]La vie et l'oeuvre de Tristan l'Hermite ont été étudiées à fond par N.-M. Bernardin; sa vie et ses poèmes par A. Carriat, et son théâtre par D. Dalla Valle. Nous renvoyons le lecteur à ces auteurs et aux articles cités dans les notes.

[2]*Le Correspondant*, XLVI (Nouvelle série, 25 avril 1870), pp. 334-354.

[3]*Un Précurseur de Racine, Tristan l'Hermite sieur du Solier* (1601-1655) (Paris: Picard et fils, 1895).

[4]Pour une liste détaillée, cf. la bibliographie de M. Amédée Carriat et celle qui se trouve dans le livre de Daniela Dalla Valle.

[5]Catherine M. Grisé, "Towards a New Biography of Tristan l'Hermite," *Revue Universitaire d'Ottawa*, (avril-juin 1966), 293-316.

la fuite et traverse la Manche. Il nous est permis de croire que, malgré sa connaissance rudimentaire de l'anglais, (cf. *Le Page disgracié*, p. 267), Tristan a profité de son séjour outre-Manche et a pu prendre contact avec le théâtre élisabéthain.

Après un court séjour en Angleterre, en Ecosse et en Norvège, Tristan revient en France où il poursuit son existence de *pícaro* jusqu'à son entrée au service de Scévole de Sainte-Marthe à Loudun. Tristan a environ dix-sept ans et va occuper le poste de lecteur auprès de son maître dont la vue commence à baisser avec l'âge. Lecteur omnivore, Tristan profite de la magnifique bibliothèque de Scévole de Sainte-Marthe et acquiert l'érudition dont il fera preuve plus tard dans ses écrits.

Vers 1620, nous le retrouvons auprès de Louis XIII en tant que gentil-homme de la suite du roi; il participera aux batailles menées contre les Protestants, sera blessé, et au siège de Montauban, souffrira d'une fièvre accompagnée de délire. Nous en retrouvons la description dans son roman autobiographique et ce délire est probablement à l'origine du sujet de *La Folie du sage*.

En 1622, il entre au service de Gaston d'Orléans et y restera plus de vingt ans. C'est pour celui-ci qu'il entreprendra un deuxième voyage en Angleterre en 1634. Il est certain qu'au cours de ce voyage, Tristan a pris contact avec le théâtre anglais; nous reparlerons plus loin de l'influence qu'il a pu exercer sur son oeuvre.

C'est pendant cette époque que Tristan se lie avec Hardy, Théophile, Saint-Amant et Faret qui est lui aussi au service de Gaston d'Orléans, et qu'il livre au public la plupart de ses oeuvres poétiques et dramatiques. Dès 1637, il publie sa *Mariane*, jouée en 1636; 1639 voit paraître *Panthée* qui avait subi un échec l'année précédente. En 1645 paraissent *La Mort de Sénèque* et sa seule tragi-comédie, *La Folie du sage*, toutes deux représentées en 1644, quoiqu'il soit difficile de préciser laquelle des deux pièces fut écrite la première. Tristan revient à la tragédie avec *La Mort de Chrispe* en 1645 et avec *Osman*, pièce munie d'un privilège datant de 1647 et qui ne sera publiée qu'en 1656 après la mort de l'auteur. *Osman* sera la dernière tragédie de Tristan; il achève sa carrière dramatique avec *Amarillis*, une adaptation de la *Célimène* de Rotrou, et avec *Le Parasite*, sa seule vraie comédie.

En 1649, Tristan est élu à l'Académie au siège de Colomby. Il quitte Gaston d'Orléans qui s'est avéré un maître ingrat et finira paisiblement ses jours au service du Duc de Guise chez qui il mourra en 1655. Son tombeau, à l'église Saint-Jean-en-Grève, fut détruit pendant la Révolution.

Voilà donc, brossée à grands traits, la vie du poète de l'amour, de la nature et de la mort, selon M. Carriat, celle aussi d'un habile artisan du vers qu'Emile Henriot n'hésite pas à appeler "un de nos plus jolis poètes du grand siècle,"[6] de l'auteur d'un roman autobiographique dont le réalisme

---

[6]A. Carriat. *Tristan l'Hermite ou l'Eloge d'un poète* (Limoges: Rougerie, 1955), p. 16.

fait penser à *Francion*, et de l'auteur de huit pièces de théâtre auquel Cyrano de Bergerac n'a pas manqué de rendre hommage dans *Les Etats et empires de la lune*.

Les critiques se sont partagés quant à la place que Tristan occupe dans la littérature dramatique de son époque. Selon Lancaster, la gloire de Tristan serait consacrée par "*Mariane*, *La Mort de Sénèque* and certain scenes of *La Folie du sage* and *Osman* that show genuine dramatic gifts of a high order."[7] En effet, pour Lancaster, les rôles et le style de *La Mariane* font de cette pièce "the most effective tragedy before *Horace*."[8] Signalons également qu'*Osman* est la première pièce à exploiter l'engouement des Français pour les turqueries par ses descriptions des moeurs de la Porte. Malgré certaines faiblesses de structure, *La Folie du sage* contient des passages étonnants sur la médecine, la mort, la nature humaine. Grâce aux personnages d'Epicharis, de Sabine et de Néron, *La Mort de Sénèque* atteint une intensité dramatique remarquable et Lancaster conclut qu'*Osman* est une des tragédies les plus frappantes écrite par un auteur secondaire. (II, p. 532).

Commentant Lancaster, Lacy Lockert émet un jugement moins favorable sur Tristan et lui accorde un rang bien plus bas qu'il considère toutefois honorable, vu le nombre restreint de ses pièces. En outre, M. Lockert suggère que le théâtre de Tristan, grâce à la simplicité d'intrigue et à des personnages sous l'empire des émotions plutôt que de la volonté, servira de guide à Quinault et, par la suite à Racine.[9] Il convient de nuancer ces jugements et de souligner qu'une lecture même superficielle révélera que les personnages de Tristan, particulièrement Mariane et Epicharis, ne manquent guère de volonté.

II

Dans *La Folie du sage*, Ariste répond au "Qui va là?" qui lui est lancé, par un "Qui je suis?" (v. 994). Tristan aurait pu se poser la même question ou, comme Sosie plus tard, aurait également pu se demander "Qu'est-ce que je suis?"

Selon Mongrédien, A. Adam et R. Lacôte, "je" est un libertin, mais pour F. Lachèvre, Tristan serait un poète "chrétien et catholique." M. Carriat offre une solution de compromis entre ces deux points de vue contradictoires: libertin pendant sa jeunesse, Tristan serait "venu par la suite, lentement, au catholicisme, sans désavouer d'ailleurs complètement" le libertinage de sa jeunesse puisqu'il entretient pendant très longtemps des rapports étroits avec "des esprits forts comme Dalibray, Scarron et d'Assoucy." M. Carriat

---

[7]*A History of French Dramatic Literature in the Seventeenth Century*, V, p. 73.
[8]Ibid., II, p. 532.
[9]*Studies in French-Classical Tragedy* (Nashville: Vanderbilt University Press, 1958), p. 113.

conclut en ces termes: "J'imagine que c'est seulement passé la trentaine que lui vint une inclination sincère vers la piété,"[10] et ajoute qu'une lecture des poésies religieuses de Tristan ne permet pas de douter de la sincérité de ses sentiments religieux et de sa croyance en Dieu.

Tristan est-il un précurseur de Racine? De nombreux critiques, y compris Serret et Bernardin, ont à maintes reprises comparé le théâtre de Tristan à celui de Racine et ont signalé des points de ressemblance plus ou moins convaincants entre *Chrispe* et *Phèdre*, *Osman* et *Bajazet*, *Sénèque* et *Britannicus*. Chez Tristan, comme chez Racine, les personnages féminins dominent la scène et particulièrement les femmes dont l'amour est repoussé ou contrarié (Fauste) ou encore celles qui, comme Bérénice, prennent conscience de leur être et qui, en forgeant leur destinée, créent la tragédie qui les engloutira (Mariane, Epicharis, Panthée). Pourtant, Tristan a su créer des personnages masculins dynamiques qui parviennent à un niveau d'intensité dramatique que ceux de Racine n'atteignent que trop rarement. Ainsi, en parlant de *La Mariane*, M. Lockert nous avoue qu'il est "safe to say that the subject [d'Hérode et de Mariane] has never been reduced more rigorously to its essential elements or supplied with emotions of more vehement intensity... There is nothing quite like Herod's lamentations in French classical literature....There is power in the very monotony of the monstrous, disordered, ever reiterated passion."[11] Hérode serait donc un personnage de l'envergure de Mithridate.

En face d'un Hérode passionné Tristan campe une Mariane noble et orgueilleuse, la plus cornélienne des héroïnes de Tristan, selon A. Adam.[12] Mariane, tout comme Emilie, est incapable d'oublier les crimes de son ennemi,[13] et sa situation est d'autant plus pénible qu'elle est l'épouse d'Hérode, qu'elle est mère de ses enfants et qu'elle ne réussit pas à se défaire complètement de ses sentiments de femme. Aussi cornélienne soit-elle, Mariane nous fait moins songer à Emilie qu'à Andromaque et ses sentiments de mère; Hérode, comme Pyrrhus, a versé le sang de la famille de la femme qu'il aime. Comme Pyrrhus, Hérode aime une femme qui n'éprouve que de la haine pour lui.[14]

Ainsi, malgré certaines ressemblances, il existe aussi des différences importantes quant à la situation essentielle des deux pièces: Andromaque

---

[10]*Eloge d'un Poète*, p. 76.

[11]Op. cit., pp. 118-119, 132.

[12]*Histoire de la littérature française au XVIIe siècle*, I (Paris: Domat 1948), 546.

[13]Il est intéressant de noter que dans *Les antiquités judaïques*, elle montre une certaine tendresse envers son mari tandis que dans *De bello judaico*, une autre source, ce sentiment n'existe pas.

[14]Remarquons néanmoins que l'Hérode historique profite de sa position pour posséder Mariane tout comme Pyrrhus possède Andromaque, mais, tandis que Racine n'osera pas répéter l'histoire en ceci, faisant d'Andromaque une épouse fidèle et une mère pitoyable, Tristan, n'ayant pas à résoudre un problème aussi épineux, permettra à Mariane d'être mère des enfants d'Hérode.

avoue à sa suivante que, dans d'autres circonstances, elle aurait pu aimer Pyrrhus, qui n'est pas dépourvu de vertus; Mariane, au contraire, ne cesse de haïr et mépriser un époux dont la naissance roturière et les intrigues politiques lui sont odieuses. Andromaque triomphe dans un monde où ses adversaires sont vaincus et détruits par leurs propres passions; Mariane succombe dans un monde où elle se sent étrangère et dans lequel son intransigeance ne lui vaut que des ennemis. Andromaque conserve sa sérénité dans un monde bouleversé et est sauvée; l'orgueilleuse Mariane se veut maîtresse de son destin dans un monde auquel elle se sent supérieure; ainsi, elle agit d'une manière qui l'entraîne, elle et le monde dont elle refuse les valeurs, à une destruction complète. Comme plus tard le Joaquín Monegro d'*Abel Sanchez*, elle se complaît dans une haine qui devient sa raison de vivre. Pour elle, mourir est la seule façon de se libérer de ses chaînes et elle est loin d'ignorer les conséquences de sa mort pour Hérode. Ainsi, Andromaque triomphe de ses adversaires en conservant la vie, et Mariane, en acceptant la mort.

Dans *La Vida es sueño*, dont l'édition princeps est contemporaine de celle de *Mariane*, Calderón observe que l'homme est le "monstruo de su laberinto," (v. 140) et suggère qu'il construit son propre labyrinthe dans lequel il ne manque pas de se perdre. Ainsi, donc, l'homme ne trouvera une issue au dédale que sa conscience a créé, qu'à l'aide de celle-ci et de sa volonté. Dans les derniers vers de *Mariane*, Narbal n'hésitera pas à dire à Hérode: "Toy mesme és l'artisan de tes propres mal-heurs," (v. 1806), idée qui nous fait penser à Calderón et aussi à Corneille, et il annonce Racine lorsqu'il ajoute:

> Ton amour, tes soupçons, ta crainte et ta colère
> Ont offusqué ta gloire, et causé ta misère:
> Tu sçais donner des loix à tant de Nations,
> Et ne sçais pas régner dessus tes passions.
> Mais les meilleurs esprits font des fautes extrêmes,
> Et les Rois bien souuent sont esclaues d'eux-mesmes.
> (vv. 1807-1812)

Dans *La Vida es sueño*, Segismundo parvient à maîtriser ses passions et sort de son labyrinthe; il n'en est pas de même pour Hérode qui ne pourra pas dire comme Auguste, "Je suis maître de moi comme de l'univers." Victime pathétique de sa jalousie, il est livré — comme tant de héros raciniens — à toutes les furies de sa passion.[15] Selon Daniela Dalla Valle,[16] ces sentiments créent une tragédie qui n'est ni tout à fait racinienne, ni tout à

---

[15] N.-M. Bernardin et E. Serret ont fait une étude assez détaillée des parallèles entre Tristan et Racine. Il convient de signaler, en outre, que Tristan et Racine accordent une certaine importance à l'expression du visage, différents en ceci, des autres dramaturges de l'époque. Tous deux savent créer des nuances et des harmonies par lesquelles ils nous font sentir les changements les plus subtils qui aient lieu dans l'âme de leurs personnages. (cf. Araspe, II, 3, ou Hermione, I, 5).
Comparez aussi les vers suivants:
"J'embrasse mon rival, mais c'est pour l'étouffer." (*Britannicus*, v. 1314)

fait baroque, dans laquelle les personnages livrés à leurs passions sont isolés. La solitude et l'impuissance des personnages, sentiments qui ne leur permettent jamais de prendre pleinement conscience de leur situation, est à la base du tragique chez Tristan.

> "Sabine, c'est sans doute vne esponge à presser;
> Mais pour le [Sénèque] perdre mieux il faut le caresser," (*Sénèque*, vv. 127-128).

Dans *La Mort de Chrispe* (vv. 593 et suiv.) Tristan nous donne une paraphrase de ces vers d'*Alexandre le grand*:

> Alexandre.
> "Comment prétendez-vous que je vous traite?
> Porus.
> En roi.
> Alexandre.
> Hé bien! c'est donc en roi que je vous traite." (vv. 1500-1501)

Les paroles d'Amarillis dans *Amarillis* rappellent Junie en ce qui concerne la dissimulation à la cour:

> "Que la franchise est rare en ce siècle où nous sommes!
> La feinte seulement est la vertu des hommes,
> Sur tout l'art de tromper est fréquent à la Cour." (*Amarillis*, vv. 886-888)

> "Je ne connois Néron et la cour que d'un jour;
> Mais, si je l'ose dire, hélas, dans cette cour
> Combien tout ce qu'on dit est loin de ce qu'on pense."
> (*Britannicus*, vv. 1521-1523)

Un des parallèles des plus frappants existe entre *La mort de Chrispe* et *La Thébaïde*. Dans la tragédie de Tristan, Fauste a tué sa rivale Constance, mais aussi — par accident — l'homme qu'elle aime; chez Racine, Créon, l'oncle perfide et ambitieux, perd Antigone qui s'est suicidée; les deux coupables se proposent de mourir, mais pour poursuivre par delà la mort ceux qui leur ont échappé:

> Fauste.
> "Chrispe a fermé ses yeux, elle a fermé les siens,
> Et serrants les liens dont l'Amour les assemble,
> Ils ont fait leurs adieux & sont partis ensemble,
> Pour rendre mon dépit & plus juste & plus grand,
> On les a vus encore s'embrasser en mourant:
> ....
> Ils quittent la lumière et ne se quittent point:
> ....
> Mais en dépit du Ciel, de l'Amour & du Sort,
> Ie m'en veux ressentir encore après ta mort
> Ie te veux suiure encore, et chercher une voye
> Pour rompre tes plaisirs et traverser ta joye,
> Ie veux troubler encore ton amoureux dessein,
> Te porter des flambeaux & des fers dans le sein:
> Et m'opposant là bas à ton Idolatrie:
> Au milieu des damnez te servir de furie." (*Chrispe*, vv. 1554-1576)

> Créon.
> "Ainsi donc vous fuyez un amant odieux,

Nous avons parlé plus haut de l'influence que la tragédie élisabéthaine aurait pu exercer sur Tristan; en effet, M. Lockert a trouvé plusieurs points de ressemblance entre Tristan et les auteurs anglais de cette époque. Il a établi des comparaisons entre *La Mort de Sénèque* et *Perkin Warbeck* de Ford; Epicharis affrontant Néron lui rappelle le personnage de Victoria dans *The White Devil* de Webster; il trouve des points communs dans les deux personnages principaux de *La Mariane* et de *The Duchess of Malfi*, également de Webster: dans les deux pièces, il s'agit de femmes nobles, "pitifully alone," qui affrontent la mort avec courage.[17] Dans les pièces

---

    Et vous-même, cruelle, éteignez vos beaux yeux!
    ....
    Quoique Hémon vous fût cher, vous courez au trépas
    Bien plus pour m'éviter que pour suivre ses pas!
    Mais dussiez-vous encore m'être aussi rigoureuse,
    Ma présence aux enfers vous fût-elle odieuse,
    Dût après le trépas vivre votre courroux,
    Inhumaine, je vais y descendre après vous.
    Vous y verrez toujours l'objet de votre haine,
    Et toujours mes soupirs vous rediront ma peine,
    Ou pour vous adoucir ou pour vous tourmenter.
    Et vous ne pourrez plus mourir pour m'éviter.
    Mourons donc....." (*Thébaïde*, vv. 1479-1492)
Il tombe entre les mains des gardes.
Certains vers de Tristan semblent rappeler Corneille:
    "Ils [le peuple] sont membres d'vn corps dont ie suis seul la
                                           teste." (*Folie*, v. 1593)
    "Sire, j'en suis la tête, il [Rodrigue] n'en est que le bras."
    (*Cid*, v. 1804)
    "En un coeur bien logé, l'amour cède au devoir." (*Folie*, v. 1356)
    "L'Amour n'est qu'un plaisir, l'honneur est un devoir." (*Cid*, v. 1059)
    "Il faut que ie commande, il faut qu'ils [mes sujets] obéïssent." (*Folie*, v. 1598)
    "Et quand un roi commande, on lui doit obéir." (*Cid*, v. 1804)
Comparez aussi:
    "La gloire y seroit grande!
                        Et le péril aussi." (*Sénèque*, v. 455)
    "A vaincre sans péril, on triomphe sans gloire." (*Cid*, v. 434)
    "Tu prépares pour moy quelque éclat de tonnerre,
    Mais avant, ie perdray la moitié de la Terre." (*Sénèque*, vv. 1867-1868)
    "Tout l'Etat périra, s'il faut que je périsse." (*Cid*, v. 378)
    "Et je vis tout en luy comme il vit tout en moy" (*Folie*, v. 1640)
    "Si vous viviez en moy, que je vivois en vous" (*Sénèque*, v. 1566)
    "Il mourra plus en moi qu'il ne mourrait en lui." (*Horace*, v. 1610)

[16]*Il teatro de Tristan l'Hermite* (Torino: Giappichelli, 1964).
[17]Op. cit., p. 118.

de Webster, comme dans celles de Tristan, ce qui frappe Lacy Lockert, c'est leur "weakness at plotting, their interest and skill in characterization, their emotional power and the fitful and very limited amount of their dramatic work,"[18] et il ne semble guère s'intéresser à l'atmosphère morose qui règne dans ces pièces. Comme Lacy Lockert, Claire Engel s'est, elle aussi, penchée sur le problème des influences élisabéthaines et a montré qu'il existe des parallèles entre *La Folie du sage*, d'une part, et *Romeo and Juliet* et *Hamlet*, d'autre part.[19]

Le théâtre que Tristan a pu connaître lors de ses séjours en Angleterre est un théâtre dans lequel foisonnent l'inceste et l'adultère, le meurtre et la vengeance; théâtre psychologique dans lequel les personnages s'interrogent et trahissent leurs pensées et leurs sentiments dans de longs monologues, théâtre dans lequel l'hyperbole et la morale se retrouvent même dans les discours épigrammatiques et stychomitiques.[20]

La plupart de ces pièces s'ouvrent sur une catastrophe imminente; les discours d'un choeur, d'un fantôme ou d'une autre apparition surnaturelle laissent entrevoir le dénouement. Nous constatons ici l'influence de Sénèque et son goût pour l'horrible qui "authorized, if it did not originate the Elizabethan delight in bloody action, the resounding declamatory soliloquy, the sententious epigrammatic dialogue, the dominant didactic tone, shifting interest from outer to inner conflict, from battles and murders to the emotions and passions of the mind, thus paving the way for Shakespeare's 'soul tragedies'".[21]

Les Anglais, cependant, n'étaient pas les seuls à goûter les scènes sanglantes et il ne faut guère exagérer l'influence de leur théâtre sur Tristan. Les *novelle* italiennes, elles aussi, présentaient des scènes horribles, parlaient d'adultère et d'inceste; les tragédies françaises du seizième siècle, qui s'inspirent du théâtre italien, étaient bien connues à l'époque de Tristan et des oeuvres telles que *Rosmunda* de Ruccellai, *Canace* de Sperone ou *Orbecche* de Giraldi ont fortement influencé les romanciers français de l'époque. Lecteur curieux et omnivore, Tristan a certes puisé à plusieurs sources et son oeuvre doit autant, sinon plus, à Garnier et à d'Urfé qu'à Ford ou à Webster.

Il est d'ailleurs impossible de parler de l'influence du théâtre anglais sur Tristan sans tenir compte de Shakespeare, mais comparaison n'est pas raison, et il ne nous est guère possible de partager l'enthousiasme de Pierre Quillard lorsqu'il suggère que "*La Mort de Sénèque* . . . n'est pas inférieure aux drames historiques de Shakespeare."[22] Certes, les comparaisons

---

[18]Op. cit., p. 118.
[19]"Tristan et Shakespeare", *Revue de littérature comparée*, XXXIII (1959), pp. 234-235.
[20]En ce qui concerne le théâtre élisabéthain, nous renvoyons le lecteur à Thomas M. Parrot et Robert H. Ball, *A Short View of Elizabethan Drama* (New York: Scribners, 1958), et tout particulièrement au chapitre II.
[21]Ibid., p. 37.
[22]"Les poètes hétéroclites. François L'Hermite de Soliers". *Mercure de France* (août 1892).

entre Tristan et Shakespeare s'imposent et un examen rapide de *La Mort de Sénèque* nous permettra d'en établir les limites.²³

Signalons d'abord que, tout comme Shakespeare, Tristan fait évoluer sur scène de nombreux personnages dont seulement un ou deux risquent de retenir notre attention. Quoique l'intrigue dépende de Sénèque, son rôle est essentiellement passif et c'est Epicharis qui mène l'action; Sénèque nous fait sentir la cruauté et l'ingratitude de Néron, mais la tension dramatique se trouve ailleurs et particulièrement dans la scène où s'affrontent Epicharis et Sabine. Pour Sénèque, âgé de soixante-et-un ans, la mort offre une échappatoire; il songe aux joies *éternelles* et a les yeux tournés vers l'autre monde. Epicharis, par contre, a les yeux rivés sur terre et s'intéresse surtout aux conflits et aux problèmes actuels. La mort fortuite de Sénèque nous rappelle certes Shakespeare, et Tristan songeait peut-être à évoquer la crainte plutôt que la pitié, car la mort de Sénèque nous fait prendre conscience de la fragilité de l'homme et de ses rêves.

Comme tout personnage tragique de Shakespeare, Sénèque est victime de ses faiblesses; Néron est à la fois son bourreau, mais aussi son élève. Maître par trop philosophe, Sénèque a jeté les bases de son propre échafaud, et au moment d'y monter, lorsque le précepteur se rend compte de l'énormité de ses erreurs, il ne lui reste plus qu'à choisir sa mort. Comme Mariane, Sénèque se sent étranger dans la société qui le condamne, mais là où la mort de Mariane représente un défi à la société, celle de Sénèque ne représente qu'un malentendu.

Bradley fait remarquer que les personnages de Shakespeare n'agissent jamais sous l'influence de situations dites 'anormales', telles la folie. "If Lear were really mad when he divided his kingdom, if Hamlet were really mad at any time in the play, they would cease to be tragic characters."²⁴ Au contraire, si Néron avait joui de toutes ses facultés, s'il était éminemment raisonnable, ce serait un personnage odieux. C'est à Sabine que revient ce rôle: elle exploite tous les vices de l'empereur et ainsi, grâce à son jeu, la pièce conserve son équilibre tragique.

Pour Shakespeare, le hasard joue un rôle considérable dans les événements: Desdémone perd son mouchoir au mauvais moment; Juliette se réveille une minute trop tard. Dans toutes les tragédies de Tristan, par contre, nous n'avons relevé qu'un seul exemple de ce genre: le hasard veut que Procule soit à Rome au moment où Epicharis, qui avait refusé son amour, paraît devant Néron. Le témoignage de cet amant félon lie Epicharis à la révolte et la perd, ainsi que Sénèque. Tristan, toutefois, empruntera à Shakespeare la technique suivante dont il se servira également dans *Osman*; au lieu d'établir le conflit extérieur entre individus, il le crée entre

---

²³Pour cette comparaison de *Sénèque* nous nous sommes servis de l'essai du Professeur Andrew C. Bradley: "The Substance of Shakespearean Tragedy" dans Andrew C. Bradley, *Shakespearean Tragedy* (New York: Macmillan, 1904), pp. 5-39.

²⁴Bradley, Op. cit., p. 14.

deux groupes bien définis dont chacun présente au moins un personnage frappant. En l'occurrence, Tristan nous présente pour chaque groupe un personnage passif et un personnage actif (Epicharis dirige la conspiration; Sabine est l'éminence grise de Néron). Par ailleurs, la passion, la volonté ou encore l'impuissance du personnage shakespearien face aux événements, ne se retrouve guère ici. Néron ne cherche aucune solution et il ne cherche guère à savoir si Sénèque est coupable ou innocent; il fait ce que veut Sabine.

Nous avons voulu signaler les ressemblances entre *La Mort de Sénèque* et Shakespeare; malgré des personnages frappants et certaines beautés de langage qui font qu'on lit encore la pièce avec plaisir, il n'en est pas moins vrai que l'intrigue est mal développée et que Tristan n'est guère à la hauteur de Shakespeare, en dépit des affirmations de P. Quillard.

Dans la thèse magistrale qu'elle a consacrée à Tristan, Daniela Dalla Valle fait observer que celui-ci est desservi par les comparaisons et les classements. Que Tristan vaille Shakespeare, qu'il soit précurseur de Racine ou encore un auteur baroque, importe moins que le fait qu'il soit *poète* et tout particulièrement dans son théâtre (p. 221). C'est le poète qui sent et comprend la solitude de ses héros et, comme le signale D. Dalla Valle, l'incapacité des personnages à communiquer entre eux est à la base de leur solitude et de leur situation tragique. Cette solitude se retrouve même dans les pièces comiques où elle se transforme en quiproquo: "E quando degli stessi motivi egli ha osservato dell'esterno gli effeti comici, trasformando l'incomunicabilità in quiproquo, la solitudine in fissazione maniaca, l'ostentazione in smargiassata, e su questi temi ha orchestrato il suo gioco scenico, dimenticando l'angoscia nel riso, abbiamo avuto il terzo capolavoro: il *Parasite*." (p. 293)

Daniela Dalla Valle aborde également le problème du baroque dans l'oeuvre de Tristan malgré les réserves qu'elle a exprimées sur la valeur des classements. Pour elle, les personnages que Tristan campe sur scène sont baroques avec certaines tendances existentielles. Soulignons qu'il est particulièrement difficile d'essayer de définir Tristan en ces termes car nous retrouvons à toute époque, Faust et Hamlet, des héros "baroques" et romantiques, ou encore, existentiels. Le héros baroque, tout comme le héros romantique, est avant tout un révolté qui cherche, comme Ariste et Sosie, à établir son identité, à comprendre ce que signifie la nature humaine et à se situer par rapport à son univers. Il cherche son *moi* authentique et dynamique dans un monde figé, d'où son angoisse, car il n'arrive guère à réconcilier son être avec les exigences du monde qui l'entoure. Cependant, même dans leur révolte, la conscience de l'absurde ne mène guère les personnages de Tristan au suicide, car ils ne prennent véritablement conscience de leur situation que trop tard. (En se donnant la mort, Sénèque et Fauste ne font que suivre les ordres de l'empereur et non de leur conscience.)

> Solo Ariste, il personaggio meditativo per eccellenza del teatro de Tristan, di fronte alla sventura che lo colpisce giunge a prendere coscienza di due possibili reazioni e, conseguentemente, cadde nel dubbio; ed il dubbio esistenziale nella sua forma estrema, il dubbio vita o morte, essere o non essere (vv. 165-204), dubbio che resta irrisoluto e porta alla follia.

>...
> La sua meditazione personale . . . nasce di fronte ai
> colpi del destino (in questo caso l'inatessa prepotenza
> del re), che fanno sentire l'uomo inerme ed indifeso.
> (pp. 121-122, 139)

Mais, s'agit-il du destin romantique ou de l'angoisse existentielle? Pour M. Carriat, Tristan revient au catholicisme sans connaître l'angoisse pascalienne; en est-il de même pour Ariste? Dans son désarroi, il constate l'impossibilité de trouver le bonheur sur terre et l'impuissance de l'homme en face du destin (vv. 370-374) et il va même jusqu'à douter de l'immortalité de l'âme (vv. 1078-1102). Dans *La Mariane*, Hérode lui aussi constate la présence inexorable du destin:

> Ce qu'escrit le Destin ne peut estre effacé
> Il faut bon-gré, mal-gré, que l'ame résoluë
> Suiue ce qu'a marqué sa puissance absoluë
> De ses pièges secrets on ne peut s'affranchir,
> Nous y courons plus droit en pensant les gauchir. (vv. 146-150)

Incapable de comprendre le destin, maint personnage de Tristan, comme plus tard le héros romantique, se tourne vers la nature. Araspe, repoussé par Panthée s'adressera aux "Hostes du silence et de l'ombre," (v. 341) et la soeur d'Osman, prévoyant la fin tragique de son frère, s'adresse aux étoiles. Mais, pour Tristan, comme pour Ronsard, la nature est une "marâtre nature."

Malgré ses doutes, malgré son impuissance vis-à-vis du destin, le personnage tristanien ne perd guère la foi, tel Ariste qui peut encore dire:

> Et l'Etre souuerain qui d'un rayon de flame
> Et d'un souffle immortel nous a pouruus d'une Ame,
> Deffend expressement que nos propres efforts
> Pour aucune raison la chassent de nos corps. (vv. 189-192)

Ainsi, nous sommes amenés à constater que l'on retrouve des aspects baroques, romantiques ou encore existentiels dans les personnages de Tristan, et à conclure, avec Daniela Dalla Valle, que de telles classifications ne servent guère à les expliquer ni à les comprendre.

Il nous reste à faire un examen rapide des huit pièces de Tristan en tant que théâtre sans toutefois nous attacher aux questions de style déjà étudiées par Daniela Dalla Valle, ni à celles de la mise en scène pour lesquelles nous renvoyons le lecteur à H. C. Lancaster (passim) et à S. Wilma Deierkauf-Holsboer.[25]

La maîtrise du poète a souvent nui au dramaturge. Les vers bien cadencés et imagés de Tristan correspondent au goût de l'époque pour les beaux vers et les belles tirades. En dépit d'un style trop souvent ampoulé,

---

[25]*L'histoire de la mise en scène dans le théâtre français à Paris de 1600 à 1673* (Paris: Nizet, 1960), pp. 57-58, 89-91.

Tristan réussit à écrire un dialogue vif et dramatique et *Le Parasite*, malgré l'abondance d'expressions vieillies, fait preuve d'une verve que l'on ne trouve que trop rarement avant Molière.

    Créateur admirable de personnages, Tristan ne l'est guère en ce qui concerne l'intrigue; malgré leur simplicité, elles sont rarement bien menées. Nous avons déjà cité à ce propos, les critiques de Lacy Lockert,[26] et il est certain que l'impression pénible qui se dégage à la lecture de certaines pièces est le résultat de cette faiblesse.

    Quant aux unités de temps et de lieu, Tristan suit les règles sans trop de peine. L'action de la pièce se déroule toujours en moins de vingt-quatre heures sans choquer la vraisemblance. Tristan se conforme aux règles en ce qui concerne l'unité de lieu, mais de façon moins rigoureuse: dans *La Mariane*, nous avons un décor à compartiments — plusieurs salles de palais et un cachot qui donnent sur une rue de Jérusalem; dans *Panthée*, nous sommes en Lydie avec un décor "à volonté" suggérant un bois et la rive d'un fleuve; *La Folie du sage* nous présente le palais du roi de Sardaigne et *La Mort de Sénèque* les jardins de Médène; *La Mort de Chrispe* a lieu "à Rome, dans le palais de Constantin." Par souci de réalisme et de couleur locale, Tristan nous donne les détails suivants pour *Osman*: "Le Théâtre est la façade du Palais ou Sérail, où il y a une porte au milieu qui s'ouvre et se ferme, a costé une fenestre, où l'on pourra tirer vn rideau, lors qu'Osman reçoit les plaintes des Ianissaires." *Amarillis* nous transporte sur les bords du Lignon et nous offre le décor habituel des pastorales: forêt, fontaine, fleuve. La scène du *Parasite* se situe à Paris, devant la porte du logis de Manille.

    Tristan ne fait donc point preuve d'originalité en ce qui concerne la structure de ses pièces et il ne s'écarte guère des conventions de son époque.

    Dans ces pages, nous avons tâché de faire une esquisse rapide de la vie et de l'oeuvre de Tristan par rapport à son époque. Nous nous rendons compte qu'un examen aussi sommaire présente des inconvénients et qu'il risque de trahir autant que d'expliquer Tristan. Nous nous en excusons et nous prions le lecteur de consulter les diverses études consacrées à Tristan.

    Il nous reste à exprimer notre reconnaissance à M. Amédée Carriat dont les travaux sur Tristan nous ont été si utiles. Spécialiste de Tristan l'Hermite, esprit curieux en ce qui concerne cet auteur, il a bien voulu s'intéresser à notre travail et en rédiger la préface. Nous l'en remercions chaleureusement et nous invitons le lecteur à subir le charme de Tristan dans l'espoir que lui aussi deviendra un admirateur fervent de ses oeuvres.

---

[26] Op. cit., p. 113 et suiv.

LE THEATRE COMPLET

DE

TRISTAN L'HERMITE

LA MARIANE

INTRODUCTION

C'est au printemps de 1636 que *La Mariane* est représentée au Théâtre du Marais. Tristan, qui est alors au service de Gaston d'Orléans, jouit d'une certaine tranquillité depuis que celui-ci s'est retiré à Blois vers la fin de 1634 et il nous donnera non seulement *La Mariane* mais aussi *Panthée* pendant cette période.

Le privilège de *La Mariane* est du 14 juin 1636 et l'achevé d'imprimer, du 15 février 1637. Les cinq premières éditions énumérées plus loin (A, B, C, D, F) ont d'ailleurs le même achevé d'imprimer bien que ce ne soit qu'à partir de B que nous trouvons l'ode "Pour Monseigneur Frère du Roi Allant en Picardie commander l'armée de Sa Majesté,"[1] hommage à Gaston d'Orléans qui commande les armées du Roi en Picardie depuis l'automne 1636.

Le public goûta la pièce qui remporta un succès durable. On a voulu attribuer ce succès à Montdory qui avait triomphé dans le rôle d'Hérode et qui attirait certes les foules, comme le signale cette lettre que l'acteur écrit à Guez de Balzac le 18 janvier 1637: "La foule a esté si grande à nos portes et notre Lieu s'est trouvé si petit, que les recoins du Théâtre, qui servoyent les autres fois comme de niche aux Pages, ont esté des places de faveur pour les Cordons-bleus." Toutefois, le talent exceptionnel de Montdory n'explique guère le succès que connaît la pièce après qu'il se retire du théâtre, terrassé par une apoplexie lors de la reprise en août 1637; la pièce continue à plaire au public: Molière en donnera trente-quatre représentations entre 1659 et 1680 et la Comédie Française la jouera trente-huit fois entre 1680 et 1703[2], date à partir de laquelle la pièce cesse de figurer au répertoire. Les nombreuses éditions et traductions attestent également la popularité de *La Mariane* pendant plus d'un siècle. En outre, la pièce a été reprise plusieurs fois depuis 1897 et, à partir de 1957, les représentations ont trouvé bon accueil auprès du public puisque l'une d'elles a atteint cinquante représentations.

---

[1] Cf. Claude Abraham. *Gaston d'Orléans et sa cour* (Chapel Hill: University of North Carolina Press, 1964), pp. 65-76.
[2] Selon Lancaster, "It was played thirty-nine times by Molière's troupe between 1659 and 1680, thirty-four times at the Comédie Française between 1680 and 1703" (II, 55). Selon M. Amédée Carriat, dans *Choix de pages*, ces deux chiffres seraient trente et trente-six (p. 240). Selon le registre de La Grange, nous avons remarqué trente-quatre représentations de 1659 à 1680, et quatorze de 1680 au premier octobre 1684. Au registre de la Comédie Française, nous en avons compté trente-huit entre 1680 et 1703.

Les contemporains de Tristan admiraient fort la pièce. Dans une lettre à Montdory du 15 décembre 1636, Guez de Balzac partageait ses éloges entre la pièce et l'acteur. Dans sa préface à *La Mort de César*, Scudéry n'hésitait pas à dire que c'était une des meilleures tragédies du siècle. Bernardin a recueilli les hommages de Chevreau, de Grenailles, de Scarron, de Racan, de Corneille et bien d'autres; Louis XIV s'en faisait réciter des vers et Tristan lui-même ne savait que trop ce que valait sa tragédie: "Reseruez vos larmes pour les donner aux interests de Mariane; afin que ie puisse dire vne fois que ie me suis ressenty de vos cruautez; et qu'ayant reçeu de vous tant de matieres de pleurs, ie vous ay aussi donné sujet de pleurer vn iour en ma vie." (Lettre XLV).

D. Dalla Valle a tracé l'histoire du succès de *La Mariane* et nous ne reviendrons pas sur ce qu'elle a dit. Il suffit de signaler qu'on n'a guère apprécié la pièce aux dix-huitième et dix-neuvième siècles, à quelques exceptions près. Dans son article de 1870 "Un Précurseur de Racine," Serret considère *La Mariane* comme "un coup de maître."[3] Selon lui, "La Mariane de Tristan et la Catherine de Shakespeare sont des soeurs; elles habitent le même ciel poétique, presque au même rang." Par contre, en 1894, Lanson déclare que *La Mariane* ne se fait remarquer que par "la boursouflure d'une rhétorique échevelée." Quillard y trouve des beautés et des faiblesses; il dit de Mariane: "Aucune femme de Corneille ne fut plus superbe que Marianne repoussant les caresses de l'ennemi héréditaire,"[4] mais de Hérode, par contre, il dira que "par moments, le frénétique Hérode se laisse aller à des faiblesses que Jean Racine eût rendues célèbres."

Les critiques du vingtième siècle portent des jugements tout aussi contradictoires: en 1927, Emile Faguet écrit que "*Marianne* en effet est une tragédie que je ne trouve pas intéressante du tout,"[5] mais en 1959, Jacques Lemarchand dira qu'il la trouve "délicieuse à entendre."[6] Il en loue le style, et, malgré les scènes sanglantes, trouve qu'elle "n'en respire pas moins en toutes ses parties, une franchise, un 'honneur' que nous aurions bien tort de prendre pour des naïvetés." Ainsi, le succès de *La Mariane* auprès du public du dix-septième siècle ne dépend pas seulement de la beauté des vers et du jeu de Montdory, comme le suggère Faguet (p. 180), mais tient plutôt au fait que "la tragédie française fait son premier grand effort vers la simplicité d'une situation et d'une intrigue," que "l'intérêt de la tragédie repose . . . sur l'évolution d'un sentiment," et que Mariane elle-même est d'une hauteur, d'une intransigeance, d'une 'vertu', pour tout dire, qui mettent cette reine malheureuse en parallèle avec les plus pures et fortes héroïnes de Corneille, . . . tout cela exprimé en des vers d'une nouveauté, pour le temps, inouïe." (Lemarchand, p. 12). Comme le Père Rapin trois siècles auparavant, Jacques Lemarchand quitte la salle "resveur et pensif, faisant réflexion à ce qu'il venoit de voir, et pénétré à même temps d'un grand plaisir."

---

[3]*Le Correspondant* (25 avril 1870), p. 344.
[4]"Les poètes hétéroclites." *Mercure de France* (août 1892), p. 332.
[5]*Histoire de la poésie française* (Paris: Boivin), III, 180.
[6]*Figaro littéraire* (10 janvier 1959), p. 12.

Le sujet de *La Mariane* n'était pas inconnu. En 1565, Luigi Dolce avait écrit une *Marianne* et vers 1610, Alexandre Hardy avait également donné une pièce du même nom. En quoi Tristan se distingue-t-il donc de ses prédécesseurs et quelle est l'originalité de la pièce qui aurait permis à la tragédie française de "faire son premier grand effort?" La pièce de Tristan n'emprunte presque rien à *La Marianne* de Hardy et encore moins à celle de Dolce. Tristan s'écarte de ces modèles en ce qu'il "a dépouillé l'intrigue des éléments dont Hardy l'avait chargée et ralentie; il a élagué la rhétorique et l'érudition mythologique. Dans son drame, les situations ont pour cause profonde le caractère des personnages; le conflit est dans les âmes et le dénouement est le résultat logique des passions déchaînées."[7] En effet, aucune péripétie de la pièce ne dépend d'un problème posé dès le début. Hérode, déchiré entre son amour pour Mariane et le pouvoir royal, saura-t-il résister à la tentation du pouvoir absolu? Il cèdera et sombrera dans la folie à la fin de la pièce.

Tristan a puisé à plusieurs sources et principalement aux *Antiquités judaïques* de Josèphe et à *La Cour Sainte* du Père Caussin. D'ailleurs, dans son chapitre "Le Politique malheureux," le Père Caussin se sert non seulement de Josèphe, mais d'adaptations que Tristan avait également consultées: *De Bello Judaico*, I, 31, d'Hégésippe, et *Aonaras*, un recueil byzantin établi d'après Josèphe. Selon toutes les sources mentionnées, Hérode est proclamé roi de Judée malgré sa naissance roturière. En épousant Mariamne, fille d'Alexandra et petite-fille de Hyrcan, il se rattache à la famille royale des Asmonéens. Mariamne a un frère Jonathas (Aristobule). Jaloux de la popularité de Jonathas, Hérode le fait noyer. Alexandra se plaint à Cléopâtre et Antoine ordonne à Hérode de venir se justifier en personne. Hérode confie la régence à Joseph, mari de sa soeur Salomé, et lui ordonne, sous le sceau du secret, de faire périr Mariamne s'il lui arrive malheur. Voyant une preuve d'amour dans cet ordre, Joseph en fait part à Mariamne. Celle-ci qui n'éprouve aucun amour pour Hérode, se sent blessée dans son orgueil, s'emporte et, dans sa colère, offense Salomé. Salomé se venge de Mariamne en rapportant au roi les sentiments de celle-ci et elle ajoute suffisamment de mensonges pour éveiller la jalousie d'Hérode. Hérode apprend de Mariamne que Joseph a trahi ses ordres et il conclut à l'infidélité de Mariamne: elle a dû faire parler Joseph en se donnant à lui. Par amour, Hérode épargne la reine, mais il fait tuer Joseph et jeter Alexandra en prison. Peu après, le vieil Hyrcan est aussi mis à mort et la haine de Mariamne pour Hérode atteint son comble. Devant se rendre auprès d'Auguste, Hérode confie le royaume à son jeune frère Phérore, et Mariamne, à Soème, un serviteur fidèle qui reçoit à son tour l'ordre de faire périr la reine si Hérode vient à mourir. Mariamne parvient à arracher ce secret à Soème et, au retour d'Hérode, se croyant toujours protégée par son amour, elle l'accueille avec répugnance. Les calomnies constantes dont Mariamne est victime font naître des doutes dans Hérode et lorsqu'elle est accusée d'avoir voulu l'empoisonner, il fait interroger ses serviteurs. Sous l'effet de la torture, le plus fidèle des eunuques de Mariamne avoue que la reine avait été froissée par l'ordre secret donné à Soème. Convaincu de la trahison de Mariamne, Hérode fait mettre Soème à mort et la fait condamner à son tour.

---

[7]Pierre Sage. *Le préclassicisme* (Paris: Del Duca, 1963), p. 265.

En apprenant la mort de Mariamne, Hérode tombe dans un profond désespoir et sombre dans la folie.

    Tristan a bien compris, comme Hégésippe, ce que la tragédie pouvait perdre en intensité dramatique en conservant les deux départs de Hérode. Ainsi, il ne nous en donne qu'un seul et change l'ordre des événements qu'il a trouvés dans les sources historiques afin de resserrer l'intrigue et de concentrer l'attention du spectateur sur les personnages principaux. Tristan prend des libertés avec l'histoire par souci de vraisemblance dramatique; le succès remporté par *La Mariane* lui a donné raison.

BIBLIOGRAPHIE

Pour une bibliographie détaillée, nous renvoyons le lecteur à celle de M. Amédée Carriat, mise à jour par D. Dalla Valle. Nous ne donnons ci-dessous que les éditions émises du vivant de Tristan et nous suivons l'ordre établi dans la bibliographie Carriat.

A: *La Mariane* (Paris: Courbé, 1637). In-4 de (12)-117-(3)pp.

    p. (1): frontispice de Bosse
    p. (3): titre
    pp. (5-8): épître dédicatoire
    pp. (9-10): avertissement
    p. (11): personnages
    p. (12): argument du premier acte
    pp. 1-117: texte
    pp. 118-119: privilège (14 juin 1636, achevé d'imprimer du 15 février 1637)

B: *La Mariane* (Paris: Courbé, 1637). In-4 de (16)-117-(2)pp.

Cette "Seconde Edition reveue et corrigee", la meilleure et la plus correcte, sert de base à notre texte.

Même ordre que A, mais ajoute l'Ode à Gaston. (pp. 9-12).

Même privilège et achevé.

C: *La Mariane* (Paris: Courbé, 1639). In-4 de (16)-117-(2)pp.

Même ordre que B, même privilège et achevé. Front. remanié.

D: *La Mariane* (Paris: Courbé, 1644). In-4 de (16)-117-(2)pp.

Même ordre, privilège et achevé. Front. remanié de nouveau.

E: n'est que l'impression de la première édition en italique.

F: *La Mariane* (Paris: Courbé, 1645). In-12 de (16)-75-(3)pp.

Même ordre, privilège et achevé que les éditions précédentes. Front. de Daret.

G: est un recueil collectif qui englobe F.

H: imprimé sans lieu ni date, en petits caractères, n'a pu être consulté.

I: *La Mariane* (Tolose: Colomiez, et Brocour, 1652). In-12 de 93 pp. Reproduit C.

J: *La Marianne* (Jouxte la copie, à Paris...). Petit in-12 de 69 pp. Cette édition "de la sphère" (Bruxelles: Foppens, 1655) suit A, mais sans épitre dédicatoire, sans avertissement, sans arguments et sans privilège.

X: Il existe un manuscrit à la Bibliothèque Nationale qui, sans être de la main de Tristan, présente un certain intérêt. Les variantes les plus importantes de ce manuscrit sont reproduites dans l'édition de 1784 (X dans Carriat) et figurent dans nos notes. Cette édition (Paris: Au Bureau de la Petite Bibliothèque des Théâtres) répète l'orthographe de J: *Marianne*.

Puisque l'épître dédicatoire est reproduite dans les Lettres de Tristan, il sied d'ajouter cette édition à notre liste:

Lettres Meslees du Sieur de Tristan (Paris: Courbé, 1642).

LA MARIANE

TRAGEDIE

Seconde Edition, Reveve et Corrigee.

A PARIS,

Chez Avgustin Covrbé, Imprimeur & Libraire de Monseigneur frere du Roy, dans la petite Sale du Palais, à la Palme.

M. DC. XXXVII.

AVEC PRIVILEGE DV ROY.

LA MARIANE

du S.r de Tristan

A
MONSEIGNEVR
LE DVC D'ORLEANS.

Monseignevr,

Apres l'estime que vous auez faite de cette Peinture parlante de MARIANE, ie croirois diminuer beaucoup de son prix, si ie n'auois l'honneur de la presenter à VOSTRE ALTESSE. Vous auez payé trop prodigalement vne si petite rareté, l'ayant apellée Merueilleuse; & certes cette loüange de la bouche d'vn si grand Prince, merite bien de plus dignes reconnoissances que celle-cy. Ie ne pretends pas aussi, MONSEIGNEVR, m'acquiter par vn si petit hommage, des honneurs que ie dois à VOSTRE ALTESSE: ce seroit vser d'actions de graces trop communes, vers vne Diuinité si propice. I'espere bien de presenter quelque iour à vos Autels des Offrandes plus receuables. Les Muses dispensatrices de la gloire, n'auront qu'à me fournir assez d'industrie pour ce beau dessein, ie m'asseure que vos Illustres actions m'en donneront assez de matiere. L'Ange qui veille pour le salut de la France, & qui trauaille si glorieusement pour sa prosperité, ne l'a pas encore conduite iusqu'à la grãdeur où elle doit arriuer. Si la IVSTICE & la PIETE, accompagnées de la VALEVR, ne promettent aux nobles projets du Roy, que des succès bien fauorables, les limites de cêt Estat s'estendront au moins aussi loing souz le Regne du Victorieux Lovis, que souz celuy de CHARLEMAGNE: ET VOSTRE ALTESSE seruira sans doute beaucoup à ce digne establissement. Soit que vous commandiez vne Armée au delà des Alpes, pour aller rechercher dans l'Italie les droicts de vos Predecesseurs; soit qu'auec de plus grandes forces, vous alliez oster le ioug à la Grece, pour le donner à toute l'Asie, selon la voix des Oracles, MONSEIGNEVR; Vous ferez des choses plus qu'humaines, & qui feront entreprendre de beaux efforts aux excellens Esprits de ce Siecle, afin de les immortaliser. Il ne faudra guere d'inuention pour donner, apres ces emplois, beaucoup de splendeur à l'image de vostre vie; il suffira si l'on peut representer naïfuement les Lauriers dont vous serez couronné. Ie n'ay pas tellement vieilly au seruice de VOSTRE ALTESSE, que ie ne puisse encore esperer de voir ces progrez, & de produire mesme alors quelque Oeuure, qui rende tesmoignage de vostre Gloire, & de mon tres-humble zelle à vostre seruice; vous faisant auoüer qu'apres le plaisir qu'on sent à faire de belles actions, il n'y en a point d'esgal à celuy de s'entendre loüer de bonne grace.

Ie suis,

MONSEIGNEVR,

DE VOSTRE ALTESSE,

            Le tres-humble, & tres-
             obeïssant seruiteur.

             TRISTAN L'HERMITE

POVR

MONSEIGNEVR

FRERE DV ROY,

Allant en Picardie commander l'armée
de sa Maiesté.

ODE.

  INGRATE cause de mes veilles,
I'ay trop escrit de desespoirs
Sur les cruautez sans pareilles
Dont tu rebutes mes deuoirs.
GASTON qui va porter la guerre
Aux extrêmitez de la Terre
Me porte à changer de discours;
Et i'aime mieux dans nos alarmes
Chanter la gloire de ses armes,
Que la honte de mes amours.

  Ce ieune & glorieux Achille
A qui tant d'honneur est promis,
A desia repris vne ville
Et repoussé les ennemis.
Le voila desia qui s'apreste
Pour aller faire la conqueste
D'vne precieuse Toison,
Suiuy de cent Heros d'elite
Qui ne cedent pas en merite
A ceux qui suiuirent Iason.

  Poursuy, GASTON, prens vne pique,
Et va combatre à coups de main
Le rauissant Lion Belgique,
Et le superbe Aigle Romain.
Portant tes armes inuincibles
Contre des Monstres si nuisibles
Par qui nos champs sont desolez;
Fay sortir apres tant de guerres
De leurs ongles & de leurs serres
Les Estats qu'ils nous ont volez.

Suy la Victoire qui t'apelle
Escartant de toy le mal-heur:
Et gagne vne palme immortelle
Qu'elle propose à ta valeur:
L'Artois soupire en sa misere
Sous vne Puissance estrangere
Qui le tient en captiuité;
Auiourd'huy ta fatale espée
Ne peut estre mieux ocupée
Qu'à luy rendre sa liberté.

        Milan, dont l'horrible Couleuure
Nous a tant deuoré d'Enfans,
Doit estre le second chef d'oeuure
De tous ces exploits triomphans.
Le Pó dessus son lit humide,
Predit de toy qu'vn ieune Alcide
Est sur le point de l'écorner;
Et que de ta iuste colere
La Sicile aura le salaire
Des Vespres qu'elle fit sonner.

        L'art dont i'escris les belles choses
N'attend que tes gestes guerriers:
Comme ie t'ay donné des roses,
Ie te veux offrir des lauriers.
Fen les escadrons comme vn foudre,
Et nous fay voir dessus la poudre
Vn nouuel Hector aterré.
Ie dépeindray si bien l'image
Des merueilles de ton courage
Qu'Alexandre en auroit pleuré.

        Mais sois ialoux de cette gloire
Que le Temps ne pourra finir,
Tesmoigne aux filles de Memoire
Qu'elles sont en ton souuenir.
GASTON, ces Vierges cognoissantes,
Attendent sans estre pressantes
Le Bien qu'elles ont merité:
Et laissent aux lasches courages
La poursuite des auantages
Qu'on a par importunité.

                              TRISTAN.

ADVERTISSEMENT.

Le sujet de ceste tragedie est si connu, qu'il n'auoit pas besoin d'arguments; quiconque a leu Iosephe, Zonare, Egesippe, & nouuellement le Politique Mal-heureux, exprimé d'vn stile magnifique, par le Reuerend Pere Caussin, sçait assez quelles ont esté les violences d'Herode, qui furent fatales aux Innocens, & particulierement à cette Illustre Mariane, dont il auoit vsurpé le lict & la liberté, auec la Couronne de Iudée. Ie me suis efforcé de dépeindre au vif l'humeur de ce Prince sanguinaire, à qui la Nature auoit fait assez de graces pour le rendre vn des plus grands hommes de son siecle, s'il n'eust employé ces merueilleux auantages contre sa propre reputation, en corrompant des biens si purs par le débordement d'vne cruauté sans exemple, & des autres vices qu'on a remarquez en sa vie: Voy ceste peinture en son iour, & n'y cherche pas des finissemens qui pourroient affoiblir en quelque sorte la hardiesse du dessein: Ie ne me suis pas proposé de remplir cét ouurage d'imitations Italiennes, & de pointes recherchées; i'ay seulement voulu descrire auec vn peu de bien-seance, les diuers sentimens d'vn Tyran courageux & spirituel, les artifices d'vne femme enuieuse & vindicatiue, & la constance d'vne Reine dont la vertu meritoit vn plus favorable destin. Et i'ay dépeint tout cela de la maniere que i'ay creu pouuoir mieux reüssir dans la perspectiue du Theatre, sans m'attacher mal à propos à des finesses trop estudiées, et qui font paroistre vne trop grande affectation, en vn temps où l'on fait plus d'estat des beautez qui sont naturelles que de celles qui sont fardées.

LES PERSONNAGES.

HERODE.

THARÉ.

SON CAPITAINE DES GARDES.

PHERORE,   Frere d'Herode.

SALOME,   sa soeur.

MARIANE.

DINA,   Dame d'honneur & confidente de Mariane.

L'ESCHANSON.

LE GRAND PREVOST.

DEVX IVGES.

SOESME.

L'EVNVQUE.

LE CONCIERGE.

NARBAL,   Gentil-homme, qui raconte la mort de Mariane.

La Scene est en Ierusalem.

ARGVMENT

DV

PREMIER ACTE.

1. Herode s'esueille en sursaut, troublé d'vne vision espouuantable. 2. Son frere & sa soeur essayent de remettre son esprit de ceste frayeur, luy representant la vanité des songes. 3. Herode se recueille en soy mesme, s'assure sur l'amitié des Romains, & sur sa valeur. 4. Puis ceste crainte estant dissipée, il se plaint de l'amour qu'il a pour Mariane, dont il souhaiteroit d'estre plus aimé. 5. Pherore & Salome s'efforcent en vain de rendre de mauuais offices à cette Princesse. 6. Herode l'enuoye querir par Soesme, auec dessein de l'obliger à prendre plus d'affection pour luy.

LA

M A R I A N E

TRAGEDIE

ACTE PREMIER

SCENE PREMIERE

HERODE, s'éveillant en sursaut.

    Fantosme injurieux qui troubles mon repos,
Ne renouuelle plus tes insolens propos;
Va dans l'ombre eternelle, ombre pleine d'enuie,
Et ne te mesle pas de censurer ma vie:
5   Ie suis allez sçauant en l'art de bien regner,
Sans que ton vain courroux me le vienne enseigner;
Et i'ay trop seurement affermy mon Empire
Pour craindre les mal-heurs que tu me viens predire:
Ie donneray bon ordre à tous les accidens
10 Qui n'estans point preueus, perdent les imprudens.
    Mais quoy? le front me suë, & ie suis hors d'haleine:
Mon ame en ce repos a trouué tant de peine
A se desabuser d'vne facheuse erreur,
Que i'en suis tout émeu de colere & d'horreur.
15 Hola.

Perore paroist avec le Capitaine des Gardes.

SCENE
DEVXIESME

THARÉ Capitaine des Gardes, HERODE,
PHERORE.

THARÉ.

Qve vous plaist-il, Sire?

HERODE.

Ah! voicy Pherore.

PHERORE.

On me disoit icy que vous dormiez encore.

HERODE.

Tu m'as bien entendu quand i'ay parlé tout haut;
Ie me suis éueillé tout à l'heure en sursaut,
Apres la vision la plus melancolique
Qui puisse deuancer vn accident tragique.

PHERORE.

Les songes les plus noirs que l'on puisse inuenter
Seroient-ils suffisans de vous épouuenter,
Vous qui sçauez brauer les forces indomptables,
Et qui craignez si peu les perils veritables?
Ce sont des visions qui n'ont iamais d'effet.

HERODE.

Mon esprit est troublé du songe que i'ay fait:
Il m'en reuient sans cesse vne idée importune,
Qui ne doit m'auertir que de quelque infortune:
C'est vn auant-coureur de quelque aduersité.

PHERORE.

On ne doit pas en faire vne necessité;
Ces apparitions sont comme les images
Qu'vn meslange confus forme dans les nuages;
C'est vn sombre tableau d'hommes & d'animaux
Qui ne fait arriuer ny des biens ny des maux.

HERODE.

Quand tu nous fus rauy par vn destin contraire,
Mon genereux aisné, braue & fidelle frere,
I'appris ton accident par vn mesme rapport:
Ie fus par mesme voye adverty de ta mort:
I'eus aux bords du Iourdain des visions cruelles
Qui preuinrent le bruit de ces tristes nouuelles.

PHERORE.

Pour moy i'ay mille fois des songes obserué,
Sans que de leur presage il soit rien arriué;
Et selon qu'vn Rabin me fit vn iour entendre,
C'est les prendre fort bien, que de n'en rien attendre.

HERODE.

Quelles fortes raisons apportoit ce Docteur,
Qui soustient que le songe est tousiours vn menteur?

PHERORE.

Il disoit que l'humeur qui dans nos corps domine,
A voir certains obiects, en dormant nous encline:
Le flegme humide & froid, s'esleuant au cerueau,
Y vient representer des brouillars & de l'eau:
La bile ardente & iaune, aux qualitez subtiles,
N'y dépeint que combats, qu'embrazemens de villes:
Le sang qui tient de l'air, & respond au Printemps,
Rend les moins fortunez en leurs songes contens:
Sa douce exhalaison ne forme que des roses,
Des obiects esgayez & d'agreables choses:
Et la melancholie à la noire vapeur,
Où se logent tousiours la tristesse & la peur,
Ne pouuant figurer que des images sombres,
Nous fait voir des tombeaux, des spectres & des ombres.
C'est ainsi que chacun aperçoit en dormant
Les indices secrets de son temperament.

HERODE.

Ainsi l'on songeroit tousiours les mesmes choses?

PHERORE.

Les songes quelquefois viennent par d'autres causes;
De mesme que les vns expriment nos humeurs,
Les autres bien souuent representent nos moeurs.
L'ame d'vn homme noble, encore qu'il repose,
Mesprise la Fortune, & l'Honneur se propose:

```
              Et celle du volleur, preuenant son destin,
70            Rencontre des Preuosts, ou fait quelque butin.
              De mesme l'vsurier en sommeillant repasse
              Et les yeux & les mains sur l'argent qu'il amasse:
              Et l'Amant preuenu de crainte ou de desirs,
              Esprouue des rigueurs ou gouste des plaisirs.

                            HERODE.

75            Ces expositions ne me contentent gueres,
              Ces principes communs ont des effects vulgaires,
    Salome    Et tu sçais qu'autrefois l'Egypte remarquoit
    entre.    Aux songes importans que Ioseph expliquoit;
              Qu'il en est, dont l'image est heureux ou funeste,
80            Nous annonçans la grace, ou le courroux celeste;
              Quoy qu'il en soit, Pherore, escoute vn peu le mien,
              N'importe qu'il promette, ou du mal ou du bien.
```

SCENE

TROISIESME

SALOME, HERODE, PHERORE, SOESME.

SALOME.

Vous plaist-il que i'entende aussi cette auanture,
Qui n'est à bien parler qu'vne vaine peinture,
Qu'vn Enygme confus sur le sable tracé?

HERODE.

Ne m'interromps donc pas quand i'auray commencé.
　La lumiere & le bruit s'espandoient par le monde:
Et lors que le Soleil qui se leue de l'onde
Esleuant au cerueau de legeres vapeurs,
Rend les songes qu'on fait plus clairs & moins trõpeurs.
Apres mille ambaras d'especes incertaines,
De rencontres sans suitte, & de chimeres vaines,
Ie me suis trouué seul dans vn bois écarté
Où l'horreur habitoit auec l'obscurité,
Lors qu'vne voix plaintiue a percé les tenebres,
Apelant MARIANE, auec des tons funebres.
　I'ay couru vers le lieu d'où le bruit s'espandoit,
Suiuant dans ce transport l'Amour qui me guidoit,
Et qui sembloit encor m'auoir presté ses aisles,
Pour atteindre plustost ce miracle des Belles.
　Mes pas m'ont amené sur le bord d'vn estang,
Dont i'ay trouué les eaux toutes rouges de sang;
Il est tombé dessus vn esclat de tonnerre;
I'ay senty sous mes pieds vn tremblement de terre,
Et dessus ce riuage, enuironné d'effroy,
Le ieune Aristobule a paru deuant moy.

SALOME.

O Cieux! ie serois morte estant en vostre place;
Le sang à ce recit dans mes veines se glace.

PHERORE.

Ie sens la mesme horreur dans mes os se couler.

HERODE.

110 Escoutez donc le reste, & me laissez parler.
Il n'auoit point icy la Tyare à la teste
Comme aux iours solemnels de nostre grande feste;
Où tirant trop d'esclat d'vn riche vestement,
Il obligeoit les Iuifs à dire hautement,
115 Qu'vne si glorieuse, & si noble personne,
Meritoit de porter la Mytre & la Couronne.
Ie ne l'ay reconnu qu'à la voix seulement;
Il sembloit retiré de l'onde fraischement,
Son corps estoit enflé de l'eau qu'il auoit beuë,
120 Ses cheueux tous moüillez luy tomboient sur la veuë,
Les flots auoient esteint la clarté de ses yeux,
Qui s'estoient en mourant tournez deuers les Cieux,
Il sembloit que l'effort d'vne cruelle rage
Auoit laissé l'horreur peinte sur son visage,
125 Et que de sang meurtry tout son teint se couurist,
Et sa bouche estoit morte encor qu'elle s'ouurist.
Ses propos dés l'abord ont esté des iniures,
Des reproches sanglans, mais tous plains d'impostures.
Il a fait contre moy mille imprecations;
130 Il m'est venu charger de maledictions,
M'a parlé de rigueurs sur son pere exercées,
M'imputant tous les maux de nos guerres passées:
Bref voyant qu'il osoit ainsi s'emanciper,
A la fin i'ay leué le bras pour le fraper:
135 Mais pensant de la main repousser cêt outrage,
Ie n'ay trouué que l'air au lieu de son visage:
Ainsi de violence, & d'horreur trauaillé,
Auec vn cry fort haut ie me suis esueillé.
Voila quel est mon songe: & bien que vous en semble,
140 Salome, qu'en dis-tu?

SALOME.

Moy? Ie dis que i'en tremble.

PHERORE.

Ie ne celeray pas que i'en suis effrayé.

SALOME.

C'est quelque auis du Ciel qui vous est enuoyé.

HERODE.

L'auis à déchifrer est si fort difficile,
Qu'il n'eust pû m'obliger d'vn soin plus inutile.

SALOME.

145   L'Estat, d'vn changement peut estre menacé.

HERODE.

Ce qu'escrit le Destin, ne peut estre effacé,
Il faut bon gré, mal-gré, que l'ame resoluë
Suiue ce qu'a marqué sa puissance absoluë:
150 De ses pieges secrets on ne peut s'afranchir,
Nous y courons plus droit en pensant les gauchir.
L'homme à qui la Fortune a fait des auantages,
Est comme le vaisseau sauué de cent orages,
Qui, subiet toutefois aux caprices du sort,
155 Peut se perdre à la rade, ou perir dans le port.
    Mais qui me peut choquer? & qu'ay-ie plus à craindre
Au faiste du bon-heur où l'on me voit atteindre?
Rien n'est assez puissant pour me perdre auiourd'huy,
Si le Ciel en tombant ne m'accable sous luy:
160 Ie ne puis succomber que par vne auanture
Dont le coup soit fatal à toute la Nature.
Tous les Asmoneans sont dedans le tombeau,
On voit dessus le Thrône vn Monarque nouueau,
Qui tient sous les Lauriers sa Couronne & sa teste
165 Pour iamais à l'abry des coups de la tempeste.
    Ie sçay bien quel support Auguste m'a promis,
Me voulant receuoir au rang de ses amis;
Et i'ay tant de faueur auprés de son Genie,
Que i'y suis asseuré contre la calomnie:
170 Ceux qu'il aime le mieux d'entre ses Courtisans
Font cas de ma vertu, comme de mes presens;
Et i'ay mille secrets par où le Iourdain libre
N'a point à redouter la colere du Tybre.
    De tout autre costé, pour brauer le mal-heur
175 Ie suis assez muny de force & de valeur:
Que l'Arabe, le Parthe, & l'Armenie entiere,
De trente legions menacent la frontiere,
Auec vn camp volant i'iray les afronter,
Et feray leurs desseins à leur honte auorter.
180 I'iray les repousser au fond de leurs Prouinces,
Et par tant de progrez humilier leurs Princes,
Qu'ils viendront confesser en receuant ma loy,
Qu'on ne profite guere à s'attaquer à moy.

SALOME.

Les Princes vos voisins sçauent vostre courage;
Ils en ont fait l'essay dés vostre plus bas aage:
185 Ils presteront l'oreille à des conseils meilleurs,
Et leur ambition prendra son cours ailleurs.

HERODE.

Ie n'auois pas quinze ans lors que ie pris les armes,
Lors que i'allay chercher la mort dans les alarmes,
Et si dés ce temps-là mon bras par mille exploits
Domptoit les Nations, & soumettoit les Rois.
    Que i'ay fait de combats, & gaigné de batailles.
Que i'ay surpris de Forts, & forcé de murailles,
Dans vn champ spacieux, quand le fruit de Cerés
De ses tuyaux dorez enrichist les guerés,
On ne voit gueres plus de iauelles pressées,
Que i'ay veu contre moy de picques herissées,
Qui voloient en esclats par tout où ie donnois,
Dans la brulante ardeur dont ie les moissonnois.

PHERORE.

Vos belles actions se treuuent sans pareilles,
Iules, quoy que l'on die, auec plus de merueilles,
Et par moins de combats & de trauaux diuers,
S'estoit fait apeler Maistre de l'Vniuers.
Vous auez surmonté mille fascheux obstacles,
Et toute vostre vie est pleine de miracles.

HERODE.

Dans ma condition, ie serois trop heureux,
Si ie n'estois pressé d'vn tourment amoureux,
D'vn feu continüel, d'vne ardeur sans mesure,
Qui tient incessamment mon ame à la torture:
Ou si ie pouuois vaincre vne seuerité
Qui s'opose au courant de ma prosperité.
    O bon-heur imparfait! Ô rigueur importune,
I'ay pour mes compagnons l'Amour & la Fortune;
Ils ne me quittent point, ils suiuent tous mes pas:
Mais l'vn m'est fauorable, & l'autre ne l'est pas.
L'vn fait qu'à tout vn peuple auiourd'huy ie commande,
Et l'autre me refuse vn coeur que ie demande:
Vn coeur que ie ne puis ranger sous mon pouuoir
En possedant le corps où ie le sens mouuoir.
    Aueugles Deïtez, esgalez mieux les choses,
Meslez moins de lauriers auecque plus de roses,
Faites qu'auec plus d'heur, ie sois moins renommé,
Et n'estant point si craint, que ie sois plus aimé.
    C'est auecque raison que mon humeur est sombre,
Ma gloire n'est qu'vn songe, & ma grandeur qu'vne ombre:
Si lors que tout le monde en redoute l'effet,
Ie brusle d'vn desir qui n'est point satisfait.

SALOME.

Depuis qu'en vostre lit Mariane est entrée,
Et que par tant de soins elle est idolatrée:
Vostre Maison sans cesse est ouuerte aux douleurs;
On n'obserue en vous deux que plaintes & que pleurs.

HERODE.

Mes plaintes sont tousiours plus iustes que ses larmes.
Pourquoy me parut-elle auecque tant de charmes,
Tant de rares vertus, & de diuins apas,
Pour entrer dans ma couche, & pour ne m'aimer pas?
Faut-il que deux moitiez soient si mal assorties?
Qu'vn tout soit composé de contraires parties?
Que ie sois si sensible, elle l'estant si peu?
Que son coeur soit de glace, & le mien soit de feu?

PHERORE.

Apres auoir acquis des honneurs à la guerre,
Qui vous font enuier aux deux bouts de la terre,
Succombant dans la paix à d'inuisibles coups,
Vous voulez que par tout on ait pitié de vous.

HERODE.

L'erreur dont on m'accuse a troublé de grands hommes,
Soit aux siecles passez, soit au temps où nous sommes.
L'Amour est tellement fatal à la valeur,
Qu'il n'est point de Heros exempts de ce mal-heur;
Celuy qui de son poil tenoit toute sa force,
Ne sceut se destourner de cette douce amorce.
Et ce petit Berger qui deuint vn grand Roy,
Fut en ses derniers iours plus insensé que moy.
Anthoine sous ce ioug abaissant son courage,
A de moindres clartez s'éblouit dauantage,
Pour suiure Cleopatre il quitta son bon-heur,
Et s'embarquant ainsi, fit naufrage d'honneur.
De moy tous mes desseins sont sans honte & sans crime:
Le feu qui me consume est vn feu legitime;
Ie n'ay pas des desirs que l'on puisse blasmer,
Car i'aime seulement ce que ie dois aimer.

PHERORE.

Si dans la passion d'vne amour conjugale,
De la Reine & de vous, l'ardeur estoit esgale,
Qui pourroit condamner vostre ressentiment?
Ou voudroit s'opposer à cêt embrazement?
Mais quoy? vostre raison est vraiment endormie;

Vous faites vanité d'aimer vne ennemie,
265 Qui pour recompenser vn traictement si doux
N'aplique son esprit qu'à mesdire de vous.

SALOME.

Sans mentir ceste erreur est digne de reproche;
Quel plaisir prenez vous de cherir vne roche,
270 Dont les sources de pleurs coulent incessamment,
Et qui pour vostre amour n'a point de sentiment?

HERODE.

Si le diuin obiect dont ie suis idolatre,
Passe pour vn rocher, c'est vn rocher d'albastre,
Vn escueil agreable, où l'on voit esclater
275 Tout ce que la Nature a fait pour me tenter.
Il n'est point de rubis vermeils comme sa bouche,
Qui mesle vn esprit d'ambre à tout ce qu'elle touche,
Et l'esclat de ses yeux veut que mes sentimens
Les mettent pour le moins au rang des diamans.

PHERORE.

La beauté toutefois doit estre desdaignée,
280 Qui de bon naturel n'est point accompagnée.

HERODE.

Toute ceste rigueur vient de sa chasteté,
Mais son humeur hautaine est plaine de bonté,
Quand le Parthe inhumain prit Hyrcane & Phaselle,
Ie deus ma deliurance à son conseil fidelle:
285 Sans cét insigne effect de sa secrette amour,
Ie perdois à la fois, & le Sceptre & le iour;
C'estoit fait de ma vie, & le traistre Antigone,
En me foulant aux pieds, remontoit sur le Throsne.
   Ceste obligation me touche tendrement,
290 Et me fait excuser ses desdains aisément;
Ie voy beaucoup d'orgueil en ses beautez diuines:
Mais on voit rarement des roses sans espines.
Et puis il est bien iuste à dire verité:
Qu'elle garde entre vous un peu de maiesté.
295 Mille Rois glorieux sont ses dignes ancestres,
Et l'on peut la nommer la fille de nos Maistres.

SALOME.

Elle en vze donc bien, car on sçait au Palais,
Qu'elle parle de nous comme de ses valets.
Et c'est dequoy pourtant nous ne ferions que rire,

300 N'estoit mille discours que l'on nous vient redire,
Par où son coeur ingrat, auec esmotion,
Tesmoigne contre vous sa noire intention.

HERODE.

Nous ne pouuons iamais, auecque bien-seance,
305 Aux rapports des valets, donner tant de creance:
Ainsi que l'interest les a rendus flateurs,
Nostre facilité les peut rendre menteurs;
Et mesme le mensonge est assez ordinaire,
A ces petites gens dont l'ame est mercenaire.

SALOME.

Les miens n'ont pas le coeur, ny l'esprit d'inuenter,
310 Tout ce que de la Reine ils me viennent conter.

HERODE.

Appren nous quelque traict de ceste violence?

SALOME.

Elle parle de vous auec vne insolence,
Que sans beaucoup d'horreur on ne peut reueler,
Et que sans crime aussi l'on ne sçauroit celer.
315 Vous nomme à tous propos l'autheur de ses miseres,
Le tyran de l'Estat, le meurtrier de ses peres,
Et de mille raisons anime son courroux,
Pour faire sousleuer les peuples contre vous.

HERODE.

La Iudée auiourd'huy soumise à ma puissance,
320 Ne trouue son bon-heur qu'en son obeïssance.
On ne peut l'esmouuoir ainsi facilement,
Et ie ne croy pas tout aussi legerement.
Ie connoy Mariane, & sçay qu'elle est trop sage
Pour s'estre abandonnée à tenir ce langage.
325 Si les Grands s'arrestoient à tout ce qu'on leur dit,
L'imposture auprés d'eux auroit trop de credit;
On verroit dans les Cours vne guerre eternelle,
Il faudroit chaque iour faire maison nouuelle.

PHERORE.

Il apele
Soesme,
& luy En cas de ces auis, pour se gouuerner bien,
330 parle à Il ne faut pas tout croire, & ne negliger rien.
l'oreille.

HERODE.

Ie la verray bien tost ceste belle indiscrette,
Ie luy reprocheray ceste iniure secrette,
Et sa bouche pourtant, auec vn seul baiser,
Quand elle auroit tout dit, pourra tout appaiser.
335 Soesme, escoute vn mot.

SALOME.

                O foiblesse indicible!
Parlant à Pherore. Il est ensorselé, le charme est tout visible:
Mais il faut s'employer à faire adroitement,
Dissiper la vertu de cét enchantement.

PHERORE.

Madame, ceste amour est vne maladie,
340 A laquelle il faudra que le temps remedie.
Nos auis auiourd'huy ne sont pas de saison.
Ce mal enuenimé resiste à la raison.

HERODE.

Herode acheuant d'instruire Soesme.
Obserue bien sur tout en faisant ce message,
Et le ton de sa voix, & l'air de son visage:
345 Si son teint deuient pasle, ou s'il deuient vermeil,
I'en sçauray la response en sortant du Conseil.

ARGVMENT

DV

SECOND ACTE.

1. Mariane se plaint des cruautez d'Herode, & descouure à sa confidante l'ordre qu'il auoit donné à Soesme pour s'en deffaire, en cas qu'il ne retournast pas de Rodes. 2. Salome l'escoute, & fait vn Dialogue auec elle. Puis elle acheue d'encourager, & d'instruire l'Eschançon qui doit l'accuser. 3. Herode chasse Mariane de sa chambre, donne audiance à l'Eschançon, qui vient luy parler de cette imposture, & se prepare à faire son procez.

ACTE II

SCENE PREMIERE

MARIANE, DINA.

MARIANE.

Ie croirois ton conseil, s'il estoit raisonnable:
Mais quoy? veux tu que i'aime vn Monstre abominable,
Qui du trespas des miens me paroist tout sanglant?

DINA.

Si vous ne l'aimez pas, faites-en le semblant;
En ceste occasion vous deuez vous contraindre,
C'est vn art excellent que de sçauoir bien feindre,
Lors que l'on est reduit à ceste extremité,
De ne pouuoir agir auecque liberté.

MARIANE.

Moy? que ie me contraigne? estant d'vne naissance
Qui peut impunément prendre toute licence,
Et qui sans abuser de ceste authorité,
Ne reigle mes desirs que par l'honnesteté?
Que mon coeur se desmente, & trouue du merite
A plaire au sentiment d'vn Barbare, d'vn Scythe,
Meurtrier de mes parens?

DINA.

     Madame, parlez bas.

MARIANE.

Si mon corps est captif, mon ame ne l'est pas:
Ie laisse la contrainte aux seruiles personnes,
Ie sors de trop d'ayeuls qui portoient des Couronnes,
Pour auoir la pensée, & le front differans,
Et deuenir Esclaue en faueur des Tyrans.
Qu'Herode m'importune, ou d'amour, ou de haine,
On me verra tousiours viure & mourir en Reine.

DINA.

370 Madame, le Palais est tout plain d'espions
Qui veillent iour & nuit dessus vos actions;
Depuis vn certain temps Salome tient à gages
Pour cêt office seul, des filles & des Pages,
Sans cesse à cette porte ils viennent escouter
Quels sont tous vos propos, qu'ils luy vont raporter.

MARIANE.

375 N'importe, laissons les escouter à leur aise,
Ils n'auront pas le bien d'ouir rien qui luy plaise.

DINA.

Le Roy vous a-t'il fait quelque nouuel ennuy
Pour causer ces desdains que vous auez pour luy?

MARIANE.

380 Quoy? t'imagines-tu que la tragique histoire
De mes plus chers parens sorte de ma memoire?
Tousiours les vieux Hircane & mon frere meurtris
Me viennent affliger de pitoyables cris;
Soit lors que ie repose, ou soit lors que ie veille,
385 Leur plainte à tous moments vient frapper mon oreille;
Ils s'offrent à toute heure à mes yeux esplorez,
Ie les voy tous sanglans & tous défigurez;
Ils me viennent conter leurs tristes auantures,
Ils me viennent monstrer leurs mortelles blessures,
390 Et me vont reprochant pour me combler d'ennuis,
Qu'auecque leur bourreau ie dors toutes les nuits.
    Il faut que le perfide acheue ma disgrace;
Il en veut à mon sang, il en veut à ma race,
Il n'est pas satisfait pour auoir massacré
395 Vn vieillard venerable, vn Pontife sacré
Qui le mit dans ses droits & dans son alliance,
Logeant en son appuy toute sa confiance:
Ny pour auoir esteint d'vne estrange façon
Vn innocent beau frere, vn aimable garçon,
400 Le ieune Aristobule, helas! lors que j'y pense
Le cours de la douleur emporte ma constance;
I'ay le coeur si serré que ie ne puis parler,
Et mon ame affligée est preste à s'enuoler.
    A peine il arriuoit en son quatriesme lustre,
Et l'on voyoit en luy ie ne sçay quoy d'illustre,
405 Sa grace, sa beauté, sa parole & son port,
Rauissoient les esprits dés le premier abord.
Il estoit de mon poil, il auoit mon visage,
Il estoit ma peinture, ou i'estois son image.

	Puis les Cieux en son ame auoient mis des thresors
410	Qui respondoient encore à ceux d'vn si beau corps,
	Et leurs graces sur luy sembloient estre tombées
	Pour releuer l'honneur des braues Macabées.
	Celuy qui vers le Nil emporta les pourtraits
415	Confessoit, tout rauy de ses charmans attraits,
	Que dans la Palestine on esleuoit vn homme
	Qui valoit bien les Dieux qu'on adoroit à Rome.
	Le peuple que sa veuë au Temple rauissoit,
	Admirant ses apas tout haut le benissoit,
420	Et ce Tyran cruel en conceut tant d'enuie
	Qu'il fit soudain trancher le beau fil de sa vie;
	Ce clair Soleil leuant adoré de la Cour
	Se plongea dans les eaux comme l'Astre du iour,
	Et n'en ressortit pas en sa beauté premiere,
425	Car il en fut tiré sans force & sans lumiere.
	Et puis qu'apres cela ie flatte l'inhumain
	Qui ne vient que d'oster la vie à mon germain?
	Plustost le feu me brusle, ou l'onde son contraire
	Rende mon sort pareil à celuy de mon frere.

DINA.

	Tous ces traits de mal-heur depuis long-temps passez,
430	De vostre souuenir doiuent estre effacez:
	Faut-il qu'à tous propos cette triste peinture
	Renouuelle vos pleurs sur vne vieille iniure?
	Que tousiours vostre esprit en vos ans les plus beaux
	Erre si tristement à l'entour des tombeaux?
435	Madame, faite tréfue auecque ces pensées,
	Vos celestes beautez y sont interessées,
	Vostre teint composé des plus aimables fleurs,
	Sert trop long-temps de lit à des ruisseaux de pleurs.
	Le temps & la raison sans doute vous inuitent
440	A bannir ces ennuis qui vos iours precipitent:
	On vous a fait des maux; mais pour ne rien celer,
	On pren beaucoup de soin pour vous en consoler.

MARIANE.

Comment!

DINA.

Le Roy vous aime.

MARIANE.

Il m'aime? ô l'innocente!

DINA.

Il souspire tousiours quand vous estes absente,
445 Il vous nomme à toute heure, il compte tous vos pas;
N'est-ce pas vous aimer?

MARIANE.

Hé Quoy? ne sçay-tu pas
Que cette ame infidelle est pleine d'artifices,
Que ma perte despend de ses premiers caprices,
Et qu'au moindre hazard qu'il s'attend de courir
450 Il ordonne aussi tost qu'on me face mourir?
C'est le soin principal de cette amour extrême
Et c'est à quoy n'aguere il obligeoit Soesme,
Lors que tout effroyé pour Rodes il partoit,
Redoutant d'y trouuer la mort qu'il meritoit.

DINA.

455 Ce trait est sans mentir cruel & tirannique,
Ie ne demande plus quelle chose vous pique;
Les ordres inhumains de cét esprit ialoux
Font voir en cét endroit qu'il s'aime mieux que vous.
Mais quoy, vous trouuant hors de ce peril extresme,
460 Vous aimant mieux que luy, dissimulez de mesme.
Vous verrez quelque iour vos aimables enfans
Les Thiares au front, heureux & triomphans;
Au moins si par vn trait de mauuaise conduite
Vostre mespris ne rend leur fortune destruite,
465 Ne perdez pas le soin qui les doit conseruer:
Si le Roy vous attend il faut l'aller trouuer.

Salome se montre à l'entree de la chambre.

MARIANE.

I'iray: mais ce sera pour luy faire paroistre
Qu'il est vn parricide, vn scelerat, vn traistre,
Et que ie ne sçay point de loy, ny de deuoir
470 Qui me puisse obliger desormais à le voir:
Le conseil en est pris.

DINA.

O Cieux! ie tremble toute.

MARIANE.

Pourquoy?

DINA.

Tout est perdu, Salome nous escoute.
Que ie hay ces esprits meschans & curieux!

SCENE

DEVXIESME

MARIANE, et SALOME.

MARIANE.

Aprochez vous plus prés, vous nous entendrez mieux.

SALOME.

Ie m'alois retirer vous croyant empeschée,
Et l'on diroit aussi que vous estes faschée.

MARIANE.

Vne iuste colere animoit mon discours.

SALOME.

C'est vne passion qui vous émeut tousiours.

MARIANE.

Ie souffre aussi tousiours vne rigueur insigne.

SALOME.

Vous auez des mal-heurs dont vous n'estes pas digne.

MARIANE.

Ie croy qu'on ne void rien dans mes deportemens
Qui puisse meriter ces mauuais traittemens.

SALOME.

Vous estes fort à plaindre en l'estat où vous estes,
Mais toutes les Beautez ne sont pas satisfaites.

MARIANE.

Pour vous en vos destins vous n'auez que du bien.

SALOME.

Vous sentez vostre mal, & moy ie sens le mien.

MARIANE.

Vostre coeur releué se plaint de la fortune?

SALOME.

I'ay bien d'autres ennuis dont le cours m'importune.
Mais ainsi que i'entrois, que disiez vous du Roy?

MARIANE.

Ie me plaignois de luy comme il se plaint de moy.

SALOME.

Ie ne puis deuiner ces grands sujets de plainte.

MARIANE.

C'est que ses Espions me tiennent en contrainte.

SALOME.

L'innocence par tout peut auoir des tesmoins.

MARIANE.

I'aurois plus de repos s'ils m'importunoient moins.

SALOME.

Vous deuriez dire au Roy combien cela vous blesse.

MARIANE.

Vous deuriez l'aduertir aussi de sa foiblesse.

SALOME.

S'il a de la foiblesse, à vostre iugement,
On ne l'aperçoit guere à son gouuernement.

MARIANE.

Le déplorable estat où l'on me voit reduite,
Est le plus rare effect de sa grande conduite.

SALOME.

Vous y remarqueriez moins d'imperfection,
Si vous n'auiez pour luy beaucoup d'auersion.

MARIANE.

Ie n'ay d'auersion que pour l'horreur du crime,
Mais tous les gens de bien l'ont en la mesme estime.

SALOME.

505 S'ils ont ces sentimens, ils en parlent bien bas.

MARIANE.

C'est qu'ils craignent la mort, & ie ne la crains pas.

SALOME.

C'est en dire vn peu trop; vous deuez ce me semble,
Porter plus de respect au neud qui vous assemble.

MARIANE.

Les respects qu'on luy doit me sont assez cognus,
510 Car ie n'ignore pas d'où vous estes venus.

SALOME.

Moy? i'ignore d'où vient cette haine apparente.

MARIANE.

Cette mauuaise humeur vous est indifferente.

SALOME.

Si vous auiez pourtant quelque diuision,
Ie m'offrirois à vous en cette occasion,
515 Et vous presenterois mes tres-humbles seruices.

MARIANE.

Vous me rendez tousiours assez de bons offices.

SALOME.

Ie vous en rens bien moins que vous n'en meritez.

MARIANE.

Le Ciel reconnoistra toutes ces charitez.

SALOME.

L'honneur de vous seruir m'est trop de récompense.

MARIANE se leue.

520 Chacune de nous deux sçait bien ce qu'elle en pense.

SALOME.

Vous allez voir le Roy?

MARIANE.

Ouy, i'y vay de ce pas,
Luy tenir vn discours qui ne luy plaira pas.

SALOME.

Vous ne luy direz rien qui luy puisse déplaire,
Il aime tout de vous, iusqu'à vostre colere.

MARIANE.

525 Et moy qu'il a renduë vn objet de pitié,
I'abhorre tout de luy, iusqu'à son amitié.

SALOME seule.

Superbe, dedaigneuse, au courage inuincible,
Ne t'imagine pas que ie sois insensible:
Non, non, ie ne suis pas de ces lasches esprits
530 Qui peuuent aisément suporter vn mespris;
Souuien toy que le mien ne reçoit point d'iniure,
Qu'il ne rende aussi tost auec beaucoup d'vsure;
Salome sçait fort bien comme il faut obliger,
Et n'est pas ignorante en l'art de se vanger.
535 Nous n'aurons pas long temps à souffrir ses caprices,
Mon intrigue est fatale à tous ses artifices;
I'ay gaigné depuis peu le premier Eschançon,
Qui doit lancer contr'elle vn trait de ma façon,
Vn trait noir qui portant la tristesse & la crainte,
540 Donne à l'ame credule vne mortelle attainte,
Trouble les sentimens, & fait qu'en vn instant
L'ardante amour se change en couroux esclatant.
Cét homme en est capable, il est ma creature,
Et veut mettre pour moy sa vie à l'auenture:
545 Il faut haster l'effet de ce iuste dessein,
De peur que ce secret luy pese sur le sein,
Qu'il n'en aille aduertir vn tiers qui nous trahisse,
Ou qu'en raisonnant trop il ne se refroidisse:
Mais ne le voy-ie pas qui s'en vient droit à moy?
550 Desia sur ce projet la peur luy fait la loy;
Il porte sur le front vne morne tristesse.

SCENE
TROISIESME
L'ESCHANSON, SALOME.

L'ESCHANSON.

Pourray-ie dire encore vn mot à vostre Altesse,
Sur l'execution de son commandement?

SALOME.

Ouy, ie l'escouteray; parle donc hardiment.

L'ESCHANSON.

555 Madame, en vous seruant i'affronte des supplices,
Ie m'en vay me conduire entre des precipices,
Dans vn sentier glissant, où faisant vn faux pas,
Ie suis tout asseuré d'arriuer au trespas,
Il ne faudroit au Roy qu'vne seule pensée,
560 Pour ralumer le feu de son Amour passée,
Vn doux ressouuenir de sa tendre amitié,
Vn regard tout chargé des traits de la pitié,
La moindre émotion qui vienne à la trauerse,
Vne larme, vn soupir, me choque & me renuerse,
565 I'y voy mille perils: mais ie les braue tous,
Car mon obeïssance est aueugle pour vous:
Et puis vous m'asseurez que par cette industrie,
Ie m'expose à la mort pour sauuer ma patrie.

SALOME.

Si tu fermes les yeux pour m'exprimer ta foy,
570 Ie le veux reconnoistre ouurant la main pour toy,
Mais tu fais ta fortune, & t'acquiers vne gloire,
Qui pourroit esgaler l'honneur d'vne victoire;
Tu preserues ton Roy d'vn funeste accident,
Tu nous retires tous d'vn naufrage euident,
575 Et dans cette entreprise où ie te sers de guide,
Le labeur est leger & le prix est solide,
Tu vas en cêt exploit par ma commission,
Tu n'auances du tien que sous ma caution:
C'est moy qui te presente, & c'est moy qui t'auouë,
580 Qui vay donner le bransle & pousser à la rouë.

Tu sçais bien que le Roy croit assez de leger,
Et que c'est vn esprit que ie sçay ménager.
Ton raport va surprendre vne ame défiante,
Credule, furieuse, & fort impatiente,
585   Dans ce trouble excité, si tu fais ton deuoir,
Il mordra l'ameçon sans s'en apperceuoir,
C'est vn apas subtil que ie luy feray prendre,
Sans qu'il ait le moyen de s'en pouuoir deffendre.
 Puis pour ta seureté tu seras aduerty
590   Que Mariane mesme est de nostre party,
Son coeur enuenimé d'vne rage nouuelle,
S'entend auecque nous pour conspirer contr'elle,
Tout à l'heure en deux mots elle m'a fait iuger
Qu'elle va voir le Roy pour le desobliger:
595   Tu sçay de quelle sorte il suporte vne iniure,
Sers toy donc à propos de cette conioncture;
Tout rit à nos desseins, tout respond à nos voeux,
L'occasion paroist, pren-la par les cheueux.

    L'ESCHANSON.

Ces puissantes raisons mettroient en asseurance
600   L'ame la plus timide & la plus en balance:
Mais puisque vostre Altesse & les Cieux l'ont voulu,
Mon coeur sur ce sujet est assez resolu.
Tout ce qui me retient, c'est que ie vay parestre,
Et deuant vn grand Prince & deuant vn grand Maistre,
605   Qui sçait ce qu'on veut dire auant qu'on ait parlé,
Et qui peut descouurir vn coeur dissimulé.
 Madame, en peu de mots vous plaist-il de m'aprendre
La meilleure façon dont ie puis le surprendre?
Adioustez à mon ordre vn peu d'enseignement,
610   Afin que mon effort succede heureusement.

    SALOME.

Il faut dans ce raport par vne adresse extresme,
Que pour le mieux tromper tu te trompes toy-mesme:
Figure toy le fait d'vn penser ingenu,
Comme si sans mensonge il estoit aduenu,
615   Puis ayant en ton ame imprimé ceste image,
Laisse agir là dessus ta langue & ton visage.
 Ie ne puis te donner de meilleure leçon:
Mais dy tousiours le fait de la mesme façon;
Croy toy mesme l'horreur que tu veux faire croire,
620   Et prens garde en parlant de manquer de memoire.
 Dy ces mots à peu prés. Sire, de iour en iour,
La Reine m'entretient sur vn Philtre d'amour,
Qu'elle voudroit mesler parmy vostre breuuage,
Afin de vous porter à l'aimer dauantage:
625   Mais connoissant assez l'excez de vostre ardeur,

	Ie trouue que ce Philtre est de mauuaise odeur,
	Veu mesme que tandis qu'elle m'en solicite,
	Elle est mal asseurée, & paroist interdite:
	Là dessus, meu de zele & de fidelité,
630	I'en viens donner aduis à vostre Maiesté,
	De peur que par l'employ de quelqu'autre ministre,
	Vous soyez preuenu d'vn accident sinistre.

    L'ESCHANSON.

Ie treuue ce discours fort propre à l'esmouuoir,
Et i'espere, Madame, y faire mon deuoir.

    SALOME.

635 La Reine en son cartier se sera retirée,
Porte donc ce propos d'vne voix asseurée.
Ie m'y rencontreray: feras-tu cét effort?

    L'ESCHANSON.

Ouy, Madame, deussay-ie y rencontrer la mort.

SCENE

QVATRIESME

HERODE, MARIANE.

HERODE, *chassant Mariane de sa chambre.*

Va, va, ie te tiendray ce que ie te promets,
640 Sors viste de ma chambre, & ny r'entre iamais.
Te rendre inexorable alors que ie te prie?
Ingrate, mon amour se transforme en furie;
Et desia tous ses traits qui sortent de mon coeur,
Se changent en serpens pour punir ta rigueur.
645 Ce mespris me descouure vn desir de vengeance,
Que ie veux obseruer auecque diligence.
Desormais de ta part tout me sera suspect,
Ie n'auray plus pour toy ny bonté ny respect,
Et s'il auient iamais que dans cette humeur noire,
650 Tu lances quelque trait qui ternisse ma gloire,
Salome Ie le repousseray d'vn air qui fera foy,
entre. Qu'on ne doit pas manquer de respect à son Roy.

SCENE
CINQVIESME
SALOME, HERODE.

SALOME.

Qvel est donc le sujet qui vous met en colere?

HERODE.

Celuy qui tous les iours ne fait que me desplaire.

SALOME.

655 C'est possible la Reine auec sa cruauté,
Car ces traits de rigueur n'ont point de nouueauté.

HERODE.

Tu l'as bien deuiné, ouy, c'est cette cruelle,
Et le dernier affront que ie receuray d'elle.

SALOME.

Vous en direz de mesme encore au premier iour.

HERODE.

660 Nullement, son mespris a destruit mon amour:
Ie la hay maintenant à l'esgal de la peste,
Et trouue que pour moy, c'est vn fleau celeste.

SALOME.

Puis-ie sçauoir quel est ce mescontentement?

HERODE.

Ie m'en vay te l'apprendre, assis toy seulement.
665   Desirant de la voir, non sans impatience,
Ie l'auois demandée auec beaucoup d'instance,
Quand cét esprit ingrat qui s'est senty presser,
M'a rendu ce deuoir afin de m'offencer:
En vain ie l'ay traictée auec toute l'adresse,
670 Dont vn parfait Amant oblige vne Maistresse:

>   Car trauaillant sans fruit dans le soin que i'ay pris,
>   Mes faueurs ont tousiours irrité ses mespris.
>   Toutes mes passions n'ont fait que luy desplaire,
>   Ses yeux estinceloient d'vne iniuste colere,
> 675   Et dans ces mouuemens cruels & furieux,
>   Elle m'a dit des maux si fort iniurieux,
>   Que ne pouuant souffrir vne telle insolence,
>   En fin ie l'ay chassée auecque violence.
>   Voila ce qui me pique, & me trouble si fort,
> 680   Voy quelle est sa manie, & me dis si i'ay tort.

                    SALOME.

>   Ouy, vous auez grand tort, & son ingratitude
>   Deuoit vous affliger d'vn traictement plus rude,
>   Puisque sans redouter ses dangereux effets,
>   Vous l'irritez sans cesse à force de bien-faits!
> 685   C'est vn monstre d'orgueil & de mesconnoissance,
>   A qui vostre bonté donne trop de licence;
>   Si la faueur du Ciel ne destourne ses coups,
>   Sa malice à la fin se deffera de vous.

                    HERODE.

>   Estant assez instruit de sa mauuaise enuie,
> 690   Ie l'empescheray bien d'attenter sur ma vie.

                    SALOME.

>   I'en doute; nostre sexe est fort vindicatif,
>   Et dans ses trahisons se rend bien inuentif:
>   La tigresse qui void enleuer sa portée,
>   Est moins à redouter qu'vne femme irritée.
> 695   Veillez considerer que dans vn iuste effroy,
>   Pour vostre seureté ie parle contre moy.

                    HERODE.

L'Huissier s'avance vers la chaire d'Herode.

>   Ie mettray tant de gens à veiller autour d'elle,
>   Que son ame offencée, apres cette querelle,
>   N'aura pas le moyen de prendre aucun party,
> 700   Sans que tout à l'instant on m'en tienne aduerty:
>   Son meilleur est d'auoir tousiours la bouche close,
>   Autrement...qu'est-ce?

                    SALOME.

>   On vient vous dire quelque chose.

SCENE SIXIESME

L'HVISSIER, HERODE, SALOME, L'ESCHANSON,
& le Capitaine des Gardes.

L'HVISSIER.

Vn de vos Eschançons à la porte arresté,
Desire de parler à vostre Maiesté,
Et proteste que c'est vn auis d'importance,
Dont il doit tout soudain vous donner connoissance.

HERODE.

Vn auis d'importance? Et bien, fay-le auancer,
Quel seroit cêt aduis?

SALOME.

Ie n'en sçay que penser.

HERODE.

Il est tout interdit; qu'as-tu donc à me dire?

L'ESCHANSON.

Vn complot qui regarde, & vous, & vostre Empire.

HERODE.

Vien me conter icy le tout distinctement.

SALOME.

Si la fin se rapporte à son commencement,
La victoire est à nous, & pour ceste orgueilleuse,
Ceste nouuelle ruse est assez perilleuse.
Nous courons dans la lice, & nos frons à peu prés,
Ont, le mien du laurier, & le sien du Cyprés.

HERODE.

O noire perfidie! ô trahison damnable!
O femme dangereuse! ô peste abominable!

		Elle t'a pratiqué pour me faire perir,

<pre>
720   Elle t'a pratiqué pour me faire perir,
                            Moy qui voulois tout perdre afin de l'acquerir.
       Parlant à   Il t'en faut asseurer, ou bien tu te hazardes.
       part à son   Hola! qu'on vienne à moy, Capitaine des Gardes,
       Capitaine   Prenez vos compagnons, sans bruit & promptement,
       des Gardes.   Allez trouuer la Reine en son appartement;
725   Dites luy qu'il s'agist au conseil d'vne affaire,
                            Où ie tien sa presence estre fort necessaire,
       Pherore   N'oubliez pas cét ordre, allez-y de ce pas,
       entre.   Conduisez-la vous mesme, & ne la quittez pas:
                            Car si vous y manquez, vous me respondrez d'elle.

                                LE CAPITAINE DES GARDES.

730   Ie feray le deuoir d'vn seruiteur fidelle.
</pre>

SCENE SEPTIESME

PHERORE, SALOME, HERODE.

PHERORE.

Madame, qu'a le Roy, qui paroist interdit?

SALOME.

Nous le sçaurons tantost, il ne m'en a rien dit.

PHERORE.

Voila qu'il vient à nous tout changé de visage.

HERODE.

La Reine pour me perdre a mis tout en vsage.

SALOME.

735 Vous rebutiez tousiours nos fidelles auis.

HERODE.

I'ay beaucoup de regret qu'ils n'ont esté suiuis.
Mais voyant le peril i'ose bien me promettre,
Que vous approuuerez l'ordre que i'y vay mettre.
740 Il faut preuenir ceux qui se veulent vanger,
Et courir de bonne heure au deuant du danger.
Assistez au procez qu'auiourd'huy ie veux faire:

Se tournant vers l'Eschançon. Toy, ne t'esloigne pas, car tu m'és necessaire.

ARGVMENT
DV
TROISIESME ACTE.

1. Herode accuse Mariane, & luy produit l'Eschançon, qui la charge de l'empoisonnement supposé. Elle tesmoigne en se deffendant sur ce crime, plus de courage que d'esprit. Mais tandis qu'elle braue la Fortune & la mort, auec vne constance digne d'vne grande Princesse, elle ne se peut empescher de donner quelques larmes aux sentimens de la Nature, se representant l'estat où ses enfans se trouueront, estans priuez de son exemple & de son support.
2. Herode est touché de ses pleurs, & l'amour qui estoit sortie de son coeur par la porte de la crainte & de la cholere, y rentre aussi tost par celle de la pitié. 3. Dans cette reconciliation apparante, Mariane luy descouure vn sujet de mescontentement qu'elle ne luy pouuoit plus cacher, sur le commandement secret dont il auoit chargé Soesme, afin qu'il se deffist d'elle s'il arriuoit qu'il perist en son voyage de Rodes. 4. Ce Prince naturellement soupçonneux conçoit là dessus vne extrême ialousie de Soesme: il le fait venir, l'examine sur son peu de fidelité, & ne pouuant moderer sa rage, le fait mourir sur l'heure, auec l'Eunuque de la Reine, qu'il croit auoir esté complice de ce crime imaginaire.

ACTE III

SCENE PREMIERE

HERODE au Conseil.

Obseruant de l'Estat la blessure inhumaine,
Ostons-en la partie où paroist la cangrene,
745 Oposons sagement l'antidote au poison,
Et gardons la rigueur contre la trahison.
Quoy, n'amene-t'on point encor ma criminelle?
Pour la faire haster, qu'on aille au deuant d'elle.
En cette occasion ie veux l'interroger,
750 Et mettre son procez en estat de iuger.
    Mais la voicy qui vient auec autant d'audace,
Que si ie l'attendois pour implorer sa grace:
On diroit que l'altiere en mesurant ses pas
Dépite ma iustice, & braue le trespas.

SCENE

DEVXIESME

HERODE, MARIANE, L'ESCHANSON, PHERORE, SALOME,
deux Iuges, le grand Preuost, & le Capitaine des Gardes.

HERODE.

755 Avance, mal-heureuse, hé bien meschante femme,
A qui i'auois donné la moitié de mon ame,
Et qui par le seul droit de cette sainte ardeur,
Partageois auec moy ma gloire & ma grandeur:
Dès sa conception ta rage est auortée,
760 Ton piege est descouuert, ta mine est euentée,
Et m'ayant pris pour but, par vne iuste loy,
La pointe de tes dards retourne contre toy;
Voudrois-tu paslier ce crime manifeste,
Que nous a descouuert la iustice celeste?

MARIANE.

765 Ces discours ambigus ont des obscuritez,
Qui se rapportent fort au sang donc vous sortez.

HERODE.

Insolente, oses-tu me dire ces paroles?

MARIANE.

Osez-vous m'accuser de ces crimes friuoles?

HERODE.

Ce n'est que sur son Roy simplement attenter.

MARIANE.

770 Ce crime est fort nouueau, l'on vient de l'inuenter:
Mais iamais vostre esprit n'a manqué d'artifice
Pour perdre l'innocent sous couleur de iustice.

HERODE.

La mort esmoussera tous ces piquans propos,
Qui blessant mon honneur, trauersent mon repos:
775 Au lieu de s'excuser, l'ingrate en sa deffence,

Montrant
l'Eschançon.

Ne sçauroit proferer vn mot qui ne m'offence:
Mais voicy le tesmoin de ce noir attentat
Formé contre ma teste & le corps de l'Estat.
Pour sa confusion il faut qu'on luy confronte;
780 Desia l'aperceuant, elle rougist de honte.
Vien confirmer icy ton fidelle rapport,
Et dy de quelle adresse on desseignoit ma mort.
Mais que la verité se monstre toute nuë,
Ne fay pas que le crime, ou croisse ou diminuë.

L'ESCHANSON.

785 Sire, que sur ma teste vn foudre soit lancé,
Si ie n'ay dit le tout ainsi qu'il s'est passé.

HERODE.

Vien donc luy soustenir, & mettre en euidence,
Vn fait qu'elle dénie auec tant d'impudence.
Parle.

L'ESCHANSON.

    Si le deuoir d'vn fidelle subjet,
790 Permettoit de celer cét important projet,
Madame, ie serois encore à me produire:
Mais le salut du Roy me force de vous nuire,
Veillez me pardonner si i'ay tout reuelé.

MARIANE.

Quoy? meschant?

L'ESCHANSON.

        Le poison dont vous m'auez parlé.

MARIANE.

795 Monstre issu de l'Enfer pour nuire à l'innocence,
Oses-tu bien mentir auec tant d'asseurance?
De ta noire action tu receurois le fruit
Si tu n'estois porté par ceux qui t'ont instruit:
Ce tesmoignage faux est digne du suplice,
800 Mais pour t'en garantir mon iuge est ton complice;
De bon coeur ie pardonne à ta mauuaise foy,
Tu sers par interest de plus meschans que toy,
Cette iniure est contrainte & n'a rien qui me fasche;
De tous mes ennemis tu n'es pas le plus lasche.

HERODE.

805 Tu deurois t'efforcer de te deffendre mieux
Sur vn crime abhorré de la terre & des Cieux:
Car respondant au fait que ce tesmoin depose,
Il faut ou dénier, ou confesser la chose.

MARIANE.

Par force ou par adresse il sera mal-aisé
810 Qu'on me face auouer vn crime suposé,
Et n'estoit mes mal-heurs, ie suis assez bien née
Pour n'apprehender pas d'en estre soupçonnée:
Mon esprit que le Sort afflige au dernier point,
Souffre les trahisons, mais il n'en commet point,
815 Encore qu'il en eust vn sujet assez ample,
S'il estoit obligé de faillir par exemple.

HERODE.

Quels exemples as-tu de ces desloyautez?

MARIANE.

I'ay mille trahisons, & mille cruautez,
Le meurtre d'vn Ayeul, l'assassinat d'vn Frere.

HERODE.

820 A peine en cét endroit ie retiens ma colere.
Ah! Cerbere testu, fatal à ma Maison,
Tu sçais bien contre moy produire du poison:
Mais inutilement ta bouche enuenimée,
Iette son aconit contre ma renommée;
825 Elle est d'vne candeur que rien ne peut tacher,
Et sans impieté l'on n'y sçauroit toucher.
Ie me ry de ta rage, & par ces vains blasphemes,
En pensant me picquer, tu te blesses toy mesmes:
Ce reproche insolent choque la verité,
830 *Il fait   Et fait voir clairement ton animosité;
signe au   Par là ta perfidie est assez descouuerte,
Capitaine Cette confession suffira pour ta perte.
des Gardes,   *Mes amis, prononcez ce qu'ordonnent les loix
d'esloigner Contre les attentats qui regardent les Rois.
835 Mariane   Depeschez, c'est vn droit qu'il faut que l'on me rende,
tandis qu'il La Iustice le veut, & ie vous le demande.
recueille
les voix.   PHERORE.

Ie trouue que ce crime est sans remission.

SALOME.

C'est trop peu qu'vne mort pour sa punition.

    PHALEG I. Iuge.

Si vostre Maiesté ne luy fait point de grace,
840   Le crime est capital, la Loy veut qu'elle passe.

    SADOC 2. Iuge.

Ou qu'elle soit au moins confinée en prison,
En cas que l'on ne puisse auerer le poison.

    HERODE.

              Il semble que la chose est assez auerée;
Regardant Quoy? n'en auons nous pas vne preuue assurée?
845 *en colere* Les attentats passez, & les discours presans,
le second Pour esclaircir ce fait, sont-ils pas sufisans?
Iuge.   Le tesmoin qui l'accuse est homme irreprochable,
               C'est vn vieux officier qui me sert à la table,
               Quel ministre plus propre eust-elle pû choisir,
850   Pour faire executer son horrible desir?
Faloit-il pour tramer cette lasche pratique
Qu'elle en parlast tout haut en la place publique?
Et n'auoit-elle pas assez de cét Agent
Si sa rage l'eust pû corrompre par argent?

    MARIANE.

855   Poursuy, poursuy, barbare, & sois inexorable,
Tu me rends vn deuoir qui m'est fort agreable:
Et ta haine obstinée à me priuer du iour,
M'oblige beaucoup plus que n'a fait ton amour.
Icy ta passion respond à mon enuie,
860   Tu flates mon desir en menaçant ma vie.
Ie dois benir l'excez de ta seuerité,
Car ie vay de la mort à l'immortalité.
Ma teste bondissant du coup que tu luy donnes,
S'en va dedans le Ciel se charger de Couronnes,
865   Dont les riches brillans n'ont point de pesanteur,
Et que ne peut rauir vn lasche vsurpateur.
    Si ie me plains encor d'vn Arrest si seuere,
C'est à cause que i'ay des sentimens de mere;
Ie laisse des enfans, & m'afflige pour eux;
870   Ces mal-heureux enfans d'vn pere mal-heureux,
Ils sortent d'vne souche en gloire si feconde,
Qu'elle a fait de l'ombrage aux quatre coins du monde:
Ces petits orphelins sont dignes de pitié,

Elle se porte vn mouchoir sur les yeux.

Ces aimables obiects de ma tendre amitié,
Qu'vne rude Marastre ainsi qu'il est croyable
Maltraitera bien tost d'vn air impitoyable.

HERODE.

Au point que mon courroux estoit le plus aigry,
Par le cours de ses pleurs mon coeur s'est attendry,
Il semble que l'Amour qui se rend son complice,
Déchire le bandeau que porte ma iustice,
Afin qu'en la voyant ie luy puisse accorder
Le pardon que pour elle il me vient demander,
Desia mon ame incline à la misericorde.
Tu demandes sa grace, Amour, ie te l'accorde;
Mais vueille agir prés d'elle, & me faire accorder,
Vn bien qu'en mesme temps ie luy veux demander;
Fay qu'à iamais son coeur repentant de son crime,
Responde à mes bontez auecque plus d'estime;
Qu'elle quitte pour moy cét insolent orgueil,
Qui pourroit quelque iour nous ouurir le cercueil;
Fay luy voir que ie l'aime à l'egal de moy mesme,
Et s'il se peut encore, Amour, fais qu'elle m'aime.

Il fait signe à ceux qui sont du Conseil qu'ils se retirent.

Vueille essuyer tes yeux, Obiet rare & charmant,
La qualité de Roy cede à celle d'Amant;
Ma iustice pouuoit à mes loix te sousmettre,
Mais mon affection ne le sçauroit permettre:
Ie me sens trop touché de tes moindres douleurs,
Ie trouue que mon sang coule parmy tes pleurs,
I'interromps cét Arrest, car ma colere extréme
Te faisant ton procez, me le fait à moy mesme,
Et si dans vn moment ie n'arrestois ton dueil,
Ie sens bien qu'auec toy i'yrois dans le cercueil,
Ie mourrois de ta mort, & les mesmes supplices
Traicteroient ta Partie ainsi que tes Complices.
Voy de quelle façon mon sort dépend du tien,
Et si ie t'importune en te voulant du bien,
Si tu conçois pour moy quelque cruelle enuie,
N'vses plus de poison pour abreger ma vie,
S'il te prend vn desir d'auancer mon trespas,
Tu n'as rien qu'à monstrer que tu ne m'aimes pas,
Tu n'as qu'à m'exprimer cette haine secrete,
Et bien tost mes ennuis te rendront satisfaite.
Mais confesse moy tout, afin de faire voir,
Que tu veux auiourd'huy rentrer en ton deuoir,
Et que ton coeur touché d'vn remors veritable,
Deteste auec horreur vn crime detestable.

MARIANE.

On connoist à ce stile, & doux, & deceuant,
Comme en l'art de trahir ton esprit est sçauant,

            C'est auec trop de soin m'ouurir la sepulture,
920   Pour me perdre il suffit d'vne seule imposture.

                        HERODE.

            Mauuaise, tu crois donc que ie suis vn trompeur,
            Et toute ceste audace est l'effect de ta peur.
            Ne crains point, pour ta grace, elle est enterinée,
            Ie tiendray ma parole apres l'auoir donnée;
925   Cesse de m'affliger auecque tes douleurs.

                        MARIANE.

            Mais fay plus tost cesser ma vie & mes mal-heurs,
            Tous les miens sont passez, ie brusle de les suiure.

                        HERODE.

            Comment? veux tu mourir pour m'espescher de viure?
            Et violant encor toutes sortes de droits,
930   Attenter sur ton Roy pour la seconde fois?
            Bien que tu sois de glace, & que ie sois de flame,
            Les Cieux ont attaché mon esprit à ton ame;
            Le beau fil de tes iours ne peut estre accourcy,
            Sans que du mesme temps le mien le soit aussi.

                        MARIANE.

935   Lors que ta vie au moins, finira sa durée,
            La mienne, il est certain, sera mal asseurée,
            Car les precautions de ta soigneuse amour,
            Me feront, s'il se peut, partir le mesme iour:
            Certes ce sont des traits d'vne amitié bien tendre.

                        HERODE.

940   Ce propos est obscur, ie ne sçaurois l'entendre.

                        MARIANE.

            Ne perdons point le temps en discours superflus,
            La chose est trop recente.

                        HERODE.

                                    Il ne m'en souuient plus.

                        MARIANE.

            Quand tu crains laschement la Iustice d'Auguste,
            Ma mort est resoluë, & tu la trouue iuste?

HERODE.

D'AVGVSTE? Ah! par ce mot ie suis assez instruit,
Et de ce qui t'anime, & de ce qui me nuit,
Ie connoy les raisons qui tes desdains aigrissent,
Et l'ingrate façon dont mes gens me trahissent;
Soesme t'en a fait vn secret entretien?

MARIANE.

Il ne m'en a rien dit, mais ie le sçay fort bien.

HERODE.

Se tournant vers le grand Preuost.

Ah! perfide Soesme, auoir trompé ton Maistre:
Allez diligemment vous saisir de ce traistre,
Que tout chargé de fers il me vienne trouuer;
Mais ne luy donnez pas le temps de se sauuer;
Qu'en de diuers cachots à mesme heure on deuale
Ceux qui seront suspects d'estre de sa cabale,
Viste, & que les Bourreaux ne les espargnent point.

GRAND PREVOST.

Sire, i'accompliray le tout de point en point.

HERODE.

L'Eunuque de la Reine est de l'intelligence,
Faite qu'on me l'ameine auecque diligence;
Ce fut à sa faueur que ie fus offencé,
Mais il me respondra de ce qui s'est passé.
O maudite auanture! Ô dures destinées!
Pourquoy ne suis-ie mort en mes ieunes années?
Voyant pour mon mal-heur tant de maux assemblez,
De colere & d'horreur tous mes sens sont troublez;
La fureur me saisist, & ce cruel outrage,
Me mettant hors de moy m'abandonne à la rage.

Parlant à Mariane.

Soesme sur ce point t'a dit la verité:
Mais quel prix a receu son infidelité?
Il estoit dans ma Cour en fort bonne posture;
Il n'a pas mis pour rien sa vie à l'auenture,
Tu n'as pû l'esbloüir par l'esclat des tresors,
Tu n'as pû le tenter que par ceux de ton corps;
Il en fut possesseur, comme depositaire,
Lors qu'il te reuela cêt important mystere,
Tes faueurs ont esté les biens qu'il a receus,
Ne leue point les yeux, & responds là dessus;
L'aurois-tu satisfait par d'autres recompenses?

MARIANE.

980   Croy tout ce que tu dis, & tout ce que tu penses.

HERODE.

Ouy, ouy, ie le veux croire, & te faire sentir,
De cette perfidie vn cuisant repentir.

MARIANE.

Tu peux m'oster la vie, & non pas l'innocence.

HERODE.

Ah! ie suis asseuré de ceste ioüissance;
985   Tu ne te riras plus de m'auoir outragé,
I'en ay receu l'affront, mais i'en seray vangé,
Tu m'as mis dans les fers, tu m'as mis dans la flame,
Tu m'as percé le coeur, tu m'as arraché l'ame,
Mais ne te flate pas de cette vanité,
990   D'auoir fait tant de maux auec impunité;
La mort pour t'enleuer est desia preparée.

MARIANE.

Elle viendra plus tard qu'elle n'est desirée,
Et me la proposant pour finir ma langueur,
Ie n'en puis redouter que la seule longueur.

HERODE.

995   On verra ta constance au milieu des supplices.
Mais voicy ton amour & tes cheres delices;
*Parlãt au   *Ie m'en vay resioüir auec luy de ce pas,
Capitaine   Conduy la dans la tour, & ne la quitte pas.
des Gardes.

SCENE
DEVXIESME
HERODE, SOESME, LE GRAND PREVOST.

HERODE.

Execrable sujet de mon impatience,
Qui t'a faict laschement trahir ma confiance,
Et porté ton audace au mespris de la mort,
Descouurant vn secret qui m'importoit si fort?
Responds, tu connois bien l'atteinte qui me blesse.

SOESME.

Hé Sire! ie commis ce crime par foiblesse!
Ce fut par imprudence & par legereté
Que ie fis ceste offence à vostre Maiesté.
Mais le vif repentir qui dans mon coeur s'imprime,
Deuroit bien effacer l'image de mon crime.
Prince rare en clemence aussi bien qu'en valeur,
Excusez vn deffaut arriué par mal-heur.

HERODE.

Ce n'est donc pas vn trait d'vne ame desloyale,
Que semer le diuorce en la Maison Royale:
Et porter vne femme à perdre son Espoux,
N'est qu'vne erreur legere indigne de courroux,
Oses-tu dire encore vn mot pour ta deffence?
Ton excuse perfide agraue ton offence;
Tu ferois mieux pour toy de ne rien deguiser.

SOESME.

Sire, i'ay trop failly pour vouloir m'excuser;
Ie suis trop criminel, ayant pû vous desplaire,
Ie n'ay point de raisons contre vostre colere:
Aussi dans le peril où ie me suis ietté,
Ie n'attends mon salut que de vostre bonté.

HERODE.

Ouy, mais par vn moyen qui n'est pas ordinaire,
I'ay bien sçeu le secret de toute ceste affaire.
Si tu veux excuser cét acte plein d'horreur,

Confesse que l'amour a causé ton erreur:
On sçait de quels apas Mariane est pourueuë,
L'esclat de sa beauté te donna dans la veuë,
Tu ne peus soustenir ses regards tous puissans,
1030 Et voila le sujet qui te troubla le sens:
C'est ainsi que la Reine est cause de ton crime;
Mais afin que ma grace en ta faueur s'exprime,
Apprens moy bien au long par ta confession,
La naissance & le cours de ceste passion;
1035 Trouuas-tu dans son ame vn peu de resistance?
Et quels progrez fis-tu deuant la ioüissance?

SOESME.

Cét estrange propos m'estonne tellement,
Que i'en pers la parole auec le sentiment,
I'y voudrois repartir, mais il m'est impossible.

HERODE.

1040 Pour vn Amant discret ceste attainte est sensible;
Mais reprens tes esprits, & m'en fay le discours.

SOESME.

O Prince! la merueille & l'honneur de nos iours,
Peut-on croire qu'vne ame & si noble & si belle,
Conçoiue des soupçons qui sont indignes d'elle;
1045 Et qu'vn Roy dont l'esprit agit si sagement,
Pour troubler son repos trompe son iugement?
Ce qui m'est imputé rend mon sort pitoyable;
Puis-ie m'en accuser, & me rendre croyable?
Soesme à ces desseins peut-il auoir pensé,
1050 Sans estre deuenu tout à fait insensé?
Et s'il estoit tombé dans ceste maladie,
Qui croira qu'vn Esclaue eust l'ame assez hardie,
Pour aimer vne Reine, & pour luy descouurir
Vne temerité qui le feroit mourir?
1055 Mais vne Reine encore, & si chaste & si sage,
Qu'elle sert de miroir à celles de cét Age?
Vous luy faites grand tort de prendre ces soupçons.

HERODE.

Traistre, ie suis lassé d'entendre tes leçons:
Crois-tu donc t'excuser en loüant ta complice,
1060 Et d'vn charme subtil endormir ma iustice?

SOESME.

Si ie parle autrement ie parestray menteur.

HERODE.

Que l'on aille égorger ce fascheux Orateur.

SOESME.

On respandra du sang qui doit crier vangeance.

HERODE.

Depeschez ce perfide auecque diligence;
Et l'Eunuque est-il là?

LE GRAND PREVOST.

Ouy Sire, le voicy.

HERODE.

Il faut qu'en mesme temps on l'expedie aussi,
Il estoit du complot, cêt Animal infame,
Qui ne sçauroit passer pour homme, ny pour femme.

SCENE

TROISIESME

HERODE, L'EVNVQVE, LE GRAND PREVOST.

HERODE.

	Horreur de la Nature & le mespris des Cieux!
1070	Monstre sans iugement! Dragon pernicieux!
	Ie t'auois confié le tresor le plus rare,
	Dont auecque raison ie pouuois estre auare.
	Tu donnas cependant assistance au voleur,
	Tu seruis de Ministre à mon dernier mal-heur.
1075	Tu fus le confident de ce bel Adultere,
	Tu connus ceste intrigue & me la sceus bien taire.
	Quand Soesme en mon lit contentoit son amour,
	Tu fermois les rideaux & veillois à l'entour:
	Ainsi tu menageois le temps de mon absence?

L'EVNVQVE.

1080	Sire, vn Dieu tout puissant qui connoist l'innocence,
	Pourra faire connoistre à vostre Maiesté
	Comme ie l'ay seruie auec fidelité.

HERODE.

	Auec fidelité, meschant? que l'on l'entraine,
1085	Et que iusqu'à la mort on l'aplique à la gesne:
	Il descouurira tout au plus fort du tourment,
	S'il n'est fortifié par quelque enchantement.

ARGVMENT

DV

QVATRIESME ACTE.

1. Herode se trouue agité d'vne cruelle inquietude; il doute de la pudicité de Mariane; croit qu'elle s'est voulu deffaire de luy; qu'elle peut encore attenter sur sa vie, & ne peut se resoudre pourtant à la faire mourir. 2. Tandis que son esprit troublé de crainte & d'amour est comme en balance entre la Clemence & la iustice, Pherore & Salome ioints ensemble le font pancher du costé de la rigueur. 3. Mariane se plaint de ses mal-heurs, ayant des pressentimens de sa mort, & s'y resout auec beaucoup de constance. 4. Sa mere luy dit des iniures, la voyant aller au supplice, & croit par ce stratageme cruel oster le soupçon qu'on auroit qu'elle fust complice de l'attentat.

ACTE IIII

SCENE PREMIERE

HERODE, SALOME, PHERORE.

HERODE.

Vn Demon diligent qui sans cesse regarde
Les deposts que le Ciel a commis à sa garde,
Veille pour mon salut, & me faict dissiper
1090 Les mal-heurs où le Sort me veut enueloper:
Ce ministre celeste à toute heure m'inspire,
Ce qui doit resulter au bien de mon Empire,
Et lors que ie me trouue au plus fort d'vn danger,
Il s'auance à mon aide, & me vient dégager,
1095 Il preserue ma teste, il soustient ma Couronne,
Au milieu des combats son aisle m'enuironne,
Et d'vn secours fatal qui n'est point attendu,
Me fait voir triomphant lors qu'on me tient perdu.
Ouy, le fidele soin qu'il a de me conduire,
1100 Me garantist tousiours lors qu'on me veut destruire,
Soit par la guerre ouuerte, ou par la trahison,
A Rome, à la campagne, ou bien dans ma Maison.
 Mais i'ay nouuellement des graces à luy rendre,
Sur ce lasche attentat que vous venez d'apprendre,
1105 C'est le plus rare effect du soing qu'il a de moy,
Sans luy vous n'auriez plus de frere ny de Roy,
S'il n'eust point inspiré cét officier fidelle,
Ie me trouuois surpris d'vne ambusche mortelle.
L'Amour qui m'aueugloit m'auroit fait ignorer
1110 Cét autre embrazement qui m'alloit deuorer;
Et riant de ma mort, vne meschante femme
Eust partagé mon Sceptre auecque son infame;
Sans cét heureux auis Herode estoit perdu.

SALOME.

Desia pour cét effect le piege estoit tendu.

PHERORE.

1115 Si l'aduertissement eust tardé dauantage,
Mariane eust finy son mal-heureux ouurage.

HERODE.

Ah! que ie suis piqué de ce cruel affront,
I'en ay la rage au coeur comme la honte au front,
Et de quelque façon que ma rigueur la traite,
Iamais ma passion n'en sera satisfaite.
  Cependant le desir que i'ay de me venger,
Va mettre mon Salut dans vn autre danger;
Ie m'aigry contre moy lors que ie la menace;
Ma perte est enchaisnée auecque sa disgrace;
Ie puis bien m'asseurer qu'esteignant ce flambeau,
Ie ne verray plus rien d'aimable ny de beau;
Bien que l'on me console, & qu'on me diuertisse,
Mon ame en tous endroits portera son suplice,
A toute heure vn remords me viendra tourmenter,
Vn vautour sans repos me viendra becqueter.
  O Cieux! pourquoy faut-il qu'elle soit infidelle?
Vous deuiez la former moins perfide ou moins belle,
Et les traits de sa grace, ou ceux de sa rigueur,
Ne deuoient point trouuer de place dans mon coeur:
Ie ne deuois point voir au fort de ces miseres,
Mes pensers diuisez en deux partis contraires.
  Ie voudrois que mon nom fust encore inconnu,
Ne me voir point au rang où ie suis paruenu,
Estre encore à monter au Temple de la Gloire.
Estre encore à gagner la premiere victoire,
Me trouuer en l'estat où i'estois en naissant,
Et que ce coeur ingrat se trouuast innocent.

SALOME.

Ce vif ressentiment d'vne amour veritable,
Agraue son offence & la rend plus coupable,
Et son ingratitude est vne laschetê,
Pire que l'homicide & l'impudicité.
  Aprenant la noirceur de ceste ame infidelle,
Tout le monde vous plaint & murmure contr'elle:
Mais sans vous consommer en tous ces vains regrets,
Il faut l'oster du monde, & la raison apres,
Vous faisant voir sa rage & son hipocrisie,
Ostera ces ennuis de vostre fantaisie.

HERODE.

Ie suis à la punir iustement animé:
Mais quoy, faire perir ce que i'ay tant aimé?
Pourray-ie me resoudre à foudroyer vn Temple
Que i'ay tenu si cher, & qui n'a point d'exemple?
Mon esprit y resiste, & se trouue estonné.

SALOME.

Respectez vous si fort vn Temple profané?
Le meurtre, l'adultere & l'ingrate arrogance,
N'en ont-ils pas osté toute la reuerence?

HERODE.

L'adultere n'est pas trop bien verifié,
Soesme en expirant s'en est iustifié.

PHERORE.

Il a creu le niant auoir plus d'esperance
De receuoir de vous quelque trait de clemence.

SALOME.

Elle fait semblant de pleurer.

Quoy? ce traict desloyal ne peut vous estonner?
Vous ne l'examinez que pour le pardonner?
Vous voulez que sa haine en fin se satisface,
Et qu'elle vous destruise, & toute vostre race:
Suiuez vos sentimens, nous les approuuons tous,
Il faut bien se resoudre à perir auec vous.

PHERORE.

Vostre esprit est contraint par vn charme effroyable,
De prendre contre vous ce dessein pitoyable.

HERODE.

Nullement, le biais que i'y voudrois tenir,
Ne la conserueroit que pour la mieux punir.
En luy donnant la mort ie finis sa misere;
Vne longue prison luy seroit plus seuere,
Là tousiours le dépit, la honte & le regret
Donneroient à son ame vn chastiment secret,
A iamais sa memoire offrant à ses pensées,
Sa disgrace presente & mes faueurs passées,
Et luy representant son crime & mon amour,
La tiendroient à la gesne, & la nuict, & le iour.

PHERORE.

Auec ceste pitié qui nous paroist suspecte,
Vous tentez des bontez dignes qu'on les respecte:
Croyez-vous qu'à iamais les desseins qu'elle fait
Pour vous priuer du iour demeurent sans effet,
Et que tousiours le Ciel y mettant des obstacles,

Pour vostre seureté produise des miracles?
Sçachez que bien souuent ses auis negligez,
Luy font abandonner ceux qu'il a protegez.

SALOME.

Puisque de vos mal-heurs vous aimez tant la cause,
Vous ne deuiez donc pas faire esclater la chose,
Ce proceder nouueau ne fait rien qu'animer
Vn esprit qui flaté, n'auoit pû vous aimer:
Que ne fera-t'il point apres ce grand outrage,
Si mesme vos bontez ont excité sa rage?

PHERORE.

Lors que l'on veut choquer vn puissant ennemy,
Il ne faut pas penser le destruire à demy,
En ces occasions l'indiscrette indulgence
Expose nostre vie au cours de sa vengeance.
Si dés lors qu'on offence on ne pardonne point,
Lors qu'on est offensé l'on hait au dernier point;
Et sous quelque serment qu'on se reconcilie,
L'affront demeure au coeur, iamais on ne l'oublie.
Hircane le pariure a pû vous l'enseigner,
Ce mal-heureux vieillard inhabille à regner,
Ce dernier deshonneur de ceste race ingratte,
Qui viuoit relegué sur les bords de l'Euphrate,
Et que vostre bonté par vn pieux soucy,
Auec tant d'honneur fit reuenir icy;
Tous vos bons traittemens le peurent-ils distraire
Du desir de vanger ses nepueux & son frere?
Et si quelqu'vn des siens ne vous eust aduerty,
Comme auec Malicus il formoit vn party,
N'auroit-il pas en fin d'vne ambusche traistresse,
Impitoyablement payé vostre tendresse?

SALOME.

Pourriez vous conseruer sans apprehension,
Ce leuain de reuolte, & de sedition,
Dont l'esprit offencé ne pense qu'à vous nuire,
Et dont le coeur outré brusle de vous destruire?
S'il arriuoit qu'Auguste entrast au monument,
Que le peuple veid iour à quelque changement,
Ce seroit vn pretexte à sa mutinerie,
Il viendroit de vos mains tirer ceste Furie,
On la verroit marcher auecque le flambeau,
Pour brusler le Palais, & vous mettre au Tombeau.
Quand pour vostre mal-heur ceste Erynne infernalle,
Auroit fait dans l'Estat vne forte caballe,

1230 Vous auriez du regret de voir que vous deuiez
Preuenir ces desseins lors que vous le pouuiez,
Vous vous repentiriez d'en auoir fait la faute,
Mais ce seroit trop tard.

          HERODE.

                    Bien, qu'on l'oste, qu'on l'oste!
Il sera necessaire incontinent aprés
D'en auertir Cesar par vn courier exprés,
1235 De crainte que l'Enuie, auec ses artifices,
Me rende prés de luy quelques mauuais offices,
Et me fasse passer, la verité celant,
Pour vn Prince ombrageux, iniuste & violant.

SCENE

DEVXIESME

MARIANE en prison.

1240	Pour augmenter l'affront que l'iniuste licence A fait à l'innocence, Vn absolu pouuoir rend mon corps prisonnier: Mais en quelque peril que le mal-heur m'engage, I'auray cét auantage Que mon coeur pour le moins se rendra le dernier.
1245 1250	Ce iour s'en va borner la longueur de ma vie, Ie voy bien que l'enuie Trauaille puissamment à creuser mon tombeau; Et que la cruauté du Tyran qui m'oprime, Ne me supose vn crime Que pour auoir sujet d'en commettre vn nouueau.
  1255	Qu'il en vse à son gré, me voila toute preste De payer de ma teste, Afin de contenter ce coeur dénaturé, Quelque horreur qu'en la mort on puisse reconnoistre, Elle n'a qu'à paroistre, I'iray la receuoir d'vn visage asseuré.
 1260	Il est temps desormais que le Ciel me separe D'avecque ce barbare, Son humeur & la mienne ont trop peu de raport; La vertu respirant parmy l'odeur du vice, Esprouue le suplice Du viuant bouche à bouche attaché contre vn mort.
 1265	Autheur de l'Vniuers, souueraine puissance, Qui depuis ma naissance, M'as tousiours enuoyé des matieres de pleurs, Mon ame n'a recours qu'à tes bontez diuines, Au milieu des espines, Seigneur, fay moy bien tost marcher dessus des fleurs.
1270	Mais i'entends quelque bruit, suis-ie point exaucée? De ce dernier espoir ie flatte ma pensée. Apres auoir passé les plus beaux de mes ans, A porter des liens si durs & si pesans.

SCENE

TROISIESME

LE CONCIERGE, MARIANE.

LE CONCIERGE pleurant.

Madame, on vous attend dedans la sale basse,
C'est de la part du Roy.

MARIANE.

      Mon Dieu! ie te rends grace.
D'où vient qu'en me parlant tu parois si troublé?

LE CONCIERGE.

D'auoir veu là dehors tout le peuple assemblé,
Dont les cris, & les pleurs sont de mauuais presage
Pour vostre Maiesté.

MARIANE.

      Le peuple n'est pas sage,
D'affliger son esprit & de se tourmenter
D'vn bien que mes amis me doiuent souhaiter.
Mais ils pourroient là bas s'ennuyer de m'attendre,
Dy leur donc de ma part que ie m'en vay descendre.
Auant que de les voir ie veux parler aux miens,
Et départir entr'eux si peu que i'ay de biens.

SCENE

QVATRIESME

ALEXANDRA, & son Cheualier d'honneur.

ALEXANDRA.

1285	On te meine esgorger, innocente victime,
	Tu vas donc au suplice, & n'as point fait de crime,
	On t'a donc veu sortir du sang de tant de Rois,
	Pour te voir oprimer par ces iniustes loix?
	O sentence cruelle! O iugement inique!
1290	O dure violence! O pouuoir tyrannique!
	Lasche & cruel Arabe, auiourd'huy sans pitié
	Tu fais sentir ta rage à ta chaste moitié.
	Mais la bonté du Ciel en courroux conuertie,
	Sçaura dans peu de temps frapper l'autre partie:
1295	Vn Dieu qui de là haut void les secrets des coeurs,
	Te punira bien tost de ces grandes rigueurs.
	Vn iour qui n'est pas loing, sa Iustice animée,
	Vangera dessus toy l'innocence opprimée;
	S'il a les pieds de laine, il a le bras de fer,
1300	Et c'est pour tes pareils qu'il a basty l'Enfer.
	O grand Dieu! ie t'inuoque au fort de ma misere,
	Veille prendre la fille, & conseruer la mere.

LE CHEVALIER D'HONNEVR.

Madame, c'est icy qu'on la fera passer.

ALEXANDRA.

	I'apperçoy bien l'endroit où ie me dois placer.
1305	Pren garde seulement que tes yeux ne produisent,
	Voyant ce triste object, des larmes qui me nuisent,
	Ayons à sa rencontre vn visage asseuré,
	Et qui ne monstre pas que nous ayons pleuré,
	Car il faut auiourd'huy pour euiter l'orage
1310	Trahir ses sentimens, & cacher son courage.

SCENE

CINQVIESME

LE CAPITAINE DES GARDES, MARIANE, DINA.

LE CAPITAINE DES GARDES.

Madame, à contre-coeur ie sers à cét office.
Ie vous rends à regret ce funeste seruice:
Mais mon obeïssance & ma fidelité
Me tiennent icy lieu d'vne necessité.

MARIANE.

1315	Ceste compassion m'est fort peu necessaire,
	Ma mort est à la fois contrainte & volontaire,
	Meine moy sans scrupule affronter le trespas;
	Herode le desire, & ie ne la crains pas,
	En cét heureux départ si quelqu'ennuy me presse,
1320	Il vient de la pitié des enfans que ie laisse,
	Qui dans la défaueur & l'abandonnement
	Seront pour mon sujet traictez indignement,
	Ils restent sans apuy, mais, Ô grand Dieu, i'espere
	Que tu leur seruiras de suport & de Pere,
1325	Et que pour les conduire en ce temps dangereux,
	Ta haute prouidence ouurira l'oeil sur eux;
	Imprime dans leurs coeurs ton amour & ta crainte,
	Fay qu'ils bruslent tousiours d'vne ardeur toute sainte;
	Qu'ils conçoiuent sans cesse vn resolu penser
1330	De mourir mille fois plustost que t'offencer;
	Que iamais nul excez de tristesse ou de ioye
	Ne destourne leurs pas de ta celeste voye,
	Et s'ils sont oprimez en obseruant ta Loy,
	Que viuans sans reproche, ils meurent comme moy.
1335	Et toy, monstre cruel, Ame dénaturée,
	Qui de sang innocent és tousiours alterée,
	Puis que ta cruauté ne sçauroit se fleschir,
	Ie m'en vay te verser de quoy te rafraischir:
	Pour estancher ta Soif, & pour finir mes peines,
1340	Ie m'en vay te donner tout le sang de mes veines;
	Boy-le, Tygre inhumain, mais ne presume pas
	Qu'vn reproche honteux suruiue à mon trespas,
	Que le débordement de ceste humeur si noire,
	En esteignant ma vie esteigne aussi ma gloire,
1345	Et qu'vn iour nos Neueux m'accusent d'vn forfait,
	Où ie n'ay point trempé de penser ny d'effect.

           Le temps qui met au iour la verité cachée,
           Fera voir ma vertu qui ne s'est point tachée,
           Et qu'en precipitant mon funeste procez,
1350   Ton iniuste rigueur faillit auec excez.
           L'aueugle cruauté dont tu me fais la guerre,
           Va destruire de moy ce qui n'est rien que terre:
           Mais mon ame immortelle, & mon nom glorieux,
           Malgré les mouuemens de ton coeur furieux,
1355   Et toute ta Maison contre moy coniurée,
           Obtiendront vn esclat d'eternelle durée.
           Mais i'aperçoy ma mere, elle attend en ce lieu,
           Afin de m'honorer d'vn eternel Adieu;
           Ie voudrois que son coeur peust borner sa tristesse,
1360   Et que pour mon sujet elle eust moins de tendresse;
           Souffre que ie luy donne en l'allant appaiser,
           Et la derniere larme, & le dernier baiser;
           Ce sera bien tost fait.

           LE CAPITAINE DES GARDES.

                               Depeschez donc, Madame,
           Car de ceste longueur ie porterois le blasme,
1365   Mon ordre est fort exprés, & doit estre obserué.

SCENE
SIXIESME

MARIANE, ALEXANDRA, LE CAPITAINE
DES GARDES, DINA.

MARIANE.

Tv verras ce discours en trois mots acheué.
Madame, on me contraint de changer de demeure,
Mais i'en vay habiter vne beaucoup meilleure,
Où les vents ny l'enuie, auecque leurs rigueurs,
1370 N'excitent point d'orage en l'air ny dans les coeurs,
Où sans aueuglement on connoist l'innocence,
Où la main des Tyrans n'estend point sa puissance;
Où l'ame pour le prix de sa fidelité,
Gouste en repos la gloire, & l'immortalité.
1375 Toute cette disgrace est à mon auantage,
Ie me resous sans peine à franchir ce passage,
Consolez vous-en donc, & veillez m'embrasser.
Adieu, Madame, Adieu, ie m'en vay vous laisser.

ALEXANDRA.

Acheue tes destins, meschante & mal-heureuse,
1380 Cette mort pour ton crime est trop peu rigoureuse,
Il faloit que la flame expiast ton peché,
Ou que sur vne croix ton corps fust attaché.
Va, monstre plus cruel que tous ceux de l'Affrique,
Va receuoir le prix de ta noire pratique;
1385 Vouloir empoisonner ainsi cruellement
Vn mary qui tousiours t'aima si cherement?
Femme sans pieté, nouuelle Danaïde,
Inhumaine, traistresse, assassine perfide,
Qui voulus laschement attenter sur ton Roy,
1390 Ie ne te connois point, tu ne viens pas de moy,
Car de ces trahisons ie ne suis pas capable.

MARIANE.

Vous viurez innocente, & ie mourray coupable.

LE CAPITAINE DES GARDES.

Alons, Madame, alons.

MARIANE.

Par où?

LE CAPITAINE DES GARDES.

De ce costé.

DINA.

O Cieux! Quelle constance, & quelle cruauté.

ALEXANDRA seule.

1395 O lasche strategesme! Ô cruel artifice!
Ie deuois bien plustost passer pour sa complice.
   Pour euiter la mort faloit-il recourir
A ce fascheux secret qui me fera mourir?
Mon coeur triste & glacé qu'vne horreur enuironne,
1400 Est tout meurtry des coups que la douleur luy donne.
Mon ame se va rendre à l'excez de ce dueil,
Ie vay me mettre au lict, ou plustost au Cercueil.

ARGVMENT

DV

CINQVIESME ACTE.

1. Apres ceste grande bourasque où Mariane a fait naufrage de la vie, Herode reuient à luy mesme, & conçoit de l'horreur de sa cruauté. Il voudroit retenir l'Arrest mortel qu'il a prononcé contre cette innocente Reine, & souhaite qu'on n'ait pas hasté son execution. 2. Mais comme il est en ceste inquietude, vn des siens luy vient faire le recit de sa constance & de sa mort. 3. Là dessus cét esprit violent, & qui auoit tousiours eu pour ceste belle & chaste Princesse vne inuincible inclination, s'abandonne entierement à la douleur. Dans les mouuemens de sa rage il coniure les Iuifs d'expier par sa mort celle de leur Maistresse legitime; & ne se voyant pas obeï, se laisse transporter à sa cholere, & fait vne furieuse imprecation contr'eux, par laquelle il semble leur predire tous les maux qui leur sont aduenus depuis. 4. Ce Prince tombe en frenesie; son frere & sa soeur entreprennent indiscrettement de le venir consoler, mais son ennuy s'irrite si fort par leurs consolations, qu'il les fait sortir de sa chambre. 5. En fin ceste Ame troublée fait inutilement debatre ses sentimens sur vne perte irreparable, & n'aperceuant plus rien que les images de son amour & celles de son affliction, qui sont brouillées en sa memoire, s'imagine tout à coup voir Mariane monter au Ciel. 6. Ce mal-heureux Prince luy parle lors de ses ressentimens auec tant de zele, qu'il tombe en foiblesse entre les bras de ses gens.

ACTE V

SCENE PREMIERE

HERODE seul.

Serpent couuert de fleurs, dangereuse vipere,
Iaune fille d'Amour qui fais mourir ton pere,
1405 Dragon tousiours veillant auec cent yeux ouuers,
Qui prens tout à rebours, & voy tout de trauers,
Vautour insatiable, horrible Ialousie,
Qui de cent faux obiects broüilles ma fantaisie,
N'as-tu pas pleinement satisfaict ta rigueur?
1410 Et n'as-tu point encore assez rongé mon coeur?
Ne m'importune plus, Conseillere indiscrette,
Infidelle Espionne, & mauuaise Interprette,
Qui troubles mon repos en me troublant le sens,
Et me fais sans horreur perdre des innocens;
1415 T'ay-ie pas satisfaite en t'immolant Soesme,
Et donnant des terreurs à Mariane mesme?
   Mais donné des terreurs; ah! ne t'abuse pas,
Ta bouche a prononcé l'Arrest de son trespas,
Et comme criminelle, & comme condamnée
1420 On l'aura promptement au suplice menée.
Elle n'est plus au monde, ou bien l'on m'a trahy,
Et c'est m'auoir perdu que m'auoir obey.
Ma vie est en peril s'il est vray qu'elle viue,
Et si la belle est morte, il faut que ie la suiue.
1425 O tourment sans égal! ô dures cruautez!
Le mal-heur à mes yeux s'offre de tous costez,
Et par quelque sentier que mon penser s'adresse,
I'y rencontre tousiours la crainte ou la tristesse.
   Alons nous enquerir du cours de son destin,
1430 Et si ceste Beauté tire encore à sa fin,
Changeons par vn effet d'vne bonté celebre,
En triomphe d'honneur ceste pompe funebre.
Mais vn des miens s'auance, & ie voy mes mal-heurs
Tracez sur son visage auec l'eau de ses pleurs,
1435 Il en parle tout seul.

SCENE
DEVXIESME
NARBAL, & HERODE.

NARBAL.

O Cieux! ceste auanture
Met de grandes vertus dans vne Sepulture,
La constance, & l'honneur, comme la pieté
Viennent de rendre l'ame auec ceste Beauté.

HERODE.

Quel accident t'oblige à pleurer de la sorte?

NARBAL.

1440 Vn grand sujet de dueil.

HERODE.

Quoy? Mariane est morte?

NARBAL.

Ouy Sire, cette Reine est au nombre des morts,
On vient de separer sa teste de son corps;
Herode tombe en foiblesse. Il deuient tout changé, le voila qui succombe,
1445 Le coup de cette mort le mettra dans la tombe.
Voicy le triste effet qui fut preueu de tous;
Hé! Sire, ouurez les yeux, & reuenez à vous.

HERODE.

Mariane a des morts accru le triste nombre?
Ce qui fut mon Soleil n'est donc plus rien qu'vne ombre?
1450 Quoy? dans son Orient cét Astre de beauté,
En esclairant mon ame a perdu la clarté?
Tu dis que Mariane a perdu la lumiere,
Et le flambeau du monde acheue sa carriere?
On le vid autrefois retourner sur ses pas,
A l'obiect seulement d'vn funeste repas,
1455 Et d'vne horreur pareille il se trouue incapable,
Quand on vient deuant luy d'esteindre son semblable.

          Astre sans connoissance, & sans ressentiment,
          Tu portes la lumiere auec aueuglement?
          Si l'immortelle main qui te forma de flame,
1460   En te donnant vn corps t'auoit pourueu d'vne ame,
          Tu serois plus sensible au sujet de mon deuil,
          De ton lit auiourd'huy tu ferois ton cercueil,
          Et par tout l'Vniuers ta lumiere eclipsee,
1465   Establiroit l'horreur qui regne en ma pensee.
          Mariane a senty la rigueur du trespas?
          La mort n'a point d'Empire où regnent ses apas.
          Ie sçay que cét ouurage à son Autheur ressemble,
          Et qu'il n'est pas celeste & mortel tout ensemble.
1470   Quoy? dans si peu de temps auroit-on abatu
          Le Temple le plus beau qu'eut iamais la Vertu?
          Auroit-on renfermé dans les moindres espaces,
          La retraite d'Amour, & le sejour des Graces?
          Les Astres de ses yeux seroient-ils eclipsez,
1475   Et les lis de son teint seroient-ils effacez?
          Auroit-on dissipé ce recueil de miracles?
          Auroit-on fait cesser mes celestes Oracles?
          Auroit-on de la sorte enleué tout mon bien,
          Et ce qui fut mon Tout ne seroit-il plus rien?
1480   Non, non, c'est vn discours qui priué d'aparence,
          Ne doit iamais trouuer de place en ma creance.
          Dis-tu qu'on a destruit ce Chef-d'oeuure des Cieux?

                         NARBAL.

          Sire, ce triste coup s'est fait deuant mes yeux.

                         HERODE.

          Vien m'en conter au long la pitoyable histoire,
          Ie n'en sçaurois douter, & ne la sçaurois croire.

                         NARBAL.

1485   Alors que dans la Tour on la vint aduertir,
          Qu'vn rigoureux Arrest la pressoit d'en sortir,
          Le funeste recit de sa triste sentence
          Esbranla tous les coeurs, mais non pas sa constance,
1490   Car brauant ses mal-heurs, elle fit assez voir
          Que ce choq furieux n'auoit pû l'esmouuoir.
          Elle n'exprima point des sentimens timides,
          Ses yeux resterent secs parmy cent yeux humides,
          Et des rayons de ioye esclairans ses apas,
          Firent voir que la mort ne luy displaisoit pas.
1495   Apres qu'elle eut fait part de quelques pierreries,
          A ses filles d'honneur qu'elle a le plus cheries,
          Et qu'en les embrassant, elle leur eut enioint
          De ne la suiure pas, ou de ne pleurer point:

1500

Elle tourna ses pas, & plus gaye & plus belle,
Où l'eschaffaut dressé prenoit le dueil pour elle.
Iamais on ne la veid dans vn plus noble orgueil,
On lisoit sur son front le mespris du cercueil.
Iamais Reine Amazone auecque plus de gloire
Ne parut triomphante apres vne victoire;
Le peuple en la suiuant, se fondoit tout en pleurs,
Admirant sa constance, & pleignant ses mal-heurs;
Mesme beaucoup de gens disoient parmy la presse,
Qu'on perdoit sans raison cette grande Princesse,
Que son coeur sans exemple en generosité,
N'auoit pû conceuoir aucune lascheté,
Que vous regreteriez l'absence de ses charmes,
Et que son sang versé vous cousteroit des larmes,
Dés que de son trespas vous seriez aduerty.

HERODE.

Ah! que n'ay-ie euité ce qu'ils ont pressenty.

NARBAL.

Sa Mere, en l'abordant, changea par quelque crainte
Sa pitié veritable en vne rigueur feinte;
Son esprit inuentif pour oster le soupçon,
Qu'il trempast en son crime en aucune façon,
Cachant les sentimens que donne la Nature,
Sembla se resioüir de sa triste auanture.
Mais nostre grande Reine affligée à ce point,
Connut son artifice, & ne s'en émeut point,
Et passant, repartit à ceste vaine offence,
D'vn modeste sousris, & d'vne reuerence.

HERODE.

Ah! ie suis tout percé des traits de la pitié,
Mon coeur à ce discours se fend par la moitié.
Quoy, dans ce triste estat sa mere la querelle?
Et sa seule vertu se declare pour elle.
Acheue tout le reste.

NARBAL.

                    Estant sur l'eschaffaut,
Elle ioignit les mains, leua les yeux en haut,
Coniurant à genoux la diuine Puissance,
De rendre manifeste à tous son innocence,
Et que iamais aux siens il ne fust reproché
Des forfaicts dont son coeur ne fut iamais taché,
Protesta que c'estoit par vne calomnie
Qu'on la voyoit traitée auec ignominie,

Et que vous auiez creu par vne aueugle erreur
Ce dont le seul penser luy donnoit de l'horreur.
Elle prit à tesmoing les ordres Angeliques,
1540 Qu'elle n'auoit point fait de ces lasches pratiques,
S'asseura que le Ciel viendroit vous inspirer,
Qu'vn regret de sa mort vous feroit souspirer,
Et que vous monstreriez encor quelque tendresse
Aux ieunes Orphelins d'vne grande Princesse,
1545 Qui dans le mauuais sort sçeut constamment souffrir,
Qui vescut sans reproche, & sçeut fort bien mourir.
   A ces mots prononcez d'vn zele tout de flame,
Elle voulut au Ciel recommander son ame,
Qui sur mille vertus s'aprestoit d'y voler,
1550 Puis elle offrit sa gorge, & cessa de parler.
Et lors l'executeur la voyant ainsi preste,
D'vn prompt esclair d'acier luy fit voler la teste.
Là dessus vn grand cry tout autour s'entendit,
Qui penetra les airs que son ame fendit.
1555 On veid sourdre aussi-tost mille chaudes fontaines
Des yeux de tout le Peuple ainsi que de ses veines.
Voila comme finit vostre illustre moitié,
Auec vn monde entier qui mourut de pitié.

HERODE.

Auoir osté la vie à des beautez si rares,
1560 O rigueur inconnuë aux coeurs les plus barbares!
Vn Sarmate inhumain ne pourroit l'exercer,
Vn Scythe sans horreur ne pourroit y penser.
Quel fleuue, ou quelle mer sera iamais capable
D'effacer la noirceur de ce crime execrable?
1565 Quelle affreuse montagne, & quel antre escarté
Pourront seruir d'azile à mon impieté?
Treuueray-ie vn refuge au centre de la terre,
Où mon crime se trouue à couuert du tonnerre?
Où ie me puisse voir sans peine & sans effroy,
1570 Où ie ne traisne point mon enfer apres moy?
   Mais attens-ie en mon dueil que rien me reconforte?
Comment? ie vis encore, &, Mariane est morte.
Ceste belle est partie, & ie ne la suy pas,
Comme si i'ignorois les chemins du trespas?
1575 Ha! voicy le plus court, il faut que ceste lame *Il se iette sur l'espée de Narbal.*
D'vn coup blesse mon coeur, & guerisse mon ame.
Preste la moy de grace en ce iuste dessein,
Ou si tu l'aimes mieux, pousse la dans mon sein.

NARBAL.

Hé, Sire, reuenez de ces transports extrêmes.

HERODE.

1580 C'est empescher l'Arrest que tu donnes toy mesmes;
Ne m'as-tu pas desia frapé mortellement?
Tu m'as dit que la Reine est dans le monument:
Penses-tu que sans elle icy bas ie demeure?
Fay qu'elle ressuscite, ou souffre que ie meure.
1585 Ie ne puis suporter vn remors si pressant,
Il veut Ie veux faire iustice à son sang innocent;
encore Ne me differe point la peine qui m'est deuë,
prendre Il faut que ie me perde apres l'auoir perduë.
son espée.

NARBAL.

Sire, ...

HERODE.

Ah! ie suis l'autheur de ce meurtre inhumain,
1590 Ma bouche à son boureau mit le fer à la main:
Ma bouche complaisante à ma rage animée,
D'vn seul mot pour iamais rend la sienne fermée.
Ah! bouche sanguinaire, & pleine de rigueur,
Mon regret te conuainc d'auoir trahy mon coeur,
1595 Funeste truchement de mon ame insensée,
Qui sceus pour mon mal-heur exprimer ma pensée.
Sers moy dans ton office auec plus de raison,
Et produits le remede en suitte du poison.
Vous, peuples oppressez, spectateurs de mes crimes,
1600 Qui portez tant d'amour à vos Rois legitimes,
Monstrez de ceste ardeur vn veritable effet,
Employant vostre zele à punir mon forfait.
Venez, venez vanger sur vn Tyran profane,
La mort de vostre belle & chaste Mariane;
1605 Punissez auiourd'huy mon iniuste rigueur,
Acourez me plonger des poignards dans le coeur,
Apaisez de mon sang vostre innocente Reine,
Que ie viens d'immoler à ma cruelle haine.
Mais vous n'en ferez rien, timide Nation,
1610 Qui n'osez entreprendre vne belle action,
Vous auez trop de peur d'acquerir de la gloire,
Vous auriez du regret de viure dans l'histoire,
Et qu'vn trait de courage & de fidelité
Vous rendist remarquable à la posterité.
1615 Tesmoins de sa bassesse, & de ma violence,
Cieux, qui voyez le tort que souffre l'innocence,
Versez sur ce climat vn mal-heur infiny,
Punissez ces ingrats qui ne m'ont point puny,
Donnez les pour matiere à la fureur des armes,
1620 Qu'ils flottent dans le sang, qu'ils nagent dans les larmes,
Faites marcher contr'eux des Scythes, des Gelons,

```
                    Et s'il se peut encor, des Monstres plus Felons,
                    Qui mettent sans horreur en les venans surprendre,
                    Et leurs troupes en sang, & leurs maisons en cendre;
1625                Qu'on leur vienne enleuer leurs enfans les plus chers,
                    Et qu'vne main barbare en frape les rochers;
                    Qu'on force deuant eux leurs femmes & leurs filles,
                    Que la peste & la faim consomment leurs familles;
                    Que leur Temple orgueilleux parmy ces mouuemens,
1630                Se treuue renuersé iusqu'à ses fondemens.
                    Et si rien doit rester de leur maudite Race,
                    Que ce soit seulement des sujets de disgrace,
                    Des gens que la fortune abandonne aux mal-heurs;
                    Qu'ils viuent dans la honte & parmy les douleurs;
1635                Qu'ils se treuuent tousiours couuers d'ignominie,
                    Qu'on les traite par tout auecque tirannie,
                    Que sans fin par le monde ils errent dispercez,
                    Qu'ils soient en tous endroits, & maudits & chassez,
                    Qu'égallement par tout on leur face la guerre,
1640                Qu'ils ne possedent plus vn seul pouce de terre,
                    Et que seruant d'obiect à vostre inimitié,
                    L'on aprene leurs maux sans en auoir pitié.
                    Faite pleuuoir sur eux de la flame & du souffre;
                    De tout Ierusalem ne faites rien qu'vn gouffre,
1645                Qu'vn abisme infernal, qu'vn paluds plein d'horreur,
                    Dont le nom seulement donne de la terreur.
                    Mariane est donc morte, on me l'a donc rauie,
                    Et pour mon desespoir on me laisse la vie?
                    O mort! en mes ennuis, i'implore ta pitié,
1650                Viens enleuer le tout dont tu pris la moitié.
```

SCENE

TROISIESME

SALOME, NARBAL, PHERORE, HERODE, THARÉ.

SALOME.

Narbal, que fait le Roy?

NARBAL.

Madame, il se tourmente:
Sa douleur est si viue, & si fort vehemente,
Que si vos bons conseils n'en destournent le cours,
Vous le verrez bien tost à la fin de ses iours.

SALOME.

1655 Luy seroit-il venu des nouuelles d'Auguste,
Ou quelque changement rendist ce trouble iuste?

NARBAL.

Non, Madame.

SALOME.

Quoy donc? qui le rend affligé?

NARBAL.

Le trespas de la Reine.

PHERORE.

Ah! ie l'ay bien iugé.

SALOME.

Il conçoit trop d'ennuy d'vn sujet d'alegresse.

PHERORE.

1660 Il faudra l'aborder auec beaucoup d'adresse,
Son courroux là dessus doit estre aprehendé.

SALOME.

Nullement, son Esprit veut estre gourmandé.

PHERORE.

Le voicy qui reuient troublé de sa manie:
Mille tristes pensers luy tiennent compagnie,
Il a le teint tout pasle, & les yeux esgarez;
Obseruez sa démarche, & le considerez.

SALOME.

Seigneur, vos sentimens sont bien melancoliques.

HERODE.

C'est que i'ay trop de soin des affaires publiques,
Mais ie veux auiourd'huy prendre vn peu de repos.

SALOME.

Ce seroit fort bien fait.

PHERORE.

Il seroit à propos.

HERODE.

A parler librement, ce qui me tient en peine,
C'est que depuis hier ie n'ay point veu la Reine;
Commandez de ma part qu'on la face venir.

SALOME.

Son iugement s'égare, il perd le souuenir.

HERODE.

Enuoyez-la querir, faite moy ceste grace.

PHERORE.

Hé! Seigneur, le moyen que l'on vous satisface?

HERODE.

Qu'on aille l'aduertir que ie veux luy parler,
Est-il si mal-aisé, n'y veut-on pas aller?

SALOME.

Vous peut-elle parler, & vous peut-elle entendre?
C'est vn corps sans chaleur qui se reduit en cendre.

HERODE.

Quoy? Mariane est morte? ô destins ennemis!
La Parque l'a rauie, & vous l'auez permis?
Vous auez donc souffert ceste triste auanture,
Sans imposer le dueil à toute la Nature?
Quoy? son corps sans chaleur est donc enseuely,
Et l'Vniuers n'est point encore demoly?
Vous auez donc rompu l'agreable harmonie
Que vous auiez commise à son diuin Genie?
Vous auez donc fermé sa bouche, & ses beaux yeux,
Et n'auez point destruit la structure des Cieux?
Cruels, dans ceste perte, à nulle autre seconde,
Vous deuiez faire entrer celle de tout le monde,
Enleuer l'Vniuers hors de ses fondemens,
Et confondre les Cieux auec les Elemens,
Rompre le frein des Mers, esteindre la lumiere,
Et remettre ce Tout en sa masse premiere.
   Mariane est en cendre, & l'ombre du Tombeau
Reçoit donc le débris d'vn Chef d'oeuure si beau?
Laisse agir ta douleur, mets tes mains en vsage,
Arrache tes cheueux, déchire ton visage,
Oblige tous les tiens à te faire perir,
Ou bien meurs du regret de ne pouuoir mourir.
Ne te console point, Monarque miserable...

PHERORE.

Oubliez cette perte, elle est irreparable,
Et si vous employant à la considerer,
Vous ne la voudriez pas vous mesme reparer.

SALOME.

Vous direz quelque iour que ce trait exemplaire,
Estoit pour vostre Estat vn mal fort necessaire.

HERODE.

Ministres de mes maux à me nuire obstinez,
Vous m'osez consoler, vous qui m'assassinez?
Vous m'auez fait donner par vos mauuais offices
Ceste attainte mortelle à toutes mes delices,
Vous m'auez inspiré ce funeste dessein,
Vous m'auez fait entrer des bourreaux dans le sein.
Allez, couple infernal, sortez, race maudite,

1720	S'adressant à Narbal & à son Capitaine des Gardes.	Ou ie vous traiteray selon vostre merite. Et vous, mes vrais amis & mes chers seruiteurs, Qui n'estes point comme eux, ny traistres, ny flateurs: Qui separans de moy l'esclat de ma Couronne, Attachez vostre zele à ma seule personne, Vous qui m'auez tousiours aimé sincerement, Ioignez à ma douleur vostre ressentiment; Meslons nos pleurs ensemble, & regrettons sans cesse,
1725		La mort de cette belle, & diuine Princesse. Mais elle n'est point morte, elle vit dans les Cieux, Et ses rares vertus l'ont mise au rang des Dieux. Il faut que l'on construise vn Temple à ceste Belle, Qui soit de son merite vne marque eternelle,
1730		Vn Temple qui paroisse vn ouurage immortel, Et que sa belle image y soit sur vn Autel. Ouy, ie veux que sa feste en ces lieux s'establisse, Et qu'on la solemnize, ou bien que l'on perisse.

NARBAL.

	S'adressant à Tharé.	La douleur de ce Prince est sans comparaison, Le trouble de son ame offusque sa raison.

THARÉ.

1735   On void à ces propos qu'il perd la connoissance.

HERODE.

1740
Ie ne sçaurois souffrir plus long temps son absence:
Ce long esloignement me met au desespoir;
Dites-luy de ma part qu'elle me vienne voir,
Par sa seule presence elle cause ma ioye,
Ie luy pardonne tout pourueu que ie la voye.
On mettra son Eunuque en pleine liberté,
Quand i'auray là dessus apris sa volonté.

NARBAL.

L'excez de cét ennuy broüille sa fantaisie.

THARÉ.

En effet l'on diroit qu'il est en frenesie.

HERODE.

1745   Alors que ie commande on ne m'obeit pas,
Quoy? pour me faire entendre ay ie parlé trop bas?

NARBAL.

Sire, que vous plaist-il?

HERODE.

Qu'on aille en diligence
Faire venir la Reine. Ah! i'ay trop d'indulgence.

NARBAL.

Vous demandez la Reine? Hé Sire!

HERODE.

Pourquoy non?

NARBAL.

1750   Il ne reste plus rien d'elle que son beau nom.

HERODE.

Son nom seul est resté? seroit-elle expirée?

NARBAL.

Ie vous en ay porté la nouuelle asseurée.

HERODE.

Ah! Narbal, ie commence à m'en ressouuenir;
Cét obiet affligeant reuient pour me punir;
1755   Et ma triste memoire en m'offrant son image,
Deuient en cét endroit fidelle à mon domage.
Elle est trop diligente à me representer
Ce qui ne me paroist que pour me tourmenter;
Erreurs qui me causez des remors si sensibles,
1760   Procedez violens, vous m'estes trop visibles,
Et faites trop bien voir à mes sens confondus,
Dans les maux que i'ay faits, les biens que i'ay perdus.
    Mais i'aperçoy la Reine, elle est dans cette nuë,
On void vn tour de sang dessus sa gorge nuë,
1765   Elle s'esleue au Ciel pleine de Maiesté,
Sa grace est augmentée ainsi que sa beauté.
Des esprits bien-heureux la troupe l'enuironne,
L'vn luy tend vne Palme & l'autre vne Couronne,
Elle tourne sur moy ses regars innocens,
1770   Pour obseruer l'excez des peines que ie sens.

O belle Mariane! escoute ma parole,
Toy dont l'aspect diuin me trouble & me console,
Suiet de mes pensers, obiet de mes desirs,
Ministre de ma ioye, & de mes desplaisirs,
1775 Malgré tant d'ennemis qui te firent la guerre,
Doux & puissant esprit tu vainquis sur la terre,
Et dans vn char de feu te perdant à nos yeux,
Tu vas donc auiourd'huy triompher dans les Cieux?
Gouste en paix le doux fruit que parmy tant d'alarmes,
1780 Ie te fis arrouser, & de sang, & de larmes.
Mais oubliant tes maux de qui ie fus l'autheur,
O bel Ange! Pardonne à ton persecuteur.
Ie deuois t'estimer par dessus toutes choses,
Tu ne deuois iamais marcher que sur des roses,
1785 Et tes grandes vertus, & tes rares beautez
Deuoient tousiours regner dessus mes volontez.
Et troublé toutefois d'vne aueugle furie,
Ie t'ay vraiment traitée auec barbarie.
Mais à tout l'Vniuers ie m'en viens accuser,
1790 Et l'ennuy que i'en ay te doit bien apaiser,
Si mon forfait est grand, si mon crime est horrible,
I'en conçois vn regret bien vif & bien sensible.
Merueille de beauté! rare exemple d'honneur!
Qui t'enuolant là haut y portes mon bon-heur,
1795 Chaste hostesse du Ciel, cher sujet de mes plaintes,
Ne t'imagines pas que mes douleurs soient feintes;
Pour t'aller tesmoigner quel est mon repentir,
Mon ame auec mes pleurs s'efforce de sortir.
Voy l'excez de l'ennuy dont elle est desolée,
1800 Et comment pour te suiure elle prend sa volée.

THARÉ.

La force luy defaut, & le teint luy paslit,
Il est euanoüy, portons-le sur vn lit,
Possible que des sens il reprendra l'vsage,
Quand on aura ietté de l'eau sur son visage.

NARBAL.

1805 O Prince pitoyable en tes grandes douleurs!
Toy mesme és l'Artisan de tes propres mal-heurs,
Ton Amour, tes soupçons, ta crainte, & ta colere
Ont offusqué ta gloire, & causé ta misere:
Tu sçais donner des loix à tant de Nations,
1810 Et ne sçais pas regner dessus tes passions.
Mais les meilleurs esprits font des fautes extrêmes,
Et les Rois bien souuent sont esclaues d'eux-mesmes.

FIN.

PRIVILEGE DV ROY.

LOVIS PAR LA GRACE DE DIEV ROY DE FRANCE ET DE NAVARRE, A nos amez & feaux Conseillers, les gens tenans nos Cours de Parlement, Maistres des Requestes ordinaires de nostre Hostel, Baillifs, Seneschaux, Preuosts, leurs Lieutenants, & tous autres de nos Iusticiers, & Officiers qu'il appartiendra, Salut. Nostre Bien amé Augustin Courbé, Libraire à Paris, nous a fait remonstrer qu'il desireroit imprimer *vne Tragedie intitulée Mariane, composée par le Sieur de Tristan l'Hermite*, s'il auoit sur ce nos Lettres necessaires, lesquelles il nous a tres-humblement supplié de luy accorder: A CES CAVSES, Nous auons permis & permettons à l'exposant d'imprimer, ou faire imprimer, vendre, & debiter en tous les lieux de nostre obeïssance ladite Tragedie, en telles marges, en tels caracteres, & autant de fois qu'il voudra, durant l'espace de neuf ans entiers & accomplis; à compter du iour qu'elle sera acheuée d'imprimer pour la premiere fois, & faisons tres-expresses deffences à toutes personnes de quelque qualité & condition qu'elles soient, de l'imprimer, faire imprimer, vendre, ny distribuer en aucun endroit de ce Royaume durant ledit temps, sous pretexte d'augmentation, correction, changement de tiltre, ou autrement, en quelque sorte & maniere que ce soit, à peine de quinze cens liures d'amende, payables sans déport par chacun des contreuenans, & appliquables vn tiers à nous, vn tiers à l'Hostel Dieu de Paris, & l'autre tiers à l'exposant; de confiscation des Exemplaires contrefaits, & de tous despens, dommages & interests: A condition qu'il en sera mis deux Exemplaires en nostre Bibliotheque publique, & vne en celle de nostre tres-cher & feal le Sieur Seguier, Chancelier de France, auant que de l'exposer en vente, à peine de nullité des presentes, du contenu desquelles nous vous mandons que vous faciez ioüir plainement & paisiblement l'exposant, & ceux qui auront droit d'iceluy, sans qu'il leur soit fait aucun trouble, ny empeschement. Voulons aussi qu'en mettant au commencement, ou à la fin du Liure vn bref extraict des presentes, elles soient tenuës pour deuëment signifiées, & que foy y soit adioustée, & aux coppies d'icelles, collationnées par l'vn de nos amez & feaux Conseillers, & Secretaires, comme à l'Original. Mandons aussi au premier nostre Huissier ou Sergent sur ce requis, de faire pour l'execution des presentes, tous exploits necessaires, sans demander autre permission: Car tel est nostre plaisir, nonobstant oppositions ou appellations quelconques, & sans preiudice d'icelles, Clameur de Haro, Chartre Normande, & autres Lettres à ce contraires. Donné à Paris le quatorziesme iour de Iuin l'an de grace mil six cens trente-six. Et de nostre regne le vingt-septiesme.

Par le Roy en son Conseil.

Signé, CONRART.

Acheué d'imprimer le 15. iour de Feurier 1637.

Les Exemplaires ont esté fournis, ainsi qu'il est porté par le Priuilege.

MARIANE

NOTES ET VARIANTES

EPITRE

1: Gaston d'Orléans: cf. l'introduction.

35: armée au delà des Alpes: dès 1628, Gaston avait demandé ce commandement qui lui était toujours refusé (cf. Abraham. *Gaston*, p. 21).

42-3: C,D,I: entreprendre de beaux effets.

ODE

13: repris une ville: Gaston reprend Roye le 19 septembre 1636. Un Français seulement perd la vie, et c'est un cousin de Tristan.

17: Toison: ordre de chevalerie créé au XVe siècle par Philippe le Bon, duc de Bourgogne. Le roi d'Espagne, en sa qualité de duc de Bourgogne, était maître de cet ordre.

23: belgique (adj): belge.

Ne t'avons-nous pas vu dans les plaines belgiques
(Boileau. *Ep.* I).

35: Artois . . . puissance étrangère: Cette province, comprise dans les domaines des ducs de Bourgogne depuis 1384, n'avait été que partiellement reprise par Louis XI. François 1er, Henri II et Henri IV durent successivement renoncer par divers traités à la suzeraineté que Charles VIII s'était réservée en 1493. Cette occupation "étrangère" n'avait donc rien de nouveau.

41: Milan: cette ville était, depuis un siècle, sous la domination espagnole.

46: Alcide: Hercule, petit-fils d'Alcée (le Fort).

47: Ecorner: rompre une corne; fig.: diminuer, casser une partie.

Qui peut se résoudre à passer un rocher sans l'écorner?
(Rousseau. *Emile*, V).

50: Vespres: Vêpres siciliennes. Massacre des Français par les Siciliens en 1282. Pierre III, roi d'Aragon, vint en aide à ces derniers et prit la couronne du royaume des Deux Siciles.

54: F: Ie te donneray des lauriers.

66: I: sans être presentes.

AVERTISSEMENT

4-5: pour tous ces auteurs, cf. l'introduction.

PERSONNAGES

  C, D, I: ajoutent: Alexandra, mère de Mariane.

  A, J: omettent le Grand Prévost et Narbal; dans ces deux éditions, c'est Tharé, le "gentilhomme qui raconte la mort de Mariane," tandis que le capitaine reste anonyme.

ARG. I, 10-11: A: pour luy plus d'affection.
  A remarquer que les numéros ne correspondent pas aux scènes. Ce numérotage ne regarde que la suite des idées, et non la mise en scène.

1: J: trouble.

2: J: renouvelles.

3: envie: malveillance (cf. v. 689; *Sénèque*, v. 1707; cf. aussi *Sénèque*, v. 112).

    . . . cette enfance
  Dont un astre envieux condamnait la naissance (Corneille. *Oedipe*, 1305-1306).

10: J: Qui n'estans pas.

20: F: Qui puisse preceder.

36: généreux aisné: Phasaël (Phaselle, cf. v. 283), qui se tue pour éviter une mort honteuse lorsqu'il est pris avec Hérode et Hyrcan par les Parthes, alliés d'Antigone, neveu de Hyrcan.

39: J: Veus au bord.

57: A: Et la melancholie a la noire vapeur,

  I: et la noire

58: J: Où se loge

73: J: desir

75: J: tourmentent gueres,

77: remarquer: faire observer

>   Quelques circonstances que je vous remarquerai . . . (Retz. *Mémoires*).

79: images (masculin): vieilli, mais se voyait encore

>   Par leurs images saincts (Garnier. *Cornelie*, v. 1110).

SC. 3: A, J: Soesme ne figure pas parmi les personnages.

87: C: La lumière et le bruit s'espandoient parmy le monde:

92: C, D: De rencontre

94: horreur: profondeur sombre

>   Dans l'horreur d'un cachot par mon ordre enfermé (Racine. *Athalie*, v. 1569).

106: Aristobule: cf. l'introduction.

113: I: Ou tirant

124: D: Auoit laissé l'honneur

131: C, D, I: des rigueurs

133-4: A, J: Bref, il m'en a tant dit, osant s'émanciper,
Qu'à la fin . . .

148: C, I: Suiue ce qui a

150: gauchir: éviter en s'esquivant, parer (cf. *Chrispe*, v. 1068).

>   Lorsqu'on ne peut gauchir la mauvaise aventure,
>   On la brave en la supportant (Tristan. *Stances à M. le comte de Mons*).

153: J: Toutesfois

155: choquer: heurter, frapper (cf. aussi *Osman*, vv. 232, 337, 1056, 1250).

>   L'oiseau de Jupiter . . . choque de l'aile l'escarbot (La Fontaine. *Fables*, II, 8).

161: Asmoneans: famille royale à laquelle Hérode s'était attaché en épousant Mariane. Hérode lui-même en mit les derniers membres au tombeau.

165: Auguste . . . amis: Auguste était, depuis peu, seul maître de Rome (Antoine et Cléopâtre se tuent en 30; Mariane est mise à mort en 29.)

175-6: X: Que trente légions d'Arabes et de Parthes,
Tournent vers mes Etats, pour y brouiller les cartes,

179: A: iusque dans leurs Prouinces

J: jusques dans

190: J: des Nations

195: A, J: On n'y voit

197: donnais: chargeais (cf. *Chrispe*, v. 141; *Osman*, vv. 776, 1237)

ils donnèrent dans les ennemis et les ouvrirent (Acad., 1694).

200: Iules: César, grand-oncle d'Auguste.

200: A, J: avec moins

211: I: O malheur imparfait!

228: C, D, I: Et par tant

240: J: aux deux bouts

243: X: remplace les vers 243-66, par les suivants:

Hérode

Phérore, mon mérite a le foible d'Alcide,
Ce héros qui dompta d'une masse homicide,
Les tyrans orgueilleux et les monstres divers,
Qui, dépitans le ciel, désoloient l'univers.
Après qu'il eût défait tant de cruelles bêtes,
Des géans à trois corps, des serpents à sept têtes;
Qu'il eût forcé l'enfer, et les cieux soutenu,
Fut-il pas désarmé par un enfant tout nu?
Amour, qui le blessa, d'un petit trait de flamme,
Le fit-il pas filer sous des robes de femmes?

Phérore

Alcide, comme vous, ne fut jamais charmé;
Car, s'il aimoit Omphale, il en étoit aimé.

> Cette belle Princesse, admirant sa vaillance,
> Avoit conçu, pour lui, beaucoup de bienveillance,
> Où le sujet ingrat de votre affection,
> Voudroit vous immoler à son aversion.

246: I: exempt

249: petit Berger: David

257: des: pour marquer que la négation tombait plus sur le verbe que sur le complément.

> Je n'aurais de l'attachement que pour vous (Molière. *D. G.*, III, 6).

263: A, J: nostre raison

273: F: où l'on voit esclairer

281: A, J: Ceste rigueur qu'elle a,

283: D: Pharselle: Antigone et les Parthes, vainqueurs de Jérusalem, avaient pris Hyrcan, Hérode et Phasaël. Ce dernier se tua (cf. v. 36). Hyrcan eut les oreilles coupées pour qu'il ne puisse redevenir grand prêtre. Hérode parvint à s'évader. Assiégé par Marc-Antoine, qu'Hérode avait appelé à son aide, Antigone fut pris et mis à mort en 35.

285: J: de son secrette amour

292: roses sans épines: cf. *Folie*, ép. 1. 58; v. 1110.

314: J: aussi on ne

316: 13 pieds?

318: D: le peuple

325-8: il ne serait que trop facile d'établir un parallèle contemporain à Tristan (les relations entre Louis XIII et Gaston d'Orléans, par exemple).

335: A, J: les indications scéniques qui sont au niveau du vers 331 dans B n'existent pas dans A et J, et on lit au vers 335: Il apele Soesme, et luy commande tout bas d'aller faire vn compliment à Mariane, pour l'obliger à le venir voir.

335-6: X: Hérode

> Viens çà.

Salome, à Phérore
Voyez comment son âme est obsédée
Par les charmes trompeurs de cette autre Médée.

ARG. II, 3: A: pour la poignarder, en cas
. . . retour de Rodes: il s'agit de son entrevue avec Auguste (cf. v. 453).

6: A: qui doit accuser Mariane

8: A: qui vient accuser Mariane

353: J: Lors qu'on en est

381: Hircane: Hyrcan, père de Mariane; meurtris: assassinés (cf. *Osman*, vv. 1571, 1605).

Allez, sacrés vengeurs de vos princes meurtris (Racine. *Athalie*, 1793).

381: F: seule édition qui corrige: le vieux

394: Pontife: Mariane se trompe: Hyrcan n'était plus grand prêtre au moment de sa mort puisque ce poste ne pouvait être occupé par un mutilé (cf. v. 283, note).

400: C, D, I: Le cours de ma douleur

403: Lustre: espace de cinq ans (cf. *Sénèque*, v. 180).

Deux lustres de guerre, (Corneille. *Sertorius*, II, 1).

413: celuy qui vers . . . :
Dellius, ami de Marc-Antoine, vint en Judée et, voyant Aristobole, s'émerveilla de la beauté de ce jeune homme et de celle de Mariane; il persuada Alexandra d'envoyer les portraits de ses deux enfants à Marc-Antoine. (cf. Josèphe. *Antiquités judaïques*, XV, 11).

413: A, J: emporta nos pourtraits

413: X: en porta

428: J: Rende mon port

435: I: ses pensées,

437: J: Vostre teint compose

451: F: cet amour extrême,

453-4: Rodes: Hérode était resté plus ou moins fidèle à Marc-Antoine lors des luttes de ce dernier avec Auguste. Sa peur était donc légitime.

466: A, I, J: les indications scéniques manquent.

471: I: O Ciel!

475: empeschée: occupée

> je ne crois pas [qu'il] ait été plus empêché après les quatre chevaux fougueux de son père (Scarron. *R. C.* I, 20).

490: D: Ie ne plaignois

491: D: Ie me puis

494: I: s'il m'importunoit

496: C, D: Vous deuriez aussi l'advertir de sa foiblesse.

501: J: Vous remarqueriez

509: I: Ces respects

510: D'où vous êtes venus: Hérode, Salomé et Phérore, nés à Ascalon près de Gaza, étaient d'origine roturière, ce que la fière Mariane leur fait remarquer sans cesse.

513: division: discorde

> Et leur division que je vois à regret, (Corneille. *Cid*, 511).

522: F: Luy conter

525: F: qu'il a rendu

532: usure: intérêt, plus qu'on n'a reçu

> Babylone paya nos pleurs avec usure (Racine. *Esther*, 1069).

536: F: ces artifices

557: F: de faux pas

562: C, D, I: de traits

581: de léger: à la légère

> Ah! Clymène, j'ai cru vos yeux trop de léger (La Fontaine. *Elég.* IV).

588: C: le moyen s'en pouuoir deffendre.

596: C, D, I: coniecture;

613: C: Figure toy fait

   D: Figure toy vn fait

616: I: Laisser

626: odeur: réputation

   Il n'y avait point de maison religieuse qui fût en meilleure odeur que Port Royal (Racine. *Port Royal*).

633-4: A, J: Ce stile est le meilleur que l'on puisse employer

   Pour surprendre un esprit que l'on veut effroyer.

638: F: deussé-ie

640: A, C, D, F, I, J: n'y rentre

643: F, J: tous ces traicts

645: J: Ces mespris me descouvrent

652: A, J: les indications scéniques manquent.

655: possible: adverbe, vieilli déjà: peut-être (cf. v. 1803; *Panthée*, vv. 193, 210, 853; *Folie*, vv. 287, 385, 647, 746, 1133, 1646; *Sénèque, Lettre* etc., vv. 478, 701, 881, 970, 1242; *Parasite*, v. 406; *Osman*, vv. 20, 147).

   Possible que, malgré la cure qu'elle essaie, (Molière. *Dépit am.*, v. 1309).

667: F: s'estant senty

676: A, C, I, J: des mots

689: envie: malveillance (cf. v. 3).

698: A, J: les indications scéniques manquent.

700: J: on m'en vienne advertir:

706: I: Dont il doit soudain

719: J: faire mourir,

721: J: dans cette édition, ce vers appartient à Salomé.

725: A, J: les indications scéniques manquent.

732: I: Nous sçaurons tantost,

739: prévenir: agir avant qu'un autre agisse (cf. *Sénèque*, v. 126; *Parasite*, v. 1074).

> Alors, sans consulter si Phébus l'en avoue,
> Ma muse toute en feu me prévient et te loue. (Boileau. *Discours au Roi*).

741: A, J: Suiuez moy là dedans pour uider cette affaire:

744: Cangrène: gangrène

> La cangrène s'y mist, et elle en est morte (Sévigné, 20 juillet 94).

SC. 2, pers: A, J: le Grand Prévost et le Capitaine des Gardes manquent

755: A,J: Avance, mal-heureuse! Et bien meschante femme,

759: J: Dés ta conception

759: D: race

763: pallier, palier; palliation: subtilité qui cherche à excuser une faute ou à la cacher.

> Ne suffisait-il pas d'avoir permis aux hommes tant de choses défendues par les palliations que vous y avez apportées (Pascal. *Provinciales*).

769-70: X: Hérode

> Empoisonner son Prince, est un crime léger!

                   Mariane

> Ce crime est fort nouveau, l'on vient de le forger

777: A, J: les indications scéniques manquent.

782: desseigner: avoir le dessein de (vieilli) (cf. *Sénèque*, Arg. V; *Parasite*, v. 693; *Osman*, v. 439).

> Vous aviserez bien au voyage que vous desseignez (Chapelle. *Lettres*).

794: I: Le poison dont vous auez parlé.

796: J: tant d'impudence?

821: Cerbère: chien à trois têtes qui gardait les enfers; au figuré: intraitable.

[le chat] Vrai cerbère, était craint une lieue à la ronde. (La Fontaine. *Fables*, III, 18).

824: aconit (ou aconite): plante vénéneuse, venin.

Son sein ne produisait encore l'Aconite (Ronsard. *Eglogue*, I).

825-6: X: Rien n'en sauroit jamais tacher la pureté,
Ni donner de l'ombrage à sa vive clarté.

842: avérer: prouver, vérifier (cf. *Parasite*, v. 1323).

Et j'ai su par mes yeux avérer aujourd'hui (Molière. *Sganarelle*, v. 375).

843: A, J: les indications scéniques manquent.

843-6: ces quatre vers manquent aux éditions A et J.

847: C: est vn homme

848: J: C'est un vieil officier

851-4: A, J: Faut-il d'autres tesmoins de ce proiet infame?
Elle en a mille encor qui l'accusent dans l'ame,
Et son coeur en secret est pressé d'un remors,
Qui desia la condamne à plus de mille morts.

857: C, D, I: Et ta main

865: J: n'ont rien de pesanteur,

873: A, J: les indications scéniques manquent.

903: J: de la mort

915: J: remors venerable

921: C, D: que ie sois

923: F: Ne crains point pour ta grace

J: point ta grace
entériner: ratifier, rendre valable

Si le parlement entérine sans le roi (Pascal. *Pensées sur le pape et l'Eglise*, 16).

935: au moins: je vous en avertis (cf. *Parasite*, v. 402).

        Au moins je vais toucher une étrange matière:
        Ne vous scandalisez en aucune manière. (Molière.
        Tartuffe, vv. 1369-70).

939: D: Certes sont

943: justice d'Auguste: cf. vv. 453-4 et la note.

947: I: que tes

955: dévaler (transitif): précipiter (cf. *Sénèque*, v. 2).

        Madame, je suis mort, et votre amour fatale
        Par un indigne coup aux Enfers me dévale. (Corneille.
        Illus., vv. 527-8).

962: I: Mais il vous respondra de ce qui c'est passé.

976: D: mystere:

981: J: et te feray sentir

985: J: Tu ne riras plus

993: J: la langueur,

996: F: ton amant

SC. 2: F: cette édition est la seule à corriger, nommant cette scène la troisième.
       A et J omettent le Grand Prévost de la liste des personnages.

1000: J: confidence

1002: A, J: Espanchant un secret

      J: m'importe

1004: A, J: i'ay commis

1017: C, I: de n'en rien déguiser.

1021: A, J: Aussi dans le mal-heur

1028: I: te donne dans la veuë

1030: I: trouble

1044: J: qui soient indignes d'elle;

1049: J: ce dessein

1055: C: Mais une Reine encore, si chaste et si sage,

       I: Mais une Reine encore si chaste, et si sage,

SC. 3: (Aucune édition ne corrige; il y a donc deux sc. 3 dans F)
Personnages: A et J omettent le Grand Prévost.

1072: J: je devois estre avare.

ARG. IV, 4: C, D, I: ne peut pourtant se resoudre à

   12: A: fust sa complice

1090: J: me vont envelopper:

1092: F: au bien de nostre Empire

1094: I: Il auance à mon ayde,

1097: fatal: voulu par le destin (cf. *Sénèque*, v. 395; *Osman*, v. 35).

                D'Ivry la fatale journée
         Où ta belle vertu parut si clairement (Malherbe. *Sonnet sur la mort d'un gentilhomme*).

1102: J: dans la maison.

1106: J: Sans luy vous n'aviez plus

1109: J: m'avoit fait ignorer

1111: I: Et riant de la mort,

1134: I: la place

1135: I: ses miseres

1149: C, D: ses vains

1154: J: faire punir

1157: étonner: ébranler (cf. *Panthée*, vv. 1170, 1206; *Folie*, Arg. V; *Chrispe*, v. 164; *Parasite*, v. 1701; *Osman*, vv. 328, 428, 782).

        Seigneur, votre présence étonne mon devoir (Corneille. *Suréna*, v. 240).

1157: A: s'y trouue

1166: A, J: les indications scéniques manquent.

1182: D, I: La tiendront à la gesne,

1184: tenter: hasarder

> ... et va tenter mollement un si grand événement (Massillon. *Carême*, Vérité d'un avenir).

1189: J: les avis

1205: Hircane le pariure: Hérode fit tuer Hyrcan en apprenant que ce dernier était encore d'intelligence avec Malèle, chef des Arabes.

1210: F, J: Avecque tant d'honneur (Leçon qui rend les 12 pieds au vers).

1214: Malicus: sommelier de Hyrcan, il empoisonna Antipater, père d'Hérode. Ce dernier le fit tuer vers 43. Malicus ne peut donc rien avoir à faire avec les événements qui menèrent à l mort de Hyrcan, 13 ans plus tard. Tristan songe sans doute Malèle, le chef des Arabes (cf. la note au vers 1205).

1215: I: N'auroit-ils pas enfin d'une embusche traistresse,

1219: C, D, I: Dont le coeur offensé

1222: voir jour: jour: ce qui explique, éclaircit

> Sur de pareils soupçons vous auriez eu de jour. (Corneil *Suréna*, v. 380).

1225: C: auec le flambeau (11 pieds)

1227: Erynne: Les Erinyes ou Furies, déesses de la vengeance, appelé« aussi "chiennes de l'enfer" poursuivaient surtout les parricides. (cf. *Sénèque*, v. 1851).

1229: F: de voir que vous vouliez

1241: I: Un resolu pouuoir

1266: A, J: Mon ame se resigne à

1270: A, J: De ce dernier desir

SC. 3: A, J: omettent la liste des personnages et l'indication "pleurant" après "le concierge".

1281: J: Mais il pourroit là bas

1283: A, J: Mais avant que les voir

1284: départir: partager, distribuer (cf. aussi *Sénèque*, v. 1658).

>Ce que chacun d'eux devait porter . . . fut départi selon leur emploi et selon leurs forces. (La Fontaine. *Vie d'Esope*).

1284: si peu: tellement peu

>Mais la finance est si très rare (Loret. *Muse historique*, 7 jan. 1652).

1298: A, J: Viendra vanger de toy

1299: A: les bras

1302: I: veuilles

1303: A: ce vers est récité par "L'Escvier", un anachronisme.

1306: objet: spectacle, ce qui frappe les regards (cf. *Folie*, v. 245).

>L'objet de ta maîtresse (Corneille. *Clitandre*, v. 705).

SC. 5: A, J: ces deux éditions ne séparent pas les scènes 5 et 6, ce qui fait que le nom d'Alexandra figure parmi les personnages de la cinquième scène dans ces deux éditions. Après Dina, dans A et J, on lit "confidente de Mariane."

1316: J: Ma mort est cette fois

1318: A, D, I: ie ne le crains pas,

1327: I: Imprime dans les coeurs

J: dans leur coeur

1336: F: est tousiours

1348: C, D: qui n'est point tachée,

F: Fera voir la vertu

I: qui n'en est point tachée,

1359: C: peust honorer

I: peust banir

SC. 6: A, J: voir la note à la sc. 5.

   1369: C: auec leurs rigueurs,

   1387: Danaïde: les Danaïdes étaient les cinquante filles de Danaüs qui épousèrent les cinquante fils d'Aegyptus. Toutes, sauf une, tuèrent leur mari leur nuit de noces.

   1395: A: supprime "seule"

   1402: A, J: Conduisons nous au lict,

   1404: "La jalousie est fille à la vérité d'amour mais naturelle et non plus légitime et toutefois presque inséparable." (*L'Astrée*, IV, vi).

   1404: I, J: Ces deux éditions sont les seules à corriger "Jeune fille".

   1408: F: Qui de cent faux objets troubles ma fantaisie (cf. v. 1743).

          X: Qui viens gêner mon ame après l'avoir saisie

   1413: D: Qui troubles mon repas

   1437: X: La constance, l'honneur et la fidélité

   1442: F: la teste

   1443: A, J: les indications scéniques manquent.

   1453: X: Quoi la Grece l'a vu retourner sur ses pas

1453-4: funeste: tragique, sombre; au sens étymologique: souillé par la mort. (cf. *Parasite*, v. 812; *Osman*, vv. 94, 1514).

        Quittez, Seigneur, quittez ce funeste langage (Racine. *Andromaque*, v. 505).

     repas: au sens étymologique: guérison

        Dame, sans cui n'a poissance
        Amors ke j'aie repas (Chanson, poètes fr. avant 1300, II, 928).

     Malgré la leçon du Ms., Vu la guérison "souillée par la mort", Hérode ne peut faire allusion ici qu'à la guérison d'Ezéchias (II Rois, 20:8) et au signe qui précéda cette guérison (II Rois, 20:10).

   1457: ressentiment: sentiment, surtout de douleur (cf. *Sénèque*, v. 1586; *Folie*, vv. 166, 1208; cf. aussi *Panthée*, v. 98; *Sénèque*, lettre, et v. 1509).

>De nos parents perdus le vif ressentiment (Corneille. *Cinna*, v. 1651).

1467: Ie sçay que ce chef-d'oeuvre

1484: D: et ie ne la sçaurois croire.

1485: F: aduertir (sans virgule)

1486: J: de sortir

1491: F: de sentimens

1495: D: quelque pierreries,

1501: orgueil: sentiment noble (cf. *Célimène*, v. 268).

>Leur orgueil foule aux pieds l'orgueil du diadème (Voltaire. *Brutus*, I, 4).

1511: C: regrettriez

>I: regrettiez

1515-16: X: Ainsi qu'elle passoit à côté d'une arcade,
>Sa mere, en l'abordant, lui fit une boutade.

1522: D: ce vers manque à cette édition.

1523: A, J: Et passant, repartit à ces marques d'offence,
>repartir: répliquer promptement (cf. *Osman*, v. 773).

>Le mari repart, sans songer: (La Fontaine. *Fables*, III, 7).

1527-28: F et J changent la ponctuation et le ton:

>Quoy, dans ce triste estat sa mere la querelle,
>Et sa seule vertu se declare pour elle?

1536: F: tousiours auecque

1554: A, J, X: Un rayon de clarté sur elle descendit.

1555: sourdre: naître, s'élever (vieilli)

>N'a pas longtemps sourdirent grands débats (Racine. *Epigrammes*, IV).

1559: A et J ajoutent quatre vers au début de la tirade d'Hérode:

>La Neige de son corps n'est donc plus animée?
>La rose de sa bouche est pour iamais fermée?
>Sa voix a donc perdu l'adresse de charmer?
>Et ses yeux oublié l'usage d'enflamer.

1574: A, J: les indications scéniques manquent.

1586: A, J: emploient ici les indications scéniques de 1574: Il se iette sur l'espee de Narbal.

1595: truchement: interprète (cf. *Parasite*, v. 1408).

> Où est le truchement, pour lui dire qui vous êtes (Molière. *Bourgeois*, V, 4).

1598: en suite de: après

> Ensuite de cela, il m'a avoué qu'il avait . . . (Scarron. *Roman com.*, II, 12).

1604: X: Le trépas inhumain de la fille d'Hircane

1609: J: Mais vous ne ferez rien,

1614: J: remarquables

1615: D: Tesmoin

1621: J: les Scythes, les Gelons. Les premiers étaient des barbares nomades du N.-E. de l'Europe; les Gélons étaient un ancien peuple de la Sarmatie. Au début de l'ère chrétienne, les Sarmates, venant d'Asie, envahirent la région qui portera leur nom (cf. *Chrispe*, v. 1461).

1645: paluds: marais

> Sur les bourbeux palus des creux enfers grondans (Garnier. *Antigone*, v. 171).

1654: D: Vous le verriez

1656: J: Où quelque changement

1660: I: Il faudroit l'aborder

1662: gourmander: brider, maîtriser, dominer (cf. *Chrispe*, v. 42).

> Je prétends gourmander mes propres sentiments (Molière. *Sganarelle*, v. 479).

1666: I: et la considerez.

1698: A, J: Conserue le desbris
débris: ce qui a échappé à la destruction (cf. *Folie*, v. 18; *Chrispe*, v. 1289; *Sénèque*, v. 452; *Osman*, v. 533).

> . . . traîner dans le monde le débris d'une faveur qu'il a perdue (La Bruyère, X, 19).

1703: J: Ne console point Monarque miserable.

1709: D: Ministres de ses maux

1712: D: Cette haine mortelle

1714: C: enterrer

1715: C, D, I: infernale

1716: I: les indications scéniques manquent.

1733: A, I, J: les indications scéniques manquent.

1735: J: ses propos

1743: fantaisie: esprit, raison (cf. v. 1408).

>   Quelle jalousie
> Vous a mal à propos brouillé la fantaisie? (Th. Corneille. *Engagement du hasard*, I, 7).

1756: à mon domage: à mes dépens (cf. *Osman*, v. 687; cf. aussi *Chrispe*, v. 1195; *Parasite*, v. 1407).

> Ces arrogants, à leur dommage,
> Apprendront un autre langage. (Malherbe. *Pour les pairs de France*).

1775: J: Qui té faisoient la guerre

1783: C, D: Ie devois estimer (D, exemplaire de la Mazarine, corrigé à l'encre).

1787: D, I: toutesfois

1788: D, J: avecque

1793: J: Merveille des beautez!

1796: D: Ne t'imaginãs pas

1800: J: elle prend la volée.

1802: I: portons-le sur le lit,

1803: J: Possible que de sens
possible: peut-être (cf. v. 655).

PANTHEE

INTRODUCTION

Le Théâtre du Marais présente *Panthée* vers la fin de 1637 ou, au plus tard, en janvier 1638. Munie d'un privilège du 23 février 1638 et d'un achevé d'imprimer du 10 mai 1639, la pièce n'a pas été bien reçue par le public. Tristan se sent découragé et fait part de sa déception dans une ode adressée "A Mademoiselle DD":

> Je ne fay point ces Vers de choix
> Par qui l'oreille est enchantée:
> On enuelope des Anchois
> De Mariane et de Pantée.
> ....
> Toutefois le grand Richelieu
> Fait quelque estat de mes Ouurages;
> Ce qui plait à ce Demy-Dieu
> Ne deuroit pas déplaire aux Sages.[1]

Que s'est-il donc passé pour plonger Tristan dans un tel état d'abattement? Comment expliquer le silence de Tristan depuis *La Mariane*, silence interrompu seulement par la parution de son recueil de poésies *Les Amours*, qu'il avait achevé bien auparavant puisqu'il était muni d'un privilège datant du 16 juin 1635 et qu'il ne contient que soixante-douze poèmes nouveaux sur les cinq cents qui y figurent. Il faut sans doute en chercher la cause dans l'état de santé de l'auteur. Pour la première fois, Tristan se plaint de la maladie qui le mine, et dans l'épître dédicatoire offerte à Henri de Lorraine, il souhaite retrouver "de la force et de la santé." Dans l'avertissement, il reconnaît que *La Mariane* est de loin la meilleure pièce, car elle a été conçue "dans vn assez tranquille loisir; et l'autre *Panthée* n'a receu ses finissemens que dans les interuales d'vne maladie." Le sonnet "A Iesus-Christ, dans vne maladie," qui se trouve à la fin de la pièce, achève le portrait d'un homme dont la souffrance physique a atteint le moral.

La pièce ne connaît que deux éditions du vivant de l'auteur et cependant elle figure au répertoire pendant vingt-cinq ans. Tristan cherche à expliquer l'échec de la pièce par l'absence de Montdory qui "aurait fait valoir Araspe aussi bien qu'Herode." (cf. l'avertissement) mais il serait plus juste d'admettre que les faiblesses de la pièce en sont responsables.

Richelieu demanda à l'abbé d'Aubignac de remanier la pièce et d'en faire la critique. Dans le "Jugement de la Tragédie intitulée Panthée,

---

[1]*Vers héroïques*, pp. 327-328.

écrit sur le champ," d'Aubignac s'étonne de ce que certaines situations
(l'amour d'Araspe, la jalousie d'Abradate, l'indignation de Panthée, etc.)
ne produisent aucun effet sur le lecteur ou le spectateur et il se demande
ce que deviendra Araspe après la mort de Panthée. Ayant donné *La Mariane*
"sans conclusion", Tristan aurait-il voulu en faire de même pour *Panthée*?
Toujours est-il qu'il ne fut guère indifférent aux critiques de l'abbé
d'Aubignac, mais son état de santé ne lui permit sans doute pas d'entreprendre un travail qui représentait un remaniement presque complet de la
pièce. Il se contenta d'apporter quelques changements mineurs et tout particulièrement dans le rôle d'Araspe qui finit par se donner la mort (Bernardin, pp. 397-398). Bien que la pièce soit mentionnée dans *Le Baron de
Crasse*, que Corneille en parle dans la préface à *La Sophonisbe* et qu'elle
figure dans trois recueils importants des dix-septième et dix-huitième
siècles, *Panthée* ne connut jamais le succès de *La Mariane*.

Le sujet de la pièce, malgré sa stérilité, n'était guère nouveau.
Emprunté à *La Cyropédie* de Xénophon, il fut repris au moins cinq fois à
partir de 1571 par des auteurs aussi divers que Catherine des Roches,
Alexandre Hardy, C. Guérin Daronnière, Claude Billard de Courgenay et Durval.
Durval, si l'on se fie à lui, aurait commencé sa *Panthée* avant Tristan; la
destinait-il à l'Hôtel de Bourgogne? Toujours est-il que Tristan devança et
écrasa son rival. Nous croyons, d'ailleurs, que les quelques ressemblances
entre la *Panthée* de Tristan et celle de Durval ne sont sans doute que l'effet d'une coïncidence. Hardy est le seul de ses devanciers à qui Tristan
fait des emprunts et sa pièce et *La Cyropédie* de Xénophon constituent les
seules sources de Tristan.

D'après Xénophon, Cyrus vient de s'emparer du camp du roi d'Assyrie.
Parmi ses captives se trouve Panthée, épouse d'Abradate. Cyrus la confie à
son ami Araspe qui est sûr de ne jamais "devenir esclave" de ses sentiments
car, pour lui, l'amour est affaire de volonté. Toutefois, en dépit de sa
"volonté," Araspe tombe amoureux de Panthée et se déclare à elle. Elle
l'écarte avec dédain et lorsqu'il menace de lui faire violence, elle porte
ses plaintes à Cyrus. Celui-ci se prononce en faveur de Panthée et Araspe
disparaît, feignant de fuir le camp de Cyrus.

Le rôle de Panthée ne se développe vraiment et n'atteint au tragique
qu'à la suite de cet incident. Touchée par la générosité de Cyrus et se
croyant responsable du départ (feint) d'Araspe qui représente une perte pour
lui, Panthée cherche à lui exprimer sa reconnaissance en décidant Abradate
d'embrasser la cause de Cyrus. Abradate sera tué dès la première bataille
et Panthée, épouse fidèle, se donnera un coup de poignard, expirant sur le
corps d'Abradate.

Chez Hardy, l'action qui suit de près Xénophon, dure plusieurs mois;
chez Tristan, toute l'action se déroule en douze heures. La *Panthée* de
Hardy est tout imbue de sentiments patriotiques, tandis que l'héroïne de
Tristan agit poussée par la reconnaissance et non par la haine. Tristan,
comme Xénophon, s'intéresse tout particulièrement au rôle de l'épouse qui
attend le retour de son mari. La reconnaissance qu'elle témoigne envers
Cyrus est fondée sur le fait qu'il fait preuve de magnanimité: au lieu de
la traiter en esclave ou en concubine, il sauve l'honneur de Panthée et la
rend intacte à l'époux qu'elle aime; ainsi, elle lui est redevable de son

bonheur. Par contre, Tristan a dû trouver l'idée du mari jaloux chez Hardy; celui-ci, d'ailleurs, nous présente Araspe comme un personnage brutal et antipathique, tandis que pour Tristan, le rival d'Abradate est un personnage sensible dont nous connaissons les joies et les douleurs.

Comme nous l'avons déjà signalé, le sujet même de la pièce se prêtait mal au théâtre. Dès le début, nous sommes en présence d'une situation qui n'est guère heureuse, comme l'a bien remarqué Bernardin (p. 386). Le songe de Panthée, au deuxième acte, est inutile; le quatrième acte est mal construit; la défection d'Abradate est insuffisamment préparée et nous dispose mal envers lui et il nous est également difficile de comprendre et d'apprécier les reproches que lui fait Panthée. Araspe qui a occupé la scène pendant trois actes en disparaît presque complètement au quatrième, et la joie qu'il éprouve en apprenant la mort d'Abradate offre un contraste choquant avec la douleur de Panthée. Suivant l'exemple de Xénophon, Tristan construit sa pièce sur deux épisodes qui ne s'accordent guère et le suicide ajouté d'Araspe ne fait qu'accentuer ce manque d'unité.

Ces faiblesses ne sont que trop évidentes, mais d'autres critiques négatives sont moins bien fondées et difficiles à accepter. On reproche à Tristan, par exemple, de ne pas avoir fait de Panthée le personnage principal de la pièce, comme l'avait fait Hardy, et cependant, Tristan avait écrit la pièce en pensant à Montdory. Eugène Rigal,[2] de même, trouve que Tristan commet une erreur grave en réduisant Cyrus à un personnage secondaire (pp. 304-308); Panthée, Abradate et Araspe ont tous des rôles plus importants que Cyrus. Bernardin (p. 382) a bien montré que Tristan destinait le rôle principal à Montdory et que le personnage de Cyrus aurait été "trop monotone pour permettre à l'acteur de montrer toutes les faces de son talent." Etant donné le rôle épisodique d'Abradate, il ne restait plus que le personnage d'Araspe sur lequel Tristan a concentré tout l'intérêt dramatique, comme le montre bien la citation suivante, dans laquelle Araspe exprime son désespoir:

> O desordre confus de desseins differens!
> Ie deteste son nom, ie la hay, ie l'abhorre,
> Ie la fuy, ie la crains, et si ie l'ayme encore.
> Ie sens mon feu s'esteindre, et puis se rallumer,
> Ie ne la puis haïr, ie ne la puis aymer,
> Ie sçay qu'elle est ingrate, et ie la treuue belle,
> Qu'elle est mon ennemie, et si ie suis pour elle,
> Il faut pour satisfaire à la rigueur du sort
> Guerir de tant de maux par vne seule mort. (vv. 704-712)

Une autre explication s'impose, toutefois. Hardy souligne la trahison de Panthée et d'Abradate qui, par reconnaissance, se joignent à Cyrus et prennent les armes contre leur patrie. Il nous montre deux traîtres punis de leur crime. Tristan élimine presque complètement cet aspect de la pièce, et pour cause. Par amour pour Panthée, Abradate porte les armes contre sa

---

[2]*Alexandre Hardy et le théâtre français à la fin du XVIe et au commencement du XVIIe siècle* (Paris: Hachette, 1889).

patrie; lorsqu'on se souvient que Gaston d'Orléans avait fait de même, on comprend qu'il eût été malséant de la part de Tristan de rappeler cet événement. En réduisant l'importance des rôles de Cyrus et d'Abradate, Tristan change l'optique de la tragédie. Araspe est un rôle qui convient merveilleusement au premier comédien du Marais; il met en valeur la chasteté de Panthée et diminue l'importance de sa trahison. Ainsi le sujet ne concerne plus la trahison de Panthée mais plutôt la passion d'Araspe pour la chaste Panthée.

Ainsi, malgré l'échec de la pièce, malgré ses faiblesses évidentes, il serait injuste de ne pas tenir compte de l'originalité de Tristan qui sait prendre ses distances avec ses sources et qui parvient à transformer une pièce politique en tragédie de la passion.

BIBLIOGRAPHIE

Editions émises du vivant de Tristan

A: *Panthée* (Paris: Courbé, 1639). In-4 de (16)-100-(4)pp.

p.	(1):	frontispice de La Hire
p.	(3):	titre
pp.	(5-10):	Epître
pp.	(11-13):	avertissement
p.	(14):	Au lecteur
p.	(15):	personnages
p.	(16):	Argument du 1er acte
pp.	1-100:	texte
p.	(101):	A Iesvs-Christ
p.	(102):	Tombeau
pp.	(103-4):	privilège (23 février 1638; achevé d'imprimer du 10 mai 1639)

B: *Panthée* (Paris: Courbé, 1639). In-12 de (16)-99-(5)pp.; même privilège et achevé d'imprimer, même disposition que A, avec un frontispice par Daret, qui est réduction retournée de celui de La Hire. Cette édition, quoique "bon marché," est la plus soignée et sert de base à notre texte.

PANTHEE

TRAGEDIE

DE MONSIEVR DE TRISTAN.

A PARIS,

Chez AVGVSTIN COVRBÉ, Imprimeur & Libraire de Monseigneur Frere du Roy, dans la petite Salle du Palais, à la Palme.

———————

M. DC. XXXIX.

Auec Priuilege du Roy.

A

TRES-HAVT ET TRES-PVISSANT

PRINCE

HENRY DE LORRAINE,

ARCHEVESQVE ET DVC DE REIMS,

Premier Pair de France, &c.

MONSEIGNEVR,

Ie ne sçaurois retenir mon zele, & m'empescher de produire vn acte public de la passion dont ie vous honore: Encore que l'ouurage que i'ose vous presenter, ne soit pas digne de vostre grandeur, & qu'vne Piece de si petit prix vous face autãt paraistre mon impuissance, que ma tres-humble affection. Au moins, MONSEIGNEVR, puis que le Grand Cirus se treuue aucunement dépeint en cette Tragedie, on peut dire qu'il y a quelque chose de precieux en mon offrande, & qui vous appartient iustement. C'est pour le moins vne peinture mal-faite d'vn Monarque bien fait, que i'offre à l'vn des plus accomplis Princes de la Terre. Si vous me faites l'honneur de la regarder, vous y verrez beaucoup d'excellẽtes parties qui vous rendent digne de l'estime de tout le monde, & beaucoup de traits de cette grandeur de courage & de cette force d'esprit qui vous font admirer de toute la France. Mais ce grand Miroir est trop defectueux, & n'a pas assez d'estendue pour vous representer tout entier. Encore que Xenophon nous ait voulu donner en ce Roy de Perse, l'image d'vn Prince sans defaut, & qu'il y ait employé beaucoup de soin; Il se treuue en vous vn effet plus excellent que son idée; & qui fait auoüer à tous que son Art est bien surpassé par vn effet de la Nature. Veritablement, MONSEIGNEVR, vous estes semblable à Cirus pour beaucoup de Vertus esclatantes: mais ie ne sçaurois me figurer qu'il peust estre pareil à vous, soit pour la beauté de la taille, la bonne mine, la connoissance, l'agreable facilité de parler, & l'adresse en tous exercices. Chacun sçait que la merueilleuse science de gaigner les coeurs, est comme vne qualité naturelle en tous ceux de vostre Maison; de mesme que la Pieté, la Valeur & la Magnificence leur sont les Vertus inseparables. Mais peut-on dire qu'il y ait vn Prince qui la possede en vn plus haut poinct que vous? & peut-on nier que vostre grace n'ait d'inuisibles chaisnes dont personne ne se peut défaire? De moy, MONSEIGNEVR, dés le temps que i'eus l'honneur de me presenter deuant vous, ie demeuray tout ébloüy d'vne si grande lumiere; ie me trouuay charmé de tant de rares qualitez:

Et ne souhaitay plus de la force & de la santé qu'afin de pouuoir
rendre à la Posterité quelque glorieux tesmoignage de vostre Vie. Ie
suis bien asseuré qu'elle sera pleine de merueilles, si peu que la
Fortune vueille fauoriser vostre vertu. Les voiles d'vn de vos Ancestres,
MONSEIGNEVR, porterent autresfois la terreur dans toutes les Mers du
Leuant; on veid trembler toute l'Asie au bruit de ses armes, il arbora
la Croix sur la Palme, dans la Palestine; Et s'estant fait vn marche-
pied des successeurs de Mahomet, s'éleua glorieusement à la Royauté.
Mais n'estoit que vous estes dans vne condition dont la tranquilité
ne s'accorde guere auec le tumulte des armes, & dont la saincteté ne
se dispense pas d'espandre du sang; Qui doute que si le Roy vous donnoit
de l'employ pour faire la guerre aux infidelles, vous ne peussiez
executer d'aussi grandes entreprises que vos Ayeulx? Qui doute que
vous ne portassiez heureusement ses armes sur le Bosphore, que vous
n'aprissiez à ses Peuples à leur dommage, que vous estes sorty du sang
de GODEFROY? & qu'vne grande partie de la Noblesse Françoise ne
s'enrichist sous vostre conduite, de la despoüille des Barbares?
Quand vous retourneriez vn iour auec vne flote victorieuse de beaucoup de Nations infidelles, ces progrez, MONSEIGNEVR, apporteroient du
contentement à tout le monde, & ne donneroient de l'estonnement à
personne, ce ne seroient que des succés qu'on auroit attendus de vous;
comme ce ne seroit que l'accomplissement d'vne partie des souhaits que
fait pour vostre prosperité,

MONSEIGNEVR,

                                 Vostre tres-humble, tres-obeïssant,
                                    & tres-affectionné seruiteur,

                                                      TRISTAN L'HERMITE.

ADVERTISSEMENT
à qui lit.

   A Peine peut-on s'imaginer qu'il y ait assez de matiere en l'auanture de PANTHEE pour faire deux Actes entiers: c'est vn champ fort estroit & fort sterile, que ie ne pouuois cultiuer qu'ingratement. Aussi n'eust esté quelque secrette raison, i'eusse pris vn plus fauorable Sujet pour donner vne Soeur à MARIANE. Veritablement il faut auoüer que nonobstant les auantages que la ieunesse peut donner, l'Aynée a plus de beauté que la Cadette, & qu'il s'en faut quelque chose que cette derniere production de mon Esprit ne merite autant d'applaudissemens que la premiere. Aussi pour le confesser ingenument, auec ce que la difference du sujet met de la difference dans le trauail, l'vn de ces Poëmes fut elabouré dans vn assez tranquille loisir: & l'autre n'a receu ses finissemens que dans les interuales d'vne maladie. Tellement qu'on ne trouuera pas estrange que l'ouurage d'vn homme languissant ait moins de vigueur, que celuy d'vn homme qui se porte bien. Au reste, i'ay creu toutesfois que cette Tragedie ne manqueroit pas d'agréement; & que cette Maistresse auroit des Amans aussi bien que l'autre. Mais elle n'estoit pas née sous vne assez bonne constellatiõ pour respondre à mon Esperance: Elle s'est sentie du funeste coup dont le Theatre du Marest saigne encore; & pris part en la disgrace d'vn Personnage dont elle attendoit vn merueilleux ornement. Il est aisé de deuiner que c'est de l'accident du celebre Mondory, qu'elle a receu du preiudice. Sãs mentir, On peut dire que ce n'est pas vn hõme vulgaire: Et sans offencer beaucoup d'excellens Comediens qui sont maintenant en reputation, ie puis luy donner de grandes loüanges. Cet Illustre Acteur ne tient point sa gloire du hazard, ou de l'aueuglement des hommes; C'est par de merueilleuses qualitez qu'il a forcé toute la France de rendre iustice à son merite; Et qu'il auroit obtenu de l'Antiquité des Couronnes & des Statuës. Iamais homme ne parut auec plus d'honneur sur la Scene; il s'y fait voir tout plain de la grandeur des passions qu'il represente: Et comme il en est preoccupé luy-mesme, il imprime fortement dans les esprits, tous les sentimens qu'il exprime. Les changemens de son visage semblent venir des mouuemens de son coeur: & les iustes nuances de sa parole, & la bien-seance de ses actions, forment vn concert admirable qui rauist tous ses spectateurs. C'est de ce miraculeux Imitateur, que i'attendois le coloris de cette Peinture: Et c'est celuy qui luy deuoit donner tout ensemble de la grace & de la vigueur. Sans cette espece d'apoplexie dont il n'est pas encore guery parfaitement, il auroit fait valoir ARASPE aussi bien qu'Herode, & donné de fauorables impressions de cét Ouurage auant qu'il parust sur le papier. Aussi ie te diray, Lecteur, que i'ay presque perdu depuis son mal, la disposition d'esprit que i'auois pour écrire en ce genre Dramatique. Et que n'estoit que Monseigneur le Cardinal se delasse par fois en l'honneste diuertissement de la Comedie, & que son Eminence me fait l'honneur de me gratifier de ses bien-faits, i'appliquerois peu de mon loisir sur les ouurages de Theatre. C'est vn labeur penible, dont le succez est incertain. Et quand mesme on seroit asseuré d'en obtenir des applaudissemens & des loüanges, ce seroit beaucoup se trauailler pour ne rien acquerir que du bruit & de la fumée.

AV LECTEVR
CRITIQVE.

LECTEVR, si la Fortune auoit soin de ma vie,
Au lieu qu'elle est tousiours contraire aux beaux esprits;
Il m'importeroit peu si les dents de l'Enuie
Osoient insolemmẽt déchirer mes écrits.

Pourtant, à ton abord vn doux espoir me flate,
I'ay fort peu de sçauoir, auec vn mal de rate;
Et par là i'ay besoin d'oüir tes sentimẽs.

Car selon ton merite, ou ton insuffisance,
Ou ie profiteray de tes enseignemens,
Ou du moins ie riray de ton impertinance.

LES PERSONNAGES.

CIRVS,   Roy de Perse.
CHRISANTE,)
) Generaux de son Armée.
HIDASPE,)
PANTHEE,   Reyne de la Suzienne.
ARASPE,   Fauory de Cirus.
CHARIS,   )
) Filles d'honneur de Panthée.
ROXANE,   )
ARTABASE,   Colonel de Caualerie en l'Armée de Cirus.
MITRANE,   Amy d'Araspe.
ABRADATE,   Mary de Panthée.
DES SOLDATS.

La Scene est en Lydie.

ARGVMENT

DV

PREMIER ACTE.

1. Cirus se réjouïst d'vne victoire qu'il a remportée sur les Assyriens: Et s'entretient auec deux Generaux de son Armée, de la déroute des Ennemis, du dessein qu'il fait d'aller assieger Babylone, & de la iustice de ses armes. 2. Panthée vient trouuer Cirus dans sa Tente pour le remercier du bon traitement qu'elle en reçoit, & pour l'asseurer du seruice d'Abradate son mary. 3. Araspe amoureux de Panthée, luy donne quelques marques d'vne passion qu'il ne peut luy cacher & qu'il n'ose luy découurir. 4. Charis apprend de luy sa passion, essaye de le guerir par la raison: & le plaint voyant sa maladie incurable.

PANTHEE

TRAGEDIE

ACTE PREMIER

SCENE PREMIERE

CIRVS, CHRISANTE, HYDASPE.

CIRVS.

Chrisante, ils sont desfaits, & c'est nostre destin
De reuenir chargez d'honneur & de butin,
Apres auoir dompté cette iniuste Puissance,
Qui veut insolamment opprimer l'innocence.
5 Les Dieux que ce desordre auoit mis en courroux,
Ont monstré clairemẽt qu'ils cõbattent pour nous,
Et sont leur propre faict des armes legitimes,
Qu'on nous void employer au chastiment des crimes.
Les Perses en effet ont paru plus qu'humains,
10 Lors qu'auec ces grands cris ils sont venus aux mains,
Par tout les ennemis troublez de cette audace
Ont pris chacun de nous pour le Dieu de la Thrace.
Ils se sont ébranlez en nous voyans marcher,
Et des traicts infinis qu'ils ont peu décocher
15 Comme ils se renuersoient les vns dessus les autres,
Ce n'est que par hazard qu'ils ont blessé des nostres,
Que leur Caualerie a plié laschement
Nous voyans auancez dans leur retranchement:
Dans la confusion que l'epouuante apporte,
20 Les Soldats & les Chefs se sont troublez de sorte,
Qu'ils se sont separez dés lors également
Et de l'obeïssance, & du commandement.
S'ils se fussens battus auec plus de courage,
Ils en eussent receu moins de desaduantage:
25 Car dans cette déroute on peut bien faire estat
Qu'il en est mort vingt fois plus que dans le cõbat.
Deux Roys à nostre abord combatans en personne
Ont seruy par malheur de victime à Bellonne:
Et cet autre Tyran qui me pensoit brauer
30 S'est veu honteusement reduit à se sauuer.

CHRISANTE.

Sire, cette iournée est vrayment memorable,
Et ce dernier succés se peut dire admirable.
Mais aussi l'on peut dire auecque verité,
Qu'on en doit tout l'honneur à vostre Majesté;
35 Elle a fait le deuoir, & pris toute la peine,
Et d'vn braue Soldat & d'vn grand Capitaine:
Elle a couru par tout où le danger estoit,
Et forcé tous les pas que l'on nous disputoit.

CIRVS.

Que le vieux Astiage en receura de ioye!
40 Il mourra de plaisir s'il faut qu'il me reuoye.
Mais pour luy témoigner par auant ce bon-heur
Combien nos combatans se sont acquis d'honneur;
Les Lettres que i'escris, s'en vont accompagnées
De Tiares froissez & d'Enseignes gaignées,
45 Afin que de ma part en superbe appareil
On en dresse vn Trophée au Temple du Soleil,
Et que la Perse voye auec quelle furie
Nous auons attaqué les Tyrans d'Assirie.
     Mais nous n'auons rien fait de battre l'ennemy,
50 Si cet embrasement n'est esteint qu'à demy.
Iusqu'icy nostre peine est vne peine ingrate,
Si portans la terreur iusqu'aux bords de l'Eufrate,
Nous n'allons escheler ces murs audacieux
Que l'orgueil de Nembrot esleua iusqu'aux Cieux.

CHRISANTE.

55   Sire, dans le bon-heur, ie tiens que la prudence
Doit mesler sagement la crainte à l'esperance,
Respecter la Fortune, & ne s'engager pas
Sans quelque desfiance à suiure ses appas.
Cette aueugle Deesse est tousiours infidelle;
60 On est souuent trompé quand on s'asseure en elle;
Elle a l'esprit leger & le goust depraué,
Et laisse choir souuent ce qu'elle a releué.
     Que vostre Majesté dans ses desseins regarde
Au salut important du Corps qu'elle hazarde.
65 C'est la fleur de l'Asie: & si par vn malheur
La force & le grand nõbre accabloient la valeur,
On verroit aussi-tost la Perse & la Medie
Languir d'vne fascheuse & longue maladie;
Et des fers outrageux nous viendroient mestriser,
70 Que sans quelque miracle on ne pourroit briser.

CIRVS.

     Ie sers trop bien les Dieux pour craindre ces disgraces;
I'imite leurs bontez, ie marche sur leurs traces:

C'est leur secret cõseil qui me fait mettre aux chãs,
Pour conseruer les bons & perdre les meschans.
75 La Fortune en son cours suit leur sainte ordõnãce,
Et selon leurs decrets regle son inconstance.
Cette Diuinité qui marche sur les flos,
N'est que l'occasion prise bien à propos
Lors qu'auec hardiesse on fait vne entreprise,
80 Et que pour quelque bien le Ciel la fauorise.
Il est bien mal-aisé qu'on ne soit pas heureux,
Quand on fait des desseins iustes & genereux:
Car lors qu'à nos souhaits le Ciel n'est pas propice,
Cet obstacle ne vient que de nostre iniustice.
85   De moy, ie ne suis point vn insolent vainqueur,
Ie redonne les biens pour acquerir le coeur,
Et fay voir clairement que ie ne fay la guerre
Que pour mieux establir la paix dessus la Terre:
Ie ne m'attaque point à qui vit iustement;
90 Et quand ie peux punir ie pardone aisément.
    Ie ne veux de tesmoin que le Roy d'Armenie:
Si i'impose des loix auecque tyrannie,
I'ay triomphé deux fois de ce Prince indompté,
L'vne par ma valeur, l'autre par ma bonté;
95 Mes biẽsfaits l'ont estreint d'vne chaine eternelle,
Changeant la vieille haine en amitié nouuelle.
Et ie fais à Panthée vn si doux traitement,
Qu'Abradate en aura quelque ressentiment:
Pour peu que sa Vertu responde à sa naissance,
100 Il m'en témoignera de la reconnoissance;
En quelqu'autre rencontre il s'en ressentira,
Et chez les estrangers ce traict me seruira.

           HIDASPE.

Quand on vous amena cette belle captiue,
Elle estoit sans mentir aussi morte que viue:
105 En son visage pasle on n'apperceuoit pas
Ce qu'il a maintenant de graces & d'appas:
Mais dans cet accident sa peur l'auoit trompée,
Et par vostre bonté sa crainte est dissipée.
O Dieux! qu'elle s'en louë.

           CIRVS.

                              Hidaspe, c'est ainsi
110 Que nous deuõs traiter. Mais que veut cetui-cy?

           VN GARDE.

C'est la Reyne estrangere.

           CIRVS.

                    Allons au deuant d'elle,

Araspe en m'en parlant me la dépeint si belle,
Que ie croirois faillir & beaucoup hazarder

Il parle à l'oreille de Chrisante.

115
Si dans cet entretien i'osois la regarder:
Ie crains que le plaisir qu'on trouue en sa presence
Ne face negliger les choses d'importance.

SCENE II

PANTHEE, LE GARDE, CIRVS.

PANTHEE.

Qve fait vostre Empereur? ne peut-on pas le voir?

LE GARDE.

Madame, le voicy qui vient vous receuoir.

CIRVS.

Ne vous affligez pas, belle & chaste Panthée,
120 C'est en femme de Roy que vous serez traitée,
Et le terme absolu de vostre liberté
Dépendra desormais de vostre volonté;
Si tost que d'Abradate en aura des nouuelles,
Ie vous feray guider par des troupes fidelles,
125 Dont l'asseuré conuoy ne vous quittera pas
Qu'il ne vous ait du camp remise entre ses bras.
Cirus ayant sceu vaincre emportera la gloire
D'auoir sceu noblement vser de la victoire,
En vous rendant l'honneur & la ciuilité
130 Que veulent vostre sexe & vostre qualité.

PANTHEE.

Delices de l'Asie, & l'honneur des Monarques,
En qui l'on void des Dieux tant d'immortelles marques:
Prince qu'on peut nõmer de plus grãd des humains,
Ie benis ma disgrace estant entre vos mains;
135 Et ce trait de malheur si doucement s'efface,
Que ie pense faillir en l'appelant disgrace:
Selon que vos bontez me le font esprouuer,
C'est le plus grand bon-heur qui me peust arriuer.
L'accident est bien doux qui me fait reconnaistre
140 Celuy que mon Seigneur doit choisir pour son Maistre,
Et de qui le merite est si grand, qu'auiourd'huy
Tout l'Vniuers encor doit releuer de luy.

CIRVS.

Madame, auec excez vostre bonté me flatte.

PANTHEE.

Seigneur, vostre bonté s'est acquise Abradate;
145 I'ay dépesché des miens pour luy faire sçauoir
Quelles sont vos vertus, & quel est son deuoir:
S'il n'a changé d'esprit i'ose bien me promettre
Qu'il viendra vous treuuer ayant receu ma lettre,
Et qu'il vous seruira s'il est autant heureux
150 Qu'il a tousiours esté fidelle & genereux.

CIRVS.

Madame, ie n'ay point merité cette grace.
Mais pourroit-il quitter le party qu'il embrasse,
Et laisser des voisins pour suiure vn Estranger?
Sa reputation y courroit du danger;
155 Ie donne à vos propos vne entiere creance:
Mais ces grandes faueurs passent mon esperance.

PANTHEE.

Si le Roy d'Assirie estoit encor viuant,
Ce discours pourroit estre vn propos deceuant:
De luy, son alliance estoit fort souhaitable;
160 Ce Prince estoit deuot, genereux, equitable,
Tenoit exactement ce qu'il auoit promis,
Et meritoit par là d'auoir beaucoup d'Amis.
Mais ce nouueau Tyran, lasche & cruel ensemble,
Encor qu'il soit son fils, n'a rien qui luy ressemble;
165 Il est impie, iniuste, insolent & trompeur,
Il ne se fait seruir qu'en donnant de la peur;
Son ame dans le crime est tousiours occupée,
Ce n'est que de la bouë en du sang détrempée.
On ne peut l'assister sans quelque lascheté,
170 Et l'on peut le quitter par generosité.
Seigneur, tout à loisir vous pourrez vous instruire
Des soins malicieux qu'il a pris pour me nuire.

CIRVS.

Pour vous nuire, Madame, & de quelle façon?

PANTHEE.

Mettant de mon amour Abradate en soupçon:
175 N'ayant peu m'acquerir par douceur ny par force,
Il s'en voulut vanger en causant ce diuorce.

CIRVS.

Cet acte, sans mentir, fait horreur & pitié;
Vn moindre coup peut rompre vne grande amitié:

　　　　　　I'ay sceu d'vn Gouuerneur d'vne de ces Prouinces
180　　　　Qu'on le pourroit cõpter entre les mauuais Princes.

　　　　　　　　PANTHEE.

　　　　　　Ie me doute à peu prés quel est ce Gouuerneur.

　　　　　　　　CIRVS.

　　　　　　C'est vn pere affligé.

　　　　　　　　PANTHEE.

　　　　　　　　　　　　　　Ie le connoy, Seigneur,
　　　　　　Il n'auoit qu'vn seul fils dont il plaint la disgrace;
　　　　　　Ce Monarque brutal le menant à la chasse,
185　　　　Le trauersa d'vn dard, par vn jaloux ennuy
　　　　　　De le voir plus dispos & plus adroit que luy.

　　　　　　　　CIRVS.

　　　　　　C'est cettuy-là, Madame, & ie ne pouuois croire
　　　　　　Qu'vn Prince eust peu commettre vne action si noire;
　　　　　　Vn Roy doit s'appliquer à de meilleurs objets,
190　　　　Gouuerner son esprit ainsi que ses sujets;
　　　　　　Et meslant la iustice à des bontez extremes,
　　　　　　En commandant autruy, se commãder soy-mesmes.
　　　　　　　Ie me treuue possible aussi grand terrien
　　　　　　Que le Roy de Lydie & que l'Assirien:
195　　　　Mais dans vne grandeur assez considerable
　　　　　　Ie ne fay vanité que d'estre raisonnable;
　　　　　　De reuerer les Dieux, d'aimer mes alliez,
　　　　　　De pardonner à ceux qui se sont oubliez,
　　　　　　Et donner à mon peuple vn assez beau modelle
200　　　　Pour se rendre deuot, vaillant, sage & fidelle.
　　　　　　　Ie connoy la vertu du Roy vostre mary;
　　　　　　Et l'estimant beaucoup, ie serois bien marry
　　　　　　Si nous deuions vn iour deuenir freres d'armes,
　　　　　　Que vous eussiez iamais de matiere de larmes;
205　　　　Ie vous asseurerois de ne pas negliger
　　　　　　Les soins de vous seruir & de vous proteger:
　　　　　　Mais croyez-vous en fin causer cette alliance?

　　　　　　　　PANTHEE.

　　　　　　I'en attends la nouuelle auec impatience:
　　　　　　Les Cieux de cet effet, par mes voeux sont pressez,
210　　　　Et de si iustes voeux sont possible exaucez.
　　　　　　Mais dans les grãds emplois d'vne valeur si rare,

　　　　　　　　PANTHEE se leue.

　　　　　　Seigneur, de vostre temps vous deuez estre auare,

Aussi ne doi-je pas en discours ennuyeux
Faire en vain consumer des moments precieux.

CIRVS.

215 Madame, vos vertus, comme vostre naissance,
Vous donnent où ie suis vne entiere puissance:
Commandez à mes gens tout ce qu'il vous plaira,
Icy comme dans Suze on vous obeira.
Araspe, fay tousiours auec vn soin extreme
220 Qu'on respecte Madame à l'égal de moy-mesme.

ARASPE.

Sire, on ne sçauroit voir ce miracle des Cieux
Sans luy rendre aussi-tost l'honneur qu'on doit aux Dieux.

SCENE III
CIRVS, CHRISANTE, HIDASPE.

CIRVS.

Il en peut bien parler auec beaucoup d'estime,
Cette grande loüange est vrayment legitime.
225 Nous ne fismes iamais vn plus riche butin
S'il faut que son mary suiue nostre destin;
Nous y rencontrerions l'vtile & l'honorable;
Et ce seroit pour faire vn progrez admirable.
Mais ie ne puis penser qu'estant homme de coeur,
230 Il quitte le vaincu pour suiure le vainqueur:
En cette occasion, ce seroit la pensée
D'vne ame fort legere, ou fort interessée.
Quelque raison qu'on ait, on est dans le mespris
Lors que l'on abandonne vn party qu'on a pris.

HIDASPE.

235 Sire, quand le despit s'empare de nostre ame,
Nous mettons en oubly la loüange & le blasme;
Et sans aucun esgard de honte ou de danger,
Tous nos raisonnemens tendent à nous vanger.
Abradate offensé par cet indigne Prince,
240 Qui d'vn joug tyrannique opprime sa Prouince,
Croit peut-estre auiourd'huy s'en pouuoir separer
Sans courre de hazard de se deshonorer.

CIRVS.

Hidaspe, il se peut faire, & des Dieux bons & sages
Nous pouuons esperer de plus grands auantages.
245 Mais allons voir le camp de l'vn à l'autre bout,
Visiter les cartiers, & donner ordre à tout.

SCENE IV

PANTHEE, ARASPE, CHARIS, ROXANE.

PANTHEE.

Povr voir le plus grand Roy que le Ciel ait fait naistre,
Il faut porter les yeux sur le Roy nostre Maistre;
De tous ceux que l'on tiẽt pour images des Dieux,
C'est le viuant portraict qui ressemble le mieux.

ARASPE.

Et pour voir vne Reyne en vertus sans pareille,
Qu'on peut auec raison nommer vne merueille:
Pour l'excellent esprit & la rare beauté
Il faut porter les yeux sur vostre Majesté.

PANTHEE.

Cette comparaison assez mal assortie,
Blessant la verité choque ma modestie:
Cirus est vn miracle en rares qualitez,
Qu'on ne doit comparer qu'à des Diuinitez.

ARASPE.

Madame, dans ce rãg vous pourriez prẽdre place.

PANTHEE.

Vous voulez me flattant adoucir ma disgrace,
C'est, en continuant vos soins accoustumez,
Auec beaucoup d'esprit monstrer que vous m'aimez.

ARASPE.

On ne peut rien aimer qui soit plus adorable.

PANTHEE.

De cette affection ie vous suis redeuable;
Cirus n'eust peu me faire vn traittement si doux,
En me donnant en garde à tout autre qu'à vous.
Mais tousiours vos respects, vos soins, & vostre addresse,

Me déguisant mes maux consolent ma tristesse,
Aucun autre des siens n'auroit eu la bonté
De me laisser si libre en ma captiuité.

ARASPE.

Hé! Madame, cessez.

PANTHEE.

Si i'en ay la puissance,
Vous ne vous plaindrez pas de ma reconnoissance,
Vous pourrez employer Abradate.

ARASPE.

O grands Dieux!
Que ce nom m'est fatal, & qu'il m'est odieux!

PANTHEE.

Quel accident soudain change vostre visage?
C'est de quelque recheute vn asseuré presage;
Apres auoir esté malade extremement,
Vous ne deuiez iamais sortir si promptement.

ARASPE.

La mort s'en va bientost punir mon imprudence.

PANTHEE.

Charis, qu'on le secoure, il tombe en defaillance:
Ie ne puis voir son mal sans en auoir pitié.

ARASPE.

O traict, pour mon mal-heur, trop doux de la moitié!

ROXANE.

Le coeur vous fait-il mal?

ARASPE.

Roxane, c'est ma peine.

CHARIS.

Ie demeure auec luy, suiuez un peu la Reyne,
Et renuoyez quelqu'vn pour en auoir du soin.

ARASPE.

N'en prenez pas la peine, il n'en est plus besoin:
Où pourroit-on trouuer deux compagnes fideIles,
Qui fussent plus que vous, ny courtoises, ny belles?
Les Graces dans le Ciel sont vn moindre ornemēt,
290   Et vous ne leur cedez qu'en nombre seulement.
Aussi le Sort vous mit aupres d'vne maistresse,
Qu'on ne peut estimer moindre qu'vne Deesse:
Que ses yeux ont d'éclat, que son visage est doux:
O Dieux qu'elle a d'appas!

CHARIS.

                      Elle en a trop pour vous:
295   Vn vermeillon se mesle à vostre couleur blesme,
Vous pourriez bien l'aimer.

ARASPE.

                      Il est vray que ie l'aime;
Celuy qui la peut voir sans auoir de l'amour,
Est indigne de voir la lumiere du iour;
Sous vn visage d'homme il porte vn coeur de marbre,
300   Et n'a pas plus de sens qu'vn rocher ou qu'vn arbre.

CHARIS.

En fin vous l'aimez donc, il faut le confesser?

ARASPE.

Ouy, mais c'est d'vn amour qui ne peut l'offenser:
C'est d'vne saincte ardeur, bien qu'elle soit extreme,
Qui ne sera iamais nuisible qu'à moy-mesme.

CHARIS.

305   I'ay regret de vous voir dans cette passion;
Asseurez-vous par là de ma discretion.

ARASPE.

S'il faut que la Nature en l'air d'vn beau visage,
De la grandeur de l'ame exprime vn témoignage,
Qu'on puisse du dedans iuger par le dehors,
310   Et qu'vn Esprit bien fait n'habite qu'vn beau corps,
Charis est vne noble & diuine personne,
Elle a des sentimens dignes d'vne Couronne;
Et ce que la Fortune a de prosperitez
Ne sçauroit égaler ses rares qualitez.

315 Ie croy que pour tout l'or des Princes de Lydie
Vous ne commettriez pas la moindre perfidie:
Que c'est sans interest lors que vous obligez,
Et que vostre faueur est pour les affligez:
C'est à vous seule aussi que ie fais confidence,
320 Et de mon infortune, & de mon imprudence.

CHARIS.

Araspe, pour auoir plus de contentement,
Ne vous obstinez pas d'aimer si hautement;
Il faut regler son vol: car lors que l'on s'égare
On a le plus souuent la fortune d'Icare:
325 On ne peut sans peril approcher d'vn Soleil.

ARASPE.

Helas! ie ne sçaurois suiure vostre conseil.
Vn Destin tout-puissant, vne inuincible Estoile
Aux yeux de ma Raison attache vn sombre voile.
Ie sçay bien que ie sers vne ingrate Beauté,
330 Et qu'aimāt sans espoir i'ay des feux sans clarté.
Ah! le coeur me sousleue en pēsant à ses charmes;
Permettez que ie donne vn cours libre à mes larmes,
Et connoissant le mal qui cause mon trespas,
En plaignant mon mal-heur, ne le diuulguez pas.

CHARIS.

335 N'en ayez point de peur, ie plains vostre auanture,
Et veux auecques vous cacher vostre blessure.

ARASPE.

Suiuez vos sentimens.

CHARIS.

      Ils sont trop genereux,
Pour me faire attacher au sort d'vn mal-heureux.
Mais à qui vous estime, il seroit desirable
340 Que ce mal si cruel ne fust pas incurable.

Fin du premier Acte.

ARGVMENT

DV

SECOND ACTE.

1. Araspe s'entretient dans vne solitude des violences de sa passion, & voyant venir Panthée à la promenade, fait semblant d'escrire sur des tablettes. 2. Panthée parle à Charis de l'impatience qu'elle a de reuoir Abradate, & luy fait le recit d'vn songe qui l'espouuante: Charis la console de cet ennuy, & toutes deux apperçoiuent Araspe escruiuant. 3. Panthée luy donne lieu sans y penser de luy descouurir son Amour, puis s'en offense; proteste de s'en plaindre, & laisse Araspe au desespoir.

ACTE II

SCENE I

ARASPE.

  Hostes du silence & de l'ombre,
   Où l'air est si frais & si sombre,
 Arbres, qui connoissez l'estat de ma langueur,
 Soyez les confidents des peines que i'endure,
345 Et souffrez que ie graue en vostre escorce dure
 Le beau nom que l'Amour a graué dãs mon coeur.

  Amour, ce Conseiller perfide,
   Ce ieune aueugle qui me guide,
 A causé tous les maux qui me font souspirer;
350 Il a porté mon ame à suiure ses caprices,
 Et l'a conduite en fin parmy des precipices,
 D'où iamais ma raison ne peūt la retirer.

  Il me fait obseruer les charmes
   D'vne Reyne fondante en larmes,
355 Et qui pourroit du Ciel tous les Decrets changer.
 O qu'elle est redoutable encore qu'elle pleure!
 Qui peut voir ses beaux yeux sans mourir tout à l'heure,
 Peut voir des Basilics sans crainte & sans dãger.

  Ses yeux, ces lumieres fatales,
360   Sont des Planettes sans égales,
 Qui peuuent à leur gré disposer de mon sort.
 Mais, ô simplicité, qui n'a point de seconde!
 En nommant ses beaux yeux les plus beaux du monde,
 Ie louë innocemment les Autheurs de ma mort.

365 Helas! ie suis si miserable
   En l'estat triste & déplorable
 Où d'abord m'a reduit l'éclat de ses beaux yeux,
 Et tant d'ennuis secrets me font tousiours la guerre,
 Que le temps qui me reste à viure sur la Terre
370 Ne me sçauroit suffire à me plaindre des Cieux.

  Depuis la fatale iournée
   Que l'Amour & la Destinée
 Offrirent à ma veuë vn chef-d'oeuure si beau,
 I'ay tousiours soūpiré d'vn mal inconsolable,
375 Et n'ay peu conceuoir de penser raisonnable
 Qui ne m'ait conseillé de courir au Tombeau.

         O qu'elle est ingrate & cruelle,
         A l'heure que i'eus pitié d'elle,
         Voyant ses bras captifs sous de honteux liens,
380   I'allay tarir ses pleurs; elle me mit en flame;
         Ie rassuray son coeur, elle troubla mon ame,
         Et me donna des fers quand ie rompis les siens.

         Mes soins, ny ma perseuerance,
         Ne me donnent point d'esperance
385   Que iamais sa pitié recompense ma foy:
         Mais quel bien manqueroit au bonheur de ma vie;
         Et quels Roys glorieux me pourroient faire enuie,
         Si ce diuin Objet auoit pitié de moy?

         O friuoles discours, paroles insensées,
390   Abradate est l'objet de toutes ses pensées:
         C'est luy que la Fortune auec trop de rigueur
         A placé dans son lict, & graué dans son coeur:
         C'est son éloignement qui la rend triste & blesme;
         C'est luy qui la possede en son absence mesme;
395   Et c'est la seule amour que son coeur conceura,
         Au moins autant de temps qu'Abradate viura.

         Ennemy de mon bien, obstacle de ma ioye,
         Que le Sort enrichit d'vne si belle proye,
         Où te retire-tu? ie veux t'aller chercher,
400   Et l'espée à la main te la faire lascher:
         Ie ne puis encourir de honte ny de blasme,
         Si i'arrache le coeur à qui vole mon ame;
         Aura-t'il sans peril mis ma vie en danger?
         Et faut-il que ie meure ainsi sans me vanger?
405
         Mais ô déreglement du mal qui me tourmente!
         Panthée est à la fois sa femme & son Amante,
         Et pensant par sa mort adoucir mon ennuy,
         I'attenterois sur elle entreprenant sur luy;
         Ie me perdrois moy-mesme, & i'irois par les armes
410   Confondre en ce malheur mon sang auec ses larmes.
         Si l'Hymen seulement s'opposoit à mon bien,
         Il me seroit aisé de rompre son lien;
         Mais l'inuincible Amour qui joint leurs coeurs ensemble,
         Ne permettra iamais que rien les des-assemble.
415   Dieux! ie la voy venir auec tous mes plaisirs,
         Cet objet dans mon coeur redouble mes desirs.
         Amour, diuin Autheur de mes impatiences,
         Toy qui passes pour Maistre en toutes les sciẽces,
         Inspire-moy de grace, & me fais inuenter
420   Vn secret pour luy plaire, & pour me contenter.

              Il tire des tablettes.

         Voicy de quoy produire vn subtil artifice;
         Amour, il vient de toy, fay donc qu'il reüssisse.

SCENE II
PANTHEE, CHARIS.

PANTHEE.

Charis, console-moy dans mes secrets tourmens,
Et ne me cele point quels sont tes sentimens;
Pense-tu qu'auiourd'huy mon Abradate arriue?
Et s'il sejourne plus, penses-tu que ie viue?

CHARIS.

Madame, il ne sçauroit retarder plus d'vn iour.

PANTHEE.

Tu dis vn iour, Charis? c'est trop pour mon amour.
Tu sçais qu'auec excez le Ciel me persecute
Quand i'en suis separée vne seule minute,
Et tu me dis vn iour? Ah! tu ne pense pas
De combien cette absence auance mon trespas,
Et qu'infailliblement, il faudra que ie meure,
Si pour me consoler il ne vient dans vne heure.
O Dieux! si tu sçauois ce que c'est que d'aimer,
Quand d'vn feu legitime on se sent enflamer,
Et que la raison suit l'instinct de la Nature;
Tu connoistras bien mieux la peine que i'endure.
Tu sçaurois si le Sort afflige au dernier point
Lors qu'on aime vn objet, & qu'on ne le void point;
Et blasmerois bien fort les dures tyrannies
Qui separent les corps de deux Ames vnies.

CHARIS.

Madame, si mes voeux pouuoient estre exaucez,
I'espargnerois beaucoup des pleurs que vous versez,
Exempte des ennuis que le Ciel vous enuoye,
Vous n'en répandriez plus si ce n'estoit de ioye.
Mais vostre Majesté deuroit moins s'affliger
Ayant auec tant d'heur surmonté le danger:
Elle offence les Dieux auec ses desfiances,
Et nuit à sa santé par ses impatiences.
La tristesse & la peur troublent les matelots
Quand les vents mutinez font sousleuer les flots,
Et que malgré leur art, les vagues orgueilleuses
Font prendre à leurs vaisseaux des routes perilleuses:
Mais si tost que Neptune émeu du mauuais temps,

Remet en leur deuoir ses sujets inconstans,
Dés lors des nauigeãs qui craignoient le naufrage,
La frayeur se dissipe aussi-tost que l'orage.
Vous seule hors du peril craignez le mauuais sort.

PANTHEE.

460 Charis, le plus souuent on fait naufrage au port:
Et l'aueugle fortune auecque trop d'empire,
Preside sur l'estat du bon-heur où j'aspire.
Puis i'apprehende fort les maux que me predit
Vn songe dont l'effroy rend mon sens interdit.
465   Le Soleil poursuiuant la nuict aux voiles sombres,
A coups de traits dorez auoit chassé les ombres;
Et les petits oiseaux que réueille l'amour
Celebroient en chantant la naissance du iour,
Lors que ce songe affreux dont l'horreur m'espouuante,
470 M'a fait voir d'Abradate vne image viuante.
De ses vaines couleurs il me l'a si bien peint,
Que i̇'ay creu voir sa taille & ses yeux & son teint;
Le vray ton de sa voix a frappé mon oreille,
Son visage estoit gay, sa bouche estoit vermeille;
475 Du bien de me reuoir il rendoit grace aux Dieux,
Et son contentement se lisoit dans ses yeux.
Mais comme ie goustois cette douceur extreme,
Ie l'ay veu tout à coup triste, sanglant & blesme.
Le harnois éclatant qu'il auoit endossé
480 De mille étranges coups me sembloit tout percé;
D'vne voix languissante, & d'vne bouche morte,
Cette ombre de mon bien m'a parlé de la sorte.

" Cesse de te flatter d'vn espoir deceuant,
" Mes iours sont acheuez, ie ne suis plus viuãt,
485 " Et ton ame occupée à tant de sacrifices,
" Ne peut pour mon salut rendre les Dieux propices.
" Mars qui dans les combats enuioit ma valeur,
" M'offrit par ialousie en victime au malheur.
" Mais puis que ie suis mort auec assez de gloire,
490 " Fay que tousiours au moins ie viue en ta memoire.

Lors le coeur tout transi i'ay couru l'embrasser,
Mais d'vn baiser si froid il m'est venu glacer,
Que par vn grand effort i'ay rompu tous ces charmes,
M'éueillant en sursaut les yeux couuerts de larmes:
495   C'est ce qui m'inquiete & qui me viẽt troubler,
Qui cause mes soupirs, & qui me fait trembler:
Mais Charis, que dis-tu de ce funeste songe?

CHARIS.

Ie dis que ce n'est rien qu'vn déplaisant mẽsonge.
Madame, vostre esprit s'entretient tout le iour
500 Des malheurs que peut craindre vne fidelle amour,

          Lors qu'aimant vn objet auecque violence,
          On souffre pour long-temps les rigueurs de l'absence.
          C'est la malignité de ces impressions
505   Qui vous a fait auoir ces noires visions:
          Mais ne vous troublez point de ces tristes mensonges;
          Et pour n'auoir la nuict que d'agreables songes,
          Bannissant la tristesse, ordonnez à vos sens
          De vous entretenir d'objets diuertissans:
          C'en est le vray secret.

                    PANTHEE.

                              Charis, ie te veux croire:
510   Mais quoy, tousiours ce songe occupe ma memoire.

                    CHARIS.

          Vous plaist-il de tourner vers ces arbres couuers
          Qui gardent la fraischeur sous leurs fueillages vers?

                    PANTHEE.

          Allons.

                    CHARIS.

              Ie voy par terre vn homme qui repose.

                    PANTHEE.

          Il ne repose point, il escrit quelque chose.

                    CHARIS.

515   Madame, c'est Araspe, ou mon oeil me deçoit.

                    PANTHEE.

          Passons derriere luy: mais il nous apperçoit.

SCENE III

PANTHEE, ARASPE, CHARIS.

PANTHEE.

Qv'est-ce qu'escrit Araspe en cette solitude?

ARASPE.

Madame, c'est vn lieu dont ie fais mon estude;
I'y viens de composer en faueur d'vn Amant
De qui la passion me touche tendrement.

PANTHEE.

C'est vn absent sans cesse absent de sa Maistresse.

ARASPE.

C'est vn homme accablé de l'ennuy qui le presse;
Il adore vn obiet aussi beau que le iour,
Et n'a iamais osé luy dire son amour.

PANTHEE.

Sans doute ce respect le rendra plus aimable.

ARASPE.

Madame, ce respect l'a rendu miserable,
Et c'est sur ce sujet que i'ay fait vn discours,
Dont les raisonnemens viennent à son secours,
Representans l'ardeur de ses flames secrettes.

PANTHEE.

Ie vous l'ay veu tantost escrire en ces tablettes;
Ie ne veux pas pourtant demander à les voir.

ARASPE.

Madame, commandez, vous auez tout pouuoir:
Mais icy i'ay tracé d'vn mauuais caractere
Et fort confusément, cet amoureux mystere.
Il est vray que par coeur i'ay peu le retenir.

PANTHEE.

Vous auriez trop de peine à vous en souuenir.

ARASPE.

Madame, nullement: mais puis que l'Eloquence
A beaucoup d'ornemens qui sont de consequence,
Afin que ce discours fasse mieux son effet,
Ie le vay reciter ainsi que ie l'ay fait.
Vous sçauez que pour rẽdre vn discours agreable,
Auec le ton de voix le geste est desirable.
Mais ie seray contraint le rẽcitant trop bas.

PANTHEE.

Nullement, parlez haut, Charis n'escoute pas.

ARASPE.

Ie ne celeray plus l'extreme violence
Qui paroist en mes yeux, & parle en mon silẽce,
Que le cours de mes pleurs vous a peu figurer,
Et dont mes longs souspirs vous doiuent asseurer.
Madame, ie vous aime: ô Cieux! le teint vous change
A la confession de cette erreur estrange,
Et l'insolent aueu d'vn crime sans pareil,
Pour ma confusion fait rougir vn Soleil.
   Mais l'ombre de ma mort fust-elle en ce nuage
Qui trouble l'air serein de vostre beau visage,
Et l'éclair que vos yeux me viennent d'enuoyer
Ne fust-il allumé que pour me foudroyer.
Ie ne puis me dédire en ce peril extreme,
Ie ne puis le celer, Madame, ie vous aime,
Et i'aime mieux mourir adorant vos appas,
Que me rendre immortel ne les adorant pas.
   Ie sçay que vostre race aux Astres eleuée
Void sa gloire fameuse en cent marbres grauée,
Et que peu de Heros nous sont representez
Qu'on puisse comparer à ceux dont vous sortez:
Ainsi mon vol hautain attend vn sort funeste;
Ie suis comme Ixion dans le Palais celeste;
N'estant rien qu'vn mortel, i'ose porter les yeux
Dessus vne Beauté qui vient du sang des Dieux.
Mais si de la clemence autant que du visage
Vous ressemblez aux Dieux dont vous estes l'image,
Quelque soudain despit qui vous vienne embraser,
Mon malheur trouuera dequoy vous appaiser.
Vous plaindrez vn effet dont vous estes la cause,
Et direz qu'en faisant ce que le Ciel impose
Par la necessité d'vn arrest tout-puissant,
On peut commettre vn crime & rester innocent.

     Helas! quand ie vous vids, ô bon-heur trop fragile!
     Ie viuois tout à moy, i'auois l'esprit tranquille,
     Et ne me proposois en cet estat heureux
580   Ny rien de mal-aisé, ny rien de dangereux;
     La raison dans mon ame estendoit sa puissance,
     Et treuuoit en mes sens beaucoup d'obeissance,
     Mais vos rares beautez ne mirent qu'vn momẽt
     A troubler la douceur de son gouuernement;
585   Elles vinrent changer tout mon bonheur en rage,
     Mes plaisirs en tourmens, ma bonace en orage,
     Et d'vn des plus contans qui parussent au iour,
     Firent par vn prodige vn martyr de l'Amour.
      Ie ne me rendis pas sans quelque resistance;
590   Mon iugement s'ẽmeut & se mit en defence,
     Opposant à ce mal qui fut desesperé,
     Tout ce que sçait l'esprit le plus consideré.
      Mais comme dans l'enclos d'vne ville surprise
     Où l'ennemy prend place, où la flame est éprise,
595   Les tristes habitans que l'horreur vient troubler,
     En cette extremité ne peuuent s'assembler,
     L'allarme vient trop tard, en vain l'on s'éuertuë,
     Le vainqueur est par tout qui rauage & qui tuë;
     Et du peuple effrayé le plus pressant soucy,
600   Est de sauuer sa vie en luy criant mercy.
      Ainsi quand vostre image entra dans ma pẽsée,
     Qui par tant de beaux traits fut aussi-tost forcée
     La solide froideur du plus sage discours
     Ne luy sceut apporter qu'vn debile secours.
605   Arbres, vous le sçauez, témoignez à Madame
     De combien de raisons ie combatis ma flame;
     Et comme sa beauté troubla mes sentimens,
     Et triompha tousiours de mes raisonnemens.
     Des pleurs que i'ay versez rẽdez-luy témoignage,
610   Dites-luy de quels cris i'ay percé ce bocage:
     Et comme m'obstinant contre mes propres voeux,
     I'en ay batu ma teste, & tiré mes cheueux.
     Dites-luy de quel soin i'ay cherché du remede
     Aux violants assauts du mal qui me possede;
615   Reclamant ciel & terre en cette auersité,
     Et comme tout cela ne m'a point profité.
      Apres ce long recit, ô belle & sage Reyne,
     Si ma fidelle amour merite vostre haine,
     Ie tiens tous mes deuoirs pour vne trahison,
620   Et ma mort sur le champ vous en fera raison.
     Mais s'il faut que mon zele excuse mon audace,
     Et qu'en vostre pitié ie treuue quelque place,
     Ie vous rendray seruice auec tant de respect
     Que iamais mon amour n'aura rien de suspect.
625   O diuine Beauté! pourueu que ie vous voye
     Ie ne demande point de plus parfaite ioye;
     Ie ne veux qu'obseruer vos celestes appas.

PANTHEE se leuant.

630 I'escoutois ce discours comme vne raillerie,
Mais s'il s'addresse à moy, cessez-le ie vous prie:
A moy? parler d'amour? vous vous estes mépris:
Moy? vous perdez le sens, reprenez vos esprits;
Ie serois le sujet de vos flames secrettes?
635 Sçauez-vous qui ie suis? songez-vous qui vous estes?
Quoy? vous ne respectez dans cete passion
Ny mes chastes amours, ny ma condition?

ARASPE.

Ie sçay que pour atteindre au bonheur où i'aspire,
Il faut tenir au moins les resnes d'vn Empire.
Mais le defaut d'vn sceptre est vn empeschement
640 Que ma fidelle amour pourroit vaincre aisément.
Cirus comme il luy plaist éleue les personnes,
Il dispense à son gré les fers & les Couronnes.
Et de tant de faueurs il daigne m'honorer
Que d'vn Maistre si grand ie puis tout esperer.

PANTHEE.

645 Comment? vn temeraire aura donc eu l'audace
De me parler ainsi sans perir sur la place?
Ah! ce trait insolent m'offense au dernier point,
Et ie croy que Cirus ne l'approuuera point:
Il a tant de vertu qu'il m'en fera iustice,
650 Il faut que de ce pas Charis l'en auertisse,
Charis!

CHARIS.

Que vous plaist-il, Madame?

PANTHEE.

Suiuez-moy.

ARASPE seul.

Voila donc tout le prix que remporte ma foy?
I'ay donc de tant de pleurs fait hommage à tes charmes
Pour n'en recueillir rien que des sujets de larmes.
655 Barbare, me traiter auec tant de rigueur?
Ie t'ay donc offensée en te donnant mon coeur:
C'est par là que ta haine à ma perte s'attache,
Pour le receuoir mieux tu veux qu'on me l'arrache.
Puis qu'il ne te plaist pas de l'auoir autrement,
660 Ie le veux bien ainsi pour ton contentement.
Va, rends-moy criminel, contente ton enuie,

Fay qu'on m'oste à la fois, & l'honneur & la vie.
Interesse Cirus en ton inimitié,
Et me rends par ta plainte indigne de pitié.
Dis-luy que mes forfaits n'ont iamais eu d'exemples,
Que ma main sacrilege a saccagé des Temples;
Et que dans mille excés mes actes odieux,
Ont esmeu contre moy les hommes & les Dieux.
De quelque estrange faict dont ta bouche m'accuse
Ie n'y chercheray point de raison ny d'excuse;
Et me priuant du iour, la cholere du Roy
Me fera mille fois plus de faueur que toy:
Quand la mort m'aura mis hors de ta seruitude
I'en seray redeuable à ton ingratitude:
Ie t'ay donc offensée en voüan à tes yeux
Ce vif & clair rayon que i'ay receu des Cieux?
En te faisant vn don de cette Ame immortelle
Qui fut pour t'adorer à soy-mesme infidelle.
Qui laissant son bon-heur pour cherir ta prison,
Se rendit indocile aux loix de la raison:
Et qui determiné à cette erreur extreme
Vit encor plus en toy que non pas en moy-mesme:
Ce trait digne de haine & de ressentiment,
A merité sans doute vn cruel chastiment:
Cet affront est sanglant, cette atteinte est sensible;
Ne la pardonne point, elle est irremissible.
Vous deuant qui son crime est si lasche & si noir,
Tesmoins de mon orgueil & de mon desespoir,
Dieux! si vostre equité ne manque de puissance,
Punissez sur le champ cette méconnoissance;
A des coeurs moins ingrats vous auez fait sentir
D'vn indigne mépris vn iuste repentir,
Vous les auez cachez sous l'écorce des arbres,
Vous en auez formé des rochers & des marbres;
Monstrez vostre iustice à vanger mon trespas;
Ne luy pardonnez point; mais ne l'affligez pas,
Ou si vous l'affligez, ne faites donc répandre
Des pleurs à ses beaux yeux que sur ma triste cendre:
S'il faut que ma disgrace émeuue vos bontez,
Agissez seulement contre ses cruautez;
Ne la transformez point en vne autre nature;
Qu'elle change d'humeur, & non pas de figure.
Mais ô diuers transports de mes pensers errans!
O desordre confus de desseins differens!
Ie deteste son nom, ie la hay, ie l'abhorre,
Ie la fuy, ie la crains, & si ie l'aime encore.
Ie sens mon feu s'éteindre, & puis se rallumer,
Ie ne la puis haïr, ie ne la puis aimer,
Ie sçay qu'elle est ingrate, & ie la treuue belle,
Qu'elle est mon ennemie, & si ie suis pour elle.
Il faut pour satisfaire à la rigueur du sort
Guerir de tant de maux par vne seule mort.

ARGVMENT

DV

TROISIESME ACTE.

1. Panthée qui s'est plainte à Cirus du peu de respect d'Araspe, en parle encore à Charis, qui par vn mouuement que luy donne la pitié, essaye adroitement d'excuser Araspe, & mesme de porter sa Maistresse à demander sa grace. 2. Là dessus on luy vient dire qu'il y a vn Courrier en sa Tente qui luy apporte des nouuelles de son mary. 3. Araspe est aduerty de la cholere de Cirus; mais estant desesperé de la rigueur de Panthée, il se propose d'attendre constamment la mort qui semble luy estre preparée. 4. Cirus tance Araspe, qu'il treuue resolu à perdre la vie auec ses bonnes graces, plustost que de se repentir de son Amour. 5. Panthée arriue là-dessus, pour monstrer à Cirus vne lettre qu'elle a receuë d'Abradate, & l'auertir de sa venuë. 6. Elle demande la grace d'Araspe en faueur de ces bonnes nouuelles, & l'obtient.

ACTE III

SCENE I

PANTHEE, CHARIS.

PANTHEE.

Charis, cet insolent me parler de la sorte?

CHARIS.

Madame, il est perdu.

PANTHEE.

Qu'il meure, il ne m'importe.
715 Il n'a pas redouté que sa faueur cessast,
Ny qu'il fust mal traité, pourueu qu'il m'offençast.
N'a-t'il pas entrepris l'insolent & le traistre,
D'agrauer mes malheurs en despit de son Maistre?
Quel supplice si grand pourroit estre inuenté
720 Qui n'eust trop de douceur pour sa temerité?

CHARIS.

Est-il pour vn Amant vn plus cruel martyre
Que de n'obtenir pas les choses qu'il desire?
Et puis qu'il est ainsi que l'on pardonne aux fous,
Araspe est insensé, de qui vous plaignez-vous?
725 Vn homme à qui les maux sont de cheres delices,
Qui treuue à soûpirer ses plus doux exercices,
Et s'obstine tousiours contre sa guerison,
Madame, à vostre auis, a-t'il de la raison?
Et n'exercez-vous pas vne rigueur extrême,
730 Si vous voulez qu'il meure à cause qu'il vous aime?
Certes ce proceder, si vous y pensiez bien,
Vous sembleroit étrange autant comme le sien,
Et vous feroit quitter ce desir de vengeance,
Pour traiter son erreur auec plus d'indulgence.
735 S'il n'eust pris de l'amour pour vostre Majesté
Eust-il peu soûpirer pour quelque autre Beauté?
Voyez vostre miroir pour iuger de son crime,
Il fournira pour luy d'excuse legitime,
Et vous découurira par mille apas diuers,
740 Qu'il pourroit pour complice auoir tout l'Vniuers.

" Vne Beauté parfaite est vne tyrannie
" Dont ne peut s'affranchir le plus ferme Genie;
" Elle embrase les Dieux, tout cede à son pouuoir,
" Et pour ne l'aimer pas il ne faut pas la voir.
C'est le malheur d'Araspe, en voila l'origine;
On le fit gardien d'vne Beauté diuine:
Et son coeur qui soudain se sentit enflamer
N'eut rien d'assez puissant pour s'empescher d'aimer.
Vous direz que pressé d'vne ardeur sans mesure
Il a trop entrepris, découurant sa blessure.
Ayant perdu le sens, il a fait l'insensé:
En cela vostre honneur est-il interessé?

PANTHEE.

En aucune façon pourueu qu'on le punisse.

CHARIS.

On ne le peut punir qu'à vostre preiudice:
Faut-il que le bruit coure en la bouche de tous
Que vous ayant aimée vn homme est mort pour vous?
Madame, vous sçauez que par la Renommée
La femme la plus chaste est par fois diffamée:
Ce fantosme indiscret, ce Monstre inquieté,
Qui confond le mensonge auec la verité,
En diuulgant vn bruit qu'aura semé l'enuie,
Tachera bien souuent vne innocente vie.
Par là de mille objets remplis de chasteté
L'honneur se rend suspect à la Posterité.
" Les plus sages du temps iamais ne se hazardent
" A donner de l'eclat aux bruits qui les regardent;
" Aimans mieux étouffer leurs mécontentemens,
" Que d'en faire à leur dam des éclaircissemens.
Que peut dire Abradate arriuant dans l'armée,
S'il sçait qu'Araspe meurt pour vous auoir aimée?
Ie connoy son humeur, & que pour vostre bien
Il est auantageux qu'il n'en apprenne rien.

PANTHEE.

Araspe en sera quitte en changeant de demeure.

CHARIS.

Madame, nullement, ie crains fort qu'il ne meure;
Sans doute il vous feroit plus de pitié qu'à moy
Si vous sçauiez l'estat où i'ay laissé le Roy:
Car vostre Ame où l'on void des bõtez adorables
Compatit aisement au sort des miserables.
Cirus ne fut iamais si troublé qu'auiourd'huy;
Malgré cette vertu que l'on admire en luy,

```
            Quand i'ay de vostre part fait ce triste message,
            L'excez de la colere a troublé son visage:
            Il n'a peu s'empescher de iurer hautement
            Qu'Araspe en receuroit le iuste chastiment.
785         Madame, employez-vous à destourner la foudre
            Qui pour vous contenter le va reduire en poudre,
            Tout le camp en auroit de sensibles douleurs;
            Ne luy fournissez point ces matieres de pleurs.
            C'est assez que ce coup ait menacé sa teste;
790         Ayant esmeu les flots appaisez la tempeste.
            " Vous auez fait la femme en voulant vous vanger,
            " Faites la Deité, le sauuant du danger.

                        PANTHEE.

            Mais s'il est impuny, i'auray sujet de craindre
            Que de son mal encor d'autres se viennent plaindre.

                        CHARIS.

795         Madame, croyez-moy, cela n'aduiendra pas.

                        PANTHEE.

            Roxane accourt vers nous; qui peut haster ses pas?
            Me vient-elle auertir de rien qui me contente?
```

SCENE II

ROXANE, PANTHEE.

ROXANE.

Madame, vn Suzien qu'on meine en vostre Tente
Dit qu'il est enuoyé par le Roy vostre espous,
Et qu'il a de sa part quelques lettres pour vous.

PANTHEE.

Allons voir le Courrier qu'Abradate m'enuoye,
Charis, à ce rapport ie nage dans la ioye.

SCENE III

MITRANE, ARASPE.

MITRANE.

Araspe, sauuez-vous, estant bien aduerty
Qu'on est prest de vous faire vn fort mauuais party.

ARASPE.

Moy? que ie me déguise, & que ie me retire
Pour emporter ailleurs ma honte & mon martyre?
Ie braue le malheur qui me peut arriuer,
Et ne sçay que la mort qui me puisse sauuer:
C'est la Diuinité que i'appelle à mon aide,
C'est mon plus seur Azile & mon dernier remede;
Quelque étrãge appareil qu'on face pour ma mort,
Ie puis bien dépiter les menaces du sort.
Penses-tu que mon ame en soit épouuantée
Apres auoir souffert les mépris de Panthée?
Ie n'ay plus rien à craindre apres cette rigueur,
Et ie vay accepter ma perte de bon coeur.
Allons treuuer Cirus pour voir si mon audace
Attendra sans fremir le coup de ma disgrace;
Tu sçauras s'il est vray qu'à l'objet du danger
L'assiete de mon coeur soit sujette à changer.

MITRANE.

Nous l'auons assez veu dans le peril des armes,
O Dieux!

ARASPE.

Mon cher Mitrane, essuye vn peu tes larmes.
Puis que ton amitié monte iusqu'à ce poinct,
Sers-moy, ie t'en coniure, & ne me pleure point.
Si l'Astre qui preside au poinct de la naissance
Te donna pour Araspe vn peu de bien-veillance,
Et si dans nos combats i'ay fait quelque action
Qui fortifie en toy cette inclination,
Ie veux bien de ta foy des preuues plus certaines;
Le dueil est inutile à soulager mes peines:
Si mon triste destin te fait quelque pitié,
Fay-moy connoistre mieux ta fidele amitié.
Ie m'en vais éprouuer cette grande colere;

<pre>
            Viens estre de ma fin le témoin oculaire,
835   Et quand ta pieté m'aura fermé les yeux,
            Va treuuer de ma part ce Chef-d'oeuure des Cieux,
            Cette Princesse altiere, &.cette ingrate Reyne,
            Qui rejette mes voeux auecque tant de haine,
            Cette Beauté superbe à qui ma passion
840   Apporta tant d'horreur & tant d'auersion.
            Conte-luy de ma mort l'agreable nouuelle,
            Dy-luy qu'en expirant i'ay tousiours parlé d'elle.
            Et que rendant l'esprit comme elle a desiré,
            Contre tant de rigueur ie n'ay point murmuré.
845   Dy-luy qu'on n'a point veu qu'en expiant mon crime
            I'offrisse à son Autel vne indigne Victime,
            Et que voyant venir le coup de mon trespas,
            Ie n'ay rien témoigné de foible ny de bas.
            Depein-luy ma constance, & la mets en son lustre;
850   Iure-luy que mon ame estoit vne ame illustre,
            Et que dés le moment que i'entray sous sa loy,
            I'eus l'esprit, le courage, & la grandeur d'vn Roy.
            Elle n'est point de marbre, & tu verras possible
            Que ce triste recit la trouuera sensible:
855   Peut-estre en son visage vn mouuement secret
            Fera voir de mon sort tant soit peu de regret.
            Mitrane, s'il est vray que ma perte la touche,
            Qu'il en puisse couster vn helas à sa bouche,
            Vn soupir à son coeur, vne larme à ses yeux,
860   Dés lors cette faueur me rend égal aux Dieux,
            Et mon ombre là bas, de ces douceurs rauie,
            N'aura point desormais de regret à la vie.
</pre>

           MITRANE.

Vous me faites mourir de tenir ce discours;
N'auancez point ainsi le terme de vos iours:

Artabaze entre auec des Soldats.

<pre>
865   Mais cet homme seuere & de mauuais presage
            Semble auoir vostre Arrest escrit sur son visage.
            Vous deuiez vous resoudre à partir promptement.
</pre>

           ARASPE.

La chose est resoluë, auançons seulement:
C'est ce que ie desire.

           MITRANE.

                        C'est ce que i'apprehende.

SCENE IV
ARTABAZE, ARASPE, MITRANE.

ARTABAZE.

870 Ie viens vous aduertir que Cirus vous demande.

ARASPE.

Il faut l'aller trouuer: sçauez-vous point pourquoy?

ARTABAZE.

Il ne penetre pas dans les secrets du Roy:
L'ordre qu'il m'a donné veut qu'auec diligence
Ie vous meine vers luy sans autre connoissance.

MITRANE.

875 O rencontre funeste! ô ministre maudit!

ARASPE.

Vien, Mitrane, & fay bien tout ce que ie t'ay dit.

SCENE V

CIRVS, CHRISANTE.

CIRVS.

En vain par tant de soins & par tant de trauaux
I'ay fait entrer l'enuie au coeur de mes Riuaux:
Et la Fortune en vain conduisant la victoire
880 M'a tousiours assisté dans l'amour de la gloire,
Puis qu'vn ieune insolent a la temerité
De faire ce mépris de mon authorité.
Ma reputation se tache par ce crime,
On en void tout à coup décroistre mon estime,
885 Et de quelque façon qu'Araspe soit puny,
L'éclat de ma grandeur en demeure terny.
Comment? Sans respecter les ordres que ie donne,
Fascher vne Beauté qui porte vne couronne,
Dont mesme le mary se rend mon allié?
890 Ie l'auois fait trop grand, il s'est trop oublié.

CHRISANTE.

Sire, en toutes les Cours l'imprudence est commune
A tous les ieunes gens qu'esleue la Fortune;
L'homme foible & leger sans vn secours diuin
S'enyure de faueur comme l'on fait de vin;
895 Il treuue en s'éleuant que ses sens le trahissent,
Que la teste luy tourne, & ses yeux s'ébloüissent;
Et comme sans mesure il veut tousiours monter,
Son étourdissement le fait precipiter.
Mais Araspe abusant d'vne bonté si rare,
900 A fait à cette Reyne vn acte de barbare
Qui n'estant retenu d'aucun mors vertueux,
Donne à ses apetits vn cours impetueux.

CIRVS.

Ah! ie l'ay trop aimé, ce ieune temeraire,
Qui sans doute est party de peur de ma colere;
905 Des plaintes de Panthée il aura sceu le bruit:
Mais voicy l'insolent qu'Artabaze conduit.
Dites-luy qu'il s'auance.

SCENE VI

CIRVS, ARASPE, ARTABAZE.

CIRVS.

Ingrate creature,
Indigne de ta race & de ma nourriture.

Il luy parle en particulier.

Ie te faisois garder vne femme de Roy,
Tu luy deuois porter mesme respect qu'à moy.
Dy-moy donc, insolent, qui t'a donné l'audace
D'oser l'importuner sans craindre ma disgrace?

ARASPE.

Vn amy du desordre, vn infracteur de loix,
Qui trouble esgalement les Bergers & les Roys;
Amour, ce doux Tyran de tout ce qui respire,
Et qui ne connoit rien de grand que son Empire.
Vous m'auez fait garder vne rare Beauté,
Pres de qui l'on ne peut garder sa liberté;
Ie n'ay peu refuser mon coeur à cette belle,
Et si i'en auois mille ils seroient tous pour elle.
Les puissances du Ciel & celles des Enfers
Ne me sçauroient iamais tirer hors de ses fers;
Ie veux iusqu'à la mort l'adorer en mon ame,
Et dans ma cendre encore en conseruer la flame.
Si le crime est si grand d'aimer en lieu si beau,
Ie seray criminel iusques dans le tombeau.
Charmé de tant d'apas, ie ne suis pas capable
De viure vn seul moment sans en estre coupable,
Ne pardonnez donc point à ma temerité;
Ie suis atteint d'vn crime, & i'ay bien merité,
Puis que i'ay peu déplaire à cette belle Reyne,
Que vostre affection se conuertisse en haine.
Commandez sur le champ qu'on termine mon sort,
Il ne m'importe pas de quel genre de mort;
En l'estat où ie suis, les feux, les precipices,
Le fer & le poison, me seront des delices;
Ie les tiens à faueur, & promets hautement
D'en gouster l'amertume auec rauissement.

CIRVS.

Il a perdu le sens; voyez quelle manie,

940 Comme l'Amour le traitte auecque tyrannie;
     L'estat où ie le voy me donne du regret:
     Mais il faut le traiter en malade indiscret,
     Puis qu'il nous a fait voir par vn trait si sensible,
     Qu'à d'importans sujets sa folie est nuisible.
945 Comme vn morceau de fer qu'attire également

Cirus se leue.

     La secrette vertu de deux pierres d'aimant
     Par vn contraire effort parmy l'air se balance,
     Tiré de deux costez de mesme violence:
     Ainsi sur ce sujet mon esprit agité
950 Vague entre la douceur & la seuerité,
     Dans ses diuers pensers se suspend en soy-mesme,
     Et ne se peut resoudre en cette peine extreme.
     Mon coeur se sent piquer d'honneur & d'amitié;
     L'vn esmeut mon courroux, l'autre me fait pitié;
955 Souffrir que dans ma Cour on prenne la licence
     De fascher vne Reyne auec tant d'insolence,
     C'est passer pour barbare à la posterité,
     C'est manquer de sagesse & manquer de bonté.
     Perdre aussi ce que i'aime, & dont dés mon bas âge,
960 I'ay tousiours reconneu l'esprit & le courage,
     Vn seruiteur ardant, vn homme plein de foy,
     Qui semble n'estre nay que pour mourir pour moy;
     Abandonner Araspe, Ah! c'est vne personne
     Qui ie puis balancer auec vne Couronne:
965 I'ay beau deliberer en cette occasion,
     Ie ne puis rien penser qu'à ma confusion.
     Mais voicy cet objet qui n'a rien de vulgaire,
     Excepté le defaut de ne pardonner guere:
     Son courroux me vient-il encor soliciter?

SCENE VII
PANTHEE, CIRVS.

PANTHEE.

Seigneur, d'vn pas hasté ie viens vous visiter,
C'est pour vous faire part de ma secrette ioye,
Vous monstrant ce papier que mon Seigneur m'enuoye;
Voyez s'il vous honore, & croyez desormais
Que ie sçay bien tenir tout ce que ie promets.
Mais ce qui rend encor ces nouuelles meilleures,
C'est que nous le verrons au plus tard dans deux heures.
Il vient accompagné de deux mille cheuaux
Pour estre plus vtile à vos nobles trauaux.

CIRVS.

Mon ame est de merueille également saisie,
Et de sa diligence & de sa courtoisie.

PANTHEE.

Sans doute c'est vn Prince & de coeur & d'esprit,
Mais de grace, Seigneur, lisez ce qu'il m'escrit.

LETTRE D'ABRADATE
A PANTHEE.

Ce Roy, qui respectant le destin de la guerre,
Par ce bon traittement adoucit ton malheur,
Doit bientost conquerir tout le rond de la terre,
Puisque tant de clemence est jointe à sa valeur.

Tu m'en as peint l'image auecque tant de charmes,
Que desia sa vertu m'oste la liberté;
Ie voulois m'opposer à l'effort de ses armes,
Mais il faut que ie cede aux traits de sa bonté.

Comme c'est ton desir, croy que c'est mon enuie
De tenir desormais Cirus pour mon Seigneur:
Car puisqu'on doit aimer l'honneur plus que sa vie,
Il faut donner sa vie à qui l'on doit l'honneur.

CIRVS.

Madame, les honneurs dont il me va chargeant
Font voir en ce papier qu'il est fort obligeant;

Par ses grands compliments il m'a voulu confondre;
A ces ciuilitez ie ne sçaurois répondre,
Mais si pour le seruir ie suis assez puissant,
Il ne me tiendra pas pour vn méconnoissant:
Asseurez-l'en, de grace, & tirez par auance
Quelque fidelle effet de mon obeissance.

PANTHEE.

Digne liberateur de tous les oppressez,
Que la voix des mortels ne peut louer assez,
Puis que ie vous acquiers ce seruiteur fidele,
I'ose vous demande vne grace nouuelle.

CIRVS.

C'est, Madame?

PANTHEE.

D'oster de vostre souuenir
L'imprudence d'Araspe, & ne le point punir.
Sa faute est excusable, il faut que ie le die;
Apres vne cruelle & longue maladie,
Sa raison l'a quitté, son sens s'est affoibly,
Vous mettrez s'il vous plaist cette faute en oubly:
Ie vous en veux prier.

CIRVS.

Commandez-moy, Madame,
Et de punition, puis qu'il vous plaist ainsi,
Si vous luy pardonnez, ie luy pardonne aussi.
Mais c'est faire paroistre vne clemence extréme.

PANTHEE.

Panthée sort.

C'est imiter, Seigneur, & les Dieux & vous-même,
Qui voulustes changer ma disgrace en bon-heur,
Lors que ie pouuois perdre & la vie & l'honneur.

SCENE VIII

CIRVS, ARASPE.

CIRVS.

Araspe, cette belle a demandé ta vie:
Et i'ay facilement contenté son enuie:
Que dis-tu de Cirus, & de cette Beauté?

ARASPE.

Ie dis que vous auez tous deux trop de bonté.

CIRVS.

1025 Et bien, dis-moy, l'amour est-elle volontaire?
Ne te donnois-je pas vn auis salutaire
Quand ie te destournois de la voir si souuent.

ARASPE.

Ie suis par ce malheur deuenu plus sçauant.

CIRVS.

1030 Au reste, ie te fais vne expresse defense
De luy dire iamais vn seul mot qui l'offense.

ARASPE.

Hé! Sire, à l'offenser ie n'ay iamais pensé;
Les Cieux me sont témoins que ie suis l'offensé.

Fin du troisiesme Acte.

ARGVMENT

DV

QVATRIESME ACTE.

1. Abradate resolu de seruir Cirus à la persuasion de Panthée, ne peut entendre les loüanges qu'elle donne à ce Monarque, sans en conceuoir quelque ialousie, & sans en faire paroistre l'émotion; Panthée remet son esprit, par l'ingenuë expression d'vne Ame chaste & courageuse au dernier poinct. 2. Cirus paroist en son Conseil de Guerre; où les deux Roys se font les premiers complimens, & parlent des ordres d'vne bataille qui se doit donner.

ACTE IV

SCENE I

ABRADATE, PANTHEE.

ABRADATE.

Ovy, ouy, l'Assyrien tend à nous opprimer,
Et Cirus paroist tel que nous deuons l'aimer:
Esloignant donc l'orgueil, fuyons l'ingratitude,
Et pour nous affranchir entrons en seruitude.
Cirus merite bien de m'imposer sa loy;
Vous ayant conseruée il a trop fait pour moy.
Et desormais le bien qui reste en ma puissance,
Est d'vn trop petit prix pour ma reconnoissance:
Apres cette faueur ne pouuant faire mieux,
Ie puis trahir pour luy les hommes & les Dieux;
Ce bienfaict est si grand, que si ie le puis croire,
Ie dois aueuglément m'immoler à sa gloire:
Mais est-il si parfait qu'il est representé?
Cette rare peinture est vn pourtraict flatté.
Si peu qu'vn ieune Prince est ou vaillant, ou sage,
La Renommée en dit mille fois dauantage,
Puis il faut qu'en parlant de son liberateur,
Le plus seuere esprit deuienne vn peu flateur.
Il faut que d'vn bienfaict vne ame se ressente,
Ou qu'elle soit fort lasche & fort méconnoissante;
Sans doute vostre esprit qui n'a point de defaut,
Le louë auec excés, en le mettant si haut.

PANTHEE.

Cirus m'a fait faueur, mais ie luy rends iustice
Quand i'atteste qu'il est inaccessible au vice,
Et qu'on peut l'eleuer entre les immortels,
Si les grandes vertus meritent des Autels,
Qu'en grandeur de courage il est inimitable,
Qu'il se monstre clement, qu'il paroist équitable,
Et qu'à sa continence on ne peut reprocher
Qu'il soit quelque Beauté qui le puisse toucher.

ABRADATE.

Ie croy que par vn soin de la chaste Minerue,
Contre les traits d'amour son ame se conserue.

1065   Mais auec tout cela, voudriez-vous bien iurer
Qu'il eust peu iusqu'icy vous voir sans soûpirer?

PANTHEE.

Quoy, ne sçauez-vous pas qu'il ne m'a iamais veuë?

ABRADATE.

De memoire en ce lieu vous semblez dépourueuë.
C'est bien me découurir ce qu'on m'auoit celé:
1070   Tellement que Cirus ne vous a point parlé?

PANTHEE.

Il m'a parlé trois fois: mais ce Prince est si sage
Qu'il n'a iamais porté les yeux sur mon visage.

ABRADATE.

O replique subtile, & produite à propos.

PANTHEE.

Quel estrange penser trouble vostre repos?
1075   De quoy pallissez-vous? quelle atteinte vous blesse?
Auez-vous vn esprit capable de foiblesse?
Auez-vous de ma foy conceu quelque soupçon?
Doutez-vous de Panthée?

ABRADATE.

En aucune façon,
Mais ie crains les malheurs qui sont ineuitables
1080   A ceux que le Destin veut rendre miserables.

PANTHEE.

Douter de ma constance & de ma chasteté?

ABRADATE.

Nullement, mon esprit n'en a iamais douté:
Mais bien...

PANTHEE.

Quoy?

ABRADATE.

Qu'vne iniuste & cruelle puissance
N'ait vsé contre vous de quelque violence:

1085 Si vous me le celiez de peur de m'affliger,
Ce seroit de nouueau laschement m'outrager.

S'il a fait à Panthée vne si grande iniure,
A ce premier abord deuant les Dieux ie iure
Que pour luy témoigner cŏbien i'y prends de part,
1090 Ie le vay salüer de vingt coups de poignart.
Ma main de cet affront iustement animée,
Sçaura trouuer son coeur, au coeur de son Armée:
Ma mort suiura de pres cette temerité,
Mais le perfide aura ce qu'il a merité.

PANTHEE.

1095 Dans l'apprehension d'vn mal imaginaire
Vous auez vn transport qui n'est point ordinaire.

ABRADATE.

C'est contre ces assauts que i'ay peu de vertu,
Et par là qu'aisément ie puis estre abbatu.
Ah! la crainte que i'ay d'vn si sensible outrage
1100 Me trouble tout le sens de douleur & de rage.

PANTHEE.

O ridicule peur!

ABRADATE.

Ridicule, & pourquoy?

PANTHEE.

Pour ce qu'elle est indigne & de vous & de moy;
Et qu'enfin vostre esprit paroist trop susceptible
De l'apprehension d'vne chose impossible.

ABRADATE.

1105 Les Dieux par ce malheur ne pouuoient me punir?

PANTHEE.

Non, iamais ce malheur ne pouuoit auenir.

ABRADATE.

Ie connoy vostre foy, ie sçay vostre constance:
Mais malgré vos clameurs & vostre resistance,
Ce Prince authorisé d'vn pouuoir absolu,
1110 A peu faire en son camp tout ce qu'il a voulu;

Qui pourroit détourner la furieuse enuie
De celuy qui sur nous a pouuoir de la vie?

PANTHEE.

Qui pourroit détourner le genereux effort
De celle à qui la honte est pire que la mort?
1115 Si dans vn tel peril ie me fusse trouuée
En vne extremité ce poignard m'eust sauuée,
Et me garantissant d'vn si lasche attentat,
Eust maintenu ma gloire en son premier estat.
Voilà le confident qui durant vostre absence
1120 Auec fidelité gardoit mon innocence:
Voilà le Protecteur de ma pudicité,
Qui m'auroit secourue en ceste auersité.
Ie m'en estois saisie afin de me defendre
Des violants efforts qui me pouuoient surprĕdre:
1125 Ce fer en vn besoin, se cachant dans mon coeur,
Eust trompé les desirs d'vn insolent vainqueur.
Mais le sage Cirus est vn Prince heroïque
Qui n'eut iamais pour moy de penser impudique,
Ou dés le mesme instant qu'il en fut eschauffé,
1130 Il fut par la raison dans son Ame estouffé.
Vous reste-t'il encor quelque fascheux ombrage?

ABRADATE.

Cet éclaircissement dissipe ce nuage:
Mais mon esprit confus va deuenir jalous
Des rares qualitez de Cirus & de vous.
1135 O grandeur de vertu qui n'eut iamais d'exemple!
O generosité digne vrayment d'vn Temple!
Dieux, qui dans ce Monarque, & dans cette Beauté
Mistes tant de sagesse, & tant de chasteté,
Faites que par le monde en tous lieux soit portée
1140 La gloire de Cirus, & celle de Panthée,
Et faites que bien tost mes bonnes actions
Meritent leur estime, & leurs affections.
      Et vous, pardonnez-moy, beaux yeux remplis de charmes.
Ie suis assez puny d'auoir causé vos larmes.
1145 I'ay tort d'auoir tremblé d'vne vaine terreur.
Mais l'excez de l'amour a causé cette erreur,
Et le soudain pardon iamais ne se refuse
Aux transports violans qui portent cette excuse.
" Comme les bruits confus accompagnent le iour,
1150 " Tousiours la ialousie accompagne l'Amour;
" Par tout où va ce Dieu, va ce Phantosme sombre
" Qui le suit de si pres qu'on le prend pour son ombre.
" Aussi lors qu'on se void possesseur d'vn grãd bien
" C'est l'estimer bien peu que de ne craindre rien.
1155 " Et sur tout la beauté semble auoir quelque amorce,
" Pour se faire rauir par addresse ou par force.
Cependant i'ay failly, mais pardonnez-le moy.

PANTHEE.

Ie ne sçaurois punir mon Seigneur & mon Roy,
Mais il a des pensers qui ne doiuent point naistre
En vn esprit si fort, & qui m'a peu connaistre.

ABRADATE.

Mais me pardonnez-vous?

PANTHEE.

Ouy, ie vous le promets,
Pourueu que ces soupçons ne reuiennent iamais.

ABRADATE.

Allons voir ce grãd Roy, dont l'agreable Empire
Ne s'étendra iamais si loin que ie desire.

SCENE II

CIRVS, CHRISANTE, HYDASPE.

CIRVS.

1165 Qu'on le fasse punir, l'indiscret espion,
Qui seme dans mon camp son apprehension:
Et qu'on charge de fers, ou qu'on laisse au bagage,
Ceux de qui son rapport a glacé le courage.
Il a pris l'épouuante, & la voudroit donner
1170 A ceux que les perils ne peuuent estonner,
Qu'au milieu des combats on n'a iamais veu blêmes,
Et qui parmy les coups font les perils eux-mêmes.
Mais ie ne puis penser qu'vne vaine vapeur
Estonne des Soldats incapables de peur,
1175 Des coeurs ambitieux d'acquerir de la gloire,
Et que vient de flater le gain d'vne victoire.
Ceux où l'on void briller de si grandes vertus
Ne tournent point le dos à ceux qu'ils ont battus.
En est-il parmy vous que i'estime si braues
1180 Qui portassent enuie au malheur des Esclaues?
Aimans mieux soûpirer sous le joug d'vn vainqueur
Que l'épée à la main mourir en gens de coeur?
Celuy que la frayeur iusqu'à ce point possède
Selon mon iugement n'est ny Perse ny Mede:
1185 Qu'il passe vers Cresus, il luy sera permis;
Ie le crains plus icy qu'entre les ennemis.
Mais ils sont cependant moins forts que nous ne sommes;
Ils ont plus d'attirail, & nous auons plus d'hommes;
Quand ils s'assembleroient encor des millions,
1190 Ce ne sont que des Cerfs qu'affrontent des Lions:
Ces lasches Lydiens nourris dans l'abondance
Parmy les jeux, l'amour, les festins & la dance,
Se sont trop amolis en leur oisiueté,
Pour subsister long-temps dans l'incommodité:
1195 Mes Soldats mieux instruits au mestier de la Guerre,
Estans accoustumez à dormir sur la terre,
A s'exercer beaucoup, & manger sobrement,
Se peuuent asseurer de les vaincre aisément.
Pour se charger bien tost d'honneur & de richesse,
1200 On n'a rien qu'à me suiure au milieu de la presse;
Ie seray satisfait si l'on fait comme moy;
On laschera le pied quand ie prendray l'effroy.

HIDASPE.

Sire, au premier rapport du Soldat qui proteste
Que le camp de Cresus est si fort & si leste,
Et qu'il l'a veu vers nous marcher si promptement,
Nous nous sommes émeus, mais sans étonnement:
Car entre vos Soldats on n'entend que des plaintes
D'vn desir de cõbattre, & non d'aucunes craintes.
Nous nous sommes émeus, cõme il auient parfois
Au Lion qui découure vn Taureau dans vn bois;
Il s'émeut, il fremit, non de peur, mais de ioye
De pouuoir aborder vne si bonne proye.
Ie suis bien asseuré de dix mille Soldats
Qui d'vn nombre plus grand ne s'estonnerõt pas,
Encor que nuit & iour ils soient dessus les armes,
Ils ne s'ébranlent point pour ces grãdes allarmes;
Et comme l'on a veu dans les combats passez,
C'est tousiours pardeuant qu'ils se trouuent blessez.
Rien que le seul repos n'affoiblit leur audace.
Ils iront dans la flame, ils iront dans la glace,
Et iusques aux Enfers leur valeur passera
Quand vostre Majesté me le commandera.

CHRISANTE.

Tous ceux que ie conduits sont de mesme nature,
Ont mesme discipline & mesme nourriture;
On n'a rien qu'à marcher contre les ennemis,
Et nous vous tiendrõs tous ce qu'il vous a promis,
Quand mesme estans liguez pour nous reduire en poudre,
Les Dieux sur nostre camp deuroient lancer la foudre.

ARASPE.

Puisque ie dois la vie à vostre Majesté,
Ie luy rendray bien tost ce qu'elle m'a presté,
Où par vn grand succés ie luy feray paraistre,
Qu'auec beaucoup d'ardeur ie sers vn si grand Maistre.

CIRVS.

Mes amis, ces propos dignes de gens de coeur,
M'asseurent auiourd'huy du tiltre de vainqueur:
Le Prince est bien timide où l'esperance est morte
Quand de si braues Chefs luy parlent de la sorte;
Mon dessein ne sçauroit auoir qu'vn bon succés
Soustenu de vertus qui vont iusqu'à l'excés;
Puis ie ne cele pas que mon espoir se flatte
De ce nouueau renfort que me donne Abradate;
Ses chariots armez feront vn grand effet,
Pourueu qu'on suiue bien le dessein que i'ay fait;
Ie les feray marcher; Mais i'apperçoy Panthée
Qui de contentement est toute transportée;
Elle tient par la main son mary qui la suit.

SCENE III

PANTHEE, CIRVS, ABRADATE.

PANTHEE.

Seigneur, de vos bien-faits voicy le digne fruict,
Voila cette Rançon que ie vous ay promise
Quand vos heureux succés m'ont osté la franchise;
Vous m'auez bien traitée, & pour m'en reuãcher
Ie vous offre vn thresor que i'estime bien cher.

CIRVS.

I'estime ce Thresor d'vne valeur extreme,
Et l'acceptant de vous ie me donne à luy-mesme.

ABRADATE.

Seigneur, au dernier poinct vous m'auez obligé,
Ne vous attachant pas au sort d'vn affligé;
Et daignant par vn trait de clemence admirable,
Respecter la douleur d'vn Prince miserable.
Vous auriez peu me perdre, vsant de la rigueur
Que peut impunément exercer vn vainqueur,
Mais vous auez fait voir qu'en cet âge où nous sommes,
Les Dieux daignent encor se déguiser en hommes,
Et qu'ayant quelquefois la foudre dans les mains,
Ils ont compassion des larmes des humains.

CIRVS.

Cette ciuilité n'est point vne merueille;
Vous l'auriez exercée en rencontre pareille,
Tout ce qu'a de meilleur cette bonne action,
C'est qu'elle est le ciment de nostre affection.
Les Amis tels que vous apportent plus de gloire,
Et plus d'vtilité qu'vne grande victoire.

ABRADATE.

Seigneur, en vostre nom i'espere d'en gaigner,
Ou du moins en mourant ie sçauray témoigner
Qu'en vn fragile corps est vne ame bien née,
Quand ie rendray la vie à qui me l'a donnée.

CIRVS.

M'ayant fait allier d'vn Roy si genereux
Les Cieux me donneront des succés plus heureux;
Mais qu'ils me soient amis, ou qu'ils me soient contraires,
Nous viurons desormais vous & moy comme freres.
Cependant vous sçauez que l'ennemy parest,
Qu'il faut que prõptement chacun se tienne prest,
Et que par le bon ordre augmentant les courages,
Nous allions dans le champ prẽdre nos auantages,
Des eminents endroits nous saisir promptement,
Et faire entendre à tous nostre commandement.

ABRADATE.

Seigneur, en ce beau iour vous plaira-t'il que i'aille
Combattre auec les miens au front de la bataille?
Mes chariots de guerre estans bien attelez,
Feront en cet endroit des effets signalez.
C'est là qu'asseurément ainsi que i'ose croire,
Ces machines pourront esbaucher la Victoire.
Seigneur, vous plaira t-il me tant fauoriser?

CIRVS.

Il ne m'est pas permis de vous rien refuser:
Ouy, vous commanderez auiourd'huy l'auant-garde.
Ie le trouue à propos, cet honneur vous regarde;
Ie vous diray tout l'ordre en tenant le Conseil;
Mais il faut escouter ce Prestre du Soleil.

SCENE IV

CALCAS, CIRVS, ET PANTHEE.

CALCAS.

1295 Sire, les ennemis apprestent les genices
Pour s'acquerir les Dieux par de grands sacrifices;
I'en viens donner aduis à vostre Majesté,
Qui les peut deuancer en cette pieté,
Et dessus son Armée arrester la victoire
1300 En faisant honorer la cause de sa gloire:
Fera-t'on maintenant priere aux immortels?

CIRVS.

Ouy, ouy, nous vous suiuons; preparez les Autels;
Lors que deuant les Dieux tous bons de leur nature,
Nous auons exercé des rigueurs sans mesure,
1305 Il ne faut pas penser que nous les apaisions
Par des vazes fumans & des effusions.
Detestans en leurs coeurs la noirceur de nos vices,
Ils détournent leurs yeux de tous nos sacrifices,
Ont l'encens en horreur, & sont plus irritez,
1310 Plus nostre hypocrisie inuoque leurs bontez.
Les rebelles vassaux qui sans craindre la guerre
Osent brauer les Dieux du Ciel & de la Terre,
Refusans les tributs qui leur sont imposez,
Ne font gueres de voeux qui soient authorisez.

PANTHEE.

1315 Seigneur, vos sentimens de mesme que vos gestes,
A nostre iugement sont des choses celestes.

Fin du quatriesme Acte.

ARGVMENT

DV

CINQVIESME ACTE.

1. Araspe se réjoüist de la mort d'Abradate, croyant que cet accident doit fauoriser sa passion, & pour estre mieux confirmé dans ses esperances, se fait raconter comme ce Prince est mort. 2. Cirus va consoler Panthée de cette disgrace, & luy promettre toutes sortes de seruices & d'assistances. 3. Panthée luy déguise le dessein qu'elle fait de suiure son mary: Et s'estant défaite de tous ses gens, sous couleur de vouloir pleurer en particulier la perte & lauer les blessures de son Seigneur, elle se tuë dessus son corps.

ACTE V

SCENE PREMIERE
ARASPE, ORONTE.

ARASPE.

Selon mes voeux secrets il a perdu la vie,
Ce glorieux objet de ma ialouse enuie.
Cet Amant fortuné, ce prodige en bonheur,
Pour dernier aduantage est mort au lict d'honneur.
O faueur des Destins! admirable auanture!
La gloire l'a suiuy iusqu'à la sepulture.
Comme il s'est veu lassé de mille actes guerriers,
Il a rendu l'esprit accablé de lauriers.
Et lors qu'il est tombé sanglant sur la poussiere
Les mains de sa Victoire ont fermé sa paupiere,
Que la terre, ô grands Dieux! soit legere à ses os,
Pourueu que mon bonheur succede à son repos;
Et qu'apres ce grand dueil qu'on fait sur sa disgrace,
Ie sois assez heureux pour occuper sa place.
Mais ce n'est rien qu'vn bruit. Peux-tu bien m'asseurer
Qu'Abradate soit mort?

ORONTE.

     Ie vous en puis iurer.

ARASPE.

Tu sçais comme le sang qu'on perd en abondance
Fait ordinairement tomber en defaillance,
Et par cet accident, sur vn leger rapport,
Vn homme éuanoüy peut passer pour vn mort.
Mais quand le Medecin promptement le visite,
Auec peu de secours on void qu'il ressuscite.

ORONTE.

Il n'en va pas ainsi d'Abradate.

ARASPE.

       Et comment?

ORONTE.

1340 Pour ce qu'il est tout prest à mettre au monument.
On a trouué son corps tout couuert de blessures;
Ce n'estoient en tous lieux que larges ouuertures,
Qui monstrent que la Parque en demandant ses droits,
A coupé de ses iours le fil en vingt endroits.

ARASPE.

1345 Il faut que ie t'embrasse, & que ie te coniure
De me conter au long toute cette auanture,
Car ie n'en suis encore informé qu'à demy.

ORONTE.

Comme nous auons veu paroistre l'ennemy,
Apres auoir receu les ordres pour combatre
1350 Nous l'auons abordé d'vn coeur opiniastre.
Luy pour nous enfermer estant assez puissant
Estendoit son grand Corps en forme de croissant.
Des Trouppes là dessus ont esté dispersées
Pour rompre dés l'abord ces pointes auancées,
1355 Cependant qu'Abradate auec beaucoup d'effect
Donnoit dans le milieu de ce cercle imparfaict.
Ces chariots armez qui semblent à la foudre
Font couler tout en sang, font voler tout en poudre:
Par eux les bataillons qu'on void les plus pressez,
1360 Sont presque en vn instant rompus & renuersez.
Ils couppent mille corps auec leurs faux tranchantes,
Ils enflamment les airs de fascines bruslantes,
Et tant de traits lancez pleuuent tout à l'entour,
Que sous cette ombre épaisse il fait nuict en plein iour.
1365 Le feu, le fer, les coups, & les cris pitoyables
Forment là de l'Enfer des tableaux effroyables.
L'audace & la valeur qui conduisent la mort,
Font auec Abradate vn si puissant effort
Qu'on void naistre de sang des torrens dans la plaine
1370 Dont les meilleurs cheuaux peuuent sortir à pleine.
Le Pactole fremit parmy ses flots dorez,
Les voyant tout à coup de pourpre colorez.
Il en gronde à son bord, & trouue bien étrange
Qu'on fasse dans son lict cet odieux meslange.
1375 Aussi le grand Achille entrant dans les combats,
Mit auecque le fer moins de Troyens à bas
Lors que pour arrester ces funestes rauages
Le Sçamandre en cholere inonda ces riuages.
En vne heure de temps deuant ce ieune Roy
1380 Qui portoit en tous lieux le trespas & l'effroy,
Le Capadocien sans ordre & sans conduite
Prit en fin le party d'vne honteuse fuitte.
Les Peuples d'Arabie au combat attachez,
De la mesme terreur furent aussi touchez.

1385	Lors que celuy du Nil de nature aguerrie
	Tout à coup faisant ferme arresta sa furie.
	Le combat recommence auec tant de chaleur,
	Que l'on n'a iamais veu plus d'effets de valeur.
	Alors en vn moment dans les vastes campagnes
1390	Les grands monceaux de corps éleuent des montagnes.
	Et le Destin par là fait terminer le cours
	Du vaillant Abradate en la fleur de ses iours.
	Car ainsi qu'il poursuit la victoire certaine,
	Son char vient à verser au milieu de la plaine,
1395	Et son corps par les siens ne peut estre recous
	Qu'il n'ait esté percé de plus de mille coups,
	Car des Egyptiens c'est la brutale enuie
	De vanger mille morts sur vne seule vie.
	Ainsi ce ieune Prince accablé d'ennemis,
1400	Vid ses illustres iours à la Parque soubmis.
	Depuis, la genereuse & fidelle Panthée,
	A qui cette nouuelle aussi-tost fut portée,
	L'enleua sur vn char auec vn si grand dueil,
	Qu'on les mettra tous deux dans vn mesme cercueil,
1405	Car elle fait bien voir qu'elle n'a pas d'enuie
	De suruiure long-temps la moitié de sa vie.

                    ARASPE.

    Si vous estes touchez de l'excés de mes maux
    Dieux! rendez par pitié ce pronostique faux.
    Il m'a percé le coeur auec cette parolle!
1410 Mais où dit-on qu'elle est?

                    ORONTE.

                            Sur les bords du Pactolle,
    Où plaignant le mal-heur de son vaillant Espous,
    Elle pleure sans cesse & se meurtrit de coups.

                    ARASPE.

    Ainsi, dans le bonheur que le destin m'enuoye,
    Tousiours quelque accident vient trauerser ma ioye.
1415 Pourray-ie sans douleur obseruer ses douleurs?
    Pourray-je m'espescher de pleurer de ses pleurs?
    Verray-je sans mourir cet objet plein de charmes
    S'exaler en soûpirs & se resoudre en larmes?
    Et que pour regretter l'estat où ie la veux,
1420 Elle irrite ses mains contre ses beaux cheueux?
    Dieux! depuis que l'Amour me tient à la torture
    Il verse dans mon sein l'abscinthe toute pure,
    Et le cruel qu'il est, ne me sçauroit donner
    L'ombre d'vne douceur sans me l'empoisonner...
1425 Mais que veut ce Soldat qui vient si hors d'haleine?

SOLDAT.

Seigneur, Cirus est prest d'aller trouuer la Reyne;
Il sort du pauillon pour tourner vers le sien.

ARASPE.

Allons nous affliger de nostre propre bien.

SCENE II

PANTHEE, CHARIS, ROXANE.

PANTHEE.

1430
Quel objet m'apparoist? quelle image agreable
Me promet de la ioye, & me rend miserable?
Represente ma vie & me vouë au trespas?
O charmante merueille! ô funeste prodige!
C'est tout ce que i'adore, & tout ce qui m'afflige,
C'est mon cher Abradate, & si ce ne l'est pas.

1435
   Ce n'est rien que son corps, son Ame en est partie,
Les Dieux m'ont enleué la meilleure partie
De cet aimable tout dont mon bien dépendoit.
Arbitres des mortels dont le soin nous regarde,
1440
Est-ce là le dépost que vous auiez en garde,
Et qu'auec tant de soin l'on vous recommandoit?

   Tant de pleurs répandus, & tant de sacrifices,
Pour le faire marcher sous vos diuins auspices,
N'ont peu vous obliger d'en prendre du soucy?
N'auez-vous accepté mon encens ny mes larmes
1445
Que pour l'abandonner dans le peril des armes,
Et l'auez-vous receu pour me le rendre ainsi?

   Mais l'excés des douleurs rend ma plainte indiscrette;
Pardonnez-moy, grands Dieux, celuy que ie regrette
Reçoit de vostre part vn traitement bien doux;
1450
Ce Heros glorieux, dont la vie est si belle,
N'a quitté maintenant sa déspouille mortelle
Que pour auoir l'honneur d'estre pareil à vous.

   Sans doute il est assis là haut à vostre table,
Il y boit à longs traits d'vn Nectar delectable,
1455
Et des biens eternels il est fait heritier;
Mais souffrez que ie sois auec luy transportée,
Car tandis qu'il viura separé de Panthée,
Vous n'aurez pas le bien de l'auoir tout entier.

   Attendant que la mort vienne finir mes plaintes.
1460
O beau corps tout percé de mortelles atteintes,
Reliques d'Abradate, Objet qui m'es si cher,
Pour les derniers honneurs que le deuoir m'ordonne,
Reçoy ces tiedes pleurs que mon amour te donne
Auecque ces cheueux que ie vay m'arracher.

SCENE III

CHARIS, PANTHEE, ROXANE.

CHARIS.

1465 Que faites-vous, Madame? Et quel transport extresme
Vous fait cruellement agir contre vous mesme?

PANTHEE.

Charis, ie m'abandonne au cours de mon malheur,
Ie ne suis plus à moy, ie suis à la douleur.
Il faut que i'obeisse à ses loix les plus tendres,
1470 Et que ie fonde en pleurs dessus ces cheres cendres.

ROXANE.

Pour quelque temps, Madame, il les faut arrester:
Voyez-vous pas Cirus qui vient vous visiter?

SCENE IV

CIRVS, PANTHEE.

CIRVS.

Madame, auec vos pleurs ie viens mesler mes larmes
Sur vostre cher espoux & sur mon frere d'armes,
1475 Qui fut bien le plus noble & le plus vaillant Roy
Qui iamais tesmoigna son courage & sa foy:
Quelle perte, ô grands Dieux! quel accident funeste
Nous le rauit si tost?

PANTHEE *descouurant*
le corps d'Abradate.

Voilà ce qu'il en reste.

CIRVS.

Ah Madame!

PANTHEE.

Ah Seigneur! voyez un peu les coups,
1480 Qu'auec tant de courage il a receus pour vous:
En ce corps tout sanglant, chaque atteinte mortelle
Montre s'il vous aymoit, & s'il vous fut fidelle.

CIRVS.

O Vaillant Abradate! ô Prince genereux!
Qui fus auec excez de la gloire amoureux;
1485 Sans doute tu deuois, ô grand homme de guerre!
Posseder ses faueurs plus long-temps sur la terre:
Nous deuions mettre ensemble, apres ces grands combats,
Les murs de Babylone & ceux de Sardes bas;
Et sans que iamais rien nous mist en jalousie,
1490 Partager entre nous le reste de l'Asie;
Tousiours tes interests auroient esté les miens;
Et i'aurois prodigué mes forces & mes biens
Pour te placer au rang des plus heureux Monarques
Que le Ciel ayt soumis à l'Empire des Parques.
1495 Mais par cét accident, les Astres ennemis
Sans rompre l'amitié, diuisent les Amis.
Ton merite tousiours viura dans ma memoire,
Et mille monumens éleuez à ta gloire

       Se couuriront de marbre afin de faire foy
1500   Que i'eus beaucoup d'estime & d'amitié pour toy.

       PANTHEE.

       Ah! vous l'honnorez trop par ces bõtez insignes;
       Ses seruices, Seigneur, n'en ont pas esté dignes.
       Mais sans le coup fatal qui me le vient d'oster,
       Il auroit essayé de les mieux meriter.

       CIRVS.

1505   Madame, pleut aux Dieux que selon mon enuie
       La moitié de mon sang luy pũst rendre la vie,
       Ie ne tarderois guere à le resusciter;
       Vous n'auriez pas le temps de m'en solliciter.
       Pour soulager ensẽble, & mon dueil, & vos peines,
1510   Ie me ferois sur l'heure ouurir toutes les veines.
       Mais le pesant sommeil qui luy ferme les yeux,
       Les priue pour iamais de la clarté des Cieux.
       Maintenãt nos regrets, nos souspirs & nos larmes,
       Pour r'animer son corps sont d'inutiles charmes.
1515   Il est vray qu'à bon droit vous pleignez sõ trespas,
       Ma timide raison ne vous console pas:
       En cette occasion ie commettrois vn crime,
       Si ie ne trouuoy pas vostre ennuy legitime.
       Ne tyrannisez point de si iustes douleurs,
1520   Retenant par respect vos souspirs & vos pleurs:
       Ce vif ressentiment accroist vostre merite:
       Ie ne censure pas des choses que i'imite.
       Il faudra qu'en ces maux le temps & la raison
       Agissent à loisir pour vostre guerison.
1525   Mais cependant Cresus dans Sardes se renferme,
       Sa derniere disgrace est proche de son terme,
       Ses soldats effroyez sont en diuision,
       Et ie dois me seruir de cette occasion:
       Le suiure, l'assieger, le forcer & le prendre,
1530   Tandis qu'en ce desordre il ne se peut deffendre,
       De peur que reprenant des forces & du coeur,
       Il reuint en estat de vaincre son vainqueur.
       " Lors qu'au mestier de Mars les iugemens s'égarent
       " Les fautes que l'on fait à peine se reparent.
1535   Ie me seruirois mal de la faueur des Dieux
       Si ie ne me rendois le maistre de ces lieux:
       Et manquant en vn poinct de telle consequence,
       Ie me ferois blasmer de beaucoup d'imprudence.

          Ie suis par ces raisons pressé de vous quitter:
1540   Mais ce ne sera pas sans vous faire escorter
       De dix mille des miens, dont le secours fidelle
       Soit que vous retourniez sur les riues d'Ebelle,
       Ou que vous vouliez voir le Palais paternel,

Vous y sçaura fonder vn repos eternel.
Madame, en quelle part prendrez-vous vostre route?

PANTHEE.

Seigneur, de ce dessein ie suis encore en doute!
Il est vray que deuant que vous puissiez partir,
Ie croy que ie pourray vous en faire auertir.

CIRVS.

Vous plaist-il vn des miens?

PANTHEE.

Il n'est point necessaire.

CIRVS.

Qu'Hidaspe, s'il vous plaist, ait soin de cest affaire?

PANTHEE.

Ie ne resiste point à vos commandemens:
Mais pour me laisser libre en mes ressentimens
Tandis que ie donne air au dueil qui me tourmente,
Il se pourra tenir au dedans de ma tante.

CIRVS.

Cirus se retire.

Il est pour vous seruir & pour vous honnorer.

HIDASPE.

Madame, en quel endroit me dois-ie retirer?

PANTHEE.

Allez auec les miens au long de ce riuage,
Afin qu'en liberté ie pleure mon veufuage.
Que i'embrasse ce corps où mon coeur se mouuoit;
Que ie baise ce sang où mon ame viuoit,
Et blasme en liberté, dans de si grands desastres,
La Fortune, la Mort, les Destins, & les Astres;
Quand il en sera temps ie vous appelleray,
Et vous sçaurez alors quel dessein ie feray.

CHARIS.

Madame, auec sujet tout le monde aprehende
Que dans les mouuemens d'vne douleur si grande,

                    Et qui combat si fort contre vostre raison,
                    Vous tombiez sans secours dans quelque pamoison.

                            PANTHEE.

                    Charis, vous sçauez bien qu'à garder le silence,
1570   La douleur retenue accroist sa violence.
                    Souffrez que librement elle puisse esclater,
                    Elle est comme vn torrent qu'on voudroit arrester;
                    A son cours violent ie veux ouurir la bonde;
                    Faites pour mon repos retirer tout le monde,
1575   Aportez pres de moy ces vases seulement,
                    Et qu'on me laisse seule en mon ressentiment.

                            ROXANE.

                    Madame, quel moyen que l'on vous abandonne?
                    Que ie demeure au moins pres de vostre personne.

                            PANTHEE.

                    Ah! que vous m'affligez auecque vostre soin,
1580   Durant ce iuste dueil vous me verrez de loin.

                            CHARIS.

                    Araspe, esloignons-nous, car son humeur austere
                    Abhorre les tesmoins en ce triste mystere.

                            ARASPE.

                    Allons, belle Charis, & prions bien les Dieux
                    De calmer son esprit, & d'essuyer ses yeux.

                            PANTHEE *seule*.

1585   Que leur despart m'est doux en ma belle entreprise!
                    Et que i'ay de bon-heur de me voir en franchise!
                    Maintenant, ô beau corps, priué de sentiment,
                    Ie te puis de mes pleurs arrouser librement;
                    Ie te puis tesmoigner sans en estre empeschée,
1590   Comment au dernier poinct ton mal-heur m'a touchée,
                    Et comme la rigueur qui t'a priué du iour
                    Ne sçauroit amortir l'ardeur de mon amour.
                    Ton visage changé n'a point changé mon ame,
                    Tu n'es plus rien que glace & ie suis toute en flame:
1595   Mon coeur est tout ouuert des coups qui t'ōt blessé,
                    Bien que tu sois party, ie ne t'ay point laissé,
                    Mon esprit suit tousiours ton ombre qui s'enuole,
                    Et ma bouche mourante à la tienne se cole.
                    Mais tu verse du sang quand ie te viens baiser;
1600   Par là de ton malheur veux tu point m'accuser?
                    Ah! cét indice seul donne assez de lumiere

                    Pour monstrer clairement que ie suis ta meurtriere.
                    Il est vray, t'inspirant vn funeste dessein
                    Ie pratiqué le fer qui t'a percé le sein;
1605   Il faut le confesser, ie suis ton homicide,
                    I'attentay sur ta vie en te rendant perfide,
                    Ie fus l'occasion de ce funeste effet,
                    I'assignay sur ton sang ta debte d'vn bien-fait
                    Pour obliger Cirus qui m'auoit asseruie,
1610   I'engageay laschement ton honneur & ta vie:
                    On te verroit encore assister ton party
                    Sans mes inuentions qui t'en ont diverty;
                    Ce fut à ma priere & par mon industrie,
                    Que tu te resolus de trahir ta patrie;
1615   De quitter au besoin tes amis affligez
                    Et d'oublier tes Dieux qui s'en sont bien vengez.
                    Maintenant, Cher espoux, pour reparer ce crime
                    Il faut que ie commette vn meurtre legitime.
                    Ie te veux appaiser par vn noble trespas,
1620   Ie me veux desrober pour te ioindre là bas,
                    Et te dire à iamais auecque repentance,
                    Que ie ne failly point sans beaucoup d'innocence.
                    I'en atteste les Cieux, & ce coup fera foy
                    Qu'au moins ie n'ay peu viure vn seul iour apres toy.

SCENE V

ROXANE, CHARIS, ARASPE, HIDASPE,
& des Soldats.

ROXANE.

1625 Charis, auançons-nous, i'entens vn grand murmure!
O cruel accident! ô funeste auanture!

CHARIS.

*Charis & Roxane s'éuanoüissent
aupres de Panthée.*

O de tous nos mal-heurs, le mal-heur le plus grād!
Qui le plus nous afflige & le plus nous surprend.

ARASPE.

Quel accident nouueau les trouble de la sorte?
1630 Quoy, la Reyne est blessée? ô grans Dieux! elle est morte!
Ses yeux n'ont plus d'éclat; son teint est sans couleur;
Vn eternel glaçon luy rauist la chaleur.
O triste euenement d'vn espoir ridicule!
O trop facile Araspe! ô Cirus trop credule!
1635 Deuois-ie pas preuoir le coup de son trespas?
Deuois-ie en ce peril l'abandonner d'vn pas?
Ne sçauois-ie pas bien qu'Amour l'auoit vnie
Auecque son Espoux d'vne ardeur infinie;
Et que depuis sa perte elle sechoit d'ennuy
1640 D'estre encore vn moment sans se rejoindre à luy?
O gloire de ton sexe! ô miroir de ton Age!
O merueilleux esprit! ô genereux courage!
Ayant perdu l'espoir que tu me viens d'oster,
En ton ressentiment ie te veux imiter,
1645 Car ceste mesme ardeur qui t'empesche de viure,
Au poinct de ton depart me contraint de te suiure.
Malgré tous les efforts de ton cruel orgueil
Ie te veux adorer au delà du cercueil,
Et donner par ce coup vne preuue evidente
1650 Que contre mon amour la mort est impuissante.

HIDASPE.

Dieux! c'est vn accident qu'on ne peut empescher,
Il s'est precipité du haut de ce rocher,

Apres s'estre percé d'vne mortelle attainte.
De deux morts à la fois il a finy sa plainte.
Auancez-vous, soldats, cherchez-le promptement,
Et voyez s'il luy reste encor du sentiment:
Courez, il ne faut pas qu'il manque d'assistance;
Viste, & qu'on le secoure auecque diligence.
Quel desastre? ô Cirus, comment l'apprendras-tu
Sans que ce rude coup ébranle ta vertu?
Vous autres, emportez & le corps de la Reyne
Et ses filles d'honneur dans la Tante prochaine.

FIN.

NIL SOLIDVM.

A IESVS-CHRIST,

dans vne maladie.

Souuerain Medecin des ames & des corps,
Inépuisable fonds de lumiere & de vie,
Grand Dieu, vostre bonté maintenant vous conuie
D'ouurir en ma faueur vos celestes tresors.
De mes longues erreurs ie sens vn vif remors,
Et de mille autres maux cette attainte est suiuie
Rendez-moy vostre grace & ma santé rauie,
Vous qui pouués d'vn mot ressusciter les morts
Mais vn si grand pecheur a-t'il bien eu l'audace
D'oser vous demander vne si grande grace,
Et doit-il obtenir tans d'effets de pitié?
Seigneur, qu'en mes ennuis humblement ie reclame,
Exaucez pour le moins, ma priere à moitié;
Laissez languir mon corps, & guerissez mon Ame.

TOMBEAV

De feu Messire François de Bridieu,
Abbé de S. Leonard, Intendant de
la maison de Monseigneur l'Ar-
cheuesque de Reims, &c.

SONNET.

François, dont la franchise & la fidelité,
   Les nobles sentimens, & l'humeur liberale,
   Se faisoient admirer d'vne voix generale,
A passé de la vie à l'immortalité.

Vn cheual ombrageux, d'vn bruit espouuanté
   Precipita ses iours d'vne cheute fatale:
   Mais par cet accident, vne terreur brutale
Mit vn esprit fidelle en lieu de seureté.

L'Esperance & la Foy, sur des aisles de flame,
   Au seiour du repos esleuerent son ame:
   Sõ Maistre & ses Amis luy fermerẽt les yeux.

O contre-coup heureux! õ cheute fauorable!
   Il tira de son mal vn bien incomparable,
   Repoussé de la Terre, il bondit dans les Cieux.

PRIUILEGE DU ROY.

LOVIS par la grace de Dieu, Roy de France & de Nauarre: A nos amez & feaux Conseillers les Gens tenans nos Cours de Parlement, Maistres des Requestes ordinaires de nostre Hostel, Baillifs, Seneschaux, Preuosts, leurs Lieutenans, & tous autres de nos Iusticiers & Officiers qu'il appartiendra, Salut. Nostre bien amé Augustin Courbé Libraire à Paris, nous a fait remonstrer qu'il desireroit imprimer *Vne Tragedie intitulée, Panthée, composée par le Sieur de Tristan l'Hermite*, s'il auoit sur ce nos Lettres necessaires, lesquelles il nous a tres-humblement supplié de luy accorder: A CES CAVSES, Nous auons permis & permettons à l'exposant d'imprimer, vendre & debiter en tous les lieux de nostre obeïssance la dite Tragedie, en telles marges, en tels caracteres, & autant de fois qu'il voudra, durant l'espace de sept ans entiers & accomplis, à compter du iour qu'elle sera acheuée d'imprimer pour la premiere fois; & faisons tres-expresses defenses à toutes personnes de quelque qualité & condition qu'elles soient, de l'imprimer, faire imprimer, vendre ny distribuer en aucun endroit de ce Royaume durant le dit temps, sous pretexte d'augmentation, correction, changement de tiltre, ou autrement, en quelque sorte & maniere que ce soit, à peine de quinze cens liures d'amende, payables sans deport par chacun des contreuenans, & applicables vn tiers à nous, vn tiers à l'Hostel-Dieu de Paris, & l'autre tiers à l'exposant, de confiscation des exemplaires contrefaits, & de tous despens, dommages & interests; à condition qu'il en sera mis deux exemplaires en nostre Bibliotheque publique, & vne en celle de nostre tres cher & feal le Sieur Seguier, Chancelier de France, auant que de l'exposer en vente, à peine de nullité des presentes: du contenu desquelles nous vous mandons que vous faciez ioüir plainement & paisiblement l'exposant, & ceux qui auront droict d'iceluy, sans qu'il leur soit fait aucun trouble ny empeschement. Voulons aussi qu'en mettant au commencement ou à la fin du Liure, vn bref extraict des presentes, elles soient tenuës deüement signifiées; & que foy y soit adioustée, & aux copies d'icelles collationnées par l'vn de nos amez & feaux Conseillers & Secretaires, comme à l'original. MANDONS aussi au premier nostre Huissier ou Sergent sur ce requis, de faire pour l'execution des presentes, tous exploits necessaires, sans demander autre permission: Car tel est nostre plaisir, nonobstant oppositions ou appellations quelconques, & sans prejudice d'icelles, clameur de Haro, chartre Normande, & autres Lettres à ce contraires. DONNÉ à Paris le vingt-troisiéme de Feurier, l'an de grace mil six cens trentehuict, & de nostre regne le vingt-huictiéme.

Par le Roy en son Conseil,

Signé, C O N R A R T.

Les exemplaires ont esté fournis, ainsi qu'il
est porté par le Priuilege.

Acheué d'imprimer le 10. iour de May 1639.

PANTHEE

NOTES ET VARIANTES

EPITRE

    Henry de Lorraine . . . : Henri II de Lorraine; à la mort de son père (1640) il deviendra cinquième duc de Guise, prince de Joinville et comte d'Eu. Archevêque de Reims à l'âge de quinze ans (1629), il était d'humeur aventureuse et avait la réputation d'être grand galant. En 1639, il n'a encore accompli aucun exploit. Ce n'est que par la suite qu'il s'illustrera dans de nombreuses batailles. En 1648, il se déclarera même roi de Naples, mais il ne règnera que peu de temps.

11: aucunement: en quelque façon (cf. *Folie*, v. 1248).

    On pourrait aucunement
    Souffrir ce défaut aux hommes; (La Fontaine. *Fables*, IX, 1).

33: Epîtres: son Art est surpassé de beaucoup.

44: En ceci, Tristan décrit le jeune archevêque avec justesse, à en croire ses contemporains.

52: Epîtres: si tost que i'eus l'honneur. Probablement entre la fin 1631 et la fin janvier 1632, date du séjour de Gaston à Nancy (cf. Abraham, pp. 51-56).

    Fin de l'Epître: Epîtres: Vostre tres-humble, et tres-obeïssant seruiteur.

AVERTISSEMENT

    Sur la maladie de Mondory et tout ce qui concerne les difficultés rencontrées par Tristan, cf. l'introduction.

PERSONNAGES

    Suzienne: Susiane, province de la Perse (Khouzistan moderne)
    Lydie: Empire de l'Asie Mineure qui, conquis par Cyrus, devint simple province perse.

28: Bellonne: soeur ou femme de Mars, déesse de la guerre.

29: autre Tyran: Alyatte, roi de Lydie (618-562), un des grands princes de l'Asie (cf. v. 157).

39: Astiage: Astyage, fils de Cyaxare et dernier roi des Mèdes. Détrôné par Cyrus, son petit-fils selon Hérodote. Selon Xénophon, Astyage aurait eu un fils qui, n'ayant pas d'enfant, céda le trône à son neveu Cyrus. Ni l'une ni l'autre de ces sources ne permet la conception d'un Astyage qui meurt de plaisir à la vue de Cyrus.

46: A: Où, (corrigé par l'erratum, page 100). Temple du Soleil: pourrait être un temple à Mithra, il s'agit sans doute d'un temple à Mardouk, lui aussi considéré dieu du soleil. Ce choix se présente de nouveau aux vv. 77-78.

47: A: qu'elle.

54: Nembrot: Nemrod, petit-fils de Cham, fondateur de Babylone et, selon Josèphe et le Talmud entre autres, celui qui fit construire la tour de Babel.

77: Diuinité . . . : Plusieurs divinités règnent sur les flots, mais Mardouk est la seule à être représentée comme marchant sur les flots. Mardouk était aussi associé aux actes guerriers et au soleil. (cf. v. 46).

98: Ressentir: être reconnaissant. (cf. *Sénèque, lettre,* et vv. 92, 1054; cf. aussi *Folie,* v. 166; *Sénèque,* vv. 892, 1509.

> M. Desmaretz a vu votre bonté extrême . . . à quoi il ne répond que par le respect . . . n'ayant point de paroles suffisantes pour exprimer ses ressentiments (Chapelain. *Lettres,* I, 265).

146: A: Qu'elles sont vos vertus

157: cf. v. 29.

163-4: ce nouveau Tyran: Croesus, dernier roi de Lydie, fils d'Alyatte (ca. 591- ca. 546). Enivré par son bonheur, il fut vaincu et pris par Cyrus. Condamné à mort, il fut gracié à la dernière minute. Les accusations de Panthée ne semblent guère justifiées car Cyrus attacha le vaincu à sa suite, une liaison qui dura jusqu'à la mort de Cyrus en 529.

182: Gobryas, seigneur persan du VIe siècle av. J.-C., un des sept satrapes qui renversèrent Smerdis le Mage du trône de Perse (531) et mirent Darius à sa place. Gobryas donna sa fille en mariage à Darius dont il épousa la soeur. Père de Mardonius.

192: A: soy-mesme.

193: possible: peut-être (cf. *Mariane*, v. 655).

193: terrien: seigneur qui possède beaucoup de terres ou prince dont la domination s'étend sur beaucoup de pays.

> Nous les verrons, tantôt grands terriens, tantôt dépouillés de presque tout, comme plusieurs autres souverains. (Voltaire. *Moeurs*).

204: A: matieres.

213: A: Aussi ie ne dois

242: courre: infinitif ancien de courir (cf. *Osman*, v. 1568)

> Quelques-uns faisaient déjà courre le bruit . . . (Descartes. *Disc. Méth.*).

275: A: notre (corrigé par l'erratum, p. 100).

292: moindre: de moindre rang.

> Sans vous-même implorer des rois moindres que vous, (Racine. *Mithridate*, v. 902).

301: A: dont

338: attacher: attaquer, prendre parti contre (cf. v. 1254; *Folie*, vv. 512, 1006)

> Et le fer tous les jours s'atacher à ta vie (Régnier. *Disc. au Roy*).

353: A: ma (pour *m'a*?).

357: tout à l'heure: tout de suite (cf. *Sénèque*, v. 547)

> . . . je vais venir ici tout à l'heure (Molière. *Bourgeois gent.*, III, 14).

358: Basilic: serpent qui pouvait tuer par son seul regard.

363: vers boiteux auquel Girard ajoute un pied en mettant "les plus beaux yeux du monde".

395: A: conseruera; (corrigé par l'erratum, p. 100).

426: séjourner: retarder

> Un moment de séjour peut tout déconcerter. (Corneille. *Othon*, v. 1279).

438: A: cognoistrois

440: objet: être aimé (cf. *Folie*, vv. 245, 295, 1637; *Osman*, v. 215, 427)

> D'avoir moins de chaleur contre un objet aimable (Corneille. *Cid*, v. 838).

448: heur: chance, bonheur (cf. *Folie*, vv. 858, 912; *Parasite*, v. 425)

> Vous prendrez part, je pense, à l'heur de mes affaires (Molière. *Ecole des femmes*, v. 1180).

457: navigeans: navigants, ceux qui naviguent

> J'ai agi avec beaucoup de retenue . . . avec tous les navigants dans ce passage qui est fort fréquenté (Duquesne à Seignelay, 1681).

471: vaines: qui n'ont qu'une apparence

> Non, ce n'est pas une vaine ombre! je le tiens . . . (Fénelon. *Télémaque*, IV).

475: A: graces

496: A: fais

509: A: S'en est

513: reposer: se reposer

> Nostre esprit . . . peut aussi peu descendre que reposer. (Malherbe. *Ep. de Sénèque*, ep. 39).

521: A: C'est un Amant possible.

541: A: l'erratum, p. 100, suggère *secours* pour *discours*.

566: Ixion . . . palais céleste: meurtrier de son beau-père, Ixion devint fou. Zeus en eut pitié et lui permit de venir au Mont Olympe où il tenta de séduire Héré, épouse de Zeus. Il finit par être condamné à un supplice éternel, attaché à une roue enflammée qui tournait sans cesse.

615: réclamer: invoquer, supplier

> En vain, je le conjure, en vain je le réclame (Tristan. *Le portier inexorable*).

627-8: A: celestes appas,
Ie ne veux que baiser les marques de vos pas.

643: A: faveur

682: que non pas: renforcement vieilli du comparatif

> . . . mes jours
> Devaient plutôt finir que non pas son discours. (Régnier.
> *Sat.*, VIII).

688: A: mon orgueil

690: méconnaissance: ingratitude (cf. vv. 1002, 1052; *Folie*, v. 790; *Sénèque*, v. 90)

> . . . fait que je porte sans crime
> Le titre de méconnaissant. (Tristan. *Stances à M. de Voiture*).

706: et si: et pourtant (cf. vv. 710, 1434; *Folie*, v. 1137; *Chrispe*, vv. 996, 1564; *Célimène*, v. 893; *Parasite*, vv. 413, 1651; *Osman*, vv. 1080, 1404)

> Le muletier est nu-pieds, et si, ce n'est point qu'il ait trop de chaud. (Malherbe. *Ep. de Sénèque*, ep. 87).

710: et si: cf. v. 706.

731: procéder: procédé

> Je suis étonné du procéder de ces messieurs (Richelieu. *Lettres*, 14 sept. 1638).

754: A: On ne peut le

797: rien: quelque chose (cf. *Parasite*, v. 1334)

> Moins je trouve, seigneur, à me reprocher rien (Corneille. *Agésil.*, v. 957).

808: savoir: savoir que quelque chose existe

> Je sais un paysan . . . (Molière. *Ecole des femmes*, v. 179).

811: appareil: préparatif (cf. *Folie*, v. 507; cf. aussi *Folie*, v. 1524)

> D'un appareil d'hymen couvrant ce sacrifice. (Racine. *Iphigénie*, v. 977).

816: A: Et ie vais

820: assiette: disposition d'esprit, état d'âme (cf. *Folie*, vv. 966, 1294; *Sénèque*, v. 1848; cf. aussi *Osman*, v. 1392)

> [la mort] me trouvera dans une ferme assiette (Cyrano. *Agrippine*, V, 6).

853: possible: peut-être (cf. *Mariane*, v. 655).

858: en sa bouche (corrigé par l'erratum, p. 100).

869: A: Et ce que i'apprehende.

933: A: . . . sur le champ, qu'on . . .

940: comme: comment (cf. *Folie*, vv. 457, 1047; *Sénèque*, v. 1641)

    Comme est-ce qu'on s'y porte? (Molière. *Tartuffe*, v. 230).

946: pierre d'aimant: minerai, aimant naturel (s'employait au sens plus large)

    Cum la pierre de l'aïment
    Trait à soi le fer soutilment   (*Roman de la Rose*).

950: vaguer: errer ça et là; par extension, avoir des pensées peu fixes

    . . . il laisse vaguer ses pensées . . . (Bossuet. *Le Tellier*).

962: A: n'estre né

972: A: Monseigneur

1000: méconnaissant: ingrat (cf. v. 690).

1013-1014: A: Commandez-moy, Madame,
    Encor que son erreur soit si digne de blasme

1028: A: sçauant?

1052: méconnaissance: ingratitude (cf. v. 690).

1066: A: iusques icy

1102: pour ce que: parce que (cf. v. 1340; *Parasite*, v. 1629)

    . . . nous ne croyons pas que ce soit pour ce qu'il n'est point . . . (*Sentiments de l'Académie sur le Cid*).

1103: A: nostre esprit

1104: A: d'un chose

1116: A: Et une (corrigé par l'erratum, p. 100).

1117: A: En me

1118: A: l'erratum, p. 100, suggère *et* son premier estat.

1155: amorce: attrait, séduction (cf. *Sénèque*, v. 739)

        Donne à mes chansons tant d'amorce (Viau. *Ode IX*).

1167: bagage: ensemble du matériel d'une armée (non compris l'armement)

        Il n'oublie pas l'artillerie ni le bagage (La Bruyère, X, 11).

1170: estonner: ébranler (cf. *Mariane*, v. 1157).

1185: vers Crésus (cf. vv. 163-4) vers: auprès de

        Vous avez du crédit vers lui (La Rochefoucauld. *Lettre à la marquise de Sablé*).

1200: presse: foule (cf. *Folie*, v. 229)

        Du peuple épouvanté j'ai traversé la presse (Racine. *Andromaque*, v. 1521).

1206: étonnement: ébranlement (cf. *Mariane*, v. 1157).

1224: nourriture: éducation (cf. *Folie*, vv. 858, 904, 1460; *Sénèque*, vv. 675, 694; *Osman*, v. 941)

        . . . ce qu'il a reçu d'heureuse nourriture
        Dompte ce mauvais sang qu'il eut de la nature! (Corneille. *Héraclius*, v. 1435).

1231: où: quand: (cf. *Folie*, v. 800)

        Le choix est inutile où les maux sont extrêmes (Corneille. *Théodore*, v. 771).

1238: A: iusques à l'exces:

1248: franchise: liberté (cf. *Folie*, v. 242; *Sénèque*, v. 145; *Célimène*, v. 741)

        Je n'ai pas de regret à perdre ma franchise
        Car jamais prisonnier ne fut si bien aimé. (*des Yveteaux*, Sonnet).

1254: attachant: attaquant (cf. v. 338).

1283: A: plaira-il

ARG. 10: A: en particulier pleurer.

1318: A: jalouse

1340: pour ce que: parce que (cf. v. 1102).

1340: monument: tombeau (cf. *Folie*, v. 1432; *Sénèque*, v. 1194; *Chrispe*, v. 1674; *Parasite*, v. 1507; *Osman*, v. 1608)

>J'aurais pour vous respect jusques au monument (Molière. *Fâcheux*, v. 258).

1362: fascines bruslantes: fagots goudronnés et mis en flammes.

1370: A: à peine.

1371: Pactole: fleuve aurifère qui passait par Sardes et se jetait dans l'Hermus. Il devait sa réputation aux paillettes d'or roulées par ses flots.

1375: aussi: au sens étymologique du mot, ainsi.

1378: Scamandre: rivière de l'ancienne Troade qui prenait sa source près de Troie.

1381: Capadocien: les Cappadociens, habitants d'une ancienne province de l'Asie Mineure, étaient tombés sous la domination des Lydiens qui, après la bataille de Tymbrée (547), fit place à celle des Perses.

1395: recous: du verbe *recouvrer*, obtenir de nouveau, rentrer en possession

>La Reine et les Frondeurs se consolèrent . . . par l'espérance de la recouvrer bientôt (La Rochefoucauld. *Mémoires*).

1422: abscinthe: amertume

>La vie est cruellement mêlée d'absinthe (Sévigné. *Lettres*).

1426: prest de: prêt à (cf. *Sénèque*, Arg. III, et vv. 1336, 1476)

>Dans quel péril encore est-il prêt de rentrer? (Racine. *Athalie*, v. 186).

1434: et si: et pourtant (cf. v. 706).

1453: A: là-haut

1488: Sardes: capitale de la Lydie, sur le Pactole.

1542: Ebelle: probablement Arbelles, l'Erbil d'aujourd'hui, ville d'Assyrie.

1550: cest affaire: encore masculin au début du siècle (cf. *Folie*, v. 1406).

1573: ouvrir la bonde: libérer l'eau d'un étang par une large ouverture destinée à cet effet. Au figuré:

>Je lâche la bonde à mes larmes (Rousseau. *Confessions*, IV).

1604: pratiquer: forger, préparer par des pratiques (cf. *Parasite*, v. 780; cf. aussi *Sénèque*, v. 501)

>Contre un si grand rival j'agis à force ouverte,
>Sans blesser son honneur, sans pratiquer sa perte.
>(Corneille. *Nicomède*, vv. 1107-08).

1620: se dérober à: se soustraire, disparaître (cf. *Osman*, v. 924)

>Je me suis dérobée au bal pour l'amour d'eux (Molière. *Ecole des maris*, III, 9).

1632: glaçon: gel

>Un doux et plaisant gasouillis de douces paroles suffisantes pour rallumer un homme glaçonné (G. de Barraud. *Epistres dorées*).

LA MORT DE SENEQUE

INTRODUCTION

    La Mort de Sénèque est une des premières productions importantes de l'Illustre Théâtre et est représentée soit à la fin de 1643, soit au début de 1644, avec Madeleine Béjart dans le rôle d'Epicharis. Le succès de Madeleine Béjart est attesté par Tallemant des Réaux dans son historiette sur Montdory dans laquelle il dit de la comédienne que "son chef d'oeuvre, c'était le personnage d'Epicharis à qui Néron venait de faire donner la question." Cependant, Lancaster (II, 563) ne semble guère croire que la pièce ait été représentée pour la première fois par la troupe de Molière: "But it is quite possible that she played this role before the Illustre Théâtre was formed or after the play was published. There is here no proof, as Bernardin and Madeleine seem to think, that the tragedy was originally given by Molière's troupe." Voyons s'il nous est possible de résoudre ce problème.

    A l'origine, la troupe de Molière se compose de six hommes et de quatre femmes auxquelles vient s'ajouter une cinquième dès octobre 1643. La pièce de Tristan comporte dix rôles masculins et trois rôles féminins, ce qui devait présenter un inconvénient sérieux pour la troupe, et Madeleine, dans son analyse de la pièce, a raison de croire que certains aspects curieux, dont un confident presque muet, s'expliquent par le manque d'acteurs; il est à supposer que plusieurs autres rôles devaient également être joués par des figurants.

    Certains détails de la biographie de Tristan peuvent aussi nous donner des indications utiles. Nous savons que Tristan écrivait vite, corrigeait peu et ne tardait guère à livrer ses pièces aux comédiens. Pourquoi donc *La Mort de Sénèque*, si elle était effectivement terminée avant 1643, ne serait-elle munie d'un privilège qu'au mois d'octobre 1644? Il est possible, mais fort peu probable, qu'elle ait été représentée avant 1643. En outre, comme le signale Paul Mesnard dans la notice biographique qui se trouve au dixième volume de son édition des *Oeuvres* de Molière, (Paris, 1889), Tristan était très ami des Béjart et même leur parent grâce aux aventures de son frère (p. 89). Si nous acceptons l'hypothèse de Lancaster selon laquelle Madeleine Béjart n'aurait tenu le rôle d'Epicharis qu'après la publication de la pièce, il est difficile de voir quel autre rôle elle aurait pu remplir auparavant, étant donné que dès ses débuts, elle avait le droit de choisir ses rôles. Nous croyons plutôt, comme Bernardin et Madeleine, que la pièce a été jouée pour la première fois par la troupe de Molière.

    La pièce a dû remporter un certain succès comme en témoignent les trois éditions qui se suivent en autant d'années et la confiance que Tristan accorde à l'Illustre Théâtre auquel il livre sa *Mort de Chrispe*. Ce succès, toutefois, n'a guère duré; on ne trouve plus aucune édition ancienne après 1647 et les représentations en sont peu nombreuses. *La Mort de Sénèque* ne figure pas sur le registre de La Grange ni sur celui de la Comédie Française. Elle ne sera guère mieux appréciée au dix-huitième siècle et les frères Parfaict lui reprocheront sa "versification un peu trop épique." Il est évident que le goût du public avait évolué et qu'on n'allait plus au théâtre uniquement pour entendre réciter de beaux vers, mais il est également vrai que vers la fin du dix-septième siècle, il eût été difficile, voire impossible, de faire apprécier une pièce qui est, selon Quillard, "plus shakespearienne que racinienne.":

> Il y avait plus en Tristan qu'un précurseur de la tragédie classique. Le Néron hagard qui interroge les conjurés lui-même en présence de ses affranchis et de Poppée, Epicharis arrogante et virile, Sabine Poppée acharnée et affolée, oublient, pour devenir les fauves que recèle toute chair humaine, les convenances de la tragédie.

En effet, selon Quillard, "la réplique brutale et populacière [vers 1720] eût écorché les lèvres des poètes qui vinrent par la suite," ainsi que les oreilles d'un public accoutumé à Racine. En outre, le mélange d'effets comiques et sérieux n'eût guère trouvé faveur auprès de lecteurs habitués à la séparation des genres.

En ce qui concerne l'histoire, Tristan suit d'assez près les *Annales* de Tacite et a également pu consulter des sources contemporaines, notamment *La Cour Sainte* du Père Caussin (1624), *La Mort et les dernières paroles de Sénèque* de Mascaron (1637), et l'*Ariane* de Desmarets de Saint-Sorlin (1632).

D'après Tacite, Néron éprouvait une aversion profonde pour son épouse Octavie, dont la noblesse et la vertu étaient exemplaires; poussé par Poppée, il l'accusa d'adultère et la condamna à l'exil. Cependant, cette action ne fut guère appréciée et Néron fut contraint de faire revenir Octavie. Pour se débarrasser d'elle, il inventa de nouvelles calomnies appuyées de fausses confessions. Néron parvint à faire exiler Octavie une seconde fois et elle s'installa dans l'île de Pandataria où elle fut mise à mort à peine âgée de vingt ans.

Les meurtres de Britannicus, d'Agrippine, de Burrhus et d'Octavie ainsi que l'incendie de Rome font éclater la haine générale pour Néron. Un groupe de conjurés se forme avec Pison comme chef, pour attenter à la vie de Néron. Mais Néron apprend bientôt les projets secrets des conjurés; Epicharis avait essayé de gagner Proculus à la cause de Pison, mais celui-ci a révélé la conjuration à Néron. Cependant, Proculus manque de preuves et de témoins, ce qui n'empêchera pas Néron de faire emprisonner Epicharis. Apprenant ceci, les conjurés décident d'avancer leurs projets, mais une fois de plus, ils sont trahis. Cette fois-ci, Néron s'empare de deux conjurés qui finissent par nommer tous les autres et qui impliquent Sénèque bien qu'il n'eût pas trempé dans la conjuration. Sénèque reçoit l'ordre de se donner la mort et, craignant les outrages de Néron, il permet à Pauline, son épouse fidèle, de périr avec lui. Ce suicide n'est pas sans éléments comiques: ce n'est qu'après de nombreux efforts que Sénèque parvient à se donner la mort et Pauline, par contre, sera sauvée au tout dernier moment.

Le sujet posait de nombreux problèmes à Tristan, et particulièrement en ce qui concerne l'unité de lieu. Les décors à compartiment ayant disparu, il s'agissait de trouver un lieu où tous les personnages pouvaient paraître sans choquer la vraisemblance. Tristan ne réussit pas vraiment cette gageure lorsqu'il opte pour les Jardins de Mécène attenant au palais de César; c'était une solution, mais ce n'était pas une solution parfaite.

Selon Tacite, en outre, il n'existait qu'un lien parfaitement fortuit entre Pison et Sénèque et, sans toucher aux faits historiques, il fallait créer des liens plus étroits entre eux afin de donner une unité à la pièce. Tristan parvient à les établir en soulignant la cupidité de Poppée. Dès le début de la pièce, Poppée cherche à perdre Sénèque; du coup il cesse d'être un personnage épisodique et se trouve au centre de l'action, même si son rôle est essentiellement passif. Ce sont les conjurés qui occupent la scène, mais leurs actions ne nous intéressent que dans la mesure où elles concernent Sénèque et préparent le dénouement.

La pièce présente ainsi des aspects curieux et des faiblesses certaines. Tristan force la vraisemblance en ce qui concerne l'unité de lieu et le personnage principal dont le rôle est passif. La pièce peut encore intéresser l'érudit qui ne manquera pas de songer à *Britannicus*, mais il est indéniable que les faiblesses de *La Mort de Sénèque* la rendent injouable et sont à la base de l'oubli dans lequel la pièce est tombée.

BIBLIOGRAPHIE

Editions émises du vivant de Tristan:

A: *La mort de Sénèque* (Paris: Quinet, 1645). In-4 de (12)-122 pp.

    p. (1): frontispice non signé
    p. (3): titre
    pp. (5-9): lettre
    p. (10): privilège (17 oct. 1644; achevé d'imprimer du 10 janv. 1645)
    p. (11): personnages
    p. (12): argument du 1er acte
    pp. 1-122 : texte

Cette édition, la plus soignée, sert de base à notre texte.

B: *La mort de Sénèque* (Paris: Quinet, 1646). In-12 de (14)-94 pp.

Même ordre et privilège que A, mais sans frontispice et avec un achevé du 28 sept. 1645.

C: *La mort de Sénèque* (Paris: Quinet, 1647). In-12 de (8)-80 pp.

Même ordre que A, mais ne comporte ni frontispice, ni privilège, ni achevé d'imprimer.

LA MORT DE SENEQUE

LA
MORT
DE
SENEQVE

Par le S^r.

Tristan l'hermite.

A PARIS Chez Toussainct   Quinet au Palais

avec priuilege du Roy 1645

LA MORT DE SENEQVE

TRAGEDIE.

A PARIS,

Chez TOVSSAINCT QVINET, au Palais,

souz la montée de la Cour des Aydes.

M. DC. XXXXV.

AVEC PRIVILEGE DV ROY.

A M O N S I E V R

MONSIEVR LE COMTE

DE SAINT-AIGNAN.

MONSIEVR,

   Il paroist que les traits de bonté dont vous m'honorez m'aportent presque autant de trouble qu'ils vous acquierent de gloire, & que dans la haste que i'ay de vous en exprimer le ressentiment, ie mets toutes choses en oeuure. En effet il semble que ie ne donne cette piece de Theatre au iour, que pour mettre ma recognoissance en veuë: & que ie ne faits publier cette *Mort* que pour apprendre à tout le mõde que ie vous ay voüé ma vie. Quoy qu'on en die, MONSIEVR, ie seray assez consolé de cette sorte de confusion si vous en estimez le zele, & si selon cette noble Indulgence que vous auez pour mes deffauts, vous daignez agreer d'estre le Parrain de cet Ouurage. I'espere que vostre illustre nom seruira d'Asile à des productions d'esprit plus heureuses: & que ie feray voir quelque iour par de plus magnifiques Vers, que vous estes Maistre de leur source. I'auouë, MONSIEVR, qu'vne si haute generosité que celle que vous m'auez tesmoignée, me pique de ressentiment; & que pour respondre à des faueurs si grandes ie me propose de grands desseins. Ie feray sans doute vn rare effort en cette occasion, pour me parer du soupçon de l'ingratitude. Possible feray-je vne peinture de vous, qui se pourra deffendre du temps: Possible m'immortaliseray-je comme Phidias, dans vne excellente image de la Vertu. Les Muses n'ont point de pinceaux que ie ne puisse manier auec quelque adresse; & ie sçauray bien mesler en ce Crayon, leurs plus esclatantes couleurs. En cet effort si delicieux que ie n'ose le nommer trauail, j'apperçoy des matieres de longues veilles: & des Esprits plus laborieux que le mien, pourroient bien perdre haleine en cette Carriere. Mais ce qu'il y a de penible en cet ouurage m'estonne moins, que ce qu'il y a d'esclatant en ce subjet ne m'esbloüit. I'y voids par tout de si grandes beautez qu'elles tiennẽt mon choix en balance: & ie consumerois bien à les admirer, tout le temps qui me seroit dõné pour les descrire. Si ie regarde la grandeur de vostre Race, j'apperçoy dans vostre Maison la plus grande partie des plus nobles Maisons de France: C'est vn champ semé de Lauriers; c'est vn Arbre de plusieurs siecles, dont toutes les branches sont couronnées: C'est vn long ordre de Heros où l'on peut compter autant de Demi dieux que de testes. Si ie tourne les yeux sur vostre valeur, ie n'y voy que des prodiges heroïques dés vostre plus tendre jeunesse; I'y remarque beaucoup de Combats plus dignes d'estre celebrez par les belles plumes, que celuy d'Hector & d'Ajax; Et dont vous auez remporté tout l'auantage. I'y trouue encore quantité de grandes choses, faictes pour

l'honneur de l'Estat, & par qui vostre reputation s'est fort esleuée.
I'y voy d'admirables exploits où vous ne vous estes signalé qu'en remportāt beaucoup d'honorables blessures: qu'en vous couurant des marques de ce noble empressement vers le peril, qu'on peut appeller vne ardeur affamée de gloire. D'autre part, MONSIEVR, si ie cōsidere vostre esprit & vostre memoire, ce sōt deux choses qui passent l'imagination; ce sont deux autres sortes de Miracles dont nous n'auons presque point d'exemples, l'vn est si vif & si brillant, l'autre est si riche & si fidelle; & tant de iugement les conduit que ie ne cognois rien de plus merueilleux: & c'est auec verité que i'ay peu vous dire là dessus:

>   Quelle qualité me surprit,
> Qui pour son rare esclat doit estre la premiere?
>   Fut-ce ton coeur, ou ton esprit,
> Si l'vn est tout de feu, l'autre est tout de lumiere.
>
>   L'vn est gros de cette valeur
> Qui releue la Gloire & soustient l'Innocence;
>   L'autre est tout plein de la chaleur
> Dont la Raison s'exprime auec magnificence.

Mais tous ces auantages, MONSIEVR, ne sont rien que de superbes liberalitez de la Nature; & vous pourriez encore faire vanité d'autres Biens, qui sont aussi considerables, & qui demandent que nostre ame trauaille pour les acquerir. Ie parle de ces diuines habitudes que la Raison establit en nous en despit des sens, & qu'on ne gagne que par violence. Cette sagesse vigilante, qui reigle auec tant d'auctorité les passions qui se desbordent, & qui se conserue le pouuoir de les calmer lors qu'elles sont les plus esmeües: qui donne des preuues par mille soins, d'vne ardente amour pour la Gloire, faisant bien à tout le monde, auec tant de facilité, de discernement, d'ordre & de grace. En cet endroit, MONSIEVR, ie ne sçay si ie n'aurois point à me plaindre de vostre Modestie, en me loüant de vostre Liberalité: Cette Vertu toute pudique, semble vn peu trop jalouse des interests d'vne si magnifique Soeur; elle veut tousjours fermer la bouche à ceux qui luy dōnent des loüanges; & luy faire passer toutes nos expressions de recognoissance, pour d'inutiles cajoleries. Ie vous suplie tres-humblement, MONSIEVR, de souffrir qu'elle me donne vn peu plus de liberté, afin que ie puisse au moins respondre à vos bien-faits, auec des actions de graces: & que ie ne demeure pas müet, lors que i'ay tant de sujets de dire hautement que ie suis,

MONSIEVR,

> Vostre tres-humble & tres-
>   obeissant seruiteur,
>
> TRISTAN L'HERMITE.

Extraict du Priuilege du Roy.

Par grace & Priuilege du Roy donné à Fontainebleau le 17. iour d'Octobre 1644. Signé, Par le Roy en son Conseil, LE BRVN. Il est permis à Toussainct Quinet Marchand Libraire à Paris, d'imprimer ou faire imprimer, vendre & distribuer vne piece de Theatre intitulée *La Mort de Seneque, Tragedie de Monsieur Tristan*, durant le temps & espace de cinq ans, à côpter du iour qu'elle sera acheuée d'imprimer; & deffences sont faictes à tous Imprimeurs, Libraires & autres, de contrefaire la dite piece, ny en vendre ou exposer en vente à peine de trois mil liures d'amande, de tous ses despens, dommages & interests, ainsi qu'il est plus amplement porté par lesdites lettres, qui sont en vertu du present extraict tenuës pour bien & deuëment signifiees, à ce qu'aucun n'en pretende cause d'ignorance.

Acheué d'imprimer pour la premiere fois le dixiesme Ianuier 1645.

Les exemplaires ont esté fournis.

LES PERSONNAGES.

NERON.

SABINE Popée.

SENEQVE.

RVFVS, Capitaine des Gardes.

PISON, Chef des Conjurez.

SEVINVS, Senateur.

EPICARIS Affranchie.

LVCAIN, Nepueu de Seneque.

PROCVLE, Capitaine de Marine.

SILVANVS, Centenier.

PAVLINE, Femme de Seneque.

La Scene est à Rome.

ARGVMENT

DV

PREMIER ACTE.

I. Neron se réjoüit de la mort d'Octauie, & Sabine s'efforce de jeter des ombrages dans son esprit pour donner le coup à Seneque.

II. Qui sçachant qu'on en vouloit à sa vie pour auoir son bien, essaye de parer ce coup, en offrant à Neron de luy remettre tout ce qu'il tient de sa liberalité, mais le Tiran le refuse de bonne grace, estant honteux de dépoüiller ainsi son Precepteur qui l'a enrichy de tant de beaux enseignemens.

III. Rufus Capitaine des gardes de ce Monstre, & qui a conjuré contre luy, veut sonder sur ce poinct l'esprit de Seneque, qui comme vn sage consumé, ne se laisse point tater en cet endroit, craignant les artifices de la Cour.

LA MORT DE SENEQVE

TRAGEDIE

ACTE I^R.

SCENE PREMIERE

NERON, SABINE.

Enfin selon mes voeux, Sabine est sans Riuale;
L'infidelle Octauie au sepulchre deuale.
Cet Esprit si contraire à mes intentions,
Qui blâmoit en secret toutes mes actions,
5 Ne fera plus mouuoir la langue enuenimée
Qu'il fit toûjours agir contre ma renommée.
Dans ses pretentions son espoir l'a trompé;
Je suis bien affermy dans le Thrône vsurpé,
Et ce Monstre infernal qu'on va reduire en cendre,
10 Ne peut plus auoir lieu de m'en faire décendre.
Pensant me despoüiller d'vn ornement si beau,
Ce serpent a laissé sa despoüille au tombeau;
Rien ne peut desormais nous mettre en jalousie,
Faisons festin, Sabine, & chantons Talasie.

SABINE.

15 Il ne faut pas encor se réjoüir si fort;
De ce serpent esteint le venin n'est pas mort;
Ce dangereux poison s'entretient & sommeille
En cent coeurs factieux qui l'ont pris par l'oreille,
Et qui de ta clemence irritans leurs rigueurs
20 Tâchent de le respandre en tous les autres coeurs.

NERON.

Ils n'ont qu'à se nommer, nous leur ferons apprendre
Dés que nous l'aurons sceu ce qu'ils ont à respendre.

SABINE.

Ils se pourront nommer auecque seureté
Si tu n'as point pour eux plus de seuerité;
Ie voudrois bien sçauoir de quel mal est suiuie
La moicteur de tant d'yeux qui pleurent Octauie,
Et les trais qu'ont produit cent esprits delicas,
Qui de son frere mort font encor tant de cas.
Tels viuent en repos, qui pour nostre ruyne
Esleuent tous les jours la vertu d'Agripine,
Et qui des Citoyens attisans la fureur,
Te font toûjours passer pour vn objet d'horreur.
Cesar, pour affermir vne grandeur naissante,
On ne doit point auoir de souffrance innocente;
Il faut à tout le monde imposer le respect,
Et perdre promptement ce qui paroist suspect.
Pour s'asseurer d'vn Thrône, il faut estre capable
De confondre par fois innocent & coupable,
Et ne discerner point ce qu'on doit immoler
Quand nostre impunité nous peut faire ébranler.
Mais tu pratiques mal cette bonne maxime:
Ceux qui sont accusez & conuaincus du crime
D'ennemis capitaux, du Prince & de l'Estat,
Pourront encore faire vn second attentat.

NERON.

Qui sont ces gens de bien, dignes qu'on les honore?

SABINE.

Ie les pourrois nommer; Pison, Seneque encore.

NERON.

N'ont-ils pas confondu cette accusation?

SABINE.

Jls ne s'en sont lauez que par corruption;
L'Or & les Diamans espars en abondance
Entre tes Fauoris, ont fait leur innocence.
Cesar, selon le droict qui leur fut lors rendu,
Vn pauure criminel se fust treuué perdu:
Le bien leur fit oster les charges les plus fortes;
Ils sauuerent leur vie auec des choses mortes.

NERON.

Seneque n'en fut pas au moins, nul ne le croit.

SABINE.

Voylà l'authorité de ce flateur adroit;
Il ne luy faut qu'vn trait de sa vaine éloquence
Pour te faire excuser des maux de consequence.
Sa parole attrayante à des inuentions
Pour te faire approuuer ses noires actions.
Suillius qu'il fit bannir, & qu'il auoit à craindre,
De toutes ses couleurs le sceut fort bien dépeindre,
Quand passant du mespris de son stile enerué
Au reproche des maux dont il s'est mal laué,
Il fit vn grand pourtraict de cette ame peruerse
Qui blâme en ses escrits les abus qu'elle exerce,
Tient à felicité de ne posseder rien,
Et trauaille tousiours pour assembler du bien,
Qui l'art des Courtisans si hautement décrie,
Et pour tes Affranchis à tant de flaterie:
En fin l'amy du luxe & de tous ses appas,
Qui fait impudemment ce qu'il n'approuue pas.
Ie ne puis plus souffrir qu'vn Pedant hipocrite
Ioigne de si grands biens à si peu de merite,
Et surpasse en jardins & meubles precieux
Les Princes apres toy les plus delicieux.

NERON.

Son bien n'est pas son crime, il est plustost mon vice;
I'ay prodigalement recogneu son seruice;
Mais estant comme moy redeuable à ses soins,
Vn Empereur Romain ne pouuoit faire moins.
S'il faut que la Fortune à mes souhaits responde,
Ie veux donner ensemble & perdre tout le Monde.

SABINE.

Nul ne te blâmeroit de donner par excez,
Si tes profusions auoient vn bon succez;
Mais comme l'Italie aujourd'huy te reproche,
Ta liberale main seme sur vne roche;
Et faisant à cet homme aueuglement du bien,
Engraisse vn champ ingrat qui ne raporte rien.
C'est vn indigne objet de tes magnificences
Qui s'est rendu fameux par ses mécognoissances.
Lors que sur les bien-faicts il escrit doctement,
Son coeur pour les bien-faits est sans ressentiment.
As-tu jamais fait voir vn fruit de ton estude
Qu'il n'ait empoisonné d'vn trait d'ingratitude?
Et n'a-t'il pas donné mille indices diuers
Qu'il compose luy-mesme, ou corrige tes vers?
Le voit-on applaudir lors que sur le Theatre
Tu rens de ton recit tout le peuple idolastre?
Et lors que tes discours auecque tant d'éclat

```
100     Par mille attraits charmans rauissent le Senat,
        Sa mine & ses façons font-elles pas parestre
        Que le simple Escolier parle deuant son Maistre?
           Il peut bien prendre haleine & cesser desormais
        De vendre à prix d'argent les faueurs du Palais;
105     Vn plus homme de bien déuroit tenir sa place.
        A-t'il encor le front d'attendre qu'on le chace?
        Tu sçais bien que Seneque & Burrus n'estoient qu'vn,
        Qu'ils auoient les honneurs & les biens en commun;
        Qu'ils ont également partagé ta puissance,
110     Gagné mesme credit, & pris mesme licence;
        Et qu'estans d'Agripine appuyez hautement,
        Ils l'ont comme à l'enuy, traictee ingratement:
        L'vn s'en doit-il aller sans que l'autre le suiue?
        Faut-il que Burrus meure, & que Seneque viue?
115     C'est à toy seulement qu'il peut estre permis
        De respecter si fort tes plus grands ennemis;
        Pour moy ie n'ayme point cette auide Sansuë
        Qui ne peut contenir l'humeur qu'elle a receuë,
        Et qui par le moyen de ses secrets ressorts
120     Te veut auec le sang, oster l'ame du corps.
        Ne trouue point mauuais si mon zele s'exprime
        A chercher ton salut en descouurant son crime.
        C'est vn Dieu qui me porte à rompre son dessein,
        C'est vn petit Cezar qui parle dans mon sein,
125     Et qui te donne auis que cet homme perfide,
        Si tu ne le preuiens, sera ton parricide.

                        NERON.

        Sabine, c'est sans doute vne esponge à presser;
        Mais pour le perdre mieux il faut le caresser,
        Il faut luy tendre vn piege auec tant d'artifice
130     Qu'on luy puisse imputer nostre propre malice;
        D'vn filet si subtil il faut l'enuelopper
        Qu'il s'y perde luy-mesme en pensant échapper,
        Et que les gens de bien deceus par l'apparance,
        En le voyant perir blâment son imprudance;
135     Rencontrant vn escueil en vn Port apparent,
        Ce grand Maistre apprendra qu'il est fort ignorant.

                        SABINE.

        Pourquoy dans ce dessein prendre vne voye oblique?

                        NERON.

        De peur de nous charger de la hayne publique;
        L'enuie auec cent yeux nous regarde de pres;
140     Il ne faut pas agir pour repatir apres.
        Ma haine en cet endroit doit estre circonspecte;
        Tu sçais l'humeur du peuple, il faut qu'on la respecte.
        Ce farouche animal sujet au changement,
```

>
> Commence à s'ennuyer de mon gouuernement,
145 Et pourroit essayer de se mettre en franchise
> Si mes deportemens luy donnoient quelque prise.
> Le Senat qui me hait & feint de m'adorer
> Ne voudroit qu'vn sujet pour me deshonorer,
> Pour me lancer vn trait de sa rage couuerte,
150 Et pousser les Romains à conspirer ma perte.
> Puis, me dois-ie assurer d'auoir vn seruiteur,
> Faisant ouuertement perir mon Precepteur?
> Si desirant ma mort il garde le silence,
> Ie ne sçaurois le perdre auecque violence.

SABINE.

155 Il vient pour ses pareils des poisons d'Orient
> Dont la douce rigueur fait mourir en riant.

NERON.

> Sabine, à l'entreprendre on a perdu ses peines.
> Il n'estanche sa soif qu'au courant des fontaines,
> Et depuis quelque temps, pour appaiser sa faim
160 Ne mange que des fruicts qu'il cueille de sa main.

SABINE.

> Son crime se fait voir par cette deffiance,
> Qui donne ainsi matiere à ton impatience:
> Faut-il que cet ingrat soit assez effronté
> Pour vouloir viure encor contre ta volonté?
165 Il faut . . . Mais le voicy, ce sçauant Personnage;
> A son funeste abord ie change de visage:
> Pren bien-garde à sa mine: il est assez aysé
> D'y voir vn sentiment subtil & déguisé;
> Il vient pour te surprendre, enflé d'vne harangue;
170 Quelque nouueau poison va couler de sa langue.

NERON.

> Voy si facilement on me peut abuser,
> Et lequel de nous deux sçait le mieux déguiser;
> Escoute nos discours.

SABINE.

>   Ah! ie quitte la place.
> Cest objet me deplaist, me choque & m'embarrace.

SCENE II

NERON, SENEQVE, RVFVS.

NERON.

175 Ruffus, fay le auancer; mon pere, que veux-tu?
Puis-je de quelque grace honorer ta Vertu?

SENEQVE.

Cesar, depuis le temps que ma soigneuse addresse
S'applique à cultiuer l'espoir de ta jeunesse,
Et t'enseigne des Rois le glorieux mestier,
180 Le Soleil n'a point fait trois fois vn lustre entier.
Mais qui pourroit compter les biens dont par ta grace
Ie fus fait possesseur durant ce peu d'espace?
Quels auares desirs, quels auides souhaits
Ne seroient point comblez par de si grands bien-faits?
185 Et parmy les Romains, quelle richesse égale
Les Thresors que ie tiens de ta main liberale?
Sans doute ces efforts nobles & genereux
Mettroient ton Precepteur en vn estat heureux,
N'estoit que le bon-heur abhorre l'opulence,
190 Et conciste au repos plustost qu'en l'abondance.
Acheue ton Ouurage & ma felicité,
Laisse à ton seruiteur plus de tranquilité,
Repren tous ces Bien-faits, & permets que ie quite
Ces marques de ta gloire, & non de mon merite,
195 Qui, pour en bien parler, sont des fardeaux pesans
A m'atirer l'Enuie & charger mes vieux ans.
Permets qu'ayant serui sous vn si digne Maistre,
J'aille me delasser en vn sejour champestre,
Où bien loin du murmure & de l'empressement,
200 Ie puisse entretenir mes liures doucement.
    Auguste, ton Ayeul plain de recognoissance,
A deux de ses Amis donna mesme licence;
Eux, dis-je, qui n'auoient que les prosperitez,
Les biens & les honneurs qu'ils auoient meritez,
205 L'ayans toûjours serui dans la guerre ciuile,
Ou fourny de Conseils pour gouuerner la ville.
De moy, ie suis encore à deuiner pourquoy
I'ay receu tant d'honneurs & de bien-faits de toy,
Si ce n'est pour t'auoir donné par auanture
210 Des lettres & des arts la premiere teinture.
Mais si dans ce sentier mes soins t'ont auancé,
L'honneur de te seruir m'a trop recompansé;
Les trais de ton Esprit & ceux de ta memoire,

En cent occasions ont trop fait pour ma gloire.
215 Faloit-il pour cela que tes rares bien-faits
M'esleuassent ainsi plus haut que mes souhaits,
Et que ton amitié donnast à ma fortune
Tant de lustre & d'éclat qu'elle m'en importune?
Par des dons excessifs falloit-il me lier,
220 Et mettre en si haut rang vn simple Cheualier?
En rendant à tel poinct ma fortune establie,
Tu m'apprens ta grandeur, & fais que ie m'oublie;
Mon jugement s'égare en ces Biens superflus,
Je m'y cherche moy-mesme & ne m'y treuue plus.
225 Quoy? celuy qui du Luxe est des grands auersaires,
Ne seroit pas contant des choses necessaires?
Auroit tant de Iardins, auroit tant de Maisons
A s'aller diuertir en toutes les Saisons?
Il n'est pas raisonnable, il ne m'est pas loisible
230 De faire à mes Escrits vn affront si visible.
    Repren donc tant de Biens receus mal à propos,
Et souffre à l'auenir que ie viue en repos;
N'en embarasse plus vn Vieillard inutile,
Qui pour les gouuerner se treuue trop debile.
235 Tu n'as plus de besoin de mes enseignemens;
Ton Thrône est affermy de clouds de diamens;
Nul autre plus que toy n'a d'Esprit ny d'adresse;
Il faut que ta bonté laisse en paix ma vieillesse.
Par là, tu fermeras la bouche aux Enuieux,
240 Et feras estimer ton choix judicieux
Qui ne sçait esleuer à des grandeurs extrêmes
Que ceux qui de bon coeur en décendent d'eux-mesmes,
Et n'enrichist si fort, que ceux-là seulement
Qui sçauent des grands Biens vser moderêment.

NERON.

245 Icy l'effet d'vn soin qui me fut necessaire,
Me sera fauorable, & te sera contraire:
Ie vais par tes leçons t'imposer vne loy,
Et de ton propre Bien me seruir contre toy,
Puis que tu m'as instruit en l'art de me deffendre
250 De tous les arguments qui me pourroient surprendre,
Et que tu m'as appris à me bien demêler
Sur tous les incidens dont on peut me parler.
    Pourquoy fais-tu si fort éclater mes largesse,
Toy qu'on void recognu de si peu de richesses,
255 Et qui selon les soins dont tu m'as obligé
Meriterois qu'en Or ton Marbre fust changé?
Toy qui meriterois que ta Maison fust pleine
Plustost de Diamans que d'Yuoire & d'Ebene.
    Tu dis que par Auguste, à deux de ses Amis,
260 Ce que tu veux de moy fut autresfois permis;
Tu sçais bien toutefois qu'Agripe & que Moecene,
Obtenans de Cesar du relâche à leur peine
En vn âge caduc beaucoup plus que le tien,

Ne furent pas pourtant despoüillez de leur Bien:
Et si tout l'Vniuers en veut estre l'arbitre,
Tu possedes le tien à beaucoup meilleur Titre.
Mon Ayeul fut à Rome, & parmy les Combas,
Aydé de leur conseil, assisté de leur bras,
Ie l'auouë, il est vray; mais en mesme occurrance
Tu m'aurois obligé de pareille assistance;
Et i'ay receu de toy des veilles & du soin
Dont l'estat de mon regne auoit plus de besoin.
    Te puis-ie preter l'Autheur de ma naissance?
Il m'a donné la vie, & toy la cognoissance,
Et ie n'ay pas appris à mettre en mesme rang
Les Ames & les Corps, les Esprits & le sang.
Voy lequel de nous deux à l'autre est redeuable;
Tu m'as monstré les Arts; & l'Art incomparable
D'attirer les souhaits, de flêchir les rigueurs,
D'arrester les Esprits, & de gagner les coeurs:
Tes leçons m'ont pourueu de grace & d'éloquence,
Et ce sont des bien-faits qui sont de consequence.
    De moy, tu n'as receu que des biens fort legers,
Qui se treuuent sujets à beaucoup de dangers,
Que l'eau peut emporter, que le feu peut destruire,
A qui cent accidents sont capables de nuire:
Est-ce qui m'est honteux, c'est que des affranchis
Ce sont aupres de moy beaucoup plus enrichis.
    Mais auant qu'il soit peu, comme ie fay mon compte,
I'augmenteray ton Bien pour amoindrir ma honte.
Tandis, oblige moy de ne me quitter pas,
D'obseruer ma conduite, & de guider mes pas;
Tu sçais qu'aux voluptez la pente est fort glissante
A ceux dont la jeunesse est forte & florissante;
    Occupe ta sagesse à regler mes desirs,
A compasser toūjours mes jeux & mes plaisirs,
Afin que ta prudence à bon droit estimee,
Face accroistre ma gloire auec ta renommee.
    Quoy, me vouloir quitter? ce seroit me trahir,
M'abandonner au vice, & me faire haïr:
On ne parleroit plus que de mon injustice,
Que de ma violence & de mon auarice,
Ce desir de repos & de tranquillité,
A crime capital te seroit imputé,
Et tu ne voudrois pas acquerir de la gloire
Causant à tes Amis vne tâche si noire.
Ne me parle donc plus de cet esloignement,
Et demeure toūjours en ton appartement:
Va, mon Pere.

                SENEQVE.

        O Cesar!

NERON.

       Fay ce que ie desire,
C'est le bien de Cesar, & celuy de l'Empire.

RVFVS.

Quels tendres sentimens, qu'en dites vous Seigneur?

SENEQVE.

Il a trop de bontez, il me fait trop d'honneur.

RVFVS.

A parler librement, c'est vn estrange Maistre,
Vous le cognoissez bien.

SENEQVE.

       Qui le peut mieux cognestre?

Fin du premier Acte.

ARGVMENT
DV
SECOND ACTE.

I. Pison, Rufus & Seuinus, cherchent ensemble les moyens les plus asseurez pour attenter sur Neron.

II. Epicaris accompagnée de Lucain, les vient animer à la perte du Tiran par la representation de ses horribles desordres; & le iour & le lieu sont pris pour l'execution de cette entreprise.

III. Lucain donne des conseils à Epicaris pour la seureté du secret, & cette fille courageuse le prie d'essayer d'embarquer Seneque dans leur dessein.

IV. Lucain apprend à Seneque l'estat de la conjuration & tâche par ses persuasions de le faire entrer dans ce party, mais ce sage Philosophe s'en deffend, ne pouuant se resoudre à voir destruire son disciple.

V. Procule à qui Epicaris s'estoit declarée sur le dessein de l'attentat projetté contre Neron, la fait arrester par les gardes du Palais.

ACTE   II

SCENE PREMIERE

PISON, RVFVS, SEVINVS.

PISON.

Nous ne pouuions choisir vn endroit moins suspect
Pour parler de Neron que ce lieu de respect;
Qui pourroit soupçonner qu'au jardin de Moecene
On vint deliberer de sa perte prochaine,
Nous voyans éclairez des yeux d'vn Colonnel
Qui ne peut consentir à rien de criminel?

RVFVS.

Pour tous ses Ennemis j'ay beaucoup d'indulgence,
Et ie n'éclaire icy que d'vn feu de vengeance:
L'infame! il apprendra, le poignard dans le coeur,
Qu'il deuoit n'estimer que les hommes d'honneur.

SEVINVS.

C'est pour cette Leçon que Milicus desroüille
Vn fer que dans son sang il faudra que ie soüille:
De tant de laschetez il nous fera raison.

PISON.

Mais où le prendrons-nous?

RVFVS.

En ta propre Maison;
Il ayme à festiner dessus les bords de l'Onde;
C'est la commodité la meilleure du monde.

PISON.

Comment? dans ma Maison?

SEVINVS.

Parlons bas, j'oy du bruit;
Ha! c'est Epicaris & Lucain qui la suit.

SCENE II

EPICARIS, PISON, RVFVS, LVCAIN, SEVINVS.

EPICARIS.

He bien? qu'attendons nous? quel sentiment timide
Fait ainsi retarder la mort d'vn Parricide
335 Qui de tous les méchans est le ferme soûtien,
Et l'ennemy mortel de tous les gens de bien?
Faut il qu'impunément tout ordre se confonde,
Et qu'il desole Rome aux yeux de tout le Monde
Sans qu'vne juste horreur de ses faits odieux
340 Appaise de son sang la cholere des Dieux?
Auons nous oublié cet horrible spectacle
Où tout desir brutal s'accomplit sans obstacle,
Où toute violence & tout desbordement
En plain iour s'exerçà par son commandement?
345 Où tant de Cheualiers des plus nobles Familles
Veirent deshonorer leurs femmes & leurs filles,
Par des Gladiateurs & par d'infames Sers
Tous dégoutans de sang & tous chargez de fers?
Ne nous souuient-il plus de ce feu sacrilege
350 Pour qui les lieux sacrez furent sans priuilege?
Ce feu qui consuma iusques aux fondemens
Tant de Temples fameux & de grands bâtimens?
Ce feu qui, s'alumant dans vne nuict obscure,
De l'estat des Enfers fut l'ardante peinture?
355 Ce feu qui n'éclaira que pour nous faire voir
Cent mille Citoyens reduits au desespoir?
O Cieux! veid-on iamais d'objets plus pitoyables?
On n'entendoit par tout que rumeurs effroyables;
La flâme auide & prompte en s'espandant par tout,
360 Penetra la Cité de l'vn à l'autre bout;
Elle n'espargna point la plus dure matiere,
Et ne fit qu'vn Brasier de Rome toute entiere.
Que le Ciel fut percé de lamantables cris
Dans ce pressant malheur dont nous fumes surpris!
365 Que dans tous les Quartiers le Peuple prit d'allarmes,
Et que l'on veid couler de sang meslé de larmes!
L'horreur & le desordre y regnoient à tel point
Que parmy le tumulte on ne s'entendoit point.
L'vn comme fit AEnée, à trauers de la presse,
370 Emportoit vn parant tout chargé de vieillesse;
L'autre, hors d'vn brasier entreinoit vn Amy
Qui n'estoit reueillé ny brûlé qu'à demy:
Là, quelqu'vn qui fuyoit la flâme violente,

Tomboit sous le debris d'vne maison brulante:
375 Et là, s'estant lancé hors d'vn toict tout flambant,
Quelqu'autre malheureux s'ecrasoit en tombant.
Celuy-cy, se sauuant à trauers la fumee,
Trouuoit sur son passage vne porte fermee;
Et le coeur d'épouuante & d'ennuy tout serré,
380 En mordant les verroux mourroit des-esperé.
Celuy-là, penetrant dans la foule du monde,
Pour se sauuer du feu, s'alloit perdre dans l'Onde.
Vn autre, tout troublé, serroit entre ses bras
Son Bien qu'il emportoit, mais qu'il ne sauuoit pas,
385 Puis que parmy la presse il estoit fait la proye
Des soldats estrangers que le Tiran soudoye,
Et que dans châque Place on auoit fait poser
Pour accroistre le trouble & non pour l'appaiser.
Les femmes, les enfans, à demy mort de crainte,
390 Y faisoient retentir de longs accents de plainte,
Et reclamans en vain l'assistance des Cieux,
Deuenoient le butin du soldat vicieux.
  Ainsi, parmy l'horreur des flâmes deuorantes,
Les Romains perissoient de cent morts differentes;
395 Ou s'ils ne perissoient par vn fatal bon-heur,
Ils perdoient pour le moins, ou les biens, ou l'honneur,
Tandis que le Tiran, tout enyuré de joye,
A ce funeste objet chantoit des Vers de Troye.
Ainsi pour le plaisir de ce Monstre peruers,
400 Rome qu'on peut nommer le Chef de l'vniuers,
Pour vne Vrne fumante aujourd'huy se peut prendre,
Ou pour vn grand Marest de sang meslé de cendre.
  Attendrons-nous encor que par d'autres moyens
Sa rage vienne à bout des derniers Citoyens?
405 Iamais l'ire du Ciel eût-elle des Victimes
Plus dignes de ses trais ou plus noires de crimes?
Mais il est temps d'agir plustost que de parler;
Nous auons des Coûteaux tous prêts pour l'immoler.
Braue & noble Pison, c'est sous ton seul auspice
410 Que l'on doit entreprendre vn si grand sacrifice;
Et c'est par ton signal qu'attaint du coup mortel,
Le Monstre doit bien-tost tomber deuant l'Autel.
  I'ay cent hommes de coeur gagnez par ma conduite,
Qui sont tous resolus de mourir à ta suite;
415 Tu n'as rien qu'à marcher, ils te suiuront de prés,
Soit parmy les Lauriers, ou parmy les Cyprés.

PISON.

Genereuse Amazone, Esprit tout heroïque,
Ce discours vehement nous émeut & nous pique;
Et dans ce beau transport, vostre noble courroux
420 Ne nous propose rien que nous n'approuuions tous.
Ce n'est que retoucher d'vn Pinceau tout de flâme
Des images d'horreur que nous auons dans l'ame:
Si ce n'est aujourd'huy, ce sera dés demain

                    Que le cruel Tiran mourra de nostre main,
425   Et qu'en le poignardant, nostre loüable enuie
                    Vangera mille morts sur vne seule vie.
                    Nous auons resolu sa perte absolument;
                    Nous n'en cherchons que l'heure & le lieu seulement.
                    Rufus veut qu'à ce soir, auec mille artifices,
430   Je l'attire chez moy sous couleur de delices;
                    Ou tenant ma partie en vn lâche Concert,
                    Ie luy donne au souper d'vn poignard pour dessert.
                    Ce trait me fait horreur, ie ne suis point capable
                    De voir du sang d'vn hoste ainsi tâcher ma table.
435   Comment? ie tremperois dans vne trahison,
                    Et l'executerois en ma propre Maison?
                    Pison pourroit ainsi par de noires pratiques
                    Soüiller sa renommee & ses Dieux domestiques?
                    Non, non, qui que ce soit qui s'assure en ma foy,
440   N'aura jamais ny mal, ny des plaisir chez moy:
                    Quand au plus grand des Dieux il prēdroit cette enuie,
                    Ie ferois de mon corps vn rempart à sa vie;
                    Et ie ne feindrois pas de me precipiter
                    Pour arracher alors la foudre à Iupiter.

                                EPICARIS.

445   Ton sentiment est iuste; il faut bien qu'on attende
                    Ce genereux refus d'vne ame noble & grande.
                    Mais cherchons entre nous quelqu'autre expedient
                    Pour contenter bien-tost vn zele impatient.

                                PISON.

                    Nous aurions plus d'honneur en cette ardeur extrême
450   De l'aller attaquer dans cette Maison mesme,
                    Qu'il n'a faite esleuer que par cent trahisons,
                    Du malheureux debris de cent autres Maisons;
                    Et qui pour estre vn iour par ce Monstre habitee,
455   Fut de sang & de pleurs tant de fois cimentée.
                    La gloire y seroit grande!

                                RVFVS.

                                            & le peril aussi.

                                SEVINVS.

                    Il vaudroit mieux le prendre à trente pas d'icy,
                    Quand il pense sortir en pompe magnifique,
                    Et vanger en public vne injure publique.

                                LVCAIN.

                    Est-il ny lieu ny temps plus propre à ce dessein
460   Que l'abord du Theatre & le iour de demain?

On fait des jeux publics, on court dans la carriere,
En l'honneur de Cerés la bonne nourriciere;
Ce sont pour le Tiran de merueilleux appas;
Jl y viendra sans doute, il ny manquera pas.
465 Il faudra que d'abord Lateranus l'arreste
Feignant le suplier de lire vne Requeste,
Et donne le signal à tous les Conjurez,
Luy tenant de ses bras les deux genoux serrez:
Et lors, estans meslez auec les gens de guerre,
470 De cent coups de poignard nous le mettrons par terre.

PISON.

Pour voir donc en ce iour nos souhaits accomplis,
Il faut que Seuinus aille voir Natalis,
Rufus, Asper, & Flaue, & Scorus & Proxime;
Lucain verra Plautius & Tulle son intime:
475 D'autre part, cette Belle, ira faire venir
Ceux qui pour ce grand coup nous doiuent soûtenir;
Moy, i'iray voir Seneque &, par mon entremise,
Il pourra bien possible estre de l'entreprise,
Luy qui de sa ruine est toûjours menacé.

SEVINVS.

480 Hastons nous donc, Seigneur, le temps est fort pressé.

SCENE III

LVCAIN, EPICARIS.

LVCAIN.

Fille égale à Minerue en beauté de visage,
En force d'éloquence, en grandeur de courage,
Diuine Epicaris, vous venez d'auancer
L'ouurage le plus grand qu'on puisse commencer.
485 Mais il faut faire en sorte, ô Beauté sans seconde,
Qu'à ce digne projet l'euenement responde,
Et qu'il ne soit pas dit aux siecles auenir
Qu'on entreprit fort bien ce qu'on ne peut finir.
La gloire est d'acheuer cette belle entreprise
490 Que la Vertu suggere & qu'elle fauorise,
Dont les premiers pensers nous viennent de là haut,
Et qui ne peut manquer que par nostre deffaut.
Jl est icy besoin que chacun prenne garde
495 Quelle peine on encourt, & quel bien l'on hasarde,
Si par vn naturel enclin à trop parler
Cet important dessein vient à se reueler.
Vous allez réueiller, vous allez faire éprendre
Vn feu que le secret tient caché sous la cendre,
Et que ceux du Palais ne doiuent descouurir
500 Qu'à l'instant seulement qu'on les fera perir:
C'est pourquoy, pratiquant ces hommes de courage
Qui doiuent s'employer en vn si grand ouurage,
Soyez bien circonspecte & d'vn soin curieux,
Ne leur en dessignez ny le temps ny les lieux,
505 De crainte qu'vn ressort manquant à la Machine,
Fist dementir le reste & causast sa ruine.

EPICARIS.

I'approuue cet Auis, mais Lucain, penses-tu
Que la bonté du sens deffaille à ma vertu?
Ma langue n'eut iamais ce flux inuolontaire
510 Qui fait souuent parler alors qu'il se faut taire.

LVCAIN.

Il faut bien discerner en ces occasions
Les Romains genereux d'auec les Espions:
Il s'en treuue beaucoup discourans des affaires
Auec les gens d'honneur qui sont des mercenaires;
515 Des lâches qu'à prix fait Sabine fait agir,
Et qu'vn art si honteux n'a iamais fait rougir.

EPICARIS.

Ie recognois fort bien ces Fourbes à leur mine;
Et c'est pourquoy ie fuis vn meurtrier d'Agripine,
Qui pourueu d'vn Nauire apres ce bel employ,
520 Comme fort mal contant s'est plaint souuent à moy.

LVCAIN.

" De toutes lâchetez les Ames sont capables
" Qui tiennent à vertu ce qui les rend coupables.

EPICARIS.

Aussi, quoy qu'il tesmoigne, & mesme auec fureur,
Que le nom du Tiran luy donne de l'horreur,
525 Et qu'il iure en plaignant la publique misere,
Qu'il pourroit bien traiter le fils comme la mere;
Bien qu'à faire le coup il tesmoigne s'offrir,
I'éuite sa rencontre, & ne le puis souffrir,
Car ie sçay qu'à l'employ d'vne si belle tâche,
530 Il faut vne Ame noble & non pas vne lâche.
C'est vn certain Procule . . .

LVCAIN.

Ha! ie sçay quel il est;
C'est vne Ame assez foible, ardante à l'interest:
En tout vostre sagesse éuidemment se montre,
Mais elle paroist fort à fuir sa rencontre.
535 Si ie ne suis trompé, vous me dites vn iour
Que vous ayant tenu quelques propos d'amour,
Il tenta des desseins qui luy furent funestes.

EPICARIS.

Il apprit sous mes loix des reigles plus modestes;
Il receut quelqu'avis sur sa temerité.

LVCAIN.

540 On treuue aux gens de Mer peu de ciuilité.

EPICARIS.

Si ceux de son mestier ont beaucoup d'insolence,
Celles de mon humeur n'ont guere de souffrance.

LVCAIN.

Helas! ie le sçay bien, ie l'ay bien recognu,
Moy dont le feu bruslant est si fort retenu;
545 Moy qui profondement vous adore en mon Ame,

S'il eschappe à mon coeur quelque soûpir de flâme,
Vous dites toute à l'heure au lieu de m'excuser,
Que ie perds le respect & que c'est trop oser.

EPICARIS.

Aussi toute l'amour qu'il faut que l'on explique
Doit auoir pour objet la Liberté publique:
C'est ce qui des grands coeurs eschauffe les desirs,
Et qui doit t'obliger à pousser des soûpirs.

LVCAIN.

I'ayme la Republique & soûpirant pour elle
Ie veux à vostre exemple espouser sa querelle;
Mais parmy les transports de ce noble courous,
Ie ne puis m'empescher de soûpirer pour vous.

EPICARIS.

Si Lucain void en moy quelque Vertu reluire,
Il se doit bien garder de tendre à la destruire.

LVCAIN.

Ie ne conceus iamais vn si lâche penser;
I'aymerois mieux mourir que tendre à l'offencer.

EPICARIS.

Aussi i'ay resolu de tenir loin du crime
Tout ce qui m'a rendu digne de ton estime:
Et si tu m'aymes bien, nous allons voir le iour
Où tu peux te montrer digne de mon amour.

LVCAIN.

Croyez . . .

EPICARIS.

Voicy venir vn homme venerable,
Et de qui le conseil nous seroit fauorable.
Ah! pleût aux jmmortels qu'il sceust nostre dessein
Auec ce zele ardant qui bout en nostre sein,
Et que Rome eust sa voix pour maistriser son Maistre
Et pour n'en auoir plus s'il ne le vouloit estre.
Si Lucain pris iamais plaisir à m'obliger,
Que dans nostre entreprise il tâche à l'engager;
Nul ne pourroit iamais censurer vn Ouurage
Qui seroit auoüé d'vn si grand Personnage:
Il s'est fait approuuer si generallement
Que l'vniuers entier suiuroit son sentiment.

LVCAIN.

En cette morne humeur il n'apperçoit personne;
Tenez vous seulement pres de cette Colonne:
Vous apprendrez de là si i'espargneray rien
Pour le faire embarquer auec les gens de bien.

580

SCENE IIII

LVCAIN, SENEQVE.

LVCAIN.

Seigneur, vous auez veu les delices de Rome:
Vous auez veu Neron?

SENEQVE.

     Ouy; j'ay veu ce grand homme,
Qui joignant nos Leçons à tant de dons diuers,
Agissoit autrefois au bien de l'vniuers:
Ce Prince du Senat qui durant cinq annees
A donné jalousie aux Ames les mieux nees:
Mais qui se destournant de ce noble sentier,
En de honteux plaisirs s'est plongé tout entier,
Et de sa cruauté secondant sa molesse,
A l'égal de sa force a monstré sa foiblesse.

LVCAIN.

Vous auez peu le voir auec facilité.

SENEQVE.

Ouy, mais en le voyant i'ay fort peu profité.

LVCAIN.

De quoy luy parliez vous?

SENEQVE.

     Seulement de luy rendre
Les Biens qu'il m'a donnez & qu'il feint de reprendre,
Quoy que Sabine & luy nous facent assez voir
Que leur auare Esprit brûle de les rauoir.

LVCAIN.

Que dit-il là dessus?

SENEQVE.

     Il me dit qu'il m'honore;
Qu'il veut à ces bien-faits en ajoûter encore,

Bien que son coeur ingrat demente son discours
Et tende à retrancher le filet de mes jours.

LVCAIN.

Il est de ces Voleurs dont la brutale enuie
Ne prend guere le Bien sans arracher la vie.

SENEQVE.

Et moy de ces passans qui ne font nul effort
Lors qu'en les despoüillant on leur donne la mort.

LVCAIN.

A tous les Animaux la mort est redoutable.

SENEQVE.

Par la philosophie on la rend plus traitable:
Lucain, cette rigueur viendroit bien à propos;
Ie demande à Cesar tant soit peu de repos,
Et s'il ordonne enfin que l'on m'oste la teste,
C'est liberalement m'accorder ma requeste.

LVCAIN.

Certes, iamais Tiran ne fut plus odieux:
C'est vn Monstre maudit!

SENEQVE.

                    C'est vn fleau des Dieux;
C'est la punition de nos fautes passees:
C'est vn present fatal de leurs mains courroucees,
Qu'ils pourront retirer selon nostre souhait
Quand leur iuste courroux se sera satisfait.

LVCAIN.

Pour punir les Tirans dans le siecle où nous sommes
Les Dieux le plus souuent ce sont seruis des hommes;
Au souuerain des Cieux son Ayeul fit horreur
Alors qu'il vsurpa le Tiltre d'Empereur;
Iupiter toutefois pour le reduire en poudre
Se seruit de nos bras & non pas de sa foudre.
Brute, & Cassie encor viuent en leurs Neueux;
Vn reste de leur sang peut accomplir nos voeux.

SENEQVE.

Qui voudra pour le perdre abandonner sa vie,

Pourra facilement contenter son enuie.
Mais, qui pourroit tenter vn si hardy dessein?

LVCAIN.

Cinquante hommes de coeur qui m'ont ouuert leur sein,
Dont ie vais tout soudain vous donner cognoissance
Si le sceau du serment m'en donne la licence.

SENEQVE.

Le cher sang de Lucain court risque auec le leur,
Et dé-ja ma vertu respecte leur valeur:
Mes tendres sentimens sur tout ce qui te touche
Imprimez dans mon coeur sont vn sceau sur ma bouche.

LVCAIN.

C'est assez.

SENEQVE.

Et de plus ie te donne ma foy
Que iamais nul viuant ne le sçaura de moy.

LVCAIN.

Pison en est le Chef.

SENEQVE.

Pison est vn ieune homme
D'aussi grande Maison qu'il s'en treuue dans Rome;
Son coeur & noble & franc paroist bien assuré,
De plus?

LVCAIN.

Rufus en est.

SENEQVE.

Rufus à conjuré?
Quoy? Rufus qui commande aux soldats de la garde
Pour le salut public auec vous se hasarde?

LVCAIN.

Ouy, ce mesme Rufus s'en va nous seconder.

SENEQVE.

Sans doute sur ce poinct il m'a voulu sonder,
Voyant dans le Palais la douceur contrefaite
Dont l'esprit du Tiran s'oppose à ma retraite.
Ce braue Capitaine est jaloux aujourd'huy
Qu'vn lâche Tigillin soit mieux traicté que luy;
Il aura peu gagner les soldats qu'il commande,
S'estant aquis entre eux vne estime assez grande.

LVCAIN.

Siluanus, qu'on a fait Chef de mille soldats.

SENEQVE.

Siluanus est vn homme à ne balancer pas.

LVCAIN.

Asper, Lateranus, Flaue le Capitaine.

SENEQVE.

Ils ont pour tout oser l'ame grande & hautaine.

LVCAIN.

Les autres pour vaillans ne sont pas moins cognus;
Vn Proxime, vn Scaurus, Natalis, Seuinus.

SENEQVE.

Ie craindrois Seuinus en vne grande affaire:
Il s'empesche de tout, de tout il fait mistere,
Si ses propos mal joints ne donnent des soupçons
Il en pourra donner par toutes ses façons.
   Mais l'execution ne doit pas estre lente,
Faisant vne entreprise & haute & violente;
Hâtez vostre dessein, ie treuue vn grand hasard
A garder vn secret ou tant de gens ont part.
Jl se faut depêcher de peur de quelque traistre.

LVCAIN.

Mais pourrez-vous sçauoir ce parti sans en estre?
Soyez de ce grand coup l'oculaire tesmoin.

SENEQVE.

Ce spectacle, pour moy doit estre veu de loin.

LVCAIN.

Assistez à guerir la Commune misere.

SENEQVE.

Pour ma main ce remede est vn peu trop seuere:
Ie pourrois essayer d'en arrester le cours
S'il ne falloit vser que de simples discours.

LVCAIN.

Si le mal n'est vaincu par vn benin remede
On fait venir la flâme & le fer à son ayde.

SENEQVE.

Destruire auec le fer ce qu'on m'a veu nourrir
Ah! i'en ay trop d'horreur, i'aymerois mieux mourir.

LVCAIN.

Hé! laissez vous conduire où la Vertu vous guide.

SENEQVE.

Elle ne conduit point à faire vn parricide.

LVCAIN.

Mais de tous nos malheurs c'est le fatal Autheur.

SENEQVE.

Mais c'est mon Nourrisson, & c'est mon bien-faicteur.

LVCAIN.

Il vous souuient assez de ses trames secrettes.

SENEQVE.

Il me souuient aussi des graces qu'il m'a faites.

LVCAIN.

Voulez vous respecter le Bourreau du Senat?

SENEQVE.

Veux-tu porter Seneque à passer pour ingrat?
Si de cette noirceur mon ame estoit capable,
Le Tiran que tu hais seroit-il plus coupable?

	Ie sçay que la Patrie est reduite aux abois
	Par l'injuste rigueur de ses seueres loix:
	Qu'auec la liberté, la gloire de l'Empire
690	Sous son infame joug honteusement expire.
	Mais voyant de l'Estat la ruine éclater,
	Seneque doit le plaindre & non pas l'assister;
	Il croiroit irriter le Ciel & la Nature
	S'il attentoit ainsi contre sa nourriture.
695	Non, non, ne me dis plus de raisons sur ce point:
	Ie m'en laue les mains, & ie ny trempe point:
	Ie tairay ce secret à cause qu'il te touche,
	Mais ie ne voudrois pas l'oüir d'vne autre bouche.
	C'est pourquoy de ce pas vas-t'en treuuer Pison
700	Qui vouloit à ce soir soupper en ma Maison,
	Et possible y mener quelqu'vn de la Brigade,
	Dy luy qu'il m'en dispense & que ie suis malade.
	Aussi bien i'ay promis d'aller voir cette nuict
	Vn vieux Cilicien aux bonnes moeurs instruit,
705	Vn Prophete nouueau dont la doctrine pure
	Ne tient rien de Platon, ne tient rien d'Epicure,
	Et s'esloignant du mal, veut introduire au iour
	Vne loy de respect, de justice & d'amour.
	Ie te veux faire part de ses auis fidelles.

                    LVCAIN.

| 710 | I'ay trop d'auersion pour les sectes nouuelles. |

SCENE V

LVCAIN, EPICARIS.

LVCAIN.

Et bien? l'auois-je pris de mauuaise façon?

EPICARIS.

Il ne sçauroit agir contre son Nourrisson;
Bien que la Tirannie euidemment l'oppresse,
Il garde pour ce Monstre encor de la tendresse.
Qu'oy qu'à faire autrement il se peut disposer,
Sa foiblesse est honneste, il la faut excuser.
Lucain, retire toy; Procule qui s'auance
Nous pourroit soupçonner de quelque intelligence.

SCENE VI

PROCVLE, EPICARIS, des Gardes.

PROCVLE.

Epicaris vn mot.

EPICARIS.

Je n'ay pas le loisir.

PROCVLE.

Gardes que l'on s'auance, il faut vous en saisir.

EPICARIS.

Vne fille affranchie, insolemment la prendre?
Quel droit en auez vous?

PROCVLE.

On s'en va te l'apprendre.

Fin du second Acte.

ARGVMENT
DV
TROISIESME ACTE.

I. Neron auerty par Procule qu'Epicaris forme vne conjuration contre luy, l'interroge sur cet attentat, luy cõfronte son accusateur, & bien qu'elle se deffende adroitement du crime, ordonne qu'on luy presente la question.

II. Sabine, espouuentee d'vn mauuais songe, en vient faire le Recit à son mary, & luy presente du mesme temps, Milicus affranchy de Seuinus, pour l'asseurer que son Maistre se prepare à l'assassiner.

III. Neron s'en informe en particulier, & fait appeller Seuinus, que Sabine amuse de belles paroles pour luy donner temps de tirer la denonciation de Milicus.

IV. Neron vient rapporter à Seuinus toutes les conjectures qu'il a de son mauuais dessein, et Seuinus les affoiblit toutes auec autant d'Esprit que de hardiesse; Mais Milichus trouue vn expedient pour verifier sa deposition, qui est de faire interroger Natalis & Seuinus separément, touchant vne longue conferance qu'ils auoient euë ensemble dans le Champ de Mars.

ACTE III

SCENE PREMIERE

NERON, EPICARIS, PROCVLE, TIGELLIN.

NERON.

En vain nos Legions sur les bords de l'Euphrate
Ont vaincu Vologese & soûmis Tiridate,
725 Si les Filles à Rome osent en trahison
Venir m'assassiner iusques dans ma Maison,
Et si tant de Lauriers qui me couurent la teste
Ne peuuent destourner cet éclat de tempeste;
Mais il faut arrester cette temerité,
730 Et punir ses Autheurs comme ils l'ont merité.
Qu'on la face approcher, cette desesperee,
Par qui depuis long-temps ma mort est conjuree,
Et qui n'espargnant rien pour en venir à bout,
Me fait secrettement des Ennemis par tout.
735 Ah! qu'elle a de fierté, cette seditieuse!
Que son front est hardy, qu'elle est audacieuse!
Tigillin, cependant qu'auec subtilité
Ie pourray m'éclaircir sur cette verité,
Surprenant cet Esprit par quelque douce amorce,
740 Fay qu'autour du Palais ma Garde se renforce,
Que sur chaque auenuë on pose des soldats
Qui soient si bien logez qu'on ne les force pas,
Et que nos Allemans se tiennent sous les armes
Prets à nous secourir aux premieres allarmes.
745 Approche malheureuse, & me dis le sujet
Qui t'a fait conceuoir cet horrible projet;
Appren moy qui t'anime & qui te desespere;
Ay-ie rauy tes biens, ou fait perir ton pere,
Entrepris sur ta vie, ou bien sur ton honneur,
750 Et de quelque façon trauerse ton bon-heur?
Qui te rend de la sorte à ma perte engagee?

EPICARIS.

En aucune façon tu ne m'as outragee?
Et tu recognestras, estant mieux éclaircy,
Que je n'ay nul dessein de t'outrager aussi.

NERON.

755 Ah! qu'elle est asseurree en tenant ce langage.

EPICARIS.

C'est que mon innocence asseure mon visage,
Il ne faut pas penser en cet injuste affront
Que la crainte du coeur face pâlir le front.

NERON.

760 Ton visage me plaist & ta grace me touche;
Je ne hay pas tes yeux, fay que i'ayme ta bouche,
Me retirant soudain, par ta confession,
De danger tout ensemble & d'apprehension.
Iamais vn Empereur ne parle par surprise:
765 Ta grace & mon amour vont payer ta franchise.
Mais depêche-toy donc; si tu retardes plus,
Mon indignation va suiure ton refus.

EPICARIS.

S'il faut pour t'obliger que ie me calomnie,
Ie fuiray ta faueur, fuyant l'ignominie,
770 Car si contre ta vie on fait des attentats,
I'en blâme les Autheurs, & ne les cognois pas.

NERON.

Mais ne cognois-tu pas vn certain capitaine,
Que i'ay fait Chef de Squadre aux Costes de Micene?

EPICARIS

I'ay vescu dans Micene & vogué sur ses eaux,
Où i'ay veu la pluspart des Chefs de tes Vaisseaux.

NERON.

775 Cognoy-tu cétuy-cy?

EPICARIS.

Ie le puis bien cognestre,
C'est vn des plus grands Fols que le Ciel ait fait naistre.

NERON.

Sçais-tu bien qu'il commande à deux mille soldats?

EPICARIS.

Ie sçay mieux qu'à l'Amour il ne resiste pas,
Et que cette foiblesse en amoindrist l'estime.

NERON.

780   Que fait à ce propos l'Amour?

EPICARIS.

Il fait mon crime.

NERON.

Parle plus clairement, dis de quelle façon.

EPICARIS.

L'Amour fait son dépit, & cause ton soupçon:
Cet homme furieux piqué de mon visage,
Pour gagner mon esprit a mis tout en vsage:
785   Et voyant que ses soins ne pouuoient m'émouuoir
A changé dans son coeur l'amour en desespoir.
Voicy ce qu'a produit cette amoureuse rage,
Mais pardonne à Procule & perds tout cet ombrage.

NERON.

Le fait est démenty, Procule est recusé.

PROCVLE.

790   Mais il est découuert, ce tison embrasé,
Qui va de toit en toit pour y jetter les flâmes
Que la Rebellion allume dans les Ames.
Tu tiens entre tes mains le ressort principal
D'vn dessein qui sans moy t'alloit estre fatal:
795   Ses projets sont méchants, sa Cabale est puissante:
Cesar, ie la denonce, & ie te la presente.

EPICARIS.

De quoy m'accuses-tu?

PROCVLE.

D'auoir voulu sonder
Vne foy que ie garde & que ie veux garder,
Vne fidelité qui ferme les oreilles,
800   Et mieux, le coeur encore, à des noirceurs pareilles.

EPICARIS.

Ne me regarde point, si tu veux reüssir;
Mes yeux ont vn éclat qui pourroit t'adoucir:
Leurs regards quelquesfois ont calmé ta furie.

PROCVLE.

Le fait dont il s'agist passe la raillerie,
Il ne se traite point icy de tes appas.

EPICARIS.

De quoy s'agist-il donc? mais ne te troubles pas.

PROCVLE.

Voudrois tu dénier qu'vn soir sur vne riue
Tu vins m'exagerer d'vne façon plaintiue,
La peine imaginaire où se trouuoit l'Estat,
Les miseres du Peuple & celles du Senat,
Qui pressé de rigueurs & tout trensi de craintes,
N'addressoit à Cesar que voeux au lieu de plaintes,
Bien qu'en son coeur timide il auroit desiré
De le voir dans le Tibre en morceaux déchiré?
Ne dis-tu pas encor que les plus grandes ames
Qui le voyoient plonger en des vices infames,
Attendoient seulement vn Chef pour atterrer
Celuy qui se plaisoit à se deshonorer.

EPICARIS.

Ne fust-ce pas vn soir ou parlant de seruices,
De larmes, de soûpirs, de maux & de suplices,
Et voulant auancer ta bouche sur mon sein,
Tu receus à plain bras vn soûflet de ma main?

PROCVLE.

Ce fut auparauant.

EPICARIS.

    O surprise plaisante!
Vn auoeu si naïf de tout soupçon m'exempte:
Il s'est trahy luy-mesme, ô Cesar, qu'en dis-tu!
M'en veut-il pour mon crime, ou bien pour ma vertu?

NERON.

Procule a donc appris cette trame infidelle
Sans se saisir soudain de cette criminelle?
Il a continué mesme depuis ce iour
A luy rendre des soins & luy parler d'amour?
Ah! ie me souuiendray de cette procedure
Qui paroist fort ingrate, & que ie treuue dure.
I'en auray la raison.

PROCVLE.

        Cesar, escoute moy;
Tu dicerneras mieux, & mon zele, & ma foy.
Ie suis rude & grossier; elle adroite & subtile:
Mais iuge de coeur, & non pas de mon stile;
Permets moy de parler & sans émotion,
Voy quel crime se treuue en mon intention.

NERON.

Parle.

PROCVLE.

     Nous estions seuls lors que cette rusee
Me dit qu'elle ourdissoit cette horrible fusee:
Et i'apprehenday lors, la saisissant ainsi,
Qu'elle déniast tout comme elle fait icy:
C'est pourquoy dans ce temps, luy cachant ma pensee,
Bien que de son discours mon ame fut blessee;
Ie luy fis bonne mine, & d'vn air gracieux
Feignis n'estre blessé que des trais de ses yeux,
Tâchant de l'embarquer auec ces artifices
A s'ouurir d'auantage & nommer ses complices.

EPICARIS.

Nomme donc les Autheurs de ce mauuais dessein,
Dis à qui i'ay soufflé ces horreurs dans le sein.

PROCVLE.

Tu m'as celé leurs noms.

EPICARIS.

        O tesmoin ridicule!
Pour me iustifier, il suffit de Procule,
Cet Esprit égaré, ce foible Delateur,
Qu'vn despit a changé d'Amant en imposteur:
Que l'on void de lumiere en tout ce qu'il depose.

PROCVLE.

Si tu parles toûjours tu gagneras ta cause.

EPICARIS.

Ta colere t'engage en vn grand embarras.

NERON.

Silence, qu'il acheue, & puis tu respondras.

PROCVLE.

Cesar, ie feignis donc d'en faire ma Maistresse
Pour tirer ce secret auecque plus d'addresse,
Et l'attirer en lieux où sans qu'elle en sceust rien,
I'eusse quelques tesmoins de tout cet entretien.
Mais cette Ame coupable, adroite, & soupçonneuse,
Qui veid sur ce sujet ma recherche soigneuse,
Se destourna toûjours de ce piege dressé,
Sans finir le propos qu'elle auoit commencé.
En suite, espouuantee, ou cherchant vn autre homme,
Elle quitta Micene, & se jetta dans Rome,
Où d'vn soin merueilleux mon abbord elle fuit,
Se tient toûjours cachee, & ne va que de nuit:
De mes mains par deux fois, l'adroite s'est sauuee,
Et le miracle est grand dequoy ie l'ay trouuee.
   Ie te puis asseurer par le discours passé
Que ce mauuais Ouurage est beaucoup auancé.
Que la partie est forte, & qu'elle est toute preste
De faire vn grand éclat qui regarde ta teste.

EPICARIS.

Cesar, asseure toy que ie n'ay point pensé
A faire les projets que dit cet insensé:
N'ayant peu satisfaire à sa brutale enuie,
Et me rauir l'honneur, il veut m'oster la vie:
Et possible qu'encor ce malade indiscret
S'il m'auoit fait perir en mourroit de regret.
Mais si le changement de cette indigne flâme
Peut jetter des soupçons & du trouble en ton Ame,
Esloigne de ces lieux ce qui te peut troubler,
Ou fay soudain perir ce qui te fait trembler.
   Crains-tu tant vne fille? il faut que tu t'asseures:
Son sang, de ton Esprit, peut guerir les blessures:
Commande qu'on m'égorge, & ne differe pas,
De dissiper soudain ta peur par mon trespas.

PROCVLE.

Croy moy, tiens pour certain ce que i'en conjecture;
Vn vif ressentiment parle en ta Creature;
Treuues-tu receuable à dementir ma foy,
Celle qui n'eut iamais aucun bien-fait de toy?
Vne ieune effrontee, vne fille incogneuë,
Qui pour ta seule perte en ces lieux est venuë?
Tu n'as point à douter de ma fidelité;
La preuue me deffaut, mais non la Verité,

Et ton salut, Cesar, n'est pas vne matiere
900 A ne point s'arrester sans l'éuidence entiere.
On la pourra forcer par l'objet des tourmens
A quiter cette audace & ces deguisemens;
Ainsi que ie l'ay dit la chose est arriuee.

NERON.

Elle peut estre vraye, & n'estre point prouuee.
905 Ouy, ouy, quoy qu'il en soit, Procule en sera creu.
Le mal peut estre grand, il y sera preueu.

EPICARIS.

O Cesar!

NERON.

C'est assez; soldats qu'on la rameine,
Et que sans perdre temps on l'applique à la gesne.

EPICARIS.

Si pour ton passe-temps ie la dois endurer,
910 I'en souffriray l'effort mesme sans murmurer.

SCENE II

SABINE, NERON, MILICVS.

SABINE.

O Cesar! ô Cesar! ie pasme, ie frissonne,
Fay que soigneusement on garde ta personne:
Vne froide sueur me court par tout le corps.

NERON.

Où sont les ennemis, où dedans, où dehors?

SABINE.

On a fait contre nous vne grande partie,
Dont tout soudainement les Dieux m'ont aduertie.

NERON.

Nos plus grands ennemis feront peu de progres,
Si les Dieux de la sorte éuantent leurs secrets.
Mais dy moy qu'as tu sceu, ne me tiens plus en peine.

SABINE.

I'estois dans le iardin proche de la fontaine;
Et l'agreable cours de ses flots innocens,
Auoit par son murmure assoupy tous mes sens:
Lors qu'vn songe diuin m'a soudain réueillee.

NERON.

Quoy? d'vn songe fâcheux Sabine est trauaillee?

SABINE.

Tu sçauras que ce songe est vne verité.
Comme ie reposois auec tranquilité,
Ie voyois, les yeux clos, tous les objets aymables
Qui s'offrent à la veuë en ces lieux agreables,
Quand l'image d'Auguste en auanceant la main,
M'a crié, "l'on en veut à l'Empereur Romain;
Voicy les Conjurez, pren garde à luy, Sabine,
Et sauue de leurs mains mon fils qu'on assassine."
Lors i'ay tourné les yeux, toute pasle d'effroy,

<pre>
935   Et i'ay veu le Dieu Mars animé contre toy,
      Qui le fer degaigné sans ma prompte arriuee,
      Pour te fendre en deux parts tenoit la main leuee.
      Mais Bacus & Ceres émeus de mes clameurs,
      L'vn couronné d'espics, l'autre de raisins meurs,
940   S'estans soudain jettez sur le Dieu de la guerre,
      Ont fait en fin tomber son Coutelas à terre.
      Ainsi plaine d'vn trouble à nul autre pareil,
      J'ay desgagé mes sens des liens du sommeil.

                    NERON.

      Ce songe, absolument sont de vaines menaces,
      Sabine; cependant, il faudra rendre graces
945   A celle dont les dons jaunissent les guerets,
      Ainsi qu'au bon Bacus deceleur de secrets.

                    SABINE.

      Escoute donc le reste: ainsi, toute interdite,
      I'ay veu par le jardin courir Epaphrodite,
      Qui venoit m'auertir de secrets importans
950   Dont il faut s'éclaircir & sans perdre de temps.
      Milicus est icy, qui te fera parestre
      Qu'vn grand dessein s'agite en l'esprit de son Maistre,
      Sur lequel à toute heure il le void ruminer.

                    NERON.

      N'a-t'il de grands desseins que pour m'assassiner?

                    SABINE.

955   Il n'est pas accusé sans grande conjecture.

                    NERON.

      Comment? ce Seuinus qui mes bontez conjure
      Contre ses Creanciers implorant mon suport,
      Penseroit-il payer ses debtes par ma mort?

                    SABINE.

      Voicy son affranchy qui te pourra tout dire.

                    NERON.

960   Parlant à   Appelle Seuinus, & que l'on se retire,
      vn garde.   Toy, garde d'auancer ce qui ne seroit pas;
                    Ce seroit iustement auancer ton trespas.
</pre>

MILICVS.

Ie ne mentiray point; & toute mon enuie
Est d'aider à Cesar à conseruer sa vie.

NERON.

965 Ce dessein mal-heureux est-il fort apparant?

MILICVS.

I'espere t'en donner vn indice bien grand.

NERON.

Mais accuser ton Maistre? & sur vn simple indice?

MILICVS.

Ouy Cesar; pour te rendre vn important seruice;
Pour causer ton salut & celuy de l'Estat.

NERON.

970 C'est possible vn Fantosme au lieu d'vn attentat.

MILICVS.

Non, non, ce ne sont point des choses chimeriques.

NERON.

Passe donc là dedans afin que tu t'expliques.
Ce zele qu'il tesmoigne auecque tant d'ardeur,
Est-ce pour mon salut ou bien pour sa grandeur?

SABINE.

975 Cesar, ie croy que c'est pour tous les deux ensemble;
Mais le songe passé fait encor que ie tremble.

NERON.

Sabine, cependant voicy le Senateur,
Pour me donner du temps, entretiens ce flateur.

SCENE III

SABINE, SEVINVS.

SABINE.

He bien! que ferons nous aux Vsuriers auares?
Faut-il pas les traiter ainsi que des barbares?

SEVINVS.

En leur tenant rigueur, on ne leur feroit rien
Que ce qu'ils font souffrir pour accroistre leur bien.

SABINE.

Que ie hay leur commerce & leur sale pratique.

SEVINVS.

C'est comme vne vermine en vne Republique;
Vne roüille secrette attachee aux Maisons,
Qui les fait succomber par mille trahisons.

SABINE.

Tu me donnes horreur de ces ames mal nees,
Qui vendent la longueur des mois & des annees.

SEVINVS.

L'Vsurier met à prix les heures & les iours,
Comme si du Soleil il dispensoit le cours.

SABINE.

Si de si sales mains auoient formé les Astres,
Nous nous verrions sujets à beaucoup de desastres.
Cesar veut de leur joug tirer les Senateurs.

SEVINVS.

Il doit de ce fleau garder ses seruiteurs.

SABINE.

Pour ton interest seul il en aura memoire.

SEVINVS.

Il s'en peut souuenir seulement pour sa gloire,
Qui souffrant ces abus, viendroit à se ternir.

SABINE.

Il sort du Cabinet: tu peux l'entretenir.

SCENE IV

NERON, SEVINVS, MILICVS.

NERON.

Quoy? Seuinus se plaint de l'extrême indigence,
1000 Et traite ses Amis auec magnificence?

SEVINVS.

Si par mes creanciers il m'est encor permis,
I'auray souuent le bien de traiter mes Amis;
C'est à mon sentiment vn secret admirable
Pour charmer quelquefois l'ennuy d'vn miserable.

NERON.

1005 Ie suis de ton auis; mais par quel mouuement
Donnant ces grands repas, fais-tu ton Testament?
C'est parmy la douceur mesler de l'amertume;
Il n'est point à propos, ce n'est point la coûtume.

SEVINVS.

En tout temps, ô Cesar! on ne peut faire mieux
1010 Que de se preparer aux volontez des Dieux!
Puisque le fresle fil dont depend nostre vie,
Finist quand il leur plaist, non selon nostre enuie!
Et l'on ne doit iamais attendre au landemain
Pour faire les apprêts d'vn despart incertain,
1015 Icy la preuoyance est assez raisonnable,
Elle est digne d'estime, & n'est point condemnable.

NERON.

Mais vser à tes gens de Liberalité,
A beaucoup de tes serfs donner la liberté,
Enfin mettre vn grand ordre à toutes tes affaires:
1020 Sont-ce pour des festins des choses necessaires?
Sont-ce des actions d'vn homme incommodé
Qui par ces creanciers dit qu'il est obsedé?

SEVINVS.

Attendant du secours de la bonté celeste,
I'espars entre les Miens tout le bien qui me reste,

1025 De peur qu'vn Creancier ne prist pas ce soucy
      Si deuant mon trespas ie n'en vsois ainsi.
      Ie ne puis m'empescher d'affrancher mes Esclaues,
      Lors qu'en me bien seruant ils vsent leurs entraues;
      C'est vn prix que ie donne à leurs trauaux souffers,
1030 Et i'ayme mieux les voir chargez d'or que de fers.

NERON.

En leur ostant leurs fers, tu veux qu'on t'en fourbisse
Quelqu'autre qu'on destine à quelque estrange office,
Confesse moy la chose & ne deguise rien.

SEVINVS.

Quel autre?

NERON.

Ce poignard le recognois-tu bien?

SEVINVS.

1035 Ce poignard? ouy, Cesar, ie le dois bien cognestre;
      C'est vn meuble ancien qui vient de mon Ancestre,
      Quelqu'vn l'avait tiré hors de mon Cabinet
      Pour en oster la roüille & le rendre plus net.

NERON.

      S'il ne deuoit seruir à quelques grands ouurages,
1040 Pourquoy prepares-tu du Baume & des bandages.

SEVINVS.

Moy? du Baume?

NERON.

Ouy, toy! pourquoy pren-tu ce soin?

SEVINVS.

Ie n'en prepare point, ie n'en ay pas besoin:
C'est vn preparatif qui m'est peu necessaire.

NERON.

Mais Milicus le dit.

SEVINVS.

Moy ie dis le contraire.

	Lequel va de nous deux passer pour imposteur?

1045   Lequel va de nous deux passer pour imposteur?
                   Doit-on croire vn Esclaue ou bien vn Senateur?
                   Celuy qui porte encor les marques de sa chaine,
                   Ou celuy qui trauaille à la grandeur Romaine?
                   Te dois-je estre suspect, te dois-je estre odieux
1050   Pour traicter mes Amis à l'exemple des Dieux?
                   Et ce denaturé, cet homme abominable,
                   Parce qu'il est ingrat te semble-t'il croyable?
                   Mes bontez ont voulu qu'il vescut librement,
                   Et voicy les effets de son ressentiment:
1055   Ie viens de l'affranchir, & tu voy que ce traistre
                   A soudain machiné la perte de son Maistre:
                   Sçaurois-ie apprehender qu'vn Prince tel que toy
                   Ou croye à sa parole, ou doute de ma foy?
                   Cesar, si ie tombois en ce malheur extrême,
1060   Il me prendroit des l'heure vne horreur de moy-mesme:
                   Et la viue douleur de ce ressentiment
                   Me feroit à tes pieds mourir subitement.

                             NERON.

Que respond Milicus?

                             SEVINVS.

                             Que me peut-il respondre?

                             MILICVS.

Quatre mots seulement dont ie vais te confondre.

                             SEVINVS.

1065   Imposteur, ose-tu sur moy leuer les yeux?

                             MILICVS.

Tu leues bien le bras sur les Enfans des Dieux.

                             SEVINVS.

Traistre, jusqu'à ta mort le foüet & la torture
Me feront la raison de ta noire imposture.

                             MILICVS.

                   Possible que bien-tost l'auoeu de ton forfait
1070   De ta haute menace empeschera l'effet.
                   Cesar, ce Senateur sçaura bien se deffendre.
                   S'il peut parer vn trait dont ie le vais surprendre;
                   Nous le verrons au bout de sa subtilité;
                   Il ne te pourra plus cacher la verité;
1075   Fay . . . .

NERON.

Qu'auec Seuinus quelqu'vn des miens demeure;
Aten dans ce jardin, ie reuien dans vne heure.

Fin du troisiesme Acte.

ARGVMENT

DV

QVATRIESME ACTE.

I. Pison espouuanté de la prise d'Epicaris, a des pressentimens de la fatale ruine de leur dessein par vne prochaine descouuerture quoy que Lucain l'asseure de la Vertu de cette illustre fille.

II. Rufus leur apprend qu'on vient d'arrester Seuinus sur le mesme soupçon, ce qui trouble entierement le Chef du Party.

III. Neron interroge tout de nouueau Seuinus sur la conjuration faicte contre sa personne, & luy fait cognestre qu'il en a sceu la plus grande Partie de la bouche de Natalis, & ce Senateur troublé de cette cognoissance & pressé rudement par Rufus de nommer ses complices en accuse le mesme Rufus.

IV. Sabine persuade adroitement à ce Senateur, effroyé de la crainte de la mort, de declarer ses Compagnons, & fait reprendre coeur à Neron, qui donne les Ordres necessaires pour la seureté de sa vie, & pour faire arrester les criminels: Entre lesquels ceste méchante, place malicieusement Seneque.

ACTE IIII

SCENE PREMIERE

PISON, LVCAIN.

PISON.

Epicaris est prise? ô Cieux! qu'ay-ie entendu?

LVCAIN.

Ce n'est rien; ce n'est rien.

PISON.

       Lucain, tout est perdu:
Rome est abandonnee, & son lâche Genie
1080 Contre les gens de bien maintient la tyrannie.
Le sort nous est contraire, & le Ciel en courous,
Pour conseruer Neron, prend party contre nous;
Le Tyran desormais prendra toute licence
D'accabler la Vertu, d'opprimer l'innocence.
1085 Qui voudra s'opposer à sa brutalité,
Apres cette faueur de la fatalité?
O malheureux destins que le Ciel & la terre,
Les hommes & les Dieux nous declarent la guerre
A la veille du iour que nous armons nos mains
1090 Pour vanger l'vniuers, les Dieux & les humains!

PISON.

O malheureux Pison!

LVCAIN.

      Finissez cette plainte,
Et ne vous troublez pas d'vne si grande crainte.
La noble Epicaris durant cette rigueur
Ne manquera iamais, ny d'esprit, ny de coeur;
1095 Sa constante vertu dans cette violence
Obseruera toujours un fidelle silence:
Sans qu'elle ouure la bouche on la verra perir.

PISON.

La force des tourmens pourra luy faire ouurir.

LVCAIN.

Vous la cognoissez mal de tenir ce langage;
Elle est toute romaine en grandeur de courage:
Son Ame est genereuse & ferme au dernier point,
Et les feux ny les fers ne l'ébranleront point.
On la verra soû-rire au plus fort des suplices
Quand on la pressera de nommer ses complices;
A l'objet de la mort, au plus fort des tourmens,
Elle conseruera ses nobles sentimens.
　Les lieux où souffrira cette fille constante
Seruiront de Theatre à sa gloire éclatante;
Les gesnes qui rendront son beau corps abbatu
Ne feront seulement qu'exercer sa Vertu,
Et parmy tant de maux sa parole estoûfee
Fera de sa Constance vn eternel Trophee.
Plaignons Epicaris, mais ne la craignons pas,
Elle s'en va souffrir vn glorieux trespas;
Elle s'en va gagner vne Palme immortelle;
Cette digne Beauté va faire parler d'elle,
Et rendre de son nom tout son sexe jaloux;
Mais n'apprehendons point qu'elle parle de nous.

PISON.

Ne vois-tu pas Rufus qui porte en son visage
De nos prochains malheurs vn asseuré presage?
Vne peur bien fondee accable ma Vertu,
Epicaris est prise; ah Rufus! qu'en dis-tu?
Est-il vn scelerat qui s'égale à Procule?

SCENE II

RVFVS, PISON, LVCAIN.

RVFVS.

O frayeur mal conceuë! ô crainte ridicule!

PISON.

Ce bruit m'a dé-ja mis le poignard dans le sein;
C'est pour faire auorter nostre noble dessein:
Nous serons descouuers, bien que Lucain soûtienne
Qu'il n'est point de Vertu comparable à la sienne.

RVFVS.

Ce n'est pas l'accident qui nous doit estonner:
Par vn ordre cruel on vient de la gesner,
Cette illustre Beauté dont l'ame est si fidelle;
Et par mille tourmens on n'a rien tiré d'elle.
Son merueilleux Esprit de son coeur soûtenu
A denié le fait; mais d'vn air ingenu,
D'vne grace & d'vn front qui peuuent tout confondre,
Et dé-jà son tesmoin ne sçait plus que respondre:
Elle a tout renuersé sur son accusateur,
Et Procule à Neron paroist vn imposteur.
Suiuant la verité, le Tiran prend le change;
Mais il vient d'arriuer vn malheur bien estrange
Sur vn auis semblable on a pris Seuinus.

PISON.

Ce second coup m'accable: & i'en reste confus.

RVFVS.

Son Affranchy l'accuse auec tant d'asseurance
Que Cesar en ce fait trouue de l'apparance:
Iusqu'icy toutefois il n'a rien declaré.

PISON.

O Cieux! tout est perdu, tout est desesperé!
Durant que nous parlons possible auec main forte
Les soldats du Tiran frappent à nostre porte.
On mal-traite dé-ja nos Amis affligez,
Et dé-ja nos Enfans sont possible égorgez!

Des Valets impudents, des Esclaues infames
Trainent par les cheueux nos filles & nos femmes!
Je pâme de douleur, ah! que ne suis-ie mort
Auant que de tomber dans vn si triste sort!

   LVCAIN *parlant à Rufus.*

1155 Ie suis tout estonné d'vn auis si funeste,
R'asseure son Esprit, ie vais penser au reste.

    RVFVS.

Atten . . .

    LVCAIN.

  Ie ne puis plus demeurer pres de luy.

    PISON.

O que ceux qui sont morts sont heureux aujourdhuy!

    RVFVS.

Mais escoute . . .

    PISON.

    Ah! Rufus la chose est découuerte!
1160 Vne cruelle Estoille, ardante à nostre perte,
A sans doute vaincu par ses malignitez
Les presages heureux dont nous estions flatez!
Les Cieux nous ont trahis pour proteger le crime,
Et tous les gens de bien vont estre sa victime!

    RVFVS.

1165 Quoy? le Chef glorieux de tant de gens de coeur
Qui s'est fait estimer incapable de peur,
Et qui doit restablir la Liberté de Rome,
S'esbranle-t'il si fort pour la perte d'vn homme?
Quand mesme ce malheur nous deuroit accabler,
1170 Il faut auec honneur l'attendre sans trembler:
Possible les effets tromperont l'apparance.

    PISON.

O discours ridicule! ô la vaine espérance!
Croy-tu que Seuinus au despourueu surpris,
Tienne la bouche close ainsi qu'Epicaris?
1175 Cet homme delicat, se voyant à la gesne,
Abregera nos iours pour accourcir sa peine:
La torture ébranlant toute sa fermeté,

Fera faire naufrage à sa fidelité.
S'il vient à nous nommer, par quelle diligence
Pourrons nous éuiter vne horrible vangeance?

RVFVS.

C'est vne conjoncture où ie voy peu d'espoir!
Mais c'est en ces endroits qu'vn grand coeur se fait voir;
Le peril apparant du fer & de la flâme
Doit seruir de matiere à la grandeur d'vne Ame.
C'est là que la Vertu se fait le mieux iuger:
Iamais des grands dangers on ne sort sans danger;
Par fois d'vn desespoir accompagné de gloire,
Les vaincus, aux vainqueurs, ont osté la victoire.
Si tu veux paruenir au bien que tu pretens,
Recueille ton courage, & ne perds point de temps;
Cours où sont les Vaisseaux, monte sur la Tribune
Pour exciter le Peuple à suiure ta fortune;
Fais vn coup de partie, & marche promptement
Pour passer iusqu'au Trône, ou iusqu'au monument.
Si peu que la Fortune assiste ton courage,
Tu jettes l'anchre au Port, & Neron fait naufrage.
Que pourra ce Tiran t'opposer aujourd'huy
Qu'vn lâche Tigillin, scelerat comme luy,
Qui n'est accompagné que d'impudiques femmes,
De garçons desbauchez, & d'Eunuques infames?
Si de sa vaine peur ton Esprit est remis,
Tu n'as point à forcer de puissans ennemis.

PISON.

Tu comptes donc pour rien cette garde Allemande
Qui tire de Cesar vne solde si grande,
Et respandant par tout son redoutable Corps,
Tient la ville assiegee, & dedans & dehors?
Pourray-ie la gagner auec vne harangue,
Quand cette nation n'entend point nostre langue,
Void indiferemment nostre calamité,
Et n'a nul interest à nostre Liberté?

RVFVS.

Solicite le peuple, il entendra ta plainte,
Et pourra s'assembler pour dissiper ta crainte;
Tu sçais bien que le Peuple ayme le Changement,
Et que le bien public l'émeut facilement.

PISON.

Au Peuple? presenter des voeux & des requestes?
Tu veux que ie me fie à ce Monstre à cent testes,
D'opinion diuerse & sans docilité,
Qui n'embrasse l'honneur qu'auec l'vtilité?

	Quoy? tu veux que Pison dans le peril se vouë
1220	A ces courages bas, à ces Ames de bouë,
	Qui de leur joug honteux ne sçauroient s'ennuyer,
	Et qui m'accableroient au lieu de m'appuyer?

RVFVS.

	Auquel des deux partis vois-tu plus d'asseurance,
	Et lequel est le plus digne de confiance,
1225	Te semble plus traitable & paroist plus humain,
	Du Tiran parricide, ou du Peuple Romain?
	Lequel aymes-tu mieux, de l'estime, ou du blâme?
	D'vne fin glorieuse, ou d'vne mort infâme?
	Et de tomber bien-tost sanglant sur le carreau
1230	De la main d'vn Soldat ou du coup d'vn Bourreau?
	Recognoy là dessus ce que le Ciel t'inspire;
	Choisi des deux partis, & ne pren pas le pire.
	Mais ne perds point de temps à contempler les Cieux,
	Il faut leuer le bras, & non hausser les yeux.

PISON.

1235	Ah! le respect d'Arie errante en ma memoire
	Me deffend de mourir auecque tant de gloire.

RVFVS.

Pense-tu que ta femme ait du contentement
Si pour son vain respect tu meurs honteusement?

PISON.

	Mais d'vn autre costé veux-tu que mon audace
1240	Face perir ma femme auec toute ma race?
	Si ie ne tente point ce temeraire effort
	Neron sera possible appaisé par ma mort;
	Il ne portera point sa fureur enragee
	A voir persecuter vne Vefue affligee.
1245	Il se contentera sans croistre ses malheurs
	Que mon sang respandu face couler ses pleurs,
	Et par mon seul trespas sa cholere assouuie
	Laissera subsister la moitié de ma vie!
	Veux-tu que ie commette à ce coeur sans pitié
1250	Le salut de ma chere & fidelle moitié?
	Et que par vne vaine & fole violence
	Ie face sur sa teste éclatter sa vengeance?
	Qu'on luy face apres moy souffrir mille trespas?
	Qu'on luy vienne aracher mon fils d'entre les bras;
1255	Et que pour celebrer mes tristes funerailles,
	De ma viuante image on batte les murailles?

RVFVS.

J'aymerois beaucoup mieux qu'vn glorieux Destin,
Accompagnant vos iours, couronnast vostre fin.
Si ta femme ne t'aime, elle est vrayment indigne
De receuoir les trais de cette amour insigne;
Et s'il faut qu'elle t'aime ainsi que ie le croy,
Il ne faut pas penser qu'elle viue apres toy:
Si tu decens là bas elle t'y voudra suiure,
Et l'ennuy de ta mort luy deffendra de viure.

PISON.

Dieux! ie ne doute point que ie n'en sois aymé,
Et son bon naturel m'est assez confirmé.
Si dans cet accident on void que ie frissonne,
C'est de crainte que i'ay pour sa chere personne;
Ie n'ose rien tenter de peur d'aigrir son sort;
Ie voudrois bien qu'Arie eust le choix de sa mort.

RVFVS.

Bien donc, pren ce party; mais montre toy d'vne Ame
Fidelle à tes Amis aussi bien qu'à ta femme;
Si tu viens à perir, meurs sans nous faire tort.
Voicy venir des gens, c'est le Tiran qui sort;
Eloigne toy d'icy; de crainte que sa veuë
N'augmente cet effroy dont ton ame est émeuë:
On ne peut obseruer l'ennemy que l'on craint
Sans tesmoigner du trouble & sans changer de teint.

SCENE III

NERON, SEVINVS, RVFVS, TIGILLIN.

NERON *tenant vn papier.*

Vn siege promptement; que Seuinus approche;
Ie sçay que ta vertu se trouue sans reproche,
Et que sans donner place à ma seuerité,
Tu vas ingenument dire la verité.
Mais pour ne me laisser aucun mauuais indice,
De peur que ta memoire en ce lieu te trahisse,
Et que tu faces voir de la mauuaise foy
Aux depositions que voicy contre toy,
Consulte-la de grace auant que me respondre;
Di la chose en son ordre, & ne vas rien confondre.
Quels furent tes propos, parlant à Natalis
Hier dans le champ de Mars? à ces mots tu pâlis?

SEVINVS.

C'est de douleur que i'ay de voir mon innocence
Par de mauuais raports suspecte à ta puissance.

NERON.

Mais dequoy parliez-vous si long-temps en secret.

SEVINVS.

D'vn desordre qu'à Rome on void auec regret:
D'vn droit licentieux, que la loy doit restraindre,
Et dont les gens d'honneur ont sujet de se plaindre.
De ce que l'affranchy veut contre la raison
Auec le Cheualier faire comparaison:
Et sans se souuenir comment on l'a veu naistre,
A l'audace par fois de coudoyer son Maistre.

NERON.

Cela n'a nul rapport, que dites vous apres.

SABINE.

Il fut aussi parlé de la rigueur des prets:
Et comme l'Vsurier qui gagne sans mesure,
Les plus grandes Maisons consume par vsure.

NERON.

1305   En suitte?

SEVINVS.

Il fut parlé du long retardement
Du bled qui vient d'Egypte.

NERON.

O long deguisement!
Sont-ce tous les propos que vous eûtes ensemble?

SEVINVS.

C'est tout ce qu'il fut dit; au moins comme il me semble.

NERON.

Et de Lateranus n'en fut il point parlé?

SEVINVS.

1310   O Natalis perfide! as-tu tout reuelé!
Fut-il iamais parlé de lacheté plus haute!
O que de gens de bien vont perir par ta faute!

NERON.

Mais toy, pour te placer au rang des gens de bien,
Tu pouuois conspirer sans me demander rien.
1315   Par quel noir mouuement as-tu peu te conduire
A rechercher ma grace en me voulant destruire?
Traistre, que mes biens-fais ne pouuoient obliger;
Et qui ne me flatois qu'afin de m'egorger;
Ah! ie me souuiendray de tes solicitudes.

SEVINVS.

1320   Cesar, ie suis confus de ces ingratitudes,
Des-jà le vif remords de ce lâche dessein
Auant l'euenement m'auoit persé le sein:
Ma premiere fureur qui s'estoit alentie
Me laissoit en estat de rompre la partie.

NERON.

1325   Puisqu'à la rompre ainsi tes sens se disposoient,
Tu peux bien me nommer ceux qui la composoient:
C'est là pour ton pardon tout ce que ie desire.
Qui sont-ils?

SEVINVS.

Natalis te le pourroit mieux dire.

NERON.

Pour les sçauoir de toy faut-il te menacer?

SEVINVS.

1330 Ah! i'ayme mieux mourir que de les denoncer.

NERON.

Rufus fay moy raison de ce morne silence.

RVFVS *prenant Seuinus au colet.*

Parle auant qu'on t'entraine auecque violence:
Nomme les Conjurez.

SEVINVS.

Ne presse point ma foy:
Si tu me fais parler, ie parleray de toy.

RVFVS.

1335 Nomme les, nomme les.

SEVINVS.

O l'impudence extrême!
Que ne te resous-tu de les nommer toy-mesme.

NERON.

Escoutons.

RVFVS.

Moy meschant? ie suis homme de bien.

SEVINVS.

Ouy; toy; denonce les; tu les cognois fort bien;
Nul n'est plus suffisant d'en dire des nouuelles.

NERON.

1340 On a donc corrompu mes gens les plus fidelles!

RVFVS *faisant signe à Seuinus.*

Imposteur, garde-toy d'offencer la Vertu.

SEVINVS.

Rufus, il n'est plus temps, pourquoy me pressois-tu?

NERON.

Tigillin, Tigillin, as-tu veu l'artifice?
Qu'on se jette sur luy. Gardes! qu'on le saisisse!

RVFVS.

Cesar, escoute moy.

NERON.

     Ie ne t'escoute plus,
Tu feras desormais des signes superflus.

SCENE IV

NERON, SABINE, SEVINVS.

NERON.

Il faut que les Bourreaux te traictent cõme vn traistre
Qui deloyallement attente sur son Maistre.

SABINE.

D'oū vient vn si grand bruit?

NERON.

Ce braue Colonnel
1350 Qui faisoit l'empressé, se trouue criminel:
Nous l'auons découuert pour estre des complices.

SABINE.

O que sa trahison merite de suplices!

NERON.

En cette occasion, ce perfide flateur
Vouloit faire parler ce sage Senateur:
1355 Et pour se couurir mieux, luy faisoit des demandes
Auec vne insolence & des rigueurs trop grandes,
Alors qu'importuné des propos de Rufus,
Seuinus l'a fait taire & l'a rendu confus.

SABINE.

Il meriteroit bien que pour ces bons offices,
1360 Tu luy fisses pardon, s'il nommoit ses complices.

NERON.

Il marchande à parler.

SABINE.

O qu'il me fait pitié!
Comment n'obtiendras-tu ta grace qu'à moitié?
Ah! vomis ce secret qui cause leur ruine;
C'est vn poison mortel enclos en ta poitrine;
1365 N'irrites point Cesar qui te veut pardonner;

Si ton silence dure on te fera gesner.
Mais ne perds point de temps, c'est vn fait qui te touche,
Seuinus ton salut est encore en ta bouche.

SEVINVS *tout bas*.

Puis que par les soldats ie seray visité,
Il faut bien que ie cede à la necessité.

SABINE.

Croy moy, declare tout, afin qu'on te pardonne;
Parle auant qu'on te prenne, & que ie t'abandonne.

SEVINVS *se jettant aux pieds de Sabine*.

Helas! belle Princesse, employez vous pour moy:
Ie ne sçaurois parler; i'en ay donné ma foy.
Tout ce que ie puis faire en vn estat si triste,
C'est de vous presenter seulement ceste Liste.

SABINE.

Cesar, ly ce papier: & voy si i'ay raison
Quand ie tiens pour suspects, & Seneque & Pison.
Pour s'emparer du Trône & pour t'oster du monde,
Pison est Chef de part, & Lucain le seconde.
Voicy de mes soupçons vn manifeste auoeu;
Tu peux cognestre icy l'Oncle par le Neueu.
Ce Vieillard si rusé t'abusoit par sa mine;
Mais ses deguisemens n'ont peu tromper Sabine.
Qu'en dis-tu maintenant?

NERON.

Quoy? tant de Cheualiers?
Des Consuls? des Tribuns, des Chefs, des Centeniers,
Les plus grands des romains se sont liguez ensemble
Contre leur Empereur? ah! Sabine ie tremble,
Le coeur me bat au sein.

SABINE.

Jl le faut r'asseurer,
Et les mettre en estat de ne plus conjurer.
Auant que de ce bruit quelqu'vn les auertisse.
Donne ordre qu'on les cherche, & que l'on s'en saisisse.

NERON.

Nous ne trouuerons pas des Bourreaux suffisans
Pour imposer des fers à tant de partisans.

SABINE.

1395 Nous ne manquerons point de gens pour leur suplice;
Douze mille Soldats en vont faire l'office.

NERON *parlant à Tigillin.*

Cours vers Lateranus qui deuoit lachement
Commencer l'attentat par vn embrassement,
Qui d'vne humble façon deguisant son audace,
1400 Deuoit lors me forcer de tomber sur la place.
Dy luy qu'il meure viste; & que ie luy deffens
D'embrasser à sa mort sa femme & ses enfans;
Asseure-toy du reste; & d'vne adroite sorte,
Pren les ou vifs ou morts allant auec main forte.

SABINE.

1405 Et Seneque en ce lieu se doit-il oublier,
Luy qui sans se deffendre & sans s'humilier
A dit à Natalis touchant cette menee
Que le sort de Pison estoit sa destinee?
N'en dit-il pas assez pour t'apprendre aujourd'huy
1410 Qu'il est de la partie & conspire auec luy?
Sa trame en mots couuerts est assez descouuerte;
Qui vit auec Pison, doit perir par sa perte.
Seneque attendroit-il quelque meilleur succez?
Faut-il plus que cela pour faire son procez?

NERON.

1415 Mais a-t'il dit ces mots? il faut qu'on luy demande.

SABINE.

Il est bien impudent s'il faut qu'il s'en deffende;
Sans doute Natalis ne l'a point inuenté.

NERON.

Il en faut sur le Champ sçauoir la verité.

Fin du quatriesme Acte.

ARGVMENT

DV

CINQVIESME ACTE.

I. Seneque pré-sent son heure derniere, & s'y prepare en Philosophe.

II. Sa femme se plaint de sa trop grande franchise qui luy fait auoüer qu'il est Amy de Pison, en vne rencontre dangereuse.

III. Siluanus luy vient porter le Commandement de mourir de la part de Neron.

IIII. Qui troublé d'auoir appris la Conjuration faite contre luy, craint que les Autheurs de cet attentat dessigné ne soient pas encore tous descouuerts.

V. Seuinus qu'il a gagné par belles promesses promet vainement de porter Epicaris à les declarer.

VI. Car cette fille courageuse à toute espreuue, apres auoir suporté la gesne sans rien dire, à la honte des plus grands d'entre les Romains, qui accusent iusqu'à leurs plus proches, garde le silence iusqu'au bout.

VII. Siluanus vient faire le raport de la mort de Seneque, & Neron, à ce recit sent les cuisantes pointes du remors qui suit les mauuaises actions.

ACTE V

SCENE PREMIERE

SENEQVE, SABINE.

  Mon Ame, appreste-toy pour sortir toute entiere
1420   De cette fragile matiere
  Dont le confus mêlange est vn voile à tes yeux:
  Tu dois te réjoüir du coup qui te menace;
  Pensant te faire iniure, on te va faire grace:
    Si l'on te bannist de ces lieux
1425 En t'enuoyant là haut, c'est chez toy qu'on te chace,
    Ton origine vient des Cieux.

  Nous auons assez veu le cours de la Nature,
    Sa riche & superbe structure,
  Ses diuers ornemens & ses charmans atrais;
1430 Elle à peu de beautez qui ne nous soient cognuës;
  Il faut quiter là terre, & monter sur les nuës,
    Pour cognestre d'autres secrets;
  Il faut chercher du Ciel les belles auenuës,
    Et voir le Soleil de plus prés.

1435 On ne treuue icy bas que des loix tyranniques,
    D'où naissent des effets tragiques,
  Et les Monstres y sont au dessus des Heros;
  La Vertu sous le joug y demeure asseruie:
  L'Orgueil, l'Ambition, l'Auarice & l'Enuie
1440   Nous y troublent à tous propos;
  Mais là haut dans l'estat d'vne meilleure vie
    On goûte vn eternel repos.

  Principe de tout estre où mon espoir se fonde;
    Esprit qui remplis tout le monde,
1445 Et de tant de bontez fauorises les tiens,
  Tu voy les cruautez de qui ie suis la proye,
  Et j'atens de toy seul mon repos & ma joye;
Sabine   Fay que ie goûte de tes Biens,
entre. Et me tires bien-tost afin que ie te voye
1450   Du joug de ces pesans liens.

  Mais ma chere moitié se dissoût toute en larmes,
  Tant mon prochain bon-heur luy vient donner d'alarmes.
  Faut-il pleurer, Sabine, & faut-il s'estonner
  Au moment bien-heureux qui nous doit couronner,
1455 Quand nos pas glorieux imprimans la poussiere,
  Nous font trouuer la palme au bout de la Carriere?

Le pilote batu par les flots irritez,
Quand son Vaisseau maljoinct fait eau de tous costez,
Errant sans gouuernail au gré de la tempeste
Qui tombe incessamment ou bruit dessus sa teste,
A-t'il en quelque sorte à se plaindre du sort,
Si par vn coup de vague il est mis dans le port?
Le pelerin lassé d'vn penible voyage,
Aueuglé de la poudre, ou moüillé de l'orage,
Se peut-il affliger auec quelque raison
Quand il touche du pied le seüil de sa maison?
Pourquoy nous plaindriõs nous d'vn sort digne d'enuie?
La mort est le repos des trauaux de la vie,
Et celuy qui desire en allonger le cours
Ayme à gemir sans cesse, & souspirer tousiours.

PAVLINE.

Quand vne mort certaine est preste de le prendre,
Le sage, à mon aduis, doit constamment l'atendre,
Puisque c'est vn deffaut que de s'inquieter
A l'aproche d'vn mal qu'on ne peut éuiter:
Il faut absolument qu'vne Ame bien placee
S'appreste de partir quand elle en est pressee.
Mais aller de si loin rechercher le trespas,
Et l'appeller soy-mesme alors qu'il ne vient pas,
C'est treuuer des appas en vne chose horrible,
Et faire vanité d'vn desespoir visible.
   La nature, inspirant vn desir de repos,
Ne nous enseigne rien qui ne soit à propos;
A tous les animaux elle a donné l'enuie
D'éuiter les perils pour conseruer leur vie;
La vie est donc vn bien dont nous deuons vser,
Sans l'exposer si fort, & sans le mespriser:
Il faut laisser agir les Cieux & la Nature;
Et vous sçauez, Seigneur, qu'en cette conjoncture
C'est auancer l'effet du fer, ou du poison,
Que tesmoigner ainsi d'estre amy de Pison.

SENEQVE.

En ces occasions, faut-il qu'on abandonne
Son honneur & sa foy pour sauuer sa personne?
Qui lachement s'abaisse & manque d'amitié,
En pensant se sauuer perd plus de la moitié;
Pour alonger ses iours il abrege sa gloire,
Et pour garder son sang prodigue sa memoire.
   Tant de doctes leçons & de raisonnemens
Qui pourroient affermir les plus mols sentimens,
En cette occasion ne nous seruiroient gueres
Si nous auions encor des foiblesses vulgaires,
Si nous estions sujets à nous espouuenter,
Et si nous redoutions ce qu'on peut souhaiter.

| | Ie me voy sur le poinct que l'estat de ma vie
| | Ne sera plus en bute aux noirs traicts de l'Enuie,
| 1505 | Qui me blâme en secret, & me nomme tout bas,
| | Complice d'vn desordre où ie ne trempe pas.
| | Les meschans m'accusoient auec trop d'injustice,
| | De maintenir Neron dans l'ordure du vice;
| | De ce cruel affront ie vay me ressentir,
| 1510 | Et l'arrest de ma mort s'en va les dementir.
| | Il sera mal-aisé desormais qu'on m'impute
| | D'estre le confident de qui me persecute:
| | L'vniuers apprendra qu'on me blâmoit à faux,
| | Et que ie n'eus iamais de part à ces deffaux.
| 1515 | N'a-t'il pas à Burrus donné la recompence
| | De ses sages conseils, & de sa diligence?
| | Que diroit-on de moy si i'estois conserué?
| | Ie me dois ressentir de l'auoir esleué,
| | D'auoir soigneusement cultiué cette plante,
| 1520 | Qui fut mesme à sa tige ingrate & mal-faisante,
| | Cette fleur dont le lustre est si fort abatu,
| | Et qu'on a veu corrompre au sein de la vertu;
| | Mais quoy, le Centenier m'aporte des nouuelles
| | Qui me resiouïront, fussent-elles mortelles:
| 1525 | Et bien, que veut Cesar, dy le nous hardiment?

LE CENTENIER.

Que Seneque s'appreste à mourir promptement.

SENEQVE.

O doux commandement! ô faueur agreable!
Nouuelle desiree autant que desirable;
Il nous oblige fort de nous traicter ainsi,
1530 S'il veut que nous mourions nous le voulons aussi;
Jl sçait donner à tout, & le prix & l'estime,
Il ne m'ordonne rien qui ne soit legitime.

LE CENTENIER.

Il te laisse le choix pour certaine raison,
De la flâme, de l'eau, du fer ou du poison:
1535 Pren lequel tu voudras, choisi.

SENEQVE.

                              Le Ciel luy rende,
Il m'oblige beaucoup, cette faueur est grande.
Il faut executer cet équitable arrest,
Et tu verras bien-tost comme ie suis tout prest;
               Il frappe   Mais faut-il si soudain que ie te satisface?
1540   à sa porte. Puis-je d'vn testament consoler ma disgrace?
                           Puis-je adoucir d'vn mot l'aigreur de mon trespas?

LE CENTENIER.

Voy si tu veux mon Ordre, il ne le porte pas.

SENEQVE.

Il iette ses tablettes.

Cessons donc de porter vn meuble si fragile,
Puis qu'il nous est à charge & nous est inutile;
Je serois estonné s'il m'eust esté permis
De laisser en mourant du bien à mes amis;
Il est tout à Cesar, ie n'en puis rien soustraire,
Ie n'en suis seulement que le depositaire.
En me le confiant, il ne s'est point deceu,
Ie luy rends tout entier comme ie l'ay receu.
  Pauline, c'est pour toy que ie voudrois escrire,
Mais ta fidelle amour de ce soin me retire.
Suiuant exactement l'ordre qu'on me prescrit,
Ie ne perds pas beaucoup pour n'auoir point escrit:
J'ay par mes actions tracé dans ta memoire
Assez heureusement l'image de ma gloire;
Ceux qui de ma vertu pourront encor douter
Pour en estre esclaircis n'ont qu'à te consulter,
Il te souuiendra bien qu'auec assez d'estime
I'ay vescu pres de toy sans reproche & sans crime;
Il te souuiendra bien de ma constante foy,
Et que prest à partir ie n'eus regret qu'à toy.

PAVLINE.

Moy ie m'en souuiendray? ie veux qu'on se souuienne,
Qu'il ne fut point d'amour comparable à la mienne:
En vous suiuant par tout ie veux montrer à tous,
Si vous viuiez en moy, que ie viuois en vous.

SENEQVE.

Ne precipite point le cours de tes annees.

PAVLINE.

En la fin de Seneque elles seront bornees;
Rien n'aura le pouuoir de rompre vn neud si beau;
Nous n'auons eu qu'vn lict, nous n'aurons qu'vn tõbeau.

SENEQVE.

Ah! ne meurs point si tost.

PAVLINE.

                    Ie ne sçaurois plus viure.

SENEQVE.

Vi pour me contenter.

PAVLINE.

Ie mourray pour vous suiure.

SENEQVE.

N'aurois-je plus sur toy de pouuoir absolu?

PAVLINE.

Le conseil en est pris, c'est vn poinct resolu.

SENEQVE.

1575 O rare pieté! ta constance fidelle,
Remporte sur Seneque vne palme immortelle:
Sans doute nos Neueux auront droit de douter,
Si meritant beaucoup, i'ay peu te meriter;
Comme de ta beauté tout ton sexe eut enuie,
1580 Il deuiendra jaloux de la fin de ta vie;
L'effet est trop brillant de cette saincte amour,
Elle me va faire ombre en se mettant au iour,
Ie ne puis te celer qu'vn si beau traict me blesse;
La force de ton ame a causé ma foiblesse,
1585 Ta rare pieté me touche tendrement,
Il m'eschappe des pleurs dans ce ressentiment.
C'est pourquoy si Pauline à partir se dispose,
Qu'auparauant sa foy m'asseure d'vne chose,
C'est qu'ayant pris de moy ce glorieux poignard,
1590 Elle ira, s'il luy plaist, s'en seruir autre part:
Car sans quelque foiblesse indigne & mal-seante,
Ie ne pourrois iamais voir Pauline mourante:
Sans doute cet objet me feroit murmurer,
Et ne me seruiroit qu'à me deshonorer.

PAVLINE.

1595 Seigneur, permettez moy . . .

SENEQVE.

Non, il faut que l'on cede.

PAVLINE.

Que ie face l'essay de ce dernier remede:
I'aurois trop de bon-heur si vous me permettiez
D'en gouster la premiere, & mourir à vos pieds.

SENEQVE.

1600 C'est en vain, c'est en vain, ta demande m'outrage,
Et c'est perdre le temps qu'en parler dauantage.

PAVLINE.

Seigneur, j'y consens donc, mais non sans desplaisir.

LE CENTENIER.

On ne nous a donné que fort peu de loisir,
Haste vn euenement que Cesar veut apprendre.

SENEQVE.

1605 Ie suis trop criminel de l'auoir fait attendre,
Demandons luy pardon de ce retardement;
Embrassons-nous, Pauline, & mourons promptement.

LE CENTENIER.

Entre donc là dedans; celuy qui nous enuoye
S'auance à la Tribune, & ie crains qu'il te voye.
En sa mauuaise humeur, nous n'en serions pas mieux
1610 Si ton visage encor s'offroit deuant ses yeux.

SCENE II

NERON, SABINE, SEVINVS, RVFVS, des Gardes.

NERON.

O Dieux! que d'Ennemis! l'effroy qui m'enuironne
Sur mon front palissant fait trembler ma Courõne:
Serons nous assez forts pour en venir à bout,
Peut-on à tant de gens faire teste par tout?
Le bras de Tigillin, & l'Esprit de Sabine
Pourront-ils renuerser cette grande machine?
Quand mesme quelque Dieu viendroit me le iurer,
A peine mon Esprit s'en pourroit assurer.

SABINE.

Quoy que le mal soit grand, r'affermis ton courage;
Nous auons auancé la moitié de l'ouurage;
Tes Ennemis connus sont pris ou dépeschez,
Mais il faut découurir tous ceux qui sont cachez;
Le Medecin sçauant & plain d'experience
Doit du mal dont il traite auoir la cognoissance;
C'est sur ce fondement qu'il peut auec raison
Aux corps intemperez rendre la guerison:
Nous sçauons vne part de la trame funeste,
Et pour nostre assurance il faut sçauoir le reste.

NERON.

Possible Epicaris le pourra reueler;
Il faut que Seuinus l'oblige de parler.

SABINE.

Seuinus, c'est icy que tu feras parestre
Si ton zele respond aux bontez de ton Maistre,
D'vn Empereur clement qui sçait tout pardonner,
Et qui pour cet effort te va beaucoup donner.
Si tu peux en ce fait agir de bonne sorte,
Iamais tes creanciers n'assiegeront ta porte:
Iamais mortel encor dans le rang que tu tiens
Ne s'est veu iusqu'icy comblé de tant de biens.
Oste nous seulement cette espine importune,
Ie suis la Caution de ta bonne fortune.

SEVINVS.

Madame, vous verrez comme ie m'y prendray;
Ce sont des veritez que ie luy maintiendray,
Et quoy qu'elle témoigne vne si grande audace,
Qu'elle ne peut iamais me dénier en face.

SABINE.

1645 Il seroit à propos de luy persuader
Qu'elle garde vn secret dangereux à garder,
Qu'elle ne gagne rien que la mort à se taire,
Qu'vne confession luy seroit salutaire:
Enfin, qu'à ton example, elle peut sans erreur
1650 Perdre tous ses Amis pour sauuer l'Empereur.
La voicy qui paroist en triomphe portee;

NERON.

Des gens trop curieux l'ont vn peu mal traictee.

SCENE III

NERON, EPICARIS, SEVINVS, SABINE.

NERON.

Cognoy tu de l'Estat les sages deffenseurs?

EPICARIS.

I'en cognoy beaucoup mieux les cruels opresseurs.

NERON.

1655 Seuinus, adoucis cet animal farouche
Qui n'a que du poison & du fiel dans la bouche.

SEVINVS.

Epicaris, c'est trop t'exposer aux tourmens,
Tu dois te departir de ces deguisemens;
C'est s'obstiner en vain, la chose est découuerte;
1660 Le Ciel des Conjurez a resolu la perte.
Cet excez de courage & de fidelité
Ne s'y peut opposer qu'auec impieté.
Les Amis de Cesar ont suborné les nostres;
Les vns m'ont denoncé, i'ay denoncé les autres,
1665 Et ce digne Empereur, meu de compassion,
A daigné faire grace à ma confession:
Si tu veux receuoir les mesmes benefices,
Reuele promptement tous les autres complices:
Tu peux voir au pardon le chemin tout batu.
1670 Tu n'as rien qu'à parler.

EPICARIS.

      Que me demandes-tu?

SEVINVS.

Tous ceux que tu cognois de cette intelligence.

EPICARIS.

Moy? ie ne cognoy rien que ta seule imprudence:
Et si visiblement tu la fais éclater,
Qu'il n'est pas de besoin de la manifester.

SEVINVS.

Ce trait n'est imprudent qu'à ton sens indocile:
L'imprudence est nuisible, & cet acte est vtile.
C'est de ce seul aueu que depend ton bon-heur.

EPICARIS.

Ma vie en despend bien, mais non pas mon honneur.

SEVINVS.

C'est flater ton esprit d'vne erreur sans seconde,
Car dequoy sert l'honneur quand on n'est plus au monde?

EPICARIS.

Nos Esprits ne sont pas d'vn sentiment pareil.

SEVINVS.

Tu ne ferois point mal de suiure mon conseil.

EPICARIS.

Qui suiuoit le conseil d'vn Ame si timide
Pour aller à la gloire auroit vn mauuais guide.

SEVINVS.

Mais toy, fille obstinee, en resistant si fort,
Tu tiens bien le chemin pour aller à la mort?
Sçay tu bien que Pison s'est fait ouurir les veines
Pour soustraire sa vie à mille iustes peines?
Que Sçaurus de Cesar a senty le courrous,
Et que Lateranus est mort de mille coups?
Que Voluse est pery d'vne façon tragique
Pour expier son crime?

EPICARIS.

     Ou pour la Republique.

SEVINVS.

Et que Flaue & Rufus ont hâté leur trespas?

EPICARIS.

Comme eux Brutus est mort, mais son nom ne l'est pas.

SEVINVS.

1695
Lucain, qui fut toûjours digne de ton estime,
Nomme tous ses Amis qui trempent dans le crime,
Des tourmens preparez redoutant la rigueur?

EPICARIS.

Ce trait fait assez voir qu'il n'eut iamais mon coeur.

SEVINVS.

1700
Ne ferme point la bouche alors qu'on te conuie
De parler librement pour conseruer ta vie:
Implore les bontez que ie viens d'esprouuer,
Et te sers de la planche offerte à te sauuer.

EPICARIS.

1705
O le honteux conseil! pour éuiter l'orage
A tant de gens de bien faire faire naufrage?
Ie ne trahiray point des coeurs si genereux;
Jls s'exposent pour nous, ie veux mourir pour eux.

NERON.

Tu cognoy donc des gens donc la cruelle enuie
Fait encore dessein d'attenter sur ma vie?

EPICARIS.

1710
Ouy, ie sçay le dessein de cent hommes d'honneur
Qui fondent sur ta mort leur souuerain bon-heur:
I'en sçay des plus hardis & des plus grands de Rome,
Mais ie pourray cent fois auant que ie les nomme.

NERON.

Pren-tu quelque plaisir à te faire gesner?

EPICARIS.

Beaucoup moins qu'vn Tiran n'en gouste à l'ordonner.

SABINE.

1715
L'impudente, la terre est-elle bien capable
De porter vn moment ce Monstre insuportable?

EPICARIS.

Elle peut sans horreur porter Epicaris,
Puis qu'elle porte bien la femme aux trois maris.

SABINE.

Ta langue pour ce mot sera bien-tost coupee!

EPICARIS.

1720 Que deuroit on coupper à Sabine Popee?

SABINE.

Quand tu n'aurois vomy que ce mot seulement,
Tu mourras de cent morts par mon commandement.

EPICARIS.

Ces matieres de peur sont ce que ie dédaigne:
Menace moy plustost de viure sous ton regne.
1725 Aucun autre malheur ne me sçauroit troubler;
Et c'est la seule peur qui me feroit trembler.

NERON.

O nouuelle Alecton que l'Enfer a vomie!
Qui t'a donné sujet d'estre mon Ennemie?
Qui de ta cruauté me rend ainsi l'objet?

EPICARIS.

1730 Tu veux donc le sçauoir? en voicy le sujet:
Ie t'aymois autrefois, quand ton front hipocrite
Se couuroit faussement des couleurs du merite:
Lors que ta main feignoit de faire vn grand effort
Pour escrire ton sein sous vn Arrest de mort:
1735 Quand ton Esprit brutal, cachant sa vehemence,
Pratiquoit la Iustice, exerçoit la clemence,
Et pour mieux t'affermir en ton Authorité,
Montroit de la sagesse & de la pieté.
Mais depuis que tu cours ou la fureur te guide,
1740 Que tu te rends cruel, ingrat, & parricide,
Que tu rodes la nuit, & que tu tiens à jeu
Les tiltres de voleur & ceux de boute feu,
Ie te hay comme vn Monstre abismé dans le crime,
Et treuue que ta mort est vn coup legitime.

NERON.

1745 Ah! c'est trop! qu'on la liure aux bourreaux inhumains.

EPICARIS.

C'est vn oeuure où Neron peut donc mettre les mains.

NERON.

Entrainez la, soldats ; viste, & qu'on la dechire.

EPICARIS.

Possible que ton sort quelque iour sera pire.

NERON.

Méchante, on t'apprendra comme il faut discourir.

EPICARIS.

1750 Tiran, ie t'aprendray que ie sçay bien mourir.

NERON.

Qu'on la face mourir du plus cruel suplice.

EPICARIS.

Rien ne doit t'empescher de faire ton office.

NERON.

O le Monstre execrable, & qu'il est endurcy!

SABINE.

L'Oncle de son Amant l'instruit sans doute ainsi ;
1755 Seneque a fabriqué cette haine mortelle,
C'est vn grand artisan.

NERON.

      Qu'il meure aussi bien qu'elle.

SABINE.

Puis qu'il ne t'a failly que deux fois seulement,
Aten de ses projets quelqu'autre éuenement :
Quoy ? ferois-tu si tost par des pensers timides
1760 Perir vn si grand Maistre en l'Art des Parricides ?
Garde bien de choquer ce docte Precepteur :
C'est vn homme de bien, c'est vn si bon flateur ;
N'eust-il que ce Talant il ne faut pas qu'il meure.

NERON.

Il flatera la Parque auant qu'il soit vne heure.
1765 Siluanus est passé dans son appartement
Pour luy faire en deux mots mon dernier compliment.

SCENE IV

SABINE, LE CENTENIER, NERON.

SABINE.

Voicy le Centenier, & bien?

LE CENTENIER.

La chose est faite.

SABINE.

Quoy! nous ne verrons plus cette perte de Cour?

LE CENTENIER.

1770   Ie ne l'ay point laissé qu'il n'ait perdu le iour.

SABINE.

Qu'a dit en te voyant cet honneur de Cordoüe
Que Rome admire tant, que tout le monde loüe?

LE CENTENIER.

Mes ordres exprimez luy donnant à choisir
De tout genre de mort l'on forme à son desir,
1775   Ce Vieillard miserable a montré quelque ioye
D'y pouuoir arriuer par vne douce voye,
Et des-jà presentant comme la chose iroit,
Il auoit preparé tout ce qu'il desiroit.
Sa femme en a senti toute la violence;
1780   Pauline est à ses pieds tombee en deffaillance:
Et dans les mouuements d'vn si sensible ennuy,
A fait tous ses efforts pour mourir deuant luy.
    A peine, en luy parlant, a-t'il peu s'en deffendre;
A peine de ses bras a-t'il peu se desprendre:
1785   Mais enfin cognoissant que l'ordre estoit pressé,
De ce fâcheux obstacle il s'est debarassé.
    Nous sommes auec luy passez dans vne Chambre
Où l'air qu'on respiroit n'estoit rien qu'esprit d'ambre;
Ce n'estoient en ce lieu qu'ornemens precieux
1790   Dont l'éclat magnifique esbloüissoit les yeux,
Que meubles d'Orient, Chefs-d'oeuures d'vne adresse
Ou l'Art debat le prix auecque la richesse,
Que Miroirs enrichis & d'extréme grandeur.

SABINE.

C'est mourir dans la pompe & dans la bonne odeur.

LE CENTENIER.

1795 Vn vaste Bassin d'or, où des eaux odorantes
Ornoient de leur parfum mille pierres brillantes,
Ny faisoit éclater vne valeur sans prix
Que pour y receuoir son sang & ses esprits.
   Vn de ses Affranchis, Ministre de l'Estuue,
1800 L'a fait asseoir en suite, à my corps dans la Cuue;
Et retroussant ses bras au grand éclat du iour,
A passé promptement le rasoir à l'entour.
   Ses Amis ont pâly voyant ouurir ses veines
Qui d'vne froide humeur n'estoient qu'à demy pleines:
1805 Mais ce grand Philosophe à mourir disposé,
A veu courir son sang d'vn Esprit reposé,
Ne s'est non plus émeu durant cette auanture
Que si d'vn iour de feste il eust veu la peinture.
   Amis, leur a-t'il dit, ne vous affligez pas;
1810 La Vertu vous deffend de pleurer mon trespas:
Vous n'y treuueré rien d'indigne d'vne vie
Dont les plus grands du Monde ont conceu de l'enuie.
Ie meurs; mais c'est sans crime ainsi que sans remors
Que du rang des viuans ie passe au rang des morts.
1815 C'est vn certain Tribut qu'il faut bien que ie rende;
La Nature le veut, & Neron le commande:
Tous deux forment des loix qu'on ne peut vider,
Et leurs Arrests sont tels qu'on n'en peut appeller.
I'en subis la rigueur sans horreur & sans crainte,
1820 Ma volonté docile embrasse la contrainte.
Par la douce faueur d'vn sommeil que j'attens,
Bien-tost Cesar & moy serons tous deux contens,
Luy de s'estre deffait d'vn Vieillard inutile,
Moy de m'estre rendu dans vn heureux Asile,
1825 Où nulle oppression ne se fait endurer,
Où iamais l'innocent n'a lieu de soûpirer,
Où pour tout interest l'Esprit est insensible,
Et, franc de passion, goûte vn repos paisible.

SABINE.

Il a creu par ces mots se mettre au rang des Dieux.

NERON.

1830 Ah! laisson le acheuer.

LE CENTENIER.

                    Alors, leuant les yeux,

Il a dit en poussant sa voix foible & tremblante,
Dans le Creux de sa main prenant de l'eau sanglante,
Qu'il peine il a jettee en l'air à sa hauteur,
Voicy ce que ie t'offre, ô Dieu Liberateur.
Dieu, dont le nouueau bruit à mon ame rauie,
Dieu, qui n'es rien qu'amour, esprit, lumiere & vie,
Dieu de l'homme de Tharse, ou ie mets mon espoir,
Mon ame vient de toy, veuille la receuoir.
   A peine a-t'il finy cet estrange langage,
Qu'vne pâleur mortelle à couuert son visage:
Il a fermé les yeux d'vn mouuement pareil
A ceux qu'on voit tomber abatus de sommeil;
Et le voyant saisi d'vne glace mortelle,
Ie suis venu soudain t'en dire la nouuelle.

          SABINE.

Cesar, à ce recit tu parois tout changé:
Qu'as-tu donc, dy le nous.

          NERON.

                    Ie ne sçay ce que i'ay.
Tous mes sens sont troublez, & mon ame inquiette
Ne peut plus se remettre en sa premiere assiette:
Ie brûle de colere & frissonne d'effroy;
Ie forcene, j'enrage, & ie ne sçay pourquoy.
Vne Erinne infernale à mes yeux se presente;
Vn Fantôme sanglant me presse & m'espouuente.
Ne voy-je pas venir des bourreaux inhumains
Qui tiennent des serpens & des foüets en leurs mains?
Ie ne sçay qui me tient en cette horreur extresme,
Que ie ne m'abandonne à me perdre moy-mesme.
Qui hâtera ma mort? où sont les Conjurez?
I'y suis mieux resolu qu'ils n'y sont preparez.
Que celuy qui soûpire apres mes funerailles,
Me déchire le sein, me perce les entrailles,
Et rende ses souhaits accomplis de tout poinct.

          SABINE.

Que veut dire, Seigneur?

          NERON.

                    Ah! ne me parle point.
Esloigne-toy d'icy; fuy promptement, Sabine,
De peur que ma colere éclate à ta ruine:
O Ciel! qui me veux mal & que ie veux brauer,
Des pieges que tu tends on ne se peut sauuer:
Tu prepares pour moy quelque éclat de tonnerre,
Mais auant, ie perdray la moitié de la Terre.

SENEQUE

NOTES ET VARIANTES

EPITRE

Saint-Aignan: François de Beauvillier, comte de Saint-Aignan, maréchal de camp, puis lieutenant général. Attaché à Gaston d'Orléans, puis à Louis XIV, il protégea et cultiva les arts et les lettres avec un certain succès. En 1663, il fut élu au vingt-deuxième fauteuil de l'Académie, remplaçant La Mesnardière qui, en 1655, y avait remplacé Tristan.

5: ressentiment: gratitude (cf. *Panthée*, v. 98).

10: C: Monseigneur

11: B: estimiez

22: parer: garantir.

> . . . j'ai feint cet hymen, afin de m'en parer. (Corneille. *Menteur*, v. 1040).

23: Possible: peut-être (cf. *Mariane*, v. 655).

24: Phidias: un des grands sculpteurs d'Athènes du Ve siècle av. J.C.

37: Race: la famille de Beauvillier était originaire du pays chartrain et acquit, par mariage, la terre de Saint-Aignan en 1496. Cette terre fut érigée en comté en 1537 et en duché-pairie en 1663 en faveur de François de Saint-Aignan.

42: C: Dieux

43: prodiges heroïques: de Vaudrevanges (1635) à Château-Porcien (1653), Saint-Aignan prit part à quatorze campagnes et reçut vingt blessures.

54: C: Monseigneur

64: C: Fut-te

PERSONNAGES

    Remarquer que Tigillin et Milicus ne figurent pas sur cette liste.

ARG., 9:   B: l'a (la seule édition qui corrige).

I,1:   B: la seule édition qui attribue la première tirade à Néron.

1:   B: Riuale?

2:   deuale: descend (cf. *Mariane*, v. 955).

    On ne montera point au rang dont je dévale. (Corneille. *Rodogune*, v. 499).

13:   jalousie: ombrage donné par un prince à un autre par ses forces.

    Par lui j'ai jeté Rome en haute jalousie. (Corneille. *Nicomède*, v. 315).

14:   Talasie: cri que l'on entendait souvent aux noces à Rome: Tallasius était un jeune homme de bonne famille, bien connu et respecté de tout le monde.

28:   frere: Britannicus.

34:   souffrance: complaisance excessive.

    Comme sur les maris accusés de souffrance
    De tout temps votre langue a doublé d'importance. (Molière. *Ecole des Femmes*, v. 67).

46:   B: Ie les pourrois nommer? Pison, Seneque encore!

48:   B: Ils ne s'en sont l'avez que par corruption;

55:   C: pas, au moins nul ne le croit.

61:   Suillius: Suillius Rufus, Publius. Demi-frère de Caesonia, femme de l'empereur Gaius, il fut banni par Tibérius, mais gracié par Gaius. Consul, puis, sous Claudius, procureur, il fut banni de nouveau par Néron.

63:   enerué: affaibli.

    On énerve la religion quand on la change. (Bossuet. *O.F. d'Henriette d'Angl.*).

75: meubles: objets d'usage domestique (cf. vv. 1036, 1543).

> Une coupe, qui est le plus beau meuble de son logis (Racine. *R. sur O.*, iv).

76: delicieux: livrés aux plaisirs.

> Notre siècle délicieux ne souffrir votre dureté. (Bossuet. *Panég. St-Paul*).

83: C: te donner

84: succez: résultat (cf. v. 1413; *Folie*, vv. 488, 560, 892, 1271; *Osman*, vv. 94, 706, 970, 1335).

> Le sage a toujours deux succès devant les yeux (Malherbe. *Traité des bienfaits de Sénèque*, iv, 24).

90: mécognoissances: ingratitude (cf. *Panthée*, v. 690).

92: ressentiment: gratitude (cf. la lettre, p. 1).

102: C: Maistre.

106: B: qu'on le cache?

106: front: intrépidité.

> Ceux qui ont vu de quel front il a paru dans la Salle de Westminster . . . peuvent juger aisément combien il était intrépide . . . (Bossuet. *O.F. d'Henriette de France*).

112: enuy: volonté (cf. v. 425; *Folie*, v. 1357; *Osman*, v. 1086; cf. aussi *Mariane*, v. 3).

> Vous n'avez pu former une si noble envie (Corneille. *Pompée*, v. 825).

126: preuins: agi avant un autre (cf. *Mariane*, v. 739).

126: parricide: attentat sur la personne d'un souverain ou personne capable d'un tel attentat (cf. v. 678; *Osman*, v. 1).

> C'est l'ennemi commun de l'Etat et des Dieux . . .
> Un traître, un scélérat, un lâche, un parricide. (Corneille. *Polyeucte*, v. 782).

145: franchise: liberté (cf. *Panthée*, v. 1248).

180: lustre: espace de cinq ans (cf. *Mariane*, v. 403).

190: consiste: subsiste, se maintient.

> Ne trouvant nulle consistance, quelle misère sera égale à la vôtre? (Bossuet. *Am. d. plais.*, 2).

199: murmure: bruit, tumulte (cf. *Osman*, vv. 331, 715, 920).

> Si l'on eût cru leur murmure,
> Elles auraient, par leurs cris,
> Soulevé grands et petits. (La Fontaine. *Fables*, XII, 26).

199: empressement: manoeuvre (péj.).

> Les soins, les intrigues, les empressements pour s'élever ... (Massillon. *Confess.*).

202: deux de ses amis: Agrippa, retiré à Mitylène, et Mécène à Rome. (Tacite. *Annales*, XIV, 53-56; cf. v. 261).

206: B, C: des Conseils

207: De moy: quant à moi (cf. *Folie*, v. 1373; *Chrispe*, vv. 171, 239; *Osman*, v. 233).

> De moi, sans la laisser je fus mort à l'heure (Desportes. *Elégies*, Discours).

210: teinture: trace, marque.

> Je vous eusse offensé par mes compliments qui ne pouvaient que retenir la teinture de ma mauvaise humeur (Balzac. *Lettres*).

219: lier: astreindre, obliger.

> Juge ainsi de la haine où mon devoir me lie, (Corneille. *Pompée*, v. 1739).

261: Agrippa et Mécène (cf. v. 202).

262: relâche: répit (cf. *Folie*, v. 1366).

> Les passions les plus violentes nous laissent quelquefois du relâche. (La Rochefoucauld. *Maximes*, 443).

263: caduc: défaillant.

> Son père, si vieux et si caduc (La Bruyère, VI, 21).

273: C: Te puis-je comparer

273: preter: la leçon est fautive, et la correction n'est guère mieux. Nous nous rangeons avec Madeleine et optons pour préférer.

286: qui: s'employait pour des choses aussi (cf. v. 747; *Folie*, vv. 328, 610; *Chrispe*, v. 1471).

287: Est-ce: lire Et ce?

291: Tandis: Pendant ce temps (cf. *Chrispe*, v. 1656; *Parasite*, vv. 1060, 1063; *Osman*, vv. 289, 517, 936, 1533).

> Tandis, ce soir chez moi . . . (Corneille. *Suite du Menteur*, v. 1130).

296: compasser: mesurer (avec le compas), régler.

> Tous les arrangements ont été justes et si bien compassés, qu'il n'y a pas eu de moment de perdu. (Sévigné, 18 déc. 1689).

317: jardin de Moecene: cf. l'introduction.

319: éclairez: espionnés.

> Je ferai observer Saldagne et on l'éclairera de si près qu'il ne fera rien sans que nous le sachions. (Scarron. *R.C.*, II, 12).

327: fera raison: donnera une justification.

> Il doit savoir qu'un jour il me fera raison
> D'avoir réduit mon maître au secours du poison. (Corneille. *Nicomède*, v. 581).

329: festiner: régaler en offrant un repas.

> C'est ainsi que vous festinez les dames en mon absence (Molière. *Bourg. gent.*, IV, 2).

330: commodité: avantage.

> Faites-vous médecin vous-même. La commodité sera encore plus grande. (Molière. *Mal. imag.*, III, 14).

335: (Sic) B, C: de tous

369: AEnée: Enée, fils de Vénus et d'Anchise, s'enfuit de Troie en Flammes, portant son vieux père sur ses épaules.

370: chargé: comblé, accablé.

> Il vit chargé de gloire, . . . (Racine. *Mithridate*, v. 1558).

386: soudoye: paie (la solde).

. . . chacun d'eux pourrait soudoyer une armée. (La Fontaine. *Fables*, I, 12).

389: B, C: demy morts

395: fatal: voulu par le destin (cf. *Mariane*, v. 1097).

398: Vers de Troye: selon Tacite et Suétone, Néron aurait chanté le sac de Troie lors de l'incendie de Rome.

402: C: Marée

404: B: dernieres

425: envie: volonté (cf. v. 112).

430: couleur: prétexte (cf. aussi *Osman*, v. 1195).

Vous aurez une couleur pour ne vous point mêler dans ce traîté. (Chapelain. *Lettres*, I, 479).

431: tenant ma partie: menant mon complot (cf. vv. 915, 1324, 1380).

Où va-t-elle si vite, et quel homme la tient? (Molière. *Fâcheux*, v. 154).

La partie qui est . . . dressée contre eux . . . (Malherbe. *Lettres*, 10 sept. 1625).

431: Concert: connivence.

[Il] ne s'aperçut pas que je fusse en concert de sa visite avec M. de Bouillon. (Retz. *Mém.*).

439: s'assure: se fie à.

Faut-il que je m'assure au rapport de mes yeux? (Molière. *D.G.*, v. 1123).

443: feindrois: hésiterais.

Je ne feindrais pas à les mettre immédiatement après ceux du poète de . . . (Chapelain. *Lettres*, II, 78).

445: attende: s'attende à, compte sur.

Ce service . . . n'est pas le seul qu'on attend de vous. (Bossuet. *O.F. Reine d'Angleterre*).

447: expedient: moyen, solution.

> J'ai l'honneur d'avoir trouvé des expédients que le bon
> esprit de l'abbé ne trouvait pas. (Sévigné, 21 oct. 1673).

452: debris: ce qui a échappé à la destruction (cf. *Mariane*, v. 1698).

460: B: d'abord

462: Cerés: Cérès, déesse de l'agriculture.

463: C: Tirans

463: appas: attraits, charmes.

> Et le crime tout seul a pour vous des appas (Racine. *Théb.*,
> v. 114).

478: possible: peut-être (cf. *Mariane*, v. 655).

487: avenir: à venir (graphie fréquente).

500: C: faira

501: Pratiquant: fréquentant, hantant (cf. *Panthée*, v. 1604).

> Pour vous estimer autant que vous le meritez, il faut
> vous avoir pratiqué autant que j'ai fait. (Voiture.
> *Lettres*, 121).

503: curieux: soigneux, scrupuleux (cf. *Folie*, v. 903).

> Examine d'un oeil et d'un soin curieux (Corneille. *Pompée*,
> v. 559).

506: dementir: désavouer, renier (cf. v. 599; *Folie*, v. 1280; cf.
aussi *Chrispe*, v. 140).

> Il courut démentir une mère infidèle (Racine. *Mithridate*,
> v. 471).

508: C: du sang

508: deffaille: fasse défaut, manque (cf. v. 898; *Osman*, v. 1334).

> Un homme n'est point pauvre au regard de ce qu'il a,
> mais au regard de ce qui lui défaut. (Malherbe. *Ep.* 87).

509: flux: flux de bouche, bavardage.

> Ce grand flux de bouche a plus de charlatan . . . que de
> l'homme d'honneur. (Malherbe. *Ep.* 40).

510: alors que: quand (cf. *Folie*, v. 1515; *Osman*, v. 859).

> On offense un brave homme alors que l'on l'abuse. (Molière. *Dépit am.*, v. 261).

519: emploi: mission.

> [Je suis venu] m'acquitter, Seigneur, du malheureux emploi (Racine. *Phèdre*, v. 1591).

522: à vertu: comme vertueuses.

> Tenez à bonheur de n'être pas à son goût. (Chapelain. *Lettres*, II, 207).

535: si je ne suis trompé: si je ne me trompe (cf. *Folie*, v. 791).

> Je suis la plus trompée du monde, ou il a . . . (Molière. *Bourgeois gent.*, III, 7).

536: C: quelque propos.

547: C: tout à l'heure

547: tout à l'heure: sur le champ (cf. *Panthée*, v. 357).

573: C: cet ouurage

577: B: cét morne

587: B: ce detournant

599: demente: contredise, renie (cf. v. 506).

600: filet: fil ténu.

> Son âme ne tenait plus qu'à un filet. (Racan. *Lettres*, 16 mai 62).

618: B: se sont

637: Lucain: Pison est un ieune homme. (L'autre moitié du vers manque).

648: B: Qu'vn l'âge

654: hautaine: noble.

> Nous verrons la vertu de cette âme hautaine. (Corneille. *Hér.*, v. 991).

658: s'empesche: s'abstient.

> Les Religieuses avaient plus d'un moyen pour s'empêcher en justice de lui rien rendre. (Racine. *Port Royal*, II).

675: nourrir: éduquer (cf. *Panthée*, v. 1224).

678: parricide: attentat sur la personne d'un souverain (cf. v. 126).

680: nourrisson: élève (cf. vv. 675, 694).

681: trame: machination (cf. v. 1411).

> Il avait fait une trame, à la faveur de laquelle il était prêt de mettre cette ville entre les mains de D. Pedre. (St-Réal. *Conj. c. Venise*).

694: nourriture: nourisson (ici au sens d'enfant élevé; cf. v. 675).

> Et conserver chez soi sa chère nourriture (Corneille. *Nic.*, v. 571).

701: possible: peut-être (cf. *Mariane*, v. 655).

704: Vn vieux Cilicien: Saint Paul de Tarse.

717: B: Procul

ARG., 9: du mesme temps: au même temps (pour l'emploi de <u>de</u> pour <u>à</u>, cf. vv. 1336, 1476; *Panthée*, 1426).

723: Vologese: roi des Parthes, frère de Tiridate. Tiridate était roi d'Arménie et tributaire des Romains, mort vers 73.

739: amorce: séduction (cf. *Panthée*, v. 1155).

743: Allemans: troupes favorites de Néron et qui jouissaient de sa confiance (Tacite. *Ann.*, XV, 57-58; cf. vv. 1203-1206).

747: qui: ce qui (cf. v. 286).

749: Entrepris sur: attaqué.

> Je n'entreprendrai point sur les droits de Borée. (La Fontaine. *Fables*, IX, 7).

750: trauersé: contrarié (cf. *Folie*, v. 425).

752: (sic) La ponctuation semble capricieuse ici; une simple virgule s'impose.

756: asseure: rassure.

> Un oracle m'assure, un songe me travaille. (Corneille. *Horace*, v. 1211).

772: Squadre: escouade.

> [il y avait] un capitaine, un lieutenant, un enseigne, un sergent et plusieurs chefs d'esquadre dans chaque compagnie. (Prade. *Hist. de Gustave-Adolphe*).

772: Micene: ancienne ville d'Argolide, près d'Argos.

788: ombrage: soupçon (cf. *Folie*, v. 655).

> Quand d'un injuste ombrage
> Votre raison saura ne réparer l'outrage. (Molière. *D.G.*, vv. 255-256).

797: sonder (sic)

807: dénier: nier.

836: B: de mon coeur

836: C: de ce coeur

840: ourdissoit: tramait.

> Que ne sait point ourdir une langue traîtresse (La Fontaine. *Fables*, III, 6).

847: C: ses artifices

856: C: tu pares

864: recherche: action de courtiser (cf. *Folie*, v. 1418).

> Il est résolu . . . de mourir en la recherche (Malherbe. *Comment. sur Desportes*).

872: De quoy: de ce que, que.

> Je ne m'étonne plus de quoi je gagne tant. (Corneille. *Gal. p.*, v. 1396).

881: Possible: peut-être (cf. *Mariane*, v. 655).

882: C: et mourrit (non sens).

892: ressentiment: sentiment (cf. *Panthée*, v. 98).

898: me deffaut: me fait défaut, me manque (cf. v. 508).

901: objet: spectacle (cf. *Folie*, v. 245).

908: gesne: torture (cf. vv. 1130, 1175, 1366, 1713; *Folie*, v. 809; *Célimène*, v. 69).

> Allons, vite, des commissaires, des archers, des prévôts, des juges, des gênes . . . (Molière. *Avare*, IV, 7).

915: partie: complot (cf. v. 431).

918: éuantent: découvrent.

> Cicéron qui de Catalina éventa prudemment la mine . . . (Scarron. *Oeuvres burl.*).

938: espics: épis.

> Les épics prêts à couper grillent (Scarron. *Virg. tr.*, II, 1226).

943: ce songe . . . sont: le verbe pouvait être au pluriel ou au singulier avec un sujet collectif (cf. *Osman*, v. 986).

> Une infinité se vantaient . . . (Malherbe. *Lettres*, 20 fév. 1614).

945: guerets: champs et moissons.

> Cérès s'enfuit éplorée
> De voir en proie à Borée
> Ses guérets d'épis chargés. (Boileau. *Odes*, I).

948: Epaphrodite: Hapaphroditus, un affranchi de Néron. (Tacite. *Ann.*, XV, 55).

966: indice: dénonciation.

> Si pourtant quelque grâce est due à mon indice,
> Faites périr Euphorbe au milieu des tourments. (Corneille. *Cinna*, v. 1686).

970: possible: peut-être (cf. *Mariane*, v. 655).

970: Fantosme: chimère (cf. *Folie*, v. 1458).

> Faut-il que vous soyez la dupe de ces vains fantômes? (Sévigné. 14 juin 1677).

1011: B, C: fil

1024: espars: répands.

> Lorsque l'aube, en suivant la nuit qu'elle a chassée,
> Epart ses tresses d'or . . . (Viau. *Pour Mlle de M.* . . .).

1026: devant: avant (cf. v. 1782; *Célimène*, v. 452; *Osman*, vv. 152, 482; *Parasite*, vv. 116, 1062).

> Encor que vous partiez beaucoup devant le jour (Corneille. *Pl. r.*, v. 1119).

1027: affrancher: (sic) affranchir?

1031: C: qu'on te fourbisse

1036: meuble: objet d'usage domestique (cf. v. 75).

1037: B: l'auoit

1037: C: l'auroit

1054: ressentiment: gratitude (cf. la lettre, p. 1).

1091: B: le premier hémistiche est relié à la tirade précédente.

1105: objet: spectacle (cf. *Folie*, v. 245).

1110: exercer: soumettre à une épreuve.

> Dieu a permis qu'elle fût exercée par les plus grandes tribulations . . . (Racine. *Port Royal*, II).

1130: gesner: torturer (cf. v. 908).

1134: ingenu: sincère, franc (cf. *Folie*, vv. 271, 1533).

> Son récit ingénu redoubla la pitié. (La Fontaine. *Contes*, II, 3).

1135: front: expression de visage (cf. *Parasite*, v. 436).

> Sa facile bonté, sur son front répandue (Racine. *Britannicus*, v. 1591).

1139: prend le change: se trompe.

> Il a surtout un palais sûr, qui ne prend point le change, et il ne s'est jamais vu exposé à l'horrible inconvénient de manger un mauvais ragoût . . . (La Bruyère, XI, 122).

1142: C: m'accapable

1147: Durant que: pendant que.

> Qu'on l'honore partout, durant qu'on t'humilie (Corneille. *Imit.*, III, 4178).

1175: gesne: torture (cf. v. 908).

1176: accoursir: accourcir.

1182: endroits: moments, circonstances (cf. *Parasite*, v. 1272).

> Il y a des endroits dans la vie qui sont bien amers. (Sévigné, le 14 mai 1675).

1193: coup de partie: coup habile dont les conséquences sont décisives.

> Ce que je viens de faire est un coup de partie qui les sauve tous quatre et moi-même avec eux. (La Chaussée. *Mélanide*, III, 8).

1194: C: Passer iusqu'au Trône

1194: monument: tombeau (cf. *Panthée*, v. 1340).

1203: garde Allemande (cf. v. 743).

1207: B: harangue

1242: possible: peut-être (cf. *Mariane*, v. 655).

1267: accident: ce qui survient, coup du sort (cf. *Folie*, v. 482; *Osman*, v. 323).

> Je te donnai sa place en ce triste accident. (Corneille. *Cinna*, v. 1463).

1287: avant que: avant de (cf. *Chrispe*, v. 550; *Osman*, v. 287).

> Avant que nous lier il faut mieux nous connaître (Molière. *Misanthrope*, v. 282).

1291: C: douleurs

1315: mouuement: impulsion (cf. *Osman*, v. 1151).

> Votre chaleur est grande, et cet emportement
> De la nature en vous marque le mouvement (Molière. *F. sav.*, v. 1384).

1323: alentie: ralentie, calmée.

> Je veux de son rival alentir les transports (Molière. *Etourdi*, v. 1094).

1324:   rompre: renoncer à.

>   Il a rompu son voyage (Malherbe. *Lettres*, 10 sept. 1625).

1324:   partie: trame (cf. v. 431).

1336:   te resous-tu de: te résous-tu à (cf. *Folie*, v. 255; *Osman*, v. 933; cf. aussi *Panthée*, v. 1426; *Sénèque*, Arg. III et v. 1476).

>   Il se résolut de s'éloigner (d'Urfé. *Astrée*, II, 239).

1339:   suffisant: qualifié, capable.

>   Rien n'est-il suffisant d'en arrêter le cours (Molière. *Dép. am.*, v. 754).

1361:   marchande: hésite.

>   [Le Pape] ne marchande pas à dire qu'il doit la sienne à M. l'Ambassadeur. (Sévigné, 27 nov. 1689).

1364:   enclos: enfermé.

>   Une lettre que vous trouverez enclose en ce paquet . . . (Malherbe. *Lettres*, 23 juin 1609).

1366:   gesner: torturer (cf. v. 908).

1380:   part: complot (cf. *partie*, v. 431).

1396:   faire l'office: rendre le service.

>   . . . c'est un office que j'ai fait à l'humanité. (Malherbe. *Bienf. Sén.*, V, 20).

1411:   trame: machination (cf. v. 681).

1413:   succez: résultat (cf. v. 84).

ARG., 10: dessigné: conçu, projeté (cf. *Mariane*, v. 782).

V,1:   B: seule édition qui corrige: Pauline; à remarquer que Sénèque est seul au début de cette scène.

1433:   auenuës: voies d'accès.

>   . . . garder les avenues de la Russie. (Racine. *Frag. hist.: Pologne*).

1450:   indication scénique: B: Pauline entre.

1453:   B: Pauline

1455: imprimans: marquant d'une empreinte (vieilli).

> Phovère imprime, en tombant de son long,
> La poudre molle . . . (Ronsard. *Franciade*, II, iii, 80).

1458: fait eau: laisse entrer l'eau.

> Alcibiade ne renversera-t-il pas ma barque qui est vieille et qui fait eau partout? (Fénelon. *Télémaque*, XIX).

1476: s'appreste de: s'apprête à (vieilli) (cf. *Panthée*, v. 1426; *Sénèque*, Arg. III et v. 1336).

> Je suis appresté, si tu veux,
> De te sacrifier cent boeufs (Ronsard. *Odes*, III, 10).

1503: sur le poinct que: au moment où (cf. *Chrispe*, v. 139).

> Au point que j'expirais, tu m'as rendu le jour (Tristan. *L'extase d'un baiser*).

1509: me ressentir: garder de la rancune (cf. v. 1518; cf. aussi *Panthée*, v. 98; *Folie*, v. 116; *Sénèque*, lettre).

> Malgré notre amitié, je m'en dois ressentir (Corneille. *Suite Menteur*, v. 1859).

1514: eus . . . part: participai (cf. *Osman*, v. 642).

> . . . ils ont part . . . au vol que l'on m'a fait (Molière. *Avare*, IV, 7).

1518: me ressentir: garder de la rancune (cf. v. 1509).

1535: Le Ciel lui rende: que le Ciel lui rende la pareille.

> Que le Ciel vous le rende, Madame. (Marivaux. *Pays parv.*, I).

1540: disgrace: malheur (cf. *Folie*, v. 727; *Osman*, vv. 751, 966, 1344).

> Ah! malheur! ah! disgrace, ah! . . . (Molière. *Amour méd.*, I, 6).

1543: meuble: objet d'usage domestique (cf. v. 75).

1552: retire: tire, délivre.

> Cet avis retira M. le Prince de son incertitude. (La Rochefoucauld. *Mémoires*, II).

1572: C: Si pour me contenter

1577: Neueux: postérité.

    Votre règne aux neveux doit servir de modèle. (Racine. *Esther*, v. 597).

1582: C: en le mettant

1586: ressentiment: sentiment de douleur (cf. *Mariane*, v. 1457).

1595: C: que ie cede

1638: B: Ne s'est iusqu'icy comblé de tant de biens.

1640: caution: garantie.

    Je la garantis détestable. La caution n'est pas bourgeoise. (Molière. *Crit. Ecole fem.*, sc. 5).

1641: comme: comment (cf. *Panthée*, v. 940).

1656: C: en la bouche.

1658: te departir: désister (cf. aussi *Mariane*, v. 1284).

    Tu ne t'es pas départi d'y prétendre? (Molière. *Avare*, IV, 5).

1675: sens: jugement.

    Nicole a raison et son sens est meilleur que le vôtre. (Molière. *Bourg. gent.*, III, 2).

1683: B, C: suiuroit

1696: nomme: (sic) <u>nomma</u> semble s'imposer.

1707: envie: malveillance (cf. *Mariane*, v. 3).

1712: B, C: mourray

1713: torturer (cf. v. 908).

1718: la femme aux trois maris (cf. l'introduction): Tristan remettra une telle confrontation sur la scène dans *Chrispe*, v. 1200 et sq.

1727: Alecton: une des Furies.

1734: sein: signature.

    Ce billet démenti pour n'avoir point de seing (Molière. *D.G.*, v. 566).

1735: C: ta vehemence

1742: Boute feu: celui qui excite des discordes ou suscite des querelles.

> Impudents boutefeux de noise et de querelle   (Malherbe.
> *Plainte sur une absence*, v. 82).

1746: oeuvre: genre incertain alors.

> . . . un oeuvre de salut (Corneille. *Imit.*, IV, 1309).

1754: L'Oncle de son Amant: Sénèque, oncle de Lucain (cf. vv. 545-564).

1769: perte: (sic) lire peste de cour.

> . . . pour opposer un honnête homme à cette peste de cour . . .
> (Racine. 2e préface à *Britannicus*).

1771: Cordoue: lieu de naissance de Sénèque.

1774: l'on forme: (sic) lire conforme.

1782: devant: avant (cf. v. 1026).

1784: desprendre: se dégager de.

> Ses bras faisaient de vains efforts
> A déprendre ces sales corps. (Scarron. *Virg. trav.*, II, 876).

1785: cognoissant: se rendant compte (cf. *Folie*, v. 1659).

1799: Estuue: Fauste (*Chrispe*) elle aussi mourra dans une étuve.

1817: B, C: que l'on ne peut

1817: vider: (sic) lire violer.

1833: B, C: Qu'à peine

1844: soudain: aussitôt (cf. *Folie*, v. 604).

> On dessert, et soudain la nappe étant levée . . . (Boileau.
> *Lutrin*, I).

1848: Assiette: disposition, état d'âme (cf. *Panthée*, v. 820).

1850: forcene: perds la raison (vieilli).

> Je forcène de voir que sur votre retour
> Un traître assure ainsi ma perte et son amour. (Corneille.
> *Veuve*, vv. 1913-1914).

1851: Erinne: Erinnye; Néron savait parfaitement le grec, ce qui rend possible l'emploi du mot grec pour ce que les Romains nommaient une Furie. (cf. *Mariane*, v. 1227).

1859 : soûpire après : désire ardemment.

    Ainsi n'espérez pas qu'après vous je soupire. (Corneille. *Polyeucte*, v. 1115).

LA FOLIE DU SAGE

INTRODUCTION

Munie d'un privilège du 17 octobre 1644 et d'un achevé d'imprimer du 8 janvier 1645, *La Folie du sage*, la seule tragi-comédie de Tristan, remporta un assez grand succès. Toutefois, il n'existe aucun renseignement sûr quant à sa date de composition ou de représentation. Selon Lancaster, la pièce doit être antérieure à 1643; selon Carriat (*Choix*, p. 244), *La Folie du sage* date de 1644. Essayons de résoudre ce problème.

Comme nous l'avons déjà vu, Tristan ne tarde guère à livrer ses pièces aux comédiens et à l'imprimeur, habitude qu'il abandonnera vers la fin de sa vie. Dans son épître à Marguerite, duchesse d'Orléans, il fait allusion aux "nouveaux lauriers" de Gaston d'Orléans et à la réunion des époux. Or, ce n'est qu'après la mort de Louis XIII et après que Gaston d'Orléans est nommé Lieutenant Général du royaume le 18 mai 1643, que Marguerite rentre en France et que cette réunion peut avoir lieu. Après une lutte acharnée, Marguerite consent à réaffirmer son mariage et s'installe au Palais du Luxembourg (Abraham, p. 72). Entre le retour de Marguerite et le 17 octobre 1644 (date du privilège), Gaston ne prend part qu'à une "glorieuse expédition": le siège et la prise de Gravelines qui se rend le 28 juillet 1644 (Abraham, p. 92). L'épître dédicatoire à Marguerite a donc dû être écrite fort peu avant le privilège.

Le succès de la pièce, phénomène curieux pour l'époque, pourrait également nous aider à préciser la date de composition.

Selon Mahelot,[1] la tragi-comédie correspond au goût du public et remporte ses plus grands succès entre 1633 et 1635. Après 1635, on constate un déclin rapide en faveur de la tragédie et de la comédie. *La Folie du sage* paraît en 1645 ainsi que quatre autres tragi-comédies; 1649 voit paraître la quatrième édition de la pièce de Tristan et seulement deux autres nouvelles tragi-comédies. Après cette date, les réimpressions se font plus rares. Comment peut-on expliquer le succès d'une pièce qui semble aller contre le goût de l'époque et qui aurait dû être vouée à l'échec?

Il est dangereux d'établir des parallèles entre une pièce et le milieu dans lequel elle a été conçue. Cependant, un tel parallèle nous permettra d'indiquer les raisons de ce succès. D'ordinaire, la tragi-comédie, écrite d'un style libre et dont le milieu et les personnages n'ont rien à voir avec l'histoire, doit transporter le lecteur en plein rêve. La pièce de

---

[1]Les paragraphes qui suivent sont extraits de l'article "Le succès inexpliqué de *La Folie du sage* de Tristan" (C. Abraham) *Romance Notes* III (Automne 1961), pp. 25-29.

Tristan va à l'encontre de cette tradition; les allusions aux événements contemporains foisonnent et ont sans doute contribué au succès — toutefois éphémère — de la pièce.

Après une querelle avec Richelieu, Gaston d'Orléans prend ombrage, quitte la cour et va se réfugier à Orléans en janvier 1631. Le 11 mars 1631, voyant que Gaston lève des troupes, Louis XIII se met à la tête d'une armée et poursuit son frère qui va se réfugier à Nancy chez le duc de Lorraine. Assiégé par le roi et voyant qu'il ne peut tenir contre lui, le duc de Lorraine finira par se soumettre à ses volontés et Gaston sera contraint de quitter la Lorraine. Il va à Bruxelles d'où, avec l'aide de l'Espagne, il lève des forces et envahit la France où il rejoint celles de Montmorency. La défaite de Castelnaudary, cependant, ne marque guère la fin de cette aventure, quoique Montmorency soit décapité et que Gaston d'Orléans, s'avouant vaincu, reparte pour Bruxelles. En juin 1633, Louis XIII apprend que Gaston d'Orléans est en relations secrètes avec la Lorraine; Louis XIII assiège Nancy et le 4 septembre 1633, craignant pour sa vie, Marguerite de Vaudémont revêt un habit d'homme et prend la fuite pour rejoindre son époux. Louis XIII essayera en vain de faire annuler le mariage sous prétexte de rapt; pour montrer sa bonne foi, Gaston épousera Marguerite une seconde fois et fera approuver le mariage par le Pape et les docteurs de Louvain. Vers la fin de 1633, Gaston d'Orléans essuie une série de défaites et, abandonné par ses alliés, il doit s'avouer vaincu. Il laisse Marguerite à Bruxelles et rentre en France. Les époux ne se retrouveront qu'après la mort de Louis XIII.

Les amours contrariées et enfin heureuses de Roselie font penser à Marguerite de Vaudémont. Comme Louis XIII pour Gaston et Marguerite, le roi s'oppose au mariage de Roselie et Palamède, quoique pour des raisons différentes. Palamède se soumettra aux volontés du roi sans toutefois oublier son amour. Sa situation est délicate et il ne se sent pas en droit de soulever un pays au nom d'une cause aussi personnelle. Gaston, par contre, n'hésitera pas à fomenter une guerre civile pour défendre son amour. Roselie, qui est prête à tous les sacrifices pour Palamède, rappelle également la situation de Marguerite. Il n'est donc pas déplacé de faire certains rapprochements entre les personnages historiques et ceux de la pièce. Il serait néanmoins faux de croire que *La Folie du sage* est une pièce à clef; elle offre plutôt un miroir au spectateur qui a pu y trouver des allusions à des personnages et à des événements de l'époque; ces passages sont assez nombreux et nous en citons quelques-uns à titre d'exemple:

Lorsque Canope, la confidente de Roselie, lui parle de Palamède en ces termes:

> La Fortune vous suit, et vous voyez encore
> Qu'vn Seigneur accomply vous sert et vous adore,
> Que l'Amant le mieux fait qui soit dessous les Cieux
> A soumis son merite au pouuoir de vos yeux;
> Et que tout contribuë a l'heureux hymenée
> Qui ne fera qu'vn sort de vostre destinée. (vv. 321-326)

le lecteur averti pouvait y voir une allusion à l'amour de Gaston pour Marguerite et, s'il n'en était pas sûr, la réponse de Roselie devait lui ôter tout doute à ce sujet:

> Ie crains auec sujet que de sa Majesté
> Ce dessein d'himenée ait esté rebuté.
> Il en a fait refus auec quelque rudesse,
> Et mon pere en a pris cette grande tristesse. (vv. 335-338)

Ces paroles, en effet, nous rappellent le désarroi dans lequel la colère royale avait plongé le duc de Lorraine. Pour Roselie, en outre, l'intervention du roi est présage de malheurs:

> Et si i'ay resolu de te garder ma foy,
> Si ie ne puis aymer tout autre amant que toy,
> Quel pleige puis-je auoir en ce iour deplorable
> Qui me puisse empescher de viure miserable? (vv. 551-554)

Palamède réagira d'une façon semblable à celle de Gaston; que répondra-t-il à une déclaration aussi ouverte? Proposera-t-il la révolte?

> Feray-ie en vn instant par toute vne Prouince
> Reuolter des sujets contre leur propre Prince? (vv. 561-562)

ou la fuite:

> Quand nous entreprendrions vne fuite secrette,
> Auons-nous seulement aucun lieu de retraite
> Où ce Roy qui s'est fait en tous lieux redouter
> N'ait la facilité de nous persecuter?
> Vous feray-ie embarquer pour vne fin tragique?
> Il regne vn vent du Nord qui porte vers l'Affrique,
> Et qui ne nous promet en cette auersité
> Qu'vn nauffrage, ou du moins qu'vne captiuité. (vv. 565-572)

Gaston penchera pour ce dernier choix et c'est à Bruxelles, à la cour austère de l'Infante Isabelle, qu'il cherche asile. Comme nous l'avons déjà signalé, Gaston d'Orléans finira par se soumettre à la volonté royale et rentrera en France. A peu de choses près, Palamède agit de façon semblable: il n'arrive pas à se donner la mort et va humblement se prosterner devant le roi.

Tristan a servi Gaston pendant de longues années sans recevoir de grandes récompenses. Le fait qu'il dédie la pièce à Marguerite nous permet de croire qu'il espérait trouver un meilleur sort auprès d'elle. Dans sa pièce, Tristan confie le rôle principal à Roselie qui, comme Marguerite pour Gaston, comprend très bien la différence entre sa façon d'aimer et celle de Palamède. Ayant à choisir entre le devoir et l'amour, elle opte pour l'amour et refuse de se soumettre au roi et à son père. Devant une telle résistance, le père finira par s'incliner et, comme le duc de Lorraine, prévoit tous les ennuis que peuvent lui causer une telle décision. Toutefois, le roi de Sardaigne, tout comme le roi de France, devra s'avouer vaincu devant un tel amour.

Il est évident que l'épître dédicatoire ne concerne guère la représentation; cependant les exemples que nous avons cités semblent indiquer que Tristan n'a terminé sa pièce qu'après le retour de Marguerite et son installation triomphale. Pour ces raisons, nous croyons, comme M. Carriat, que la pièce date bien de 1644. D'ailleurs, c'est entre 1644 et 1649, date de la quatrième édition, que Gaston d'Orléans atteint le comble de sa gloire. Tout le monde chante les louanges de celui qu'on n'hésitera pas à baptiser "le roi Gaston" lors de la maladie du jeune Louis XIV. Ainsi, pendant cette époque, on vante les anciennes prouesses de Gaston, et on cherche à masquer sous de nobles sentiments, les exploits peu reluisants de sa jeunesse. *La Folie du sage* répond parfaitement à cette double exigence, d'où sa popularité. Une vois la Fronde terminée et le roi rétabli dans ses fonctions, Gaston s'installera à Blois et ne fera plus guère parler de lui; *La Folie du sage* tombera également dans l'oubli.

Pour Bernardin, Lancaster et Madeleine, Tristan fait preuve d'une grande originalité dans *La Folie du sage*, qui doit peu à son *Page disgracié* et encore moins à l'*Edouard* de La Calprenède. Sans vouloir nier l'originalité de Tristan, il nous semble que les dettes littéraires de l'auteur soient des plus variées. En ceci, nous nous rangeons à l'avis de plusieurs critiques contemporains dont Carriat, Dalla Valle et Engel. Il semble bien que Tristan se soit inspiré de La Calprenède pour les deux premiers actes, mais par ailleurs, on trouve aussi des lieux communs de l'époque, comme dans les deux vers que nous citons à titre d'exemple:

>   Ma Fille vaut trop peu pour estre votre femme,
>   Mais pour une Maitresse elle vaut trop aussi.

On retrouve à peu près les mêmes sentiments dans *Henri VI*, IIIe partie, lorsque Lady Jane Grey s'écrie "I know I am too mean to be your queen. And yet too good to be your concubine" (vv. 97-98) ou encore dans *Las Paredes oyen* d'Alarcon (III, vv. 223-224), dans *Los Pechos privilegiados* (I, 7, vv. 49-52) ou dans *La Prueba de las promesas* (vv. 1377-1380).

L'influence de Shakespeare, d'ailleurs, se manifeste à plusieurs reprises: la première scène de la pièce fait penser à *Hamlet* et à la scène entre Claudius et Polonius; la reconnaissance du roi rappelle la scène entre Claudius et Laertes. Tristan aurait également pu emprunter l'idée du poison-somnifère à *Roméo et Juliette*; cependant, comme l'a signalé H. Hauvette,[2] il s'agit là d'une très vieille tradition qui se retrouve dans plusieurs littératures. Tristan aurait tout aussi bien pu s'inspirer d'auteurs italiens, espagnols, ou français.

Quant à la folie, elle aussi représente un des lieux communs de la littérature. A l'époque de Tristan, *L'Hôpital des fous* de Charles Beys et *Les Visionnaires* de Desmarets de Saint-Sorlin trouvent faveur auprès du public et tout particulièrement *Les Visionnaires* (1637), dont le succès est attesté par le nombre de réimpressions (1638, deux fois en 1639, 1640, 1641, 1644).

---

[2] *La "Morte vivante"* (Paris, 1933).

Toutefois, comme l'ont indiqué tous les critiques contemporains, Tristan emprunte l'idée de la folie aux derniers chapitres de son roman *Le Page disgracié*. En effet, dans le chapitre cinquante-deux de la deuxième partie, nous voyons Ariston succomber "à des fièvres ardentes accompagnées de frenaisie" qui le mirent "dans de merueilleuses resveries."

> . . . ie parlois presque incessamment, et debitois des choses si peu ordinaires que toute la ville où l'on m'auoit fait porter pour me traitter, eut de la curiosité pour me voir. Il y eut vn Chirurgien qui me vint parler, et si tost qu'il m'eut dit de quelle profession il se mesloit, ie me mis à l'interroger sur tous les principes de la Chirurgie, et luy fis des récapitulations de tout ce que i'auois recueilly de Pline, de Pomponius Mela, d'Aelian, d'Aldrouandus, Belon, Gesnerus, et autres qui ont escrit, ou de la Medecine ou de l'Histoire des animaux, si bien que le déréglement de mon esprit rendit lors Ma chambre aussi fréquentée qu'vn theatre.

De là à la scène entre Ariste et son médecin, il n'y a qu'un pas.

L'érudition dont Ariste fait preuve, d'ailleurs, ne doit guère nous étonner. Nous avons déjà signalé la curiosité intellectuelle de Tristan et si l'on jette un coup d'oeil sur les notes qui accompagnent *Les Plaintes*, sur *Les Principes de cosmographie*, sur le "Portrait burlesque de la médecine", ou encore sur le chapitre du *Page disgracié* dans lequel Scévole de Sainte-Marthe lui confie le soin de sa bibliothèque, l'on s'apercevra bientôt que Tristan était loin d'ignorer ce dont il dressait une si longue liste. La bibliothèque d'Ariste, toutefois, peut surprendre, moins par son étendue, que par le fait qu'on y trouve des auteurs dont les oeuvres ont disparu — et avaient déjà disparu au XVIIe siècle.

Le lecteur contemporain risque de ne pas apprécier les qualités de *La Folie du sage*: le nombre d'équivoques (très à la mode au XVIIe siècle) et les torrents de paroles que déverse Ariste peuvent facilement engendrer l'ennui. Cependant, Tristan ne faisait que renouveler la fantaisie verbale pour un public qui la savourait pleinement. Le goût change selon les époques, comme en témoigne le succès éphémère qu'a connu la pièce de Tristan. Malgré ses emprunts et son aspect d'actualité, il n'en reste pas moins vrai que Tristan a fait preuve d'une très grande originalité dans *La Folie du sage*.

BIBLIOGRAPHIE

Editions émises du vivant de Tristan

    A: *La folie du sage* (Paris: Quinet, 1645). In-4 de (12)-104 pp.

        p. (1): frontispice de C.F.
        p. (3): titre
        pp. (5-9): épître dédicatoire
        p. (10): privilège (17 octobre 1644; achevé d'imprimer du 8 janvier 1645)
        p. (11): personnages
        p. (12): argument du premier acte
        pp. 1-104: texte

    B: *La folie du sage* (Paris: Quinet, 1645). In-12 de (12)-84 pp.

        Sans frontispice. Même privilège et achevé d'imprimer et même ordre que A sauf pour le privilège qui suit le texte.

    C: Est une contrefaçon.

    D: *La folie du sage* (Paris: Quinet, 1649). In-12 de (8)-83 pp.

        Même ordre que A, mais sans frontispice, privilège, ou achevé d'imprimer.

LA
FOLIE DV SAGE

TRAGI-COMEDIE

Par le S.r TRISTAN l'Hermite

A PARIS

Chez Toussaint Quinet au Palais

Auecq Priuilege   1645   du Roy

LA
FOLIE
DV SAGE

TRAGICOMEDIE.

PAR M^R DE TRISTAN

A PARIS,

Chez TOVSSAINCT QUINET, au Palais, dans la petite Salle,
sous la montée de la Cour des Aydes.

M. DC. XXXXV.
AVEC PRIVILEGE DV ROY.

A

SON ALTESSE

ROYALE.

MADAME,

  I'imite les Sacrifices des Anciens en la qualité de cette offrande. Ils presentoient à quelques-vnes de leurs Diuinitez les choses qui leur estoient les plus contraires. Aussi presentant cette Tragicomedie à Vostre ALTESSE ROYALE, i'offre vne espece de FOLIE à vne Princesse qui peut passer pour la viuante Image de la SAGESSE. C'est vne verité, MADAME, si generalement recognuë Qu'elle ne reçoit point de controuerse: il n'y a personne qui ne sçache que l'illustre sang de Godefroy est passé iusques à Vostre ALTESSE sans aucune alteration, & que vous en retenez aussi bien la pieté que vous en conseruez les Armes. Vostre ALTESSE a fait dire d'elle dés sa plus tendre ieunesse qu'elle estoit vne Plante Royale de la nature de l'Eliotrope qui se tourne tousiours vers le Soleil. Vous auez tousiours sainctement consideré cette eternelle Beauté dont la vostre n'est que l'image. Vous auez tousiours parfaitement honoré cette infinie Source de biens où vous auez puisé tant de graces. A cela, MADAME, on peut dire qu'vne grande & vertueuse Princesse proche parente de Vostre ALTESSE a contribué beaucoup de ses soins, vous ayant éleuée à la Pieté en la propre Maison de Dieu. Mais pour le finissement d'vn si beau Chef d'oeuure, il n'a quasi pas esté besoin de ces excellentes instructions, il a presque suffi de ses sainctes Exemples. Vostre ALTESSE auoit en naissant vne si grande disposition au bien qu'elle a fait paroistre vne Sagesse acheuée en vn aage où les autres personnes de son sexe ne font que commencer à l'estudier. Le Diuin Autheur de toutes choses, ce grand Ouurier qui fait ordinairement espreuue de la bonté de ces Ouurages, lors qu'il se propose de les éleuer, a visité bien exactement vostre vertu par plusieurs années. C'est vn Or qu'il a voulu mettre à la coupelle des afflictions pour faire mieux cognoistre son excellence. Il a permis que Vostre ALTESSE ait senty les peines que souffre vne fidelle moitié lors qu'elle est separée de son tout. Mais apres auoir fait durer cet orage iusques au poinct qu'il s'estoit proposé pour sonder la fermeté de vostre Ame, il a fait cesser la tempeste. Il a tiré Vostre ALTESSE du trouble à la tranquillité, & l'a faite passer d'vn long ennuy, dans vn paisible estat de ioye. Il semble mesme que sa Bonté pour recompenser vostre merite a fait des efforts extraordinaires en ceste heureuse conionciure, & qu'elle n'a point voulu tirer Vostre ALTESSE d'entre les espines, pour l'a faire marcher sur des Roses,

sans couurir presque en mesme temps Monseigneur vostre mary de
nouueaux lauriers, afin que vostre felicité fust plus complette,
voyant couronner sa valeur aussi bien que vostre constance, & vous
treuuans tous deux triomphans, vous de la cruauté de la Fortune;
& luy des Ennemis de cet Estat. Cette glorieuse expedition, fameuse
par toute l'Europe ne s'est point faite auec tant d'heur, sans que
la Diuine Prouidence ait consideré vos sainctes prieres. Les voeux
de Vostre ALTESSE, MADAME, ont obtenu des benedictions pour ses
Armes. Vostre Esprit assiste de vostre Oratoire à tout ce que son
courage fait de grand à la campagne. La France espere, MADAME,
qu'en suite de ces grands progrez où vostre pieté prend part,
Vos ALTESSES ROYALES auront quelque fruict de leurs chastes affections, & qu'on verra naistre de vostre lict vn nouueau suport de
ceste Couronne. Ce sera, MADAME, vne des recompenses de vos vertus,
qui sera conforme aux souhaits que fait pour le comble de vos
prosperitez,

MADAME,

De Vostre ALTESSE ROYALE

Le tres-humble & tres-obeissant

seruiteur,

TRISTAN L'HERMITE.

Extraict du Priuilege du Roy.

Par grace & Priuilege du Roy donné à Fontainebleau le 17. iour d'Octobre 1644 signé, Par le Roy en son Conseil, LE BRVN. Il est permis à TOVSSAINCT QUINET, Marchand Libraire à Paris, d'imprimer ou faire imprimer, vendre & distribuer vne piece de Theatre intitulée, *La Folie du Sage, de Mr de Tristan*, durant le temps de cinq ans, à compter du iour qu'il sera acheué d'imprimer. Et defenses sont faites à tous Imprimeurs, Libraires & autres de contrefaire ladite Piece, ny en vendre ou exposer en vente, à peine de mil liures d'amende, de tous ses despens, dommages & interests, ainsi qu'il est plus amplement porté par lesdites Lettres qui sont en vertu du present Extraict tenuës pour bien & deuëment signifiees, à ce qu'aucun n'en pretende cause d'ignorance.

Acheué d'imprimer pour la premiere fois le 8. Ianuier 1645.

Les Exemplaires ont esté fournis.

PERSONNAGES.

LE ROY DE SARDAIGNE.

ARISTE, Seigneur de la Cour.

PALAMEDE, Fauory du Roy.

ROSELIE, Fille d'Ariste, Maitresse de Palamede.

CANOPE, Confidente de Roselie.

ALFONSE, Gentilhomme.

TIMON, Capitaine des Gardes.

CLEOGENE, Gentilhomme de la Maison d'Ariste.

VN MEDECIN.

VN OPERATEVR.

ARGVMENT

DV

PREMIER ACTE.

1. Le Roy de Sardaigne se loüe des seruices & de la fidelité d'Ariste, & l'ayant reduit au poinct de ne pouuoir assez loüer sa bonté, le jette presque dans le desespoir, en luy témoignant qu'il est amoureux de sa fille. 2. Ce pere affligé d'vne rencontre si peu preueuë, & qui choque si fort la grandeur de son courage, en exale les ressentimens apres le depart du Roy, 3. Qui reuient accompagné d'vn Seigneur qu'il ayme, & qui est amoureux de la fille d'Ariste. Ce Prince fait Confidence à son riual de sa nouuelle passion, sans sçauoir qu'il y soit interessé. Ce Fauory fait ce qu'il peut pour détourner son Maistre de cet amour qui luy est si preiudiciable, & n'y gagne rien; Le Roy change seulement son dessein d'amourettes, en vne passion legitime, & charge son Confident d'en aller porter la nouuelle à sa Maitresse.

LA FOLIE
DV SAGE
TRAGICOMEDIE

ACTE PREMIER

SCENE PREMIERE

LE ROY, ARISTE.

LE ROY.

Ariste, vos miroirs & vos feux d'artifice
Ont fait des ennemis vn brûlant sacrifice,
Et ces longs contrepoids qui portans sur les eaux
Auec tant de merueille enleuoient leurs vaisseaux,
5   Ont montré clairement qu'vn nouuel Archimede
Ou mesme quelque Dieu se trouuoit à mon ayde.
Si bien qu'on peut douter en cet euenement
S'ils ont eu plus de perte ou plus d'estonnement.
Ces Princes Affricains commandans en personne
10   Desia dans leur esprit partageoient ma Couronne,
Croyoient à cet abord m'accabler sous le faix,
Ou du moins me reduire à demander la paix
Sous des conditions si basses & si lâches
Qu'à iamais ma memoire en eust porté des taches.
15   Leurs desseins toutesfois ont fort mal reussy;
Les vents sont appaisez, le Ciel est éclaircy.
Et par vne auanture heureuse & peu commune
Ils ont de leur debris agrandi ma fortune.
Ils ont haussé mon front, pensans le raualer,
20   Ils se sont atterrez en voulant m'ébranler.
Et de leur violence & si grande & si prompte
Ils n'ont rien remporté que dommage & que honte.
   Mais ie serois encore à la mercy des flots
Si vous n'auiez tousiours veillé pour mon repos,
25   Et si de vostre esprit secondant mon courage
Vous n'auiez par vostre art conjuré cet orage.
Dans le trouble & la peine où n'aguere on m'a veu,
Dans ces pressans dangers où nous auons pourueu,
Et qui demandoient plus qu'vn effort ordinaire,
30   Vn second tel que vous m'estoit fort necessaire.
Les peuples de Sardaigne & mes yeux sont témoins

Que ie doibs mon bon-heur & ma gloire à vos soins;
Mais comme ils sont témoins de vostre vigilance
Ils le seront aussi de ma recognaissance.

ARISTE.

35 Sire, comme les Roys sont les Enfans des Dieux,
Vne clarté celeste illumine leurs yeux,
Qui les fait raisonner au dessus du vulgaire,
Et fait qu'au dépourueu l'on ne les surprend guere.
Pourueu que dans leurs coeurs brille la pieté
40 Que l'on void éclater en vostre Majesté,
Vn souuerain genie est tousiours à leur suite
Qui d'vn extréme soin veille sur leur conduite;
Il aplanit les lieux où s'auancent leurs pas,
Les inspire au Conseil, les assiste aux combas,
45 Arreste sur leur Camp l'aile de la Victoire
Et comme par la main les conduit à la gloire.
Aussi vos ennemis, dissipez, ou batus
N'imputent ce malheur qu'à vos seules vertus.
Seruant vn si grand Roy i'aurois trop d'impudence
50 Si i'estimois sa gloire vn fruict de ma prudence.
Ie n'ay fait qu'obeïr à vos commandemens
Et trauailler à tout selon vos sentimens.

LE ROY.

Ariste, c'est vser de trop de modestie;
Ie vous doibs de ma gloire vne grande partie;
55 On ne sçauroit celer que vos dignes trauaux
Ont ietté de la poudre aux yeux de vos Riuaux,
Et ie suis sur le poinct de vous faire parestre
Que vous auez l'honneur de seruir vn bon Maistre.

ARISTE.

De cette verité ie ressens les effects;
60 Sire, vostre bonté me comble de bienfaits,
Et le seul interest qui m'est considerable
Est auiourd'huy l'honneur de vous estre agreable.

LE ROY.

Vous me l'estes beaucoup & selon mon pouuoir
Auant qu'il soit long-temps ie vous le feray voir:
65 Mais ie ne m'en puis taire, aprenez de ma bouche
Que vous estes l'Autheur d'vn sujet qui me touche,
De qui le souuenir me trouble à tous propos,
Et dont le seul penser m'interdit le repos.
I'en ressens des douleurs qui n'ont point de reláche.

ARISTE.

70 Moy? Sire? i'ay causé le sujet qui vous fâche?
Quoy? Sire? aurois-ie point commis vn attentat
Contre vostre personne ou contre vostre Estat?

LE ROY.

L'attentat seulement regarde ma personne.

ARISTE.

O trait qui me surprend! ô discours qui m'estonne!
75 Sire, la calomnie est vn subtil poison
Dont la noire vapeur offusque la raison,
Et deceuant les sens trahit la cognoissance
Pour imposer le crime à la mesme innocence.
Aussi pour éuiter ces effets dangereux
80 Ceux qui sont comme vous de leur gloire amoureux,
Les Monarques bien nez où reluit la Iustice
Sçauent des enuieux demesler l'artifice,
Et donnant vne oreille aux crimes imposez,
Garder l'autre aux raisons des pauures accusez.
85 Sur ce solide espoir mon ame se r'asseure,
Ne craint guere l'enuie & braue l'imposture.
Vostre rare prudence & mon integrité
Font que ie voy ce trouble auec tranquillité;
Et sans m'inquieter de crainte ou de tristesse
90 Ie laisse là dessus agir vostre sagesse.
     Ce coup me doit venir de l'animosité
Des Ennemis secrets de vostre Majesté;
Ils n'ont peu me corrompre, & leur trame subtile
Me veut rendre suspect pour me rendre inutile.
95 Mais en ce noir dessein l'art qu'ils vont employant
Ne pourra deceuoir vn oeil si clair-voyant;
Il sçaura discerner leur subtil artifice,
Il cognestra leur fourbe & m'en fera Iustice.

LE ROY.

L'imposture en ce lieu n'agist aucunement;
100 Ce que vous auez fait paroist trop clairement.

ARISTE.

Mais, Sire, qu'ay-ie fait? il faut que ie m'en laue.

LE ROY.

Vne Fille, & c'est tout.

ARISTE.

                Sire, elle est vostre Esclaue.

LE ROY.

Mon Esclaue? ah! sa grace en vn seul entretien
Eut assez de pouuoir pour me rendre le sien,
Ie l'estime & ie l'ayme auec trop de tendresse;
Treuuez bon seulement qu'elle soit ma maistresse.

ARISTE.

Sire, par le pouuoir que vous auez sur nous,
Nos biens quand il vous plaist, & nos corps sont à vous.

LE ROY.

I'attendois bien de vous cette recognoissance.

ARISTE.

Sire, auec vn seul mot vous auez la puissance
D'enuoyer chaque iour l'innocent au trespas,
Mais si vous le pouuez vous ne le faites pas.
Les grands Roys comme vous qui triomphent du vice
N'exercent leur pouuoir qu'en montrant leur iustice,
Et sont de leurs subjets dautant plus reuerez
Qu'ils se font tousiours voir sages & moderez.

LE ROY.

C'est vn enseignement inutile à produire;
Il n'est point necessaire en ce lieu de m'instruire.
Pour le soulagement d'vn tourment sans pareil
I'ay besoin de secours et non pas de conseil.
Quoy vous vous retirez auec vn front seuere?
Suis-ie pas souuerain?

ARISTE.

                Ouy Sire, & ie suis pere.

LE ROY.

Mais subiet!

ARISTE.

           Mais d'vn coeur & trop noble & trop franc
Pour vous prostituer indignement son sang.
Esteignez, s'il vous plaist, cette illicite flame;

Ma fille vaut trop peu pour estre vostre femme,
Mais pour vne Maitresse elle vaut trop aussi,
Et ie ne puis iamais l'abandonner ainsi.

LE ROY.

Vous parlez vn peu haut.

ARISTE.

      Ie parle auec iustice.

LE ROY.

Il y va de la vie.

ARISTE.

      Et bien, que ie perisse.
Ie rendray pour le moins l'esprit auec honneur.

LE ROY.

Qu'il est opiniastre à troubler son bonheur.

ARISTE.

Ie treuue mon bonheur où ie trouue la gloire,
Et non pas à commettre vne action si noire.

LE ROY.

Voyez quels traits d'audace & de temerité.

ARISTE.

Ce sont traits de courage & traits de pieté.

LE ROY.

Vous y perdrez du bien.

ARISTE.

      Quand i'y perdrois la vie.

LE ROY.

Vous vous rauiserez.

ARISTE.

     Ie n'en ay point d'enuie.

LE ROY.

Apres tous ces discours, c'est vn dessein formé,
I'ayme en vostre maison, & i'y veux estre aimé;
Pensez-y meurement & changez de langage.

ARISTE.

Il n'est point de besoin d'y penser dauantage.

SCENE II

ARISTE *seul.*

Qve ma fille complaise à tes honteux desirs?
Qu'elle soit ta maitresse & serue à tes plaisirs,
145 Tyran lâche & cruel, tu veux que i'y consente
Que ie liure en tes mains cette vierge innocente,
Et que par cet auoeu d'vn courage abbatu
Ie des-honore ainsi mon sang & ma vertu?
Ingrat de qui le coeur se fond dans les delices,
150 As-tu donc de la sorte oublié mes seruices?
Est-ce là tout le prix qu'à merité de toy
La grandeur de mon zele & celle de ma foy?
Apres t'auoir par tout suiuy comme ton ombre,
Apres t'auoir rendu des seruices sans nombre,
155 Veillé pour ton repos, trauaillé pour ton bien
Et de tes Estats mesme affermy le soustien?
Tu croy, monstre insolent, honorer ma famille
Et me recompenser en me volant ma fille?
Va Tygre forcené qu'vne aueugle fureur
160 Porte à cõmettre vn crime où l'on void tant d'horreur!
Ce traitement ingrat & plain de tyrannie
N'est pas vne action qui demeure impunie.
Les Cieux m'en vangeront, les Cieux me l'ont promis,
S'ils n'ayment l'iniustice ils sont tes ennemis.
165   Mais contre son pouuoir nos clameurs sont debiles,
Nos ressentimens vains & nos voeux inutiles.
Ce tourbillon s'éleue & s'en va maistriser
Tout l'art & les trauaux qu'on luy peut opposer.
Durant cette tempeste il faut plier les voiles,
170 Et n'attendre plus rien de l'aspect des estoiles;
Toute industrie est vaine où l'orage est si fort,
Et c'est dans le tombeau qu'il faut chercher le port.
  Mourons donc; c'est en nous vne loüable enuie;
Nous treuuons plus de maux que de biens dans la vie;
175 C'est à la seule mort qu'on les peut euiter
Et qui sçait bien mourir n'a rien à redouter:
Puisqu'il faut en viuant souffrir d'vn Prince inique,
Sortons par le trépas d'vn ioug si tyrannique.
Pourquoy dans ce projet aurions-nous des frissons?
180 La mort & le sommeil sont deux enfans bessons.
Rien ne doibt faire peur à qui se la propose,
On les prend bien souuent pour vne mesme chose,
Et celuy qui du frere a cognu la douceur
Ne doit pas redouter l'approche de la soeur.
185   Mais dans ces grands malheurs vn excez de tristesse

M'inspire des desseins qui choquent la sagesse.
On traite en criminel, auec iuste raison,
L'innocent qui s'applique à rompre sa prison.
Et l'Estre souuerain, qui d'vn rayon de flame
190 Et d'vn souffle immortel nous a pourueus d'vne Ame,
Deffend expressement que nos propres efforts
Pour aucune raison la chassent de nos corps.
C'est vne sentinelle aux dangers exposée
Et que doit releuer celuy qui l'a posée.
195 L'homme qui se destruit pour finir ses douleurs
Témoigne sa foiblesse à porter ses malheurs.
Et celuy qui sçait faire aux ennuis resistance,
Braue encor la Fortune auecque sa constance.
    Viuons donc seulement afin de faire voir
200 Que nous sçauons lutter contre le desespoir.
Bien que de nostre sang la gloire soit flestrie,
Conseruons-nous encor pour seruir la Patrie,
Sans la priuer ainsi par vn mauuais moyen
D'vn exemple d'honneur & d'vn bon Citoyen.
205   O pauure Roselye! ô fille infortunée!
Tu cours trop de peril pour estre si bien née.
Celestes ornemens de qui sont reuestus
Ceux qui dés leur bas âge embrassent les vertus,
Saintes impressions d'honneur & d'innocence,
210 Fauorisez sa cause & prenez sa deffence.
Quel affront va ternir la gloire de ses iours
Si la mort promptement ne vient à son secours?
Ou si l'indigne feu qu'ont allumé ses charmes
N'est esteint par miracle auec l'eau de ses larmes?
215 Mais le pouuoir des Cieux ne sçauroit se borner:
Ce peril par leur soin se pourra destourner.
Diuine prouidence à qui rien ne resiste!
Qui m'as veu si content, & qui me voids si triste,
Pardonne à mes transports puisque ie m'en repens,
220 Et te laisse toucher aux pleurs que ie répans.
I'ay mon recours à toy, c'est en toy que i'espere;
De grace prens pitié d'vn miserable pere.
Ie remets ma fortune & ma fille en tes mains
Qui sçauent disposer du projet des humains.
225 Et puis qu'à ta grandeur il n'est rien d'impossible,
Broüille tout ce dessein d'vn ressort inuisible,
Et cherchant pour mon crime vn plus doux traitement,
Donne au coeur de ce Prince vn autre mouuement.
Le voila qui reuient, cette presse le montre;
230 Durant cette bourrasque éuitons sa rencontre.

SCENE III

LE ROY, PALAMEDE.

LE ROY.

Ariste à mon abord se retire à grands pas.

PALAMEDE.

C'est vne nouueauté que ie ne comprend pas.

LE ROY.

Tu ne sçais pas encor le sujet de sa hayne.

PALAMEDE.

Non, Sire, ie l'auoüe, & i'en suis fort en peine.

LE ROY.

235 C'est que ce grand esprit s'afflige sans raison
Lors que ie fais dessein d'enrichir sa maison.

PALAMEDE.

En ce grand changement il faut quelqu'autre cause.

LE ROY.

Escoute, en peu de mots ie te diray la chose.
240 Sçache qu'en l'assemblée où ie fus l'autre soir,
Auec tant de beauté sa fille se fit voir,
Qu'à ce premier abord mon ame fut rauie,
Et mit entre ses mains ma franchise & ma vie.

PALAMEDE.

Qu'entens-ie dire, ô dieux!

LE ROY.

      Deslors qu'elle parut
Ie ne sçay quel frisson par les os me courut.
245 Le sang à cet obiet me fremit dans les veines,
Ie me sentis combler de plaisirs & de peines,

```
              Et cognus aussi-tost qu'vn Astre tout puissant
              Rendoit à son pouuoir mon sceptre obeissant,
              Et qu'il estoit fatal que mon ame enchaisnée
250           En receuant ses Loix, suiuist sa destinée.
              Là dessus toutesfois ie voulus consulter,
              Reconnestre les fers que ie voulois porter,
              Sçauoir si son esprit respondoit à sa grace,
              Et si dans mon estime il pouuoit prendre place.
255           Mais dans le Bal dernier cela fut resolu,
              Elle prit sur mon ame vn pouuoir absolu,
              Me fit voir qu'elle est belle, honneste, adroite & sage,
              Que son esprit éclate autant que son visage,
              Et que sans iniustice on ne peut me blâmer
260           Si mon coeur auiourd'huy s'abandonne à l'aymer.
              C'est dequoy i'ay touché quelques mots à son pere
              Et ce qui luy fait prendre vn visage seuere.

                          PALAMEDE.

              C'est vne émotion digne de sa vertu.

                          LE ROY.

              Il croit que ie l'offence, & toy, qu'en penses-tu?

                          PALAMEDE.

265           Sire, des Courtisans le principal estude
              Est vn art lâche & bas qui sent la seruitude,
              Qui des Rois quels qu'ils soient, flate les sentimens,
              Donnant à leurs defauts des applaudissemens.
              De moy qui suis nay libre, & qui n'ay point vne Ame
270           Capable de contrainte, & de bassesse infame,
              En cette occasion d'vn esprit ingenu
              I'ose vous declarer mes sentimens à nu.
                  Quoy? Sire? pourriez-vous conceuoir vne enuie
              Qui terniroit si fort l'éclat de vostre vie
275           Et donc absolument les siecles auenir
              Ne pourroient sans horreur garder le souuenir?
              Comment? tacher si fort vne gloire immortelle,
              En traitant de la sorte vn Officier fidelle?
              Vn seruiteur adroit, ardant & genereux
280           Qui suit vos interests, qui s'immole pour eux?
              Voulez-vous qu'il soit dit qu'apres tant de seruices
              Vous demandiez encor son sang pour vos delices?
                  Que vostre Majesté r'appelle sa raison
              Pour diuertir l'effet de ce mortel poison.
285           Esteignez cette fievre en vostre ame allumée,
              Elle est trop dangereuse à vostre renommée;
              Et possible qu'vn iour vous auriez du regret
              D'auoir fermé l'oreille à cet auis secret.
              Excusez, s'il vous plaist l'ardeur qui me transporte,
290           Vostre gloire m'oblige à parler de la sorte.
```

LE ROY.

Tu dis vray, ie voy bien que par cette action
Ie ternirois beaucoup ma reputation.
Mais de ce feu secret l'ardeur est vehemente;
Que pourray-ie appliquer au mal qui me tourmente?

PALAMEDE.

Il faut changer d'objet, il faut aimer ailleurs.

LE ROY.

Cherchons pour mon secours des remedes meilleurs.

PALAMEDE.

L'heritiere de Cypre, ou celle de Sicile
Vous seroit, ce me semble, vn party fort vtile.

LE ROY.

Sur le plus agreable il faut porter les yeux.

PALAMEDE.

Demandez celle-là qu'il vous plaira le mieux,
Vous auez leurs portraicts, & par la renommée
Leur vertu sans égale est assez exprimée.

LE ROY.

Dans tes sages conseils ie voy ma guerison;
Tu veux voir mon amour conduit par la raison;
Ie suiuray tes auis, & ie fuiray le crime,
Pour brusler desormais d'vne ardeur legitime;
Mon esprit se dispose à faire vn grand effort.
Viens apprendre le reste.

PALAMEDE.

     Ah! que ne suis-ie mort.

Fin premier Acte.

ARGVMENT
DV
SECOND ACTE.

    1. Roselie est allarmée de l'extraordinaire tristesse de son pere, & quoy que luy puisse dire sa Confidente, redoute quelque funeste accident. 2. Ariste pressé de douleur & preuenu d'vne extreme crainte, à cause des propositions & des menaces du Roy, fait quelque part de ses sentimens à sa fille, & luy commande d'aller au Temple pour implorer l'assistance du Ciel en cette pressante occasion. 3. Palamede vient aborder Roselie estant chargé d'vne lettre du Roy & de la commission de luy declarer qu'il n'a plus pour elle que des desseins legitimes. Mais Roselie offencée de ce qu'il a pris cet employ qui le rend suspect d'infidelité, se propose d'éuiter par vne prompte mort vne si sensible disgrace, & laisse Palamede desesperé de cette funeste resolution.

ACTE II

SCENE PREMIERE

CANOPE, ROSELIE.

CANOPE.

Madame, dissipez cette morne tristesse,
310 C'est en vn beau sujet vne facheuse hostesse,
De la paix de l'esprit elle rompt les accords,
Et destruit lentement les Ames & les corps.
C'est vne passion des sages condamnée,
Et qui ne sied pas bien à vostre destinée.
315 Pouuez-vous estre triste auec tant de bonheur,
Auec tant de beauté, de richesse & d'honneur?
Estre melancolique auecque tant de graces,
C'est attirer sur vous les Celestes menaces:
En cette morne humeur vouloir vous maintenir,
320 Est vne ingratitude à vous faire punir.
La Fortune vous suit, & vous voyez encore
Qu'vn Seigneur accomply vous sert & vous adore,
Que l'Amant le mieux fait qui soit dessous les Cieux
A soumis son merite au pouuoir de vos yeux,
325 Et que tout contribuë à l'heureux hymenée
Qui ne fera qu'vn sort de vostre destinée.
Ce sont là des suiets propres à réiouïr
Deuant qui le chagrin se doit éuanouïr.
N'est-ce point assez d'heur, en faut-il dauantage
330 Pour vous faire resoudre à prendre bon visage?

ROSELIE.

Ah! ma chere Canope, vne certaine peur
Me court par tout le sang & me glace le coeur.
Ie treuue vn changement en l'esprit de mon pere
Qui m'interdit la ioye & qui me desespere;
335 Ie crains auec sujet que de sa Majesté
Ce dessein d'himenée ait esté rebuté.
Il en a fait refus auec quelque rudesse,
Et mon pere en a pris cette grande tristesse.
N'as-tu pas là dedans remarqué sur son teint
340 La nouuelle douleur dont son coeur est atteint?
C'est ce refus sans doute ou quelque grand outrage
Dont le ressentiment paroist sur son visage.

CANOPE.

　　　Ce que vous imputez à quelque affliction
　　　Est possible vn effet de sa complexion.
345　　Cette mauuaise humeur se tourne en habitude
　　　En ceux qui comme luy s'appliquent à l'estude,
　　　Et qui prenans fort peu de diuertissement
　　　Pour des soins importans veillent incessamment.
　　　C'est ce qui le rend triste, il n'a point autre chose.

ROSELIE.

350　　Non, non, c'est vn effet qui vient d'vne autre cause,
　　　Lors que ce sont les soins, ou son temperament,
　　　Il resue quelquefois, mais c'est tranquilement,
　　　C'est sans se tourmenter; & l'on void à cette heure
　　　Qu'il s'écrie à tous coups, qu'il soupire & qu'il pleure.

SCENE II

ARISTE, ROSELIE, CANOPE.

ARISTE.

355 Cieux!

ROSELIE.

Escoute, c'est luy: quoy? ne l'entens-tu pas?

CANOPE.

Ouy, Madame, & ie voy qu'il tourne icy ses pas.
Taschez de descouurir quelles sont les attaintes
Qui luy font exaler ces souspirs & ces plaintes;
Son mal par ce secret pourroit estre allegé.

ARISTE.

360 O mauuais sort!

ROSELIE.

Voyez comme il est affligé.
Il passe sans nous voir dans cette inquietude.

ARISTE.

La tyrannie est grande, & le traitement rude.
Mais dans cette rencontre il faut dissimuler,
Et baiser vne main qu'on voudroit voir brusler.
365 La puissance absoluë à souffrir nous oblige.

ROSELIE.

Qu'auez-vous donc, Seigneur? quel ennuy vous afflige?
A ma fidelité confiez ce depost,
Dites-moy ce secret.

ARISTE.

Vous le sçaurez trop tost.

ROSELIE.

O mon pere!

ARISTE.

O ma fille & ma seule esperance!
370 Le sort change par fois contre toute apparence.
Nulle felicité ne dure en l'Vniuers,
Et la bonne fortune a tousiours ses reuers.
Des nuages épais fondent sur nostre teste,
Nous sommes exposez au coup d'vne tempeste.
375 Allez, courez au Temple, embrassez les Autels,
Cherchez de la faueur entre les immortels:
Leur support auiourd'huy nous est fort necessaire
Pour combattre vn malheur qui n'est pas ordinaire.
Mais s'il faut que le Ciel s'obstine en son courroux,
380 Ne commettons au moins rien d'indigne de nous;
Ne pouuans par nos soins flechir sa violence,
Souffrons & succombons auecque bien-seance;
Ne perdons pas la gloire en perdant le bonheur,
Et preferons tousiours la mort au des-honneur.
385 Mais possible les Cieux touchez de nos prieres
Détourneront de nous ces funestes matieres.

ROSELIE.

Mais de quel accident sommes-nous menacez?

ARISTE *en s'en allant.*

Faites ce que i'ay dit, vous le sçaurez assez.

CANOPE.

Et bien, Madame?

ROSELIE.

Et bien, ie suis desesperée;
390 Son discours m'a fait voir nostre perte assurée.
Pour éuiter ce mal tous ses efforts sont vains;
Il n'espere plus rien du costé des humains.
Et pour se deliurer de ces choses funestes,
Il n'a plus de recours qu'aux puissances celestes.
395 Canope, pour parer vn sinistre accident
Il faudra qu'il arriue vn miracle euident.

CANOPE.

Madame, en mille effets qui trompent l'apparence
La crainte est abusée ainsi que l'esperance.
C'est accroistre ses maux que de les pressentir,
400 Les plus sains pronostics peuuent par fois mentir.

ROSELIE.

L'Alcion par instinc cognoist moins la bonace
Lors que dessus les flots il expose sa race,
Que ce sublime esprit ne cognoist par raison
Quand le bon temps se change en mauuaise saison.
Il a fait dans la Cour vn long apprentissage,
Et iusqu'icy, Canope, il a passé pour sage.
Il ne sçauroit errer en ses raisonnemens,
Il ne se peut tromper en ses pressentimens.
Il ne faut pas douter des choses qu'il augure,
Soit bon euenement, ou mauuaise auenture.
C'est ce qui me fait voir le nauffrage euident.

CANOPE.

Les dieux destourneront ce mauuais accident.
Il ne faut bien souuent qu'vn souspir de la Terre
Pour changer dans le Ciel la route du Tonnerre.
La foudre qui parfois menace les Nochers
Tombe le plus souuent sur le haut des rochers.
Le Ciel ayme le iuste, & hait les iniustices;
A quiconque fait bien tous les Dieux sont propices.
Et s'ils laissoient ainsi perdre les innocens,
Ils seroient criminels, ou seroient impuissans.

ROSELIE.

Canope, quelquefois la diuine puissance
Permet que l'iniustice opprime l'innocence,
Et souffre du desordre aux choses d'icy bas
Pour beaucoup de raisons que nous ne sçauons pas.
On void le plus souuent la vertu trauersée.

CANOPE.

Vous n'auez qu'à prier, vous serez exaucee.
Mais, voicy Palamede.

ROSELIE.

                 Il a quelque souci,
Pren garde comme il resue en s'approchant d'ici.

SCENE III

PALAMEDE, ROSELIE, CANOPE.

PALAMEDE.

Ah! Madame.

ROSELIE.

Quoy donc? quelle triste nouuelle
Seme sur vostre front cette pasleur mortelle?

PALAMEDE.

Helas! preparez-vous à deplorer mon sort;
Ie viens en peu de mots vous annoncer ma mort.

ROSELIE.

Comment? de quelle cause est-ce qu'elle procede?
Quel est cet accident qui n'a point de remede?

PALAMEDE.

C'est que le Roy mon Maistre, ô malheur sans égal!
Est deuenu malade, & ie meurs de son mal.

ROSELIE.

Le Roy? cela m'estonne, & i'en suis bien faschée.

PALAMEDE.

S'il faut que de son mal vostre ame soit touchée,
Vous n'en aurez tous deux que du contentement,
Il ne sera mortel que pour moy seulement.

ROSELIE.

Parlez plus clairement, ie ne puis vous entendre.

PALAMEDE.

Madame, ce papier vous fera tout comprendre.
O dieux! vous y verrez mon trépas resolu
Par les cruels decrets d'vn pouuoir absolu;

445 Vous y verrez d'amour vne estrange manie,
Que ma raison blessee appelle tyrannie.

Lettre du Roy.

Chef-d'oeuure de Nature & Miracle des Cieux,
Diuine Roselie, ardeur des belles ames,
Amour pour m'embrazer n'a sceu trouuer de flames
450 Que dans l'éclat de vos beaux yeux.

D'vn orgueil insolent ie brauois son pouuoir;
Mais à vostre faueur il en a pris vengeance,
Et ie ne serois pas tombé sous sa puissance
Si i'eusse éuité de vous voir.

ROSELIE.

455 Ce trait est agreable.

PALAMEDE.

O dieux qu'il m'est funeste!
Vous le connestrez bien quand vous lirez le reste.

Suite de la lettre du Roy.

ROSELIE.

Vous sçaurez du porteur comme depuis ce iour
I'abhorre loin de vous l'éclat qui m'enuironne:
Et que i'ay resolu d'engager ma Couronne
460 Pour satisfaire à mon amour.

Cette galanterie est vrayment bien gaillarde:
Et vos soins sont fort grands pour ce qui me regarde.
Le Roy n'a pas eu lieu de m'oser cajoler,
Vous a-t'il trouué propre à m'en venir parler?
465 Pour vous en acquitter auecque bienseance,
Expliquez donc ces vers puisqu'ils portent creance.
Parlez, il n'est plus temps d'en garder le secret.

PALAMEDE.

Puis-ie bien m'exprimer sans mourir de regret?
C'est que vostre beauté fatale à mes delices
470 Et vos propres apas ont trahy mes seruices;
Me donnant en ce Prince un riual glorieux,
Qui veut tout obtenir d'vn mot imperieux.

ROSELIE.

Mais enfin qu'auez-vous de sa part à me dire?

PALAMEDE.

 Qu'il consacre à vos pieds son coeur & son Empire,
475 Qu'il vous aime, Madame, & qu'il attend de vous
 Vne amour reciproque en qualité d'Espous.
 Que vous ne doutiez pas que sa flame naissante
 En ce premier éclat se treuue si puissante,
 Puisque ceux qui verront vos celestes apas
480 D'vn effet si nouueau ne s'estonneront pas.
 Il m'a chargé d'en dire autant à vostre pere.
 Et dans cet accident ce qui me desespere,
 Qui confond mon esprit & qui va vous troubler,
 C'est que dans le Palais on se doit assembler,
485 Et que le Roy pretend cette mesme iournée
 Contracter deuant tous ce nouuel hymenée.

ROSELIE.

 Quoy, méchant? voici donc nostre hymen pretendu,
 Voici donc ce succez si long-temps attendu?
 As-tu par tant de soins & par tant de visites,
490 De soupirs deceuants & de pleurs hypocrites
 Abusé ma créance & surpris ma raison
 Pour seruir seulement à cette trahison?
 Quoy? ie t'ay donc permis de faire tant de plaintes
 En me representant tes secrettes attaintes,
495 Pour auoir le dépit de voir qu'en mesme iour
 Tu m'oses hardiment parler d'vn autre amour?
 Quoy? i'ay donc imprimé ton image en mon ame,
 Consideré tes soins & pris part à ta flame,
 Et de ta passion fait mon propre tourment
500 Pour receuoir de toy ce cruel traitement?
 Quel courage farouche & quelle ame cruelle
 Auroit peu se resoudre à cet acte infidelle?
 Ah! voila le malheur que mon pere attendoit
 Quand aux bontez du Ciel il me recommandoit,
505 Et qu'il estoit troublé de ces grandes allarmes
 Qui faisoient qu'à toute heure il se fondoit en larmes.
 Voila les appareils de cette trahison
 Qui doit auec éclat perdre nostre maison.
 Enfin la perfidie est toute découuerte,
510 Et c'est ouuertement qu'on trauaille à ma perte.

PALAMEDE.

 Ah! de quels trais cuisans m'auez-vous outragé?
 Peut-on bien s'attacher au sort d'vn affligé?
 D'vn coeur desesperé, d'vn Amant miserable
 A qui la seule mort doit estre fauorable?
515 O dieux! si vous sçauiez en cette extremité
 Quelle est mon innocence & ma fidelité,
 En cette illustre amour vous trouueriez des charmes
 Qui vous feroient mesler vos pleurs auec mes larmes.

>   Par cette verité vos sens desabusez
> 520   Ne pourroient trop loüer ce que vous accusez.
>   Dieux! que n'ay-ie point fait dont l'esprit soit capable
>   Pour détourner le mal dont on me tient coupable?
>   Et par quelles raisons n'ay-ie point combattu
>   Cette ardeur qui sembloit choquer vostre vertu?
> 525   I'ay dit sur ce sujet tout ce que sçauroit dire
>   Vn homme de courage & que l'amour inspire.
>   Mais quoy, tous mes propos n'ont point eu de credit,
>   Ie n'ay rien auancé pour tout ce que i'ay dit.
>   Le Roy m'a d'vn seul mot rendu la bouche close
> 530   Par les conditions que son amour propose.

ROSELIE.

> Quelles conditions?

PALAMEDE.

> Vn hymen solennel.

ROSELIE.

>   Croy-tu que son desir en soit moins criminel?
>   Sçais-tu pas la façon dont il trompa Lucile
>   Que sous ce beau pretexte il trouua si facile?
> 535   L'hymen l'empescha-t'il de la quitter apres?
>   Le perfide fut-il touché de ses regrets
>   Lors qu'il l'eut confinée en vn coin de la Corse
>   Et formé sans raison cet indigne diuorce?

PALAMEDE.

> Vous ne sçauriez tomber dans le mesme malheur.

ROSELIE.

> 540   Qui m'en empeschera?

PALAMEDE.

>   Vostre propre valeur.
>   Vostre seule beauté vous peut seruir de pleige
>   Contre le plus impie & le plus sacrilege.
>   Les meschants peuuent bien blasmer les immortels,
>   Voler les lieux sacrez & rompre les Autels,
> 545   Mais de manquer d'amour pour des beautez si rares
>   C'est vn crime interdit aux coeurs les plus barbares.

ROSELIE.

>   Mais si ce beau party si grand, si glorieux
>   Est à mes sentimens vn objet odieux,

Si le simple recit de cette belle flame
Est l'horreur de mes sens & l'enfer de mon ame,
Et si i'ay resolu de te garder ma foy,
Si ie ne puis aymer tout autre amant que toy,
Quel pleige puis-ie auoir en ce iour deplorable
Qui me puisse empescher de viure miserable?

PALAMEDE.

O trait doux & cuisant d'vne fidele ardeur!
Vous dédaignez pour moy la suprême grandeur;
Vous méprisez vn sceptre en faueur d'vne espée
Qui pour vous conseruer deuroit estre occupée.
Mais que puis-ie tenter en ce triste accident
Où le mauuais succez ne soit tout euident?
Feray-ie en vn instant par toute vne Prouince
Reuolter des sujets contre leur propre Prince?
Quelqu'vn osera-t'il se declarer pour moy
Si tost qu'il s'agira du seruice du Roy?
    Quand nous entreprendrions vne fuite secrette,
Auons-nous seulement aucun lieu de retraite
Où ce Roy qui s'est fait en tous lieux redouter
N'ait la facilité de nous persecuter?
Vous feray-ie embarquer pour vne fin tragique?
Il regne vn vent de Nord qui porte vers l'Affrique,
Et qui ne nous promet en cette auersité
Qu'vn nauffrage, ou du moins qu'vne captiuité.
Verray-ie en seruitude en vn climat barbare
Tout ce que l'Vniuers eut iamais de plus rare?
Vn Objet que les Dieux formerent de leurs mains
Pour imposer des Loix aux plus grands des humains?
Et pour vous affranchir de cette tyrannie
Vous iray-ie causer vne peine infinie?
    Il vaut mieux vous montrer que ie n'y trempe pas
En vous iustifiant ma foy par mon trépas.
Ie n'ay sur ce suiet qu'à payer de ma vie
Moy qui vous suis suspect quand vous m'estes rauie.

ROSELIE *l'empeschant de se tuer.*

Ah! de grace pardonne à mes ressentimens
Qui n'ont peu retenir leurs premiers mouuemens!
I'ay tort de soupçonner vne amitié si saincte;
Tu n'as aucune part au sujet de ma plainte.
Mais le trouble & la peur dans ce pressant malheur
Ont contre ton amour fait parler ma douleur.
C'est vne cruauté dont tu n'es point capable,
Ma mauuaise fortune en est seule coupable.
C'est vn effet tout pur des Astres irritez
Qui furent enuieux de mes prosperitez.
De ce trait de disgrace ils sont la seule cause.
Mais vn Page du Roy demande quelque chose,
Allez voir ce qu'il veut.

LE PAGE.

C'est vn billet du Roy.

CANOPE.

A qui s'addresse-t'il?

LE PAGE.

A Palamede.

PALAMEDE.

A moy?
Donnez.

ROSELIE.

Que pourroit-ce estre? ô Cieux! le coeur m'en tremble

PALAMEDE.

Madame, s'il vous plaist, nous le verrons ensemble.

Billet du Roy.

600
Qu'on n'oppose point de delais
A mon amoureuse folie;
Tout le monde attend au Palais
L'incomparable Roselie.
Lors que cette beauté sera preste à partir,
Venez soudain m'en auertir.

ROSELIE.

605
Va donc le retrouuer, ne le fais plus attendre,
Ie sçay bien sur ce poinct quels conseils ie dois prendre.

PALAMEDE.

Quel conseil prendrez-vous que d'obeïr au Roy?

ROSELIE.

Vn qui te fera voir la grandeur de ma foy.
Vn conseil glorieux que m'a donné mon pere,
610
Et sur qui i'ay fondé tout le bien que i'espere.

PALAMEDE.

Me découurirez-vous ces auis importans?

ROSELIE.

Va, tu les aprendras auant qu'il soit longtemps.

PALAMEDE.

Mais que diray-ie au Roy qui meurt d'impatience?

ROSELIE.

Que l'honneur qu'il me fait me tient en deffiance,
615 Que ie n'ignore pas ses amours du passé,
Que i'ay rompu sa lettre & que ie t'ay chassé,
Detestant hautement ce grossier artifice.

PALAMEDE.

Ciel qui voids ce dessein, permets qu'il reussisse.
Mais de grace, Canope, accompagnez ses pas;
620 En ces extremitez ne l'abandonnez pas.
Essayez de calmer par vn conseil fidelle
L'orage impetueux qui trouble cette belle.
Qu'elle permette enfin qu'en ces aduersitez
Ie serue de victime aux Astres irritez.
625 Qu'elle profite enfin de mon sort deplorable,
Qu'elle soit seule heureuse, & moy seul miserable.
Il est determiné qu'vn chef-d'oeuure si beau
S'auance vers le thrône, & moy vers le tombeau.
Rendez pour mes malheurs sa peine moins sensible.

CANOPE.

630 Ie feray sur cela tout ce qui m'est possible.
Mais Seigneur, ie plains bien vostre funeste sort.

PALAMEDE.

Conseruez bien sa vie, & pleignez moins ma mort.

CANOPE.

Ah! ne conceuez pas ces volontez cruelles.

PALAMEDE.

Allez, vous aprendrez bien-tost mes nouuelles.

Fin du second Acte.

ARGVMENT

DV

TROISIESME ACTE.

1. Le Roy de Sardaigne, estonné du refus que Roselie fait de son amour, apprend que Palamede l'ayme, 2. et de peur que son Fauory estant secrettement son riual, n'eust pas declaré fidelement son intention à cette Fille, en parle à son pere, & le meine à son appartement pour luy découurir son legitime dessein deuant sa Fille. Le Roy la treuue morte de poison, & lit vn papier où elle rend son pere & Palamede complices de sa mort. Il donne là dessus les ordres pour faire arrester son Fauori, qu'il croit estre criminel, & maltraite de paroles le pere de Roselie. 3. Icy la sagesse d'Ariste est ebranlée: Il demande aux Philosophes anciens la cause de tant d'iniustes disgraces, & dans ce transport seme ses Liures sur le Theatre.

ACTE III

SCENE PREMIERE

LE ROY, ALFONSE.

LE ROY.

635 Si vous me dites vray, ie suis fort imprudent,
Puisque de mon Riual i'ay fait mon Confident.
Et ie tiens fort douteux s'il est amoureux d'elle,
Qu'il m'ait fait de sa part vn rapport bien fidelle,
Ou qu'estant sous ses Loix bien auant engagé,
640 Jl ait bien accompli ce dont ie l'ay chargé.

ALFONSE.

Sire, de cet amour il n'est qu'vn sourd murmure;
Personne n'en sçait rien sinon par coniecture.
Mais c'est l'opinion des plus subtils esprits
Que de cette beauté Palamede est épris.
645 Il rend depuis longtemps de grands soins à son pere,
Et l'on s'en imagine vn amoureux mistere.

LE ROY.

De sa secrette amour s'est possible vn effet;
I'en conçoy quelque doute au raport qu'il m'a fait.
Dire qu'insolemment elle ait rompu ma lettre?
650 Le respect qui m'est deu ne le sçauroit permettre.
Iamais vne sujette à qui l'on fait honneur,
Ne peut ainsi traitter son souuerain Seigneur.
   Il est vray que ce sexe à qui tout rend hommage
Croit souuent obliger lors mesme qu'il outrage.
655 Possible est-ce l'ombrage & l'incredulité
Qui luy font pratiquer cette inciuilité.
Quoy qu'on ait peu luy dire, elle doute peut-estre
Qu'elle eust tant de bonheur que d'epouser son Maistre,
Croit que c'est vne ruse, afin de l'engager,
660 Et par ce faux mespris elle veut se vanger.
   L'esprit de Palamede est vn esprit solide,
Que la raison gouuerne, & que la vertu guide.
Ie cognoy de long-temps quel zele il a pour moy;
Ie n'ay point de suiet de soupçonner sa foy.
665 Il n'a iamais aimé que la gloire des armes,
C'est en ce seul suiet qu'il peut trouuer des charmes.
   Puis, que m'importe-t'il qu'il en soit enflamé
Pourueu qu'absolument il n'en soit pas aimé?

```
       Cette ieune Merueille en beauté sans seconde
670    Peut de sa seule veuë embrazer tout le monde.
       Si i'auois à punir ce qu'enflament ses yeux,
       I'aurois à me vanger de la terre & des Cieux.
       Sa grace en tous sujets imprime sa puissance,
       Tout rit à son abord, tout pleure son absence,
675    Et ie m'engagerois à d'estranges tourmens
       Si i'alois me piquer contre tous ses Amans.
       Ils sont dans la tourmente, & ie suis dans le calme,
       Ils en auront la peine & i'en auray la palme,
       Et le rang glorieux où le Ciel m'a placé
680    Me rendra seul aimable & seul récompensé.
       Mais sans plus differer il faut prendre vne voye
       Qui brise tout obstacle & me comble de ioye.
       Ne voy-ie pas Ariste?  Il vient bien à propos
       Pour me tirer de peine & se mettre en repos.
685    Il le faut appaiser; approchez-vous, Ariste,
       Et ne vous tenez plus dans vne humeur si triste.
       D'où vient cette froideur? quel est vostre souci?
```

SCENE II

ARISTE.

Vous cognoissez mes maux, la source en est icy.
Il est bien malaisé que mon sang ne se glace
690 Quand ie voy de si prez l'Astre qui me menace.

LE ROY.

Cet Astre à l'auenir fera vos plus beaux iours.

ARISTE.

Oüy, si pour mon sujet il peut changer de cours,
Et s'il esteint en luy cette illicite flame
Qui iette tant de trouble & d'ennuis en mon ame.

LE ROY.

695 Ce feu se purifie, & n'est plus dangereux.

ARISTE.

S'il n'est du tout esteint, il est trop rigoureux.

LE ROY.

On a sur ce sujet quelque chose à vous dire.
Mais vous n'auez pas veu Palamede?

ARISTE.

Non, Sire.

LE ROY.

Il vous cherche par tout.

ARISTE.

Ses soins sont superflus.
700 Ie me cherche moy-mesme & ne me treuue plus.

LE ROY.

C'est d'vne iniuste crainte affliger vne vie
A qui des Souuerains pourront porter enuie;

Mais ie veux vous l'apprendre en cet appartement.

ARISTE.

705
Que ie reçoiue ici vostre commandement.
N'allez point rechercher vne veuë importune
Contraire à vos desirs autant qu'à ma fortune.

LE ROY.

Ne vous efforcez point d'en destourner mes pas,
Mes desseins sont changez.

ARISTE.

710
Les siens ne le sont pas.
Ma fille est resoluë à ne vous point entendre,
Il n'est pas à propos qu'on l'aille ainsi surprendre.
La voulez-vous forcer le poignard sur le sein?

LE ROY.

Non, ie veux à tous deux vous dire mon dessein.
Mais voici de vos gens, quelle est cette tristesse?
Cleogene, comment se porte ta Maitresse?

SCENE III

CLEOGENE, LE ROY, ARISTE, CAPITAINE DES GARDES.

CLEOGENE.

Sire, vous apprendrez vn estrange malheur
Qui va porter son pere à mourir de douleur.

LE ROY.

Comment? quel accident?

CLEOGENE.

Ce rideau qui se tire
Vous en fera plus voir que ie n'en sçaurois dire.

LE ROY.

Quel spectacle est-ce ici? qu'aperçoy-ie, ô grands Dieux!
Quel pitoyable objet se presente à mes yeux?
Quoy? Roselie est morte? ô Cieux est-il possible?
Ce coup est surprenant autant qu'il est sensible.
Son front est tout glacé. Canope est morte aussi;
Ariste, approchez-vous, dites-moy qu'est-ce ci?
Qui dedans cette coupe a mis ce noir breuuage,
Et quel monstre infernal a fait tout ce rauage?
O sanglante disgrace! ô cruel desespoir!
Mais nommez-en l'Autheur, car ie le veux sçauoir.
Dites.

ARISTE.

Puis qu'il vous plaist, ie m'en vais vous le dire,
C'est vostre Majesté.

LE ROY.

C'est moy?

ARISTE.

Oüy, c'est vous, Sire.

LE ROY.

Reprenez vos esprits, vous perdez la raison.

ARISTE.

C'est de vous que ma fille a receu le poison.

LE ROY.

De moy?

ARISTE.

Oüy, c'est de vous, la chose est assurée,
C'est vostre indigne amour qui l'a desesperée,
Vos desirs dereglez ont causé ce malheur.

LE ROY.

Il faut que ie pardonne à sa iuste douleur.

ARISTE.

Ne me pardonnez point, ordonnez que ie meure,
La plus soudaine fin me sera la meilleure.
Au lieu de me seruir, cette faueur me nuit.
Quelle grace on me fait, apres m'auoir destruit?
Que peut-on aiouster à cette violence?

LE CAPITAINE DES GARDES.

Ariste, parlez mieux, ou gardez le silence.

LE ROY.

Il faut tout excuser de son ressentiment;
Ayant perdu sa fille, il perd le iugement.
Mais qui seroit l'Autheur de cette mort soudaine?
Possible ce papier nous ostera de peine.
Roselie à son pere, au poinct de son depart,
Il me semble à propos de le lire à l'écart.

Autheur de ma naissance, Esprit sçauant & sage,
Qui preuistes si bien nos malheurs obstinez;
En cette extremité ie vais mettre en vsage
Les genereux conseils que vous m'auez donnez.

Consolez-vous d'vn mal qui n'a point de remede,
Et ne murmurez pas contre vn Arrest des Cieux;
Mon coeur les imploroit alors que Palamede
M'a porté le poison qui va clore mes yeux.

Ie croirois le respect qui veut que ie differe
Iusqu'à vostre retour ce glorieux effort;
Mais l'objet des soupirs & des pleurs d'vn bon pere
M'auroit plus fait souffrir que le coup de la mort.

O prodige odieux! ô crime épouuentable!

En croiray-ie la morte? est-il bien veritable?
Deux de mes Officiers, l'honneur de mon Estat,
Ont part également à ce lasche attentat?
765 Poussez d'vne cruelle & d'vne aueugle rage,
Son pere & Palamede ont produit cet ouurage.
Pour l'accomplissement de cet acte inhumain,
L'vn donna son conseil, l'autre presta sa main,
L'vn poussé d'vne humeur altiere & glorieuse,
770 Et l'autre d'vne ardeur ialouse & furieuse.
Mais selon le soupçon que i'en auois conceu,
Palamede a changé l'ordre qu'il a receu.
Ce mauuais seruiteur, ce Confident perfide
Est l'Agent principal de ce grand homicide.
775 Il a troublé des coeurs qu'il deuoit asseurer,
Et m'a calomnié pour les desesperer.
Le cruel a donc fait ainsi que ces barbares,
Qui jaloux par excez de quelques Beautez rares,
Leur seruoient bien souuent de bourreaux inhumains,
780 De crainte de les voir tomber en d'autres mains.
Par vne cruauté difficile à comprendre
Il m'a frustré du bien qu'il ne pouuoit pretendre.
Le Traistre a mieux aimé nous en priuer tous deux
Que de me voir tout seul parfaitement heureux.
785 Ah! traistre, ah! scelerat, ah! maudite vipere,
Tu te prens à celuy qui t'a serui de pere?
Donc en cet attentat ton infidelité
Viole ainsi les droicts de l'hospitalité?
Ton ame criminelle, en choquant ma puissance,
790 Fait voir ta perfidie & ta mécognoissance.
Mais ie suis fort trompé si ie n'ay la raison
De ton ingratitude & de ta trahison.
Timon, va de ce pas arrester Palamede.
Mais de peur que le peuple accourust à son ayde,
795 Ou ceux de nostre garde engagez à l'aimer
Par les profusions dont il sçait les charmer,
Il faudra s'y conduire auec beaucoup d'adresse.
Dy luy donc qu'vne affaire importante me presse,
Qu'vn Courier de ma part doit partir auiourd'huy,
800 Que ie fais sa dépesche où i'ay besoin de luy.
Iusque dans le Palais conduy-le sans escorte,
Et le fais seurement inuestir à la porte.
Qu'on l'enferme en la Tour, c'est encore vn honneur
Qu'il faut faire par force à cet empoisonneur.
805 Ame ingrate & cruelle, ame lasche & mal née,
Abandonnee au crime, aux tourmens destinée,
Monstre qu'vne Furie auoit produit au iour,
Ma hayne t'apprendra quelle estoit mon amour.
Mon penser te prepare vn million de gesnes:
810 I'ay pour toy dans l'esprit vn Enfer plein de peines.
Mille nouueaux tourmens appliquez à ton corps
Te feront, s'il se peut, mourir de mille morts.
Mais il n'a qu'vne vie, apres cette insolence,
Pour seruir de matiere au feu de ma vengeance.

815 Qu'il donne peu de prise à mon iuste couroux,
Apres m'auoir porté de si sensibles coups!
Pourquoy n'est-il Seigneur d'vne Prouince entiere
Pour donner à ma rage vn peu plus de matiere!
Il verroit à sa mort ses Estats desolez,
820 Ses peuples déconfits & ses tresors volez;
Ses plus belles Citez seroient mes feux de ioye
Auant que des bourreaux luy-mesme fust la proye;
Et voyant dissiper ce qu'il auroit aymé,
Auant que d'estre esteint il seroit consumé.
825 Que n'est-il pour le moins vn pere de famille
Pour voir brusler son fils, pour voir noyer sa fille,
Et pour voir ressentir à toute sa Maison
Combien ie suis sensible à cette trahison.
　　Le Tigre a satisfait à sa ialouse enuie,
830 Il m'a donné cent morts, & n'a rien qu'vne vie.
　　Et toy, pere cruel, dénaturé vieillard,
C'est vne violence où tu prens quelque part.
Esprit hautain, credule, & plein de deffiances,
Voicy, voicy des fruits de tes impatiences.
835 Tes aueugles soupçons ont esteint ces beaux yeux
Dont l'éclat m'estoit cher plus que celuy des Cieux.
Tes funestes conseils ont fermé cette bouche,
Et fait de ce beau corps vne immobile souche.
Courage impitoyable enuers ton propre sang,
840 Desormais dans ma Cour tu n'auras plus de rang.
Ne t'imagines plus d'estre considerable
Qu'autant que le peut estre vn homme inexorable,
Vne ame sanguinaire, vn sujet odieux,
Egalement hay des hommes & des Dieux,
845 A qui les habitans du Ciel & de la Terre
Doiuent faire à iamais vne cruelle guerre.
　　Tu meriterois bien de mourir mille fois
Et qu'on t'abandonnast à la rigueur des loix.
Mais pour y consentir mon amour fut trop forte;
850 Ie respecte ta fille encor qu'elle soit morte,
Et son secret suffrage obtient l'impunité
D'vn prodige pour elle en inhumanité.
Mais bien que son respect me porte à l'indulgence,
Sur peine de la vie éuite ma presence.

SCENE IV
ARISTE, CLEOGENE.

ARISTE.

855 Ma fille est morte enfin ie l'auois attendu
Son genereux courage a fait ce qu'il a deu;
Elle a bien témoigné par cette belle audace
L'heur de sa nourriture & l'honneur de sa race.
Dans ce choix glorieux elle a fait son deuoir.
860 De deux sortes de morts qu'il falloit receuoir,
Par l'iniuste decret d'vne rigueur puissante
Elle a pris la plus noble & la plus innocente.
Sa reputation est encore en vigueur,
Les venins ont esteint, & non pollu son coeur.
865 Au fort de ses malheurs, vne matiere noire
A terminé sa vie, et non taché sa gloire.
Elle n'a rien commis qu'on ne doiue loüer,
Et dequoy la Vertu ne la puisse auoüer.
Ie recognois ma fille, & sans sa mort peut-estre,
870 I'aurois esté honteux de la plus reconnestre.
Elle n'a pour le moins manqué que de bonheur,
Elle a perdu le iour, mais sauué son honneur.
O beau corps! beau sejour d'vne celeste hostesse!
Ie meurs en te voyant de ioye & de tristesse:
875 Receuant la froideur de ce mortel poison,
Tu n'as rien satisfait en moy que la Raison,
Puisqu'en me dépeignant ta perte irreparable,
La Nature en mon coeur se rend inconsolable.
Reçoy ces tiedes pleurs dont ie te viens baigner,
880 Que de ce poil grison ie veux accompagner.

CLEOGENE.

Seigneur, modérez-vous.

ARISTE.

O malheur incroyable!

CLEOGENE.

Ne regardez point tant cet objet pitoyable.

ARISTE.

Que ie l'embrasse encor.

CLEOGENE.

       Seigneur, vous ferez mieux
Si vous en destournez & vos pas & vos yeux.

    ARISTE.

Bien donc: mais dans l'excez de cette viue attainte,
Laisse moy pour le moins l'vsage de la plainte,
Et donne ordre qu'apres ce coup infortuné
Ie puisse souspirer sans estre importuné.

Sous quel Astre cruel ay-je receu la vie
Pour me la voir de honte ou de douleur rauie!
Quels Dieux ay-je offensez auecque tant d'excez,
Qui donnent à mes voeux de si mauuais succez?
Quelle Estoille maligne influant les miseres,
Et meslant du poison dans les choses prosperes
A changé si soudain l'estat de mon bon-heur,
Me rauissant le bien, le credit & l'honneur?
Ie ne puis raisonner parmy tant de disgraces:
Toutesfois, de mon sort suiuons vn peu les traces.
Les brillans feux du Ciel lors que ie viens au iour
Ont moins en leur aspect de haine que d'amour,
La Nature est en moy puissante & vigoureuse;
Au iugement de tous mon enfance est heureuse.
On m'esleue, on m'enseigne, & d'vn soin curieux
On me nourrit tousiours en la crainte des Dieux.
I'aprens heureusement les Arts & les Sciences,
On pratique pour moy de grandes Aliances;
Le soin de mes parens me donne vne moitié
Digne de mon estime & de mon amitié.
Ie n'ay de nostre amour qu'vne fille pour gage:
Mais quoy! c'est vne fille & fort belle & fort sage;
Et sur cette heritiere auec iuste raison
Ie puis fonder l'espoir de l'heur de ma Maison.
  Pour la combler bien-tost de richesse & de gloire,
I'entre aux Conseils d'vn Roy, l'ornement de l'Histoire,
Qui maintenant le lustre & la vigueur des Lois
Pratique dignement la science des Rois.
Ie quitte mon repos pour suiure sa fortune,
Ie prens ses interests d'vne ardeur non commune:
L'honneur de bien agir est mon ambition,
Exempte de foiblesse & de corruption:
Ie le sers auec foy, diligence & courage,
Et ie preten beaucoup d'vn Monarque si sage.
Toutefois quand il dit qu'il me fera du bien,
Lors que i'espere tout & que ie ne crains rien,
Ce Monarque equitable inaccessible au vice,
De naturel clement & qui hait l'iniustice,
Luy que toute la terre estime vn si bon Roy,
Deuient cruel, injuste, & violent pour moy.
  Vne illicite ardeur contre toute apparence,

930		Allumant ses desirs esteint mon esperance,
		Ses effrenés transports ne me respectent pas,
		L'injuste ayme ma fille, il cause son trespas,
		Et veut mesme accabler, en m'en disant coupable,
		D'vn indigne reproche vn pere miserable.
935		Par quel desreglement suis-je persecuté
		Auec tant d'iniustice & tant de cruauté?
		Il n'est rien d'ordinaire en cette destinée,
		Et ma raison timide en demeure estonnée.
	Il vient à	Mais quoy? i'ay des garants de ces oppressions,
940	ses Liures.	I'ay pris contre le sort de bonnes Cautions.

Esprits dont la Doctrine en erreurs si feconde,
S'est acquis tant de gloire en trompant tout le monde,
Nous donnant la Vertu pour vn souuerain bien,
Que determinez-vous d'vn sort tel que le mien?
945   Ah! voici ces Docteurs de qui l'erreur nous flate:
Aristote, Platon, Solon, Bias, Socrate,
Pytaque, Periandre, & le vieux Samien,
Xenophane, & Denis le Babilonien.
Reuisitons vn peu cette troupe sçauante,
950   Gnyde, Eudoxe, Epicarme, Alcidame & Cleanthe,
Democrite, Thales d'vn immortel renom,
Possidoine, Caliphe, Antistene & Zenon;
Consultons Xenocrate & consultons encore
Pherecide, Ariston, Timée, Anaxagore,
955   Chrisipe, Polemon, le docte Agrigentin,
Clytomaque, Architas, Anaxarque & Plotin.
Reconfrontons encor tous ces Autheurs de marque,
Aristipe, Seneque, Epictete et Plutarque.
Et bien sages Docteurs, et bien sçauants Esprits,
960   Celebres Artisans du piege où ie suis pris;
En mes afflictions ie vous prens à partie,
Et c'est contre vous seuls que i'ay ma garentie.
Vous auez asseuré qu'en suiuant la Vertu
Iamais l'homme de bien ne se treuue abatu,
965   Qu'il est aux accidens vn Cube inesbranlable,
Tousiours en mesme assiette & de face semblable:
Que l'heur et le malheur, que le bien & le mal,
Et tous euenemens treuuent tousiours égal.
Qu'il est dans l'embarras des changemens du monde
970   De mesme qu'vn Rocher dans le milieu de l'onde,
Que le couroux du Ciel a beau persecuter,
Contre qui la Fortune en vain ose lutter,
De qui pour la Tempeste & les cruels orages,
Les injustes mespris, les pertes, les outrages,
975   Le feu Celeste et pur n'est iamais amorti;
Vous l'auez soustenu. Vous en auez menti.
    Effrontez, Imposteurs, allez, ie vous deffie
De me faire auoüer vostre Philosophie:
Vous m'auez abusé de discours superflus;
980   Changez de sentimens ou ne vous montrés plus.

CLEOGENE *ramassant les Liures.*

O Cieux! la cruauté d'vne attainte si rude,
Altere cet Esprit affoibly par l'estude.
Pressé de la douleur qui luy trouble le sens,
Il punit de ses maux des Sujets innocens.

Fin du troisiesme Acte.

ARGVMENT

DV

QVATRIESME ACTE.

1. Vn Medecin accompagne vn Operateur à l'apartement d'Ariste pour l'auertir que sa fille n'a pris qu'vne potion dormitiue au lieu de poison. 2. Cet homme que l'amas des Sciences auoit fait passer pour sage, & dont vn imaginaire malheur auoit troublé le iugement, estalle en cette rencontre toutes les images que sa memoire luy peut fournir, & fait montre en ce lieu d'vne sçauante folie. 3. Le Roy de Sardaigne medite sur la perte de sa Maistresse, & sur la vengeance qu'il veut prendre de Palamede. 4. Son Capitaine des Gardes qui le vient d'arrester luy fait le recit de sa Capture. 5. Le Roy voyant passer le Criminel, le veut conuaincre d'ingratitude, & prest à l'enuoyer sur l'echafaut, aprend que Roselie n'est point morte, ce qui luy fait sursoir le iugement.

ACTE IIII

SCENE PREMIERE

VN OPERATEVR, VN MEDECIN, & ARISTE.

L'OPERATEVR.

985 Avançons promptement, i'aprehende qu'Ariste
N'abandōne leurs corps à quelque Anatomiste;
Les voulant embaumer le malheur seroit tel,
Qu'il y commenceroit par quelque coup mortel,
Et nous pourrions ainsi porter la penitence
990 De nos retardemens & de sa diligence.

LE MEDECIN.

Il en est du mestier adroits iusqu'à ce point
Que d'vn coup de rasoir ils n'y manqueroient point.
Quelqu'vn sort du logis qui semble nous attendre.
Qui va là?

ARISTE.

                Qui ie suis? ie m'en vais te l'apprendre:
995 Vn sujet merueilleux fait d'vne ame & d'vn corps,
Vn Pourceau par dedans, vn Singe par dehors:
Vn Chef-d'oeuure de terre, vn miracle visible,
Vn animal parlant, raisonnable & risible;
Vn petit Uniuers en qui les Elemens
1000 Aportent mille maux & mille changemens;
Vne belle superbe & fresle Architecture,
Qui doit son ordonnance aux mains de la Nature,
Ou des os tenans place & de pierre & de bois,
Forment les fondemens, le feste & le parois.
1005 Vn mixte composé de lumiere & de fange,
Oū s'attachent sans fin le blasme ou la loüange.
Vn Vaisseau plain d'esprits & plain de mouuemens,
Reuestu de tendons, de nerfs, de ligamens,
De cuir, de chair, de sang, de moüelle & de graisse,
1010 Qui se mine à toute heure & se destruit sans cesse,
Oū l'ame se retire & fait ses fonctions,
S'imprime les vertus, ou trempe aux passions:
A qui tousiours les Sens, ses messagers volages,
Des objets recognus raportent les images.

LE MEDECIN.

1015   Mais Seigneur...

ARISTE.

Vn joüet de la mort & du temps,
Du froid, de la chaleur, du foudre & des Autans,
Et sur qui la Fortune establit son Empire
Tandis qu'il peut soufler iusqu'à ce qu'il expire

LE MEDECIN.

Seigneur...

ARISTE.

Sur ce sujet te voila contenté.

LE MEDECIN.

1020   Ouy.

ARISTE.

Di moy donc aussi quelle est ta qualité?

LE MEDECIN.

Moy? ie suis Medecin, au moins i'en fais l'office;
Et ie viens vous treuuer pour vous rendre vn seruice,
Ce qui me fait si tard chercher vostre Maison.

ARISTE.

Toy Medecin? i'en doute auec quelque raison:
1025   Que te proposes-tu pour guerir vn Malade,
Ou les Loix d'Hippocrate, ou l'art d'Asclepiade?
Te sers tu de saignée ou bien de vomitifs?
Vses-tu de Diette ou bien de Purgatifs?
Quand tu bannis d'vn corps la chaleur estrangere,
1030   Est-ce par son semblable ou bien par son contraire?
Regardes-tu du Ciel le diuers mouuement?
Obserues-tu l'vrine ou le poulx seulement?
Es-tu rationnel, ou bien simple Empirique?
As-tu la Théorie ou la seule Pratique?
1035   Sçais-tu bien augmenter les effets generaux
Des pierres, des metaux, des sels, des mineraux,
Des herbes & des fleurs, des fruits & des racines,
Des gommes, des liqueurs, des sucs & des raisines?
Composer des Topics, faire les potions,
1040   Trochisques, purgatifs, poudres, confections,

```
                        Electuaires, locs de diuerses matieres,
                        Epithemes, syrops, pillules & hieres?
                           Entends-tu l'Arabesque? as-tu leu le Zoar,
                        Geber, Haly, Rhasis, Alquinde, Albumasar,
1045                    Auicenne, Auerroës, Algazel, Albucate,
                        Et tous ces grands Autheurs dont ton bel Art se flate?
                           Sçais-tu comme appliquant l'Agent au Patient,
                        En escarrant vn nombre, & le multipliant,
                        On monte par degrez iusqu'aux Intelligences?
1050                    On attire ici bas les plus hautes puissances.
                           As-tu quelque secret qui soit particulier?
                        Dis-moy, le Beresith t'est-il fort familier?
                        Lis-tu le Mercana? sçais-tu l'Arithmentie?
                        N'es-tu point auancé dans la Theomentie
1055                    Qui fait diuinement ses operations
                        Obtenant de là-haut des reuelations?
                        Sçais-tu l'analogie & l'ordre des trois Mondes?
                        La matiere premiere & les causes secondes?
                        Et me dirois-tu bien l'origine d'où sort
1060                    Le soufle de la vie & celuy de la mort?
                           Sçais-tu par quels canaux les Diuines Puissances
                        S'escoulent iusqu'à nous parmy les influences?
                        Ces Torrens infinis des benedictions,
                        Ce concours merueilleux des Emanations?
1065                       Cognoy-tu cet Esprit uniuersel du Monde,
                        Qui penetre dans l'air, dans la terre & dans l'onde?
                        Cet Esprit general en vertu sans pareil
                        Dont la bonté Diuine a remply le Soleil?
                        Cette vnion de Sel, de Soufre & de Mercure,
1070                    Qui maintient tous les corps qui sont en la Nature?
                        As-tu quelque secret qui la peust dégager
                        Du feu non naturel, de l'humide estranger,
                        Et du sel corrosif, qui luy faisans la guerre
                        Destruisent tous les corps qui viuent sur la terre?

                                          LE MEDECIN.

1075                    Seigneur, ie sçay de plus ressusciter les morts.

                                          ARISTE.

                        Quoy? tu sçais rappeller les ames dans les corps?

                                          LE MEDECIN.

                        I'en viens faire chez vous l'heureuse experience.

                                          ARISTE.

                        O secret admirable! ô diuine science!
                        Si tu n'és pas menteur, il faut que les mortels
1080                    Esleuent ton Image au dessus des Autels;
```

             Donc vn sujet esteint, par ta solicitude
             De la priuation retourne à l'habitude?
             Les Esprits par ton art des enfers suscitez,
             Reprennent de nouueau les corps qu'ils ont quitez?
1085   En vn mort pasle & froid qu'on enferme en la biere
             Tu reünis encor la forme à la matiere?
             C'est où l'on n'a point creu de possibilité,
             A moins que d'vn effort de la Diuinité.
                Mais par quelques raisons establis ta creance;
1090   Di moy donc, l'ame est-elle accident ou substance?
             Resulte-t'elle point du seul temperament?
             Est-ce vne portion des feux du Firmament?
             Pitagore & Platon l'ont-ils bien definie
             Quand ils l'ont appellée vn nombre, vne armonie?
1095   Est-ce vn air pur & chaud par le coeur temperé,
             Diffus par tout le corps & par tout attiré?
             Est-elle de nature ou simple ou composée?
             Est-ce vne flame aqueuse, vne terre embrasée?
             Est-ce vn Esprit subtil & plain d'agilité?
1100   Est-ce vne Enthelechie? est-ce vne qualité?
             N'aurois-tu point aussi la ceruelle infectée
             De quelque opinion absurde & rejettée?

             LE MEDECIN.

             Seigneur, sans perdre temps en definitions,
             Ie vous le feray voir par demonstrations.

             ARISTE.

1105   Suy-moy donc là dedans pour en faire vne preuuë
             Qui puisse soulager la peine où ie me treuue.

SCENE III

LE ROY.

Faut-il que la rigueur des Astres irritez
Mesle cette infortune à mes prosperitez?
Est-ce vn ordre estably des puissances Diuines
1110 De n'enuoyer iamais des roses sans espines?
Comme si leur bonté ne pouuoit nous donner
Vn seul trait de douceur sans nous l'empoisonner.
Mes armes ont calmé l'Empire de Neptune;
I'ay des Princes d'Afrique abaissé la Fortune,
1115 Et i'ay fait des Vassaux de ces petits Tirans
Qui vouloient prendre place au rang des Conquerans.
Et lors que i'ay plus fait que l'on ne sçauroit croire,
Au poinct que ie me voy tout couronné de Gloire,
En ce pompeux Estat, triomphant du malheur,
1120 Ie me treuue en ma Cour acablé de douleur.
Quand ie mets à couuert la Fortune publique,
Vn Monstre plus cruel que tous ceux de l'Afrique,
Tout remply de malice & chargé de poison,
Ose bien m'attaquer iusques dans ma Maison.
1125 Vn méchant déguisé sous vne vertu feinte
Me donne le sujet d'vne eternelle plainte,
Et dans son attentat par excez outragé,
Ie me plains, ie peux tout, & ne suis point vangé.
Alez voir si Timon...mais ie le voy parestre.
1130 Et bien, qu'auez-vous fait? auez-vous pris ce Traistre?

SCENE IV

TIMON, LE ROY.

TIMON.

Ouy, Sire, l'on le mene en lieu de seureté.

LE ROY.

Vous le deuiez auoir dés long-temps arresté.
Possible auez-vous eu quelque peine à le prendre.

TIMON.

En voicy le sujet; vous plaist-il de l'entendre?

LE ROY.

1135 Ouy, ie le veux sçauoir. Il a fait quelque effort?

TIMON.

Ouy, Sire, et ce recit vous estonnera fort.
Il estoit dans le Temple.

LE ROY.

                               S'il estoit difficile
Qu'ayant blessé les Dieux, il y trouuast d'Azile.

TIMON.

1140 Nous l'auons obserué dans sa deuotion,
Priant, comme il sembloit, auec emotion.

LE ROY.

C'est que tousiours le crime aporte des alarmes.

TIMON.

Il tournoit vers le Ciel ses yeux couuers de larmes,
En adressant des voeux que nous n'entendions pas.

LE ROY.

M'ayant donné cent morts, il craignoit le trespas.

TIMON.

1145 I'ay creu le voyant là, (non sans quelque apparence)
Qu'il s'y voudroit tenir comme en lieu d'asseurance,
Et que cherchant refuge à l'ombre des Autels,
Il alloit implorant l'ayde des Immortels.
Mais comme tout esmeu d'vne grande merueille,
1150 Vn des siens est venu luy parler à l'oreille,
Il est deuenu pasle à ce secret propos;
Son coeur gros de douleur a poussé des sanglots,
Puis comme transporté d'vne attainte si rude,
Il est sorty du Temple auecque promptitude,
1155 Et presqu'en mesme temps il a fait vn effort
Pour saisir vne espée & s'en donner la mort.

LE ROY.

Il pensoit euiter par cette fin hastée,
Vne autre plus cruelle & qu'il a meritée.

TIMON.

Si ie n'eusse empesché cet effort inhumain,
1160 Auant que d'estre pris il fust mort de sa main.
Timon, ce m'a-t'il dit, lors qu'il m'a veu parestre,
Ne retient point mon bras, & dis au Roy ton Maistre
Le loüable deuoir auquel ie me suis mis,
Pour perdre le plus grand de tous ses ennemis,
1165 Et l'effort que ie fais pour esteindre vne vie
Qui mit vn grand obstacle à sa plus belle enuie.
Mais combats la pitié qui me veut secourir,
C'est vne pieté que me laisser mourir;
Mon desespoir est grand, mais la raison le guide,
1170 Et qui me veut sauuer fait pis qu'vn parricide.

LE ROY.

Comme il confesse tout! Ô prodige inoüy!

TIMON.

A ces mots, dans mes bras il s'est éuanoüy.
Ie l'ay fait emporter auecque diligence,
Sans donner de mon ordre aucune intelligence.
1175 A son enleuement nul ne s'est opposé
Croyant qu'on emportoit vn homme indisposé;
Ie vous en viens porter la nouuelle certaine;
Il a repris ses sens, le voicy qu'on ameine
Pour le mettre en la Tour ainsi que ie l'ay dit.

SCENE V

LE ROY, PALAMEDE, TIMON.

LE ROY.

1180 Voyez comme à ma veuë il paroist interdit.
Il n'importe; Timon, dites luy qu'il approche;
Ie le veux acabler sous vn honteux reproche;
Jl faut que son Esprit supporte mille morts
Auant que les Bourreaux s'acharnent sur son corps.
1185   Fleau des innocens que le couroux Celeste
Ajouste à la Famine, à la Guerre, à la Peste,
Interprete malin de mes intentions,
Abominable Autheur de mes afflictions;
Di-moy, tes actions dans nos guerres passées,
1190 N'ont-elles pas esté fort bien recompensées?

PALAMEDE.

Ouy Sire, vos bontez m'ont comblé de bien-faits,
Et vous auez de biens surpassé mes souhaits.

LE ROY.

N'ay-je pas joint encore à toute ces largesses
Beaucoup d'honneurs encore & beaucoup de caresses?

PALAMEDE.

1195 Beaucoup plus mille fois que ie n'ay merité.

LE ROY.

Ingrat, pour m'adoucir cele la verité;
Cruel, impose-moy que ie suis vn barbare
Sans foy, sans pieté, lâche, cruel auare,
Di que de ton bonheur i'ay retardé le cours,
1200 Que i'ay de tes parens precipité les iours:
Enfin veille moy rendre auec cet artifice,
Coupable de ta haine & de ton injustice;
Ainsi tu couuriras ta mauuaise action,
Ainsi tu donneras de la compassion.
1205 Si tu veux pour le moins illustrer ta memoire,
Tu n'as qu'à dechirer & qu'à tacher ma gloire.

PALAMEDE.

Ie ne pourrois iamais mentir si lâchement.

LE ROY.

O trait insuportable à mon ressentiment!
Comment? crains-tu si peu les Puissances Diuines
1210 Que d'oser me flater lors que tu m'assassines?
Si ie ne suis donc pas le pire des humains,
Qui t'a fait en mon coeur ensanglanter tes mains,
Ozant empoisonner cette aimable personne
A qui ie partageois mon lit & ma Couronne?

PALAMEDE.

1215 Moy, Sire?

LE ROY.

L'impudent ose en leuant les yeux
Contre ces veritez prendre à tesmoins les Cieux?

PALAMEDE.

Sire, vostre courous qui m'impose silence,
Peut auancer ma perte auecque violence;
Mais l'effort des mortels n'est pas assez puissant
1220 Pour me rauir le bien de mourir innocent.
Ce poison est vn fait qu'il faut que ie denie
Si vous ne m'ordonnez que ie me calomnie.
C'est vn coup estranger où ie ne trempe en rien.

LE ROY.

Timon, fay moy raison de cet homme de bien:
1225 Mais ie ne sçay pourquoy luy qui n'est point coupable,
Et dont l'integrité n'eut iamais de semblable,
Redoutant ma iustice auoit pris le dessein
De se donner tantost d'vn poignard dans le sein?
C'est qu'il sçait que les Loix se donnent la licence
1230 D'extirper des sujets de pareille innocence;
Gardons bien de toucher à sa fidelité,
Nous pourrions, l'accusant, blesser la verité.
Il ne pensa iamais à trahir mon seruice;
Il n'a point fait passer mon amour pour vn vice,
1235 Et mis au desespoir l'adorable Beauté
Qu'vn chaste himen portoit iusqu'à la Royauté.
Il n'a point fait venir le poison à son ayde,
Treuuant pour vn mal feint vn si cruel remede.
Ce iuste personnage auroit eu de l'horreur
1240 D'vn acte si perfide & si plain de fureur.

           I'ay pensé toutefois que c'estoit vn ouurage
           D'vn Amant transporté de douleur & de rage
           Qui court au desespoir, & par vn coup fatal
           Veut trahir le bonheur d'vn Illustre Riual,
1245   Et par vne noirceur difficile à comprendre
           Luy faire perdre vn bien qu'il n'oseroit pretendre.
           Mais voicy de la Morte vn mot de Testament
           Qui de tout son malheur le charge aucunement.

                Testament de ROSELIE.

           Avtheur de ma naissance, Esprit sçauant & sage,
1250   Qui preuistes si bien mes malheurs obstinez,
           En cette extremité ie vay mettre en vsage
           Les genereux Conseils que vous m'auez donnez.
              Consolez-vous d'vn mal qui n'a point de remede,
           Et ne murmurez point contre vn arrest des Cieux;
1255   I'allois les implorer alors que Palamede
           M'a porté le poison qui me ferme les yeux.

                PALAMEDE.

           Roselie en mourant me charge de ce crime?
           Le soin de me destruire est vn soin legitime;
           Sur cette seule preuue on me peut condamner
1260   Et me donner la mort que ie m'allois donner.
           C'est la seule faueur que ie pourrois attendre;
           Mais qu'on m'entende bien si l'on me peut entendre,
           I'ay vrayment merité cet Arrest rigoureux
           Non pas comme meschant, mais comme malheureux;
1265   I'ay donné ce poison, i'ay fait cet homicide,
           Ainsi qu'vn miserable, & non comme vn perfide;
           Mais sur ce tesmoignage ordonnez mon trespas,
           Vn fauorable Arrest ne me seruiroit pas.
           Ma mort est resoluë auant vostre Sentence;
1270   C'est ce que mon malheur demande auec instance.

SCENE VI

ALFONSE, LE ROY, PALAMEDE, TIMON.

ALFONSE.

Sire...

LE ROY.

Que me veux-tu?

ALFONSE.

       Vous aprendre vn succez
Qui peut absolument seruir à ce procez.

LE ROY.

Vien icy me le dire.

PALAMEDE.

       O Puissance Diuine!
Roselie elle mesme a signé ma ruine?
1275 Acceptons nostre mort pour luy donner ce bien:
Elle a trop fait pour nous, ne luy refusons rien.
Elle veut nostre perte, elle veut nostre honte,
Nostre honneur luy desplait, n'en faisons plus de conte:
A nos propres malheurs il vaut mieux consentir,
1280 Que luy desplaire encore & que la démentir.

LE ROY.

Ie me sens tout esmeu de ioye & de merueille.
Qu'on le meine en la Tour, Timon, & qu'on le veille.
Pour faire son procez, auant qu'il soit long-temps
Nous luy confronterons des Tesmoins importans.
1285 Roselie est viuante? Ô nouuelle agreable!
S'il est vray, qu'on me fasse vn recit veritable.

ALFONSE.

Cleogene l'a veuë.

LE ROY.

      En croiray-je ses yeux?

ALFONSE.

Visitez-là vous-mesme & vous le croirez mieux.

LE ROY.

Deussay-je à cet objet mourir soudain de ioye,
1290 Dés qu'on la pourra voir il faut que ie la voye.

ALFONSE.

Son pere à qui les maux alteroient la raison,
A de ce rare effet receu sa guerison;
Il a perdu deslors cette humeur inquiette,
Et son ame a repris son ordinaire assiette.

LE ROY.

1295 Toy, vay voir de ma part ce Vieillard promptement.
Di luy que ie prens part à son contentement,
Et l'asseure qu'vn Astre en cette Isle preside,
Qui rendra son bonheur plus grand & plus solide.
Mais sans retardement qu'il faut qu'il vienne icy
1300 Pour estre sur ce poinct par ma bouche esclaircy.

Fin du quatriesme Acte.

ARGVMENT
DV
CINQVIESME ACTE.

1. Roselie, reuenuë de l'assoupissement qui l'auoit fait passer pour morte, fait dessein de mourir plutost que de quitter son seruiteur pour espouser le Roy de Sardaigne. 2. Son pere luy veut persuader de consentir aux propositions qu'on luy a faites, estonné de la derniere bourasque, & redoutant quelqu'autre disgrace, mais elle fait parler si hautement sa fidelle amour contre ses raisons ambitieuses, qu'Ariste est contraint de prendre le parti de la Vertu. 3. Le Roy vient trouuer Ariste, pour sçauoir s'il a persuadé sa fille, & par les responses est informé que sa fille aime Palamede, ce qu'il ne peut croire, 4. iusqu'à ce que Roselie l'en asseure; apres auoir digeré sa cholere & sa ialousie, la raison reprenant place en son Ame le porte a faire venir Palamede 5. pour luy remettre tous ses interests d'amour, & faire aboutir leurs trauerses à vn heureux mariage.

ACTE V

SCENE PREMIERE

ROSELIE, CANOPE.

ROSELIE.

Canope, il faut mourir, il faut mourir sans feinte,
Afin de n'auoir plus de douleur ny de crainte:
Puis qu'vsant d'vn poison i'ay manqué le trespas,
Ie veux m'aider d'vn fer qui ne me trompe pas,
1305 Et m'exempter par là de cette Tirannie
Qui pense insolemment contraindre mon Genie,
Qui se veut faire aimer de plaine authorité,
Comme si l'on pouuoit forcer la volonté;
Comme si chaque Prince à qui l'on rend hommage
1310 Deuoit en tous les coeurs imprimer son Image,
Et que l'ame agissant à sa discretion
Ne peust aimer ailleurs sans sa permission.
Ie ne puis receuoir ces Loix insuportables,
Il en aura bien-tost des preuues veritables,
1315 Et feray bien-tost voir par vn nouuel effort
Que ie crains son amour beaucoup plus que la mort.

CANOPE.

Que ce boüillant couroux tant soit peu se tempere.

ROSELIE.

Que veux-tu que ie face?

CANOPE.

                    Attendez vostre Pere,
Vous apprendrez l'estat de ses intentions,
1320 Et prendrez là dessus vos resolutions.
De moy, pour dire vray, ce n'est pas ma pensée
Que du costé du Roy vous soyez menacée;
Dessus vostre accident il s'est trop tourmenté,
Pour vous porter encore à cette extremité.
1325 Voyant vostre vertu qui n'a point de semblable
Il n'ataquera plus vn fort inexpugnable:
Sans doute le remords de ce mauuais dessein
Depuis vostre action luy penetre le sein.

Il n'aura fait venir Ariste en diligence
Que pour en tesmoigner les traits de repentance;
Le voicy de retour, oüy, c'est luy que ie voy.

SCENE II

ROSELIE, ARISTE.

ROSELIE.

Et bien, Seigneur? et bien vous auez veu le Roy;
A-t'il tousiours pour moy la mesme rêuerie?
Subsiste-t'il tousiours dans la mesme furie?

ARISTE.

1335 Il ne s'en peut guerir, il vous aime tousiours;
Toutesfois ses desseins vont prendre vn autre cours;
Pour vous rendre visite il viendra tout à l'heure.

ROSELIE.

Seigneur, s'il est ainsi, permettez que ie meure;
Sur mon honneur sans doute il desire attenter;
1340 Il demande ma mort, il faut le contenter.

ARISTE.

Nullement, vostre mort n'est pas ce qu'il demande,
Ne vous emportez point d'vne terreur si grande;
Le feu qui le consume est fort respectueux,
Il n'a plus de desseins qui ne soient vertueux,
1345 Et l'effort qu'il veut faire est vn effort estrange;
Ie dis à nostre gloire autant qu'à sa loüange,
Vous pourrez en son lict coucher auec honneur.

ROSELIE.

Seigneur, que dites-vous? quel estrange bonheur?

ARISTE.

Sous ces conditions il faut qu'il vous possede.

ROSELIE.

1350 Quoy? vous me condamnez à trahir Palamede?
Sans craindre les malheurs qu'il en arriuera?

ARISTE.

Si vrayment il vous ayme, il s'en consolera.

ROSELIE.

Mais qui me lauera de cet acte infidelle?

ARISTE.

La volonté du Roy vous rend moins criminelle.

ROSELIE.

1355 Et que peut sur les coeurs son absolu pouuoir?

ARISTE.

En vn coeur bien logé, l'amour cede au deuoir.
Faut-il que vos desirs reglent ainsi l'enuie
De ceux qui par nature ont droict sur vostre vie?

ROSELIE.

1360 Seigneur, pour euiter ce joug infortuné
Ie vous rendray le sang que vous m'auez donné.
Que ie meure à vos pieds.

ARISTE.

     Vous y mourriez rebelle.

ROSELIE.

Mais i'y mourray constante & non pas infidele.

ARISTE.

Vous deuez plus à moy qu'au reste des mortels.

ROSELIE.

Si ie vous doibs beaucoup, ie doibs plus aux Autels.

ARISTE.

1365 C'est vne resistance inutile & friuole;
Il se faut relascher, i'ay donné ma parole.

ROSELIE.

Mais, Seigneur, vous sçauez que i'ay donné ma foy,
Sous cette authorité que vous auez sur moy.

          Me puis-je dégager où i'ay laissé mon ame
1370   Pour m'embrazer encor d'vne nouuelle flame?
          Vous ne deuiez iamais m'y faire consentir,
          Et l'approuuer si fort pour vous en repentir.
          De moy, pour m'excuser de cette obeissance
          I'embrasseray la mort, plutost que l'inconstance.
1375   Oüy, la mort dissoudra ce legitime noeud
          Quand on me cacheroit & le fer & le feu;
          Quand ie n'auray sur moy ni cheueux ni ceinture,
          Ie sçauray promptement m'ouurir la sepulture.
          Seigneur, il suffiroit de mon remors secret
1380   Pour me faire mourir de honte & de regret.
          Ie suis à Palamede autant que ie suis vostre,
          Et s'il n'est mon Espoux, ie n'en auray point d'autre.

                              ARISTE.

          O courage admirable! ô grande fermeté!
          Ie me rends, & lui rends encor la liberté.
1385   Cette vertu brillante où ie voy tant de charmes
          Resserre ma cholere, & fait couler mes larmes.
          Ah, ma fille! suiuez vostre inclination;
          La constance est fort rare & non l'ambition.
          Vos nobles sentimens sont bien dignes d'estime,
1390   Et mon commandement n'estoit pas legitime.
          Cette solide foy que vous me faites voir,
          Resueille ma sagesse, & suspend mon pouuoir:
          Cette fidelité, dont la grandeur m'estonne,
          A qui la cognoist bien vaut mieux qu'vne Couronne.
1395   Ie ne m'oppose plus à vostre volonté,
          Et ie ne me sers plus de mon authorité.
          Mais apres ce refus, que faut-il que ie fasse
          Pour éuiter du Roy l'euidente disgrace?
          Vous sçauez à quel poinct ce trait l'offensera.

                              ROSELIE.

1400   Seigneur, ne craignez rien, ma mort l'appaisera;
          Ma mort absolument de tous maux vous deliure.

                              ARISTE.

          Non, non, mes interests vous ordonnent de viure.
          I'aime beaucoup mieux prendre vn sentier hazardeux
          Qui pourra nous sauuer ou nous perdre tous deux.

                              ROSELIE.

1405   Seigneur, prenez-le donc, il est bien necessaire.

ARISTE.

Voici de quel biais ie prendray cet affaire.
Pour rompre ce dessein ie luy vais soustenir...
Mais rentrez promptement, ie l'apperçoy venir.

SCENE III

LE ROY, ARISTE.

LE ROY.

Enfin quel est mon sort, qu'auez-vous fait, Ariste?
Et quel est le sujet qui vous rend ainsi triste?

ARISTE.

Sire, disposez-vous à changer de dessein.

LE ROY.

Ie n'en sçaurois changer, vous m'en parlez en vain.

ARISTE.

Ie ne sçaurois non plus changer la destinée
Qui dispose à son gré des liens d'hymenée.

LE ROY.

Qu'entendez-vous par là? mais sans rien déguiser:
Il n'est point à propos ici de m'abuser.
Vostre fille estoit-elle à quelqu'autre engagée
Auant qu'à ma recherche elle fust obligée?
Vous changez de couleur, respondez promptement.

ARISTE.

Sire, elle l'estoit trop pour mon contentement,
Puis que l'impression d'vne premiere flame
Est d'ordinaire vn mal incurable en nostre ame.
Ie n'ay peu deuiner que vostre Majesté
Deust auoir tant d'amour pour si peu de beauté,
Et desirant de voir vn gendre en ma famille,
I'auois desia fait choix d'vn mari pour ma fille.
Son coeur suiuant la loy de mon election
A pris pour ce sujet beaucoup d'affection.
De vouloir maintenant esteindre cette flame
C'est vouloir de son corps faire sortir son ame;
I'en ay fait mes efforts, mais inutilement,
Ils seront l'vn pour l'autre, ou pour le monument.

LE ROY.

Quoy? sans m'en auertir vous auriez pris vn gendre?
C'est vne liberté que vous ne pouuiez prendre.

ARISTE.

1435 Non, si i'eusse preueu ce tonnerre éclatant
Qui s'allume, qui bruit & tombe en mesme instant.
Et quand i'aurois preueu ces matieres de plainte,
I'aurois vsé d'auis, et non pas de contrainte:
L'ame est inuiolable en ses secrets ressorts,
1440 Et l'on ne contraint pas les coeurs comme les corps.
Tout ce que tient enclos le cercle de la Lune
Est composé de biens suiets à la fortune.
Nostre coeur seulement est en nostre pouuoir,
Les Dieux mesmes sans nous ne le sçauroient auoir.
1445 Oüi, ces Dieux dont les mains ont forgé le tonnerre,
Ont arrondi le Ciel, ont suspendu la terre,
Et des astres encor ont construit les Maisons,
Reglant les iours, les nuicts, les mois & les saisons,
S'il faut que nostre coeur à leurs loix ne responde,
1450 Ne sçauroient posseder ce petit point du monde.

LE ROY.

Qu'inferez-vous de là?

ARISTE.

Que vous n'attendiez pas
Que ma fille iamais se iette entre vos bras.
En son choix legitime ell'est trop engagée,
Sa resolution ne peut estre changée.

LE ROY *parlant à Alfonse.*

1455 Cet Esprit qu'on a veu de malheurs atterré,
Quoi que l'on m'en ait dit, est encor alteré.
Et cet engagement qu'il dit de Roselie
N'est qu'vn fantosme issu de sa melancolie.
Dites-moi donc quel est ce pretendu mari.

ARISTE.

1460 Vn Seigneur fort bien fait que vous auez nourri.

LE ROY.

Astolphe.

ARISTE.

Nullement.

LE ROY.

Faut-il qu'on me le cele?

ARISTE.

Sire, c'est Palamede.

LE ROY.

O Dieux! cet infidele
Qui vient de me trahir et de l'empoisonner?

ARISTE.

C'est dequoy l'on ne peut qu'à tort le soupçonner.

LE ROY.

1465 Comment l'en soupçonner? ô la foiblesse extrême:
C'est vne verité qu'il confesse luy mesme;
Roselie en mourant l'en chargeoit par escrit.

ARISTE.

Sire, c'est vn discours qui confond mon esprit.

LE ROY.

Que vostre fille vienne & nous le sçaurons d'elle.

ARISTE.

1470 Sire, il est à propos, il faut que ie l'appelle.

SCENE IV

LE ROY, ALFONSE.

LE ROY.

Dieux! que son sens est trouble, & qu'il est affoibly;
I'admire ses erreurs autant que son oubly:
C'est vne chose estrange, il faut que ie le die.

ALFONSE.

C'est encore vn effet de cette maladie
Qu'il s'attira naguere à veiller sur les eaux,
Lors que des ennemis il brûloit les Vaisseaux.

SCENE V

LE ROY, ROSELIE, CANOPE, ARISTE.

LE ROY.

Delices de mes yeux, belle ressuscitée,
Vous brauez vne mort par miracle euitée:
Mais si vostre bonté ne prend pitié de moy,
Ie suis en grand danger de tomber sous sa loy.
Ie suis touché d'vn mal incurable à tout autre,
Ie languis d'vn poison plus mortel que le vostre.
Mais voyez si l'ennuy fait tort aux grands esprits,
Quand ils perdent des biens qui sont de vostre prix;
Vostre Pere a perdu tout à fait la memoire;
Ie vous dis son defaut, mais c'est à vostre gloire.

ROSELIE.

Luy, Sire? nullement.

LE ROY.

     Il ne se souuient pas
Que personne ait voulu vous donner le trespas;
C'est pour luy, comme il semble, vne chose incognuë.

ROSELIE.

C'est vne chose aussi qui n'est point auenuë.

LE ROY.

Mais Palamede enfin vous donna le poison,
Ce qu'Ariste denie.

ROSELIE.

    Il a grande raison.

LE ROY.

Voici qui me remplit de crainte & de merueille;
Quoy? seriez-vous tombée en vne erreur pareille?

ROSELIE.

Ce n'est point vne erreur, c'est vne verité

Dont on peut s'esclaircir auec facilité.

LE ROY.

Quoy? démentirez-vous vostre propre escriture
Qui semble clairement marquer cette auanture?
Vous la cognoistrez bien, Madame, la voicy.

ROSELIE.

1500 Sire, dessus ce poinct vous serez esclaircy.
Ce terme est equiuoque, & vous allez cognaistre
Que Palamede enfin n'est ny meschant ny traistre.

LE ROY.

Faite le voir, Madame, & ie seray raui
Qu'il se trouue innocent et qu'il m'ait bien serui.

ROSELIE.

1505 Lors que ie le chargeois du poison dans ma plainte,
C'estoit comme porteur des suiets de ma crainte:
C'estoit comme l'Autheur d'vn funeste discours
Qui m'alloit obliger à terminer mes iours.

LE ROY.

Quel estrange discours vous a-t'il peu produire
1510 Qui vous ait peu porter iusques à vous destruire?

ROSELIE.

J'auois veu le matin mon Pere espouuanté
D'vn changement d'esprit en vostre Majesté,
Ie sçauois qu'on brassoit vne grande entreprise,
Où sans sçauoir comment ie me trouuois comprise,
1515 Alors que Palamede auecque vos escrits
Et vos ordres pressants vint troubler mes esprits.

LE ROY.

Vous faisant de ma part cet amoureux message,
Le meschant fit passer mes soins pour vn outrage?
D'vn artifice noir deguisa mes desseins,
1520 Vous donnant de l'horreur des pensers les plus saincts?

ROSELIE.

Au contraire, en Couronne il déguisa ma chaisne,
M'offrant de vostre part la qualité de Reine,
Et si i'auois suiuy son dangereux conseil
Le Palais m'auroit veuë en vn grand appareil.

1525   Voila de ces trois mots la glose veritable;
        Palamede en cela n'est nullement coupable.

                          LE ROY.

        Ah! Madame, dés-là ie le tiens innocent,
        Et partage auec luy les peines qu'il ressent:
        Mais sçachons le surplus de vostre destinée
1530   Et quelles mains encor vous ont empoisonnée.

                          ROSELIE.

        Canope mieux que moy vous le pourroit conter.

                          LE ROY.

        Canope, sur ce point vien donc me contenter.
        Et vous, laissez nous seuls.

                          CANOPE.

                                    D'vne bouche ingenuë
        Ie vous diray comment la chose est auenuë;
1535   Apres que Palamede eut ainsi declaré
        Les ordres qu'il auoit & se fut retiré,
        Madame qui l'aimoit...

                          LE ROY.

                              Elle aimoit Palamede?

                          CANOPE.

        Dieux! ie me suis coupée, ô malheur sans remede!
        Ie dis qu'il l'estimoit.

                          LE ROY.

                                    Poursui donc, ie le voy.

                          CANOPE.

1540   Treuua mauuais d'abord qu'il eust pris cet employ,
        Et n'imaginant pas le dessein legitime,
        Creut que son entremise estoit crime sur crime.
        Là dessus redoutant qu'vn amoureux transport
        Employat pour sa perte vn violent effort,
1545   Elle se resolut dés-lors de ne plus viure,
        Et moy ie fis dessein de mourir pour la suiure.
        Mais nous determinant de courir au trespas,
        Les plus communs chemins ne nous en pleurent pas:
        Des lacets preparez firent trembler nostre ame,

Et nous eusmes horreur du fer & de la flame;
A la fin, d'vne voix & d'vn consentement,
Dans ce commun desir de mourir doucement,
Ie cherchay du poison dont la froideur mortelle
Peust terminer nos iours d'vne fin moins cruelle.
Mais vn Operateur à qui ie m'adressay,
Que d'vne somme d'or d'abord i'interressay,
M'imaginant trouuer quelque ame mercenaire,
Me donna pour poison d'vn breuuage ordinaire,
Qui sans faire mourir oste le sentiment
Et n'a que la vertu d'assoupir seulement.
Depuis nous auons sceu qu'il nous a visitées,
Et de la feinte mort nous a ressuscitées,
Nous rapportant le prix dont il s'estoit chargé.

LE ROY *seul.*

Canope, c'est assez, tu m'as trop obligé,
Et tu disois fort bien qu'vne bouche ingenuë
M'alloit conter comment la chose est auenuë;
Madame qui l'aimoit, c'est parler clairement,
Qui la pourroit blasmer d'aucun déguisement?
En voulant esclaircir les doutes de mon ame,
Sa propre Confidente a découuert sa flame:
Ce mot me fait parestre aussi clair que le iour
Que tout son desespoir venoit de son amour.
Enfin tout le mystere est mis en euidence,
Dont me parloit Ariste auec tant de prudence.
Sa folie est fort sage, & quelque Esprit blessé
N'auroit peu me donner vn auis si sensé.
Sa Fille est engagée autant qu'il est possible;
I'en voy de tous costez quelque marque visible;
Palamede luy-mesme implorant le trespas
S'en montroit redeuable & ne le celoit pas:
Son extrême respect me cachoit son martyre,
Mais en dépit de luy sa mort le vouloit dire.
Il est tout euident qu'il en estoit aimé
Auant que cet objet m'eust encore charmé,
Et qu'on ne sçauroit plus rompre cette harmonie
Sans vser enuers eux de trop de Tyrannie.
Ie me prepareois en troublant ces Amans
Vn reproche eternel et beaucoup de tourmens.
Puis que leur vnion est beaucoup auancée
Il vaut mieux se resoudre à changer de pensée.
  Toutesfois leur destin doit dépendre de moy,
Ils sont nez mes Subjets, & ie suis né leur Roy,
Ils sont membres d'vn corps dont ie suis seul la teste,
Ce n'est pas la raison que leur respect m'arreste.
Faut-il que mon amour respecte leur douleur?
Ma satisfaction doit preceder la leur:
Selon l'ordre reglé que les Cieux establissent,
Il faut que ie commande, il faut qu'ils obeïssent.
Mais sans prendre vn Conseil qui soit precipité

1600 Ie veux m'esclaircir mieux de cette verité,
De peur que m'arrestant sur cette conjecture
Quelque remords secret suiuist ma procedure;
Que l'on appelle Ariste & Roselie aussi,
Ils ne sont pas sortis.

VN GARDE.

Non, Sire, les voicy.

LE ROY.

1605 *Il parle tout bas à son Capitaine des Gardes*

Aproche, escoute bien.

ARISTE.

I'ay peu de cognoissance
S'il ne donne à Timon quelqu'ordre d'importance.

ROSELIE.

Auons nous rien à craindre en nos deportemens,
Soit pour nos actions, soit pour nos sentimens.

LE ROY.

Va, mais depêche viste.

ARISTE.

Il est tout en colere;
1610 Voyez, voyez vn peu comme son oeil esclaire.
Il reuient droit à nous.

LE ROY.

Vn sujet recognu
A fait que ie me suis long-temps entretenu.

CANOPE.

Tout ce mal vient de moy, que ie suis miserable.

LE ROY.

Ie veux faire vn exemple & qui soit memorable.
1615 Quand i'auray terminé ce que i'ay resolu
L'on en cognoistra mieux mon pouuoir absolu.

CANOPE.

O Cieux! le coeur me bat; cette estrange menace
Nous annonce sans doute vne grande disgrace.

LE ROY.

Quelqu'vn va l'esprouuer auec estonnement.

ROSELIE.

1620 Et qui, Sire?

LE ROY.

Vn Riual aimé trop cherement.

ROSELIE.

Quel est donc ce Riual?

LE ROY.

Il ne l'est plus dés l'heure:
C'est Palamede enfin.

ROSELIE.

Que Palamede meure?
Que vous recognoissez fidele et genereux?

LE ROY.

S'il expire innocent, moy ie veux viure heureux.

ROSELIE.

1625 Viurez vous satisfait destruisant l'innocence?

LE ROY.

Ouy, puis que mon repos despend de son absence.

ROSELIE.

Vouloir tremper vos mains au sang des innocens?

LE ROY.

Ie me veux deliurer des peines que ie sens.

ROSELIE.

Qui vous garentira d'vne honte eternelle?

LE ROY.

1630 La douleur que ie soufre est beaucoup plus cruelle.

ROSELIE.

Croyez-vous l'adoucir commettant ce forfait?

LE ROY.

Le Principe destruit empeschera l'effet.

ROSELIE.

Ah! tu te trompes fort, ame injuste et barbare,
De croire m'emporter si sa mort nous separe:
1635 Malgré ta violence & tes indignes feux,
Mon trespas auiourd'huy nous rejoindra tous deux.
Crois-tu qu'à cet object la clarté soit rauie,
Sans que tout à l'instant on m'oste aussi la vie?
Il m'a donné son coeur, il a receu ma foy,
1640 Et ie vis toute en luy comme il vit tout en moy.
Tu verras maintenant en suitte de ton crime,
Que ce n'est qu'vn esprit qui nos deux corps anime;
Que nos conditions n'ont qu'vn mesme destin,
Et que nos tristes iours n'ont qu'vne mesme fin.

LE ROY.

1645 Ah! Madame, calmez cette fougue amoureuse,
Vous trouuerez, possible, vne fin plus heureuse:
Voyez-vous vostre Amant qu'on amene à grands pas?
Cet honneur toutesfois ne le sauuera pas:
Il faut que de ces lieux à la mort on l'enuoye.

ROSELIE.

1650 Ah! qu'il meure?

LE ROY.

Il mourra, mais ce sera de ioye.
Pour venger Roselie & reparer mon tort,
Ie le veux condamner à ce genre de mort.
C'est iusqu'où s'estendra l'effet de mes menaces.

ARISTE.

O Cieux! quelle surprise!

ROSELIE.

Ah! Sire, quelles graces!

CANOPE.

1655 Voyez auec quel art ce Prince s'est joüé.

ARISTE.

Rendons-en graces aux Dieux.

CANOPE.

Amour en soit loüé.

LE ROY.

Palamede, aujourd'huy i'ay pleine cognoissance
Et de vostre merite & de vostre innocence;
Ie cognoy quels efforts vous auez faits pour moy,
Qui sont tous signalez de valeur & de foy;
Et ie suis bien fasché qu'vne apparence vaine
Ait troublé tant de monde, & vous ait mis en peine.
Pour adoucir les maux que vous auez souffers,
Il me plaist auiourd'huy que vous changiez de fers;
Chargez-vous donc de ceux qui m'ont pressé moy-même
Et que i'estime encore autant qu'vn Diadême.
Vous aimez Roselie, elle vous aime aussi,
C'est vne verité dont ie suis esclairci;
Tous deux auez voulu d'vne ardeur bien fidele,
Elle mourir pour vous, & vous mourir pour elle:
Ie veux sans des-vnir vn couple si loyal,
En cette occasion faire vn acte Royal;
Auec solemnité cette mesme iournée
Ie veux voir accompli vostre heureux hymenée.

PALAMEDE.

O Prince le meilleur d'entre tous les mortels.

ROSELIE.

O Roy dont la bonté merite des Autels.

PALAMEDE.

Que la Fortune amie & l'aimable Victoire,
Vous couronnent tousiours de bonheur & de gloire.

ROSELIE.

Recompense le Ciel vos diuines bontez.

ARISTE.

Soyez comblé d'honneur & de prosperitez.

LE ROY.

Ie demande sur tout que iamais on n'oublie,
Que l'on a veu d'Ariste vne SAGE FOLIE.

LA FOLIE DU SAGE

NOTES ET VARIANTES

EPITRE dédicatoire: S.A.R., Madame: cf. l'introduction.

12: Cette filiation, malgré le caractère historique qu'elle avait revêtu, est très incertaine.

25: Catherine de Lorraine, soeur du comte de Vaudémont, était abbesse de l'Abbaye de Remiremont. Elle fonda aussi un monastère à Nancy. C'est à Remiremont et à Nancy qu'elle se chargea de l'éducation de sa nièce, Marguerite de Vaudémont qui devint duchesse d'Orléans.

40: D: ses Ouurages

43: coupelle: creuset, généralement en os calcinés, qui sert à séparer par le feu l'or uni à d'autres métaux.

47: séparée de son tout: sur cette séparation, cf. l'introduction.

52: D: dans vne paisible ioye

61: sur ces nouveaux lauriers, cf. l'introduction.

78: sur ces fruits possibles, cf. l'introduction.

PRIVILEGE: C: n'a pas de privilège; dans B, il se trouve à la dernière page.

PERSONNAGES: D: Roselle

1: miroirs, feux d'artifice: selon la légende, Archimède avait inventé des miroirs paraboliques qui, concentrant les rayons du soleil, incendiaient les navires ennemis; les feux grégeois, pouvant brûler sur l'eau, servaient aussi à brûler les navires ennemis.

3: contrepoids: énormes machines qui, abaissant des crocs sur les bateaux, enlevaient ces bateaux à l'aide de contrepoids. Plutarque, qui les décrit dans sa vie de Marcus Claudius Marcellus, ne les voit pas comme "portans sur les eaux", ce qui paraît extraordinaire, vu leurs dimensions.

9: Princes Affricains: les corsaires qui ravageaient les côtes méditerranéennes.

18: debris: ce qui a échappé à la destruction (cf. *Mariane*, v. 1698).

43: D: s'auance

60: D: biens-faits,

66: D: du sujet; noter le jeu de mots.

86: D: Ne crains

135: traits: ce qui touche, qui émeut (cf. aussi v. 455).

>Et que mon coeur n'est point à l'épreuve des traits (Corneille. *Pompée*, v. 1291).

136: pieté: pitié (cf. v. 1168; *Osman*, v. 421).

>Leur nom n'a peu contribué en cette rencontre à exciter ma pieté. (Boileau. *Lettre*, 31 - juillet - 1687).

143: complaire: se conformer à

>Si je pouvais complaire à mon jaloux dessein (Viau. *Pyrame et T.*, IV, 1).

166: ressentiment: sentiment de douleur (cf. *Mariane*, v. 1457; cf. aussi *Panthée*, v. 98; *Sénèque*, *Lettre* et v. 1509).

180: bessons: jumeaux

>Jusqu'à tant qu'une reine nonne
>Mette au jour sa race bessonne (Scarron. *Virgile travesti*, I, 885).

196: B: ces malheurs

226: ressort: moyen secret, causes inconnues par lesquelles la nature agit

>Par quels secrets ressorts, par quel enchaînement
>Le ciel a-t-il conduit ce grand événement? (Racine. *Esther*, vv. 29-30).

229: presse: foule (cf. *Panthée*, v. 1200).

239: assemblée: réunion, bal (cf. v. 255).

>Il y a eu assemblée chez elles (LeSage. *Diable boiteux*, vi).

242: franchise: liberté (cf. *Panthée*, v. 1248).

245: objet: il y a ici un jeu de mots puisqu'objet peut signifier "être aimé" et aussi "spectacle, ce qui frappe les regards" (cf. vv. 295, 1289, 1637; *Osman*, vv. 215, 427; *Sénèque*, vv. 901, 1105).

> Tu fuis à te venger: l'objet de ta maîtresse
> Fait qu'un tel désir cède à l'amour qui te presse. (Corneille. *Clitandre*, vv. 705-706).

ou encore

> Cet adorable objet consent que je le voie (Corneille. *Polyeucte* (1643), v. 3/4 ("objet", être aimé, masculin, cf. *Panthée*, v. 440).

255: resolu: décidé (cf. *Sénèque*, v. 1336; *Osman*, v. 933).

> Résolvez-le vous même à me désobéir (Corneille. *Suréna*, v. 1147).

265: étude: Malherbe, dans son Commentaire sur Desportes, dit: "Etude, pour le travail d'étudier est masculin..." mais le féminin se répand très vite dès le début du siècle.

271: ingénu: franc, sincère (cf. *Sénèque*, v. 1134).

> Son récit ingénu redoubla la pitié. (La Fontaine. *Contes*, II, 3).

275: absolument: avec pleine autorité

> [Richelieu] fut assuré de régner bien plus absolument. (La Rochefoucauld. *Mémoires*).

287: possible: peut-être (vieillit déjà; cf. *Mariane*, v. 655).

295: objet: être aimé (cf. v. 245).

300: D: qui vous

ARG., 8: B, D: presente occasion

328: X: qui (pour des choses aussi au XVIIe siècle) (cf. *Sénèque*, v. 286).

> Un bien sans qui les autres ne sont rien (La Fontaine. *Fables*, IV, 13).

344: complexion: tempérament

> La galanterie est donc un faible de coeur, ou peut-être un vice de la complexion. (La Bruyère, I, 176).

348: D: Pour ses soins

352: rêve: médite, pense à (cf. *Parasite*, v. 1647).

> L'autre rêve à des vers quand je demande à boire (Molière. *Femmes Sav.*, v. 600).

357: atteinte: coup qui fait souffrir (cf. v. 885).

>   Percé jusques au fond du coeur
> D'une atteinte imprévue aussi bien que mortelle (Corneille. *Cid*, vv. 291-292).

374: D: aux coups

385: possible: peut-être (cf. *Mariane*, v. 655).

386: matière: cause, sujet, occasion

> [le sort] Offre à notre constance une illustre matière (Corneille. *Horace*, v. 432).

390: B: vostre

400: sain: raisonnable

> Suis, suis dorénavant de plus saines raisons (Corneille. *Place royale*, IV, 8).

401: Alcion: oiseau fabuleux, l'Alcyon ne faisait son nid que sur une mer calme.

bonace: calme de la mer (cf. *Parasite*, v. 1111).

> Je changeai d'un seul mot la tempête en bonace (Corneille. *Menteur*, v. 673).

415: nocher: navigateur, pilote

> Le nocher qui partout craint un écueil sous l'onde. (Chapelain. *Pucelle*, XIII).

425: traversée: contrariée (cf. *Sénèque*, v. 750; *Parasite*, vv. 424, 656; *Osman*, v. 629; cf. aussi *Arg.* V).

> Oui, je tiens que jamais de tous ces vains propos
> On ne doit d'un mari traverser le repos (Molière. *Tart.*, v. 1608).

428: pren(d) garde: remarque

> Prenez garde que l'auteur ne dit pas ce que vous pensez. (Pascal. *Provinciales*).

438-440: B: ces 3 vers appartiennent à Roselie.

447: vu le vers 442, cette lettre est-elle lue par Palamède? Ne serait-ce pas Roselie qui la lit? Cf. au vers 457, la suite de la lettre.

455: trait: écriture, écrit (cf. aussi v. 135).

> De son auguste seing reconnaissez les traits (Racine. *Bajazet*, v. 1683).

457: B, D: Vous sçauez

comme: comment (cf. *Panthée*, v. 940).

461: gaillard: vif, plein d'entrain

> Cette fille est jolie, elle a l'esprit gaillard (Corneille. *Suite du Menteur*, v. 250).

464-465: D: ponctue (en fin de ligne) parler, . . . bienseance?

466: porter créance: avoir de l'influence (cf. aussi v. 1089; *Parasite*, v. 1098).

> Tant de différents écrits...pourraient porter créance dans les esprits (Retz. *Conduite de M. le Prince*).

476: amour: masculin ou féminin (cf. *Parasite*, v. 1359).

> Il jurait qu'il m'aimait d'une amour sans seconde (Molière. *Ec. des femmes*, v. 559).

482: accident: coup du sort (cf. *Sénèque*, v. 1267).

487: prétendu: futur (cf. *Parasite*, v. 188).

> Cet époux prétendu doit aujourd'hui régaler sa maîtresse (Molière. *D. Juan*, I, 2).

488: succez: issue, résultat (cf. *Sénèque*, v. 84).

D: long-temps prettendu;

498: considérer: faire cas de

> De quelque côté que je t'envisage je ne vois rien en toi que je considère (Bossuet. *Sermon sur la mort*).

507: appareils: préparatifs (cf. *Panthée*, v. 811).

512: s'attacher: attaquer, prendre parti contre (cf. *Panthée*, v. 338).

526: courage: coeur (cf. vv. 839, 1383; *Chrispe*, v. 126; *Osman*, vv. 1346, 1388).

    Adieu donc, ô beauté d'insensible courage! (Tristan. *Appréhension d'un départ*).

532: D: Croys-tu

541: pleige: caution

    Ma tête sur ce point vous servira de plège. (Corneille. *Mélite*, v. 584).

544: voler: poursuivre

    Comme fait un émerillon
    Qui veut voler le papillon (Tristan. *Epitre burlesque*).

    Mais ne s'agit-il pas ici d'une faute d'impression reproduite dans les éditions ultérieures? *Violer* semble s'imposer.

560: succez: issue, résultat (cf. *Sénèque*, v. 84).

604: soudain: aussitôt (cf. *Sénèque*, v. 1844).

610: Sur qui: sur lequel (cf. *Sénèque*, v. 286).

611: avis: nouvelles

    Quel coup de foudre, ô ciel, et quel funeste avis! (Racine. *Phèdre*, v. 1195).

614: B: de deffiance

616: rompre: déchirer

    ...rompit de ses mains
    Un mouchoir qu'il trouva dans une Fleur des Saints. (Molière. *Tart.*, vv. 207-208).

634: B, D: de mes nouvelles

ARG. 1: D: est estonné

647: D: c'est possible

    possible: peut-être (cf. *Mariane*, v. 655).

655: ombrage: soupçon (cf. *Sénèque*, v. 788).

683: D: Ne voy-ie pas Ariste? il vient tout à propos

SC. 2: D: restitue les interlocuteurs: Ariste, Le Roy

696: du tout: entièrement

Je ferai réponse aux hommes quand je ne serai du tout si dévote (Sévigné, 24 mars 1671).

703: cf. à l'introduction, les remarques sur le décor à compartiments. Cf. aussi au v. 717, le "rideau qui se tire".

722: sensible: que l'on ressent vivement

...accorder un bien si sensible et si cher (Tristan. *Plaintes d'Acante*).

727: disgrace: malheur (cf. *Sénèque*, v. 1540).

728: B: "Mais...Dites" ne figure pas dans cette édition.

746: possible: peut-être (cf. *Mariane*, v. 655).

762: est-il: est-ce

...cela viendra peut-être, mais il n'est pas venu (Sévigné, 9 février 1671).

763: D: Deux de mes Officiers, l'honneur de mon Estat,

766: B, D: outrage

782: prétendre: prétendre à, revendiquer (cf. vv. 922, 1246; *Osman*, v. 1064).

Mais chacun prétend part à cet illustre emploi (Boileau. *Lutrin*, I, 199).

788: B: Viole icy

790: méconnaissance: ingratitude (cf. *Panthée*, v. 690).

791: être trompé: se tromper (cf. *Sénèque*, v. 535).

796: profusions: dépenses

Oui, je veux enfin vous empêcher vos profusions; (Molière. *Bourgeois gent.*, IV, 4).

800: faire pouvait remplacer presque n'importe quel autre verbe au 17e siècle (cf. *Osman*, v. 142).

où: quand (cf. *Panthée*, v. 1231).

802: investir: entourer avec des troupes

>D'insolents Tyriens est partout investi; (Racine. *Athalie*, v. 1428).

807: D: vn Furie

809: gesne: torture (cf. *Sénèque*, v. 908).

820: déconfit: vaincu

>Qu'ils dépeignent comme Alberstat
>Déconfit la brave Cordoue (Saint-Amant. *Cassation de Soudrilles*).

827: ressentir: sentir

>On ressentait dans ses paroles un regret sincère. (Bossuet. *O. F. Condé*).

834: impatiences: manque de résignation

>Le peuple souffrait cet état avec impatience (Bossuet. *Hist. Univ.*, II, 5).

839: courage: coeur (cf. v. 526).

841: D: Ne t'imagine

d'estre considerable: digne de considération

>Les Mèdes, avant Cyrus quoique puissants et considérables, étaient effacés par la grandeur des rois de Babylone. (Bossuet. *Hist. Univ.*, I, 7).

855: sic (sans ponctuation).

856: D: a fait se qu'il

858: heur: chance, bonheur (cf. *Panthée*, v. 448).

nourriture: éducation (cf. *Panthée*, v. 1224).

865: D: son mal-heur

868: avouer: approuver (cf. v. 978; cf. aussi *Célimène*, v. 277).

>Vous serez bien avoué de ce que vous ferez (Sévigné, 9 novembre 1686).

880: poil: chevelure

> Voilà son poil, son teint, sa bouche et ses beaux yeux (Tristan. *Le talisman*).

882: D: Ne regarde point

885: attainte: coup qui fait souffrir (cf. v. 357).

892: succez: résultats (cf. *Sénèque*, v. 84).

893: influer: faire pénétrer (action des astres)

> Je naquis sous un astre influant la valeur (Tristan. *Vers héroïques*).

903: curieux: soigneux, scrupuleux (cf. *Sénèque*, v. 503).

904: nourrir: éduquer (cf. *Panthée*, v. 1224).

912: heur: chance, bonheur (cf. *Panthée*, v. 448).

914: D: au Conseil

922: préten(d): prétend à, revendique (cf. v. 782).

935: dérèglement: ce qui est contre les règles.

> Cet horrible dérèglement qui mettait Paris, Rome et Constantinople sur le même théâtre (Corneille. *Mélite*, Examen).

939: D: en ces

940: B: Les indications scéniques manquent.

942: B: de trompant

946: Solon (ca. 640 - ca. 559 av. J. C.) homme politique d'Athènes, réformateur politique et économique.

Bias: (VIe siècle av. J. C.) un des sept sages de la Grèce.

947: Pytaque: Pittacus de Mytilène, lui aussi un des sept sages de la Grèce.

Periandre: tyran de Corinthe, un autre des sept sages de la Grèce.

Samien, dit le Vieux: Pythagore (ca. 582 - ca. 507 av. J. C.) philosophe, mathématicien et géomètre grec.

948: Xenophane: (ca. 570 - ca. 480 av. J. C.) philosophe grec, fondateur de l'Ecole Eléatique.

948: Denis le Babilonien: s'agit-il de Dionysius d'Héraclée, celui d'Halicarnasse, rhétoriqueur et historien, ou Diogène de Babilonne?

950: Gnyde: Cnide est la ville où Eudoxe l'astronome a passé une grande partie de sa vie. Cette référence ici serait-elle une erreur de Tristan?

   Eudoxe: il s'agit probablement ici d'Eudoxe de Cnide, mais, si par "Gnyde", Tristan voulait dire "Eudoxe de Cnide", alors cette deuxième allusion pourrait indiquer Eudoxe de Cyzicus, le navigateur.

   Epicarme: (ca. 540 - ca. 450) poète et dramaturge. Ses comédies exprimaient de fortes tendances philosophiques.

   Alcidame: Alcidamas: rhéteur grec du IVe siècle av. J. C.; il ne reste de ses oeuvres que deux discours d'école.

   Cléanthe: (IIIe siècle av. J. C.) élève de Zénon et deuxième président de la Stoa.

951: Démocrite: Stoïque du Ve siècle av. J. C. qui raillait la folie humaine.

   Thales: (ca. 624 - ca. 546) fondateur de l'Ecole Ionienne, un des sept sages et considéré le père de la philosophie grecque.

952: Possidoine: Posidonius (ca. 130 - ca. 50) Stoïque qui s'occupa surtout de spéculation religieuse.

   Caliphe: Calippe (IVe siècle av. J. C.) astronome grec qui rectifia le cycle de Méton.

   Antisthène: (444-365) Cynique, disciple de Socrate et Maître de Diogène.

   Zenon: Puisqu'il s'agit ici de Stoïcisme, Ariste s'en prend probablement à Zénon, élève de Xénocrate. Pourtant, la présence de tant de membres de l'Ecole Eléatique permet aussi de croire qu'il pourrait s'agir de Zénon d'Elée.

953: Xenocrate: Platonicien, ami d'Aristote.

954: Pherecide: Phérécyde, dit de Syros, Maître de Pythagore et un des premiers philosophes grecs à enseigner l'immortalité de l'âme.

   Ariston: s'agit-il ici d'Ariston de Chio (IIIe siècle) ou du père de Platon?

   Timée, dit de Locres: Pythagoricien qui influença le développement de la pensée de Platon (VIe siècle av. J. C.).

423

954: Anaxagore: (ca. 500 - ca. 430) philosophe pré-socratique, ami de Périclès.

955: Chrisipe: Chrysippe (ca. 280 - ca. 206) Stoïque, disciple de Zénon.

Polemon: nous sommes ici en présence de quatre possibilités: Polémon d'Athènes, Platonicien, successeur de Xénocrate comme chef d'école, mort en 273; Polémon, dit Périégète, géographe et stoïque dont les oeuvres ont toutes disparues; Polémon Ateniese, Platonicien, disciple de Socrate; Antonius Polémon, sophiste, Maître d'Aristide.

Agrigentin: Empédocle, dit l'Agrigentin (Ve siècle), membre de l'Ecole Eléatique.

956: Clytomaque: disciple de Carneades, ennemi des rhéteurs, enseignait qu'il fallait chercher à allier le plaisir à la vertu.

Architas: (ca. 430 - ca. 365) Pythagorien, ami de Platon.

Anaxarque: (IVe siècle) philosophe grec, ami d'Alexandre, de l'Ecole de Démocrite.

Plotin: (IIIe siècle de notre ère) né en Egypte, il passa une grande partie de sa vie à Rome où il fonda l'Ecole Néoplatonicienne.

958: Aristipe: (IVe siècle av. J. C.) Aristippe de Cyrène, élève de Socrate, chef de l'Ecole Cyrénaïque (Hédonistique).

Sénèque: sans doute le jeune (ca. 4 av. J. C. - ca. 65) puisqu'il s'agit ici de philosophes.

Epictète: (ca. 50 - 130) Stoïque. N'a rien écrit, ses discours ayant été conservés grâce à un de ses disciples, Arrian.

Plutarque: (ca. 45 - ca. 120) les *Vies* de ce biographe grec auraient pu faire partie de la bibliothèque d'Ariste.

966: assiette: disposition d'esprit, état d'âme (cf. *Panthée*, v. 820).

969: embarras: désordre, situation confuse.

Pour en développer l'embarras incertain
Ma soeur du fil fatal eût armé votre main (Racine. *Phèdre*, vv. 651-652).

978: avouer: approuver (cf. v. 868).

ARG. 1: opérateur: médecin chimique qui vend des drogues

> On l'avait fait voir à tout ce qu'il y avait d'oculistes, de chirurgiens, et même d'opérateurs plus fameux. (Racine. *Port Royal*, I).

6: D: ce rencontre

13: B: Le voyant

14: convaincre: rendre manifeste

> Leur incrédulité, non seulement convaincue par l'évènement... (Bossuet. *Hist. Univ.*, II, 12).

992: D: manqueront

998: D: visible

1003: D: Oû des os

1004: D: Forment les fondements, le feste et les parois.
feste: faîte.

1006: D: s'attache (permis par "ou") (cf. *Panthée*, v. 338).

1007: vaisseau: vase

> Je veux remplir moi seul ce que je veux remplir,
> Et ne verse mes dons que dans des vaisseaux vides. (Corneille. *Imitation*, IV, 1906).

esprits: parties les plus volatiles du corps dans lesquelles réside la vie (cf. vv. 1065, 1083).

1015: B: ma mort

1016: foudre: genre incertain au XVIIe siècle (cf. *Osman*, vv. 331, 671).

> Ce courrier que la foudre... (Molière. *Etourdi*, v. 832).

> Ce foudre était encore... (Racine. *Alexandre*, v. 170).

Autans: vents violents du sud ou du sud-est.

1021: D: Moy, ie suis Medecin?

1026: Hippocrate: (ca. 460 - ca. 357) "père de la médecine".

Asclepiade: (né 178 av. J. C.) médecin grec établi à Rome, il s'occupa surtout de troubles mentaux.

1033: rationnel: en faveur du traitement rationnel, i.e., non empirique, fondé sur des indications physiologiques ou anatomiques.

empirique: en faveur du traitement empirique, i.e., qui se sert de remèdes secrets, sans connaissances scientifiques.

[Caretti] gagnait de l'argent en faisant l'empirique (St-Simon. *Mémoires*).

1039: topics: topiques: emplâtres, cataplasmes et autres remèdes extérieurs appliqués sur les parties affligées.

D: des potions

1040: Trochisques: médicaments solides.

1041: Electuaires: médicaments de consistance molle, formés de poudres mélangées à du sirop, du miel, etc.

locs: loocs: électuaires destinés aux maladies du poumon.

1042: Epithemes: médicaments topiques autres que l'onguent et l'emplâtre.

hieres: hiera: purgatifs et électuaires à base d'aloès.

1043: Arabesque: Arabe.

Zoar: Zohar, "illumination", anthologie d'écrits des Kabalistes. Publiée à la fin du XIIIe siècle par Moïse ben Shem-Tob de Léon qui l'attribue à Siméon ben Ja'hai (IIe siècle).

1044: Geber: Jabir ibn Hayyan (VIIIe - IXe siècles) alchimiste et homme de sciences.

Haly: Ali ibn al Abbas, docteur perse du Xe siècle, auteur du *Livre Royal*, encyclopédie médicale.

Rhasis: Mohammed abou Bekr ibn Zacaria Er-Razi, auteur d'environ 200 écrits sur la médecine (IXe siècle).

Alquinde: Abu-Yusuf Ya'qub ibn-Ishaq al-Kindi (IXe siècle) philosophe de la tribu de Kinda (Bédouins) qui s'intéressa aussi à l'astrologie et à la physique.

Albumasar: Abou Maschar (805-885) astronome et astrologue de Baghdad.

1045: Auicenne: (980-1037) Perse "prince des médecins", auteur du *Canon de la médecine*, somme de la médecine gréco-arabe.

Auerroës: Aben Roschd (1126-1198) médecin et philosophe, auteur de commentaires sur Aristote et Maître de Moïse Maimonides.

426

1045: Algazel: Abu-Hamid Muhammad ibn-Muhammal al-Ghazzali, jurisconsulte et philosophe perse; ses écrits religieux sont cités par Dante, St-Thomas d'Aquin et Roger Bacon, entre autres.

Albucate: Abou'l Kacim (XIe siècle) chirurgien fameux de Cordoue.

1047: comme: comment (cf. *Panthée*, v. 940).

agent: ce qui cause ou produit une action; patient: qui reçoit l'impression d'un agent

Si Dieu était nécessité, il ne serait plus agent, il serait patient. (Voltaire. *Métaph.*, 7).

1048: escarrant: équarrant, portant au carré

Tous les artifices d'escarrer les poutres (Malherbe. *Ep. de Sénèque*, ép. 90).

B: escartant

D: écartant

1049: Intelligences: fonctions concernant la connaissance ou l'action. Se distingue des notions de raison et d'entendement.

1052: Beresith: בְּרֵאשִׁית premier mot de la *Genèse* et titre hébreu de ce livre.

1053: Mercana: Mercaba, terme de la Kabale: la science du surnaturel et, par extension, Dieu.

Arithmentie: Arithmomantie, divination à l'aide des chiffres.

1054: Theomenthie: Théomancie, divination dans laquelle on se dit inspiré par une divinité.

1057: analogie...: procédé de l'esprit qui s'élève, par l'observation des rapports, à la raison de ces rapports. Dans ces vers, Ariste recommence à confondre diverses philosophies.

1061: canaux: fig.: moyens, intermédiaires (cf. *Chrispe*, vv. 1353-4).

1081: esteint: mort (cf. *Osman*, v. 1259).

Un autre grand périt insensiblement, et perd chaque jour quelque chose de soi-même avant qu'il soit éteint. (La Bruyère, XVI, 18).

1082: privation: non être; selon Aristote, avant d'avoir ses qualités actuelles, un être en avait d'autres qui constituaient une privation de l'état présent.

1082: habitude: état ordinaire du corps

> Vous n'avez qu'à considérer...cette habitude du corps...
> (Molière. *M. de Pourc.*, I, 8).

1089: creance: crédit (comparer au vers 466; cf. aussi *Parasite*, v. 1098).

> Comment pourriez-vous déclarer ouvertement sans perdre toute
> créance dans les esprits... (Pascal. *Provinciales*, IV).

1090: accident: ce qui n'est pas essentiel à l'être et peut donc être modifié ou même supprimé sans en altérer la substance, la nature.

> Il n'y a du plus ou du moins qu'entre les accidents (Descartes. *Méthode*, I).

substance: support des accidents, ce qui subsiste par soi-même.

1093: Pitagore: Pythagore croyait que les éléments des nombres sont les éléments des choses. Cf. v. 947. Selon lui, toutes choses restent amorphes sans l'harmonie des nombres. Selon Platon (*Timée*) il y a trois âmes. Quand ces trois âmes s'exercent de concert, elles finissent par n'en faire qu'une, immortelle, substance plutôt qu'accident. Inutile de dire qu'Ariste enchevêtre tout ici.

1100: Enthelechie: état de perfection vers lequel tout être tend selon Aristote.

SC. 3: D: cette édition est la seule qui corrige: Scène II.

1109: des: par les (cf. v. 1556; *Parasite*, v. 501; *Osman*, vv. 699, 1419).

> Je viens de le tuer, de parole, j'entends (Molière. *Etourdi*,
> v. 472).

1110: cf. *Epitre*, ll. 58-59; *Mariane*, v. 292.

1117: D: i'ay peu faire

1123: malice: méchanceté (cf. v. 1187)

> Aux malices du sort enfin dérobez-vous (Racine. *Esther*,
> v. 898).

SC. IV: D: cette édition est la seule qui corrige: Scène III.

1131: D: on le mene

1133: possible: peut-être (cf. *Mariane*, v. 655).

1137: S'il: Pourtant il (cf. *Panthée*, v. 706).

1146: asseurance: sûreté

    Il était déjà en lieu d'assurance (La Fontaine. *Psyché*, II).

1162: D: Ne retiens

1168: pieté: pitié (cf. v. 136).

1177: D: Ie viens vous en porter

SC. V: D: cette édition est la seule qui corrige: Scène IV.

1182: honteux: qui cause la honte

    Seul, d'un honteux affront votre frère blessé, (Racine. *Iphigénie*, v. 1391).

1187: malin: méchant, malveillant (cf. aussi v. 1123).

    Peut des astres malins corriger l'influence. (Boileau. *Satire*, I).

1192: de biens: par de bons offices

    Il est comblé des biens et des manières obligeantes de M. de Vardes (Sévigné, 1 mai 1680).

1193: B: toutes ses largesses

    D: toutes ces largesses

1194: caresses: démonstrations d'amitié

    Les caresses dont vous les honorez... (Corneille. *Héraclius*, Epitre).

1197: impose: impute

    Sa conscience était nette du crime qu'il lui imposait (Sorel. *Francion*, XII).

1208: ressentiment: sentiment de douleur (cf. *Mariane*, v. 1457).

1211: B: Et ie ne suis

1241: B: toutesfois

1246: pretendre: revendiquer (cf. v. 782).

1248: charge: accuse

> Du crime dont il peut vous charger aujourd'hui (Racine. *Phèdre*, v. 887).

aucunement: en quelque façon (cf. *Panthée*, lettre, p. 2, ligne 1).

1262: entende: comprenne (cf. *Parasite*, v. 432; *Osman*, v. 297).

> Il parle de protase comme s'il entendait ce mot (Racine. *Bérénice*, Preface).

SC. VI: D: cette édition est la seule qui corrige: Scène V

1271: succez: résultat (cf. *Sénèque*, v. 84).

1273: B: la 2e moitié de ce vers ne figure pas dans cette édition.

1280: démentir: désavouer, renier (cf. *Sénèque*, v. 506).

1289: objet: vue, spectacle (cf. v. 245).

1294: assiette: disposition d'esprit (cf. *Panthée*, v. 820).

1295: B, D: Toy, va voir

ARG. 3: seruiteur: homme qui courtise une femme (cf. *Parasite*, v. 1720).

> Des hommes comme vous ne sont que des conteurs.
> Vraiment, c'est bien à moi d'avoir des serviteurs (Corneille. *Gal. Palais*, IV, 10).

6: estonné: ébranlé (cf. *Mariane*, v. 1157).

17: trauerses: malheurs, obstacles (cf. v. 425).

> Elle n'a point encore d'expérience des...traverses qui nous arrivent. (Bossuet. *Panégyrique St-Bernard*).

1306: Genie: humeur, dispositions innées

> Enfin, Burrhus, Néron découvre son génie (Racine. *Britannicus*, v. 798).

1333: réuerie: chimère, folie, délire

> Dans mes rêveries de ma grande maladie... (Sévigné, 23 oct. 1676).

1334: furie: passion déraisonnable

> N'écris plus, guéris-toi d'une vaine furie? (Boileau. *Satire*, VIII).

1345: estrange: anormal, scandaleux

> Ce fut un spectacle bien étrange de voir tirer un tribun ignominieusement... (Saint-Réal. *Conjuration des Gracques*).

1357: reglent: dirigent

> C'est un esclave fier qui veut régler son maître (Corneille. *Les triomphes de Louis*, 13).

enuie: volonté, désir (cf. *Sénèque*, v. 112).

1366: se relascher: s'adoucir, perdre de sa rigueur (cf. *Sénèque*, v. 262).

> [sa haine] Ou s'est évanouie, ou s'est bien relâchée. (Racine. *Phèdre*, v. 42).

1373: De moy: quant à moi (cf. *Sénèque*, v. 207).

1383: courage: coeur (cf. v. 526).

1386: Resserre: met de côté

> Ne resserrons point notre affection; faisons-la paraître (Malherbe. *Traité des bienfaits de Sénèque*, II, 12).

1406: biais: moyen détourné (cf. *Parasite*, v. 1671).

> Des biais qu'on doit prendre à terminer vos voeux (Molière. *Etourdi*, IV, 1).

affaire: encore masculin au début du siècle (cf. *Panthée*, v. 1550).

1408: à (ma recherche): par (cf. *Osman*, v. 816).

> J'ai fait chanter ma passion aux voix les plus touchantes (Molière. *Amants magnifiques*, I, 2).

recherche: demande en mariage, action de courtiser (cf. *Sénèque*, v. 864).

obligée: liée (par devoir ou par reconnaissance)

> Il n'y a point de bienfaits qui nous obligent davantage que ceux... (Malherbe. *Lettre* s.d.).

1432: monument: tombeau (cf. *Panthée*, v. 1340).

1453: D: elle est

1458: fantosme: chimère (cf. *Sénèque*, v. 970).

melancolie: humeur sombre (voire neurasthénie)

> Modère ces bouillons de ta mélancolie (Boileau. *Satire*, VII, 70).

1460: nourri: éduqué (cf. *Panthée*, v. 1224).

1472: admire: vois avec surprise (cf. *Parasite*, v. 1192).

> J'admire cette antipathie
> Qui vous l'a fait haïr avant que de le voir. (Corneille. *Agésilas*, vv. 36-37).

1493: merueille: étonnement

> Beaux objets, vous donnez de la merveille à tous (Tristan. *Vers héroïques*).

1515: Alors que: lorsque (cf. *Sénèque*, v. 510).

1524: appareil: magnificence (cf. *Panthée*, v. 811).

> Où pour haut appareil d'une pompeuse gloire (Corneille. *Horace*, v. 648).

1525: glose: récit, explication

> pour terminer ma glose
> En peu de mots... (Gresset. *Vert-vert*, IV).

1533: ingenuë: franche, sincère (cf. *Sénèque*, v. 1134).

1538: coupée: contredite

> Ces deux réponses se coupent (Bossuet. *Nouv. Myst.*).

Pouvait aussi signifier laisser échapper ce qu'on voulait taire.

1556: d'une: par une (cf. v. 1109).

interressay: engageai

> Contre mon propre honneur mon amour s'intéresse (Corneille. *Cid*, v. 302).

1594: respect: considération (employé sans *pour*)

> Et l'intérêt d'un frère est un respect trop fort (Th. Corneille. *Illustres ennemis*, IV, 2).

1596: preceder: avoir le pas sur

> Il précédait partout les princes du sang (Voltaire. *Moeurs*).

1605: B: les indications scéniques manquent.

1607: deportemens: conduite

> Les mauvais déportements des jeunes gens... (Molière. *Fourberies de Scapin*, II, 1).

1610: esclaire: lance des éclairs

> ...il lui appartient beaucoup plus d'éclairer et de tonner (Bossuet. *Parole de Dieu*).

B: un seul "voyez"

1611: recognu: avoué

> Il reconnaît sa dernière injustice (Racine. *Britannicus*, v. 1531).

1632: Principe: proposition admise comme point de départ

> [Les sciences] sont infinies dans la multitude et la délicatesse de leurs principes. (Pascal. *Pensées*, I, 1).

1637: object: être aimé (cf. v. 245).

1646: possible: peut-être (cf. *Mariane*, v. 655).

1656: D: grace

1659: cognoy: me rends compte de (cf. *Sénèque*, v. 1785; *Célimène*, vv. 511, 1002; *Parasite*, v. 1630; *Osman*, v. 1131).

> Mais je connus bientôt qu'elle avait entrepris
> De l'arrêter au piège où son coeur était pris (Racine. *Alexandre*, vv. 295-296).

LA MORT DE CHRISPE

INTRODUCTION

Tristan avait dédié *La Folie du sage* à Madame; ne la trouvant guère plus généreuse que Gaston d'Orléans, il se tourne vers Saint-Aignan et lui dédie *La Mort de Sénèque*. L'appui de Saint-Aignan, toutefois, est de courte durée. Le 9 septembre 1644, Tristan donne *La Mort de Chrispe* à l'Illustre Théâtre que Gaston entretient financièrement, quoique de façon peu généreuse. A cette époque, d'ailleurs, Tristan fait toujours partie de la suite de Gaston d'Orléans et ne passera au service de la Duchesse de Chaulnes qu'à partir du 17 juillet 1645, comme l'indiquent la dédicace et le privilège.

Inférieure aux tragédies précédentes, la pièce ne remportera qu'un mince succès. Elle figure sur le registre de La Grange (cinq fois en 1659), mais les recettes s'avèrent très décevantes: la dernière représentation ne rapportera que cent quarante-deux livres à la troupe, qui avait gagné cinq cent trente-trois livres pour une seule représentation de *Cinna* quelques jours auparavant et qui allait en toucher cinq cent quarante à la première représentation d'*Oreste et Pylade* le surlendemain de la dernière représentation de *La Mort de Chrispe*. Cependant, on trouve un assez grand nombre d'éditions de la pièce: il en existe cinq, dont trois livrées au public du vivant de l'auteur, et son texte figure également dans trois recueils publiés entre 1705 et 1780.

Le sujet de la pièce n'était guère nouveau; au dix-septième siècle, Stephonius avait publié un *Chrispus* en 1601 (Bernardin, p. 452) réimprimé à Anvers en 1634 et Tristan aurait pu lire cette pièce lors de son séjour en Flandre. Le *Crispus* de Nicolas de Vernulz paraît en 1631 et *l'Innocent malheureux* de Grenailles en 1639; Gillet de la Tessonerie fait jouer son *Constantin* en 1644, mais la pièce ne sera jamais publiée.

Toutefois, Tristan ne semble s'être servi que d'une source contemporaine: *La Cour sainte* du Père Caussin, oeuvre à laquelle il emprunte plusieurs détails qui ne se trouvent guère dans les auteurs anciens qu'il a consultés. Ainsi, à part le Père Caussin, Tristan ne consultera que *De Mortibus persecutorum* de Lactance, l'*Historia nova* de Zozimus et la *Vita Artemii*.

Au cours de ses campagnes en Perse et en Egypte, Constantin rencontre Minervine qui devient sa concubine. En 307, date probable de la naissance de Chrispe, il épouse Fauste, fille de Maximien et soeur de Maxance qui sont tous deux rivaux pour le trône de Constantin. En 310, Maximien veut faire empoisonner Constantin et cherche à gagner Fauste à sa cause. Elle révèle la conspiration à Constantin qui fera mettre Maximien à mort. En 312, après la bataille de Saxa Rubra, Maxance trouve la mort à son tour.

Ainsi, Constantin ne connaît plus de rival à son pouvoir, mais cet état d'affaires ne dure guère. En 313, Licine, qui avait épousé Constance, soeur de Constantin, se signale par une victoire importante sur Maximus Saza. Constantin partagera le pouvoir avec Licine et les deux beaux-frères gouverneront l'Empire pendant dix ans marqués par leurs querelles. En 323, leurs querelles éclatent en guerre ouverte et c'est au cours de cette guerre que Chrispe, malgré sa jeunesse, se distinguera par ses exploits militaires à un point tel que son père devient jaloux de lui. Vaincu à la bataille d'Adrianople et ensuite à celle de Chrysopolis (Scutari), Licine sera privé de son trône. Il rendra les armes lorsque Constantin promettra de lui épargner la vie. Malgré la promesse de Constantin, Licine sera assassiné en 324 ou 325.

En 330, Constantin établit sa capitale à Constantinople, où il meurt en 337 après plusieurs années de règne paisible. Toutes les sources s'accordent jusqu'à ce point; on trouve des variantes importantes, toutefois, en ce qui concerne le fond même de l'histoire telle que Tristan nous la présente. Selon certaines sources peu sûres, Fauste aurait vécu longtemps après la mort de Constantin. Comme le signale Seeck,[1] les meilleures sources (*Vita Artemii*, *Historia nova*, etc.) nous fournissent une date approximative pour la mort de Fauste et de Chrispe. C'est en juillet 324 que Constantin fait arrêter Chrispe accusé à tort d'avoir menacé Fauste de violence. Chrispe sera emmené à Pola où il sera mis à mort. Ce n'est qu'après la mort de Chrispe que la mère de Constantin lui découvrira l'innocence de son fils et la culpabilité de Fauste. Alors Constantin condamne Fauste et la fait noyer.

D'une manière générale, Tristan est resté fidèle à ses sources en ce qui concerne les personnages principaux et les données de la situation; l'amour de Fauste, qui a vingt-six ans, pour Chrispe, qui en a dix-sept, n'a rien d'extraordinaire et Racine nous présentera une situation pareille dans *Phèdre*. Tristan se permet certaines libertés quant aux personnages secondaires: selon les sources, Constance ne pouvait guère avoir plus de dix ans et Licine et ses enfants n'étaient plus en vie à l'époque où Constantin fait mourir Chrispe et Fauste. Loin d'être exécutée, la Fauste de Tristan se donne la mort. En outre, Tristan change aussi le caractère de ses personnages: Fauste nous devient presque sympathique, car elle n'avoue guère sa passion à Chrispe; Constantin n'est plus qu'un personnage médiocre qui n'est point responsable de la mort de son fils.

Ainsi en épurant la pièce de ses aspects les plus choquants, en diminuant la responsabilité de Fauste, en réduisant Constantin à un rôle passif, Tristan opère des changements qui nuisent à la pièce en lui ôtant tout relief dramatique, et qui expliquent sans doute son échec auprès du public.

---

[1] Otto Seeck. *Geschichte des Untergangs der antiker Welt* (Berlin, 1909) III, 213, 477.

BIBLIOGRAPHIE

Editions émises du vivant de Tristan

A: *La mort de Chrispe* (Paris: Besongne, 1645). In-4 de (12)-120 pp.

    p. (1): frontispice de Stella
    p. (3): titre
    pp. (5-9): épître
    p. (10): privilège (17 juillet 1645; achevé d'imprimer du 20 juillet 1645)
    p. (11): Personnages
    p. (12): Argument du Ie acte
    pp. 1-120: Texte

Cette édition, la plus soignée et qui est sans doute la seule revue et corrigée surveillée tant soit peu par l'auteur, sert de base à notre texte.

[B: *La Mort de Chrispe* (Tolose: Colomiez et Brocour, 1652). In-12 que nous n'avons pu consulter.]

C: *La mort de Chrispe* (Tolose: Fovchac, 1652). In-8 de (7)-76 pp.

Même ordre que A, mais sans frontispice, ni privilège, ni achevé d'imprimer.

LA
MORT
DE CHRISPE,
OV
LES MALHEVRS
DOMESTIQVES DV GRAND
CONSTANTIN.

PER LE S^R TRISTAN L'HERMITE.

A PARIS,

Chez CARDIN BESONGNE, au Palais, sur la montée de la saincte Chapelle, aux Roses vermeilles.

M. DC XXXXV.

AVEC PRIVILEGE DV ROY.

A MADAME
LA
DVCHESSE
DE CHAVNE

MADAME,

Vous auez porté si hautement cet Ouvrage de Theatre, en l'honorant de vostre veuë & de vostre estime, que sa reputation pourroit décroistre s'il ne portoit point vostre Nom. I'oseray donc vous le consacrer comme à l'Astre qui presidant à sa naissance, luy a donné par vne celeste impression tout ce qu'il a de plus agreable. Certainement, MADAME, s'il y a rien de delicat en cette Peinture, c'est seulement aux endroits que vous auez daigné retoucher: c'est aux lieux où i'ay suiuy de plus prez la iustesse de vos pensées.

Il faut confesser que vos sentimens sont tous pleins de lumiere & de magnificence; & qu'il n'y a point de productions d'Esprit si acheuées, à qui vous ne peussiez donner des graces nouuelles, s'il vous plaisoit de les embellir. Pour moy, MADAME, dés l'instant que i'eus l'honneur de vous voir & de vous entendre parler, ie me trouuay tout surpris à l'objet d'vn si grand recueil de differentes beautez: Ie fus tout esbloüy de l'eclat d'vn si merueilleux Chef-d'oeuvre de la Nature. Et vous me fistes iuger fauorablement de l'opinion de ces Philosophes qui veulent marier necessairement la beauté de l'Ame à celle du Corps: ne pouvans s'imaginer qu'vn beau Palais ne loge toûjours vne belle Hostesse.

I'aperceus lors auec admiration les auantages que l'Esprit tire d'vn beau sang, & quelles dispositions il reçoit de la perfection de ses organes.

En obseruant la grandeur de vostre merite, il m'eust esté impossible de pouuoir douter de la grandeur de vostre naissance; il fut aisé de me persuader que vous sortez de ces grands Heros dont le Nom enrichit l'Histoire: de ces genereux Gaulois qui ne balançoient point à tirer l'épée contre le premier des Cesars, & se trouuoient auoir assez de coeur pour vouloir defendre vn coin de terre contre le Conquerant de tout le reste de l'Vniuers.

Ce furent ces beautez & ce grand éclat, MADAME, qui me firent en vn moment mépriser pour vostre seruice, ce que i'estimois auparauant plus que toutes choses. Cette liberté qui est si chere à tous les hommes, & sans qui toutes les douceurs de la vie deuiennent ameres.

Aussi, MADAME, vous estiez capable de me faire trouuer de l'agrément dans vne seruitude plus contrainte. Ie ne receuois pas en vous vne Maistresse pour l'authorité seulement; i'en rencontrois encore vne autre pour les belles cognoissances & les excellentes qualitez. Et seruir de cette façon, estoit moins ceder à la Fortune que ce n'estoit se soubmettre à la Vertu. Ie garderay donc le souuenir de cette auanture, MADAME, comme vne faueur de mes destinées, & n'auray iamais de qualité qui me soit plus chere que celle

MADAME,

De

Vostre tres-humble & tres-obeissant seruiteur

TRISTAN L'HERMITE.

EXTRAICT DV PRIVILEGE DV ROY.

 Par grace & Priuilege du Roy donné à Paris le dix-septiesme iour de Iuillet 1645. Signé, Par le Roy en son Conseil, RENOVART. Il est permis à Cardin Besongne Marchand Libraire à Paris, d'imprimer ou faire imprimer, vendre & distribuer vne piece de Theatre intitulée, *La Mort de Chrispe, par le sieur de Tristan l'Hermite*, durant le temps & espace de sept ans, à compter du iour qu'il sera acheué d'imprimer: Et defenses sont faites à tous Imprimeurs, Libraires & autres, de contrefaire ledit Liure, ny le vendre ou exposer en vente à peine de trois mil liures d'amende, & de tous despés, dommages & interests, ainsi qu'il est plus amplement porté par lesdites Lettres, qui sont en vertu du present Extraict tenuës pour bien & deuëment signifiees, à ce qu'aucun n'en pretende cause d'ignorance.

———————

Acheué d'imprimer pour la premiere fois le vingtiesme Iuillet 1645.

Les Exemplaires ont esté fournis.

PERSONNAGES.

FAVSTE, femme de Constantin.
CORNELIE, Confidente de Fauste.
CHRISPE, Fils de Constantin, & beau-fils de Fauste.
CONSTANTIN le Grand, Empereur.
CONSTANCE, Fille de Licine, beau-frere de Constantin.
LACTANCE, Precepteur de Chrispe.
LEONCE, domestique de Chrispe, & parent de Cornelie.
PROBE, Capitaine des Gardes.

La Scene est à Rome dans le Palais de Constantin.

ARGVMENT
DV
PREMIER ACTE.

1. Fauste s'entretient auec ses pensées sur la forte inclination qu'elle a pour Chrispe, dont le merite & la gloire ont fait vne grande impression dans son coeur: mais la consideration du crime qui se treuue en ses desirs, faict que la Honte ou la Vertu les étouffent dés leur naissance. 2. Cornelie la vient avertir de l'arriuée de ce ieune Prince, dont la visite la met en quelque desordre d'esprit. 3. Chrispe luy fait le recit d'vne bataille qu'il a gagnée contre Licine; & la conjure en suite de vouloir porter l'Esprit de Constantin à donner la paix à son Alié; ce qu'elle promet d'entreprendre à sa priere, quoy qu'elle ait quelque presentiment de l'amour que Chrispe a pour Constance.

LA MORT

DE

CHRISPE

ACTE I

SCENE PREMIERE.

FAVSTE.

Dovx & cruels Tirans de mon ame insensée,
Qui mettez tant de trouble en ma triste pensée,
Cheres impressions qui causez ma douleur,
Jnimitables trais d'Esprit & de valeur,
5   Belle Image de Chrispe où ie voy tant de gloire,
Ne t'emancipes plus d'errer en ma memoire.
Les loix de mon honneur t'en ont voulu bannir,
Et mon chaste dessein ne t'y peut retenir.
Sors, Idole charmante, abandonne la Place,
10 Le desir te retient mais la Vertu te chasse,
Et treuue auec raison mes sens bien effrontez
De prendre tant de droit dessus mes volontez.
Ma Raison doit sur eux agir comme vne Reyne,
Et ne consentir pas d'estre mise à la chaisne:
15 Quel seroit son malheur s'il faloit que les siens
La fissent souspirer sous de honteux liens?
Et que par leur raport de soy-mesme Ennemie
Elle quitast la gloire & cherchast l'infamie?
Non, non, gardons-nous bien de faillir à ce point;
20 Nos Tiltres sont trop beaux, ne nous degradōs point.
    Ne reuenez donc plus, tragiques rêveries;
Sans doute vous sortiez de l'Esprit des furies;
Du feu de leurs tisons ie m'allois consumer,
Car le flambeau d'Amour ne pouuoit l'alumer;
25 Que ne dois-je pas craindre, & qu'est-ce que i'espere
Si i'ose aimer le Fils estant femme du Pere?
Quel crime à celuy-cy se pourroit comparer?
En quels gouffres de maux seroit-ce s'égarer?
Ce Prodige de mal tous les autres enserre,
30 C'est la haine du Ciel & l'horreur de la Terre;
C'est le plus noir poison dont l'honneur soit taché,
C'est vn Monstre effroyable & non pas vn peché.

Mon Ame toutefois est encore flatée
De ces mesmes horreurs qui l'ont espouuantée:
35 Ie m'en sens tour à tour & brusler, & glacer,
Et ie ne les sçaurois ny souffrir ny chasser.
O passion trop forte! ô loy trop rigoureuse!
I'ay trop de retenuë & suis trop amoureuse;
Le Deuoir & l'Amour auec trop de rigueur,
40 S'apliquent à la fois à déchirer mon coeur:
Ie fremis tout ensemble & brusle pour ce crime;
La raison me gourmande & mon Amour m'oprime.
Mais il faut noblement acheuer son Destin;
Il faut viure & mourir femme de Constantin,
45 Iusques dans le Tombeau l'honneur & l'innocence
Seront les Compagnons de la soeur de Maxance;
Nul crime à ce beau Sang ne se peut reprocher,
Et i'ayme mieux cent fois mourir que le tacher.
Clair Soleil de mes yeux, delices de mon Ame,
50 Cher Objet de mes soins, beau sujet de ma flame,
Pardonne, aymable Chrispe, à la saincte pudeur,
S'il faut que ie t'offence en perdant cette ardeur;
C'est la seuerité qu'elle met en vsage,
Qui ne me permet pas de t'aymer dauantage:
55 C'est le cruel effort de son rigoureux trait,
Qui de mon coeur timide efface ton Portrait;
Ie renonce par force à tant d'aymables charmes,
Et ne romps auec toy qu'auec beaucoup de larmes:
Ma resolution me comble de douleurs,
60 I'en appelle à tesmoin ces souspirs & ces pleurs:
Cher Chrispe, de ces pleurs ie te fais vne offrande,
Fauste ne peut te faire vne faueur plus grande.

SCENE II

CORNELIE, FAVSTE.

CORNELIE.

Madame.

FAVSTE.

On a tousiours quelque fascheux propos,
Ne peut-on me laisser vn moment en repos?
Qu'as-tu donc à me dire? & qu'est-ce qu'on demãde?
Ton importunité n'en sera pas plus grande.

CORNELIE.

Chrispe est à cette porte.

FAVSTE.

                    Ah Chrispe, il peut entrer:
Mais suis-je en vn estat à me pouuoir montrer?
Demeure, Cornelie; ô Dieux! à cette veuë
On me verra changer, ie seray toute ẽmeuë,
Ie devrois éuiter ce fatal entretien:
Retourne, & luy dis que... Mais non, ne luy dis rien.
Va donc; arreste encore.

CORNELIE.

                    Entrera-t'il, Madame?

FAVSTE.

Dy luy qu'il peut entrer: r'asseure-toy, mon Ame;
Dissipe promptement cette confusion;
I'ay besoin de ta force en cette occasion;
Tu vas aperceuoir vne grace infinie;
On te voudra rauir, mais tien-moy compagnie.

SCENE III

FAVSTE, CHRISPE.

FAVSTE.

Et bien, ieune Cesar, c'est par vostre Vertu
80   Que l'Empire aujourd'huy void son Hydre abatu:
Vous auez fait cesser nos matieres de larmes,
Le rebelle Licine a fait joug à vos armes,
Et ce bras glorieux qu'il voulut esprouuer,
L'empesche pour iamais de se plus releuer.
85   Vous voyant si bien fait, & si vaillant encore,
La Thrace vous a pris pour le Dieu qu'elle adore,
Elle s'en va vous mettre au dessus des Autels,
Et placer vostre Image entre les Immortels:
Car de si grands Exploits, & qui sont sans exẽples,
90   Ont vrayment merité des Autels & des Temples.

CHRISPE.

Madame, tout l'honneur de cet heureux destin,
Se doit attribuer au Sage Constantin;
Pour faire des progrez dont la Terre s'estonne,
On n'a presque besoin que des Ordres qu'il donne:
95   Ils sont tousiours si beaux, & sont si bien conceus,
Qu'on a demy vaincu quand on les a receus.
Cet illustre Empereur, ce Miroir des grands Princes,
Peut de son Cabinet conquerir des Prouinces,
Enuoyer la Victoire au bout de l'Vniuers,
100 Et se faire amener des Rois chargez de fers:
Il s'est voulu seruir de mon obeyssance,
Et ses Commandemens ont fait voir sa puissance.

FAVSTE.

Ses Ordres font ainsi trembler les reuoltez,
Quand par vn si grand Prince ils sont executez:
105 Mais ie douterois fort qu'entre les mains d'vn autre
Ils eussent vn succez qui fust pareil au vostre.

CHRISPE.

C'est en continüant les traits de vos bontez.

FAVSTE.

Ie ne vous flate point, ce sont des veritez.

CHRISPE.

Vostre ame à m'obliger est trop accoustumée.

FAVSTE.

110 Ie ne parle de vous qu'apres la Renommée:
Mais contez-moy comment le tout est arriué,
Et de quelle façon Licine s'est sauué.
Ie n'en ay rien apris qu'en paroles confuses.
Ne vous preparez point à me payer d'excuses,
115 Mon desir curieux ne se doit point trahir.

CHRISPE.

Puis qu'il vous plaist, Madame, il faut vous obeyr.
Licine à la Campagne exprimoit tant d'audace,
Qu'il en faisoit trĕbler tous les Monts de la Thrace:
Tous ses Fleuues estoient, ou taris ou troublez,
120 Du nombre des Soldats qu'il auoit assemblez,
La Grece toute entiere auec l'Esclauonie,
Tous les Peuples du Pont, tous ceux de l'Armenie,
De mille Pauillons, & de mille estendars,
Occupoient en son nom le Domaine de Mars:
125 Mais pour nous menacer d'vn furieux Orage,
Il sembloit que Mars mesme occupoit son courage.
Comme nous fûmes prests de voir venir aux mains,
Les Peuples d'Orient auecque les Romains,
Ie l'aperceu d'vn haut excitant la tempeste.
130 Vne plume toufuë ondoyoit sur sa teste,
Et ses yeux qui brilloient sous vn front asseuré,
Eclatoient à l'enuy de son armet doré,
Sur vn cheual superbe & beau par excellence,
Qui s'emportoit par fois d'vne noble insolence;
135 Il alloit donner l'ordre, & visiter les rangs
De ce Corps composé de cent Corps differans,
Où la plus grande part qu'auoit armé la crainte,
Et qui n'obeyssoit qu'aux loix de la Contrainte,
Fit assez bonne mine au poinct qu'on se batit,
140 Fit ferme quelque temps, & puis se dementit.
  Ie ne vous diray point comme les miens donnerent,
Ny quel fut le peril où nos Aigles volerent:
Cinq ou six cens drapeaux à l'abord emportez,
Ont peu vous annoncer ces belles veritez.
145 Vous auez bien apris que par cette saillie
Quasi tout l'Orient plia sous l'Italie,
Et comme la fureur de nos premiers efforts
Fit tomber deuant nous cinquante mille morts;
Quand le reste pressé d'vne honteuse enuie
150 Lâcha soudain le pied pour conseruer sa vie.
  Licine cependant, accablé d'Ennemis,
Fut vaincu seulement, & ne fut point soûmis;

	Il r'alia vingt fois quelque Caualerie,
	Et reuint au Combat auec tant de furie,
155	Qu'il eust sur nostre Camp renuersé le malheur
	S'il eust eu la puissance égale à la Valeur.
	De mesme qu'vn Lion que vingt Chasseurs talonnẽt,
	Et que le bruit des chiens & des Trompes qui sonnẽt
	Menacent hautement d'vn asseuré trespas,
160	Regagne la Forest, mais c'est au petit pas,
	Tourne souuent la teste, & fait voir sur sa trace
	Que sa crainte est petite aupris de son audace.
	Ainsi ce grand Guerrier des siens abandonné,
	Se sauua deuant nous, mais sans estre estonné,
165	Tournant par fois vn front où l'audace portraite
	De quelque illustre coup honoroit sa retraite:
	Il menaçoit encore, & brauoit les Romains
	Comme s'il eust tenu la Palme entre les mains;
	Il estoit aussi fier en sauuant sa personne
170	Que s'il eust de mon Pere enleué la Couronne.
	De moy, ie fûs touché de voir tant de valeur;
	I'en goutay la victoire auec quelque douleur,
	Et bien qu'interessé dans la gloire de Rome,
	J'eus vn peu de regret de perdre vn si grãd Homme.
175	Je poussay iusqu'à luy de peur qu'on l'enleuast,
	Et luy donnay du temps afin qu'il se sauuast.

FAVSTE.

Quoy? pour nos Ennemis auoir tant de clemence?

CHRISPE.

	Madame, ie vous dis la chose en Confidence:
	Et ie sçay des raisons qui vous feront iuger
180	Qu'en cela ie commis vn crime fort leger.

FAVSTE.

Vn Ennemy si grand est toûjours redoutable.

CHRISPE.

	Cette derniere cheute entierement l'acable:
	Que peut-il desormais sans ressource & sans bien
	Que demander la vie en ne demandant rien?
185	Il vient de hazarder sur la terre & sur l'onde
	La part qu'il possedoit en l'Empire du Monde:
	Il a de la Fortune esprouué le reuers,
	Et c'est à Constantin qu'apartient l'Vniuers.
	Licine malheureux autant qu'on le peut estre,
190	Luy qui du Monde entier s'est creu rendre le Maistre,
	N'a rien eu de meilleur pour fin de ses trauaux
	Que d'estre accõpagné de quinze ou vingt cheuaux.

A la plus-part encore, il a donné licence
Pour se pouuoir sauuer auec plus d'asseurance.
195 En vn coin de l'Asie il sera paruenu,
Cachant sa qualité, passant pour incognu,
Attendant qu'vn pardon de sa peur le deliure,
Et que vostre bonté luy permette de viure.
I'ay laissé prés d'icy sa fidelle moitié,
200 Dont les ennuis sont tels qu'ils vous feront pitié:
Craignant de son Espoux la mort, ou le seruage,
Elle en a pris le deüil ainsi que d'vn veufuage;
Mais comment ay-je dit qu'elle en a pris de deüil?
Elle en est sur le poinct de descendre au Cercueil:
205 Ce trouble absolument finit sa destinée.
De tous ses Medecins elle est abandonnée.
Sa fille ariue ici pleine de ses douleurs,
Et pour obtenir grace en de si grands malheurs,
Elle vient à vos pieds estaler tous les charmes
210 Qu'vne viue douleur mesle en de belles larmes.

FAVSTE.

On m'a dit qu'elle auoit quelqu'eclat dans les yeux.

CHRISPE.

On pourroit l'appeller vn Chef-d'oeuure des Cieux.

FAVSTE.

Ne seroit-elle point de ces Beautez muettes,
Que l'on diroit plustost moins viues que portraites?

CHRISPE.

215 Point du tout; son Esprit en ses auersitez,
A l'enuy de ses yeux fait briller des clartez:
Rien ne peut egaler l'ennuy qui la desole,
L'excez de sa douleur deuore sa parole.
Mais quand le cours des pleurs, ou celuy des soûpirs
220 Luy permet de parler dans ces grands déplaisirs,
L'art dont elle s'exprime est vn charme agreable
Qui rend de sa douleur toute Ame inconsolable.

FAVSTE.

Ceux que nos interests touchent sensiblement,
S'en pourront consoler assez facilement.

CHRISPE.

225 Madame, en peu de temps vous en ferez l'espreuue,
Et vous verrez bien-tost l'Orpheline & la Veufue,

                    Dont les illustres coeurs transis & desolez
                    Ne prendront pas ces noms si vous ne le voulez:
                    Car si peu que le vostre à leurs maux compatisse,
230   Il peut de Constantin desarmer la Iustice.

                              FAVSTE.

                    Pourroit-on sans pecher leur estre officieux?
                    Desarmer les Vertus, c'est offenser les Dieux.

                              CHRISPE.

                    Les Dieux sont bons, Madame, & sont pour leur puissance
235   Moins crains & respectez, qu'aimez pour leur clemence.
                    Les Rois que pour Enfans ils daignent adopter,
                    Peuuent-ils faire mieux que de les imiter?
                    Ont-ils tant de pouuoir pour estre inexorables,
                    Et n'essuyer iamais les pleurs des miserables?

                              FAVSTE.

                    Parlez en leur faueur; de moy ie n'y puis rien.

                              CHRISPE.

240   Vous pouuez tout, Madame, & vous le sçauez biẽ,
                    C'est par vous seulement que l'Empereur respire.
                    Vous estes le bon Ange & l'Ame de l'Empire.
                    On sçait que vostre Esprit qui n'a point de pareil,
                    Change comme il luy plaist la face du Conseil,
245   Vous pouuez dispenser la rigueur ou la grace,
                    Exciter la tempeste, ou causer la bonace.
                            Hé! de grace, prenez des sentimens humains,
                    Pour mes tristes Parens qui vous tendent les mains,
                    Et qui sur ma parole en ce debris funeste,
250   Fondent en vos bontez tout l'espoir qui leur reste.

                              FAVSTE.

                    Comment? à vous entendre on diroit qu'aujourd'huy
                    Chrispe n'auroit plus rien à demander pour luy.

                              CHRISPE

                    Ce bien que ie demande auecque tant d'instance,
                    Sera de mes trauaux toute la recompense,
255   Et vous m'auancerez par ce trait de pitié
                    Tout ce que m'a promis vostre saincte amitié.

                              FAVSTE.

                    Vn Prince comme vous, si vaillant & si sage,
                    Ne doit rien demander à son desauantage.

CHRISPE.

Madame, si les miens sont traitez doucement,
Ie suis la Caution de leur ressentiment.
Ie puis vous asseurer que la recognoissance
Est vrayment naturelle en l'Ame de Constance,
Et que vostre Maison apres ce rare effet,
Goustera pleinement le fruit de ce bien fait.
De crainte d'offencer cette bonté Diuine,
Constance deuiendra l'Espion de Licine,
Et l'esclairant de prés, fera tousiours sçauoir
Si cet Esprit altier demeure en son deuoir.
Puis ce dernier pardon que demandent nos larmes,
Le rendra plus soumis que la force des Armes.

FAVSTE.

La Victoire est certaine & cela ne l'est pas:
Nous pourrions vous reuoir dans de grãds embaras;
De grands Rois tous les iours la Fortune se ioüe.

CHRISPE.

La Fortune est changeante, il est vray, ie l'auoüe,
Mais elle n'a plus lieu de nous mettre en danger;
Nous l'empescherons bien desormais de changer.

FAVSTE.

Ouy bien, si nous sçauons vser de la Victoire.

CHRISPE.

En sçauroit-on vser auecque plus de gloire?
Par ce trait de douceur, le nom de Constantin
S'espandra desormais du Couchant au Matin;
Et vous qui prenez part à ses vertus illustres,
Ferez passer le vostre à plus de mille lustres.

FAVSTE.

Vous voulez me seduire auec ses vanitez.

CHRISPE.

Ces honneurs sont certains, ce sont des veritez,
Pour faire que vos noms s'esleuent sur la nuë,
Que vostre Renommée en tous lieux soit cognuë,
Et que par l'Vniuers aux Siecles auenir
On n'en puisse iamais perdre le souuenir:
N'employez point le marbre ou quelqu'autre matiere,
Laissez-vous seulement flechir à ma priere.

Pour vous eterniser sans ces Arcs glorieux,
Qu'vne sçauante main taille aux Victorieux,
Et sans faire esleuer de hautes Piramides,
Amolissez ce coeur deuant des yeux humides.
Quel Colosse de bronze & taillé doctement,
Peut mieux à sa grandeur seruir de monument,
Et la faire parestre auec magnificence,
Qu'vn Auguste Empereur sauué par sa Clemence,
Qui sera redeuable enuers vostre bonté
De l'honneur & du bien, comme de la clarté?

FAVSTE.

Allez, sur cette affaire il faut que ie m'employe.

CHRISPE.

O que cette faueur me va donner de ioye!
Que vous m'obligerez seruant ces malheureux!

FAVSTE.

Je feray tout pour vous, & rien pour l'amour d'eux,
Mon esprit n'agira que par vostre priere.

CHRISPE.

Et bien, ie prens sur moy la debte toute entiere.

Fin du premier Acte.

ARGVMENT
DV
SECOND ACTE.

1. Fauste de qui l'Ame est partagee entre le Deuoir & l'Amour, ne sçait pas bien quel party prendre, encore qu'elle semble se determiner à suivre les Conseils de sa Raison, & vouloir se ranger du costé de la Vertu. 2. Cornelie la vient asseurer de la mutuelle affection de Chrispe & de Constance, ce qui r'alume le feu de sa secrette amour par vne emotion de jalousie. 3. Chrispe ameine Constance en l'apartement de Fauste, esperant que l'Emperatrice sera fauorable à cette affligée à sa consideration; mais Fauste feint d'estre malade pour ne les voir point. 4. Constance s'adresse à Constantin pour l'obliger à quelque trait de Clemence enuers Licine son Pere, & ses larmes n'obtiennent qu'vn refus. 5. Mais Chrispe fait vn autre effort, & fait pancher l'Esprit de ce bon Pere à l'accommodement qu'il desire.

ACTE II

SCENE PREMIERE

FAVSTE.

Favste, à quoy te resoudras-tu
Entre l'Amour & la Vertu
Qui tiennent aujourd'huy ton Ame balancée?
Desia la Crainte & le Desir
Font des ligues dans ta pensee;
Il faut laisser ou prendre, il est temps de choisir.

Ie voy l'Honneur qui d'vn costé
Monstre sa seuere beauté;
L'amour paroist de l'autre entouré de delices;
Et la guirlande qu'il me tend
Esclate sur des precipices,
Mais mon Ame est encline où le peril est grand.

Aymable chef-d'oeuure des Cieux,
Cheres delices de mes yeux,
Et dont la triste absence est l'Enfer de mon Ame,
Chrispe, dois-je manquer de foy,
Et deuenir toute de flame
Pour celuy qui paroist tout de glace pour moy?

Suiuray-je vn objet si charmant,
Ou croiray-je le sentiment
Qui veut rendre en mon sein cette ardeur amortie?
O dereglement sans pareil!
C'est mon Iuge, & c'est ma partie
Que ma Raison troublée appelle à mon Conseil.

C'est cet Ennemy sans pitié
Dont les traits de mon amitié
Augmentent aujourd'huy le mespris & la haine,
Et qui pour vne indigne amour
Rejette l'amour d'vne Reine,
Qui fait voir sa puissance aussi loin que le iour.

Ma beauté ne le touche point;
Et si ie m'abaissois au point
De confondre à ses pieds, mes pleurs auec mes charmes,
Le Coeur ingrat de ce Heros
Braueroit l'effort de mes larmes
Comme vn superbe Escueil braue celuy des flots.

	N'importe, ie veux l'adorer:
	N'en deussay-je rien esperer,
345	Et quelque grand danger que mon coeur se propose,
	Ie n'attens qu'vn funeste sort;
	Mais si i'en regarde la cause,
	Ie ne sçaurois perir d'vne plus belle mort.

           Fauste, dans quel excez ton amour te transporte.
350   Ne dois-tu pas rougir de parler de la sorte?
           C'est trop t'emanciper, c'est trop; mais pour le moins
           Ces licences d'amour s'expriment sans tesmoins,
           Ce n'est qu'à mes pensers seulement que ie m'ouvre:
355   Le Ciel void nos pensers, & par fois les découvre. "
           Le Ciel est indulgent aux crimes amoureux;
           Souuent des Criminels il faict des Malheureux. "
           Quel crime en ces pensers si ie cache ma flame?
           Toute l'horreur du Crime a sa source dans l'ame. "
360   Est-ce vn crime d'aimer où l'on voit tant d'appas?
           C'est enfreindre la loy qui ne le permet pas. "
           Mais si nous le voulons les loix nous sont sujettes:
           Mais nous en dependons, car les Dieux les ont faites. "
           Si faut-il succomber sous vn si doux poison,
365   " Il vaut mieux sur ses sens esleuer sa raison,
           Le souhait en est doux, la honte en est sensible;
           Quittons donc ces desseins; mais il m'est impossible.
           O que de sentimens l'vn à l'autre opposez!
           Que de pensers de glace & de traits embrasez!
370   Que Iunon la Nopciere est pour moy rigoureuse:
           Et pour tout dire, enfin, que ie suis malheureuse.
           Qu'il en puisse arriuer ce que le Ciel voudra,
           Au moins rien de honteux ne nous diffamera;
           Nous n'aurons qu'vn desir qui sera legitime,
375   Quand l'amour est honneste, aymer n'est pas vn crime.
           I'aymeray les appas dont il est reuestu,
           Comme vn esprit bien nay peut aymer la Vertu;
           Mes feux se garderont d'offenser la Nature,
           Ma flame sera grande & se maintiendra pure.

SCENE II

FAVSTE, CORNELIE.

CORNELIE.

Madame, vos soubçons ne sont pas mal conceus,
On vient de m'informer pleinement là-dessus;
Chrispe brusle d'Amour pour la ieune Constance,
Et mesme leurs esprits sont en intelligence.

FAVSTE.

Quoy! Chrispe aime Constance? & l'on s'en aperçoit?

CORNELIE.

Il luy rend tous les iours des soins qu'elle reçoit.

FAVSTE.

Croit-il innocemment que Constantin l'endure?

CORNELIE.

L'estroite parenté leur sert de Couuerture:
Visitant la Princesse en cette auersité
Son Amour peut passer pour generosité.

FAVSTE.

Nous leuerons le masque à sa trompeuse flame:
Nous sçaurõs esclairer iusqu'au fonds de son Ame,
Et nous luy ferons voir, s'il pretend s'echaper,
Qu'il est trop ieune encor pour nous vouloir tromper.
Mais pourroit-il aimer vn fardeau pour la Terre?
Vn funeste debris des malheurs de la Guerre?
La fille d'vn Tyran qui vit sans equité?
D'vn monstre furieux que nous auons dompté?
Qui t'a donc apporté cette belle nouuelle?

CORNELIE.

Leonce mon Neueu qui suit Chrispe chez elle,
Et qui va de sa part enchanter ses ennuis,
Luy portant les matins ou des fleurs, ou des fruicts,
Et qui l'a veu souuent aux pieds de cette belle

Mesler ses pleurs aux siens, & se pleindre auec elle.

FAVSTE.

Puisque sur ton parent tu prends tant de pouuoir,
Fay qu'il t'aprenne tout, & me fais tout sçauoir.

CORNELIE.

405 Lors que ie suis entrée, il me venoit d'aprendre
Que ce couple d'Amans icy se venoit rendre,
A dessein de vous voir, & vous solliciter
De destourner les maux qu'il espere esuiter.
Et sans doute aujourd'huy que le Conseil s'assemble,
410 Apres vous auoir veuë, ils y viendront ensemble.

FAVSTE.

Ils n'ont pas mis encor mon esprit à leur point;
Ie les seruiray fort, ie n'y manqueray point.
Il auroit toutefois à combatre l'orage,
Si l'aproche du port depend de mon suffrage:
415 Mais les voicy venir qui se parlent tout bas;
Ils ont mal pris leur temps, ils ne me verront pas.

SCENE III

CHRISPE, CONSTANCE.

CHRISPE.

Ie vous le iure encore, ô ma belle parente,
Que ie r'affermiray vostre Fortune errante,
Que ie vaincray des miens l'implacable courroux,
420 Ou que i'auray l'honneur de mourir prés de vous.
Essuyez donc ces pleurs dont la course rauage
Les roses & les lys de vostre beau visage;
Et de vostre penser chassez les desplaisirs
Qui font entrecouper vostre voix de soûpirs;
425 Suspendez la douleur qui vous tient abatuë;
Donnez quelque relâche à l'ennuy qui vous tuë;
Armez-vous vn moment de resolution;
Soyez toute Constance en cette occasion.
Je confesse que Fauste a l'humeur fort altiere,
430 Qu'en tous ses sentimens elle est assez entiere,
Et mesme qu'en celui qu'elle m'a tesmoigné
A la presser beaucoup, i'aurois fort peu gagné.
C'est pourquoy luy contant l'auanture importune,
Qui confondit ma gloire auec vostre infortune,
435 I'ay couuert mon amour du tiltre d'Amitié,
I'ay déguisé ses traits des traits de la pitié,
Et n'ay pas tesmoigné qu'ayant causé vos larmes,
Ie fusse au desespoir du bon-heur de mes armes,
Ou i'en ay fait cognoistre vn regret apparent,
440 Non comme vn seruiteur, mais bien comme vn parent;
Enfin sur ce discours ie l'ay si bien flatée
Qu'à vous fauoriser elle est toute portée,
Et vostre esprit craintif ne doit point redouter
De l'aller voir encor pour l'en solliciter:
445 Croyez que i'ay rendu cette entreueuë aisée;
Elle est à vous seruir à peu prés disposée,
Et nous mettrons bien-tost la chose au dernier point.

CONSTANCE.

Seigneur, en cet espoir ne vous trompez-vous point?
I'ay connu dans ses yeux vne secrette haine
450 Qui rejettoit ma plainte, & me souffroit à peine,
Et ses regards altiers faisoient assez sçauoir
Qu'elle ne prenoit point de plaisir à me voir;
I'ay peur d'en receuoir quelque mauuais visage.

CHRISPE.

Madame, sans sujet vous prenez cet ombrage.

CONSTANCE.

Son Orgueil me pourroit traitter de haut en bas,
Et ie suis d'vne humeur à ne le souffrir pas:
Car bien que i'eusse en teste vne forte partie,
A peine vn trait piquant seroit sans repartie.

CHRISPE.

Vouloir d'vne affligée accroistre la douleur?

CONSTANCE.

On apprehende tout estant dans le malheur.

CHRISPE.

Pour auoir ces pensers Fauste est trop genereuse.

CONSTANCE.

Constance pour tout craindre est assez malheureuse.

CHRISPE.

Madame, vostre peur vous le fait figurer.

CONSTANCE.

Seigneur, vostre desir vous fait tout esperer.

CHRISPE.

Mais on vient de sa part nous dire quelque chose.

SCENE IV

CONSTANCE, CHRISPE, CORNELIE.

CORNELIE.

Seigneur, l'Imperatrice au Cabinet repose;
Vn grand mal sur le champ vient de la trauailler.

CHRISPE.

Nous n'entrerons donc pas de peur de l'esueiller.

SCENE V

CONSTANCE, CHRISPE.

CONSTANCE.

He bien, Seigneur, hé bien? où sont vos esperances?
470 Direz-vous que i'ay veu de fausses apparences?
I'ay fait vn iugement dont vos sens sont tesmoins;
Son horreur naturelle a surmonté vos soins;
A faire ce rebut elle estoit preparée:
475 Sçachant que nous entrions elle s'est retirée;
Le mal qui l'a surprise est vn mal affecté
Et celuy de sa haine est vne verité.
Ie ne pourray sortir d'vn sort si deplorable,
Vous ne flechirez point cette ame inexorable.

CHRISPE.

Pour ce trait de malheur ne nous rebutons pas;
480 Vn Astre plus heureux y conduira nos pas,
Et lors que sa santé sera mieux affermie,
Nous pourrons par nos soins fléchir cette ennemie.

CONSTANCE.

Il sera mal-aisé de pouuoir l'adoucir;
Seigneur, c'est vn dessein qui ne peut reüssir.

CHRISPE.

485 Ne desesperons pas de nostre destinée.

CONSTANCE.

Sa haine pour Constance est trop enracinée.

CHRISPE.

Qui rendroit contre vous ces esprits animez?

CONSTANCE.

Je croy qu'elle me hayt, parce que vous m'aimez.

CHRISPE.

S'il estoit veritable, ô charmante Princesse,
490 Sa haine contre vous n'auroit iamais de cesse,
Puis qu'estant embrasé pour vn objet si beau,
I'ay fait voeu de l'aimer iusques dans le tombeau.

CONSTANCE.

Durant le peu de temps que vous m'y presentastes
495 Elle paslit tousiours quand vous me regardastes;
Fut tousiours inquiete, & fit assez iuger
Que me seruir ainsi n'estoit pas l'obliger;
D'où peut venir cela?

CHRISPE.

                C'est qu'elle est glorieuse,
Pleine de Vanité, hautaine, imperieuse,
Et qu'elle s'imagine ayant l'authorité
500 Que toute la loüange est deuë à sa beauté.
Pourtant à vous seruir elle s'est obligée;
Et lors que de parole elle s'est engagée
Elle est religieuse à maintenir sa Foy,
Et ie ne puis penser qu'elle y manque pour moy.
505   Mais que Fauste nous soit fauorable ou contraire,
Nous paruiendrons, sans doute, au bon-heur que i'espere:
Mon Pere est le meilleur d'entre tous les mortels,
La Nature iamais n'en a formé de tels.
Quand on l'obsederoit, ie rompois tous ces charmes
510 Si i'auois deuant luy respondu quelques larmes.

CONSTANCE.

Achepter à ce prix la fin de nos malheurs?
Ce seroit trop, Seigneur, s'il vous coustoit des pleurs:
Il se contentera des miens qui sont vulgaires;
Il plaist à mon malheur qu'ils ne me coustent gueres.

CHRISPE.

515 Dieux! mais preparons nous, Constantin va passer,
Il seroit à propos encor de le presser;
Il faudroit sur le champ luy faire vne Harangue.

CONSTANCE.

O sainte Pieté, viens inspirer ma langue.

SCENE VI

CONSTANCE, CONSTANTIN, CHRISPE.

CONSTANCE.

Nos importunitez plaisent aux Immortels
520 Lors que nos voeux pressans assiegent leurs Autels,
Parce que cet effort marquant nostre esperance,
Honore leurs bontez & leur Toute-puissance,
Et fait voir clairement que pour auoir du bien
525 Nous auons besoin d'eux qui n'ont besoin de rien.
I'espere aussi, Seigneur, que dans mes infortunes,
Mes plaintes aujourd'huy vous sont moins importunes,
A vous qui sans pareil gouuernez sous les Cieux,
Et marchez ici bas au premier rang des Dieux.
530 A qui plus iustement faut-il que l'on s'adresse
Lors qu'on est accablé de mal ou de tristesse,
Qu'à celuy qui par tout fait respecter ses lois
Et s'est rendu le Maistre & l'Arbitre des Rois?
Vostre rare bonté peut ici toute entiere
535 Trauailler sur le fonds d'vne illustre matiere,
Sur vn noble Tissu, dont vn cruel malheur
A troublé l'ordonnance & terny la couleur.
Il est iuste, Seigneur, que vous goustiez la ioye,
De restablir des iours filez d'or & de soye,
540 Et qu'oubliant enfin tout ce qui s'est passé
Vous redressiez vous mesme vn Throne renuersé.
Changez par vos bontez vn destin si funeste;
Le plaisir de bien faire est vn plaisir Celeste,
Et celuy d'excuser lors que l'on peut punir,
545 De rendre des Estats qu'on pourroit retenir,
Et liberalement remettre vne Couronne,
C'est de ces grands effets dont l'Vniuers s'estonne:
Et la Felicité d'vn spectacle si doux
Ne peut iamais venir que des Dieux & de vous.
Escoutez vne soeur qui vos bontez reclame,
550 Et qui vous en conjure auant que rendre l'Ame,
Elle que ses Ennuis, ou la fin du malheur
S'en vont faire mourir de joye ou de douleur.

CONSTANTIN.

Ah! ma Niepce, cessez; ie ne puis vous entendre;
A l'objet de vos pleurs ie me trouue trop tendre,
555 Mais ie suis endurcy pour ce Pere inhumain;
Pour ce Pere cruel i'ay le coeur trop d'airain:

Et quoy qu'on me promette, & quoy que l'on me die,
Ie ne puis oublier sa noire perfidie:
Ie ne puis oublier les cruels attentats
560 Dont il a si souuent esbranslé mes Estats.
Apres tant de bienfaits par qui cet infidelle
Deuoit estre lié d'vne chaisne eternelle,
Ce Tiran insensible aux traits de ma pitié,
A toûjours violé les loix de l'Amitié:
565 Jl n'eust iamais plaisir qu'à me faire la guerre;
Il m'a persecuté sur l'Onde & sur la Terre,
Et contre sa promesse, & sans aucun propos,
Il s'est toûjours esmeu pour troubler mon repos.
Combien l'auons-nous veu recourir à ma grace,
570 Vaincu dans l'Allemagne, & vaincu dãs la Thrace;
Et venir par les siens pleurer à mes genoux,
Puis se rendre rebelle à mesme temps qu'absous?
Ne se souuenir plus de l'effet de vos larmes,
Et mettre injustement toute la terre en armes?
575 Non, ie ne veux plus voir à tous coups hazardé,
Vn si grand different par le fer decidé;
I'auray seul desormais la Puissance absoluë;
Qu'on ne m'en parle plus, la chose est resoluë.

CONSTANCE.

Seigneur, considerez...

CONSTANTIN.

C'est en vain battre l'air.

CHRISPE.

580 Retirez-vous, Madame, & me laissez parler.

SCENE VII

CONSTANTIN, CHRISPE.

CONSTANTIN.

C'en est faict. C'en est faict.

CHRISPE.

Quoy, Seigneur, point de grace?

CONSTANTIN.

Tu veux en m'exposant que ie la satisface?
Pour vn Fils bien-aimé c'est trop peu me cherir.

CHRISPE.

Moy? t'exposer, Seigneur? i'aimerois mieux mourir.
Ie ne pourrois ici te parler de Clemence
Si tu ne l'exerçois auec toute asseurance:
Et tu cognoistras bien, s'il te plaist m'escouter,
Que ton authorité n'a rien à redouter.

CONSTANTIN.

Parle donc, & m'en donne vne raison bien ample;
Apprends-moy pour le moins à faillir par exemple:
Cherche dans nostre Siecle, ou dans l'Antiquité
Vn trait si fauorable à la temerité.

CHRISPE.

Alexandre vainquit vn Prince de l'Indie
Qui pour l'oser combatre eut l'Ame assez hardie,
Et qui faict prisonnier, sans trouble & sans effroy,
Demanda hautement qu'on le traitast en Roy.
Et cependant charmé d'vne Vertu si grande,
Le Macedonien accorda sa demande,
Le voulut restablir en ses mesmes Estats,
Et s'acquist de la gloire en ne l'opprimant pas.
Icy, grand Constantin, n'oserois-tu pretendre
A ce degré d'honneur où s'esleue Alexandre?
Et peux-tu bassement craindre ton Allié
Lors qu'en tant de Combats tu l'as humilié?
Quand ta soeur son Espouse en larmes te conuie

De la laisser en paix le reste de sa vie?
Craindre vn Ennemy seul atterré par tes mains,
Toy qui donne des loix au reste des Humains,
Et qui voit dans le Ciel par les Diuins mysteres
Ta Fortune tracee en brillans caracteres?
Quel timide penser peut recuser tes yeux
Ou te faire douter des promesses des Cieux?
Dois-tu rien redouter en l'estat où nous sommes
Ny du costé des Dieux, ny du costé des Hommes?
 Si l'effroy peut saisir vn coeur si genereux,
Sacrifie à ta peur Licine & ses Nepveux;
Enuelope ta soeur dans la mesme disgrace,
Et fais ainsi perir la moitié de ta Race:
Mais garde que ta gloire aille du mesme rang;
Tu pourras la tâcher en respandant ton sang.

CONSTANTIN.

Que de maux apparens meslez en ta requeste!
Elle remet mon sort du calme à la tempeste,
Me retire du port pour m'en rendre esloigné,
Et redonne au hazard tout ce que i'ay gaigné.
Ie dois craindre Licine, il est homme de guerre,
Il a pour partisans les deux tiers de la Terre;
Ie crains les attentats, ie crains les trahisons,
Mais Chrispe est plus puissant que toutes ces raisons.
Fauste & tout le Conseil auront beau faire instance,
En faueur de mon Fils i'ay pitié de Constance:
Ie veux, comme il souhaitte, embrasser la douceur,
Et faire encore grace au mary de ma soeur,
Afin qu'elle guerisse, & qu'essuyant ses larmes
Elle benisse encor la douceur de mes armes.

CHRISPE

O Pere le meilleur d'entre tous les humains,
Souffrez pour ce bien fait que ie baise vos mains.
Quoy, respondre, Seigneur, à ma secrette enuie,
A vos rares bontez ie dois deux fois la vie,
Mon plus ardant souhait, & mon sort le plus doux,
C'est de pouuoir vn iour la prodiguer pour vous.

CONSTANTIN.

Ie sçay bien que mon Fils m'aime auec tendresse,
Mais il faut qu'on se serue ici de quelque adresse.
Fauste pour t'obliger m'a parlé d'vn pardon;
Va-t'en luy tesmoigner qu'elle t'a faict ce don,
Qu'elle a calmé mon ame, & que sans son suffrage
Tes parens en ce iour alloient faire naufrage:
Tu cognois cet esprit qui veut estre flatté,
Et i'aime le repos & la tranquillité.

ARGVMENT
DV
TROISIESME ACTE.

1. Constantin pre-sent ses malheurs domestiques par ce
sinistres augures & de mauuais songes, 2. Dont Fauste haste
l'euenement, piquee de jalousie contre Constance. Elle agist auprés
de l'Empereur pour l'entiere perte de Licine, apres auoir demandé
grace pour luy; Constantin qui remarque des foiblesses d'esprit en
ce changement de discours, laisse Fauste enragée d'auoir fait cet
effort inutilement. 3. Chrispe l'aborde tandis qu'elle est en
cette emotion, & sert d'objet à sa cholere; puis comme cette chaleur
s'est exhalée en paroles, l'amour se restablist en ses sentimens;
& se voulant exprimer, en est empesché par l'honneste honte.
4. Cornelie en fait delicatement sentir quelque chose à ce Prince,
qui ne pouuant se destourner d'aimer Constance pour cette consideration, 5. reduit sa belle-Mere à prendre des Conseils plus violens,
pour leuer tous les obstacles qui s'opposent à son desir.

ACTE III

SCENE PREMIERE

CONSTANTIN, LACTANCE.

CONSTANTIN.

Toy qui me fus donné pour mon soulagement;
650 Esprit où la doctrine est jointe au iugement,
Et meslant au sçauoir vne admirable adresse,
Sçait raisonner sur tout auec tant de sagesse,
Vien donner du remede à ce secret ennuy
Qui preuenant mes maux m'inquiete aujourd'huy:
655 Il faut qu'à tes discours ma peine se console,
Et qu'elle s'adoucisse au miel de ta parole.
Ah!

LACTANCE.

Qu'auez-vous, Seigneur, qui vous fait soûpirer?

CONSTANTIN.

I'ay ce que sans fremir ie ne puis declarer:
Ie n'aperçoy par tout que de tristes presages
660 Qui de l'Ire du Ciel m'aportent les messages;
Du pied droict en sortant i'ay le sueil rencontré,
Vn hibou dans ma chambre en plein iour est entré,
Et pour marque des maux qu'il me venoit aprendre
Est tombé roide mort dés qu'on l'a voulu prendre.
665 Vn chien que i'ay nourry, qui me suit en tous lieux,
Et qui n'a nul repos s'il n'a sur moy les yeux,
Deuient morne aujourd'huy lors que ie le caresse,
Et d'vn aboy plaintif m'imprime sa tristesse;
Puis ie suis effrayé d'vn songe que i'ay fait.

LACTANCE.

670 Ces augures par fois ne sont pas sans effet.

CONSTANTIN.

Il m'a semblé la nuict qu'acheuant la Campagne
Encor tout fatigué des exploits d'Allemagne,
Ie voulois reposer dessus des gazons verts

Durant le plus grãd chaud en des lieux descouuerts,
675 Et qu'vne Aigle Royale, & belle, & glorieuse,
Qui suiuoit des Romains l'Aigle victorieuse,
S'opposant au Soleil, venoit tout à propos
Ajuster en ce temps son vol à mon repos,.
Planoit dessus ma teste, & d'vn esgal ombrage
680 De la chaleur du iour defendoit mon visage.
Au gré de mes desirs, l'Oiseau par fois baissoit,
Et du vent de son aisle il me refraichissoit,
Chassoit loin de ce lieu d'importunes Corneilles
Qui venoient pour blesser mes yeux ou mes oreilles,
685 Et bref, auec ardeur prenoit autour de moy
Les soins d'vn Seruiteur ardant & plein de foy.
Sa beauté me plaisoit, i'aymois ses bons offices,
C'estoit mon passe-temps & mes cheres delices,
Et tous mes Courtisans disoient pour me flater,
690 Qu'il sembloit près de moy l'Aigle de Iupiter.
Lors qu'vn sale Vautour, amy de la voirie,
Sur ce noble Animal descendant de furie
Par vn despit jaloux à sa perte animé
L'a fait cheoir à mes pieds d'vn bec enuenimé:
695 I'ay veu l'Oiseau sanglant mourir sur l'herbe verte,
Et d'vn trait décoché i'en ay vangé la perte:
Son ennemi cruël mourant auprez de lui,
Allegea ma cholere, & non pas mon ennuy,
Car ce cher Animal qui n'a point de semblable,
700 Laissa de son malheur mon Ame inconsolable;
I'en respandis des pleurs, i'en poussay des soûpirs,
Et vins à m'esueiller dans ces grands desplaisirs.

LACTANCE.

Ce songe est effroiable, & i'en ay fait vn autre
D'aussi mauuais presage, & qui respond au vostre:
705 Chrispe sans doute est l'Aigle ardante à vous seruir,
Et quelque grand malheur s'en va nous le rauir,
Si la bonté du Ciel ou l'humaine prudence
Ne font passer ailleurs la maligne influence;
Deuers le poinct du iour, dans vn profond repos
710 Ce Prince m'a paru, ie l'ai veu les yeux clos,
Et mon timide esprit troublé d'vne ombre vaine
A creu que tous mes sens prenoient part à sa peine:
I'ay senti les glaçons qui saisissoient son corps,
I'ay veu son teint tout pasle, & ses yeux demi morts;
715 Et parmi cet horreur à nul autre pareille,
Sa languissante voix a frappé mon oreille.
Lactance, m'a-t'il dit, jettant les yeux sur moi,
I'espreuue les rigueurs d'vne cruelle loi:
Le violent excez d'vne effroiable rage
720 Precipite mes iours en l'avril de mon âge.
De grace, voy mon Pere, & le vas auertir
Que mon Ame l'appelle auant que de partir,

> Et pour l'affection qu'il m'a toûjours gardee,
> Cherche sa main Roiale & la baise en idee.
> A ces mots, son Esprit de son corps est sorty,
> Et dans le vif regret que i'en ay ressenty,
> L'abondance des pleurs roulant sur mon visage
> A fait ёuanoüir cette funeste Image.
> Ie me suis esueillé tout esmeu de douleurs,
> Le sein gros de soûpirs, & tout trempé de pleurs;
> Et dessus mon cheuet à paupieres decloses,
> I'ay long-temps contemplé l'inconstance des choses,
> Medité sur mon songe, & promené mes yeux
> Sur l'instabilité qu'on treuue sous les Cieux,
> Où la plus belle vie & la mieux attachée,
> D'vn prompt coup de ciseau se voit souuent tranchée.
> Seigneur, c'est vostre Jmage & vostre digne appuy,
> Veillez sur son salut, & prenez garde à luy:
> Conseruez ce Heros qui marchant sur vos traces,
> N'a son doux element que dans vos bonnes graces.

CONSTANTIN.

> Tous mes autres enfans me sont beaucoup moins chers,
> I'en atteste le Ciel, & le Dieu que ie sers:
> Mais par où puis-je faire vne perte si grande?
> Je ne l'aperçoy point, quoy que ie l'apprehende.
> En l'estat où ie suis, Chrispe est hors des hazards;
> Sa vie est à l'abry des picques & des dards.

LACTANCE.

> Il est en seureté des dangers dont Bellonne
> Pourroit au champ de Mars menacer sa personne;
> Mais on sçait que l'Enuie auec sa trahison,
> Vse de plus d'vn fer, & de plus d'vn poison,
> Lors que sans redouter la honte ny le blâme,
> Elle a fait le dessein de couper vne trame.
> Gardez qu'on vous surprêne, & que quelque ressort
> Trauerse vostre vie en luy donnant la mort:
> La Vertu sollicite en ce lieu la Nature;
> Comme il est vostre Fils, il est ma nourriture,
> Et si cet arbrisseau se trouuoit arraché,
> Celuy qui le dressa seroit bien-tost seché.

CONSTANTIN.

> Chrispe est en seureté, iamais nul artifice,
> Ny... Mais esloigne-toy, voici l'Imperatrice.

SCENE II

FAVSTE, CONSTANTIN.

FAVSTE.

Seigneur, vous rendrez-vous à l'importunité
Qui veut qu'on vous offense auec impunité,
Et que pardonnant tout par vne fausse gloire
Nous ne goustions iamais les fruicts de la Victoire?
765 Si vostre fermeté peut ici balancer,
Tous vos trauaux passez sont à recommencer;
Sur la mauuaise foy qu'on vous a tesmoignée,
Il faut debatre encor vne palme gagnée;
Il faut remettre encor le harnois sur le dos,
770 Et ne gouster iamais vn moment de repos.

CONSTANTIN.

Ce discours me rejette en vne peine extresme;
Il est embarassant & contraire à soi-mesme;
C'est vouloir vne chose, & ne la vouloir pas;
C'est promettre la vie, & donner le trespas.
775 Quels contraires effets voulez-vous que i'assemble?
Puis-je estre impitoyable & clement tout ensemble?
Pourquoy me parliez-vous de leur donner la paix?
N'estes-vous plus d'accord auecque vos souhaits?

FAVSTE.

Seigneur, le plus souuent la premiere pensee
780 Dans le meilleur esprit n'est pas la plus sensee;
Quoy qu'elle semble bonne à force d'y songer,
Quelqu'autre vient apres qui la peut corriger,
Et nostre iugement augmentant de lumiere,
Prend souuent la seconde, & quitte la premiere.
785 Puis, quand i'ay demandé qu'on mit tout en oubli,
Je ne croiois pas voir Licine restabli;
I'esperois qu'on tiendroit son audace bannie
Sur les riues du Pont, ou vers la Bithinie;
Qu'il viuroit en repos & non pas esleué,
790 Non plus en Empereur, mais en homme priué:
C'est tout ce que de vous il se deuoit promettre.

CONSTANTIN.

Il faut entierement le perdre ou le remettre:

La gloire me defend de faire rien de bas.
Pardonner à demi, c'est ne pardonner pas.

FAVSTE.

795 I'aimerois mieux aux miens asseurer la Couronne,
Punissant vn Tiran qui iamais ne pardonne.

CONSTANTIN.

Nostre Chrispe s'oppose à ses derniers malheurs,
Et pour la parenté me conjure auec pleurs.

FAVSTE.

Chrispe est comme vn enfant qui voit vn fer reluire,
800 Et qui le veut auoir quoi qu'il lui puisse nuire;
Mais on doit sagement combatre son desir,
Pouruoir à son salut plutost qu'à son plaisir;
Et quoi qu'auec des pleurs il demande les armes,
Pour espargner son sang, laisser couler ses larmes.
805 Ici l'exact refus fait montre d'amitié,
Et la haute rigueur y tient lieu de pitié;
Et comme il tient de vous la lumiere & la vie,
C'est à vous qu'appartient de regler son enuie.

CONSTANTIN.

Sans l'auis du Conseil nous n'en resoudrons rien.

FAVSTE.

810 Conseillez-vous-en donc auec des gens de bien.

SCENE III

FAVSTE, CORNELIE.

FAVSTE.

Ah! cette cruauté me perce iusqu'à l'ame;
Est-il rien de pareil?

CORNELIE.

Ne pleurez point, Madame.

FAVSTE.

Ah! ce trait de rigueur me blesse au dernier point:
Et tu me dis encor que ie ne pleure point;
815 Ne vois-tu pas que Chrispe en faueur de Constance,
M'a prez de l'Empereur fait voir mon impuissance?
Qu'il s'est rendu contraire à tout ce que i'ay dit,
Et contre ma faueur fait lutter son credit?
O dure ingratitude! ô noire perfidie!
820 Qu'il faut que dans l'enfer vn meschant estudie,
Et que iamais esprit ne sçauroit conceuoir
Qu'inspiré des demons du souffle le plus noir.
Quoi? i'aime donc ce Fils à l'esgal de son pere,
A mes propres enfans mon amour le prefere,
825 Mon ame à l'estimer s'accorde auec mes yeux,
Et contre la Nature, & contre tous les Dieux,
Et luy du mesme temps par vne erreur extrême,
Pour nous contrarier est contraire à luy-mesme?
Se met dedans les fers pour nous mieux oppresser,
830 Et luy-mesme se tuë afin de nous blesser?

CORNELIE.

On ouvre, i'oy du bruit.

FAVSTE.

Ah! mon trouble est extrême,
Que ie le hay, grands Dieux, ou plutost que ie l'aime.
Que n'ai-je des appas à changer son dessein?
Ou que n'ai-je vn poignard pour lui percer le sein.
835 Mes yeux, qu'il est charmant! mon coeur, qu'il est horrible
Que ie suis indulgente, & que ie suis sensible:
Pour nous laisser parler esloigne vn peu tes pas;
Mais, i'ay besoin de toi, ne te retire pas.

SCENE IV

FAVSTE, CHRISPE, CORNELIE.

FAVSTE.

Chrispe dont l'Vniuers fait ses cheres delices,
840 Faut-il pour qui vous aime inuenter des supplices?
Faut-il qu'vn si grand Prince & si consideré
Oprime des sujets dont il est adoré?
Des Tigres, des Lyons ie craindrois moins la rage;
Vous estes plus cruel que l'Ours le plus sauuage;
845 Ceux de qui la fureur se prend aux Immortels,
Qui respandent le sang iusques sur les Autels,
Le bras des assassins, la bouche des impies,
Les traistres, les brigands, les monstres, les harpies,
Et tout ce qui du Ciel attire le courroux,
850 A plus de retenuë, & de bonté que vous.

CHRISPE.

Moy, Madame, et comment?

FAVSTE.

Aussi ie vous deteste
Beaucoup plus que la mort, beaucoup plus que la peste;
I'ai plus d'horreur de vous que des feux, que des fers,
Et de tous les serpens qui rampent aux enfers.

CHRISPE.

855 Quelle en est la raison? veüillez donc me l'aprendre.

FAVSTE.

Ah! ne me parlez plus, ie ne puis vous entendre.
N'auray-je point le bien que l'on me laisse en paix?

CHRISPE.

Puis qu'il vous plaist ainsi, Madame, ie m'en vais,
Mais ie ne pense pas vous auoir offensée.

FAVSTE.

860 Ah! Chrispe, reuenez, ma cholere est passée,
Et quelque procedé qui me doiue toucher

Ie ne diray plus rien qui vous puisse fascher.
Ie vous pardonneray de bon coeur tout ce crime,
Ie vous auray toūjours en la plus haute estime,
Et ie ne vivray plus que pour vous honorer
De toutes les faueurs que l'on peut esperer,
Pourueu que, par serment vostre ame enfin s'engage.

CHRISPE.

A quoy?

FAVSTE.

C'est... ie ne puis en dire dauantage,
Il m'a pris tout à coup des esbloüissemens;
Voila qui vous dira quels sont mes sentimens.

CORNELIE.

Madame...

FAVSTE.

Cornelie, acheuez de luy dire,
Cette incommodité veut que ie me retire.

SCENE V

CORNELIE, CHRISPE.

CORNELIE.

Qvelle peine, ô grands Dieux!

CHRISPE.

Dites, ie vous attends:
Mais ie ne puis ici perdre beaucoup de temps.

CORNELIE.

Seigneur...

CHRISPE.

Vid-on iamais vne telle merueille?
Ie ne sçay si ie dors, ie ne sçay si ie veille:
Voy-je des yeux de l'ame ou bien de ceux du corps;
Ie n'aperçois ici qu'Enigmes, que transports,
On exerce sur moy l'humeur la plus mauuaise,
On vient m'injurier, puis soudain l'on m'appaise,
Et m'ayant protesté que tout est pour mon bien,
On me dit que i'escoute & l'on ne me dit rien.

CORNELIE.

Seigneur, vous sçauez bien les excez de tendresse
Qu'a toûjours eu pour vous cette grande Princesse;
C'est pourquoy vostre esprit se devroit destacher
De tous les procedez qui la peuuent fascher:
Voila ce qui la trouble & dont elle est touchee.

CHRISPE.

Mais sçachons, Cornelie, en quoy ie l'ay faschée.

CORNELIE.

C'est que possible elle a des desplaisirs secrets,
De ce que vous meslant en d'autres interests,
Bien loing de retrancher le mal par sa racine,
Vous parlez au Conseil en feueur de Licine;
Elle n'en veut point voir releuer la maison;
De ce nouueau despit c'est toute la raison.

CHRISPE.

Ah! ce n'est point cela; cette grande saillie
Vient d'vn autre motif; dites tout, Cornelie:
Cet esprit qui s'emporte en ce desreglement,
En matiere d'Estat agit plus sagement.
Oüy, quelqu'autre sujet produit la violence
Qu'exprime son discours, & mesme son silence:
Vous devriez satisfaire à son commandement,
Et me dire la chose vn peu plus clairement.

CORNELIE.

L'ordre que i'ay receu, Seigneur, c'est de vous dire
Qu'il ne tiendra qu'à vous de gouuerner l'Empire;
Admirant aujourd'huy vos exploits triomphans,
Fauste vous considere autant que ses enfans,
Auprez de l'Empereur ses soins, & ses suffrages
N'agiront desormais que pour vos avantages:
Mais pour vous preparer à gouster tant de biens,
Il faut que vous quittiez, & Licine, & les siens:
Il faut abandonner toute cette famille,
Et ne voir iamais plus Constance, ny sa fille.

CHRISPE.

Constance ny sa fille! ô trait injurieux!
Ie les verray toūjours tant que i'auray des yeux.
Comment, elle veut donc que dans cette avanture
Ie renonce à mon sang, ie manque à la Nature,
Et que pour obeïr aux lois de sa rigueur
Ie deshonore ainsi mon esprit & mon coeur?
Allez luy rapporter, mais auec diligence,
Qu'elle peut sur ma vie exercer sa vengeance,
Mais non pas m'obliger à viure sans pitié,
Et manquer pour les mieux d'honneur & d'amitié;
Comment, afin qu'on m'aime, & qu'on me considere,
Ie seray l'ennemy de la soeur de mon Pere,
I'auray l'esprit si noir, i'auray le coeur si bas?
Ah! i'aime beaucoup mieux que l'on ne m'aime pas.
Qu'vn autre prenne part à cette bien-veillance
Qui conduit à la honte auec tant d'insolence;
Quiconque ose tenter mon courage en ce point
Ne doit pas me cognoistre & ne m'estime point.
Ma resolution ne peut estre changée,
I'ay fait voeu de seruir vne Tante affligée;
La menace de Fauste & de tout son pouuoir
Ne sçauroit diuertir le cours de mon devoir.
Dépeschez, Cornelie, allez, courez luy dire,
Et que l'honneur à Chrispe est plus cher qu'vn Empire.

CORNELIE.

Seigneur, dispensez-moy de faire ce raport;
Fâchant l'Imperatrice, il peut vous faire tort.

CHRISPE.

Elle m'en fait assez alors qu'elle s'attache
A mettre sur ma gloire vne eternelle tâche:
Dites-luy, dites-luy, qu'il n'en faut plus parler;
Mon coeur est vn rocher qu'on ne peut esbranler.

SCENE VI

CORNELIE, FAVSTE.

CORNELIE.

Ie ne porteray point ces mauuaises nouuelles.
Son discours m'a laissé dans des transes mortelles.
Madame!

FAVSTE.

Cornelie, et bien?

CORNELIE.

C'est temps perdu.

FAVSTE.

I'estois en cet endroit d'oû i'ay tout entendu;
Qu'il est audacieux, et qu'il est temeraire.

CORNELIE.

Il s'emporte vn peu trop.

FAVSTE.

Ie ris de sa cholere,
Il faut qu'elle se passe, il faut qu'humilié
Il me vienne prier que tout soit oublié.
Qu'il vienne par ses pleurs diuertir vne foudre,
Et baiser vne main qui le peut mettre en poudre.
Il ose s'attacher à ce qui me desplaist;
L'insolent & l'ingrat, ie l'ay fait ce qu'il est;
Si i'ay sceu le seruir, ie sçauray bien luy nuire,
I'ay bien sceu l'esleuer, ie puis bien le destruire.
N'a-t'il eu iusqu'ici tant de respects pour moy
Qu'afin de s'introduire à me donner la loy?
Auoir des sentimens à mes desirs contraires,
Pour hazarder l'Empire, & troubler les affaires,
Pour former vne ligue auec nos Ennemis,
Pour nous égaler ceux que nous auons soubmis,
Et regler à son gré nos bonnes auantures?
Ah! ie lui feray voir qu'il prend mal ses mesures;
Jl changera d'estat s'il ne vient s'excuser;

Tout est perdu pour lui s'il tarde à m'appaiser.
Ie veux à mes enfans laisser l'Estat tranquile,
Et dompter hautement ce Lion indocile.

CORNELIE.

Madame, c'est vn joug qu'à peine il recevra.

FAVSTE.

970 Ie l'y forceray bien; s'il ne plie, il rompra,
Il quittera l'Empire, ou changera de flame.

CORNELIE.

Mais il est Fils d'Auguste.

FAVSTE.

Et moy i'en suis la femme,
Et nous verrons bien-tost, s'il me veut mettre au pis,
Lequel l'emportera, de la femme, ou du fils.

Fin du troisiesme Acte.

ARGVMENT
DV
QVATRIESME ACTE.

1. Fauste découvre à Constantin le mécontentement qu'elle a de voir Chrispe embarassé d'Amour pour Constance, luy representant que cette alliance pourroit vn iour causer la perte de sa maison, & se sert de tant d'artifices pour en exprimer les apprehensions & la douleur, que ce Prince se trouue attendri par ses larmes, & se sent forcé de luy donner esperance qu'il retirera sa parole. 2. Chrispe vient remercier Fauste du pardon qu'a receu Licine, & du restablissement de sa maison, mais Fauste luy fait cognoistre imperieusement qu'elle a mis obstacle à ce traict de clemence, & rompu l'ouvrage que ses soins auoient auancé. 3. Constance persuadée que Constantin auoit fait grace à son Pere, en vient faire des complimens à Fauste qui la traitte auec tant de mépris & d'orgueil, que cette ieune Princesse piquée au vif de ces paroles, est portée à luy en dire d'autres qui la jettent dans vne extrême fureur. 4. Elle faict acheuer de corrompre vn seruiteur de Chrispe pour luy faire empoisonner sa riuale.

ACTE IV

SCENE PREMIERE
CONSTANTIN, FAVSTE.

CONSTANTIN.

975 Qvoy! ie ne sçauray point d'où cette humeur procede?
L'ennuy qui vous afflige, est-ce vn mal sans remede?

FAVSTE.

C'est vn mal pour le moins à guerir mal aisé,
Puisque mesme d'Auguste il est authorisé;
C'est vn mal qui se forme, & qui venant à croistre,
980 Pourra faire perir ceux qui l'auront fait naistre.

CONSTANTIN.

La priere de Chrispe en est le fondement.

FAVSTE.

L'indulgence d'Auguste en fait l'accroissement.

CONSTANTIN.

Ce mal n'est pas si grand que Fauste se figure.

FAVSTE.

Puisse l'euenement tromper ma conjecture.

CONSTANTIN.

Mais qu'apprehendez-vous?

FAVSTE.

985   Des malheurs infinis,
Vos peuples reuoltez, vos enfans des-vnis;
Vne guerre Ciuile, vn trouble espouuentable,
Mille saccagemens, vn destin lamentable.

CONSTANTIN.

Nous sçaurons destourner vn si funeste sort.

FAVSTE.

Oüy, tant que vous vivrez, mais apres vostre mort?

CONSTANTIN.

Chrispe prendra toûjours l'interest de son frere.

FAVSTE.

Ie crains auec raison qu'il fasse le contraire.

CONSTANTIN.

Et sur quel fondement craignez-vous ce danger?
Chrispe est-il si méchant?

FAVSTE.

      Non, mais il peut changer.

CONSTANTIN.

On voit fort peu changer des Ames si bien nées.

FAVSTE.

Si l'a-t'on veu changer en fort peu de iournées.

CONSTANTIN.

Ie ne m'aperçoy point d'vn si grand changement.

FAVSTE.

La Cour auec regret fait ce discernement.
Chrispe nous honoroit auant que la Victoire
Eust esclairé son front des rayons de la Gloire,
Et qu'vn vent orgueilleux de reputation
Eust essoré le vol de son ambition.
Il suiuoit nos Conseils auant que cette guerre
L'eust veu dans les dangers passer pour vn tonnerre,
Et de peur de faillir, & de trop hazarder,
Il n'entreprenoit rien sans nous le demander.
Mais ce bon naturel s'est changé dans la Thrace,
Où la Fortune Amie, a flatté son audace,
Et sans considerer son flus & son reflus,
Dans cette haute mer il ne nous cognoist plus.

>   Il croit que nos auis luy sont peu necessaires,
>   Il veut tenir tout seul le timon des affaires,
>   Et si sous cet orgueil nous plions aujourd'huy,
>   Le naufrage est pour nous, & le port est pour luy.
> 1015   Rome est en sa puissance, & nous pouuons bien dire
>   Qu'il est Maistre absolu de nous, & de l'Empire,
>   Et qu'il se hastera de nous fermer les yeux.

>   CONSTANTIN.

> Fust-il Maistre de tout, il nous traitteroit mieux.

>   FAVSTE.

> L'ambition rendroit son ame inexorable.

>   CONSTANTIN.

> 1020   Fauste, sa pieté nous seroit fauorable.

>   FAVSTE.

>   Iamais la pieté ne peut accompagner
>   Vn coeur preoccupé du dessein de regner,
>   Car l'auide desir de prendre vne Couronne.
>   Oste les sentimens que la Nature donne,
> 1025 Et bien souuent vn Fils d'vn aueugle transport,
>   Marche lors sans horreur dessus vn Pere mort.
>   Chrispe vous craint, Seigneur, & ie puis dire encore
>   Qu'il vous aime beaucoup, mesme qu'il vous adore;
>   Mais ce bon naturel peut estre corrompu
> 1030 Par ceux qui pour nous perdre ont fait ce qu'ils ont peû.
>   S'il faut que desormais par vne erreur fatale,
>   Ce Prince si bien né passe dans leur cabale,
>   Licine aura bien-tost suborné son esprit
>   Pour luy faire acheuer le coup qu'il entreprit.

>   CONSTANTIN.

> 1035   Ce n'est pas vn party qu'il faille qu'il embrasse;
>   Par quel raisonnement iugez-vous qu'il y passe?

>   FAVSTE.

>   Par l'amour qui le pousse à le voir restably,
>   Et fait que pour Constance il m'est tout en oubly.

>   CONSTANTIN.

> Quoy, Chrispe est-il touché de la ieune Constance?

FAVSTE.

1040 Pour elle toute seule il vous fait cette instance.
Si le bandeau d'Amour ne luy couvroit les yeux
Il verroit sous des fleurs vn serpent furieux;
Il craindroit de ce lieu l'alliance funeste,
Il fuiroit cet amour comme l'on fuit la peste.
1045 Vne haine enuieillie en vn coeur desloyal,
Corrompra laschement ce coeur vrayement Royal;
Et vous l'ayant predit, ie seray la Cassandre
Qui verray mettre Rome & nos Palais en cendre:
Possible que là-haut assis entre les Dieux,
1050 Lors que sur nos malheurs vous porterez les yeux,
Vous aurez du regret de voir Fauste enchaisnée,
Prez du Char de Licine en triomphe menée,
Vos Temples démolis, vos Peuples saccagez,
Et vos ieunes enfans laschement esgorgez,
1055 Et l'Italie enfin cruellement destruite,
Detester en pleurant vostre peu de conduite.
Toutesfois ces malheurs ne me surprendront pas,
I'en preuiendray l'effet par vn noble trespas:
Le poison ou le fer, ô misere incroyable!
1060 Plutost que Constantin, me sera fauorable,
Et sans leur prompt secours ie ne puis éuiter
Les maux où le Destin me va precipiter.

CONSTANTIN.

Ah! ne vous troublez point de ces grandes alarmes;
Mon coeur est penetré par le cours de vos larmes:
1065 De tout autre interest vos pleurs m'ont destaché;
Mon Fils m'auoit surpris, mais vous m'auez touché;
Il faudra que ie pense à vos auis fidelles,
Pour gauchir sagement ces embusches mortelles.
Mais Chrispe vient ici vous parler sur ce point;
1070 Suspendez cette affaire & ne l'aigrissez point.
N'outragez point ce Fils dont ie suis idolatre;
Soyez toûjours sa mere, & iamais sa marastre;
Ne luy retranchez rien de vostre affection.

FAVSTE.

Seigneur, laissez-moy faire en cette occasion;
1075 Ie tiens qu'il faut vn peu luy tenir la main haute,
Afin que son esprit recognoisse sa faute,
Et se rende plus souple à suivre nos auis,
S'estant si bien trouué de les auoir suiuis.

SCENE II
CHRISPE, FAVSTE.

CHRISPE.

1080
Ie viens vous rendre grace, ô diuine Princesse,
D'auoir fait que des miens enfin la crainte cesse:
Vostre Esprit balançant la pitié de mes pleurs,
Auec la cruauté de leurs derniers malheurs,
Encor qu'il s'y portast auecque repugnance,
A faict à la Rigueur succeder la Clemence.

FAVSTE.

1085
A quoy tend ce discours confus & mal tissu?

CHRISPE.

A vous remercier d'vn bien que i'ay receu:
Car bien que Constantin m'aime, & me considere,
I'auois besoin de vous pour flechir ce bon Pere,
Vous seule auez sauué Licine du trespas.

FAVSTE.

1090
Luy sauué? point du tout, ne vous abusez pas.

CHRISPE.

Vn Courrier dépesché porte cette nouuelle.

FAVSTE.

Cette nouuelle est fausse, il faut qu'on le rappelle.

CHRISPE.

Licine l'apprendra comme vne verité.

FAVSTE.

Il peut la receuoir comme vn conte inventé.

CHRISPE.

1095
Assez distinctement on me l'a faict entendre.

FAVSTE.

Quelqu'vn par ce discours vous a voulu surprendre.

CHRISPE.

L'Empereur me l'a dict auec tant de bonté.

FAVSTE.

L'Empereur vous l'a dit? il s'est fort méconté:
Il n'y pensoit donc pas; c'est par quelque surprise;
S'il s'abuse si fort, il faut qu'il se rauise.

CHRISPE.

I'attens de sa promesse vn effet bien certain.

FAVSTE.

Si c'est là vostre espoir, vous esperez en vain.

CHRISPE.

On peut sur sa parole encore plus pretendre.

FAVSTE.

En cette occasion l'on n'en doit rien attendre.

CHRISPE.

L'Honneur plegeant sa foy, m'asseure sur ce point.

FAVSTE.

Moy, ie suis caution qu'il ne le fera point.

CHRISPE.

I'en vais tout de ce pas rafraichir sa memoire.

FAVSTE.

C'est vne illusion que vous luy ferez croire.

CHRISPE.

Ie sçay par quels sermens il s'y treuue obligé.

FAVSTE.

1110   L'interest de l'Estat l'en rend des-engagé.

CHRISPE.

Nous verrons.

FAVSTE.

Voyez donc... As-tu veu, Cornelie,
Quelle confusion succede à sa folie?
Il pourra discerner d'vn iugement plus sein
S'il a quelqu'auantage à choquer mon dessein:
1115   Ici son insolence est vn peu reprimée:
Assez hautainement ie me suis exprimée.

CORNELIE.

En vous parlant, Madame, il sembloit tout transi.

FAVSTE.

Constance estant absente, il n'estoit pas ici;
Ce n'est que la moitié d'vn Tout qui m'est funeste,
1120   Ce n'en est qu'vne part, mais en voici le reste.

SCENE III

CONSTANCE, FAVSTE.

CONSTANCE.

Ie ne viens plus, Madame, auec de tiedes pleurs
Vous demander la fin de nos longues douleurs;
Auec vn teint plus gay ie dois vous rendre graces
D'auoir du mauuais sort dissipé les menaces,
1125 Nous donnant vne espreuue en ces aduersitez
Qu'il n'est rien d'amirable au pris de vos bontez,
Car ces rares bontez adoucissant les choses
S'en vont bien-tost changer nos espines en roses.

FAVSTE.

Encor que vos destins soient si bien disposez,
1130 Vous n'aurez pas les fleurs que vous vous proposez.

CONSTANCE.

Tous les voeux que ie forme en mon ame craintiue
Sont que la haine meure & que mon Pere viue,
Que iamais la Discorde & le Trouble mutin
N'esloigne ses desirs de ceux de Constantin;
1135 Bref qu'en leur vnion la paix soit infinie.

FAVSTE.

Mais vous, à quel objet voulez-vous estre vnie?

CONSTANCE.

Moy, Madame? à l'honneur comme à vos interests.

FAVSTE.

Point, point, nous auõs sceu quelqu'vn de vos secrets.

CONSTANCE.

Ie n'ay point de secrets qu'il faille que ie cache,
1140 Ils sont fort innocens, ie veux bien qu'on les sçache.

FAVSTE.

Quoy que vous les cachiez, ils sont fort apparens;
Vous trauaillez pour vous plus que pour vos Parens:
Prenant vn soin pour eux, vous en auez vn autre,
D'abatre vne maison pour agrandir la vostre.

CONSTANCE.

D'abatre vne Maison?

FAVSTE.

1145 Oüy, oüy, mais c'est en vain.
Nous ferons hautement avorter ce dessein.

CONSTANCE.

Madame, ces effets d'vne haine visible
Sont encore des traits d'vn malheur inuincible,
Qui par nostre constance a semblé s'irriter
1150 Et s'est pleû si long-temps à nous persecuter:
Il faut, sans murmurer, souffrir sa violence,
Puisque vostre pouuoir nous impose silence.

FAVSTE.

Que peut-on à cela vous respondre, sinon
Qu'il vous est bien aisé de porter vostre nom,
1155 Puis que dans ce succez il est vray que Constance
Pour le malheur des siens a peu de repugnance?
Le iour de leur deffaite est vn iour glorieux:
Elle veut de bon coeur ce que veulent les Cieux.
Si Licine en fuyant est sorty de la Thrace,
1160 Vous l'auez sur le champ vangé de bonne grace:
Exprimant vn pouuoir qui n'est point limité,
Vous auez mis aux fers celuy qui l'a dompté.
Vous auez tout soubmis en blessant vn seul homme;
Quoy que Rome ait vaincu, vous triomphez de Rome.
1165 Quel effet merueilleux! vn puissant Empereur
Qui iusqu'au bout du monde a semé la terreur,
En de si grands perils n'a gagné tant de gloire
Que pour mettre à vos pieds le fruit de sa Victoire.
Quoy? du nom de malheur ce succez appeller?
1170 De semblables malheurs on se peut consoler.

CONSTANCE.

Madame, à ce discours ie ne puis rien entendre.

FAVSTE.

Auguste & le Conseil l'ont fort bien sceu comprẽdre;
Chrispe vous rẽd des soins & vous fait les doux yeux,
Vous obsede à toute heure & vous suit en tous lieux;
1175 Il vous promet beaucoup, mais sçachez qu'il se mocque.

CONSTANCE.

S'il se mocque de moy, la chose est reciproque.

FAVSTE.

En pouuez vous douter?

CONSTANCE.

Ie n'en ay point de peur.

FAVSTE.

Il est assez adroit.

CONSTANCE.

Mais il n'est point trompeur.

FAVSTE.

Il tient vn rang bien haut.

CONSTANCE.

Ie suis de la famille.

FAVSTE.

1180 Il est Fils d'Empereur.

CONSTANCE.

Et n'en suis-je pas Fille?

FAVSTE.

On void en ces Cesars de l'inegalité.

CONSTANCE.

La Fortune en a mis, mais non pas l'Equité.

FAVSTE.

L'vn de ces Empereurs a peu l'autre soumettre.

CONSTANCE.

L'autre de sa valeur se pouuoit tout promettre.

FAVSTE.

1185 Il n'a pas en campagne eu les Dieux pour amis.

CONSTANCE.

Il n'est pourtãt rien moins que ceux qui l'ont soumis.

FAVSTE.

Les vaincus aux vainqueurs ne sont pas cõparables.

CONSTANCE.

La Vertu rend par fois les malheurs venerables.

FAVSTE.

Cependant hors du Throsne on void cette Vertu.

CONSTANCE.

1190 Elle peut esclater sous vn Throsne abatu.

FAVSTE.

Enfin quoy qu'il en soit, Constance n'est point née
Pour pretendre auec Chrispe au lien d'Hymenée;
Nous ne souffrirons point qu'il soit fait son Espoux.

CONSTANCE.

Vous souffrirez au moins qu'il m'ayme mieux que vous.

FAVSTE.

1195 A son dam s'il vous aime, interdit de le faire.

CONSTANCE.

A son dam beaucoup plus s'il agit au contraire.

FAVSTE.

Il ne peut vous aimer qu'auec beaucoup d'erreur.

CONSTANCE.

Ny vous aimer aussi qu'auec beaucoup d'horreur.

FAVSTE.

Ah! sortez promptement engeance de Vipere.

CONSTANCE.

1200 On ne m'accuse point d'auoir perdu mon Pere.

FAVSTE *seule*.

Quel Fantosme a fait bruit? & quel Spectre a passé?
Dors-tu point? est-ce à toy que l'on s'est adressé?
Et peut-on appliquer ce que l'on vient de dire
1205 A qui tient aujourd'huy les resnes de l'Empire?
Mais cette verité ne se peut démentir,
Constance me parloit, elle vient de sortir;
C'est à moy, c'est à moy que ce discours s'adresse;
Elle vient d'offenser sa Reine & sa Maistresse:
1210 L'insolente qu'elle est, voit encore le iour
Apres auoir choqué ma gloire et mon amour?
A moy, que sur le champ cette impudente expire.

CORNELIE.

Madame?

FAVSTE.

  Ce n'est rien, allez qu'on se retire.
Cognoissant Constantin & sa mauuaise humeur,
1215 Il ne faut pas ici faire de la rumeur;
Et n'ayant peu parer vne atteinte si rude,
Il vaut mieux ménager ma rage auec estude,
Deuorer mon dépit, & me plaindre tout bas,
Que d'esclater plus haut & ne me vanger pas.
1220 A moy Constance? à moy? me parler de la sorte?
En aurions-nous raison quand elle seroit morte?
Pour rendre vn si grand coup mon bras est trop leger,
Ie pourroy la destruire, & non pas me vanger.
 Mais Chrispe est tout ici, cette ieune indiscrette
1225 De ses noirs sentimens n'est rien que l'interprete.
Cet ingrat, il me joüe, & brauant mon credit,
L'aduoüe absolument de ce qu'elle m'a dit.
Quoy, Chrispe rira donc auec cette effrontée
Du plaisir qu'elle a pris à m'auoir irritée?
1230 Il se vantera donc prés d'elle chaque iour
Des traits dont son mespris a payé mon amour?
Ma defence inutile & ma vaine furie
Pourront entrer encore en cette raillerie?

```
             Ah! ie veux bien parer vn si sensible affront;
             I'ay le bras assez fort pour garantir mon front,
1235         Et ie vay m'employer de toute ma puissance
             Pour faire auant ma honte esclater ma vengeance.
             Il faut bien que le fer, la flame ou le poison,
             D'vn mespris si sanglant me fassent la raison.
             Pour les presser d'agir, dés cette heure ie donne
1240         Le plus beau diamant qui brille en ma Couronne.
                Plutost que cette Amour m'offence impunément,
             Ie veux perdre à la fois & l'Amante, & l'Amant.
             Chrispe, il te souuiendra de m'auoir offencée;
             Ta Sentence mortelle est des-ja prononcée,
1245         Et le desir petille en mon coeur despité
             Que ce sanglant Arrest ne soit executé.
             Ouy, Chrispe, c'en est fait, & tes ieunes années
             Par mon iuste courroux se verront terminées:
             Pour le soulagement de ma viue douleur,
1250         Ie vay faire passer la faux sous cette fleur.
             Il faut que ma vengeance en ta perte médite
             Sur ce que fait vn corps lors que l'ame le quite,
             Et les conuulsions qu'on luy voit ressentir
             Quand la bouche dispute à la laisser sortir.
1255         Auec attention ie te verray, perfide,
             Deuenir pasle & froid sans auoir l'oeil humide:
             Et verray sans regret en ce dernier effort
             Passer dedans tes yeux les ombres de la mort.
                Mais où va ma fureur? arreste, ma Cholere,
1260         Peux-tu bien outrager vne chose si chere?
             Destournons de ce coup & nos mains, & nos yeux,
             Car c'est vn attentat qui blesseroit les Dieux.
             Fauste, à quoy te portoit ta furieuse envie?
             Ces Voeux vindicatifs attentoient sur ta vie,
1265         Et ta soudaine mort borneroit le plaisir
             Que ton despit cruël propose à ton desir.
             Tu te verrois surprise, & dans cette disgrace
             Ta plus bruslante ardeur se changeroit en glace.
             Ne fay rien qui t'oblige à de grandes douleurs,
1270         Et preuien sagement tes souspirs & tes pleurs.
             Quoy que Chrispe t'offence, il peut vivre sans crainte,
             Tu ne pourrois blesser vne chose si sainte;
             Il est inuiolable à ton ressentiment;
             Il aura part au crime, & non chastiment;
1275         Et lors que tu pourrois d'vn esclat de tempeste
             Perdre tout l'Vniuers, il saueroit sa teste.
                Ie consens qu'vn Heros le plus grand des humains
             Au fort de mon courroux me desarme les mains:
             Il nous plaist de sauuer vn Complice du crime;
1280         Nous nous contenterons d'vne seule Victime;
             Constance par son sang pourra des-alterer
             Cette bruslante soif qui nous fait souspirer.
                Mais par où m'y prendray-je? & que faudra-t'il faire
             Pour ouvrir cette source à mon bien necessaire,
1285         Sans qu'elle fasse bruit, & qu'vn Peuple mutin
```

Aigrisse contre moy l'esprit de Constantin?
Ouvre-toy, mon esprit, cherche, inuente, & t'employe
Pour bastir sur ce plan le comble de ma ioye:
Fay que dans ce debris mon nom soit conserué,
Conduy bien cet ouvrage & le rends acheué.
　　　En voici le secret, i'en ay trouué l'adresse:
Ie surprendray l'Amant, il perdra sa Maistresse;
Elle, à ce Seruiteur que ie luy rauiray,
Imputera les maux dont ie la combleray:
Ie porteray Constance à mourir enragée,
On ne la verra plus, & ie seray vangée.
Ah! serpent dangereux qui t'oses prendre à moy,
Tu t'emancipes trop, ta mort en fera foy:
Tu te repentiras de l'air dont tu me traites,
Tu creueras bien-tost du venin que tu jettes.
Filles!

　　　　　Vne des Filles.

　　Auançons-nous, on nous vient d'appeller.

　　　　　FAVSTE.

Ce n'est qu'à Cornelie à qui ie veux parler:
As-tu veu ton parent?

　　　　　CORNELIE.

　　　　　　　Il est ici, Madame.

　　　　　FAVSTE.

Mais me veut-il seruir?

　　　　　CORNELIE.

　　　　　　　　　Oüy, mais il craint le blâme.
Jl balançoit encor la gloire, & l'interest.

　　　　　FAVSTE.

Presse, & le fay pancher du costé qui me plaist:
Haste vne heureuse crise en mon esprit malade;
Il faut que la raison bien-tost le persuade:
Fay qu'il hazarde tout afin de me sauuer,
Et s'il est resolu, qu'il me vienne trouuer.
Ie veux que l'Vniuers apres ce grand seruice,
Doute qui de nous deux sera l'Imperatrice.

SCENE IV

CORNELIE.

O Dieux! quelle faueur! ô Cieux! qu'ai-je entendu!
Mon coeur dans cette ioye est encor suspendu.
Essayons de lui faire acquiter sa promesse,
Et seruons dignement cette digne Maistresse;
Ie tiens ce qu'elle veut à moitié reüssi;
Leonce est-il pas là?

SCENE V

LEONCE, CORNELIE.

LEONCE.

Madame le voici.

CORNELIE.

Hé bien? me veux-tu croire, ou suivre ton caprice?
Prens-tu parti pour Chrispe, ou pour l'Imperatrice?
Du plomb auecque l'or fais-tu comparaison?
Ou quittes-tu ton Sens pour suivre la Raison?
Es-tu pour ta fortune, ou de glace, ou de flame?
Mes auis sont-ils point passez iusqu'en ton ame?

LEONCE.

Madame, à vos auis i'ay meurement pensé,
Mais mon Esprit encor se trouue balancé;
J'aime ce ieune Prince, & i'ay peine à rien faire
Qui le puisse offenser, ou lui puisse déplaire;
Peut-on mieux acquerir du bien qu'en le seruant?
N'est-il pas adoré comme vn Soleil leuant?

CORNELIE.

Leonce, en ce discours dépourueu de Science,
On voit que la Jeunesse a peu d'experience,
Et qu'en ton aage encor nos Esprits innocens
Suiuent auec erreur le Conseil de nos Sens.
Selon les yeux du peuple, & son grossier langage,
C'est vn Soleil leuant qu'vn Prince de cet aage:
Mais comme tous les iours nous voyons arriuer
Ces Soleils sont par fois long-temps à se leuer.
Et quelquefois encor tous brillans de lumiere,
On les voit éclipser entrans dans la carriere.
Chrispe est braue et bien fait, mais on void qu'aujourd'huy
Il prend beaucoup de peine à trauailler pour lui,
Qu'il coulera du temps auant qu'il s'establisse,
Et qu'il puisse agrandir ceux qui lui font seruice.
Constantin prise fort ses exploits triomphans,
Mais il sçait bien aussi qu'il a d'autres enfans,
D'vne aimable Princesse, Illustre pour la Race,
Digne pour la Vertu, charmante pour la Grace,
Qui peut plus de beaucoup que ce jeune Vainqueur,

1350 Aiant absolument son oreille, & son coeur.
  Pour acquerir des biens & de l'honneur encore,
Ce n'est pas Constantin, c'est Fauste qu'on adore;
Les charges, les emplois, & le bien et le mal
Passent par cette main, coulent par ce canal:
1355 Elle verse aux sujets de ce puissant Empire
Ce qu'ils ont de meilleur, & ce qu'ils ont de pire.
La source est à chercher plutost que les ruisseaux;
Il faut se prendre à l'arbre, & non pas aux rameaux;
Sur tout, quand à nos yeux la Fortune se montre,
1360 Il faut soudain tirer profit de sa rencontre,
Et qui n'est pas habile à la prendre aux cheueux,
Apres l'occasion fait d'inutiles voeux.

LEONCE.

Madame, ce discours montre mon ignorance;
Ie veux sur vos conseils fonder mon esperance,
1365 Et ie croiray faillir auec impunité,
Seruant aueuglement vne Diuinité.

CORNELIE.

Entre donc là dedans; dis à l'Imperatrice
Que tu veux les yeux clos embrasser son seruice:
Dés l'heure, ta fortune est sans comparaison;
1370 Tu verras les flots d'or rouler dans ta maison.

Fin du quatriesme Acte.

ARGVMENT

D V

CINQVIESME ACTE.

1. Fauste se resioüit dans l'attente de la perte de sa
riuale qu'elle a enuoyé empoisonner. 2. Constantin se plaint de
l'aigreur dont elle a rebuté Chrispe, & comme elle s'en veut
excuser, 3. Lactance & Probe viennent auertir Constantin du
malheur qu'ont produit des gands empoisonnez aportez à Constance, 4. et tandis que l'Empereur va voir les deux Amans qui sont
morts, Fauste se fait raconter les particularitez de cet accident,
& desesperée de la mort de Chrispe, autant que piquée de jalousie
pour Constance, fait resolution de mourir aussi. 5. Constantin
troublé de la perte de son Fils, ordonne à Fauste de mourir,
ce qu'elle fait sur le champ, s'alant plonger dans vne cuve pleine
d'eau chaude. 6. Constantin touché de la main de Dieu par ces
malheurs domestiques, se delibere d'accomplir les voeux qu'il a
faits en deuenant Chrestien. 7. Le recit de la mort de Fauste
augmente encore ses desplaisirs, & finit cette Tragedie.

ACTE V

SCENE PREMIERE.

FAVSTE *seule*.

 Poison subtil, Esprit de douleur & de mort,
  Haste-toy de faire vn effort
 Qui satisface Fauste, & punisse Constance;
 Trop long-temps à ma honte elle demeure au iour,
1375 Et ie dois pour le moins contenter ma vengeance,
 Moy qui ne dois iamais contenter mon Amour.

 Son sang tout corrompu semble estre preparé
  A cet effet si desiré;
 C'est d'vn monstre crüel qu'elle a receu la vie;
1380 Mais parmi cet espoir ie crains auec raison
 Que l'amour qu'elle a prise & qu'elle m'a rauie
 Luy serue d'antidote, & de contre-poison.

 Le beau portrait de Chrispe est graué dans son coeur,
  Et cet agreable vainqueur
1385 Sera son Protecteur comme il est son Complice:
 Mais i'y donne bon ordre en mon secret dessein,
 Car l'instrument fatal qui sert à ma iustice
 Attaquera plutost sa teste que son sein.

 Ah! Venus ni l'Amour ne la saüeront pas
1390 Puisque i'ay iuré son trespas.
 Quand ils l'enleueroient au Temple d'Amathonte,
 Pour la percer à iour de mille coups mortels,
 I'aborderois en Cipre, & moi-mesme à leur honte
 Irois la poignarder iusques sur leurs Autels.

1395 Tandis qu'à te vanger vn Ministre s'employe,
 Eslargis-toi, mon coeur, & nage dans la ioye:
 Goustons auec plaisir ce mets delicieux
 Dont la delicatesse est reseruée aux Dieux.
 Nous sommes leurs enfans, & leur grace equitable
1400 Permet que nous prenions vn morceau de leur table;
 En cette occasion nous en pourrons goûter
 Sans que iamais à crime on le puisse imputer.
 En m'osant offenser Constance s'est perduë;
 La mort qu'elle reçoit est vne peine deuë;
1405 Ma violence est iuste & n'a rien d'inhumain,
 Elle dicte l'Arrest la balance à la main.
 I'ay deû donner ce coup à cet objet de haine,
 Afin que de son crime elle portast la peine.

Que peut dire cet aage, ou la posterité,
1410 Sinon qu'elle a receu ce qu'elle a merité,
Et que ce grand exemple empeschera l'audace
Qui du pouuoir supréme excite la menace?
Si Constantin se plaint, nous nous plaindrons aussi.
C'est possible desia ce qui l'amene ici.

SCENE II

CONSTANTIN, FAVSTE.

CONSTANTIN.

1415 Vos derniers procedez ont bien monstré, Madame,
Que toute femme est foible, & fait toûjours la femme,
Et qu'au moindre sujet de mécontentement,
Ce sexe imperieux s'adoucit rarement.
Mais auec tant d'excez monstrer sa violence,
1420 Ne mettre point du tout mon respect en balance,
Et faire éclat ainsi d'vn injuste courroux,
C'est vn déreglement qui n'appartient qu'à vous.
C'est vne émotion aueugle & temeraire,
Qui pourra bien vous nuire autant que me déplaire.
1425 Nous y mettrons bon ordre, & vous ferons bien voir
Que qui vit sans bonté doit viure sans pouuoir.

FAVSTE.

Seigneur, s'il vous plaisoit d'entendre ma defence,
Possible que l'excuse amoindriroit l'offence.

CONSTANTIN.

Quand par vos actions vous osez me choquer,
1430 Les friuoles raisons ne vous peuuent manquer:
Mon coeur qui hait à mort l'artifice & les ruses,
Veut plus de retenuë, & beaucoup moins d'excuses.
Mais pouuez-vous iamais pour aucune raison
Mettre par ces éclats du trouble en ma maison?

FAVSTE.

1435 Iamais en son courroux vne femme d'Auguste
Ne sçauroit éclater sur vn sujet plus iuste:
Si l'exemple est nouueau du trait de ma fureur,
L'exemple est rare aussi d'vne pareille erreur;
Et si l'on mesuroit la peine auec l'audace,
1440 L'attentat paroistroit plus grand que la disgrace.
Seigneur, si i'auois eu sur trois mots prononcez,
Cent foudres dans les mains ie les aurois lancez:
Deuant vos propres yeux ie l'aurois mise en cendre
Quand vous auriez esté present pour la defendre;
1445 L'vne a commis le crime, & l'autre l'a puni,
Constance a commencé, depuis Fauste a fini.

CONSTANTIN.

Quel estrange replique, & quelle extrauagance?
Quand ie parle de Chrispe, on respond de Constance?

FAVSTE.

Seigneur, pour vostre Fils si ie l'ay mal traité,
Il n'en doit accuser que sa legereté;
Luy qu'on voit s'emporter d'vne aueugle conduite,
Et de qui le projet est à craindre en sa suite.

CONSTANTIN.

C'est vne fausse erreur qu'on lui veut imposer.

FAVSTE.

Quoy? d'adorer Constance? & vouloir l'espouser?
Ce n'est point vne erreur, on voit qu'il s'y prepare.

CONSTANTIN.

Que voulez-vous qu'il aime, vne fille barbare?
Vne Esclaue estrangere, vn objet de courroux,
Dont vn iour les enfans regneroient apres nous?

FAVSTE.

Seigneur, iamais esclaue & iamais incognuë,
Qui seroit par nos choix en son lict paruenuë,
Vint-elle du Sarmate ou du peuple noircy,
N'apporteroit en dot les maux de cette-cy.
Vous voulez receuoir en cet hymen funeste
Quelque chose de pis que la mort, que la peste;
Car c'est vn embarras à vous faire sentir
Tout ce qu'à de cuisant l'aigreur du repentir.
Licine apres cela pourroit faire son compte,
De nous combler de maux, de regret & de honte;
Mais si le Ciel nous aime, il doit faire vn effort
Pour esloigner de nous & la honte & la mort.

CONSTANTIN.

Nous verrons, nous verrons: mais qui meine Lactance?

SCENE III

CONSTANTIN, FAVSTE, LACTANCE,

VN CAPITAINE DES GARDES.

LACTANCE.

Seigneur, accourez viste au cartier de Constance.

CONSTANTIN.

Que s'y passe-t'il donc?

LACTANCE.

      Ah Sire! des malheurs
Qui vous obligeront à fondre tout en pleurs.

CONSTANTIN.

C'est quelque trait de Fauste: ah méchante! ah cruelle!

SCENE IV

FAVSTE, CAPITAINE DES GARDES.

FAVSTE.

Arreste, & nous apprens quelle est cette nouuelle.

CAP.

Madame, en vn moment deux Astres de la Cour
Ont perdu pour iamais la lumiere du iour:
O que cet accident a destruit d'esperances!

FAVSTE.

1480 Qui sont ces deux Soleils, sont-ce les deux Constances?
L'estat en leur salut auoit grand interest.

CAP.

Voici le tout, Madame, escoutez s'il vous plaist.
Chrispe estoit venu voir Constance dans sa chambre,
Elle auoit à la main des gans parfumez d'Ambre,
1485 Garnis tout alentour de diamans & d'or,
Et dedans leur papier enuelopez encor;
Voila, ç'a-t'elle dit à ce Prince adorable,
Des soins d'vn cher Parent vne marque amirable:
Voila qui dans l'estat où le sort nous a mis,
1490 Montre que nous auons encore des Amis:
Et que si leur bonté ne manque de puissance,
Nous n'aurons pas sujet de perdre l'esperance.
Lors elle a déplié ce funeste present,
Et l'a consideré de prés en le baisant.
1495 Chrispe comme surpris...

FAVSTE.

Ah! ma crainte est extrême.

CAP.

Prenant aussi les gans les a sentis de mesme:
Et comme si iamais il ne les auoit veus,
A loüé la beauté dont ils estoient pourueus.
Puis comme tout à coup esprouuant leur puissance,
1500 En les jettant par terre, il a dit à Constance:
D'où viennent donc ces gands? qui vous les a donnez?

```
              Ah! ne les sentez plus, ils sont empoisonnez;
              Vne vapeur maligne en ma teste est montée,
              O Cieux! desia ma veuë en est debilitée:
1505          Et desia le venin dont ie me sens surpris,
              D'vn effort violent attaque mes Esprits.
                    Lors foible & sans couleur, Constance a fait rĕpõce:
              Ce sont des gans, Seigneur, que m'a donné Leonce,
              Et c'est de vostre part qu'il me les a rendus.
1510          Là le Prince a repris: ah nous sommes perdus!
              En ce prompt accident, vous pouuez bien cognoistre
              Que quelqu'vn pour nous perdre a sceu gagner ce traistre:
              Tout ce qu'en ce malheur ie rencontre de doux,
              C'est que i'auray l'honneur de mourir prés de vous.
1515          Pleust au Ciel que la rage en ce coup témoignée,
              M'eust attaqué tout seul & vous eust espargnée:
              Vous voyant éuiter vn trait si rigoureux,
              Expirant à vos pieds, ie mourrois trop heureux:
              Ie me contenterois seulement de la gloire
1520          De pouuoir à iamais vivre en vostre memoire;
              Nous resterons vnis, encor que separez;
              Mais vous ne parlez plus, ie meurs & vous mourez.
              La Princesse abatuë à ce discours funeste,
              A dit encor: Croyez... sans acheuer le reste.
1525          A ce mot en mourant ils se sont embrassez:
              Pour marque du poison...

                              FAVSTE.

                                      C'est assez, c'est assez.

                                CAP.

              Vn sang tout violet a couuert leur visage.

                              FAVSTE.

              Tu m'en as trop appris, n'en dis pas dauantage:
              Ie suis sur ce recit trop tendre de moitié,
1530          Il m'auroit bien suffi d'en ouyr la moitié:
              De grace laisse moy dans l'humeur sombre & noire
              Où me vient de plonger cette funeste histoire,
              Heureuse dans l'excez des plus cuisans malheurs,
              Si i'ay la liberté des soũpirs & des pleurs.

1535          Ah Fauste miserable! ah Fauste infortunée!
              Quel tissu de malheur forme ta destinée?
              Qu'est-ce que contre toy de violence épris,
              Tous les Dieux conjurez pourroient faire de pis?
              Lors que tu fais perir vne ame criminelle
1540          Tous tes contentemens perissent auec elle,
              Et tout ce que tes yeux cognoissent de plus beau,
              Auec leur seul horreur passent dans le tombeau.
              O Destins! õ Venins! õ Mort! õ Violence!
```

	Que ne laissiez-vous Chrispe en enleuant Constance.
1545	O cholere funeste! aueuglement fatal,
	Qui n'a peû separer le bien d'auec le mal,
	Et qui de tout mon bien par vne erreur estrange,
	Fait auec tout mon mal vn si triste mélange!
	Quoy? si ie lance vn trait, ô rigoureuse loy!
1550	Pour me percer le coeur il refléchit sur moy:
	Par ce funeste trait qui ne m'a point vangée,
	I'ay seruy ma Riuale & me suis outragée.
	Constance a de ce mal, retiré mille biens,
	Chrispe a fermé ses yeux, elle a fermé les siens,
1555	Et serrants les liens dont Amour les assemble,
	Ils ont fait leurs adieux & sont partis ensemble.
	Pour rendre mon dépit & plus iuste & plus grand,
	On les a veus encor s'embrasser en mourant:
	En vn sang qui se glace ils conseruent des flames;
1560	Leurs corps restent vnis aussi bien que leurs ames;
	La Mort ne deffait pas ce que l'Amour a joint;
	Ils quittent la lumiere & ne se quittent point:
	Chrispe baise en mourant Constance qui l'adore;
	Ils n'ont plus de chaleur & s'ils brûlent encore:
1565	Leur dessein continuë au delà du trespas,
	Et dans leur coeur esteint leur amour ne l'est pas.
	Ah Constance! c'est trop trauerser mon enuie,
	Ta mort pour me déplaire encherit sur ta vie:
	Mais en dépit du Ciel, de l'Amour & du Sort,
1570	Je m'en veux ressentir encore apres ta mort;
	Ie te veux suivre encore, & chercher vne voye
	Pour rompre tes plaisirs & trauerser ta ioye;
	Ie veux troubler encor ton amoureux dessein,
	Te porter des flambeaux & des fers dans le sein,
1575	Et m'opposant là bas à ton Idolatrie,
	Au milieu des damnez te seruir de furie.

SCENE V

CORNELIE, FAVSTE.

CORNELIE.

R'assurez-vous, Madame, & calmez vos Esprits,
Le fidelle Leonce a failly d'estre pris:
Mais ce bon seruiteur s'est lancé dans le Tybre
Pour garder le secret & pouuoir mourir libre:
On ne l'a point reueu sur la face de l'eau,
Et du sein de ce Fleuue il a fait son tombeau.
Puis que ses yeux sont clos, si vous fermez la bouche,
En ce grand accident il n'est rien qui vous touche,
Vous pourrez tout nier auecque seureté.

FAVSTE.

Ouy, mais ie veux tout dire auec sincerité;
Croy-tu que ie souhaite vne faute impunie,
Qui fait que ie me porte vne haine infinie?
Moy-mesme à Constantin ie la veux découvrir.
I'ay merité la mort, & ie veux la souffrir.

CORNELIE.

Dieux! voici l'Empereur, quel trouble en son visage,
Employez cet esprit à calmer cet orage.

SCENE VI

CONSTANTIN, FAVSTE, PROBE.

CONSTANTIN.

Ah perfide!

FAVSTE.

Seigneur, ne vous emportez pas.

CONSTANTIN.

Qu'as-tu fait de mon Fils?

FAVSTE.

       I'ay causé son trespas:
1595 Mais l'ayant sçeu parti i'ay fait voeu de le suivre.

CONSTANTIN.

Accomply donc ton voeu, cat tu ne dois plus vivre.

FAVSTE.

Ie vais vous satisfaire à tous deux de ce pas.

CONSTANTIN.

I'appreuue ton dessein; meurs, & ne tarde pas.
1600 O Tigresse enragée! ô femme impitoyable!
Digne fille d'vn Monstre aux siecles effroyable!
Cet Arrest de ta mort est selon l'equité;
Meurs & dépesche toy, tu l'as bien merité;
Detestant hautement ta fatale alliance,
1605 I'en atten la nouuelle auec impatience.
Va viste, ton trespas ne se peut differer;
Le moment vient trop tard qui nous doit separer;
Auant ces trahisons tu deuois rendre l'ame,
I'eusse esté plutost veuf d'vne méchante femme,
1610 Tu n'aurois rien commis qui peût choquer ta foy,
Mon Fils seroit viuant qui valoit mieux que toy,
Et ta cruelle rage, & ta maudite enuie,
Ne m'auroient point priué du suport de ma vie.
Voy d'vn impie objet l'acte le plus pieux:
Suy là, Probe, & la voy mourir deuant tes yeux;

1615	Haste-là de subir cette iuste ordonnance,
	Et reuiens me le dire auecque diligence.

CONSTANTIN *seul*.

	Ah! que le coup est grand dont ie suis atterré!
	C'est vrayment vn effort d'vn bras démesuré;
	Accablé sous le faix d'vne charge pesante,
1620	Ie puis bien discerner la main Toute-puissante;
	C'est par son mouuement que ie suis abatu:
	C'est ici que sa force accable ma Vertu.
	O main toute Celeste, ici ie te voy luire,
	Tu viens me chastier, mais non pas me destruire:
1625	C'est pour me r'affermir que tu choques les miens,
	Ie baises de bon coeur les verges que tu tiens.
	Par ces viues leçons ie deuiendray plus sage;
	Le mal que ie ressens est à mon auantage.
	Helas, ie m'endormois, d'affaires trauaillé,
1630	Quand ce coup impreueu m'a soudain réueillé:
	Sans le fidelle auis de ces choses funestes,
	I'oubliois le secours de cent faueurs Celestes
	Qui maintinrent mon Thrône en dépit des Tirans,
	Et qui me demandoient l'honneur que ie leur rends.
1635	Ie vous auois promis, ô Puissance suprême,
	De purger mes Estats d'erreur & de blaspheme:
	Ce voeu si negligé r'entre en mon souuenir;
	Si ie vous l'ay promis, ie vous le veux tenir;
	Les Temples des faux Dieux & leurs vaines Idoles
1640	Verront en leur debris l'effet de mes paroles,
	Et ie sçauray par tout où mon pouuoir a lieu
	Faire à tous mes Sujets adorer le vray Dieu;
	Ce grand Dieu qui m'assiste, & qui dans ma souffrance
	Par sa sainte faueur soustiendra ma constance,
1645	Consolera mon coeur de sa secrette voix,
	Et me fera tout vaincre à l'ombre de la Croix.

SCENE VII

CONSTANTIN, PROBE.

CONSTANTIN.

Desja Probe reuient; Et bien cette méchante
Est-elle resoluë?

PROBE.

Elle n'est plus viuante.

CONSTANTIN.

Quoy? si tost? par le feu, le fer ou le cordeau?

PROBE.

1650 Non Sire, elle a fini dans vn bassin plein d'eau:
Comme elle est arriuee en la prochaine estuue
Elle mesme a donné l'eau chaude dans la cuve,
Qui par quatre canaux coulant incessamment,
A rendu ce vaisseau comblé dans vn moment;
1655 L'eau boüillonne en fumant de son dernier suplice,
Et tandis la superbe & triste Imperatrice
Passe dans sa ceinture vn coffre tout plein d'or,
Puis dit, ce beau metal nous doit seruir encor:
Qu'on me l'attache bien de peur qu'il se deslie.
1660 Comme i'ay tout perdu, tu me perds, Cornelie:
Mais pour recompenser ton seruice & ta foy,
Ie laisse des Enfans qui prendront soin de toy.
Serre encore ces noeuds d'vne estreinte plus forte.
Cet or sera pour toy lors que ie seray morte.
1665 Toy, Probe, de ma part retourne à Constantin,
Dy luy qu'auec plaisir i'acheue mon destin,
Qu'il soit autant heureux que ie suis miserable,
Si ie meurs tout ensemble innocente & coupable;
Lors tenant le coffret serré de ses deux bras,
1670 Elle s'est eslancee en l'eau la teste embas:
Au fonds de l'eau boüillante elle s'est abysmee,
Et l'on n'a plus rien veu dans l'espaisse fumee.

CONSTANTIN.

Il faut qu'on la retire, & que soudainement
On la fasse sans bruit porter au monument.
1675 Elle auoit des defauts, mais elle auoit des charmes
Qui m'obligent encore à respandre des larmes.

LA MORT DE CHRISPE

NOTES ET VARIANTES

EPITRE

1: Claire Charlotte d'Ailly, comtesse de Chaulnes, dame de Pecquigny, etc. (cf. *Parasite*).

48-49: C: se trouuoient assez

55: Il est difficile de savoir la date exacte à laquelle Tristan quitte Gaston. *La Folie du Sage* est dédiée à Madame (achevé d'imprimer du 8 janvier, 1645). *La Mort de Sénèque* (achevé d'imprimer du 10 janvier) est dédiée à Saint-Aignan. Les privilèges sont du 17 octobre 1644 pour la *Folie* et pour *Sénèque*. En tout cas, Tristan a déjà abandonné sa liberté dès le 17 juillet, date du privilège de *Chrispe*. Cette liberté "qui est si chere à tous les hommes" n'a donc été que de très courte durée.

55: C: pas de privilège.

TEXTE

14: mettre à la chaîne: enchaîner

> J'ai préparé la chaîne où tu mets les Romains (Voltaire. *Mort de César*, I, 1).

> ...tout un peuple à la chaîne (Voltaire. *Henriade*, VII).

42: gourmander: brider, maîtriser, dominer (cf. *Mariane*, v. 1662).

46: Soeur de Maxance: cf. à l'introduction, le résumé historique.

79-80: Hydre: Licine, comme le serpent mythologique, ne se soumit pas facilement. Cf. à l'introduction, le résumé historique.

82: faire joug: se soumettre

> Il faut que mon humeur fasse joug à ta loi. (Régnier. *Satire* XV).

86: la Thrace: Licine régnait sur la Thrace, et c'est à Adrianople, en Thrace, que Licine souffrit sa première défaite décisive.

96: demy: à moitié

> Le péché que l'on cache est demi-pardonné. (Régnier. *Satire*, XIII).

104: C: Quand par un grand Prince

107: i.e., C'est dit en continuant

110: après: selon, d'après

> Vous en jugerez après la voix publique. (Corneille. *Menteur*, v. 397).

115: se trahir: se livrer

> Souffrir qu'il se trahisse aux rigueurs de mon sort (Corneille. *Hér.*, v. 1173).

121: L'Esclauonie: pays des Slaves du sud, à ne pas confondre avec la région de la Yougoslavie moderne.

122: Pont: la partie N. E. de l'Asie Mineure, sur l'Euxin.

Arménie: pays très vaste alors qui s'étendait de l'Asie Mineure à la Mer Caspienne. Puisque dès 226 l'Arménie "Majeure" est une province perse, il ne peut s'agir ici que de la portion romaine sur laquelle Licine régnait. Cette région ne s'étendait que jusqu'à l'Euphrate.

126: occuper: envahir

> ...les passions qui occupent leur âme (La Bruyère, XI, 109).

courage: coeur (cf. *Folie*, v. 526).

129: haut: hauteur (cf. aussi *Célimène*, v. 1265).

> Sur un haut, vers cet endroit
> Etait leur infanterie (Molière. *Amphitryon*, vv. 246-247).

132: armet: armure de tête (cf. *Parasite*, v. 342).

> Je vis de votre armet la visière baissée. (Mairet. *Sophonisbe*, IV, 1).

134: insolence: audace (cf. *Osman*, v. 1344).

> Déjà de l'insolence heureux persécuteur, (Racine. *Phèdre*, v. 940).

139: au point que: au moment où (cf. *Sénèque*, v. 1503).

140: se démentir: cesser de montrer les qualités dont on a fait preuve (cf. *Sénèque*, v. 506).

> Tu te démens bien tôt de tes bons sentiments (Molière. *Sganarelle*, v. 633).

141: C: les mains donnerent,
   donnerent: chargèrent (cf. *Mariane*, v. 197).

> Ils donnèrent dans les ennemis et les ouvrirent. (*Acad.*, 1694).

162: aupris: auprès ou, plus probablement, au prix (cf. *Osman*, v. 440).

164: étonné: ébranlé (cf. *Mariane*, v. 1157).

168: palme: à Rome, on octroyait la palme au conquérant d'une province.

171: de moy: quant à moi (cf. *Sénèque*, v. 207).

229: C: la vostre

239: de moy: quant à moi (cf. *Sénèque*, v. 207).

242: C: Vous

244: C: la force du Conseil

248: C: mes tristes

254: C: ma recompense

260: ressentiment: gratitude (cf. *Panthée*, v. 98).

266: [espion] de: envers, auprès de

> La foi de la Providence (Bossuet. *Providence*).

283: Ses vanitez: ne faudrait-il pas lire *ces*?

329: partie: adversaire dans un procès

> Le sort me donne ici de quoi confondre ma partie. (Molière. *G. Dandin*, II, 6).

342: superbe: altier, qui s'élève au-dessus des autres (cf. *Osman*, vv. 428, 501, 621).

> de hauts peupliers qui portaient leurs têtes superbes jusque dans les nues (Fénelon. *Télémaque*).

355: C: Le Ciel est indigent aux crimes amoureux:

365: C: la honte en m'est sensible;

369: Junon la Nopciere: Reine des Cieux, Junon a de nombreux sobriquets. Puisqu'elle dirige les mariages, elle est aussi appelée Juga ou Jugalis, la Nocière.

411: à leur point: à leur gré (cf. aussi *Parasite*, v. 672).

> Qui peut, sans s'émouvoir, supporter une offense,
> Peut mieux prendre à son point le temps de sa vengeance.
> (Corneille. *Médée*, vv. 289-290).

453: visage: accueil

> Si je l'entretins hier et lui fis bon visage (Corneille. *Horace*, v. 163).

493: m'y: lire *me*

520: C: presses

550: avant que: avant de (cf. *Sénèque*, v. 1287).

568: s'émouvoir: se porter à agir, déchaîner (cf. *Osman*, vv. 985, 1063, 1087).

> Puisqu'un pareil discours émeut votre colère (Molière. *Sganarelle*, v. 534).

593: Porus (Paurava), roi de Pendjab, principal adversaire d'Alexandre qui le défit en 327.

619: du même rang: au même rang; de: à (cf. *Panthée*, v. 1426; *Sénèque*, Arg. III, vv. 1336, 1476).

ARG.: 2: ce sinistres: lire *de*? l'édition C marque: ces sinistres augures et mauvais songes

660: Ire: colère

> Que l'ire de Neptune outrage, (St-Amant. *La Solitude*).

675: Aigle: pouvait être masculin ou féminin au dix-septième siècle

> On fit entendre à l'aigle, enfin, qu'elle avait tort.
> (La Fontaine. *Fables*, II, 8).

714: C: pas de [;] après *morts*, ce qui change la leçon.

717: C: m'a il-dit

747: Bellonne: soeur ou parfois femme de Mars, déesse de la guerre.

756: nourriture: nourrisson, élève (cf. *Sénèque*, v. 694).

832: C: Que ie l'hay

895: C: sallie

912: sur les deux Constance, cf. v. 1482 et, à l'introduction, la partie historique.

939: C: qu'elle t'attache

996: et si: et pourtant (cf. *Panthée*, v. 706).

1002: essoré: donné l'essor à

1038: C: il met

1040: instance: sollicitation

    c'est cet ami savant qui m'a fait tant instance
    De lui donner l'honneur de votre connaissance
    (Molière. *F. Sav.*, vv. 929-930).

1047: Cassandre: fille de Priam, prophète qui prédit et vit la chute de Troye. Captive d'Agamemnon, elle fut tuée par Clytemnestre.

1062: C: Les maux ou le Destin

1068: gauchir: parer (cf. *Mariane*, v. 150).

1072: C: la marastre,

1096: surprendre: prendre par ruse, tromper

    Je vois qu'on m'a surpris. (Racine. *Plaideurs*, v. 872).

1105: C: l'Honneur plaignant

1106: C: la fera

1113: C: sain

1116: C: ce vers est supprimé dans C.

1149: C: Qui par vostre constance

1168: C: la victoire

1195: à son dam: à son détriment (cf. *Parasite*, v. 1407; cf. aussi *Mariane*, v. 1756).

    Si vous vous êtes mal expliqué, ce sera à votre dam. (Malherbe. *Lettre*, 10 nov., 1620).

1200: cf., à l'introduction, la partie historique: Fauste avait trempé dans la mort de son père.

1250: C: sur cette fleur

1254: C: à le laisser

1269: C: à des grandes douleurs,

1274: C: et non au chastiment?

1289: débris: ce qui a échappé à la destruction (cf. *Mariane*, v. 1698).

1307: C: C'est une heureuse crise en mon esprit malade?

1391: Temple d'Amathonte: temple à Aphrodite, situé à Amathus, sur la côte sud de Chypre.

    Enlever: Emporter

    Venez-vous m'enlever dans l'éternelle nuit? (Racine. *Andr.*, v. 1640).

1461: Sarmate: région qui comprenait l'Est de la Pologne et le Sud de la Russie, de la Vistule à la Volga, de la Baltique à la Mer Noire et au Caucase. Les Sarmates, très guerriers, étaient venus d'Asie au début de notre ère.

1462: cette-cy: celle-ci, expression déjà vieillie du temps de Tristan.

1471: qui: ce qui (cf. *Sénèque*, v. 286).

1482: sur les deux Constances, cf. v. 912 et l'introduction.

1564: si: pourtant (cf. *Panthée*, v. 706).

1593: C: perfidie

1596: cat: lire *car*

1598: C: pas de [.] après *pas*, ce qui change le ton complètement.

1600: cf. l'introduction

1635-6: Selon Eusèbe, Constantin avait vu, la veille de la bataille du pont Milvian, une croix brûlant dans le ciel. Selon Lactance, il vit le monogramme du Christ en rêve. Le lendemain, il battit Maxance qui perdit la vie à la traversée du fleuve. C'est après cette victoire que Constantin commença à protéger les Chrétiens.

1646: il ne sera baptisé que peu avant sa mort, par Eusèbe.

1648: résolu: anéanti (cf. *Osman*, v. 329).

    Après la résolution universelle du monde. (Malherbe. *Ep. de Sénèque*, 9).

1651: prochaine: proche (cf. aussi *Osman*, v. 580).

    On fit venir d'une ville prochaine... (Scarron. *R. C.*).

1656: tandis: pendant ce temps (cf. *Sénèque*, v. 291).

1674: monument: tombeau (cf. *Panthée*, v. 1340).

LA CELIMENE

INTRODUCTION

   La pastorale, si populaire au début du siècle, semblait bien vouée à l'oubli en 1652. Et cependant, c'est en 1652 que Tristan choisit de renouveler le genre en adaptant la *Célimène* de Rotrou. Sous le nom d'*Amarillis*, il la livre à l'Hôtel de Bourgogne au début de 1652 et la pièce remporte un assez grand succès, comme en témoignent l'avertissement au lecteur et l'épître de Loret du 17 mars 1652. Les années qui suivent verront paraître toute une série de pastorales plus ou moins connues. Quinault, Gilbert, Boursault, Donneau de Visé et Molière, voyant que ce genre de pièce convient parfaitement à l'ambiance des fêtes royales, n'hésiteront pas à suivre l'exemple. *Amarillis* fut jouée, non seulement à l'Hôtel de Bourgogne, mais aussi chez Tubeuf à Rueil, à la cour, le 30 juin 1653, pour Mademoiselle, à Saint-Fargeau, sans doute au cours de l'hiver 1655; elle sera représentée avec le *Lubin* de Poisson vers 1660 (Lancaster, III, 366). Après cette date, on n'entend plus parler d'*Amarillis* et la date des diverses éditions indique bien que le succès de la pièce a été de courte durée.

   On est en droit de se demander pourquoi Tristan, qui n'avait plus abordé le théâtre depuis 1647, entreprend de renouveler une pièce qui avait à peine réussi en 1626. Toujours est-il qu'il cède aux instances de plusieurs amis de Rotrou qui avaient retrouvé la première ébauche de la pièce, après la mort de Rotrou, et c'est ce "premier crayon de sa pastorale imparfaite" et non pas *Célimène* qui est la source d'*Amarillis*. En fait, il est presque impossible de préciser où commence l'oeuvre de Tristan et où se termine celle de Rotrou. Bernardin a su montrer (p. 498) que l'avant-dernière scène du deuxième acte, que les scènes des Satyres et les stances étaient l'oeuvre de Tristan.

   Pour ce qui est des stances, il fallait les refaire complètement car, telles que Rotrou les avait composées (quatre sizains dont le dernier vers "He bien, Amour, il faut céder" sert de refrain) elles avaient peu de chances d'intéresser le public. Tristan s'y prit avec bonheur et sut plaire.

   D'une manière générale, Tristan épure la pièce de Rotrou de ses éléments les plus choquants et les plus grossiers; comment se fait-il donc qu'il crée des scènes où les Satyres qui avaient disparu du théâtre depuis longtemps, se plaisent à des propos assez crus et à des expressions par trop populaires? Il n'existe aucune explication satisfaisante de ce phénomène.

   D'autres changements s'expliquent plus facilement. L'influence de l'*Astrée* se fait sentir à plusieurs reprises: le décor nous transporte sur les bords du Lignon près du palais d'Ysoure, et Lyon remplace Paris;

la fontaine des "veritez d'amour" vient également de l'*Astrée*. On peut se demander si la première ébauche de Rotrou comprenait des allusions certes populaires pour l'époque, et si oui, pourquoi il les aurait retranchées de sa *Célimène*. Ne serait-il pas plus juste de penser que Tristan, qui cherche à renouveler la pastorale, ait inclus des allusions qui étaient devenues des lieux communs et dont la signification ne pouvait donc échapper à personne?

Comme nous l'avons indiqué, la pièce de Tristan annonce le renouveau de la pastorale; nous avons tâché de signaler les changements dans son adaptation et nous invitons le lecteur à lire Rotrou ainsi que Tristan pour comprendre le succès que remporta la pièce.

BIBLIOGRAPHIE

Editions émises du vivant de Tristan.

A: *Amarillis*, pastorale de Mr de Rotrou (Paris: Sommaville et Courbé, 1653). In-4 de (4)-119-(1)pp.

    p. (1): titre
    p. (3): avertissement
    p. (4): Personnages
    pp. 1-119 : Texte
    p. (120): privilège (30 sept. 1636; achevé d'imprimer du 10 mars 1653)

Note: l'exemplaire consulté est à la B. N. Celui de l'Arsenal, cité par M. Carriat, a pour titre *La Celimene de Mr de Rotrov Accommodee au Theatre sous le nom d'Amarillis*.

B: *La Celimene* (Paris: Lvine, 1653). In-12 de (2)-100-(1)pp.

Cette édition, la plus soignée quant au texte, ne contient pas d'avertissement. Le privilège est le même, mais l'achevé d'imprimer est du 15 juillet 1653. Pour notre texte, nous nous sommes servi de B, à laquelle nous ajoutons l'avertissement de A.

Cette bibliographie ne serait pas complète sans la lettre suivante extraite des *Lettres* de Tristan, pp. 506-527.

LETTRES

A R I S T E,

P A S T E V R

ILLVSTRE,

Piqué des Beautez, & de la Vertu d'Amarillis,
luy découure ainsi son amour.

LETTRE LXXXXIX.

  Beav sujet de l'adoration de tous nos Pasteurs, & de la jalousie de toutes nos Nymphes; Chaste Compagne de Diane, Amarillis qui passez bien souuent pour Diane mesme. Oseray-ie me plaindre à vous hautement d'vn mal que vous m'auez fait en secret? oseray-ie éclater au fort d'vn martyre? Le profond respect que m'impose vostre noble orgueil me ferme la bouche; mais la violence de la douleur fait agir ma main pour vous accuser de toutes mes peines. Et ie me suis auisé d'en grauer les plaintes sur le poly de ce Rocher, qui n'est point plus insensible que vous, afin que vous ayez plus de creance au raport de vostre semblable. Diuine Enchanteresse, ne seriez vous point l'Authrice du charme qui me détient en langueur, & pour qui toute la force des remedes est impuissante? N'auriez vous point empoisonné l'air que ie respire auec cette agreable odeur de fleur d'orange que vous respirez? Ou n'auriez vous point fait vn philtre amoureux de l'eau de toutes nos fontaines, en y moüillant vos levres vermeilles? De moy qui me treuue aparemment ensorcelé, & dont le mal empire tousiours par vos regards, ie ne vous celeray pas que ie vous tien suspecte de son origine. Ie n'ay garde de m'imaginer qu'vne autre personne en soit la cause; vous estes trop bien imprimée en tous ses effets. Il me semble que vous m'aparoissez toujours, vous qui ne m'estes iamais assez presente. Ie ne vous voy que par rencontre à la suite de Diane, dont vous estes les delices: Ie ne vous voy que fort peu souuent dans le Temple oû vous la seruez; (car cette superbe Diuinité se rẽd trop soigneuse de faire que les prophanes soient éloignez de sa chasse & de ses mysteres). Mais ie vous voy continuellement aux lieux oû vous n'estes iamais. Vous m'aparoissez dans mes vergers oû ie vay tout seul entretenir mes inquietudes; Ie vous rencontre en tous les Deserts oû ma secrette fureur me conduit, Ie vous aperçoy dans l'horreur des Antres les plus retirez, Ie vous voy dans l'obscurité des Forests les plus éloignées; Ie vous voy mesme en fermant les yeux, auec ce grand éclat qui vous enuironne. Dites moy d'où vient que ie suis si fort assiegé de vostre belle Image, & pourquoy ie suis forcé de contempler à toute heure ce que ie voy si rarement? Ie veux dire cette celeste beauté où les Astres ont enfermé mes Destinées, & comme escrit fatalemẽt les secrettes loix que ie dois suiure. I'auois bien oüy dire qu'il y auoit vne espece de jaunisse qui s'épandoit iusques dans les yeux, & qui faisoit parestre tous les obiets de sa liurée: mais ie ne sçauois pas qu'il y eust vne maladie qui representast ainsi les Nymphes.

    Le sommeil qui est estably pour la relasche des trauaux, ne sçauroit suspendre mes peines; encore qu'il accorde quelque trêve aux plus malheureux des humains, il ne vous sçauroit empescher de me faire toujours la guerre. Il se renforce quelquefois à la faueur d'vne puissante necessité, pour se poser sur mes paupieres; mais il y répand en vain l'humide suc de ses pauots. S'il enchaine par fois mes sens, vous enchainez tousiours mon ame, & venez perpetuellement troubler la tranquilité qu'il m'aporte. Vous regnez souuerainement sur tous mes songes, & comme vos loix donnent tousiours de l'émotion, ie ne me treuue iamais en repos. L'obiet des roses de vostre visage remplit tousiours mon lit d'espines, & les graces que i'y descouure ne m'acordent iamais de grace. Aussi ie me leue bien souuent deuant le iour, afin de diuertir mes peines, mais i'éprouue debout & couché que mon mal m'est inseparable, & que ie suis tousiours pressé de vostre agreable peinture. Le iour naissant a beau dissiper les ombres, il ne fait iamais éuanoüir ce charmant fantosme; aussi n'a-t'il rien de commun auec les horreurs de la nuit, luy qui n'est rien qu'éclat & que lumiere.

    C'est vn des plus agreables diuertissemens des Pasteurs, que de voir ouurir les portes de l'Orient, pendant les beaux iours de l'année; c'est vn des plus beaux obiets de la Nature, c'est vn des plus doux charmes de la veuë: mais considerez vn peu de quelle sorte il adoucit ma passion. L'Aurore auec sa fraicheur me fait ressouuenir de celle de vostre beauté. Le vermillon qui couure ses mains me represente celuy qui s'éleue sur vostre iouë. Le Soleil me fait penser à vos beaux cheueux, qui s'épandent sur vostre sein, comme de nouueaux rayons qui seroient refléchis sur de la neige. Si i'obserue le teint delicat des fleurs, il me represente aussi tost le vostre; si i'escoute les chansons de Philomele, sa melodie me remet dans la memoire cette merueilleuse harmonie, dont vous sçauez rauir les oreilles, soit par le son de vostre voix, ou par celuy des subtiles cordes que l'on oit raisonner sous vos beaux doigts. Voila comment vostre ressemblance entre en foule dans tous mes sens auec les Images qu'ils reçoiuent; & voila l'estat où se treuue Ariste depuis la rencontre d'Amarillis. Ie goustois autrefois mille plaisirs innocens qui me faisoient passer doucement la vie, & l'on cognoist peu de Pasteurs en nostre contrée qui viuent dans vne plus agreable tranquilité. Tantost ie m'arestois à contempler vn long ordre d'espaliers qui sont comme vne viue tapisserie tenduë aux murailles de mon Verger & que l'on voit éclater d'vne differente verdure, & d'vne innombrable quantité de fruits. Tantost ie me diuertissois à voir dans mes ruches le doux ouurage des Abeilles: par fois i'assemblois des Pasteurs & des chiens pour employer quelques heures de la iournée à l'exercice de la Chasse. D'autre fois pour laisser passer les ardentes chaleurs du iour, ie donnois la colation à nos Bergeres & leur faisois vne agreable profusion de cresme & de fruits sur le bord de quelque fontaine. Auiourd'huy cette aimable humeur m'est passée, & les larmes & les soupirs, sont mon ordinaire exercice. Mes troupeaux qui bondissoient par les pasturages, & qui sembloient se réjoüir de la prosperité de leur Maistre, semblent inquietez de ma tristesse, & amaigris mesme de ma douleur. Et mes chiens dont la hardiesse estoit fortifiée de mon courage, ne font plus la sentinelle autour de mon Parc, ainsi qu'ils auoient accoustumé, comme s'ils dédaignoient de garder le Bien d'vn homme qui n'a pû se garder luy mesme. Ainsi vostre Beauté me consume, & semble enuelopper auec moy tout ce qu'embrasse ma Fortune. Ne croyez pas que ce soit vn mal qui soit caché, encore que vous me l'ayez causé secrettement; Il est assez connu pour vostre gloire; c'est vn accident que tous les Sages deuinent, & que tous les Prophetes publient. Alcipe à qui le don de predire fut departy dés sa naissance, ne me l'a pas dissimulé: Vn iour que ie passois prés de luy, tout transporté de mon amoureuse furie, il ne pût s'empescher de s'écrier. *Vous auez beau fuir, Ariste, vous emportez par tout le trait dont vous estes blessé.* Mais ce n'est pas seulement Alcipe, & les plus iudicieux Esprits, qui s'aperçoiuent de ma peine. Cette flame inuisible s'est renduë aparente malgré mes soins. Ie croy que le Zephire qui est en intelligence auec mes soupirs, s'est entretenu de ma passion auec nos Hamadriades, & que de là ce secret s'est espandu par tout nos Hameaux, si bien qu'il n'y a plus de Nimphes qui ne deplorent mes maux, celles des sources en murmurent; Echo mesme oublie le sujet de ses déplaisirs, pour se pleindre de mes disgraces. Vous me tiendrez en ce lieu suspect de vanité, & d'éleuer trop haut ma gloire, puisque pour estre plaint si generalement dans ses mal-heurs, il faut auoir merité vne approbation generale. A cela, Belle Amarillis, ie vous puis respondre que ie suis beaucoup aimé, pource que i'ay beaucoup d'innocence, & que sans faire mal à personne, ie suis tousiours dans le dessein de faire plaisir à tout le monde. Le Ciel me regarde d'vn oeil fauorable; & pour me rendre imitateur de ses bontez, ie regarde fauorablement tous ceux qui sont au dessous de moy. Ma satisfaction la plus grande est de faire du bien à toutes les personnes de merite, lors qu'il s'en presente occasion, & de preuenir mesme leur desir. Ie serois bien marry que l'innocence & la foiblesse fussent opressées où i'aurois vn peu de credit, ou qu'il manquast quelque chose à la Vertu de ce qui se treuue en ma puissance. I'abhorre cette sale humeur qui s'atache au Bien, & qui voudroit le resserrer au lieu de l'espandre liberalement. Ie trouue que les thresors sont des sources qui doiuent tousiours couler pour estre auantageuses à leurs possesseurs, & que les vouloir retenir est vouloir les perdre. De moy, ie prens plaisir à les distribuer liberalement aux hommes comme ie les reçoy prodigalement des Dieux. Aussi ie ne me vante pas de ce que Cerés fait jaunir mes moissons plus promptement que celles de mes voisins; ny de voir tous les ans promener pompeusement Bacus en mes vignobles, dans son Char tiré par des Panteres. Ma gloire est de ne retenir point honteusement leurs presens, & de les disperser auec plaisir aux honnestes gens. Tout ce que Minerue fauorise m'est recommandé de bonne part. Tous ceux qui font profession de l'excellence des Arts, sont comme adoptez en ma famille. Helas! pourquoy n'y voy-ie point Amarillis? Elle qui peut passer pour la personne du monde la plus accomplie, & qui fait profession si hautement de toutes les grandes Vertus. Icy mon iugement s'égare, ô belle Nimphe, & mes desirs vous sembleront bien temeraires; l'ardeur indiscrette qui me porte à faire des voeux pour mon bonheur, pourroit bien blesser vos interests, puisque pour exprimer mes souhaits, ie ne dois pas me proposer vn bien dont ie ne suis pas digne. Tout ce que i'ay reçeu du Ciel & de la Fortune ne merite pas de vous estre offert, & c'est vne grace particuliere que vous me ferez, si vous n'en dédaignez point le sacrifice. Ie ne dois point attendre de vous que vous guerissiez ma langueur: heureux si vous voulez l'approuuer. Ie ne demande point que vous couronniez mes trauaux, il suffira que vous ayez de l'agréement pour mes peines; encore que par vne extraordinaire bonté vous peussiez imiter ce Rocher qui ne me donne plus lieu de me plaindre.

                             Ariste.

LA CELIMENE COMEDIE DE ROTROV.

Accommodée au Theatre, sous le Tiltre d'Amarillis Pastorale.

A PARIS,

Chez GVILLAVME DE LVINE, sous la montée de la Cour des Aydes.

M. DC. LIII.

Auec Priuilege du Roy.

ADVERTISSEMENT

de l'Imprimeur au Lecteur.

Il y a dix-huict ou vingt ans que feu Monsieur de Rotrou ébaucha cette Pastorale, qu'il se proposoit deslors de donner au Theatre; Mais comme ce genre Dramatique n'estoit gueres du temps, il s'aduisa de l'habiller en Comedie, & la fit depuis mettre au iour sous le nom de la Celimene. Depuis la mort de ce celebre Autheur, quelques-vns de ses Amis ayans rencontré le premier crayon de sa Pastorale imparfaite, ont creu que c'estoit vn Ouurage qui pourroit plaire au public pourueu qu'il fust acheué par quelque agreable plume. Vn bel Esprit à leur priere, fit les Stances, les Scenes des Satyres, & quelques autres endroits que vous verrez: Si bien que c'est icy vn Tableau où deux differens Pinceaux ont contribué, & fait vne vnion assez belle, puisque generalement le Peuple, & la Cour, y treuuent beaucoup de diuertissement, & confessent que c'eust esté dommage que cette Pastorale n'eust point esté mise en lumiere. Ce bruit m'a persuadé qu'elle meritoit bien d'estre imprimée, & ie vous l'offre, afin que vostre curiosité soit entierement satisfaite. Adieu.

PERSONNAGES.

LISIMÈNE.	
BELISE,	Niece de Lisimène.
TYRENE,	Amoureux d'Amarillis.
AMARILLIS,	Bergere.
PHILIDAS,	Amoureux d'Amarillis.
DAPHNÉ,	Soeur d'Amarillis.
CELIDAN,	Amoureux de Daphné.
TROIS SATYRES.	
CLIMANTE,	Domestique de Daphné.

La Scene est au bord de Lignon.

AMARILLIS
PASTORALE.

ACTE I

SCENE PREMIERE
LISIMÈNE, BELISE.

LISIMÈNE.

Ie commence à vous voir, & vous n'avez qu'à peine
Visité ce grand bois & cette riche plaine
Vous arriuez, ma Niepce, en cet heureux sejour
Et vous osez déjà me parler du retour.

BELISE.

Ie confesse qu'icy sans haine & sans enuie
On gouste les plaisirs les plus purs de la vie.
La cabane me plaist bien plus que nos maisons:
Les villes à mes yeux ne sont que des prisons,
Ie hay des Courtisans vne foule insolente,
Icy tout m'entretient, tout me rit, tout m'enchante,
Et de quelque costé que ie tourne mes pas,
I'y rencontre toujours quelques nouueaux apas.
Ce lieu comme Lyon est remply de delices.

LISIMÈNE.

La Cour n'a rien de plus, que des soins & des vices.
Celle de Gondebaud où bruslent tant d'Amans
Ne sçauroit égaler nos diuertissemens.

BELISE.

Mais par-tout la discorde a suscité la guerre.

LISIMÈNE.

Le ciel va redonner la Paix à cette Terre;
Mais quand on en viendroit à cette extremité,

```
            Dans les palais d'Ysoure on est en seureté,
            Nous en sommes voisins, & pouuons dans vne heure
            Choisir une retraite en leur belle demeure;
            Veuillez donc demeurer en ce lieu desormais,
            Contemplez tous nos biens, & les goustez en paix:
            Mille jeunes beautés parent cette contrée.
            On n'y voit rien d'egal, Philis, Diane, Astrée,
            Amarillis sa soeur & mille autres encor
            Font dans ce doux climat reuoir le siecle d'or.
            On y voit des Bergers, on y void des Bergeres,
            De qui les qualitez ne sont pas ordinaires.
            Entr'eux vn jeune Amant ne vous déplaira pas,
            Il a beaucoup d'esprit, de graces & d'apas:
            Et si vous n'enuiez l'honneur de sa Maitresse,
            Il est bien mal aisé qu'vn autre objet vous blesse,
            Pourquoy rougissez-vous?
```

                    BELISE.

                        Ce defaut indecent
            Paroist sans mon aveu sur ce front innocent;
            Ie rougis, quoy qu'on die, & quoy qu'on me propose,
            Sans en pouuoir moy-mesme imaginer la cause.

                    LISIMÈNE.

            Vous la sçauez pourtant; c'est que iusqu'à ce iour
            On ne vous a parlé ny d'Amant, ny d'Amour;
            Vous ignorez ces noms, & dans cette innocence,
            Le discours que i'en fais vous trouble, & vous offence.

                    BELISE *bas*.

            Que n'est-il vray Tyrene?

                    LISIMÈNE.

                            Haussez vn peu la voix.

                    BELISE.

            Ie dis qu'il fait beau voir l'épaisseur de ce bois,
            Et ces oiseaux diuers dont la douce musique,
            Réjoüyroit l'esprit le plus melancolique.

                    LISIMÈNE.

            O Dieux qu'elle est adroite! il est vray que leurs chants
            Rendent Lion jaloux de la beauté des champs.
            Aussi mille Amoureux, en cette solitude,
            Viennent perdre leurs soins, & leur inquietude:
            Ces lieux ont chaque iour de nouueaux habitans,

Ils y viennent fâchez, & s'y treuuent contens.
Les coeurs sont enchantez de l'air qu'on y respire,
Chacun y fait l'Amour, peu de monde y soupire.
55 Ce Dieu de tous ses traits y choisit les meilleurs,
Il est Roy parmy nous, il est Tyran ailleurs.
Mais entre les Amans, qui viennent sur ces riues,
Au doux chants des oiseaux, ioindre leurs voix plaintiues,
Tyrene, vn Caualier de qui les qualitez
60 Ont du Ciel & du sort les efforts limitez...

BELISE.

Comment le nommez vous?

LISIMÈNE.

    Tyrene.

BELISE.

      Ah le perfide!

LISIMÈNE.

Toujours triste & pensif, & toujours l'oeil humide,
Rend tous les coeurs atteints d'amour & de pitié,
Si le Ciel les a faits capables d'amitié.
65 La plus grande froideur, cede à son eloquence,
Et contre ses escrits vne ame est sans defence:
I'en liray quelques-vns, escoutez....

BELISE.

      O mal-heur!

LISIMÈNE.

Son visage à ces mots a changé de couleur.

BELISE.

On m'a pris mes papiers.

LISIMÈNE *lit*.

    Ie suis comme à la gehenne.

BELISE.

70 O Dieux!

LISIMÈNE.

Escoutez donc comme il conte sa peine.

LETTRE.

  Ie suis comme à la gesne
 Absent de vos beaux yeux qui m'ēbrasent si fort;
  Et iusques à la mort,
  Ie dois porter ma chesne:
 C'est vn Arrest de l'Amour & du sort.

      TYRENE.

A-t'il bien exprimé la douleur qui le presse?
Et sçait-il bien toucher le coeur d'vne Maitresse?

  BELISE.

Si bien, que ce perfide est le seul qui luy plaist,
Et qu'elle l'aime encore, tout volage qu'il est,
Tous les iours ses escrits luy font verser des larmes,
Et l'ingrat porte ailleurs son amour, & ses charmes.

  LISIMENE.

Vous sçauez donc son nom?

  BELISE.

     Vous le sçauez aussi.
Ie n'ay pas le dessein de cacher mon soucy.
Ie vous dois confesser le mal qui me possede;
Ie sçay qu'il faut parler pour treuuer du remede,
Et c'est l'intention de mon coeur desolé;
Ie ne me taisois pas, mes yeux vous ont parlé.
Mon mal a sur mon front escrit sa violence,
Et l'on ne peut qu'à tort condamner mon silence.
Il est vray que Tyrene a mon coeur enflammé;
I'aime, ie le confesse, hé qui n'a pas aimé!
Alors que ie voyois mes compagnes atteintes,
Ie blasmois leurs soupirs, & i'accusois leurs plaintes,
Mais i'ignorois le mal qui m'estoit destiné;
I'authorise à present ce que i'ay condamné.
Ie croy qu'on me doit plaindre, & que sans iniustice,
La plus froide ne peut accuser mon caprice.
Dieux! combien ie perdrois en perdant ces escrits,
Qui vous les a donnez? & qui me les a pris?

  LISIMÈNE.

Moy mesme vos habits, quand vous fustes couchée,
Et c'est où i'ay conneu, qu'Amour vous a touchée,
Certes ie fais estat de vostre eslection,
On ne peut condamner vostre inclination.
Tyrene est d'vn esprit & d'vn humeur aimable,

105 Et sa condition à la vostre est sortable.
Il merite beaucoup: mais en peu de discours,
Contez-moy de vos feux l'origine, & le cours.

BELISE.

Durant mes plus beaux iours en sortant de l'enfance,
Dans l'âge de la ioye & de l'indifference,
110 Le sage Armagedon qui me donna le iour,
Sous le sainct nom d'hymen, fit naistre mon amour:
Et iusques à ce temps i'auois toujours blâmée
La violente ardeur dont ie suis enflammée;
Alors que dans vn iour à mon repos fatal,
115 Chez mon Oncle à Lion ie vids Tyrene au bal.
I'estois si ieune encor qu'on ne me parloit guere:
Ie luy pleus toutefois, sans penser à luy plaire.
Quelques traits de mes yeux lancez innocemment,
A la premiere veuë en firent mon Amant,
120 Il me iura d'abord vne immortelle flame
Et me voulut donner l'empire de son ame,
I'estois tout son espoir & son plus cher soucy.
Mais si ie le vainquis, il voulut vaincre aussi,
Et donnant de ses feux vne preuue bien claire,
125 Il fit de nostre hymen entretenir mon Pere;
Pour gaigner ce vieillard il ne luy manquoit rien,
Il auoit le merite, & l'esprit & le bien;
Ce dernier suffisoit pour le pouuoir surprendre,
Quiconque est riche, enfin par tout peut estre gendre,
130 De ce Siecle peruers, c'est le plus riche don;
Par là Tyrene sceut gaigner Armagedon.
Mon Pere m'ordonna de souffrir sa visite,
Il l'aimoit pour son bien, & moy pour son merite,
Et son profond respect sceut si bien m'emouuoir,
135 Que ie prenois plaisir à suiure mon deuoir.
En suite vne querelle à mes voeux importune,
Vint trauerser le cours de ma bonne fortune.
Tyrene en vn combat fit perir Dorilas.

LISIMÈNE.

Qui brûloit comme luy de vos ieunes apas?

BELISE.

140 C'est ainsi qu'on le dit.

LISIMÈNE.

                Apres cette querelle
Il falut s'absenter.

BELISE.

Depuis cet infidele
Ne se souuenant plus de ses feux ny de moy,
Apres vn peu d'absence a violé sa foy.
Ie voudrois imiter ce volage Tyrene,
Mais comme nostre sexe aime auec plus de peine,
Il se dégage aussi plus difficilement,
Et ne peut sans rougir courir au changement.

LISIMÈNE.

Le voicy.

BELISE.

Cachons-nous de peur qu'il ne nous voye.

LISIMÈNE.

Ie sonderay tandis sa tristesse ou sa ioye.

SCENE II

TYRENE, LISIMÈNE, BELISE.

TYRENE.

STANCES.

     Fvt-il iamais vn mal-heureux
       Sous l'empire amoureux
Dont l'ennuy fut égal à ma douleur extrême?
Ie charmois autre-part, icy ie suis charmé,
       I'aime, & ie suis aimé,
    Mais ce n'est pas de ce que i'aime.

     De mes maux Belise a pitié,
       Elle en sent la moitié,
Malgré cette rigueur, & malgré nostre absence,
Et lâche que ie suis, i'aime de tout mon coeur
       Celle dont la rigueur
    Semble punir mon inconstance.

Est-il possible, ô Dieux!

LISIMÈNE.

              Oyez comme il se plaint;
On connoist à sa voix que son coeur est atteint.

TYRENE.

Doux ennuy toutefois, & bien-heureuse haine,
Si ie touche à la fin le coeur de l'inhumaine.
La peine & les efforts de l'acquisition,
Sont vn doux souuenir en la possession.
Mais qui me vient parler?

LISIMÈNE.

              Bannis cette tristesse,
Et donne vn peu de treve au tourment qui te presse.
Tout succede à tes voeux.

TYRENE.

            O Dieux! qu'ay je entendu?

LISIMÈNE.

Et l'on veut t'accorder le bon-heur qui t'est deu.

TYRENE.

Espargnez mes ennuis, aimable Lisimene,
Auez-vous veu l'objet qui fait naistre ma peine?

LISIMÈNE.

Oüy, i'ay veu plus encor.

TYRENE.

Et quoy?

LISIMÈNE.

Certains escrits
175 Qu'elle tenoit bien chers, & qui m'ont tout appris.
O le charmant esprit que celuy de Tyrene!
Il pourroit triompher de l'ame la plus veine,
Et que cette beauté montre de iugement
Dans le choix qu'elle a fait d'vn si parfait Amant.

TYRENE.

180 Voulez-vous que i'espere, & cette ame inhumaine
Me defend seulement de parler de ma peine?
L'insensible causant ce qui me fait mourir,
A peur de le sçauoir, de peur de le guerir.

LISIMÈNE.

185 Tyrene, vne Maitresse est d'humeur plus discrete,
Que de pouuoir si tost aduoüer sa defaite;
La tienne se declare, & ne me croy iamais,
Si ton coeur n'est l'objet de ses plus doux souhaits;
Me remerciras-tu, si de ma propre bouche
Tu sçay dans vn moment que ton amour la touche?

TYRENE.

190 Ie vous adorerois.

LISIMÈNE *luy monstrant Belise.*

Adore ses apas,
La voicy; que fais-tu? tu ne l'aborde pas?
Quelle humeur a si tost ton ame refroidie?

SCENE III

BELISE, TYRENE, LISIMÈNE.

BELISE.

Traistre, que tu sçais mal cacher ta perfidie!
Es-tu sans artifice? & puis-je auoir surpris
L'excellence & l'honneur des plus rares esprits,
Au moins qu'vn ris forcé te change le visage,
Témoigne du plaisir, & benis mon voyage.
Dis que tu souhaitois ce bon-heur sans pareil;
Approche, appelle moy ta Reine & ton Soleil.
Quoy, tu ne peux forcer cette inutile honte?
Et ta voix quelquefois se donne à si bon compte,
Tu treuuois à Lyon des trais si delicats
Et tu m'as si bien sceu prouuer ce qui n'est pas.

TYRENE.

O Dieux! Ie voy Belise.

BELISE.

Il va conter merueille,
Et sa fidelité n'aura point de pareille.

TYRENE.

Quoy? Belise, est-ce vous que ie treuue en ces lieux?
Et dois-je croire icy mon oreille & mes yeux.

BELISE.

Ie suis toujours la mesme, & ne suis point changeante,
Il n'en est point ainsi de ton ame inconstante;
Tu n'es plus ce Tyrene autrefois si charmant,
En toy tout est changé iusqu'à l'habillement,
Tu n'as rien conserué de ce qui me sceut plaire.
Tu n'es plus qu'vn Berger digne d'vne Bergere.

TYRENE.

Les Bergers de ces lieux sont d'illustres Heros,
Qui dans vn sain azile ont cherché du repos,
Mais ne m'accuse point d'estre à tort infidelle,
Puisque tu la causas, tu sçay bien ma querelle;

Dorilas estant mort, sans long-temps consulter
Pour venir en ces lieux il fallut s'absenter,
Tandis que mes parens s'employant pour ma grace,
Par ie ne sçay quel sort, m'en allant à la chasse,
Ie vis Amarillis, dont l'éclat me rauit;
Elle me fit changer de Maitresse & d'habit.
I'accorde, que ie quitte vn bien incomparable,
Pour semer sur du vent, & bastir sur du sable,
Ie receuois chez vous des traitemens meilleurs;
Mais vn secret destin porte mes voeux ailleurs.

BELISE.

Dis qu'vn secret destin porte ailleurs ta folie.

TYRENE.

Belise est toujours gaye, & sans melancolie.

BELISE.

Non, non, croy qu'en riant ie dis la verité,
Hé! qui ne riroit pas de ta legereté?
Quelle plaisante humeur agite icy ton ame?
On pourroit l'excuser dans l'esprit d'vne femme,
Puisque selon l'erreur de vostre iugement,
Elle est de son instinct suiette au changement.
Mais que ces esprits forts, ces miroirs de constance,
Fassent au moindre vent si peu de resistance,
Que leur fidelité manquent aux premiers effets,
C'est vn sujet de rire où l'on n'en eut iamais.

TYRENE.

Si tu considerois combien l'absence est forte,
On ne te verroit pas discourir de la sorte.
Ta presence auroit pû diuertir ce mal-heur:
Car qui void le Soleil, sent toujours la chaleur.

BELISE.

Il est vray, ta constance est digne qu'on t'adore!
Traistre, i'estois absente, & ie t'aimois encore,
I'auois les mesmes feux, & le mesme soucy:
I'ay vescu sans te voir, & sans changer aussi.
Sans te voir! ie m'abuse, & ma triste pensée
M'a toujours de Tyrene vne image tracée:
Ie t'ay veu tous les iours, ie t'ay parlé cent fois.

TYRENE.

Il ne m'en souuient point.

BELISE.

         Mais sans yeux & sans voix.
Ie n'estois pour mon mal que trop ingenieuse,
Ma memoire est trop bonne, & trop officieuse.

TYRENE.

Et moy ie ne sçaurois me vanter de ce point.
I'ay bien-tost oublié ce que ie ne voy point.
Excuse en ce mal-heur ma memoire infeconde,
Ou que de ce defaut la Nature réponde,
Mais voicy ma Bergere, admire sa beauté,
Et ne condamne plus mon infidelité.

BELISE.

Va, barbare à mes yeux, luy conter ton martyre,
Obtiens de cet objet ce que ton coeur desire;
I'y consens, infidelle; adore ses apas.

TYRENE.

Tu profiterois peu de ny consentir pas.

BELISE.

Cachons-nous pour l'oüir.

SCENE IV

TYRENE, AMARILLIS.

TYRENE.

Adorable merueille,
En beauté sans seconde, en rigueur sans pareille,
Quand voulez-vous tarir la source de mes pleurs?
Quand sera vostre esprit sensible à mes douleurs?
Ces rochers orgueilleux en des ruisseaux se fondent,
Ils entendent mes cris, leurs echos me répondent,
Et quand i'ay demandé si mon mal inoüy
Finiroit quelque iour, elles m'ont dit oüy.
Vous conseruez pourtant vostre rigueur extréme,
Et ie n'ose esperer que vous parliez de mesme.

AMARILLIS.

Où peut estre ma soeur?

TYRENE.

I'implore du secours,
Aimable Amarillis, entendez mes discours.

AMARILLIS.

L'auez-vous veuë icy?

TYRENE.

Vous me fermez l'oreille,
Pour ne pas aduoüer mon ardeur sans pareille.

AMARILLIS.

Où la puis-je trouuer?

TYRENE.

Dieux! que de cruauté!
Ie parle de mon mal, inhumaine beauté.

AMARILLIS.

Ie la cherche par tout.

TYRENE.

                Cruelle, oyez ma plainte,
Donnez vn mot au mal dont mon ame est atteinte.

AMARILLIS.

Dieux que ces importuns me dérobent de temps,
Ie les fais tous souffrir, ils sont tous mécontens.
Ce n'est que de mon coeur que leurs plaisirs dépendent,
Ie n'en possede qu'vn, & tous me le demandent.
Qui le doit obtenir? qui seront les ialoux?
Nul de vous ne l'aura, pour vous accorder tous.

TYRENE.

Comparez nos tourmens, considerez nos peines,
S'ils ont versé des pleurs, i'en verse des fontaines.
S'ils sentent quelque ardeur, ie me sens consumer,
Ils aiment froidement, & ie sçay seul aimer.

AMARILLIS.

Tous en disent de mesme.

TYRENE.

                Et seul ie le doy dire,
Si la plainte est plus iuste, où la fortune est pire.
Tyrene sçait mourir, s'ils sçauent endurer,
Son inclination ne se peut comparer.
Pour vous i'ay violé l'amitié la plus sainte
Dont iamais icy bas vne ame fut atteinte,
Il n'estoit rien d'égal à mes contentemens,
Ie causois de l'enuie aux plus heureux Amans,
Ie pouuois loin de vous deffier la fortune,
I'obligeois trop Belise, & ie vous importune,
Tous mes voeux l'honoroient, & vous les refusez,
Ie les voyois cheris, ie les vois méprisez.

AMARILLIS.

Adieu, ie hay l'amour d'vn esprit infidelle,
Et ie ne pretens rien au bien de cette Belle.
Reportez-luy ce coeur que vous me presentez;
Vous me pourriez quitter comme vous la quittez.

SCENE V

BELISE, TYRENE.

BELISE.

O qu'il est satisfait & qu'il profite au change;
Soy-mesme il se punit, & m'offençant me vange.
310   Tyrene, qui mesprise est enfin mesprisé.

TYRENE.

Ie n'attendois pas mieux que d'estre refusé.
Ah! ie iure le Ciel, que s'il m'estoit possible,
Ie me dégagerois de cette ame insensible,
Que ce coeur brûleroit de ses feux anciens,
315   Que ie m'enchainerois de mes premiers liens.

BELISE.

Oüy, si la chaine aussi t'estoit encor offerte;
Et si ie desirois de recouurer ma perte.
Mais ce soin me trauaille assez legerement,
Vn bien que chacun fuit se conserue aisément;
320   I'ay veu le peu d'estat qu'on fait de ton seruice,
Et ie ne crains pas fort qu'aucune te rauisse.
I'espreuue qu'il est vray que l'Amour n'a point d'yeux,
Ie reputois iadis mon destin glorieux,
Quand ton affection s'offroit à ma memoire,
325   Ie croyois tout Lyon enuieux de ma gloire.
Que Tyrene escriuist, que Tyrene parlast,
Ie ne croyois iamais qu'vn autre l'esgalast.
Opinion bien fausse, & que ie n'ay plus euë,
Depuis que la raison m'a desillé la veuë.
330   Ie n'estime plus tant les charmes de ta voix,
Ie m'estonne bien plus de l'erreur où i'estois.
Mon ame s'est renduë à de foibles atteintes,
Tu galantises mal, & tu fais mal des plaintes.
Ne figurant pas mieux ta peine & ton souci,
335   Amarillis fait bien de te traitter ainsi.
Tu luy parlois de pleurs pour exprimer ta peine,
Mais cet abaissement est honteux à Tyrene.

TYRENE.

Espargne vn mal-heureux, & quelque qualité
Dont iadis ton esprit ait le mien enchanté.

340 Croy que tu pourrois peu sur cette ame inhumaine,
Qu'en mon lieu tu serois en vne mesme peine.
Elle n'estime rien que ses propres apas,
Venus sous mes habits ne la toucheroit pas.
On ne peut rien gagner sur cette ame insensible,

BELISE.

345 Et si ie luy plaisois?

TYRENE.

Tu ferois l'impossible.

BELISE.

Si tu veux en auoir les diuertissemens,
Tu n'as qu'à m'enuoyer vn de tes vestemens.

TYRENE.

Ie t'en fais present d'vn dont l'estoffe esclatante
Doit estre auantageux à ta beauté charmante;
350 Sa broderie est riche, & iette des esclats,
Qui pourront rehausser celuy de tes apas.

BELISE.

Tu riras de la feinte, & ie suis assez vaine
Pour esperer l'honneur de flechir l'inhumaine
Sous le nom de ton frere, & sous celuy d'amant
355 Ie perceray son coeur plus dur qu'vn diamant.
Ie n'arriuay qu'hier, & n'estant pas connuë,
Il m'est aisé de feindre, & de tromper sa veuë.

TYRENE.

Ce diuertissement ne peut estre que doux,
De voir Cleonte Amant, & Tyrene ialoux.
360 Mais apres cet effet que ie treuue admirable,
Tu ne me seras plus qu'vn objet adorable,
De tes veux dépendra tout mon contentement,
Et ie mépriseray l'Amante pour l'Amant.

BELISE.

Ie ne t'oblige à rien, & fais cette entreprise,
365 Sans dessein que ton coeur me rende sa franchise.
Ne dis point que ie suis aux beautez de ce lieu,
Et m'enuoye vn habit.

TYRENE.

  Dans vn moment.

BELISE.

      Adieu.

Fin du premier Acte.

ACTE II

SCENE PREMIERE

TROIS SATYRES.

Le 1. Satyre.

As-tv veu dans ce fond ces deux belles Bergeres?

2. Satyre.

Trop pour leur interest, fussent-elles legeres,
Plus que les ieunes Dains qu'en courant i'atterray,
Auant qu'il soit long-temps ie les attraperay.

3. Satyre.

Pour se mieux delasser, au bord d'vne fontaine,
De se lauer les pieds elles prenoient la peine;
Et lors que librement & sans penser à nous,
Elles se retroussoient iusques sur les genoux,
Ie voyois vne cuisse aussi blanche, aussi ronde
Que iamais la Nature en forma dans le monde.
O quels friands morceaux pour les Princes des bois!
O qu'ils sont delicats! i'en léche encore mes dois.

2. Satyre.

De l'endroit où i'estois, i'ay veu d'autres merueilles.
Ah! ah! pour m'écouter vous dressez les oreilles,
I'ay veu, i'ay veu, i'ay veu par le reflais de l'eau,
Si ie ne suis trompé, quelque chose de beau.

3. Satyre.

A t'entendre parler tu n'en as veu que l'ombre,
Moy i'ay veu tout à nud des beautez en grand nombre.
Qu'elles auoient d'appas! mais c'estoit de la chair,
A qui pas vn de nous n'auroit osé toucher.

1. Satyre.

Ie me doute de qui.

3. Satyre.

Des Nimphes de Diane
Que ie voyois baigner, monté sur vn platane.
Ah! depuis Acteon le prophane mortel,
I'oserois bien iurer qu'on n'a rien veu de tel.
C'estoit dans vn ruisseau, dont l'eau tranquille & claire,
A ces ieunes beautez sert d'hostesse ordinaire.
Là ie voyois à nud monstrer de si beaux corps,
Que me deust-on changer en vn Cerf de dix cors,
Et les chiens, de ma peau se deussent-ils repaistre,
I'irois les voir encor, s'ils y deuoient paroistre.

1. Satyre.

Compagnon, si la troupe alors t'eust apperceu,
De nouueaux cornichons ton front seroit bossu.
Ah que de coups de poing! ah! que de coups de gaules
Auroient bien applany le poil de tes espaules.

3. Satyre.

L'vne, qui sur le bord marchoit comme à tastons,
Laissant ses vestemens, monstroit ses beaux tetons,
Et touchant de son pied cette onde cristaline,
Faisoit voir au grand iour vne iambe poupine.
Vne cuisse bien faite, vn ventre potelé,
Pour qui nostre Dieu Pan luy-mesme auroit brulé,
Ie dis comme vn tison fait d'vne vieille souche.

2. Satyre.

Tu me fais enrager, l'eau m'en vient à la bouche.

3. Satyre.

L'autre qui sur le ventre en grenoüille nageoit,
Retiroit ses deux bras, & puis les allongeoit.
Et par fois soufflant l'eau d'vne bouche vermeille,
Folastroit d'vne grace à nulle autre pareille,
Et dans ces beaux cheueux attiroit les zephirs,
Et faisoit souleuer mille amoureux soupirs.

1. Satyre.

Cette peinture est belle, & ie te prie, acheue.

3. Satyre.

Vne autre toute nuë estoit dessus la greue,
Mais assise en posture à te faire pitié,
Car elle se tiroit vne espine du pied,

420   Vne iambe assez haut sur sa cuisse croisée,
       Et qui...

                    1. Satyre.

              Ah! ie t'entens; estoit bien disposée.

                    3. Satyre.

       Vne autre s'allant seoir sur vn prochain gazon
       S'essuyoit en tous lieux, comme c'est la raison.
       Ah! qu'elle auoit d'apas! ah! que de belles choses,
425   Tout son corps n'estoit fait que de lys & de roses.
       Vn certain vermillon, dont l'éclat estoit doux,
       Coloroit tendrement sa fesse & ses genoux.

                    2. Satyre.

       Vf! arreste-toy-là, n'en dis pas dauantage,
       Tu me ferois creuer d'vne amoureuse rage.
430   Ah! que n'estois je là, ie l'eusse prise au corps,
       Eussay-je deu souffrir vn million de morts.
       Dans le plus fort du bois ie vous l'aurois fourée,
       Comme vn Renard qui prend vne poule égarée,
       I'aurois eu le plaisir de contenter mon feu.

                    3. Satyre.

435   C'est le fils de Luxure, ou du moins son Neueu.

                    1. Satyre.

       Pour les plaisirs d'amour, il est insatiable.

                    3. Satyre.

       Pour estre si petit, il est ribaut en Diable.

                    2. Satyre.

       Pour vous, honnestes gens, à vous bien regarder,
       Quelqu'vn nous donneroit vne fille à garder;
440   On a qu'à remarquer vos mines & vos gestes,
       On vous prendra tous deux pour bouquins fort modestes.

                    3. Satyre.

       Mais il faut reuenir enfin à nos moutons,
       Ces filles vont partir, marchons & nous hastons.

                    1. Satyre.

       Si nous les attrapons, pour contenter nos flames,

445 Comment en ferons-nous? nous n'auons que deux femmes
Pour trois.

3. Satyre.

Dessus ce poinct il sera debatu,
Nous pourrons, les ayant, tirer au court festu;
La plus petite paille ira chercher fortune;
Et les deux plus heureux en prendront chacun vne.

2. Satyre.

450 Il n'est point de festu, de paille, ou de hazard,
Nous nous gourmerons bien, où i'en auray ma part.

3. Satyre.

Il faut prendre deuant ces Animaux sauuages,
Puis apres de leurs peaux nous ferons les partages,
Allons de ce costé.

1. Satyre.

Courons, quelqu'vn nous suit,
455 Quelque facheux Berger, prés de nous fait ce bruit.

SCENE II
AMARILLIS, DAPHNÉ.

AMARILLIS.

Pourquoy m'accusez-vous de trop de retenuë?
Ie ne déguise rien, i'ay l'humeur ingenuë.
Qui peut, si ce n'est vous, cherir mes interests?
Et qui doit que ma soeur partager mes secrets?

DAPHNÉ.

Quelque si libre humeur dont vn esprit puisse estre,
Il est bien mal-aisé qu'il fasse tout parestre;
Toujours quelque secret se reserue au dedans,
Qui mesme n'est pas sceu des plus chers confidens.
Mais sur tout en amour la plus libre est secrette,
Et comme elle est aueugle, elle est aussi muette,
On ne s'ose fier à son meilleur amy,
Et le coeur le plus franc ne s'ouure qu'à demy.
Posseder tant d'attraits, estre si recherchée,
Captiuer mille esprits, & n'estre point touchée,
Ha, ma soeur! pensez-vous qu'on le puisse estimer?
Le Ciel vous a-t'il faite incapable d'aimer?
Euitez-vous les coups dont toutes sont blessées?
Et n'eustes-vous iamais de pareilles pensées?
L'Amour est vn Archer qui n'a iamais failly,
Si le coeur ne se rend quand il est assailly,
Il prend vne autre voye, il le force, il le blesse,
Et l'orgueilleuse enfin reconnoist sa foiblesse.

AMARILLIS.

Il est maistre des coeurs qui se laissent dompter,
Mais quand on le veut fuir, on le peut éuiter.

DAPHNÉ.

Ce Dieu, comme il luy plaist, atteint les plus cruelles;
On prend la fuite en vain; ma soeur, il a des ailes.

AMARILLIS.

Mais les ailes qu'il a sont courtes quand il naist.
Cet enfant vole-t'il, foible encore comme il est?

DAPHNÉ.

On ne sent pas l'Amour au poinct de sa naissance,
485 Et qui ne le sent pas, ne craint point sa puissance.

AMARILLIS.

Mais alors qu'on le sent, on l'éuite aisément.

DAPHNÉ.

Alors il sçait voler, on s'en fuit vainement.

AMARILLIS.

Aussi n'ay-je iamais sa force meprisée,
Et mon ame à ses traits est toute disposée.
490 Mais de les preuenir, les prendre en son carquois.
Et de ma propre main, me ranger sous ses loix,
Qui me voudroit, ma soeur, conseiller de le faire,
Ne me donneroit pas vn aduis salutaire.
I'appreuue qu'vn esprit mette les armes bas;
495 I'appreuue mesme aussi qu'il ne se rende pas.
Ie n'aimeray iamais, qu'Amour ne m'ait blessée,
Si ie luy dois ceder, i'y veux estre forcée.

DAPHNÉ.

Aduoüez toutefois que parmy tant d'Amans,
Qui reuerent en vous des attraits si charmans,
500 Il s'en treuue quelqu'vn qui vous plaist dauantage,
Et dont plus volontiers vous agreriez l'hommage.

AMARILLIS.

Philidas vaut beaucoup.

DAPHNÉ.

Que ces attraits sont doux.

AMARILLIS.

Mais ie le voy qui vient, ma soeur, retirons-nous.

DAPHNÉ.

Craignez-vous son abord?

PHILIDAS.

Ie la voy, l'inhumaine.

DAPHNÉ à *Philidas*.

505 Ie trauaillois pour vous, mais i'ay perdu ma peine.

SCENE III

PHILIDAS, CELIDAN.

PHILIDAS.

Helas, cruel amy, que ma douleur te plaist!
Void comme elle me fuit, l'insensible qu'elle est!
Et tu dis que le temps la rendra plus traitable.
Tu differes l'arrest de mon sort lamentable,
510 Tu me retiens le bras, tu differes ma mort,
Tu connois, Celidan, si ie me plains à tort.

CELIDAN.

Philidas, elle est fille, & la fille est changeante,
Nous la verrons vn iour t'estre plus indulgente,
Le temps amollira ce courage inhumain,
515 Elle fuit auiourd'huy, tu l'atteindras demain.
Ne l'auoir pas suiuie est vn pas pour l'atteindre,
Si tu la veux fléchir, il faut mieux te contraindre,
Tu ne sçay pas bien l'art qui la peut engager.

PHILIDAS.

Enseigne-le moy donc, si tu veux m'obliger.

CELIDAN.

520 Il faut paroistre froid pour toucher les Bergeres,
Et monstrer à leurs yeux des blesseures legeres.
Ce sexe que toujours nous auons respecté,
A tiré son orgueil de nostre humilité;
Et si nous paroissions plus hommes & plus graues,
525 Ces superbes vainqueurs deuiendroient nos esclaues;
Et si nous les traitions d'vn air indifferend,
Nous rendroient tous les soins qu'en nos iours on leur rend.

PHILIDAS.

Mais comment estouffer la plainte quand on brûle?
Quiconque n'aime pas, aisément dissimule.
530 Toy-mesme auec ton art n'es-tu pas enchainé?
Te peux-tu garentir des beaux yeux de Daphné?

CELIDAN.

Ie me peux excuser sur son merite extrême.

PHILIDAS.

L'Amant de son Amante en dit toujours de mesme.
Croy-moy, cher Celidan, alors qu'on aime bien,
535   La feinte est mal-aisée, & ne nous sert de rien.
Pour moy ie souffre trop, ie ne m'en sçaurois taire.

CELIDAN.

Flatte donc cette ingratte, & tasche de luy plaire;
Fais des vers sur son teint, son esprit & sa voix,
Puisque c'est le dessein qui t'ameine en ces bois,
540   Ne crains point de faillir, ny de perdre ta peine,
On n'estime auiourd'huy que les fruits de ta veine.

PHILIDAS.

Il est vray que i'ay l'art de flatter qui me plaist.
Ie peints, quand bon me semble, vn oeil plus beau qu'il n'est.
Ie dore des cheueux, & ma plume se iouë
545   A noircir vn sourcil, ou farder vne iouë.
I'ay toujours de la neige, & quelquefois i'en mets
Sur vn sein qui n'en eut, & n'en aura iamais.
Ie preste à qui ie veux des oeillets & des roses,
Ie donne de l'éclat aux plus communes choses,
550   Et i'ay fait estimer cent visages diuers,
Qui n'auoient toutefois rien de beau qu'en mes vers.
Mais tout est au dessous de sa beauté parfaite:
Ma Muse en ce trauail est timide & muette,
I'admire les effets de cet oeil mon vainqueur
555   Qui me glace la veine, & m'échauffe le coeur.
Toujours le premier mot a ma plume arrestée,
Ie l'ay mille fois prise, & mille fois quittée,
Mon iugement s'égare en ses moindres appas,
I'écriray toutefois, mais ne t'éloigne pas.

CELIDAN.

560   I'attendray cependant en ce lieu frais & proche,
Mais voy si tu n'as point quelques vers en ta poche,
Ie me diuertiray par ce doux entretien,
Ie ne puis estimer de stile que le tien.

Celidan lit.

Rochers effroyables desers,
565   Où de la beauté que ie sers
Ie fais des plaintes inutiles,
Mon mal prés d'elle a toujours empiré,
Et vos sablons ne sont pas si steriles
Que mon mal est desesperé.

          Mes esprits sont tous languissans,
              Mes foibles & timides sens
              N'ont plus de clarté ny de force,
          Et mon mal-heur est sans comparaison,
          Depuis qu'Amour a semé le diuorce
              Entre mon Ame & ma Raison.

              Tous remedes sont superflus,
              Et rien ne me console plus
              Au fort d'vne douleur si grande,
          Si dans mon mal i'ay quelque reconfort,
          Absolument il faut que ie l'attende
              D'Amarillis, ou de la mort.

              Mais ie crains qu'apres mon trépas,
              Au milieu des Ombres là bas
              Son Amour encor me poursuiue;
          Objet Celeste au iugement de tous,
          Soit que ie meure, ou bien soit que ie viue,
              Ie veux toûjours brûler pour vous.

          Que ces vers sont coulants, ô l'admirable veine,
          Il en a déja fait plus de vingt d'vne haleine,
          As-tu bien reüssi?

                    PHILIDAS.

                    Iamais pauure rhimeur
          N'eut tant d'ambition, & moins de bon humeur.
          I'ay fait ce peu de vers depuis que ie trauaille,
          Escoute si i'ay rien imaginé qu'il vaille.

                   S T A N C E S.

          Diuine Amarillis, honneur de nos Bergeres,
          Moderez tant soit peu la rigueur de vos loix;
          Si dans ma passion l'excez de mes miseres
          Ne m'interdisoit point l'vsage de la voix,
          I'éleuerois si haut vos beautez sans exemple,
              Que vous auriez vn Temple.

          Vostre nom qui tousiours occupe ma memoire,
          Pourroit pompeusement éclater dans mes vers,
          Et rien n'empescheroit le bruit de vostre gloire
          D'estonner nostre siecle & remplir l'Vniuers,
          Aimez-vous mieux ma mort, ô beauté trop aimée!
              Que vostre Renommée?

          S'il faut que mon trépas contente vostre enuie,
          Auant qu'il soit long-temps ie feray voir à tous
          Que i'ay pris iusqu'icy quelque soin de ma vie,
          A dessein seulement de l'employer pour vous.
          Mais s'il faut qu'vn beau coup finisse ma misere,

Mon amour me fournit mille pensers diuers,
Et ie n'en puis treuuer pour acheuer ce vers.

CELIDAN.

Ce stile est au dessus de ton stile ordinaire,
Ie me vais retirer de peur de te distraire;
615 Acheue, cher amy, c'est trop bien commencé,
Ce feu grand & subtil est aussi-tost passé.

PHILIDAS *seul*.

Quitte, triste Berger, ce penible exercice.
De tes pleurs seulement escris son iniustice.
Seuls ils peuuent preuuer tes transports innocens;
620 Seuls ils peuuent parler des ennuis que tu sens.
Et c'est bien vainement qu'vn mal-heureux presume
De fendre vn coeur si dur auec des traits de plume.
Arbres, soyez atteints au recit de mes maux,
Est-il quelque martyre esgal à mes trauaux?
625 Mais que mon oeil est las de souffrir la lumiere,
Quel assoupissement me ferme la paupiere?
Dieux! appellans mon ame en cet heureux sommeil,
Accordez à mes yeux vn dormir sans réueil.

Il s'endort.

SCENE IV

AMARILLIS, DAPHNÉ, PHILIDAS.

AMARILLIS.

Dieux que ces importuns ont peu de cõplaisance,
630 Et qu'il est mal aisé d'éuiter leur presence.
Ma soeur, n'y sont-ils plus?

DAPHNÉ.

Ouy, ie les voy là bas.

AMARILLIS.

Adieu.

DAPHNÉ.

Reuiens, ie ris, & ie ne les voy pas.

AMARILLIS.

Ie m'aime auiourd'huy seule, & si pas vn se monstre...

DAPHNÉ.

Dieux! quelle peur as-tu?

AMARILLIS.

Celle de leur rencontre.

DAPHNÉ.

635 Philidas te deplaist, cruelle, tu le fuis.

AMARILLIS.

Par fois selon l'humeur & le temps où ie suis,
En de certains momens i'aime d'oüir sa plainte,
Ie luy répons des yeux, & ie flatte sa crainte;
Ie vante son esprit, i'estime ses discours;
640 Mais cette belle humeur ne dure pas toujours.
I'abhorre bien souuent vn si triste langage,
Et quelque Amant plus gay me plairoit dauantage.

DAPHNÉ.

Tu le peux rendre tel.

AMARILLIS.

Comment?

DAPHNÉ.

Par ta pitié.
Paye ce que tu dois à sa chaste amitié;
645 Ie le paye à l'amour que son amy me porte;
Imite mon humeur, traite-le de la sorte.
Celidan autrefois n'estoit pas si ioyeux,
Alors que ie treuuois son abord ennuyeux.
Mais ie voy Philidas sous cet espais feüillage;
650 Voy comme les ennuis ont changé son visage;
Le Ciel ferme ses yeux pour arrester ses pleurs,
Et tu ne seras pas sensible à ses douleurs?
Lis ces vers qu'il t'adresse.

AMARILLIS.

O Dieux! cette importune
M'imputera toujours ma mauuaise fortune.

DAPHNÉ.

655 Et bien ie les vais lire; au moins en ma faueur
Escoute seulement.

AMARILLIS.

Dépesche donc, ma soeur.

Daphné lit.

Diuine Amarillis, honneur de nos Bergeres,
Moderez tant soit peu la rigueur de vos loix;
Si dans ma passion l'excez de mes miseres
660 Ne m'interdisoit point l'vsage de la voix,
I'éleuerois si haut vos beautez sans exemple,
Que vous auriez vn Temple.

DAPHNÉ.

Il faut ouyr le reste.

AMARILLIS.

Fay viste, où ie te laisse.

DAPHNÉ.

Qu'elle sçait bien cacher le tourment qui la presse.
Vostre nom qui sans cesse occupe ma memoire,
Pourroit pompeusement éclater dans mes vers,
Et rien n'empescheroit le bruit de vostre gloire
D'estonner nostre siecle, & remplir l'Vniuers,
Aimez-vous mieux ma mort, ô beauté trop aimée!
Que vostre Renommée?

S'il faut que mon trépas contente vostre enuie,
Auant qu'il soit long-temps ie feray voir à tous,
Que i'ay pris iusqu'icy quelque soin de ma vie,
A dessein seulement de l'employer pour vous.
Mais s'il faut qu'vn beau coup finisse ma misere,

Voy-tu comme ta grace a touché ses esprits,
En composant ces vers, le sommeil l'a surpris.
Par deux mots adioustez, tu peux finir sa peine,
Et perdre en le sauuant le tiltre d'inhumaine.

AMARILLIS.

Escris-les de ta main.

DAPHNÉ.

La tienne l'a blessé.

AMARILLIS.

Donne donc, i'écriray.

DAPHNÉ.

Quoy?

AMARILLIS.

Qu'il est insensé,
Qu'il a peu de raison d'aimer ce qui le blesse,
Que mon peu de dessein témoigne sa foiblesse.
Enfin...

DAPHNÉ.

N'acheue pas, donne-moy cet escrit.
Bons Dieux! on ne peut rien sur ce farouche esprit.

AMARILLIS.

Qu'y mets-tu?

DAPHNÉ.

Qu'il espere.

AMARILLIS.

Esperances friuoles.

DAPHNÉ.

Et si ie te veux faire aduoüer ces paroles,
Ie veux à cet amant procurer ta pitié.
Ie gagneray ta haine, ou luy ton amitié.
690 Ie iure à ton humeur vne eternelle guerre;
Cruelle, as tu dessein de dépeupler la terre?
Et seras-tu constante en ce rigoureux poinct
De blesser tous les coeurs, & de n'en guerir point?
Espere-tu du prix à ta froideur extréme?
695 Et vaux-je moins que toy pour aduoüer que i'aime?

AMARILLIS.

L'Amour te paye-t'il du soucy que tu prends
De le rendre adorable aux coeurs indifferents?
Te charge-tu du soin d'establir son empire?
Ta voix peut-elle plus que les traits qu'il nous tire?
700 Si i'aimois Alcidor, il deuroit son secours
A ses propos appas, & non à tes discours,
Son pouuoir t'est suspect, prenant pour luy les armes,
Et pensant l'obliger tu fais tort à ces charmes,
Son humeur seulement a de puissans appas,
705 Et peut plus que ta voix.

DAPHNÉ.

Et tu ne t'y rends pas?

AMARILLIS.

En voudrois-tu iurer?

DAPHNÉ.

Oüy, si ie te dois croire.

AMARILLIS.

Il peut beaucoup sans toy, n'oste rien à sa gloire.

DAPHNÉ.

Qu'elle est dissimulée.

PHILIDAS *rêuant*.

         Ha! tu fais mon tourment;
Vn mot, belle inhumaine, vn regard seulement.

     DAPHNÉ.

710 Il rêue, escoutons-le.

     PHILIDAS.

          Ie pourrois toute chose,
Tu ne peux m'échapper, mais quoy que ie propose.

     AMARILLIS.

Ie crains peu ce danger.

     PHILIDAS.

          Ie tremble à ton aspec,
Quoy? rien à mon amour? quoy? rien à mon respec?
Cruelle! oste-moy donc ta presence fatale,
715 Et ne m'oblige plus au tourment de Tantale,
Adieu, laisse-moy seul.

     AMARILLIS.

         Voy combien il me plaist,
Ie luy veux obeyr, tout endormy qu'il est.

     DAPHNÉ.

Attendons son réueil.

     AMARILLIS.

         Pour moy ie me retire,
Et tu m'as obligée à beaucoup de martyre.
720 Mais i'apperçois Tyrene, & quelqu'vn qui le suit.

SCENE V

TYRENE, BELISE, sous le nom de CLEONTE,

AMARILLIS, DAPHNÉ.

TYRENE.

Ie l'auise à propos, & le Ciel nous conduit,
Nous allions vous treuuer, agreez la visite
Que ce ieune estranger doit à vostre merite;
C'est mon frere en ces lieux arriué fraichement.

AMARILLIS.

Il m'oblige beaucoup.

DAPHNÉ.

O Dieux qu'il est charmant!

CLEONTE.

Surpris, saisi, confus auprés tant d'excellence,
Mon meilleur compliment dépend de mon silence;
Ie voy d'vn oeil charmé vos diuines beautez,
Et ie croy me treuuer en des lieux enchantez;
Dés que i'ay commencé de marcher sur vos traces,
Mon esprit enchanté vous a pris pour les Graces;
Vous auez leur mesme air, leur éclat, leur douceur,
Il ne s'y manque rien, que la troisiéme soeur.
Ce discours est fondé sur beaucoup d'apparence,
Puisque le nombre seul en fait la difference.

AMARILLIS.

Vous nous voulez railler par ce discours flatteur.

DAPHNÉ.

On le pourroit nommer l'agreable menteur.

CLEONTE.

Vous voir sans souspirer, cela n'est pas possible,
Ie ne suis pas de roche, & mon coeur est sensible.
Dieux! que mon frere a tort de m'amener icy
Pour perdre ma franchise, & gagner du soucy.

TYRENE.

Ie vous l'auois bien dit.

CLEONTE.

Il est trop vray, mon frere,
Mais quoy, ie me tairay, de peur de vous déplaire.

AMARILLIS.

L'on treuue en vos discours de si charmans appas,
Que vous des-obligez quand vous ne parlez pas.

CLEONTE.

Le silence sied bien aux bouches peu disertes;
Aux soûpirs, malgré moy, mes lévres sont offertes.

DAPHNÉ.

L'on ne peut dire mieux.

CLEONTE.

Mais ma timide voix
De vos commandemens prendra toujours des loix.

AMARILLIS.

Nous vserons toujours enuers vous des prieres.

DAPHNÉ *bas*.

Voicy pour mes ennuis de nouuelles matieres.
Que ses yeux sont charmans, que sa voix a d'attraits!

AMARILLIS.

Nous souffrons le Soleil, & le logis est prés,
Vous plaist-il de le voir?

CLEONTE.

Acceptez ma conduite.
L'heureux effet! Amour fauorise la suitte.

SCENE VI

PHILIDAS *éueillé*.

Sommeil, heureux charmeur des ennuis que ie sens,
Pourquoy m'as-tu rendu la liberté des sens?
Helas! par ta faueur ie voyois ma Bergere,
Et tâchois d'adoucir son humeur trop seuere,
760 Et quoy que sa rigueur estouffast mon espoir,
Ie ioüyssois pourtant du bon-heur de la voir.
I'ay malgré ses efforts sa belle main pressée;
Cet agreable songe a flatté ma pensée;
De ce bien maintenant mes desirs sont priuez.
765 Mais, ô Dieux! quelle main a mes vers acheuez?
Mais s'il faut qu'vn beau coup finisse ma misere,
Et l'on a mis icy; *Non, Philidas, espere.*
Pourrois je desormais voir le Ciel sans mépris,
Si la main de ma belle auoit ces mots escrits?
770 Non, Philidas, espere, ô Dieux le puis-je croire?
Puis-je sans vanité me donner cette gloire?
Non, quelqu'vn qui passoit touché de mon tourment
A ces vers acheuez par diuertissement.
Ie ne me flatte point de ce bon-heur insigne,
775 L'ozer imaginer, c'est en paroistre indigne;
I'espereray pourtant, & croiray que le sort
Se sert de ce moyen pour diuertir ma mort.

Fin du second Acte.

ACTE III

SCENE PREMIERE

PHILIDAS, AMARILLIS *chante*.

CHANSON.

Mepris, orgueilleuse fierté,
Nous auons assez disputé
Cõtre l'effort de tant de charmes.

Apres vn combat glorieux
Amour, si ie quitte les armes,
Ie les rends au plus grand des Dieux.

PHILIDAS.

O diuine Chanson! mes voeux sont apreuuez,
Et sa diuine main a mes vers acheuez.

AMARILLIS *continuë à chanter*.

Ie sçay quel empire tu prens
Dessus les coeurs indifferens
Auec des soûpirs & des larmes.

Apres tant d'efforts glorieux,
Amour, ie dois quitter les armes,
Et les rendre au plus grand des Dieux.

PHILIDAS.

Abordons-la sans crainte; Obligé desormais
A vous offrir des voeux, si ie le fis iamais,
Que ie baise à genoux cette main fauorable,
Qui vient de releuer l'espoir d'vn miserable:
Donc ces beaux yeux sont las de me voir soûpirer?
Donc il m'est ordonné de viure & d'esperer?
Et comme vn doux vainqueur respecte sa conqueste,
Vous auez diuerty la mort qui m'estoit preste;
Oüy, ie vis; & i'espere vn destin plus humain,
Puis qu'il faut obeyr à cette belle main.

AMARILLIS.

Quoy? i'ay tracé ces mots? la croyance indiscrete!

Voyez comme aisément on croit ce qu'on souhaite.
Perdez vn peu, Berger, de cette vanité,
805 Et ne me loüez point de tant de charité.

PHILIDAS.

Voulez-vous plus long-temps prolonger mon supplice?
Et vous repentez-vous d'vn acte de Iustice?
Suis-je trop peu discret pour cacher vos bien-faits?
Quand mesme vous rendriez mes desirs satisfaits?
810 Dieux! qu'à se declarer vne fille a de peine,
Vous ne defendez pas qu'on vous nomme inhumaine,
Quand ie vous appellois sourde, ingrate & sans yeux,
C'estoit-là vous donner des tiltres glorieux,
Vous trouuiez des appas en mon sort lamentable,
815 Et vous vous offencez du tiltre d'equitable.
Vous n'osez auoüer vne bonne action,
Que vous auez renduë à mon affection.

AMARILLIS.

Ie n'en puis auoüer, ny mauuaise ny bonne,
Ie n'ordonne la vie, & ne l'oste à personne.
820 C'est assez, Philidas, que chacun songe à soy,
Ie ne conserue point ce qui n'est point à moy.

PHILIDAS.

Amarillis pourtant a mon coeur en hostage.

AMARILLIS.

Elle vous rend à vous auecque vostre gage.
Vous sçauez mon humeur, ie fuis ces passions,
825 Et ie suy seulement mes inclinations.

PHILIDAS.

Quoy? toûjours insensible & sourde à mes prieres?

AMARILLIS.

Toujours ferme & constãte en mes humeurs premieres.

PHILIDAS.

Vn peu moins qu'autrefois.

AMARILLIS.

      Toujours également.

PHILIDAS.

Philidas n'est pas sourd.

AMARILLIS.

Ny moy pareillement.

PHILIDAS.

830 Non, car vous m'entendez, Adieu, viuez heureuse,
Soyez impitoyable à ma peine amoureuse;
Estouffez tout l'espoir qui me peut secourir,
Ie porte dans ma main le moyen de guerir.

Il s'en va.

AMARILLIS *seule.*

O Dieux! cet importun a ma voix entenduë
835 Alors que i'auoüois que ie me suis renduë.
Il a receu pour luy cette confession,
Et croit estre l'objet de mon affection.
Mais las! quoy que ie doiue à son amour extréme,
Il est bien abusé quand il croit que ie l'ayme.
840 Vn Amant bien plus rare occupe mes esprits,
Il me demande vn coeur qu'vn autre a déja pris.
Cleonte l'a forcé, mais auec tant de gloire,
Qu'il n'a que d'vn moment achepté sa victoire,
Et qu'ayant iusqu'icy méprisé tant d'Amours,
845 Ie me rends à l'appas de ses premiers discours.
Mais quelqu'vn vient icy. Mes plus cheres pensées
Par cet autre importun sont toûjours trauersées.

SCENE II

TYRENE, AMARILLIS.

TYRENE.

Qvi vous rend si pensiue?

AMARILLIS.

Vn autre objet que vous.

TYRENE.

Alcidor, ou Tirsis.

AMARILLIS.

Non, vn objet plus doux.

TYRENE.

Pāris, ou Philidor?

AMARILLIS.

Non.

TYRENE.

Timandre, ou Geronde?

AMARILLIS.

Vous le pourriez trouuer, en nommant tout le monde.

TYRENE.

Que i'apprenne son nom, & mes voeux sont contens.

AMARILLIS.

Adieu, deuinez-le, ie vous donne du temps,
Vous pouuez y penser.

TYRENE *l'arrestant*.

Vn mot, belle Bergere,

855 Ie sçay que vous auez des bontez pour mon frere,
Et prens part à l'honneur qu'il a receu de vous.

AMARILLIS.

Ie l'estime beaucoup, en estes vous ialous?

TYRENE.

Vous deuez auoüer qu'il est fort agreable.

AMARILLIS.

Il a l'esprit diuin, charmant, incomparable.

TYRENE.

860 C'est en dire beaucoup.

AMARILLIS.

Vous parlez froidement,
Il est la vertu mesme.

TYRENE.

En vn mot vostre Amant.

AMARILLIS.

Tyrene, parlez mieux. Vous rire, & me déplaire,
Ne sont pas les moyens d'auancer vostre affaire.
On arriue autrement à nostre affection
865 Que par la raillerie & l'indiscretion.
Il est vray que la mienne est vn but, où Tyrene
Auec tous ses efforts perdra toūjours sa peine.

TYRENE.

Ie l'apperçois qui vient; ô Dieu! qu'il est charmant:

AMARILLIS.

Plus que vous.

TYRENE.

Ie le croy.

AMARILLIS.

Mais plus infiniment.

TYRENE *s'en allant, dit à Cleonte.*

870   On attend vostre veuë auec impatience.

CLEONTE.

Toy, tu fais l'orgueilleux, & tu fuis ma presence.

Tyrene se cache & les entend.

SCENE III

AMARILLIS, CLEONTE.

AMARILLIS.

Qve Cleonte est chagrin!

CLEONTE.

Et qu'il l'est iustement.
Ha! seiour mal-heureux.

AMARILLIS.

Ha! Dieu! quel changement!
Ces plaines que tantost vous auez tant prisées,
Et que vous preferiez aux plaines Elisées,
N'ont-elles pas encore leur premiere beauté?
D'où vient à vostre humeur cette inegalité?

CLEONTE.

Que ce lieu soit charmant, qu'il soit incomparable,
Bergere, sa beauté m'est peu considerable;
Ce sont des appas morts, suiets au moindre vent,
Et qui touchent les yeux, sans passer plus auant;
Mais i'en treuue...

AMARILLIS.

Acheuez.

CLEONTE.

Helas! que puis-je dire?
Lors que ie veux parler, il faut que ie soûpire.

AMARILLIS.

Que Cleonte sçait bien feindre des passions.
O Dieux! comme il contraint toutes ses actions.
Que la franchise est rare en ce siecle où nous sommes!
La feinte seulement est la vertu des hommes,
Sur tout l'art de tromper est frequent à la Cour;
Qui dit vn Courtisan, dit vn fourbe en amour.
L'vn pour se diuertir se fait vne Maistresse;

L'autre fait le galant pour monstrer son adresse;
L'vn par coustume agit, l'autre par interest;
Enfin tous sont Amans, & si pas vn ne l'est.

CLEONTE.

895 Ne vous offensez point, diuin charme des Ames,
Ie ne vous diray rien de mes nouuelles flames.
Dans mes plus vifs accez, ie ne me plaindray pas,
Et pour vostre repos i'éuiteray vos pas.
Ie n'augmenteray point cette troupe importune
900 Dont vous tenez en main l'espoir & la fortune.
Ie ne reclameray ny vos voeux, ny vos soins,
Ie sçauray mieux aimer, & le témoigner moins.
C'est desia trop parler; Dieux! quelle ardeur me presse!
Que mesme en promettant i'enfraine ma promesse.

AMARILLIS.

905 Las d'exercer ailleurs cette eloquente voix,
La venez-vous, Cleonte, exercer dans ces bois?
Espargnez nos esprits, dont les moeurs inciuiles
Ont bien peu de rapport auec celles des Villes,
Et ne m'obligez point aux mesmes complimens
910 Que celles de Lyon rendent à leurs Amans,
Ils seroient mal fondez, & ie reçois les vostres
Comme vn propos commun que vous tenez à d'autres.

CLEONTE *feignant de s'en aller.*

I'ay promis de me taire, adieu. Mais quelque iour
On ne vous verra plus douter de mon amour.

AMARILLIS.

Non, non, encor vn mot; ô Dieux! qu'il sçait bien feindre,
915 On diroit qu'en effet son coeur se laisse atteindre.

CLEONTE.

Il est atteint déja, cruelle, & permettez,
Puis que ma voix vous plaist, & que vous l'écoutez,
Que i'atteste le Ciel, & toute la Nature,
Que vous estes l'objet du tourment que i'endure,
920 Si vous n'auez causé la misere où ie suis,
Si vostre occasion ne fait tous mes ennuis,
Si ie connois que vous pour objet de ma peine,
Puissay-je estre des Dieux, & l'horreur & la haine?
Et qu'apres mille maux vne eternelle mort
925 Fasse endurer mon ame, & déplorer mon sort?
Mais que ie pousse en vain d'inutiles paroles;
Vous tiendrez mes sermens pour des sermens friuoles,

Car on dit que les Dieux, imposant des tourmens,
N'en ordonnerent point aux parjures Amans.

AMARILLIS.

930 C'est qu'ils n'en treuuent pas d'égaux à leur offence,
Et ce poinct seulement a borné leur puissance.
Aussi quelque honneste-homme a ces crimes conceus?
Mais allons au logis discourir là dessus;
Le Soleil en ces lieux ne laisse plus d'ombrage.

CLEONTE.

935 Que ie reçois d'honneur!

AMARILLIS.

I'en reçois dauantage.

SCENE IV

TYRENE *seul les ayant écoutez.*

Dieux! auec quelle grace elle fait le transi.
La Bergere est touchée, & ie le suis aussi.
Il n'est rien de pareil à son rare merite,
Contre moy-mesme enfin, moy-mesme ie m'irrite.
Pesant ces qualitez d'vn esprit plus rassis,
I'aurois bien-tost changé mes roses en soucis,
Elle presideroit à ma flame amoureuse,
Et ma condition seroit beaucoup heureuse.
Mais que voudroit Daphné?

SCENE V
DAPHNÉ, TYRENE.

DAPHNÉ.

Elle n'est pas icy.

TYRENE.

Que cherchez-vous?

DAPHNÉ.

Ma soeur.

TYRENE.

Elle a bien du soucy.

DAPHNÉ.

Et d'oû luy prouient il?

TYRENE.

D'Amour.

DAPHNÉ.

Qu'elle vous porte.

TYRENE.

Non, ie serois bien vain de parler de la sorte,
Car iamais vn regard, ny la moindre action,
Ne m'a fait esperer son inclination.

DAPHNÉ.

A qui donc?

TYRENE.

A l'objet le plus parfait du monde,
Dont l'esprit est charmant, la beauté sans seconde,
C'est à Cleonte, enfin.

DAPHNÉ.

Qui vous l'a dit?

TYRENE.

Leur voix,
Et tous deux fraichement ils sortent de ce bois.
Ces feüillages espais me cachoient à leur veuë,
Et i'ay fort clairement vostre soeur entenduë.

DAPHNÉ.

955 Qu'vn ialoux a de peine, il croit tout ce qu'il craint.

TYRENE.

Vos yeux vous diront mieux si son coeur est atteint.
Adieu, craignez vous-mesme vne pareille peine,
Puis qu'il a bien touché cette belle inhumaine,

DAPHNÉ *seule*.

O conseil inutile à mon coeur languissant!
960 On ne craint plus vn mal alors qu'on le ressent.
Cet aimable vainqueur a mon ame charmée;
O rigoureux mal-heur! ma soeur en est aimée,
Et sa rare beauté me defend d'esperer
Le fruict de le cherir, & de le reuerer.

SCENE VI
CELIDAN, DAPHNÉ.

CELIDAN *la surprenant.*

965 A quoy pense Daphné?

DAPHNÉ.

Ie pensois à vous-mesme.

CELIDAN.

Que ie suis redeuable à ton amour extréme,
Combien tu fais d'efforts pour vn indigne Amant?
Et que peu de ton sexe aiment si constamment.
970 Mille font vanité du tiltre de pariure,
Ce nom est maintenant vne honorable iniure.
Toutes changent sans honte, & ta seule beauté
A de l'auersion pour l'infidelité.
Mais ie ne te vois point en l'humeur ordinaire,
975 Et mesme dés l'abord i'ay semblé te déplaire.
T'importunay-je icy?

DAPHNÉ.

Ie ne m'y tiendrois pas.

CELIDAN.

Quelque soucy pourtant change ces doux appas,
Tu me vois à regret, veux-tu que ie le die?
Ie croy que ton Amour est vn peu refroidie.

DAPHNÉ.

Ie rirois comme toy, mais vn mal de costé.

CELIDAN.

980 Dy que ton humeur souffre, & non pas ta santé.
On laisse rarement promener les malades;
Leurs chambres & leurs lits bornẽt leurs promenades,
Tu tiens les yeux baissez, tu parles froidement.

DAPHNÉ.

O le ialoux esprit!

CELIDAN.

Peut-estre iustement.

DAPHNÉ.

985 Adieu, mon mal s'accroist.

CELIDAN.

Ie te suy.

DAPHNÉ.

Non, demeure;
Permets-moy seulement de reposer vne heure,
Peut estre en ce sommeil, mon mal s'appaisera.

CELIDAN.

Ie ne te quitte point.

DAPHNÉ.

Fay ce qu'il te plaira.

CELIDAN.

Ie ne te suiuray point pour conter mon martyre,
990 Mais pour te garantir des aguets du Satyre,
Qui rôde effrontément tout à l'entour d'icy,
I'en ay tantost veu trois.

DAPHNÉ.

Ie les ay veus aussi.

CELIDAN *bas*.

O Dieux! diuertissez les sujets de ma crainte,
Et ne trahissez pas vne amitié si sainte.

Fin du troisiéme Acte.

ACTE IV

SCENE PREMIERE

DAPHNÉ, CLEONTE.

DAPHNÉ.

995 Cleonte a beau se plaindre, il a beau soûpirer.
De son amour pourtant ie ne puis m'asseurer.

CLEONTE.

Ie vous atteste, ô Dieux! Mais qu'est-il necessaire
De prouuer par sermens vne flame si claire?

DAPHNÉ.

Non, non, ne iurez point, & redoutez les Dieux.

CLEONTE.

1000 La foudre que ie crains est celle de vos yeux.

DAPHNÉ.

Ie sçay que sur ce front des passions sont peintes,
Et ie connois par fois que vous poussez des pleintes.
Si ie croy vos discours, vous estes tout de feu,
Enfin, vous feignez bien, ou vous aimez vn peu.
1005 Mais vous me repaissez d'vn espoir inutile,
Vous n'en aimez pas vne, ou vous en aimez mille.
Vous tenez à ma soeur de semblables discours,
Ie vous ay veu moy-mesme implorer son secours.

CLEONTE.

Si ma voix parle bien, mes regards parlent mieux,
1010 Ou vous entendez mal le langage des yeux.
Luy iurant que ie sens des ardeurs si parfaites,
Mon oeil vous dit-il pas que c'est vous qui les faites?
Alors qu'on aime bien, souffre-t'on des témoins?
Craindrois-ie qu'on nous vise, si ie vous aimois moins?
1015 Non, ie ne tiendrois pas mon amour si secrette,
Et ie vous traitterois ainsi que ie la traite.

CELIDAN *caché auec Philidas.*

Dieux! qu'est-ce que i'entends?

PHILIDAS.

Vos affaires vont mal.

CELIDAN.

Prepare-toy mon bras, à punir ce riual.

DAPHNÉ.

Cleonte, les effets prouueront vos promesses;
1020 Faites luy cependant vn peu moins de caresses;
Si vous l'aimez si peu, ne luy parlez point tant,
Elle a des qualitez à faire vn inconstant.
Toute froide qu'elle est, ie sçay qu'elle vous prise,
Et ne craindroit pas fort de me rauir ma prise.
1025 Adieu.

CLEONTE.

Ie vous conduits.

DAPHNÉ.

Non, retournez chez vous,
Ne faisons point d'ombrage à cet esprit ialoux.

CLEONTE.

Ie vous obey donc.

CELIDAN.

Dieux! qui l'eust iugé d'elle?

DAPHNÉ *s'en allant.*

C'est me bien obeyr, que de m'estre fidele.

CLEONTE.

Ah Daphné! ie renonce au bien de la clarté.
1030 Si rien est comparable à ma fidelité.

SCENE II

CELIDAN, CLEONTE, PHILIDAS.

CELIDAN.

Fais-en voir vne preuue en monstrant ton courage,
Mets l'épée à la main.

CLEONTE.

Quoy, deux? pas dauantage?
Contre Cleonte seul, vous n'estes pas assez.

PHILIDAS.

Arreste, Celidan, nous sommes offensez,
1035 Et prendre vn Caualier auec cet auantage,
Ce seroit laschement repousser vn outrage.
Il nous en faut vser auec moins de rigueur:
Son frere a témoigné qu'il est homme de coeur,
Il s'en pourra seruir, & le moindre interuale
1040 Fera voir entre nous vne partie égale.

CELIDAN.

Il faut, ô Philidas, qu'il meure de ma main.

PHILIDAS.

Cela peut arriuer, mais ce sera demain,
Car vn tiers tel que moy ne nous peut laisser batre.

CLEONTE.

I'ay par fois déguaigné contre deux, contre quatre;
1045 I'ay donné, i'ay paré d'assez dangereux coups,
Non pas auec des gens si genereux que vous.

CELIDAN.

Que dis-tu, Philidas, de cette humeur altiere?

PHILIDAS.

Il paroist assez fier, & ne s'ébranle guere.

CELIDAN.

Il se mocque, il se iouë, il se rit, Philidas.

CLEONTE.

1050 Ie me ris, ie me iouë, en faisant des combas.

CELIDAN.

O le vaillant guerrier!

CLEONTE.

Oüy vaillant, mais modeste.

CELIDAN.

Cherche vn de tes Amis, nous ferons ce qui reste.

CLEONTE.

Vostre temerité s'appreste vn chastiment;
Ie ne tire iamais ce fer impunément.

CELIDAN.

1055 Ne te vante pas tant, si tu veux qu'on te croyes.

CLEONTE.

Lors que i'entre en couroux, ie destruis, ie foudroye,
Tu deurois à genoux me demander pardon.

CELIDAN.

Est-il donc insensé? parle-t'il tout de bon?

PHILIDAS.

Ce sont traits d'vne humeur audacieuse & vaine.

CLEONTE.

1060 Enfin c'est trop railler, & vous laisser en peine;
Ie sçay quelle raison excite ce courroux;
C'est l'effet, Celidan, de vos soupçons ialoux,
Daphné charme vostre ame, & sçachant qu'elle m'aime,
Croyez que ie responds à son amour extrême,
1065 Mais qu'on me traite ainsi qu'vn lasche suborneur,
Comme vn hõme sans foy, sans coeur, & sans honneur,
Si deuant que la nuict demain vienne à parestre...

PHILIDAS.

Le terme n'est pas long.

CLEONTE.

Ie ne vous fais connoistre
Que pour vostre interest nous auons gouuerné
L'esprit d'Amarillis, & celuy de Daphné.

PHILIDAS.

Comment à toutes deux vous contez des fleurettes?

CLEONTE.

Oüy, à toutes les deux, pour des raisons secrettes.

PHILIDAS.

Comment à toutes deux?

CLEONTE.

Vous vous troublez de rien,
Il est vray, Philidas, mais c'est pour vostre bien.

PHILIDAS.

Ah! Celidan, i'ay peine à souffrir cet outrage.

CELIDAN.

Lors que ie m'emportois tu t'es monstré si sage.

CLEONTE.

Mais qu'apprehendez vous, mettez les armes bas,
Vous deussiez souhaiter de la voir dans mes bras;
Vous benirez bien-tost mes soins & mon adresse,
Lors que vous receurez l'effet de mes promesses;
De ce mal apparent le bien vous sera doux;
En trauaillant pour moy, ie trauaille pour vous.

PHILIDAS.

Ie ne puis rien comprendre en cet obscur langage.

CLEONTE.

Vous me dispenserez d'en dire dauantage,
Si vous les possedez, serez-vous satisfaits,

1090
Rien ne peut diuertir le dessein que i'en faits,
Vous serez obligez à ces heureuses feintes,
Et les remercimens succederont aux pleintes.
I'auray mis du remede à nos communs ennuis;
Vous loüerez mon esprit, & sçaurez qui ie suis,
Vostre mal & le mien également me touche.
La peur ne me met point ce discours en la bouche.
Si dans peu les effets ne surpassent vos voeux,
Vnissez vos efforts, & m'attaquez tous deux.

PHILIDAS.

1095   Qu'en dis-tu, Celidan, le pouuons-nous bien croire?

CELIDAN.

A garder sa parole, il aura de la gloire;
Et s'il auient aussi qu'il ne la garde pas,
Il pourra rencontrer sa honte & son trépas.

CLEONTE.

I'accepte l'vn & l'autre en cas de perfidie.
1100   Mais ne doutez tous deux de rien que ie vous die.

SCENE III
CLEONTE, TYRENE.

CLEONTE.

Ah! comme tout succede à mon ardent desir,
Peut-on faire vne intrigue auec plus de plaisir?
Ah! Tyrene, tu vois vn homme de courage,
Qui pour tes interests dans les duels s'engage,
Et peu s'en est fallu que deux Amans jaloux
Ne soient venus sur moy des iniures aux coups,
Tu deuois te haster, tu m'aurois secondée.

TYRENE.

Et la querelle enfin?

CLEONTE.

Nous l'auons accordée.
Admire mon esprit, recconnois mon pouuoir,
Ce n'est qu'vn en ces lieux que m'aimer & me voir.
Ie fay mille ialoux, & toutes vos Maistresses
Sont prodigues pour moy, de voeux & de caresses,
Les esprits les plus froids se sont laissez dompter,
Tyrene est bien heureux, s'il s'en peut exempter.

TYRENE.

Ie le cede, Belise, à ton merite extréme,
Et crois que tu sçay mieux mon mestier que moy-mesme.
Tu traites mieux l'Amour auec moins de souci;
Mais Amarillis vient, sa soeur la suit aussi.

CLEONTE.

Adieu.

TYRENE.

Quoy? tu les crains? Dieux! que de retenuë!

CLEONTE.

Cette regle d'amour t'est encore inconnuë.
Ie trompe l'vne & l'autre, & toutes deux m'aimant,
Ie dois à toutes deux parler separément.

SCENE IV

DAPHNÉ, AMARILLIS.

DAPHNÉ.

Vous ne méprisez plus l'amour ny son enfance,
Ie ne vous entens plus deffier sa puissance.
1125 Vous aimez à rêuer, ce visage est changé,
Ie m'abuse, ma soeur, ou l'Amour s'est vangé,
Et ne se fiant pas au pouuoir de ses charmes,
Cleonte son second a pris pour luy les armes.

AMARILLIS.

Ie ne vous entens plus estimer vos liens;
1130 Celidan n'a plus part en tous vos entretiens;
Vostre humeur chaque iour deuient plus solitaire.
Ie m'abuse, ma soeur, ou cette amour s'altere,
Et l'humeur de Cleonte a de certains appas,
Qui, si vous l'auoüez, ne vous déplaisent pas.

DAPHNÉ.

1135 Il plaist à tout le monde.

AMARILLIS.

Il faut donc qu'il me plaise.

DAPHNÉ.

Mais ne craignez vous plus ce tyran de nostre aise,
Cet aueugle Demon, ce poison des esprits,
Dont les fausses douceurs vous estoient à mépris?

AMARILLIS.

Le craignez-vous, ma soeur?

DAPHNÉ.

I'ay franchy cet orage.

AMARILLIS.

1140 Pour le franchir de mesme ay-je moins de courage?

Dois-je auoir en horreur ce que vous approuuez?
Et ne pourray-ie pas tout ce que vous pouuez?

DAPHNÉ.

Pourquoy donc mille Amans, qui vous ont tant aimée
N'ont-ils rien profité?

AMARILLIS.

       Vous m'en auez blâmée,
Vous me peigniez l'Amour plein d'appas & d'attraits,
Ie vous croy maintenant, & ie cede à ses trais.

DAPHNÉ.

Ainsi Cleonte enfin à vostre ame touchée,
Son merite vous plaist?

AMARILLIS.

      En estes-vous fâchée?
Au moins ce choix est iuste, & mon coeur enflamé
N'en quitte point vn autre, apres l'auoir aimé.
Ie n'ay point d'autre Amant dont la flame fidelle
De ma premiere amour doiue estre le modelle.
Ie n'ay point engagé mes inclinations;
Le choix est libre encor à mes affections.

DAPHNÉ.

I'approuue ce dessein, & pense que vostre ame
Ne se peut ennuyer d'vne si belle flame;
I'estime comme vous ses rares qualitez.

AMARILLIS.

Vous les estimez tant, que vous les ressentez.

DAPHNÉ.

Non pas fort.

AMARILLIS.

   Plus que moy.

DAPHNÉ.

       I'aurois beaucoup d'affaires.

AMARILLIS.

1160
Vous en auez aussi plus que les ordinaires,
Vous considerez trop toutes mes actions,
Et vous m'importunez de trop de questions;
Pourquoy m'espiez-vous?

DAPHNÉ.

O la folle creance!
Voyez combien l'Amour cause de deffiance,
Mais ne vous plaignez point, ie vous laisse en ce lieu.
Et ne vous suiuray plus.

AMARILLIS.

Vous m'obligez. Adieu.

Estant seule.

Elle a beau se contraindre, on void en son visage
De sa nouuelle flame vn trop clair tesmoignage.
Depuis que cet Amant s'est fait voir en ces lieux,
1165
Celidan l'importune, & desplaist à ses yeux,
Elle ne peut cacher le soucy qui la touche,
Son coeur à tous momens est trahy par sa bouche,
Et tant de questions font assez presumer
Le déplaisir qu'elle a de me le voir aimer.

SCENE V

CLEONTE, AMARILLIS.

CLEONTE.

1175 Qve ce teint est changé! quelle douleur vous presse?
Dieux! qu'est-ce que ie voy?

AMARILLIS.

Vous causez ma tristesse.

CLEONTE.

Quoy? vous suis-je importun?

AMARILLIS.

Vostre ciuilité
Ne peut iamais passer pour importunité,
Et l'on souhaite plus, qu'on ne hait vos visites,
1180 Depuis qu'on a conneu de vos rares merites.

CLEONTE.

Bergere, épargnez-moy, puisque les complimens
Doiuent estre bannis d'entre les vrais Amans.
Ma seule affection vous est considerable,
Et le moindre merite est au mien preferable;
1185 Ie connois mes defauts; pour me bien estimer,
Auoüez seulement que ie sçay bien aimer.
I'ay peu de vanité, mais au soin de vous plaire
Il faut que tout me cede, & que tout me defere.

AMARILLIS.

Vous promettez beaucoup.

CLEONTE.

Ie fais encore plus,
1190 Mais tenez pour suspects ces propos superflus.
Doutez si ie vous aime! ordonnez à mon ame
De prouuer à vos yeux cette immortelle flame.
Quel effet de valeur vous en peut asseurer?
Baiseray je vos pas? vous faut il adorer?

1195 M'ouuriray-je le sein? sçauez-vous quelque signe
Qui prouuast mieux encor ma passion insigne?
I'attesterois en vain les hommes & les Dieux,
Ie ne desire point de témoins que vos yeux.

AMARILLIS.

I'en veux pourtant auoir vn autre témoignage.
1200 A quelques pas d'icy dans vn sacré bocage,
Où luit auec respect le clair flambeau du iour,
Est la fontaine enfin des veritez d'amour.
Là de ce puissant Dieu les decrets equitables
D'vne soudaine mort punissent les coupables,
1205 Ie croy qu'Amarillis y conduisant vos pas,
Apres tant de sermens, ne vous expose pas.

CLEONTE.

Si la fidelité se fait voir dans cette onde,
La mienne y paroistra la plus belle du monde,
Iusqu'à l'heureux moment de l'assignation,
1210 Accordez quelque gage à mon affection,
Ce bracelet me charme, oseray je le prendre?
Ce soir au rendez-vous ie promets de le rendre.

AMARILLIS.

Vous me le rendrez donc?

CLEONTE.

      Faueur digne d'vn Dieu,
Ie n'y manqueray pas.

AMARILLIS.

    Ie vous en prie.

CLEONTE.

        Adieu.
1215 La Bergere qui vient est à mon autre Amante.

SCENE VI

CLIMANTE, CLEONTE.

CLIMANTE.

Ie vous cherchois par tout.

CLEONTE.

Que me voudroit Climante?

CLIMANTE.

Vous donner cette Lettre.

Lettre de Daphné à Cleonte.

CLEONTE *lit.*

Cleonte, si tu veux me plaire extrémement,
Accorde moy ce iour le bien de ta presence;
1220 Ma priere t'oblige à cette complaisance,
Ie veux t'entretenir vne heure seulement.

I'iray me rendre seule au bord de la fontaine,
Afin de m'asseurer de ton affection;
Là, si comme mes feux ton amour est certaine,
1225 Tu me la preuueras par ta discretion.

DAPHNÉ.

Il continuë.

Adieu, ie l'iray voir.

CLIMANTE.

Il faudroit que ce fust à sept heures du soir,
Comme entre chien & loup, enuiron sur la brune.
Mais ne negligez pas vostre bonne fortune;
Bien que vous soyez ieune, auec beaucoup d'appas,
1230 On void de vos pareils qui pourtant n'en ont pas.
Enfin, dans ce bon-heur soyez discret, fidelle,
Et couurez bien sur tout l'honneur de cette belle,
Prenez bien garde à tout.

CLEONTE.

Ie n'y manqueray point.

CLIMANTE.

Soyez, ainsi qu'heureux, discret au dernier poinct.

CLEONTE.

1235 Qu'vn facile moyen a leur ame abusée!
Que toucher vne fille est vne chose aisée!
Et qu'vn Amant bien fait a peu d'inuention,
Quand il n'attire pas son inclination.
Si iamais i'eus sujet d'accuser la Nature,
1240 Estant ce que ie suis, c'est en cette auenture.
Ie suis leur seul espoir, & leur vnique bien,
Ie leur promets beaucoup, & ne puis donner rien.

SCENE VII

LES TROIS SATYRES.

2. Satyre.

Ie pense qu'vn Demon les cache à nostre veuë.
Et quand nous les voyons les couure d'vne nuë.

3. Satyre.

N'importe, Tyresie a dit que ie suis né
Pour prendre Amarillis.

1. Satyre.

     Moy pour prendre Daphné.

2. Satyre.

Et moy, quelque Prophete aussi grand que le vostre,
Dit que i'auray le bien d'employer l'vne & l'autre.
Seul ie les rangeray sous l'amoureuse loy.

1. Satyre.

Tout beau, c'est vn peu trop.

2. Satyre.

      Ce n'est pas trop pour moy.

3. Satyre.

Mais garde Philidas, ce fol melancolique,
Qui frappe comme vn sourd, & les coups qu'il applique
Sont de poids d'ordinaire, & fracassent les os.

2. Satyre.

Ce peril n'est pas grand pour vn homme dispos.

1. Satyre.

Déja plus d'vn Satyre en est sur la litiere.

2. Satyre.

Ayant trois pas d'auance, on ne le craindroit guere.

1. Satyre.

Mais il lance le dard plus de cinquante pas.

2. Satyre.

A luy seruir de but ie ne m'expose pas.

1. Satyre.

Tu crains peu Celidan, & les cailloux qu'il iette.

2. Satyre.

1260 I'ayme peu ses cailloux, i'ayme peu sa houlette.
Mais s'il dormoit bien fort, apres vn bon repas,
En enleuant Daphné, ie ne le craindrois pas.

1. Satyre.

Ah! qu'il est dangereux pour les gens qui sommeillent.

2. Satyre.

Ah! qu'il est redoutable à ceux qui se réueillent.

1. Satyre.

1265 L'autre iour vn Berger te fit gagner le haut.

2. Satyre.

L'autre iour vn Bouuier t'époudra comme il faut.

3. Satyre.

Treue à tous ces discours, quittons la raillerie,
Et sur nostre dessein raisonnons ie vous prie.
Celles que nous suiuons iront voir en ce iour
1270 La fontaine qui rend les veritez d'amour.
Coupons adroitement le chemin qu'elles prennent.
Elles s'écarteront des Bergers qui les meinent,
Lors nous prendrons le temps pour les aller saisir,
Et puis apres cela nous aurons du plaisir.

2. Satyre.

1275 Mais éguisons nos doigts; mais affilons nos pouces,
Moy sur mon instrument, vous sur vos flustes douces.

ACTE V

SCENE PREMIERE

CELIDAN *seul.*

C'est bien manquer, & meriter son mal,
Que s'attendre en amour à son propre riual!
Qu'il me rende les voeux d'vne ingrate Maistresse.
1280 Me les ayant ostez? ô la vaine promesse!
Il est adoré d'elle, & son intention
Est d'arriuer par feinte à sa possession.
Et puis apres l'honneur de cette ioüyssance
Abandonner ces lieux, & vanter sa puissance!
1285 Mais qu'il craigne l'effect de mon iuste couroux,
Et qu'il n'irrite pas vn amoureux ialoux.
Le voila qui sous-rit, puis change de visage.
Hé bien, qu'auez-vous fait? auancez-vous l'ouurage?

SCENE II

CLEONTE, CELIDAN.

CLEONTE.

Ie fais tous mes efforts, mais ie trauaille en vain,
Elle demeure ferme en son premier dessein;
Ie blâme son humeur, i'excite sa colere,
Et par tous ces moyens, ie ne luy puis déplaire.
Ie vous plains de seruir cette ingrate beauté,
Pour moy sont les faueurs, & pour vous la fierté.

CELIDAN.

Ie ne puis plus aussi differer le supplice
Que mon iuste couroux doit à ton artifice.
Par ton inuention mes voeux sont méprisez,
Traistre, tu plains mes maux, & tu les as causez!

CLEONTE.

Ne vous hastez pas tant, vous entrez en furie,
Ce que ie vous ay dit, n'est qu'vne raillerie,
Vous estes plus heureux que vous ne pensez pas,
Pour me remercier, mettez les armes bas;
C'est tenir trop long-temps vostre esprit en balance.
Ie connois vostre amour, i'en sçay la violence,
Et veux que vous deuiez à ma compassion
Le fruict que vous aurez de vostre affection.

Monstrant la Lettre.

Voyez ce qu'en deux mots m'ordonne cette Belle,
Et receuez de moy ce que i'ay receu d'elle.
Allez la voir ce soir, monstrez luy cet escrit,
Dites qu'vn prompt effet a changé mon esprit,
Qu'elle a tort de me croire, & de se rien promettre,
Que moy-mesme en vos mains i'ay remis cette lettre.
Iurez-luy que ie ris de ses voeux superflus,
Ie confesseray tout, quand vous en direz plus.
Iugez apres cela si Cleonte vous aime,
Et si ie vous sers mieux que ie ne fais moy-mesme.

CELIDAN.

Il lit tout bas, ayant leu, il dit:

Que ie lise ces mots.

         L'infidelle beauté!
Sans doute ie vous doy le bien de la clarté.
Et ie suis tout confus d'auoir eu la pensée
Que ma fidelle amour fust par vous trauersée;
Ie ne sçaurois payer vn si rare plaisir.

      CLEONTE.

Allez, il en faudra parler plus à loisir.
Il faut que Philidas apres vn long martyre
Arriue par mes soins à l'hymen qu'il desire;
I'ay fait à cet Amant esperer du repos,
Il le merite bien. Mais il vient à propos.

SCENE III

PHILIDAS, CLEONTE.

PHILIDAS.

Enfin sans m'abuser d'inutiles paroles,
Flattez-vous pas mon mal d'esperances friuoles?
Amarillis veut-elle appreuuer mes douleurs?
Et prendre enfin pitié de voir couler mes pleurs?

CLEONTE.

Vous pouuez esperer puisque tout vous succede,
Et qu'on a pour vos maux preparé du remede,
I'ay disposé son coeur à n'estimer que vous.
Vous causez maintenant ses pensers les plus doux,
Et vous verrez ce soir l'effect de ma promesse,
Si l'amour vous promet assez de hardiesse.

PHILIDAS.

Pour seruir cette Belle il n'est point de danger
Ou mon affection ne me fist engager;
Et les chastes ardeurs dont i'ay l'ame enflammée,
Disposeroient ce bras à combattre vn'armée.

CLEONTE.

La voyant au milieu des Lyons & des Ours,
Pourriez-vous l'en tirer, & conseruer ses iours?

PHILIDAS.

I'emploirois mes efforts, & ie vaincrois leur rage,
Si la force & l'adresse égaloient mon courage.

CLEONTE.

Et si vous la voyez dans vn brazier ardent?

PHILIDAS.

Ie m'irois exposer à cet autre accident.

CLEONTE.

Il est besoin de plus.

PHILIDAS.

      De rien que ie ne fisse,
Pour elle ie voudrois franchir vn precipice:
Mais ne me celez rien, & m'ostez de soucy.

CLEONTE.

Amarillis ce soir vous attend seule icy.
Cette rare beauté cherit vostre seruage,
Et le soin que i'ay pris vous procure ce gage.

luy donnant le bracelet.

Amenez seulement à l'assignation
L'Amour, la retenuë, & la discretion.

PHILIDAS.

O Dieux! que dites-vous?

CLEONTE.

      Que ie tiens ma promesse.
Seruez fidellement cette belle Maistresse.
Adieu, viuez content, & gardez ces cheueux.

Il s'en va.

PHILIDAS.

Si mon bon-heur n'est faux, que ie vous doy de voeux!
Auoir tant obtenu de cette ame de roche;
Mais déia la soirée, & mon repos approche.
Attendant le bon heur de receuoir ses loix,
Allons rêuer vne heure au profond de ce bois.

SCENE IV

AMARILLIS *seule*.

Le Ciel laisse à nos yeux paroistre ses Estoiles,
Et la nuit sur la terre a déployé ses voiles;
1365 Il est déja bien tard, & mon fidel Amant,
Pour marquer son amour viendra dans vn moment.
Dans ce miroir flottant, dedans cette fontaine,
Ie verray son image à costé de la mienne.
Là nos yeux, à nos yeux des trais se lanceront,
1370 Mes timides regards sans peur s'expliqueront,
Ie pourray sans parler luy dire que ie l'aime;
Ces eaux m'exempteront de luy dire moy-mesme,
Cette onde luy peignant l'excez de mon ardeur
Ne fera point de tort à ma chaste pudeur.

SCENE V

LES TROIS SATYRES. AMARILLIS.

1. Satyre.

1375　Apres tant de trauaux il faut faire curée;
Courage, Amy, voicy nostre poule égarée.

AMARILLIS.

Infames, laissez-moy?

2. Satyre.

                Nous ne vous laissons pas.

1. Satyre.

Vous auez beau crier, vous passerez le pas.

AMARILLIS.

Au secours, mes Amis? on m'enleue? on m'emporte?

3. Satyre.

1380　Allons, il faut venir.

AMARILLIS.

                Ah bons Dieux! ie suis morte.

1. Satyre.

Ah vous n'en mourrez pas, suiuez-nous promptement.

SCENE VI

PHILIDAS. LES SATYRES. AMARILLIS.

PHILIDAS.

Bouquins ie suis à vous? attendez seulement?
Vous mourrez de ma main, ou vous lâcherez prise.

2. Satyre.

Diable de ce grand coup i'ay la hanche demise.

PHILIDAS.

1385   Quoy? vous me resistez?

1. Satyre.

Peste qu'il frappe fort.

3. Satyre.

Il se faut retirer.

1. Satyre.

Ha! bons Dieux! ie suis mort!

PHILIDAS.

Sans moy, belle Bergere, ils vous auoient rauie.

AMARILLIS.

I'auouë, ô Philidas, que ie vous doy la vie.
Mais quel si grand bon-heur guidant icy vos pas
1390   M'a presté ce secours que ie n'attendois pas?

PHILIDAS.

C'est l'effet seulement de mon obeïssance,
Et vous ne m'en deuez nulle reconnoissance.
Mais que iugerez vous de mon affection,
M'estant treuué si tard à l'assignation?

AMARILLIS.

1395 Quelle assignation?

PHILIDAS.

Vous semblez estonnée
A l'assignation que vous m'auez donnée.

AMARILLIS.

Moy? ie vous ay donné quelque assignation?

PHILIDAS.

Et d'oû vous peut venir cette confusion?

AMARILLIS.

Quoy, ie vous attendois?

PHILIDAS.

La chose est tres-certaine.

AMARILLIS.

1400 En quel endroit encor?

PHILIDAS.

Au bord de la fontaine.
Soyez vn peu sensible aux rigueurs de mon sort.
Vous connoissez Cleonte, il m'a fait ce rapport.

AMARILLIS.

Et que vous a-t'il dit?

PHILIDAS.

Qu'à la fin mon martyre
Vous auoit disposée à l'Hymen où i'aspire.

AMARILLIS.

1405 Vous croyez, Philidas, vn peu legerement,
Ie ne l'ay point chargé de ce commandement,
L'amour ne permet pas à vostre rêuerie
De discerner le vray d'auec la raillerie,
Cleonte vous gaussoit.

PHILIDAS.

      Ces cheueux toutesfois
Me doiuent confirmer le rapport de sa voix;
Il a receu pour moy ce fauorable gage,
Par qui vous témoignez de cherir mon seruage.

AMARILLIS.

Donnez que ie le voye.

PHILIDAS.

     Il vient de vous.

AMARILLIS.

        O Dieux!
Dois-je auoüer icy mon oreille, & mes yeux?

PHILIDAS.

D'où naissent vos soupirs & vostre inquietude?

AMARILLIS.

Est-il vn crime égal à ton ingratitude?
Traistre? lâche Tyran de mes affections,
Tu reconnois ainsi mes chastes passions?
Barbare? indigne objet du sejour où nous sommes?
Peste de l'Vniuers? le plus méchant des hommes!

PHILIDAS.

O Dieux! qui rend ainsi vostre esprit furieux?
Pourquoy me donnez-vous ces noms iniurieux?

AMARILLIS.

Ie ne vous parle pas, i'adresse ces iniures
Au pire des mortels, au plus grand des pariures
Qui meritoit le moins l'honneur de mon amour,
Et le plus beau pourtant qui respire le iour.

SCENE VII

CLEONTE, TYRENE, AMARILLIS, PHILIDAS.

CLEONTE.

Tv n'en peux plus douter, entens d'icy sa pleinte,
Et louë auecque moy cette agreable feinte.

AMARILLIS.

Quelle rage est pareille à mon ressentiment?
1430 Et qui me vangera de ce perfide Amant?
Si vous seruez, Berger, mon amour outragée,
Et si par vostre bras ie puis estre vangée,
Vous ne pousserez plus d'inutiles soupirs,
Mon inclination se range à vos desirs;
1435 Vn hymen bien-heureux terminera vos pleintes,
Si comme ses ardeurs les vostres ne sont feintes,
Percez ce lâche sein que ie n'ay sceu blesser.

CLEONTE *venant à elle.*

Il m'obligeroit fort s'il s'en pouuoit passer.

AMARILLIS.

Quoy tu parois encor, detestable pariure?
1440 Et tu n'esperes pas qu'on venge mon iniure?

CLEONTE.

Vous m'accusez à tort, adorable beauté;
Tyrene répondra de ma fidelité;
Il est l'vnique objet de l'ardeur qui m'enflame,
Il possede tout seul, & mon coeur & mon ame.
1445 Nos destins sont vnis par vn mesme lien,
Et si quelqu'vn m'attaque, il defendra son bien.

AMARILLIS.

A t'il perdu le sens?

CLEONTE.

Oüy, car i'aime vn volage,
Qui trahissoit pour vous vne foy qui l'engage,
Mais il ressent enfin sa premiere amitié.

AMARILLIS.

1450 Dieux! qu'il est insensé! croit-il estre Bergere?

CLEONTE.

Iugez-le par ce sein.

AMARILLIS.

O merueilleux mystere!
Qu'vne agreable feinte a nos yeux abusez!
I'excuse maintenant si vous me méprisez.

PHILIDAS.

O Dieux! qui l'eust pensé?

CLEONTE.

Pour bannir ma tristesse,
1455 I'ay voulu dans ces lieux éprouuer mon adresse,
Et Tyrene doutoit sçachant vostre rigueur,
Que i'eusse assez d'attraits pour toucher vostre coeur.
Par diuertissement i'entrepris cette feinte,
Aduoüez, sans rougir, que vous estiez atteinte.
1460 Mais quels sont vos desirs, ie ne puis rien pour vous,
Philidas vous promet des passe-temps plus doux,
Et par le doux lien d'vne ardeur mutuelle,
Vous deuez reconnoistre vn Amant si fidelle.

AMARILLIS.

Ie reçoy, Philidas, vostre coeur de sa main,
1465 Vous n'accuserez plus, ny rigueur ny dédain.
Me voila disposée à vous rendre iustice,
Et vous deuez ce bien à ce doux artifice:
Adieu, retirons-nous, & viuons tous contens.

CLEONTE.

Il faut encor ioüyr d'vn autre passe-temps;
1470 Aimable Amarillis, si i'ay sceu vous surprendre
De mes ruses, Daphné n'a pas sceu se defendre,
Il faut l'aller chercher.

SCENE VIII

DAPHNÉ *seule*.

      Ma soeur est endormie,
Et ie puis maintenant tromper cette ennemie;
Cleonte en cet instant se viendra rendre icy,
Afin de me conter son amoureux soucy.
I'entends du bruit, c'est luy.

SCENE IX

CELIDAN, DAPHNÉ.

CELIDAN.

I'apperçoy cette Belle.

DAPHNÉ.

Cher Cleonte, est-ce vous?

CELIDAN.

Et vous m'estes fidelle,
Ie plais seul à vos yeux, vous m'aimez constamment?
Et ma ialouse humeur n'a point de fondement?

DAPHNÉ.

1480   O Dieux, c'est Celidan!

CELIDAN.

Cleonte vient, méchante,
Afin de vous conter son amour violente,
Et pour vous diuertir i'ay deuançay ses pas,
Vous le verrez bien tost, ne vous ennuyez pas.

DAPHNÉ.

Que dit cet insensé?

CELIDAN.

Faut-il que ie le die,
1485   Le Ciel, ame sans foy, punit ta perfidie;
Cleonte s'est mocqué, ce vainqueur glorieux
Te fait seruir de fable aux Amans de ces lieux,
Il rit de tes faueurs, méprise tes caresses,
Et ne te daigne mettre au rang de ses Maistresses.
1490   Le superbe qu'il est ne considere pas
Entre tant de beautez de si foibles appas,
Il te plaint en son coeur quand tu crois qu'il t'adore,
Voy cette Lettre.

DAPHNÉ.

O Dieux!

CELIDAN.

Et tu m'aimes encore?
Ie me plaignois à tort, la constante beauté!
O miracle d'amour & de fidelité!

DAPHNÉ.

Il t'a donné la Lettre?

CELIDAN.

Oüy, luy-mesme, & ie iure,
L'éclat de tes beaux yeux qui m'ont fait cette iniure,
Et pensant obliger ma chaste affection,
Il m'enuoye à sa place à l'assignation.
Fais estat maintenant du beau noeud qui t'arreste,
Voy s'il t'est glorieux de vanter ta conquette,
Ie l'apperçoy qui vient.

SCENE DERNIERE

DAPHNÉ, CLEONTE, CELIDAN, TYRENE, PHILIDAS,
AMARILLIS, LISIMENE, CLIMANTE.

DAPHNÉ.

Que i'arrache son coeur,
Et que ie foule aux pieds ce superbe vainqueur.

CLEONTE.

Qu'est-ce? que voulez-vous?

DAPHNÉ.

Ce que ie veux, infame?
1505 Laissez, donnez ce fer, ou m'en arrachez l'Ame,
Mon affront vous plaist-il, & me déniez-vous
Le moyen d'alleger vn si iuste couroux?

CLEONTE.

Quoy? vous est-ce vn affront que mon indifference?
Qu'est ce qu'vn inconnu doit à vostre esperance?
1510 Dois je aimer à la fois mille ieunes beautez
Dont mes yeux sans dessein forcent les libertez?
Esperez-vous l'effet de mes vaines promesses?
Voulez-vous qu'vn seul homme épouse cent Maistresses?

TYRENE.

Dieux! qu'elle sçait bien feindre!

AMARILLIS.

Ah ma soeur! c'est assez,
1515 A voir de vains discours vos desirs trauersez,
Cleonte vous adore, & quoy qu'il dissimule,
L'effet vous prouuera le beau feu qui le brûle,
L'honneur de vos baisers est son bien le plus doux,
Et cette mesme nuict il couche auecque vous.

DAPHNÉ.

1520 Ce qui vous seroit bon, ne l'offrez point à d'autres,
Et ne preferez point mes interests aux vostres.

AMARILLIS.

Quoy, vos feux sont esteints? & vos fers sont vsez?
Ie l'accepteray donc si vous le refusez.
C'a prenons cent baisers sur cette belle bouche,
Ie suis à vous, Cleonte, & vous offre ma couche.

DAPHNÉ.

Elle a perdu l'esprit! Dieux, qu'est-ce que i'entends?

AMARILLIS.

Ie parle tout de bon.

TYRENE.

     O le doux passe-temps!

CLEONTE.

Madame, i'aime aussi cette rare merueille,
Et pour vos deux beautez, mon ardeur est pareille,
Vous deuez toutes deux accorder à mes maux
De pareilles faueurs, & des plaisirs égaux.

DAPHNÉ.

Que dit cét insensé?

LISIMENE.

     Dites cette insensée,
Reconnoissez l'erreur dont vostre ame est blessée,
Ce Caualier est fille, & ce soir mesmement
Pourroit auecque vous coucher innocemment.

DAPHNÉ.

O Dieux! ie doute icy si ie voy la lumiere!

AMARILLIS.

Il se faut consoler, i'ay failly la premiere.
Pour le mesme que vous nous l'auons estimé,
Certes vn tel Amant pouuoit bien estre aimé;
Vne faute si belle est tousiours pardonnable.

DAPHNÉ.

Ie suis toute confuse! ô l'erreur agreable!
Excuse, Celidan, mon infidelité,
Ou bien de cette offense accuse sa beauté.

CELIDAN.

Ie rentre en ma prison sans en auoir de honte.

TYRENE.

1545 Pour moy tous mes desseins retournent à Cleonte,
Ie ne troubleray plus vostre contentement;
Ie ne passeray plus pour importun Amant;
Mon coeur a pour Belise vne ardeur sans pareille,
Me pardonnez vous pas, adorable merueille?
1550 Nos parens là dessus nous donneront conseil.

LISIMENE.

Et bien esperiez-vous vn changement pareil?

PHILIDAS.

Ie vanteray par tout vostre feinte agreable.

CELIDAN.

Lignon n'en a point veu qui luy soit comparable.

TYRENE.

Puisque ce doux effet nous comble de plaisirs,
1555 Et que nostre bon-heur esgale nos desirs,
Afin de couronner tant d'amoureux mysteres,
Il faut, heureux Bergers, il faut, belles Bergeres,
Sur les Autels d'hymen, demain au poinct du iour,
1559 De cet éuenement rendre grace à l'amour.

Fin du cinquiéme Acte.

Extraict du Priuilege du Roy.

    Par grace & Priuilege du Roy donné à Roye en datte du dernier Septembre 1636. Et signé, Par le Roy en son Conseil, De Monceavx. Il est permis à Antoine De Sommaville, Marchand Libraire à Paris, d'imprimer ou faire imprimer, vendre & distribuer vne piece de Theatre, de la composition du Sieur *de Rotrou*, intitulée *La Celimene*, durant le temps & espace de sept ans, à compter du iour qu'elle sera acheuée d'imprimer: Et defenses sont faites à tous Imprimeurs, Libraires & autres, de contrefaire ladite piece, ny en vendre, ou exposer en vente de contrefaite, à peine de trois mil liures d'amende, & de tous ses despens, dommages & interests, ainsi qu'il est plus amplement porté par lesdites Lettres, qui sont en vertu du present Extraict tenuës pour bien & deuëment signifiées, à ce qu'aucun n'en pretende, cause d'ignorance.

    Ledit Sommauille a associé au Priuilege cy-dessus Toussaint Quinet, aussi Marchand Libraire pour moitié, suiuant l'accord à cet effet fait entr'eux.

Acheué d'imprimer le quinziéme Iuillet 1653.

Les Exemplaires ont esté fournis.

CELIMENE

NOTES ET VARIANTES

Personnages: Lignon: rivière du Forez, affluent de la Loire, qui doit sa réputation au grand nombre d'écrivains du XVIIe siècle qui firent de ses bords le théâtre de leurs bergeries. Le Lignon, le Palais d'Ysoure (v. 20), la Fontaine de Vérité d'Amour (v. 1200) figurent tous dans l'*Astrée*.

15: Gondebaud: roi de Bourgogne, mort en 516. Il ne cessa de faire la guerre et assassina ses trois frères.

19: A: en cette extremité

20: Ysoure: D'Urfé situe ce palais imaginaire dans le Forez. Il est difficile de le situer exactement à moins que l'auteur n'ait songé à la petite ville d'Yzeure, à deux kilomètres de Moulins, qui est citée dès 817 dans un acte de cession.

58: au (sic)

69: gehesne: gêne, torture (cf. *Sénèque*, v. 908).

100: A: Moy-mesme en vos habits,

202: A: des traits si delicats,

232: A: agite ainsi ton ame?

238: A: manque

239: (sic) ne faudrait-il pas lire *ou*?

263: A: de n'y consentir pas

268: orgueilleux: dont l'aspect peut être comparé à une sorte d'orgueil (cf. *Mariane*, v. 1501).

> Le Mont Saint-Michel, ce mont si orgueilleux... (Sévigné, 9 mai 1689).

277: avouer: reconnaître (cf. v. 1414; cf. aussi *Folie*, v. 868).

> Et qui sait si, sensible aux vertus de la Reine,
> Rome ne voudra point l'avouer pour Romaine? (Racine. *Bér.*, v. 1008).

366: faut-il lire: qui je suis?

390: Actéon: chasseur, fils d'Aristée; ayant surpris Artémis au bain, la déesse le transforma en cerf et le livra à sa meute qui le dévora.

399: cornichons: petites cornes

...j'en jure par les eaux
Et par les cornichons de mes jeunes bouveaux. (Belleau. *Bergeries*, I, i, 194).

437: ribaut: ribaud, impudique

Le jeu n'est sûr avec cette ribaude. (Boileau. *Epigr.*, III).

439: A: Quelqu'vn vous donneroit

441: bouquin: vieux bouc (cf. v. 1382).

Allez, bouquin puant, faire l'amour aux chèvres (Racan. *Bergeries*, II, 2).

447: festu: brin de paille

[La fourmi] Vit trois jours d'un fêtu... (La Fontaine. *Fables*, IV, 3).

451: se gourmer: se battre à coups de poings.

Qu'ils s'accordent entre eux ou se gourment, qu'importe? (Molière. *Fem. sav.*, v. 503).

A: ou i'en auray ma part.

452: devant: d'abord, auparavant, avant (cf. *Sénèque*, v. 1026).

460: quelque si...dont: quelque...que

Quelque si doux espoir où ma raison s'appuie (Viau. *Sonnet*).

511: connaître: comprendre, se rendre compte (cf. *Folie*, v. 1659).

568: sablon: sable, amas de sable

Sur l'aride sablon se trouve renversé. (Chapelain. *Pucelle*, XV, 93).

591: A: bonne humeur

593: A: qui vaille

701: A: A ses propres appas

721: aviser: apercevoir

> Le jour arrive et devient bientôt assez clair pour aviser sa maison. (St-Simon. *Mém.*).

741: franchise: liberté (cf. *Panthée*, v. 1248).

746: diserte: qui parle avec facilité

> Veut-on de diserts orateurs... (La Bruyère. *Disc. Académie*).

755: dit par Tyrene

893: A: Enfin tous tous sont Amans

> et si: et pourtant (cf. *Panthée*, v. 706).

903: enfrainer (A: enfraigne): enfreindre, rompre

> Si quelque transgresseur enfreint cette promesse, (Racine. *Athalie*, v. 1377).

979: mais (vieilli): n'était-ce,

> Il sont certains que il ne pevent vivre mez que tout comme il plera a monseigneur. (Joinville. *Hist. St Louis*).

1002: connaître: comprendre, se rendre compte (cf. *Folie*, v. 1659).

1005: repaisser (repasser): revenir sur quelque chose pour l'examiner (cf. *Osman*, v. 314): revenir en paroles. Mais pourrait-il s'agir ici du verbe repaître (manger)?

1006: A: où vous

1044: A: déguainé

1126: A: où l'Amour

1147: A: a vostre ame

1200: La Fontaine de Vérité d'Amour avait jadis un pouvoir magique: "L'amant qui s'y regardait voyait celle qu'il aimait et, s'il était aimé d'elle, il s'y voyait auprès; si, de fortune, elle en aimait un autre, l'autre y était représenté et non pas lui. Parce qu'elle découvrait les tromperies des amants, on la nommait la Vérité d'Amour." (*Astrée*, I, i).

1227: entre chien et loup: au crépuscule

> Je crains l'entre chien et loup quand on ne cause point (Sévigné, 13 novembre 1675).

1227: sur la brune: vers le soir

> Je le vis deux ou trois fois, sur la brune. (Retz. *Mémoires*).

1245: Tyrésie: Tyrésias, devin grec qui, selon certains, avait l'habitude de trop révéler.

1265: gagner le haut: s'enfuir (cf. aussi *Chrispe*, v. 129).

> Le galant aussitôt
> Tire ses grègues, gagne le haut. (La Fontaine. *Fables*, II, 15)

1317: (sic) les indications scéniques devraient séparer les deux hémistiches.

1338: A: Où mon affection

1375: curée: repas

> Prétend qu'elle en fera gorge chaude et curée. (La Fontaine. *Fables*, IV, 2).

1378: passer le pas: en venir à (au pas) (cf. *Parasite*, v. 1632).

> J'ai bien envie de...passer tout d'un coup à ce qui me tient le plus au coeur. (Sévigné, 27 octobre 1691).

1382: bouquin: vieux bouc (cf. v. 441).

1414: avouer: reconnaître, croire (cf. v. 277).

1482: A: deuancé

1524: A: ça prenons

LE PARASITE

INTRODUCTION

On peut se demander pourquoi Tristan termine sa carrière dramatique avec deux pièces comiques alors qu'il n'avait écrit que des pièces sérieuses avant 1652. Comme nous l'avons déjà signalé, en ce qui concerne *La Célimène*, il avait cédé aux instances des amis de Rotrou. Il est plus difficile, toutefois, de trouver une explication pour *Le Parasite* livré aux comédiens deux ans à peine avant la mort de Tristan. Serait-ce tout simplement, comme le suggère Madeleine dans son introduction à la pièce,[1] que l'*Angelica* lui "tomba sous les yeux" (p. v) et lui fournit le sujet de sa comédie? Le succès de *La Célimène* l'aurait-il encouragé dans cette voie? Toujours est-il que Tristan qui est récemment devenu "Gentilhomme de la Maison du Duc de Guyse" dédie sa seule comédie au fils de son ancienne protectrice au moment où la maladie va le terrasser. Il n'existe qu'une seule édition ancienne de la pièce, qui comporte tant de négligences que Madeleine a sans doute raison de croire que "Tristan, très malade, ne s'en mêla guère." (p. xxii).

Il est impossible d'établir de façon certaine quand la pièce fut représentée et par quelle troupe. Lancaster (III, 51) croit que la pièce a dû être jouée au Marais, fondant ses arguments sur le fait que le Capitan se nomme Matamore. Le même raisonnement nous ferait opter pour l'Hôtel de Bourgogne, car Bellemore, un des matamores les plus célèbres de l'époque, abandonna la troupe du Marais pour l'Hôtel de Bourgogne vers 1640. Les registres de La Grange et de la Comédie Française indiquent qu'après la fusion de la troupe de l'Hôtel de Bourgogne avec celle de Molière, *Le Parasite* faisait partie du répertoire et y est resté jusqu'en 1683. La pièce eut trois représentations en 1681, mais elle avait trop vieilli pour pouvoir encore plaire; on ne la donna qu'une fois en 1682 et la dernière représentation eut lieu le 26 juillet 1683. Pour Victor Fournel[2] et ses contemporains, la pièce devait être condamnée à l'oubli par la "tournure antique...la pesanteur de la plaisanterie, un penchant prononcé pour les lieux communs et le comique de convention." *Le Parasite* fut repris en 1936 par "Les Relais" et dans son compte rendu, Jean-Louis Vaudoyer ne fut guère plus généreux que ses prédécesseurs car il n'y voyait que "babillage de rimes et de couplets,...gaîté,...faconde,...cette habile musiquette de mots."[3] Il faut attendre la reprise de 1957 par "L'Equipe" pour trouver des jugements moins durs pour Tristan; dans le compte rendu qu'en fait Dussane, on trouve une critique plus nuancée:

---

[1] Paris: Droz, 1934.
[2] *Les contemporains de Molière*. Paris: Didot, 1875, III, 8.
[3] *Les nouvelles littéraires*, 8 février 1936.

> Ce qui nous plaît à entendre, c'est cette musique reten-
> tissante et bariolée, souvent fort heureuse, des fantai-
> sistes du temps de Louis XIII, que nos classiques allaient
> répudier et qui devaient plus tard nourrir l'inspiration
> de nos romantiques.[4]

Les sources de Tristan sont nombreuses et ont été étudiées à fond par divers critiques; nous ne reprendrons donc guère ces travaux ici sauf pour les indications suivantes: Della Porta s'inspire de Plaute pour son *Olimpia*; Fornaris remaniera l'*Olimpia* pour en faire son *Angelica* et c'est à Fornaris que Tristan fait appel pour *le Parasite*. Un résumé rapide de l'*Angelica* fera voir que les lieux communs de la comédie latine et italienne y abondent.

Fulvio et Angelica s'aiment, mais la mère de celle-ci veut lui faire épouser le Capitan Cacochillo. Pour empêcher ce projet de mariage, les jeunes gens et leurs serviteurs imaginent la fourberie suivante: sachant que Gismondo, mari de Mabilia, et son fils Mutio ont été enlevés en mer par des pirates il y a plus de vingt ans, Fulvio décide de se faire passer pour Mutio et de s'introduire auprès de Mabilia à qui il annoncera la mort de Gismondo. Mabilia reçoit à bras ouverts ce fils qu'elle croyait mort, mais elle commence à s'inquiéter lorsqu'elle voit Angelica et Fulvio-Mutio se faire des caresses et s'embrasser un peu trop tendrement. Pendant cette scène, on apprend qu'un vieillard et un jeune homme qui ont été prisonniers des Turcs pendant vingt ans viennent de débarquer. Comme leur signalement correspond à celui de Gismondo et Mutio, le Capitan décide de les faire passer pour tels afin d'avancer ses projets auprès de Mabilia. Bien entendu, il s'agit véritablement de Gismondo et Mutio. Lorsque Gismondo se présente chez Mabilia, elle croit le reconnaître, mais Fulvio-Mutio la convainc du contraire et Mabilia fera mettre à la porte son mari et son fils. Sur ces entrefaites, Algenio, père de Fulvio arrive et Fulvio prétend ne pas le connaître. Gismondo revient avec la police pour faire arrêter Fulvio, mais celui-ci parvient à convaincre le Barigel que Gismondo déraisonne et est devenu fou pendant sa captivité. Entre-temps, Mabilia apprend que les rapports d'Angelica et de Fulvio-Mutio n'étaient guère innocents; le Capitan survient et lui annonce que toute la ville est au courant de la situation, que Fulvio est en prison et qu'il reprend sa parole. Le dénouement est à prévoir: pour sauver Fulvio et l'honneur d'Angelica, les pères se mettent d'accord et les jeunes amants pourront s'unir.

Tristan opère une série de changements qui portent sur des détails plutôt que sur le fond de l'histoire. En éliminant des personnages et quelques scènes trop osées, en remaniant d'autres scènes, Tristan resserre l'action et met en relief les aspects comiques. Le résumé que nous venons de donner de l'*Angelica* montre bien que le sujet ainsi que les personnages font partie d'un patrimoine ancien dont on trouve des exemples pendant la Renaissance et aussi à l'époque de Tristan. Le succès — quoique éphémère — du *Parasite* s'expliquerait donc moins par le choix du sujet que par la virtuosité du langage. En effet, après 1640, la fantaisie verbale reprend la

---

[4]*Mercure de France*, mai 1957, p. 138.

place qu'elle avait perdue un siècle auparavant; Garapon offre l'explication suivante pour ce renouveau: "Nous serions tenté, pour notre part, de mettre en avant trois raisons: tout d'abord, l'amalgame réalisé, peu après 1640, entre les acteurs de farce et les acteurs de comédie; ensuite, la floraison de la littérature burlesque; enfin, l'état relativement flottant de la langue française à cette époque." [5]

Bien que Tristan ait dépassé de beaucoup ses prédécesseurs dans la peinture des personnages et dans la verve des dialogues, la pièce ne réussit guère à s'imposer. La fantaisie verbale qui avait garanti son succès allait également assurer son déclin: la langue allait se fixer assez rapidement et le burlesque devait disparaître, étouffé par ses propres excès. En outre, malgré certains changements heureux, Tristan ne s'était pas vraiment écarté de la comédie d'intrigue et ne s'était guère intéressé à la psychologie des personnages. Une lecture du *Parasite* et de *l'Etourdi* de Molière nous permet de mesurer toute la distance qui les sépare et d'apprécier l'originalité profonde de Molière qui a su créer des personnages dont la psychologie nous intéresse encore.

---

[5]Robert Garapon. *La fantaisie verbale et le comique.* Paris: Colin, 1957, p. 217.

BIBLIOGRAPHIE

Une seule édition ancienne

Le Parasite (Paris: Courbé, 1654). In-4 de (12)-144 pp.

```
p.      (1):   titre
pp.    (3-6):  Epître
pp.    (7-9):  L'imprimeur à qui lit
pp.  (10-11):  privilège (23 mars 1654; achevé d'imprimer du 19 juin 1654)
p.     (12):   Personnages
pp.   1-144:   Texte
```

LE PARASITE
COMEDIE

PAR MR TRISTAN

A PARIS,

Chez AVGVSTIN COVRBÉ, dans la petite Salle du Palais, à la Palme.

M. DC. LIV.
AVEC PRIVILEGE DV ROY.

A MONSEIGNEVR
MONSEIGNEVR
LE DVC DE
CHAVNE.

MONSEIGNEVR,

Ce n'est point pour sauuer cét Ouurage de l'iniure du Temps, ni de la malice de l'Enuie, que ie souhaite de le mettre sous la protection d'vn nom illustre comme le vostre: Cette production d'esprit est de si peu de consequence, qu'il n'importe guere qu'elle perisse: Et comme les fusées qui vont par bas, elle ne brille point d'vn feu qui doiue estre considerable pour sa durée. Ce n'est qu'vn petit diuertissement, ce n'est que l'effet d'vne interualle de trauail, & comme le repos d'vne estude plus serieuse. Aussi ne vous offray-je pas cette Comedie comme vne offrande digne de vous, ni qui soit mesme digne de moy: Ie vous la presente pource que i'ay passion de faire esclater en public, le zele particulier que i'ay pour vostre seruice. Mon ardente deuotion fait en cét endroit comme la colere, qui dans ses transports se sert de toutes sortes d'armes. I'espere, MONSEIGNEVR, de vous témoigner quelque iour ma tres-humble affection par des marques plus magnifiques, & dont vos belles actions seront la seule matiere. Vous auez des Gouuernemens dans vne Prouince qui sert comme de Theatre à la guerre, & vous y ioüez si noblement vostre Personnage, que les choses que vous ferez seront bien dignes d'estre escrites. Au reste, MONSEIGNEVR, auec l'auantage de vous faire craindre, vous ne manquerez pas de qualitez pour vous faire aimer. On admire en vostre ame vn fonds de bonté noble & genereuse; vne inclination qui se porte aussi facilement au bien, que celle des autres se porte au mal. On n'y void nulle pente au vice, & l'on y remarque de grandes dispositions à l'heroïque vertu. Ie dirois encore qu'auec vn esprit connoissant & fort, & qui sçait discerner parfaitement les bonnes choses, vous en vsez auec vne retenuë toute modeste, & qui fait connoitre que vostre iugement accompagne par tout vostre esprit, & qu'ils produisent ensemble, & la franchise dont vous vsez enuers vos amis, & la ciuilité que vous auez pour tout le monde. De ces grands auantages, MONSEIGNEVR, vous auez beaucoup d'obligation aux soins que l'on a pris de vous esleuer, mais vous en auez de plus particulieres à l'illustre sang dont vous estes sorty. L'Art n'a fait qu'acheuer en vous ce que la Nature auoit auancé, Vous aués receu les erres de tout ce bien, dés l'heure de vostre naissance, & vous ne pourrez iamais manquer de faire de grands progrez vers la Gloire, lors que vous suiurez vos propres sentimens, & que vous receurez comme vous faites, les auis de Madame la Duchesse

de Pequigny; Vous sçauez aussi bien que moy, que le Thermodon n'a iamais
veu de Reyne Amazone plus noble ni plus genereuse qu'elle, & que vous ne
receurez iamais de conseils qui soient bas, d'vne Mere si glorieuse & si
pleine d'esprit. Elle est capable de vous aprendre fort bien comme il
faut porter la bonne & la mauuaise fortune. Mais, MONSEIGNEVR, par quelle
impetuosité de zele me suis-je emporté, iusqu'à vous parler de cette
diuine personne, dont on ne peut faire d'assez grands Eloges? Moy qui
n'auois dessein que de vous offrir vn petit Poëme tout burlesque, & prendre occasion de là pour vous protester que ie suis auec autant de passion
que de respect, MONSEIGNEVR,

       Vostre tres-humble & tres-
        obeissant seruiteur,

       TRISTAN L'HERMITE.

L' IMPRIMEVR
A QVI LIT.

On s'estonnera de voir vne piece toute Comique comme celle-cy, de la production de Mr Tristan, dont nous n'auons gueres que des Pieces graues & serieuses: mais il y a des Genies capables de s'accommoder à toutes sortes de sujets, & qui se relâchent quelquefois à traiter agreablement les choses les plus populaires, apres auoir longtemps trauaillé sur des matieres heroïques. Enfin, ie vous puis asseurer que cette Comedie a des agréemens qui n'ont point esté mal receus; & qu'elle a eu l'honneur d'estre souuent representée dans le Louure, auec les mesmes aplaudissemens qu'elle auoit receus du public. Vous pouuez donc vous diuertir en cette lecture, attendant de ce mesme Autheur vn Ouurage plus magnifique, & qui demandera toute vostre attention. Mes Presses se preparent pour l'impression de son Roman de la Coromene, qui est vne autre piece dont le Theatre s'estend sur toute la Mer Orientale, & dont les Personnages sont les plus grands Princes de l'Asie. Ceux qui sont versez dans l'Histoire n'y prendront pas vn mediocre plaisir, & mesmes les personnes qui n'auront fait lecture d'aucun Liure de voyage en ces quartiers, ne laisseront pas à mon auis, de gouster beaucoup de douceur à lire les merueilleuses auentures qui s'y trouueront comme peintes, de la plume de Mr Tristan.

PRIVILEGE DV ROY.

Lovis par la Grace de Dieu Roy de France & de Nauarre: A nos Amez & Feaux Conseillers les Gens tenant nos Cours de Parlement, Maistres des Requestes ordinaires de nostre Hostel, Baillifs, Seneschaux, Preuosts, leurs Lieutenans, & à tous autres de nos Iusticiers & officiers qu'il appartiendra. Salut: Nostre cher & bien Amé le sieur Tristan-L'Hermite, Gentilhomme de la Maison de nostre tres-cher Cousin le Duc de Guyse, Nous a fait rémonstrer qu'il a composé depuis peu vne Comedie intitulée, *le Parasite* laquelle il est sollicité de mettre en lumiere; ce qu'il ne peut faire sans auoir nos Lettres sur ce necessaires, qu'il nous a tres-humblement supplié de luy accorder. A CES CAVSES, & voulant traiter fauorablement l'Exposant, en consideration de son merite, qui est connu non seulement en France, mais en toutes les Nations qui font profession d'aymer les Lettres: Novs luy auons permis & permettons par ces presentes, de faire imprimer, vendre & debiter en tous les lieux de nostre obeïssance, ladite Comedie du *Parasite*, par tel Imprimeur ou Libraire qu'il voudra choisir, & en telles marges & tels caracteres, & autant de fois que bon luy semblera, durant l'espace de cinq ans entiers & accomplis à compter du iour qu'elle sera acheuée d'imprimer pour la premiere fois. Et faisons tres-expresses deffences à toutes personnes de quelque qualité & condition qu'elles soient, de l'imprimer, vendre ny distribuer en aucun lieu de nostre obeïssance, sans le consentement de l'Exposant, ou de ceux qui auront son droit, sous pretexte d'augmentation, correction, changement de titre, fausses marques ou autrement, en quelque sorte & maniere que ce soit, ny mesme d'en emprunter le titre ou frontispice, le tout à peine de quinze cens liures d'amende, payables sans deport par chacun des contreuenans, & aplicables vn tiers à Nous, vn tiers à l'Hostel Dieu de Paris, & l'autre tiers au Libraire dont l'Exposant se sera seruy, de confiscation des Exemplaires contrefaits, & de tous despens, dommages & interests; à condition qu'il sera mis deux Exemplaires de ladite Comedie en nostre Bibliotheque publique, & vne en celle de nostre tres-cher & Feal le sieur MOLÉ Cheualier Garde des Seaux de France, auant que de l'exposer en vente, & que les presentes seront registrées gratuitement dans les Registres de la Communauté des Libraires de nostre bonne Ville de Paris, suiuant de Reglement fait sur ce sujet par nostre Cour de Parlement, à peine de nullité d'icelles. Du contenu desquelles Nous voulons & vous mandons, que vous fassiez iouïr pleinement & paisiblement l'Exposant, & ceux qui auront droit de luy, sans souffrir qu'il leur soit donné aucun empeschement. Voulons qu'en mettant au commencement ou à la fin de ladite Comedie vn Extrait des presentes, elles soient tenuës pour deuëment signifiées, & que foy y soit adjoustée, & aux copies collationnées par vn de nos Amez & Feaux Conseillers & Secretaires, comme à l'original. Mandons aussi au premier nostre Huissier, ou Sergent sur ce requis, de faire pour l'execution d'icelles tous Actes

& Exploits necessaires, sans demander autre permission. CAR tel est nostre plaisir, nonobstant oppositions ou appellations quelconques, & sans preiudice d'icelles, pour lesquelles nous ne voulons qu'il soit differé Clameur de Haro, Chartre Normande, & autres Lettres à ce contraires. DONNÉ à Paris le 23. iour de Mars, l'an de grace mil six cens cinquante-quatre. Et de nostre Regne l'onziesme. Par le Roy en son Conseil, CONRART.

Et ledit sieur TRISTAN L'HERMITE, a cedé & transporté son droit de Priuilege à AVGVSTIN COVRBÉ Marchand Libraire à Paris, pour en ioüir le temps porté par iceluy, ainsi qu'il a esté accordé entr'eux.

Acheué d'imprimer pour la premiere fois, le 19. Iuin 1654.

Les Exemplaires ont esté fournis.

Registré sur le Liure de la Communauté, le dernier Avril 1654. conformément à l'Arrest du Parlement du 9. Avril 1653. à condition que le present Priuilege sera cedé à vn Marchand Libraire ou Imprimeur. BALLARD, Sindic.

LES PERSONNAGES.

PHENICE,   seruante de Manille.
LVCINDE,   fille de Manille.
FRIPESAVCES,   Parasite.
LE CAPITAN,   Matamore.
CASCARET,   valet du Capitan.
LISANDRE,   amoureux de Lucinde.
PERIANTE,   amy de Lisandre.
ALCIDOR,   mary de Manille.
LVCILLE,   pere de Lisandre.
DES ARCHERS.

La Scene est à Paris, deuant la porte du logis de Manille.

LE

PARASITE

ACTE PREMIER

SCENE PREMIERE.

PHENICE.

Qve le poste est mauuais pour vne Confidente,
De passer vne nuit pres d'vne ieune Amante!
Elle est à babiller du soir iusqu'au matin,
Et l'on dormiroit mieux prés de quelque Lutin.
O l'importun effet d'vne amoureuse cause!
L'on dit & l'on redit cent fois la mesme chose,
On se souuient de tout, & l'on en vient troubler
Celles qui du sommeil se sentent accabler.
Que de propos diuers dessus vne vetille?
On soûpire sans cesse, à toute heure on fretille;
On vient vous demander, en vous tirant le bras,
Dites-moy, dormez-vous? ou ne dormez-vous pas?
Lucinde sans mentir, n'a point de conscience:
Elle ne m'a donné, ny paix, ny patience.
I'en auray ce matin les yeux tous endormis;
I'aymerois mieux coucher prés d'vn tas de fourmis;
Cent puces dans mon lict m'auroient moins esueillée.
Mais la voicy venir. Quoy? si tost habillée?
Des-ja sur mes talons? Quoy donc?

SCENE SECONDE

LVCINDE, PHENICE.

LVCINDE.

          C'est que ie veux
Encor sur ce sujet te dire vn mot ou deux.

PHENICE.

Encore vn mot ou deux? Apres plus de cent mille?

LVCINDE.

Souuiens-toy bien de tout.

PHENICE.

        O recharge inutile!
Dans cette inquietude & ces desirs pressans,
Ie crains auec raison que vous perdiez le sens.
Rentrez: & respondez si Manille m'appelle,
Que ie suis à la halle à battre la semelle,
Et que chez son Tailleur, comme elle a commandé,
Ie vais voir si son corps est bien racommodé;
Et si la robbe aussi qu'elle met aux Dimanches,
Est ralongée en bas, & retressie aux manches.

LVCINDE.

Mais d'vne bonne sorte instruis nostre Valet:
Que Lisandre arriuant reçoiue mon poulet,
Qu'il sçache ce qu'il chante, & qu'il s'en rememore.

PHENICE.

Allez, i'en prendray soin.

LVCINDE.

       Ie te le dis encore.

PHENICE.

Rentrez, nous perdons temps en propos superflus;
Ce n'estoit que deux mots; en voilà trente & plus.

Estant seule.	Mais où peut-on treuuer le drole que ie cherche?
	De mesme qu'vn oyseau qui se bat sur la perche,
	Il cajole quelqu'vn pour auoir vn repas;
40	Et le Diantre d'Enfer ne le trouueroit pas.
	Toutefois le voicy.

SCENE TROISIESME

FRIPESAVCES, PHENICE.

FRIPESAVCES.

O la rigueur estrange!
Est-il donc ordonné que iamais ie ne mange?
Ay-je donc tracassé iusqu'à cette heure en vain?
Ne pourray-je flatter ou contenter ma faim?
45 O Cieux, quelle pitié?

PHENICE.

Hola, ho, Fripesauces!

FRIPESAVCES.

Que mon ventre applaty fait eslargir mes chausses!
Si je ne bois bien-tost à traits frequents & longs,
On les verra dans peu tomber sur mes talons.
Phenice luy   O Cieux, quelle pitié! quelle misere extrême!
50 *frape sur*   Ha! Phenice, c'est toy.
l'épaule.

PHENICE.

Toy, n'es-tu plus toy-mesme?

FRIPESAVCES.

Que ton nez aussi bien n'est-il vn pied de veau;
Ie serois fort habille à torcher ton museau.
Si tes deux yeux estoient deux pastez de requeste,
Ie ficherois bien-tost mes ongles dans ta teste.
55 Et si ton scoffion auoit tous les appas
D'vne ruelle de veau bien cuite entre deux plats,
En l'humeur où ie suis, Phenice, ie te iure,
Que i'aurois toute à l'heure aualé ta coëffure.

PHENICE.

Quoy? manger si matin? L'appetit furieux.

FRIPESAVCES.

60 Ma bouche à mon resveil s'ouure deuant mes yeux;
Bride cet appetit d'vne raison meilleure:
Ie voudrois estre aueugle & manger à toute heure.

PHENICE.

Escoute donc vn peu.

FRIPESAVCES.

Que me veux-tu donner?

PHENICE.

Parlons d'vn grand secret.

FRIPESAVCES.

Parlons de desieuner.

PHENICE.

65 Il seroit question de faire vn prompt message.

FRIPESAVCES.

Il seroit question de manger vn potage,
D'vne piece de boeuf se desgraisser les dents,
Et mettre auec loisir des meubles là dedans.

PHENICE.

Si tu sçauois comment nostre Lucinde pleure,
70 Et ce qu'elle m'a dit encor depuis vne heure
Sur ces affections, ie te iure ma foy
Que tu pourrois pleurer comme elle & comme moy.

FRIPESAVCES.

Ie te iure ma foy que ma pance est plus séche
Que n'est vne alumette, vne esponge, vne méche,
75 Et qu'en vn alambic tres-difficilement
On en pourroit tirer deux larmes seulement.

PHENICE.

Escoute ce qu'il faut que tu die à Lisandre;
Il doit estre arriué.

FRIPESAVCES.

Ie ne sçaurois t'entendre.
Si ie n'ay comme il faut fait ioüer le menton,
80 Ce qu'on dit en François me semble bas Breton:
Ie me treuue assoupy, ie baille, ie m'alonge,
Et prens vn entretien pour l'image d'vn songe.

PHENICE.

Ie vais donc te querir d'vn certain reliquat.

FRIPESAVCES.

85   Qu'il soit bien releué, car mon ventre est bien plat:
    Et sur tout souuiens-toy de remplir la bouteille;
 Seul. O ie croy que ma faim n'eust iamais de pareille!
    Ie sens dans mes boyaux plus de deux milions
    De chiens, de chats, de rats, de loups, & de lions,
    Qui presentent leurs dents, qui leurs griffes estendent,
90   Et grondans à toute heure, à manger me demandent.
    I'ay beau dedans ce gouffre entasser iour & nuit,
    Pour assouuir ma faim ie trauaille sans fruit.
    Vn grand jarret de veau nageant sur vn potage,
    Vn gigot de mouton, vn cochon de bon âge,
95   Vne langue de boeuf, deux ou trois saucissons
    Dans ce creux estomac, souflez, sont des chansons.
    Vn flacon d'vn grand vin, d'vn beau rubis liquide,
    Si tost qu'il est passé laisse ma langue aride.
    Ie la tire au dehors le polmon tout pressé,
100   Comme les chiens courants apres qu'ils ont chassé.
    Vn nouuel hipocras, ie veux dire Hipocrate,
    Qui la teste souuent de ses ongles se grate,
    Et pour gagner le bruit de fameux Medecin,
    Touche souuent du nez au bourlet d'vn bassin,
105   Dit assez que ma faim est vne maladie;
    Mais il ignore encor comme on y remedie.
    Ces discours importuns ne font que l'irriter;
    Ie voy que c'est vn mal difficile à traitter.
    Quand i'aurois aualé cent herbes, cent racines,
110   Receu vingt lauemens, humé vingt medecines,
    Qui me feroient aller, & par haut & par bas,
    Ie me connois fort bien, ie n'en guerirois pas.
    O que d'vn bon repas la rencontre est heureuse!
    Ne viendra-t-elle point? despesche, paresseuse.

SCENE QVATRIESME

FRIPESAVCES, PHENICE.

FRIPESAVCES.

115   Descouure donc ce plat que tu caches si bien.

PHENICE.

Escoute moy deuant, ou bien tu ne tiens rien;
Il faut estre attentif sur vn fait qui nous touche;
Tu dois ouurir l'oreille auant qu'ouurir la bouche.

FRIPESAVCES.

Ie puis en t'escoutant les ouurir toutes deux.

PHENICE.

120   Escoute seulement.

FRIPESAVCES.

                    Que ie suis malheureux!
Donne vn peu de matiere à ma faim qui s'irrite.

PHENICE.

Tu ne mangeras point, qu'apres la chose dite;
Tu sçay que soûpirant sous de seueres loix,
Nostre jeune Orpheline est reduite aux abois,
125   Et n'ose contredire à Manille sa mere,
Qui la veut marier par vn ordre seuere:
Qu'elle pleure tousiours son rigoureux destin.

FRIPESAVCES.

Moy, ie n'en pleure pas, on y fera festin.

PHENICE.

Escoute, ô qu'vn yurongne est vne chose estrange!

FRIPESAVCES.

130   Mais tu parles tousiours, & iamais ie ne mange,
Ie pourrois t'escouter & macher doucement.

PHENICE.

Tu macheras apres, escoute seulement,
Tu sçay que cette fille à bon droit affligée
Par inclination est ailleurs engagée.

FRIPESAVCES.

135 Tant pis.

PHENICE.

Et qu'elle attend son Lisandre aujourd'huy,
Pour apporter de l'ordre à ce pressant ennuy:
Il faut aller seruir cette pauure innocente.

FRIPESAVCES.

Mais la faim dont i'enrage, est encor plus pressante.

PHENICE.

Il veut   Tout beau; faut-il soufrir qu'vn maistre de filoux,
140 toucher   Malgré ses sentiments deuienne son espoux?
au plat.   Et qu'vn homme d'honneur, plus noble & plus sortable,
                  En soit ainsi frustré?

FRIPESAVCES.

Non, ie me donne au Diable.

PHENICE.

Toutefois le temps presse & ce sera demain,
Qu'elle sera forcée à luy donner la main,
145 Si Lisandre aduerty bien-tost par cette lettre,
Pour rompre ce dessein, ne se vient entremettre.

FRIPESAVCES.

Mais comment fera-t'il?

PHENICE.

Ie te diray comment.

FRIPESAVCES.

Dis donc; ie n'en puis plus.

PHENICE.

>Attends vn seul moment,
Manille quelquefois escoute à cette porte.
Tu sçais bien qu'Alcidor est Prouençal.

FRIPESAVCES.

>Qu'importe?

PHENICE.

>Quelques trois ans apres qu'ils furent mariez,
Demeurans à Marseille, ils furent conuiez,
Par la serenité du plus beau jour du monde,
D'aller dans vn Esquif prendre le frais sur l'onde.
Manille par foiblesse esuita le malheur,
Pour estre sur la mer, sujette aux maux de coeur,
Mais son mary s'embarque aueque la brigade,
Qui pensoit s'esgayer tout au long de la rade:
Il y porte son fils qu'il ne pouuoit quitter,
Et dont l'âge à deux ans, à peine eust pû monter,
Et laisse sur le bord sa tres-chere Manille,
Qui donnoit à tetter à Lucinde sa Fille.
Ceux qui s'estoient commis à ce fier élement,
Veirent vn temps si beau changer en vn moment:
Leur Esquif fut bien loin poussé d'vn vent de terre,
Il fit vn grand orage, il fit vn grand Tonnere,
Et mal-traittez ainsi du soir iusqu'au matin,
Le jour les fit trouuer proches d'vn Brigantin:
C'estoient des escumeurs, des Turcs, qui les surprirent,
Et quelque temps apres en Alger les vendirent;
Et nous sceumes l'estat de leur captiuité,
D'vn de ces prisonniers qui s'estoit rachepté.
Mais en quatre ou cinq ans comme on a pû connoistre,
Ils ont changé de ville, ils ont changé de maistre,
Et le malheur est tel, que depuis quatorze ans,
Manille ne sçait plus s'ils sont morts ou viuants.
Si Lisandre arriué, comme vn forçat s'habille
Et se vient presenter au logis de Manille,
Et bien instruit par toy, luy fait certain recits,
Qui pourra l'empescher de passer pour son fils?
L'autre âgé de deux ans fut pris dans cette barque.

FRIPESAVCES.

>Son vray fils sur son corps peut auoir quelque marque,
Qu'elle ne verroit pas sur cet autre.

PHENICE.

>Point, point,
Nous sommes fortement assurez sur ce point,

185 Manille a dit cent fois qu'elle verroit parestre
Son fils deuant ses yeux sans le pouuoir connestre.

FRIPESAVCES.

Et ce fils retrouué, qu'on estimoit perdu,
Rompra-t-il aisément cet himen pretendu?
Manille au Capitan sa parole a donnée?

PHENICE.

190 Il fera tout au moins differer l'Himenée;
Et nous trauaillerons apres ce bel effet,
Afin que le traitté soit rompu tout à fait.

FRIPESAVCES.

La fourbe est excellente & bien imaginée:
Et pourueu seulement quelle soit bien menée,
195 A ton honneur, Phenice, elle reüssira.

PHENICE.

A son gré là dessus, le Ciel disposera,
C'est à toy seulement d'instruire bien Lisandre,
Et le bien conseiller sur l'habit qu'il doit prendre:
Et sur ce qu'il doit dire, afin qu'à la maison,
200 Il passe pour Sillare auec quelque raison.
Il doit adroittement debiter ses voyages,
Depeindre les païs, les citez, les passages,
Les moeurs des habitans qu'il aura frequentez,
Les noms des mescreans, les noms des racheptez.

FRIPESAVCES.

205 I'entends bien tout cela, laisse, laisse moy faire,
Il sçaura sur ce point ce qu'il est necessaire:
Beuuant vison visu d'vne bonne façon,
Comme vn sçauant Docteur ie luy feray leçon.
Montre donc ce paquet.

PHENICE.

La despence est fermée,
210 Et ie n'ay que ce plat pour ta gueule affamée:
Mais fay bien ton message & quand tu reuiendras...

FRIPESAVCES.

Ouy, ouy, mais de tels mets ne me contentent pas;
N'as-tu rien que cela? la pance est bien remplie,
Lors que l'on a le bien d'aualer vne oublie.

PHENICE.

215 Va, tu feras tantost vn solide repas:
Mais ne retarde plus, diligente tes pas:
Sers bien ces deux Amants, il faut que ie t'en presse,
Ie crains beaucoup pour eux.

FRIPESAVCES.

Tu crains que ie n'engraisse.

PHENICE.

Lescher encor le plat! n'as-tu pas acheué?
220 Va-t'en trouuer Lisandre, il doit estre arriué.
Trauaille à destourner le sort qui le menace.
Tu sçais bien le logis, il descend à la place.

FRIPESAVCES.

Ie sçay bien, ie sçay bien, à la place Maubert,
Pour le moins si la faim ne me prend point sans vert
225 A moitié du chemin.

PHENICE.

Trêve de raillerie.

FRIPESAVCES.

Ou si ie ne m'arreste à la Rotisserie,
Dont l'odeur pour mon nez est vn secret aimant,
Ce papier trouuera Lisandre & promptement.

PHENICE.

Va viste ie te prie, & pour ta recompense,
230 Ie prendray quelque chose encor dans la despence.

FRIPESAVCES.

Va donc mettre à l'escart quelque chose de bon,
Quelque langue de boeuf, ou quelque gros jambon;
Quelque longe de veau, quelque grasse eschinée,
Qui me puissent aider à passer la iournée.

SCENE CINQVIESME

LE CAPITAN, FRIPESAVCES, CASCARET.

LE CAPITAN.

235 Hola, ho, Bourguignon, Champagne, le Picard,
Le Basque, Cascaret!

FRIPESAVCES.

Tirons nous à l'escart,
Voicy ce Capitan, qui fait trembler la Terre,
Et qui parle si haut qu'il semble d'vn Tonnerre.

LE CAPITAN.

Las-d'aller, Triboulet, où sont tous mes valets?

CASCARET.

240 Ils sont sur les degrez de la Cour du Palais.

LE CAPITAN.

Ie ne suis point seruy, toute cette canaille
Se cache au cabaret, ainsi que Rats en paille.
Hola! qu'on vienne à moy.

CASCARET.

Que vous plaist-il, Monsieur?

LE CAPITAN.

Où sont tous ces coquins? i'enrage de bon coeur,
245 Ils ne respondent point lors que ie les appelle.

CASCARET.

Monsieur...

LE CAPITAN.

Ie leur rompray quelque iour la ceruelle:
Où sont tes compagnons qui ne me suiuent point?

CASCARET.

 L'vn racoutre ses bas & l'autre son pourpoint,
Et nul n'a de souliers, car vostre seigneurie
N'a passé de trois mois par la sauatterie;
Elle y deuroit aller.

LE CAPITAN.

       Ie veux auparauant,
Afin que vous ayez de bon cuir de Leuant,
Aller prendre Maroc, Alger, Tunis, Biserte,
Et quelqu'autre païs dont i'ay iuré la perte,
Et nous aurons alors d'assez bons maroquins.

FRIPESAVCES.

 Pour te sangler le nez?

LE CAPITAN.

       Pour chausser des coquins.

FRIPESAVCES.

 S'ils ont durant ce temps à battre la semelle,
Qu'ils se tiennent bien gays, leur attente est fort belle.

CASCARET.

Monsieur, en attendant, irons nous tout nuds piez?

LE CAPITAN.

 Ie voudrois que ces gueux fussent estropiez.

CASCARET.

 Et du linge, Monsieur?

LE CAPITAN.

      I'iray prendre la Chine;
Il y croit du cotton dont la toile est bien fine.

CASCARET.

 Monsieur, auant ce temps, il seroit à propos
De nous donner du lin.

LE CAPITAN.

      Ayons quelque repos.

265   Mes barbes, mes genets, ont-ils eu de l'auaine?
      C'est mon soin principal.

                    CASCARET.

                         C'est ta fiévre quartaine,
      Il n'a iamais nourry qu'vn bidet & qu'vn chien.

                    LE CAPITAN.

         Tu dis?

                    CASCARET.

            Que le bidet sur tout se porte bien.

                    LE CAPITAN.

         Ce petit animal est vne aimable beste;
270   On le pourroit monter mesme en vn iour de feste.

                    CASCARET.

         Ma foy sur vn baudet on seroit mieux monté.

                    LE CAPITAN.

         Comment?

                    CASCARET.

            Qu'il n'est pas bon quand il fait bien crotté.

                    LE CAPITAN.

         Mais durant les beaux iours il fait rage en campagne,
         Il part bien de la main.

                    CASCARET.

                       Ouy, comme vne montagne.

                    LE CAPITAN.

275   I'en ay bien refusé prés de deux cens escus.

                    CASCARET.

         Enuiron quinze francs.

                    LE CAPITAN.

                       Quoy?

CASCARET.

> L'on les offre & plus.

FRIPESAVCES.

O les plaisants faquins! ce Dialogue est drole.

LE CAPITAN.

Il te reste beaucoup de ma demy pistolle.
Va-t'en donc à la Halle & m'achepte à manger.

FRIPESAVCES.

280 Ie croy qu'il dit cela pour me faire enrager:
Il va bien-tost disner, il faut que ie le suiue.

LE CAPITAN.

Que nous ayons sur tout la chataigne & l'oliue.

FRIPESAVCES.

Il vaudroit mieux auoir quelque bon Aloyau.

LE CAPITAN.

De ces prunes aussi, qui laissent le noyau,
285 Mais arreste, voila l'escuyer de Lucinde.

FRIPESAVCES.

Qu'il a l'estomac hault, que n'est-il vn coq d'Inde!
Ie l'irois attaquer encor qu'il fut bardé.

LE CAPITAN.

Le pauuret a fremy quand ie l'ay regardé:
Hola, maistre d'Hostel!

FRIPESAVCES.

> Vostre grandeur m'honore.

LE CAPITAN.

290 Que fait donc ta maistresse?

FRIPESAVCES.

> Elle dormoit encore,
A l'heure que ie suis sorty de la maison.

LE CAPITAN.

C'est bien fait qu'elle dorme, elle a bonne raison.
Auant que nous entrions sous les loix d'Himenée,
Elle peut bien dormir la grasse matinée;
Pour auoir le teint frais, le visage arrondy,
La gorge ferme & pleine & le sein rebondy.
Car elle est destinée ainsi qu'on le remarque,
Pour estre en peu de temps vn morceau de Monarque.
Et si tout l'Vniuers mesme n'est en erreur,
D'vn homme qui vaut bien trois fois vn Empereur.
Ie m'en allois la voir, cette belle assassine.

FRIPESAVCES.

Pour aujourd'huy, Monsieur, elle prend medecine.
Toutefois...

LE CAPITAN.

En ce cas, il s'en faut bien garder;
Ie vy pour la seruir, non pour l'incommoder.
Ne luy parle tu point par fois de mes proüesses?
Dis-le moy.

FRIPESAVCES.

Non, Monsieur, mais bien de vos largesses,
Car elle sçait assez vos glorieux exploits.

LE CAPITAN.

Tu te souuiens toūjours du quart d'escu de poids:
Attendant le disner il faut que ie te die
Si i'ay le bras bien ferme & l'ame bien hardie;
Il faut qu'en peu de mots ie te face sçauoir
Si dans vn beau combat, i'ay bien fait mon deuoir.

FRIPESAVCES.

Tout ce qu'il vous plaira.

LE CAPITAN.

Escoute des merueilles.

FRIPESAVCES.

Pour obliger mon ventre afflige mes oreilles.

LE CAPITAN.

Contre le Preste-jan venant de batailler...

FRIPESAVCES.

O que ces longs discours me vont faire bailler!

LE CAPITAN.

I'allay faire trembler plus de quatre Couronnes.

CASCARET.

O qu'il est en humeur de t'en donner de bonnes!

LE CAPITAN.

<pre>
        Ce bras fut affronter cinq ou six Roitelets,
320   Et leur tordit le col ainsi qu'à des poulets.
        Monbaze, Soffola, de mesme que Melinde,
        Se virent desolez pour l'amour de Lucinde.
        Sur le bruit que son pere en ces lieux fut traisné,
        D'aller rompre ses fers ie fus determiné.
</pre>

FRIPESAVCES.

325   Quelle obligation pour vn si beau voyage!

CASCARET.

Il se rit de mon Maistre, & i'en creve de rage.

LE CAPITAN.

Tout cela n'a pû plaire à ce coeur sans pitié;
Ie n'ay pû iusqu'icy gagner son amitié.

FRIPESAVCES.

Ie ne croy pas, Monsieur, qu'elle soit si cruelle,
330   Quand vous aurez couché quatre nuits auec elle.

LE CAPITAN.

D'vn autre exploit encor tu seras estonné.

FRIPESAVCES.

Mais ne disnez vous point? voila Midy sonné.

LE CAPITAN.

Tu ne veux pas entendre vn exploit admirable?

FRIPESAVCES.

Monsieur, il seroit temps de s'aller mettre à table;
335 Ie sçay bien que chez vous, vous auez de bon vin.

LE CAPITAN.

Tu boirois de bon coeur.

FRIPESAVCES.

Vous parlez en Deuin.

LE CAPITAN.

Escoute encore vn peu.

FRIPESAVCES.

Monsieur, le temps me presse.

LE CAPITAN.

Fay moy toûjours seruice aupres de ma Maistresse,
Ie te feray present d'vn pot dont ie fais cas.

FRIPESAVCES.

340 Sera-t-il bien garny?

LE CAPITAN.

Garny? de taffetas.

FRIPESAVCES.

Ce n'est donc pas vn pot pour mettre à la cuisine?

LE CAPITAN.

Ce pot est vn armet d'vne estoffe bien fine;
Ie veux d'vn Corselet encor te regaler,
Comme d'vn coutelas qui sifle parmy l'air,
345 Et tranche en deux les Sphinx, les Hydres, les Chimeres.

FRIPESAVCES.

Ha! ces armes, Monsieur, ne me conuiennent gueres,
Ie ne voudrois m'armer qu'auec vn corselet,
Qui fut fait de la peau d'vn gras cochon de laict,
Et pour estre coëffé selon ma fantaisie,
350 Ie voudrois pour mon pot, vn pot de maluoisie;

I'en remplirois vn verre aussi long que mon bras,
Qui pour fendre les airs seroit mon coutelas.

LE CAPITAN.

Ie t'entends à ces mots, & veux en diligence,
Adjouster quelque chose à cette intelligence.
355 Tien, voila dequoy boire au prochain Cabaret.

FRIPESAVCES.

O, le coeur magnifique!

LE CAPITAN.

Et de plus, Cascaret.

FRIPESAVCES.

O qu'il est liberal, si ce quart d'escu peze,
Mais ie croy qu'à la fin de cette parantaise,
Ie doy sur nouueaux frais aueque son valet,
360 Par son commandement prendre pinte au colet;
I'auray de la vigueur pour acheuer ma course.

LE CAPITAN.

Enten-tu?

CASCARET.

Ouy, Monsieur.

LE CAPITAN.

Qu'il boiue, & sur ma bourse.

FRIPESAVCES.

Nous boirons donc, Monsieur; mais à vostre santé.

LE CAPITAN.

Beuuez premierement à ma Diuinité:
365 A la belle Lucinde, à cette jeune Aurore,
Dont vn petit Soleil dans peu se doit esclore:
S'il faut que ie l'espouse, & qu'enfin sa rigueur
Cesse de rebutter les offres de mon coeur.

Le Capitan Sans doute Cascaret en vuidant les bouteilles,
370 *seul.* Va de ce Parasite apprendre des nouuelles;
Car ce petit fripon sçait naturellement
Tirer les vers du nez assez adroittement.
Ie sçauray si Lucinde...ha! ie voy cette belle,
Elle sort du logis, Phenice est auec elle.

SCENE SIXIESME

LE CAPITAN, LVCINDE, PHENICE.

LE CAPITAN.

375   OV portez vous ainsi, les Graces, les Amours,
Et toute la clarté qui fait mes plus beaux iours?

LVCINDE.

Monsieur, dans ce manchon ie ne porte qu'vn liure.
O l'importun fâcheux, que le Ciel m'en deliure.

LE CAPITAN.

N'auray-je pas l'honneur d'accompagner vos pas?

LVCINDE.

380   Non, Monsieur, point du tout, ou bien ie ne sors pas.

LE CAPITAN.

De grace, permettez.

LVCINDE.

Non, i'y suis resoluë.

LE CAPITAN.

Vous le commandez donc de puissance absoluë.

LVCINDE.

Monsieur, ie vous en prie.

LE CAPITAN.

Hé, Madame, pourquoy?

LVCINDE.

Vous perdez vostre temps en l'employant pour moy,
385   Ie vous l'ay déja dit.

LE CAPITAN.

          O miracle des belles,
Nous vaincrons par nos soins ces rigueurs naturelles;
Nous en viendrons à bout.

LVCINDE.

                Ce ne sera iamais.

LE CAPITAN.

En voudriez vous jurer.

LVCINDE.

                Ouy, ie vous le promets;
Et que vous auez beau solliciter ma mere,
390   Tous ces commandements ne sont qu'vne chimere;
Vous ne m'obtiendrez pas, on me verra deuant,
Espouser de bon coeur la mort ou le Conuent.

LE CAPITAN.

Mais que vous ay-je fait pour m'estre si contraire?

LVCINDE.

Rien que m'importuner, & rien que me desplaire.

LE CAPITAN.

395   Cruelle, cét orgueil vn jour s'abaissera.

LVCINDE.

Adieu, ie vous ay dit tout ce qu'il en sera.

LE CAPITAN.

Vn mot, ie te veux faire vn present bien honneste.

PHENICE.

Monsieur, tous vos discours me font mal à la teste.

LE CAPITAN.

Si tu me veux seruir ie te feray du bien.

PHENICE.

400   Vous le dites assez, mais vous n'en faites rien.

LE CAPITAN.

Vne Voiture vient dont ie feray largesse.

PHENICE.

Vous me ferez au moins, gronder par ma Maistresse.
Adieu.

LE CAPITAN.

Voila comment ie trauaille sans fruit;
Lucinde me dedaigne, & le reste sensuit.

Fin du premier Acte.

ACTE SECOND

SCENE PREMIERE.

LISANDRE.

405 Enfin, voicy l'endroit où Lucinde demeure,
Et ie la reuerray possible dans vne heure:
Ie reuerray les yeux dont ie fus enflãmé,
Et cette bouche encor par qui ie fus charmé,
Cĕt Oracle d'Amour, cette bouche de rose,
410 Qui toũjours adoucit les loix qu'elle m'impose.
Ie baiseray sa main qui dans ce qu'elle escrit,
Par des traits si charmants marque son bel esprit;
Mais si faut-il encor relire cette lettre,
Si le temps & l'Amour me le peuuent permettre;
415 Elle presse si fort mon amoureux desir,
Qu'il ne me reste pas vn moment de loisir.

LETTRE DE LVCINDE
A LISANDRE.

Venez en diligence, & parlez à Phenice,
Qui vous descouurira l'estat de nostre sort:
Nous n'auons plus d'espoir qu'en vn seul artifice,
420 Où Lisandre seruira fort;
Mais qu'il manque, ou qu'il reüssisse,
Mon amour ne craint rien, non pas mesme la mort.

Lucinde, si i'entends la voix de cĕt Oracle,
Nous sommes trauersez par quelque grand obstacle.
425 Nostre heur est retardé par quelque empeschement,
Mais il faudra le vaincre ou mourir promptement.
Rien ne diuertira mon amoureuse enuie,
I'obtiendray cette Belle ou ie perdray la vie.
O que ie suis à plaindre en mon sort amoureux!
430 Ie vy dessous le joug d'vn pere rigoureux;
Qui ne sçauroit responde à mon ardeur extrême,
Qui veut que i'estudie, & n'entend point que i'ayme.
Lucinde d'autre-part, tremble sous vne loy,
Qui la rend pour le moins esclaue autant que moy.
435 En ses desirs secrets, elle craint vne mere,
Qui ne luy parle point qu'auec vn front seuere;
Qui l'obserue sans cesse, & la suit en tous lieux,
Et qui pour la garder voudroit auoir cent yeux.
De m'aller descouurir, cette femme chagrine

```
440    Ne rebuttera pas ma naissance & ma mine.
       Possible suis-ie fait à ne desplaire pas:
       Mais comme l'on en vse en de semblables cas,
       Sans doute elle voudra faire parler mon pere,
       Et Dieu sçait quels seront ses transports de colere:
445    Cét esprit rude, auare, actif pour amasser,
       De nourrir vne bru, se veut long-temps passer.
       On le fera cabrer luy portant ces paroles,
       Il me fera soudain retourner aux escoles,
       Ie seray trop heureux, s'il ne me frape pas,
450    Mais quel homme indiscret accompagne mès pas,
       Et me suiuant, m'escoute en posture plaisante?
```

SCENE SECONDE

PERIANTE, LISANDRE.

PERIANTE.

Vn qui ne te craint guere.

LISANDRE.

      Ha! c'est toy, Periante?
Que fay tu dans Paris? qui te croiroit icy?

PERIANTE.

I'y suis depuis trois iours, & le Preuost aussi.

LISANDRE.

Qui?

PERIANTE.

  Lucile.

LISANDRE.

    Mon Pere! ô le malheur estrange!

PERIANTE.

D'où vient que là dessus le visage te change?
Ie voy bien que Lisandre est party sans congé;
Lucile n'en sçait rien.

LISANDRE.

     Non, tu l'as bien jugé,
Ie craindray qu'à mes yeux à toute heure il se montre.

PERIANTE.

Ne va point au Palais, si tu crains sa rencontre.
Il plaide en cette ville.

LISANDRE.

     Ha! ie sçay ce que c'est,

Et i'y suis arriué pour vn autre interest.

PERIANTE.

Seroit-ce point pour voir cette agreable fille
De qui tu m'as parlé? sa mere a nom Manille?

LISANDRE.

465   Ouy, c'est pour cela mesme.

PERIANTE.

Ha! ie m'en doutois bien;
Elle ne te haït pas; mais quoy, tu ne tiens rien,
Si tu pretends au moins l'auoir en mariage.

LISANDRE.

Cher amy, que dis-tu? ne tiens pas ce langage,
C'est blesser mon amour, & sa fidelité.

PERIANTE.

470   Quand ie te parle ainsi ie dis la verité;
Tu n'y dois plus penser.

LISANDRE.

Tréve de raillerie.

PERIANTE.

Enfin c'est au plus tard, demain qu'on la marie;
Tout le monde le sçait, les voisins me l'ont dit.

LISANDRE.

Dieux! ie suis tout confus! ie suis tout interdit.
475   Lucinde m'escrit-elle vne si belle lêttre,
Où son affection me semble tout promettre,
Et doit iusqu'à la mort me conseruer sa foy,
Pour me faire venir & se moquer de moy?

PERIANTE.

Possible elle a voulu, comme elle est fort discrete,
480   S'excuser de la chose auant qu'elle fut faite;
Desgager sa parole, & te dire comment
On la va marier sans son consentement.

LISANDRE.

O noire perfidie auec art desguisée!
Mon esperance ainsi seroit donc abusée?
Comment tant de soûpirs & de pleurs confondus,
En seruant sa beauté seroient des soins perdus?
Ha! que viens-tu de dire! ha! que viens-ie d'entendre!
O perfide Lucinde! ô malheureux Lisandre!
O Cieux! quelle iniustice & quelle trahison!

PERIANTE.

Perdant cette Beauté, ne perds pas la raison.

LISANDRE.

O malheureux voyage! ô fatale arriuée!

PERIANTE.

Vne femme perduë, vne autre est retrouuée.

LISANDRE.

O! d'vn si lâche tour a-t-on iamais parlé?

PERIANTE.

Veux-tu pour t'en vanger deuenir tout pelé?
Laisse en paix tes cheueux, cette belle moustache
N'a point pour ce sujet merité qu'on l'arrache.

LISANDRE.

Lucinde se marie? ha! c'est trop discourir,
C'est trop, c'est trop parler, il est temps de mourir.

PERIANTE.

Tout beau, tout beau, Lisandre.

LISANDRE.

                    Il faut que ie perisse,
Il faut que tout mon sang marque son iniustice;
De ce fer à ses yeux ie veux m'assassiner.

PERIANTE.

Mais plutost sans la voir tu dois t'en retourner;
Tu sçais que tous les iours on peut prendre le coche.

LISANDRE.

 O trop lâche inconstance! ô trop honteux reproche!
505 Mais encore, de grace, en flattant ma douleur,
Aprens-moy qui profite ainsi de mon malheur?
Est-ce vn homme de coeur, d'esprit & de naissance?
Du quartier qu'il habite, as-tu la connoissance?

PERIANTE.

 C'est vn homme venu des païs estrangers,
510 Qui dit qu'il a par tout affronté les dangers,
Qu'il a suiuy la guerre en toutes les contrées;
En vn mot, vn mangeur de charettes ferrées.

LISANDRE.

Son nom?

PERIANTE.

 C'est Matamore.

LISANDRE.

     Et son logis encor?

PERIANTE.

 Si i'ay bonne memoire il loge au Lion d'or,
515 Car ce Balon enflé veut par gallanterie
Vn Lion pour enseigne en son Hostellerie.

LISANDRE.

 Quand luy-mesme seroit ce Roy des animaux,
Il se peut assurer d'auoir part à mes maux:
Sans courir quelque risque, il n'aura pas la joye
520 D'enleuer à mes yeux vne si belle proye.
Vn autre auroit ainsi le prix de mon amour?
Il en perdra la vie, ou ie perdray le iour.

PERIANTE.

On dit qu'il bat le fer dans les meilleures sales.

LISANDRE.

N'importe, nous verrons auec armes esgalles.

PERIANTE.

525 On tient qu'il est adroit.

LISANDRE.

Mon bras l'esprouuera.

PERIANTE.

Mais il peut s'excuser.

LISANDRE.

Mais il desgainera.

PERIANTE.

Il faudra l'auertir, auant qu'on le menace,
Qu'il court sur ton marché.

LISANDRE.

C'est assez qu'il le fasse.
Sans esclaircissement & sans plus de longueur,
530 Ie m'en vay le chercher pour luy manger le coeur.

PERIANTE.

Le Facteur de Manille en nostre Hostellerie,
Auecque son Valet a fait grande frairie:
Ils y boiuent encor.

LISANDRE.

Mais quel est ce Facteur?
Manille n'en a point.

PERIANTE.

Facteur, ou seruiteur,
535 C'est ce ventre affamé dont tu m'as dit merueilles,
Qui s'alterre tousiours en vuidant les bouteilles,
Qui pourroit aualer vn boeuf en vn repas,
Et qui pour tout cela ne se souleroit pas.

LISANDRE.

Ie connois bien qui c'est; quoy? ce gosier auide
540 Hante ce Capitan? le traistre! le perfide!

PERIANTE.

En passant aupres d'eux i'entendois leurs discours;
Ils parloient assez haut.

LISANDRE.

De quoy?

PERIANTE.

De tes amours:
Et par leur entretien i'ay sceu ton arriuée,
Qui seroit, disoient-ils, vne vaine coruée.

LISANDRE.

Ha! si ie puis iamais attrapper ce maraut,
Ie l'en remercieray, mais i'entend comme il faut.

PERIANTE.

Adieu, ton seruiteur.

LISANDRE.

Hé! de grace, demeure.

PERIANTE.

Ie cours au Messager qui s'en va dans vne heure.

LISANDRE.

Amy, pour adoucir de si cruels tourmens,
Veüille encor me donner au moins quelques momens.
Demeure encore vn peu, voicy ce Parasite
Que ie m'en vais traitter en homme de merite.

SCENE TROISIESME

FRIPESAVCES, LISANDRE, PERIANTE.

FRIPESAVCES.

Ha! vous voila, Monsieur, ie vous allois chercher
Pour vous dire trois mots.

LISANDRE.

                      Oses-tu m'aprocher?
555   Peux-tu bien sans rougir montrer ce front infame?
Toy qui sur mon malheur est si digne de blâme?
Traistre que mille fois i'ay sauué de la faim,
Tu m'as bien-tost vendu pour vn morceau de pain:
Ce fendeur de nazeaux, ce grand homme de guerre,
560   Qui sans les grands chemins, n'auroit ny prez, ny terre,
A depuis mon absence engraissé ton museau;
Vous auez bec à bec, mangé plus d'vn manteau;
Il s'est seruy de toy pour deceuoir Manille,
Et la porter si tost à luy donner sa fille:
565   Parasite sans coeur, sans amitié, sans foy,
Vn valet de bourreau vaut mieux cent fois que toy:
Il n'est pas si meschant, si perfide, & si traistre,
Il sert à la Iustice, il assiste son Maistre,
Mais toy plus inhumain, Ministre de malheur,
570   Tu trompes ta Maistresse, & tu sers vn voleur.
Ie te veux imprimer les marques de ma haine
Auec cent coups de pied.

FRIPESAVCES.

                    N'en prenez pas la peine.

PERIANTE.

Ha! ne t'emporte point ainsi mal à propos.

LISANDRE.

    Nul ne m'empeschera de luy casser les os,
575   De luy rompre les bras iusques à l'omoplatte,
Et les jambes encor: il sera cul de jatte;
Ie veux pocher ses yeux, ie veux l'essoriller,
Le ietter à vau l'eau, le boüillir, le griller.

PERIANTE.

Et puis apres cela l'enuoyer aux galeres.

FRIPESAVCES.

580 Monsieur, sur ce papier deschargez vos coleres;
Elles s'apaiseront, vous ne me ferez rien:
Ie voudrois que ma faim s'apaisast aussi bien.

PERIANTE.

Sans perdre plus de temps à luy chanter iniures,
Regarde ce papier, & prend bien tes mesures.

LISANDRE.

585 En suite, ie prendray le temps de l'espouster.

FRIPESAVCES.

Vous y pourriez faillir, gardez de deschanter.

LISANDRE.

O lettre de Lucinde! ô diuins caracteres
Si remplis d'esperance & d'amoureux mysteres!
La consolation que ie reçoy de vous,
590 Merite que cent fois ie vous baise à genoux.
Amy, iusqu'au reuoir; ce que ie viens d'apprendre
M'oblige à te quitter.

PERIANTE.

    Adieu donc, cher Lisandre.
Mais contre ce valet ne t'emporte donc pas.

LISANDRE.

I'aymerois mieux cent fois me donner le trespas,
595 Puis qu'il m'a fait sçauoir cette bonne nouuelle.

FRIPESAVCES.

Sur le Pont d'Auignon, i'ay ouy chanter la belle.

SCENE QVATRIESME

LISANDRE, FRIPESAVCES.

LISANDRE.

Pardon, mon cher Amy, de grace embrasse moy.

FRIPESAVCES.

I'ay trop peu d'amitié, de memoire, & de foy.

LISANDRE.

Excuse des ardeurs qui n'ont point de pareilles.

FRIPESAVCES.

Laissez-là nostre nez, nos yeux & nos oreilles.

LISANDRE.

Approche, approche-toy.

FRIPESAVCES.

      Les valets des filous
Seroient trop honorez de s'approcher de vous.

LISANDRE.

Il faut par des effets suprimer nos paroles;
Tien, tien pour t'apaiser, voila quatre pistolles.

FRIPESAVCES.

Quoy? pour tant de gros mots? parlons de sens rassis;
A quatre francs la piece il en faudroit bien six.
Il faut mieux compenser ces iniures atroces.

LISANDRE.

Nous les compenserons quand nous ferons les nopces.
Dy moy donc le secret dont on m'escrit icy.

FRIPESAVCES.

Ce Fort, quoy qu'assiegé, ne se rend pas ainsy.

Il faudra que i'en voye auecque mes besicles,
La composition articles par articles:
Par vn certain secret qui n'a point de pareil,
Nous allons eluder Manille & son conseil,
Chasser le Capitan comme vn peteur d'Eglise,
Et vous loger chez nous sans aucune remise;
Vous tiendrez auiourd'huy Lucinde entre vos bras,
Sa mere en le voyant ne s'en fâchera pas,
Et mesme en exprimant vostre ardeur mutuelle,
Vous pourrez librement vous baiser deuant elle.

LISANDRE.

O que tu me rauis par ces discours charmans!
Dis-tu la verité?

FRIPESAVCES.

Creuez-moy si ie ments:
Blessez-moy de cent coups, que le bourreau m'acheue,
Mais si ie ne ments point il faut que ie me creve:
Il faut que le cousteau, s'escrimant en amy,
Fasse en la basse cour la saint Barthelemy:
Que tout le poulailler se sente du carnage;
Que l'on defonce vn muid, que dans le vin ie nage,
Que l'on n'espargne rien pour me rassasier,
Que ie mange mon saoul, i'entend iusqu'au gosier.
Que ie ne fasse rien que sauts & que gambades,
Qu'aller au cabaret, qu'aller aux promenades,
Qu'on ne desserue point tant que ie mangeray,
Qu'on ne m'esueille point tant que ie dormiray.

LISANDRE.

Tout cela t'est promis, dis-moy donc le mistere.

FRIPESAVCES.

Ie veux qu'il soit escrit, & pardeuant Notaire.
De plus, que si par fois on m'enuoye au marché,
Pour le compte, iamais ie ne sois recherché;
Quand bien ie ferrerois la mule.

LISANDRE.

Ouy dea, n'importe.

FRIPESAVCES.

I'entend que cela soit couché de bonne sorte.
Ha! tout le sang me bout, ie sors presque des gons;
Voicy ce Capitan, ce mangeur de Dragons,
Et qui, si l'on en croit son discours ridicule,
Aualeroit vn Diable ainsi qu'vne Pilule.

SCENE CINQVIESME

LE CAPITAN, CASCARET, LISANDRE, FRIPESAVCES.

LE CAPITAN.

645 Il t'a dit tout cela?

CASCARET.

Ouy, tout de point en point.

LE CAPITAN.

Dis m'en la verité?

CASCARET.

Monsieur, ie ne ments point.
Entre les deux treteaux, dés ta quatriesme pinte,
Il m'a tout declaré.

LE CAPITAN.

Mais parle moy sans feinte.

CASCARET.

Ie ne feins point du tout.

LE CAPITAN.

C'est vn conte inuenté.

CASCARET.

650 Vn conte? nullement.

LE CAPITAN.

Dis, dis la verité.
T'a-t-il absolument parlé de cette sorte?

CASCARET.

Ouy, la peste m'estouffe, & le Diable m'emporte.

LE CAPITAN.

C'est assez.

FRIPESAVCES.

Escoutons, il parle à son valet.

LE CAPITAN.

Ha! ie l'estrangleray de mesme qu'vn poulet,
Ce Guespin d'Orleans, cette guespe importune,
Qui pense trauerser nostre bonne fortune.
Ce drosle voudroit faire vn hymen clandestin:
Ie luy veux d'vn regard foudroyer l'intestin,
Luy rompre le brechet, auec plus d'vne coste,
Et s'il respire encore...

LISANDRE.

Il compte sans son hoste.
Nous verrons.

LE CAPITAN.

Pour montrer que mon coeur est sans fiel,
Ie le feray sauter iusqu'au cinquiesme Ciel,
Afin qu'aux pieds de Mars, il luy demande grace
D'auoir osé choquer vn Prince de sa race.

LISANDRE.

C'est trop, c'est trop souffrir.

FRIPESAVCES.

Vous l'auez entendu.

CASCARET.

Il faudroit bien le prendre, ou tout seroit perdu.
Ces diables d'Escoliers portent tousiours la fronde
Dont ils cassent la teste à quiconque les gronde:
D'oreilles & de nez, ils font vn grand degast.

LE CAPITAN.

Il n'est point de Dauid pour vn tel Goliât.

CASCARET.

Monsieur, si c'estoit luy qu'ameine Fripesauce?

LE CAPITAN.

Il aprendroit bien-tost à quel point ie me chausse.

LISANDRE.

Nous le voyons fort bien, ce n'est qu'à douze points.

LE CAPITAN.

Si l'on ne m'a trompé, c'est à quatorze au moins.

LISANDRE.

Montrez-nous les talons, viste, que l'on destale.

LE CAPITAN.

Le tout est de bon cuir, de la botte Royale.

LISANDRE.

Ie dis que sans tarder, vous deslogiez d'icy.
Passez, & promptement.

LE CAPITAN.

     I'allois passer aussi.

LISANDRE.

Sus, il se faut tirer quelque sang l'vn à l'autre.

LE CAPITAN.

Mon sang me fait besoin, vous connoissez le vostre,
Si vous en auez trop, ou s'il est alteré,
Que par quelque Barbier il vous en soit tiré.

LISANDRE.

Ie dis, tirons ce fer pour l'amour de Lucinde.

LE CAPITAN.

Elle sçaura fort bien que c'est vne Zolinde.

LISANDRE.

Tirez-là promptement, & nous la faites voir.

LE CAPITAN.

Elle se roüilleroit, car il s'en va pleuuoir.

LISANDRE.

Battons-nous seul à seul sans faire de vacarmes.

LE CAPITAN.

Lors qu'on est appellé, l'on a le choix des armes.
C'est à moy d'y penser.

LISANDRE.

Ie ne dis pas que non,
Choisis donc d'vn ganif iusques à vn canon.

LE CAPITAN.

Afin qu'auec honneur l'vn & l'autre succombe,
Il faudra quelque iour nous battre à coups de bombe.

LISANDRE.

O le plaisant combat! qu'il est bien dessiné!

LE CAPITAN.

C'est ainsi qu'on espreuue vn coeur determiné.

LISANDRE.

Poltron, examiné si ie t'entens encore.

LE CAPITAN.

A qui donc parle-t-il? mon nom c'est Matamore.

FRIPESAVCES.

O le braue guerrier!

CASCARET.

Laisse-le tel qu'il est.

FRIPESAVCES.

C'est vn Maistre de bale apporté de forest.
En vn beau iour de l'An, ce Maistre à la douzaine,
Se pourroit bien donner au Diable en bonne estrenne.
Que son coeur est petit quand on le vient sonder!

CASCARET.

Ne parle point à moy, tu me feras gronder.

LE CAPITAN.

Suy, suy ton bienfaicteur, gourmant insatiable,
Tu n'auras plus le bien de manger à ma table.

FRIPESAVCES.

705 Ie n'y mangeray plus? ha! voila bien dequoy,
Comment me traites-tu quand ie mange chez toy?
De ces gardes-foyers de la rotisserie;
De quelque aloyau noir qui pût comme voyrie;
D'vn lapin qui sans teste à bien le goust d'vn chat,
710 D'vne oliue par fois qui nage dans vn plat,
De raues, de fenoüil, & de fanfaronades
Qui rendent pour huit iours les oreilles malades.

CASCARET.

Monsieur, laissez le dire.

FRIPESAVCES.

Il se fera tenir.

LE CAPITAN.

Ha! si ie vais à toy.

FRIPESAVCES.

Tu n'as rien qu'à venir:
715 Mais arreste vn moment; auec de belles gaules
Nous allons à plaisir nettoyer tes espaules.
En compere, en amy, tu seras espousté,
Et iamais ton bidet ne se vit mieux frotté,
Bien que de le penser, la main d'vn Capitaine,
720 Par diuertissement prenne souuent la peine.

LE CAPITAN.

Ie t'auray, ie t'auray.

FRIPESAVCES.

Ne fais pas tant de bruit.

LE CAPITAN.

Pense à qui tu te prends.

FRIPESAVCES.

         Lisandre, ô! comme il fuit.
Au seul nom de Lisandre il destale bien viste;
Iamais lievre lancé n'esloigna mieux son giste.
Cascaret, au logis as-tu du linge prest?
On prend la pleuresie en sueur comme il est.
Ils feignent bien tous deux de ne me pas entendre;
Mais quoy, doublons le pas pour rejoindre Lisandre.

    Fin du second Acte.

ACTE TROISIESME

SCENE PREMIERE.

FRIPESAVCES.

Tout va bien, tout va bien, nous auons achepté
Vn bel habit d'esclaue & défait vn pasté
D'vn lievre aussi rablu, d'aussi bonne stature,
Qui iamais iusqu'icy m'ait pû seruir de cure:
Car ce n'est qu'vne cure à ce chaut estomac,
Que la Nature a fait large comme vn bisac:
Douze pintes de vin en ont laué la toille,
Mais d'vn vin penetrant, & les os & la moüelle.
D'vn vin qui rend d'abord les esprits enchantez,
Et que l'on peut vanter pour quatre qualitez;
L'agreable couleur, le vert, le vin, la seue,
Enfin c'est du meilleur qui descende à la Greue.
Nostre Turc qui possible en a beu demistié,
En est plus beau d'vn tiers, & plus gay de moitié;
Il n'est plus Alcoran n'y Mahomet qui tienne,
Il apprendra de nous à boire à la Chrestienne,
Nous en prattiquerons aussi bien le mestier
Que la Mothe Massas, & que François Paumier;
Mais voicy le galand, il le faut bien instruire,
C'est le temps à peu près qu'il faudra le produire.
Auez-vous retenu ce que ie vous ay dit?

SCENE SECONDE

LISANDRE, FRIPESAVCES.

LISANDRE.

Cher amy, ie ne sçay, ie suis tout interdit,
Le coeur me bat au sein, ie tremble, ie frissonne.

FRIPESAVCES.

Et qui vous fait trembler? vous ne voyez personne.

LISANDRE.

Tu ne sçaurois penser l'estat où ie seray
Quand ie verray ma soeur, quand ie l'embrasseray.
Ie me sens tout esmeu, i'en ay desia la fiévre
Et mon ame s'apreste à passer sur ma levre.

FRIPESAVCES.

Ma foy, s'il est ainsi, vous perdrez la raison:
A l'heure qu'il faudra iazer comme vn oyson,
Vous deuiendrez muet, & peut-estre Manille
Prendra quelque soupçon que vous aymez sa fille;
Que de son fils absent vous empruntez le nom,
Et venez comme vn masque apporter vn monmon;
Rengainez vostre amour, cachez sa violence,
Et vous souuenez bien des choses d'importance;
Il faut de la memoire à qui sçait bien mentir;
N'oubliez pas les noms de Iaffe ny de Thyr,
Vous citerez encor d'autres lieux de Syrie
Pour vous conduire enfin iusqu'en Alexandrie,
Où vous auez trouué ce Marchand Marseillois
Qui vous a reconnu pour Chrestien, pour François,
Pour natif de sa Ville, & d'honneste famille,
Et vous a rachepté.

LISANDRE.

Mais s'il faut que Manille
Me demande le nom de ce Marchand humain?

FRIPESAVCES.

Et bien! vous respondrez qu'il s'appelle Romain.

LISANDRE.

775   De taille?

FRIPESAVCES.

Mediocre, à qui le poil grisonne,
Et pour vn trafiquant assez bonne personne.

LISANDRE.

Son logis?

FRIPESAVCES.

Vers le port.

LISANDRE.

Sa femme & ses enfans?

FRIPESAVCES.

Vous direz qu'il est veuf depuis quatre ou cinq ans.
Ne sçauriez vous tout seul fonder cette fabrique?

LISANDRE.

780   Ie n'ay pas comme toy cette belle pratique:
Ie ne sçay point mentir.

FRIPESAVCES.

Allez, vous l'apprendrés.
I'entre dans la maison, suiuez-moy de bien prés.

LISANDRE.

Ie vais estudier mon discours & ma mine.

FRIPESAVCES *frapant à la porte de Manille.*

Allegresse, allegresse, en cuisine, en cuisine.

LISANDRE.

785   O Dieux! qu'à cét abord mes sens seront charmez!
Ie croy qu'en nous baisant nous tomberons pâmez,
Et dans ces doux transports, i'ay bien sujet de craindre,
Que ma Maistresse & moy n'oublions l'art de feindre;
Il faut auec adresse en prenant vn faux iour,
790   Cacher bien ces baisers de salut & d'amour.

SCENE TROISIESME

MANILLE, LISANDRE, FRIPESAVCES,
LVCINDE, PHENICE.

MANILLE.

Le Ciel par sa bonté veut donc que ie reuoye
Ce fils que i'ay creu mort, ô Dieux que i'ay de ioye!

LISANDRE.

Ha! ma mere!

MANILLE.

    Ha! mon fils! que ton retour m'est doux!
Ie t'ay pleuré cent fois.

LISANDRE.

        Ie ne pensois qu'à vous.

MANILLE.

795 Est-ce donc toy, mon fils? est-ce toy, cher Sillare?
Qu'on enleua si ieune en vn païs barbare?

LISANDRE.

 Madame, vous voyez ce ioüet des malheurs,
Qui fut dessus la mer le butin des voleurs,
Qui n'ayant que deux ans, se veid charger de chesnes;
800 Que son pere nourrit auecque tant de peines,
Trois ans dedans Thunis, & quatre dans Alger,
Car de Ville & de Maistre il nous falut changer.
Puis, nous fusmes à Iaffe encore cinq années;
Puis, comme l'ont voulu nos tristes destinées,
805 Esclaues malheureux de barbares Marchands,
Nous auons consumé prés de cinq ou six ans
Dans le terroir d'Egypte, & dans Alexandrie,
Y regrettant tousiours nostre chere Patrie,
Parmy tous les trauaux qu'on se peut figurer,
810 Et rien que le trespas n'a pû nous separer.

MANILLE.

Alcidor est donc mort? ô nouuelle funeste!

Mais de quel accident?

LISANDRE.

       Il est mort de la peste,
Qui regnoit au grand Caire, & mettoit tout à bas;
Le bon homme a rendu l'esprit entre mes bras,
Apres auoir au Ciel recommandé son ame,
Et parlé mille fois de Manille sa femme,
Qu'il croyoit à Marseille auec tous ses parents.

MANILLE.

O funeste recit! que mes ennuis sont grands!
I'en ay le coeur serré, i'en perdrois la parole,
N'estoit que ton retour me charme & me console.
Que n'ay-je esté presente à la fin de ses iours!
Tu me feras au long tout ce triste discours.
Mais embrasse ta soeur.

LISANDRE.

      Ma soeur qui m'est si chere!
O Lucinde, ma soeur!

LVCINDE.

      O Sillare, mon frere!

LISANDRE.

Est-ce vous que ie tiens?

LVCINDE.

      Est-ce vous que ie voy?

LISANDRE.

Est-ce vous, chere soeur?

LVCINDE.

      Oüy, cher frere, c'est moy.

PHENICE.

Ha! Madame, quel heur! quelle resioüissance!

FRIPESAVCES.

Sans doute auec le temps ils feront connoissance.

MANILLE.

Nourrice, en le voyant l'aurois-tu bien connu?

PHENICE.

Le coeur m'a dit, c'est luy, si tost qu'il est venu.
Fripesauces, a-t-il pas tout le haut de sa mere?

FRIPESAVCES.

Mais ie croy que du bas il ressemble à son pere.

MANILLE.

O dieux! qu'ils sont contents de pouuoir s'embrasser!

LVCINDE.

Ce m'est vn grand plaisir.

LISANDRE.

      Ie ne m'en puis lasser.

FRIPESAVCES.

Parlãt à Phenice. Il s'en pourroit lasser toutefois plutost qu'elle.

PHENICE.

Le sang a bien rendu l'amitié mutuelle.

MANILLE.

 A peine ie me sens, la ioye & la douleur,
Au retour de mon fils ont partagé mon coeur.
Ie sens bien dans mon sang vn trouble qui me montre,
Que c'est assurément mon fils que ie rencontre;
Mais i'ay creu que la chose iroit tout autrement;
Ie trouue vn sort bizarre en cêt euenement.
L'auis que depuis peu i'ay receu de Prouence,
De reuoir Alcidor me donnoit esperance.
Le Dimanche passé ie le lisois encor,
Et ie reuoy Sillare & non pas Alcidor.
Contre ce qu'on m'escrit, contre ce que i'espere,
I'ay retrouué le fils, & i'ay perdu le pere.

FRIPESAVCES.

 Ceux qui vous ont escrit, par mesgarde ont manqué,
On a mis l'vn pour l'autre, on s'est equiuoqué.

MANILLE.

Il faut que cela soit, mais que ces auantures
Referment en mon coeur, & r'ouurent de blessures!
Apres auoir pleuré l'enfant que i'ay nourry,
Ie me voy donc reduite à pleurer mon mary.
855 Que n'as-tu le bonheur de ramener ton pere?
Mais tu nous rends au moins vne chose bien chere.
Entrons pour nous asseoir, & parler à loisir.

FRIPESAVCES.

Monsieur, pour le souper.

LISANDRE *luy donnant sa bourse.*

       Fais selon ton desir.
Tu pourras employer trois ou quatre pistolles.

FRIPESAVCES.

860 Acheuons de bien faire en debittant nos roolles:
Soyez bien circonspect pour venir à vos fins,
Prenez garde à Manille; elle a les yeux bien fins.
Auec sa mine douce, elle est matoise en diable.

LISANDRE.

Va, i'auray soin de tout, ô malheur effroyable!
865 Ce fantosme fâcheux que i'apperçois là bas,
M'a veu dans le visage, & vient au petit pas;
C'est mon pere, c'est luy qui plaide en cette Ville.
Que pourray-je inuenter qui ne soit inutile?

SCENE QVATRIESME

LVCILE, LISANDRE.

LVCILE.

Ovy, ouy, voila mon fils, voila mon desbauché,
Lors qu'il m'a veu paroistre, il s'est soudain caché.
Dis moy? quelle gageure, ou quelle humeur fantasque,
Auant le Carnaual te fait aller en masque?
Qui t'a mis sur le front ce bourlet de bassin?
Porte-tu des monmons? apprens moy ton dessein.

LISANDRE.

Monsieur, vous me prenez sans doute pour vn autre.
Passez vostre chemin.

LVCILE.

O Dieux! le bon Apostre!
Est-il poste effronté qui le soit à ce point?
Tu ne me connois pas?

LISANDRE.

Ie ne vous connois point.

LVCILE.

Quelles desloyautez! quelles ingratitudes!
Quoy? tu n'es pas mon fils que i'ay mis aux Estudes?
Lisandre, fils d'Orante, & natif d'Orleans?

LISANDRE.

Non, ie viens de sortir des mains des mescreans;
Marseille m'a veu naistre, & pris auec mon pere,
I'ay souffert à Thunis vne longue misere.
Nous auons là porté plus de seize ans les fers,
Et souffert tous les maux que l'on souffre aux Enfers.

LVCILE.

O discours ridicule!

LISANDRE.

O lamentable histoire!

LVCILE.

Ie ne m'abuse pas.

LISANDRE.

Vous me pouuez bien croire.

LVCILE.

Traitte mieux qui te parle auec tant de douceur.

LISANDRE.

890 Ouy, Manille est ma mere, & Lucinde est ma soeur;
Et ie n'ay commencé d'estude de ma vie,
Si ce n'est à ramer sur la Mer de Syrie.
Maudite soit l'estude, & le Maistre à iamais.
Trouuez bon là dessus de me laisser en paix.

LVCILE.

895 Ie ne me trompe point, il me dit des sornettes.

LISANDRE.

Il n'est point de besoin de tirer vos lunettes.

LVCILE.

Ie ne me trompe point, ce sont traits de matois,
Ie reconnois fort bien son visage & sa voix.

LISANDRE.

S'il faut que par malheur vostre fils me ressemble,
900 Pour Dieu cherchez-le ailleurs, & raisonnez ensemble.

SCENE CINQVIESME

PHENICE, LISANDRE, LVCILE.

PHENICE.

Lisandre, venez donc, qui vous arreste icy?

LISANDRE.

A-t'on accoustumé de me nommer ainsy?
Comment m'appelles-tu? l'aduanture bizarre!

PHENICE.

La langue m'a fourché, ie veux dire Sillare.

LVCILE.

Hé bien! tu n'es donc pas mon fils?

LISANDRE.

        Moy? point du tout.
Ces discours ennuyeux n'auront-ils point de bout?

PHENICE.

Entrez donc promptement.

LISANDRE.

      Ce vieux homme seuere
M'arreste de la sorte, & dit qu'il est mon pere.

PHENICE.

C'est qu'il a la berluë, & quand on deuient vieux,
On est de la maniere estrange & lubieux.

LVCILE.

Ie n'ay point de berluë, & n'ay point de lubie.

PHENICE.

Vous ne le croyez pas.

LVCILE.

Ny n'en eus de ma vie.
Mais vous parlez vous mesme en fille de berlan.

PHENICE.

De berlan? parlez mieux, allez, vieux allebran,
915 Simulacre plastré, anticaille mouuante,
Squelette descharné, sepulture embulante,
Monopoleur insigne, & maistre des larrons,
De qui les coins des yeux semblent des esperons,
Et de qui chaque tempe est creusée en sauciere,
920 Attens-tu donc icy la croix & la baniere?
Si, mais ie dis bien-tost, tu ne t'en vas plus loin,
Ton nez s'enrichira de quelque coup de poing.

LVCILE.

On ne doit point fraper des hommes de mon âge.

PHENICE.

Va-t-en donc promptement, tu ne feras que sage.
925 Moy fille de Berlan? penard iniurieux
Ie pourrois t'arracher les prunelles des yeux,
Et te dauber si bien...

LVCILE.

Arrestez, ie vous prie.

PHENICE.

Qu'il en seroit parlé.

LVCILE.

N'entrez point en furie;
Excusez le transport de mon iuste courroux,
930 I'en voulois à mon fils qui vient d'entrer chez vous.

PHENICE.

Luy? s'il est vostre fils, Lucinde est vostre fille,
C'est le fils d'Alcidor, c'est le fils de Manille.

LVCILE.

Hé! dites, dites vray.

PHENICE.

       Quoy? ce n'est point mentir;
Il reuient de Thunis, d'Alger, de Iaffe & Thyr,
Du Caire, & d'vne mer plus grande que la France,
Il a de son vaisseau passé par la Prouence.

LVCILE.

Et puis par Orleans pour prendre son quartier,
Et le venir dependre à faire vn beau mestier.

PHENICE.

Vne oreille vous corne, & vous fait mal entendre.

LVCILE.

Comment s'appelle-t-il?

PHENICE.

     Sillare.

LVCILE.

        Ou bien Lisandre;
C'est ainsi que tantost vous l'auez appellé.

PHENICE.

Des discours d'vn Romant i'auois l'esprit broüillé,
Et venant appeller Sillare à l'improuiste,
Ie pensois appeller Lisandre de Caliste.

LVCILE.

O la fourbe plaisante! exprimée en trois mots!

PHENICE.

Ne venez point icy nous conter des fagots.
Si vous ne le croyez, charbonnez-le, bon homme.
Cét enfant est à nous, & Sillare il se nomme.

LVCILE.

Hé! de grace, espargnez vn peu la verité.

PHENICE.

Il me fera tourner ma coëffe de costé.

LVCILE.

Ma fille, ie suis vieux, i'ay de l'experience,
Et ie sçay ce que vaut la paix de conscience.
Parlons plus franchement.

PHENICE.

Ma foy vrayment c'est mon,
Le voila bien campé pour nous faire vn sermon.

LVCILE.

955   Mais ne nous faites point de bruit ny de reproches.

PHENICE.

Le voila bien vuidé pour tourner quatre broches.

LVCILE.

Hé! de grace, employons des termes plus humains.

PHENICE.

Monsieur, adieu, bon soir, ie vous baise les mains,
Vne bille, vn tambour, vne coëffe à cornette,
960   Vne citroüille, vn cocq, de l'espine vinette,
C'est en bon baragoüin, tire, passe sans flus,
Abandonnez cét huis, & n'y reuenez plus,
Ou sur l'estuy chagrin de ce cerueau malade,
I'yray bien-tost verser vn pot de marmelade.

LVCILE.

965   Quel discours? & quel pot? suis-je au païs des fous?

PHENICE.

C'est vn pot à pisser tout preparé pour vous.
Attendez seulement.

SCENE SIXIESME

LE CAPITAN, PHENICE, LVCILE.

LE CAPITAN.

Quel courroux vous transporte?

PHENICE.

C'est vn fou qui sans cesse assiege nostre porte,
Et nous vient estourdir de ses illusions.

LVCILE.

970 Ie parlois de mon fils.

PHENICE.

Ce sont des visions.

LVCILE.

Voudroit-on bien m'oster les sentimens de pere?

PHENICE.

Vous m'obligeriez fort si vous le faisiez taire.

LE CAPITAN.

De mesme que l'on couppe vn petit brin d'ozier,
Ie m'en vais luy trencher la nuque & le gozier.

LVCILE.

975 Tout beau, tout beau, Monsieur, ne querellez personne.
Nous sommes du mestier, bien que ce poil grisonne.

LE CAPITAN.

Dites vostre inmanus, ou bien doublez le pas.

LVCILE.

Monsieur, encore vn coup, ne vous emportez pas.
Sçauez-vous qui ie suis?

LE CAPITAN.

Vne barbe assez salle.

LVCINDE.

980 Et que ie suis Preuost?

LE CAPITAN.

Comment? Preuost de Salle?
Monsieur, excusez-moy, ie vous dois tout honneur;
Commandez s'il vous plaist à vostre seruiteur.
Sur cette qualité i'ay changé de pensées.

LVCILE.

Monsieur, ie suis Preuost d'vne Mareschaussée.

LE CAPITAN.

985 N'importe, i'ay ce titre en veneration;
C'est vne qualité dont ie crains l'action.

LVCILE.

Ne vous en moquez point, pour vn gibier semblable
Nous auons des levriers qui vont comme le Diable.

LE CAPITAN.

De leurs dents toutefois nous serons espargnez.

LVCILE.

990 Nous reuiendrons bien-tost & mieux accompagnez.

SCENE SEPTIESME

MANILLE, LE CAPITAN.

MANILLE.

Qvel vacarme & quel bruit se fait deuant ma porte?
Aupres des gens d'honneur en vser de la sorte?
C'est auoir grand respect pour nostre logement,
Que de faire si pres vn esclaircissement.

LE CAPITAN.

Ha! Madame, excusez vne humeur chaude & prompte.

MANILLE.

Comment vous excuser? n'auez-vous point de honte?
Contre vn vieillard caduc, & foible & desarmé,
Mettre l'espée au vent? vous en serez blâmé.
Dés-là i'en rabas quinze, est-ce auoir du courage
Que de se vouloir prendre aux hommes de cêt âge?
Ie me détrompe fort, & choisirois fort mal
Si ie prenois iamais vn gendre si brutal.

LE CAPITAN.

Madame, ce n'estoit qu'vne galanterie.

MANILLE.

A d'autres: de là haut i'ay veu cette furie;
Mon fils de chez les Turcs depuis peu reuenu,
Encor que ce vieillard luy soit fort inconnu,
Voyant vne action si lasche & si vilaine,
En est si fort esmeu qu'on le retient à peine.
Là haut auec sa soeur ie viens de l'enfermer;
De peur que son courroux que i'ay veu s'allumer,
Au défaut d'vne espée empoignant vne broche,
Ne vous fit sur cêt acte vn plus sanglant reproche.

LE CAPITAN.

Madame, ie l'aurois satisfait sur ce point.
Mais quel est donc ce fils dont vous ne parliez point?

MANILLE.

1015
C'est Sillare: ce fils que ie pleurois naguere;
Qui fut dans vn esquif pris auecque son pere.
Dés l'âge de deux ans mis en captiuité,
Et que depuis trois mois quelqu'vn a racheptė.

LE CAPITAN.

C'est vne chose estrange, & difficile à croire;
1020
Vous disiez l'autre iour, si i'ay bonne memoire,
Que de certains Marchands trafiquans à Memphis,
Escriuoient qu'Alcidor reuenoit sans son fils:
Et pour montrer la chose encor plus assurée,
Ils marquoient ce fils mort d'vne fiévre pourprée;
1025
Et qu'en certain endroit Alcidor auec deüil,
Auoit luy-mesme mis son enfant au cercüeil.

MANILLE.

C'est de cette façon qu'on m'escriuoit naguere:
Mais c'est que l'on a mis le fils au lieu du pere.
Ce Marchand à la haste escriuant cêt auis,
1030
Nous designoit ainsi le pere pour le fils.
Ces Marchands de leur fait ont la teste troublée.

LE CAPITAN.

Cette affaire pourtant peut estre desmeslée.
Dites-moy, vostre fils auoit-il quelque sein
Sur le bras, sur la jambe, au dos ou sur le sein?
1035
Au col, dessus l'espaule, ou dessus le visage?
Qui de ces veritez vous rende tesmoignage?

MANILLE.

Apres vingt ans passez dans vn si grand ennuy,
Il ne me souuient plus d'Alcidor ny de luy,
Mais il nous a donné de tout plus d'vne enseigne.
1040
Il n'est point chez les Turcs de lieu qu'il ne despeigne.

LE CAPITAN.

Mais parle-t-il bon Turc?

MANILLE.

Bon Turc? ie n'en sçay rien.

LE CAPITAN.

Il faut le confronter à quelque Armenien
Qui sçache le païs, qui sçache le langage,

Pour voir s'il n'a point fait vn fabuleux voyage.
La tromperie est grande au siecle où nous viuons;
Et nous ne disons pas tout ce que nous sçauons.

MANILLE.

Et quoy? que sçauez-vous, parlez donc?

LE CAPITAN.

Ie le celle,
Pour ne m'engager pas à faire vne querelle.

MANILLE.

C'est fort bien fait à vous; voicy de nos fendans
Qui querellent si bien les gens de soixante ans.
Ces vaillans circonspects, & faits de la maniere,
A ne vous rien celer, ne me reuiennent guere.

LE CAPITAN.

Madame.

MANILLE.

Brisons là.

LE CAPITAN.

Mais ie vous veux prier.

MANILLE.

Mais, ma fille, Monsieur n'est plus à marier.

LE CAPITAN.

C'est s'emporter beaucoup pour chose si petite.

MANILLE.

Ie ne m'emporte point, la chose le mérite.
I'aurois pris pour bastir vn mauuais fondement;
Adieu, Monsieur, adieu, voyons-nous rarement.

LE CAPITAN.

Madame, encore vn mot; elle est ma foy colere.
Tandis l'Orleannois là dedans fait grand chere:
Mais les inuentions viendront à me manquer,

Ou deuant qu'il soit peu ie vais le debusquer.
Esloignons-nous tandis, de peur de quelque orage,
Que pourroit exciter cette femme peu sage.

        Fin du Troisiesme Acte.

ACTE QVATRIESME

SCENE PREMIERE

LE CAPITAN, CASCARET.

LE CAPITAN.

1065 Povssé de l'interest, ou poussé de l'Amour,
L'Escolier d'Orleans sans doute a fait le tour.
Il passe maintenant pour enfant de Manille,
Et sous vn si beau titre il seduira sa fille;
Et ce fourbe subtil, ce lasche suborneur,
1070 Aura de leur maison, & les biens & l'honneur.

CASCARET.

L'artifice, Monsieur, si ie m'y sçay connestre,
N'est pas tour d'Escolier, mais vn vray tour de Maistre.

LE CAPITAN.

Quoy, si facilement croire cêt inconnu.

CASCARET.

Si vous eussiez bien fait vous l'essiez preuenu;
1075 Et vous serez long-temps en vne peine extrême,
Si vous n'vsez encor d'vn pareil stratageme.

LE CAPITAN.

Enuoyer la dedans quelque feint Alcidor?

CASCARET.

Ouy, ouy, ie vous l'ay dit, & vous le dis encor.

LE CAPITAN.

La chose absolument n'est pas sans apparence,
1080 Manille m'a paru de facile croyance;
Si l'homme que tu dis adroit & bien instruit,
Pour estre son Espoux ainsi s'estoit produit,
De l'humeur dont elle est elle pourroit le croire,
Car de son Alcidor elle a peu de memoire;

1085   Il s'y faudra resoudre apres auoir resvé,
        Mais où trouuer cét homme?

                    CASCARET.

                            Il est desia trouué.
        Ne vous ay-je pas dit qu'en nostre Hostellerie,
        I'ay sondé là dessus vne barbe fleurie,
        Vn vieillard estranger qui pour vingt escus d'or
1090   Ira se presenter sous le nom d'Alcidor,
        Se dira hautement le mary de Manille,
        Et soustiendra fort bien que Lucinde est sa fille;
        Pour vn si beau dessein ie l'ay fort bien instruit,
        Et par des mouuemens que l'interest produit,
1095   Sur l'attente de faire vne si belle proye,
        Il a tressailly d'aise, il a pleuré de ioye;
        Repetant apres moy tout ce que i'auois dit,
        Il vous a pris le ton d'vn homme de credit;
        Il a fait ce recit d'vne façon si tendre,
1100   Que vous auriez versé des larmes à l'entendre;
        Vous ne vistes iamais vn plus hardy galand,
        C'est pour ioüer ce role vn acteur excellent.

                    LE CAPITAN.

        Il faut donc l'employer, mais où le peut-on prendre?

                    CASCARET.

        Dans cette mesme place il doit bien-tost se rendre.
1105   Il contoit auec l'Hoste, il payoit son repas,
        Et doit venir bien-tost, il marche sur mes pas,
        N'apperceuez-vous pas vne casaque bleue?
        Tout en parlant du loup nous en voyons la queuë.
        Il est comme de cire.

                    LE CAPITAN.

                            Il est assez bien fait.

                    CASCARET.

1110   Il parle, escoutons bien, c'est vn homme à souhait.

SCENE SECONDE

ALCIDOR, LE CAPITAN, CASCARET.

ALCIDOR.

Comme apres la tempeste il vient vne bonnace,
De mesme le bonheur succede à la disgrace;
Le repos suit la peine, & ne conserue rien
Des aigreurs du tourment dans la douceur du bien.
Aujourd'huy que ie suis deliuré de mes peines,
1115   Auec contentement ie regarde mes chesnes,
Ie pourray sans ennuy parler de ma prison,
Si ie puis sain & sauf regagner ma maison.

CASCARET.

Qui pourroit d'Alcidor estre mieux la peinture.

LE CAPITAN.

1120   Voila ce qu'il nous faut, ô l'heureuse aduanture!

ALCIDOR.

Ie reuerray Manille apres tant de malheurs.

CASCARET.

En parlant de Manille il a versé des pleurs.

ALCIDOR.

Ie reuerray Lucinde.

LE CAPITAN.

Il a bonne memoire.

ALCIDOR.

Les trouuer à Paris, ha! qui l'auroit pû croire?
1125   Mais, Sillare, auec moy tu deuois reuenir.

CASCARET.

Il a fort bien de tout gardé le souuenir.

ALCIDOR.

  Nous fusmes separez par vn sort trop seuere,
  Ie recouuris tes os d'vne terre estrangere,
  Et par vn grand bonheur i'aprens qu'vn inconnu,
1130   Pour dissiper mes biens en ta place est venu.
  Mais i'empescheray bien cette iniuste entreprise;
  I'ay le coeur assez vert sous cette barbe grise.

CASCARET.

  Ie veux que d'vn leuier on m'herne comme vn chien...

LE CAPITAN.

  Ie m'en vay luy parler.

CASCARET.

        S'il ne reüssit bien.

LE CAPITAN.

1135   Estranger, quatre mots.

ALCIDOR.

        Plutost vne douzaine.

LE CAPITAN.

  Vous allez obliger vn braue Capitaine.

CASCARET.

  Il le reconnoistra, vous le pouuez iuger.

ALCIDOR.

  C'est moy-mesme en cela que ie vais obliger,
  Et ce ne sera point pour vn gain deshonneste.

LE CAPITAN.

1140   Il n'est pas mal adroit.

CASCARET.

        Ce n'est pas vne beste.

LE CAPITAN.

  Mais souuenez-vous bien de dire qu'à Memphis,

Vous auez de vos mains enterré vostre fils.

ALCIDOR.

Puis-je dire cela sans respandre des larmes?

LE CAPITAN.

Tant mieux pour esmouuoir, ce sont de puissans charmes.

ALCIDOR.

1145 Helas!

LE CAPITAN.

Bon, soûpirez.

ALCIDOR.

Lors que la mort le prit,
Ce fut entre mes bras qu'il vint rendre l'esprit.
O souuenir amer!

LE CAPITAN.

C'est ainsi qu'il faut dire.

CASCARET.

Ha! Monsieur, qu'il est bon, voyez comme il soûpire.

LE CAPITAN.

Il n'est pas mal instruit.

CASCARET.

Il sçait bien sa leçon,
1150 Et s'en va declamer d'vne bonne façon.
Pour patron du logis faites vous reconnestre.

ALCIDOR.

Montrez-moy ce logis, i'y vay fraper en Maistre.

LE CAPITAN.

En suite vous ferez succeder mon desir.

ALCIDOR.

Il en faudra traiter auec plus de loisir.

SCENE TROISIESME

ALCIDOR, FRIPESAVCES, PHENICE,
LE CAPITAN, CASCARET.

ALCIDOR.

Hola.

FRIPESAVCES *à la fenestre.*

1155   Qui heurte ainsi? quelque gueux d'importance;
Les pauures d'aujourd'huy n'ont point de patience.

ALCIDOR.

Ouurez viste.

FRIPESAVCES.

Attendez que nous ostions les plats.
Nous verrons si pour vous nous n'auons rien de gras.

ALCIDOR.

Ouurez-moy seulement, gras ou maigre il n'importe.

PHENICE.

1160   Ie pense que tu veux enfoncer nostre porte.
Voyez comme ces gueux deuiennent effrontez.

ALCIDOR.

Ie ne suis point vn gueux, ouurez, dis-je, & sortez,
Regardez qui vous parle.

PHENICE.

O Dieux! quelle impudence!

ALCIDOR.

I'ay plus d'authorité ceans que l'on ne pense.

CASCARET.

1165   Monsieur, ie suis vn sot, ou c'est bien commencé.

PHENICE.

Fripesauces, va donc chasser cét insensé.

ALCIDOR.

Vous pouuez vous tromper en tenant ce langage:
Manille en me voyant sçaura si ie suis sage.

PHENICE.

O comme en me parlant il a roüillé les yeux,
Ie n'ayme point ces fous qui sont si furieux.

FRIPESAVCES *ouurant la porte.*

Tu demandes Manille, hé! que luy veux-tu dire?

ALCIDOR.

D'agreables propos dont tu ne dois pas rire.

FRIPESAVCES.

I'en ris à pleine gorge, & ne sçay ce que c'est.

ALCIDOR.

Tu n'y trouueras pas tantost ton interest.
Va, dis luy seulement qu'Alcidor la demande.

FRIPESAVCES.

Fut-il iamais parlé d'impudence plus grande!
Ces propos à la fin me mettroient en courroux.
Quel est cét Alcidor?

ALCIDOR.

Alcidor son Espoux,
Qui fut pris par les Turcs aux costes de Marseille,
Et qu'on a rachepté.

FRIPESAVCES.

O fourbe sans pareille!
O le plaisant vieillard!

ALCIDOR.

O le fâcheux maraut.

CASCARET.

Il ne se défait point.

LE CAPITAN.

Il le prend comme il faut,
Mais tirons nous plus loin.

FRIPESAVCES.

Ha! i'ay veu qui t'ameine.
C'est vne inuention de nostre Capitaine.
1185   O que le trait est drole! & qu'il est bien instruit.

SCENE QVATRIESME

LVCINDE, PHENICE, ALCIDOR,
FRIPESAVCES.

LVCINDE.

Qvelle raison vous porte à faire tant de bruit?

FRIPESAVCES.

Ce captif rachepté dit qu'il est vostre pere.

ALCIDOR.

O Cieux! ie la voy donc cette fille si chere!
Lucinde, vostre pere est enfin de retour;
1190 Vous voyez deuant vous qui vous a mise au iour.

LVCINDE.

Vous? vous estes mon pere?

ALCIDOR.

Il est tres-veritable.

PHENICE.

Ha! qu'il est ridicule!

LVCINDE.

Ha! qu'il est admirable!
Si pour nous abuser il n'est point aposté,
Il nous esclaircira de cette verité.

ALCIDOR.

1195 Ie le veux; de bon coeur; i'ay la memoire bonne;
Quand ie fus pris des Turcs nous estions dans l'Automne.
Vous pouuiez bien auoir enuiron treize mois,
Et i'ay veu vostre corps tout nud plus d'vne fois.

LVCINDE.

Il me fera rougir, adieu, ie me retire.

ALCIDOR.

1200 Ne vous retirez point, pour dieu, laissez-moy dire.
Vostre mere en grossesse eut vn goust depraué,
Et sous ce teton droit qu'on voit si releué,
Fit par cét appetit former vne groselle,
Qui durant la saison semble assez naturelle.

LVCINDE.

1205 Ma mere a diuulgué cette marque en mon sein.

ALCIDOR.

Mais sur la cuisse encor, n'auez-vous pas vn sein?

LVCINDE.

De qui l'a-t-il apris? ie suis toute confuse.

PHENICE.

C'est possible vn Boheme, & c'est leur moindre ruse.

FRIPESAVCES.

Ils disent bien souuent ces choses par hazard.

LVCINDE.

1210 Du diuertissement mon frere aura sa part.

SCENE CINQVIESME

LVCINDE, ALCIDOR, FRIPESAVCES,
PHENICE, LISANDRE.

LVCINDE.

Sillare, approchez-vous.

ALCIDOR.

Est-il d'autre Sillare
Que celuy qui mourut en vn païs barbare,
Ce fils qu'en des trauaux, & des maux si cuisans,
I'ay veu dessous les fers pres de douze ou treize ans?

FRIPESAVCES.

1215 Iamais Comédien ne ioüa mieux son role:
Mais ie vais l'arrester d'vne seule parole.
Ie ne m'estonne pas de ce qu'il parle ainsi,
I'ay fort bien veu les gens qui l'ont conduit icy.
Vn certain Capitaine, adroit, dispos, allaigre,
1220 Qui parle incessamment, & va comme vn chat maigre,
Durant que tu heurtois ne te suiuoit-il pas?

ALCIDOR.

Il a iusqu'à la porte accompagné mes pas.

FRIPESAVCES.

Et c'estoit Matamore; en faut-il dauantage
Pour montrer clairement d'où vient ce tripotage?

LVCINDE.

1225 Par ce qu'il nous confesse, il nous découure tout.

ALCIDOR.

A d'autres, nous mettrons toute l'affaire à bout.

LISANDRE.

Ma soeur, il nous fait voir malgré sa rethorique,
Que c'est vn Alcidor de nouuelle fabrique.

ALCIDOR.

1230
Enfin cét Alcidor âgé de soixante ans,
Reconnoistra fort bien sa femme & ses enfans.

SCENE SIXIESME

LVCINDE, MANILLE, FRIPESAVCES,
LISANDRE, ALCIDOR, PHENICE.

LVCINDE.

O Dieux! ma mere vient! ô que ie suis troublée!

MANILLE.

Que faites-vous icy? voila belle assemblée.
Et vous deuez, sans doute, auoir quelque raison
Pour me laisser ainsi seule dans la maison.

ALCIDOR.

1235 Ha! ma chere Manille! hé que ie vous embrasse!

MANILLE.

Quel est cét insensé, d'où luy vient cette audace?

ALCIDOR.

O ma vie! ô mon coeur!

FRIPESAVCES.

     Allez, retirez-vous,
Madame n'ayme pas les caresses des fous.

ALCIDOR.

Si ie suis insensé, c'est de la seule joye
1240 Que me donne le Ciel souffrant que ie la voye:
Ha! que ie suis heureux de la voir en ce point!

MANILLE.

Croit-il estre Alcidor, ne se mocque-t-il point?

LISANDRE.

C'est vn Docteur subtil, des fourbes c'est le maistre.

ALCIDOR.

Et vous vn imposteur qu'on sçaura reconnestre.

LISANDRE.

1245 Impudent.

MANILLE.

Arrestez, & le laissez parler.

ALCIDOR.

Dans ma propre maison tu m'oses quereller;
Mais ie te feray voir que i'ay tant de courage,
Qu'on se met en danger alors que l'on m'outrage.

LISANDRE.

Madame, permettez.

MANILLE.

Me perdre le respect?
1250 C'est ce qui l'authorise, & qui vous rend suspect.
Rentrez pour dissiper cette humeur si mauuaise,
Ie veux à ce vieillard parler tout à mon ayse.
Vous, tenez-vous plus loin.

PHENICE.

O Dieux! tout est perdu!

ALCIDOR.

Manille, ce galand qui fait de l'entendu,
1255 S'il se dit vostre fils, vous abuse & vous trompe,
I'ay peur que sous ce nom nostre fille il corrompe.

MANILLE.

Mais vous qui hardiment vous dites mon Espoux,
Il faut premierement mieux prendre garde à vous.

ALCIDOR.

Remettez-vous vn peu les traits de mon visage,
1260 Mon alleure, mon port, ma façon, mon langage.

MANILLE.

I'en reconnois quelqu'vn, mais ce n'est pas assez.

ALCIDOR.

 Ce long esloignement les a-t-il effacez?
O Dieux! plus cherement i'ay gardé la memoire,
D'vn soir que ie vous vis dessus les bords de Loire.
Ne vous souuient-il plus de l'aymable sejour
Où ie vous declaré l'excés de mon amour?
Lors que vostre pudeur en oyant ce langage,
D'vn subtil vermillon couurist vostre visage?
Et comme dans la ville apres vn long tourment,
I'obtins de vostre bouche vn doux consentement?

MANILLE.

Tout cela ne dit rien.

LISANDRE.

    Ha! que i'en suis rauie!

MANILLE.

 Tout Orleans a sceu cêt endroit de ma vie.
Mais me diriez-vous bien le songe que ie fis,
Trois iours auant que perdre Alcidor & mon fils?

ALCIDOR.

Ie croy le pouuoir dire auec toute asseurance.

MANILLE.

Parlons bas.

PHENICE.

  Comment donc? ils sont en confidence?

LVCINDE.

Phoenice, c'est mon pere, il n'en faut point douter.

PHENICE.

 Quoy? si facilement se laisser affronter?
Comment? cêt imposteur, ce conteur de nouuelles,
Viendra s'insinuer pour rogner nos escuelles?
Il reuient de la mer tout seul dans trois batteaux,
Afin de nous gronder & tailler nos morceaux.
Auec ses caleçons, auec son bout de chaine,
Voyez, n'est-il pas fait d'vne belle desguaine?
O le plaisant faquin! le voila reuenu;
Il n'a qu'à discourir, il sera reconnu.

On en reconnoist tant de faits de cette sorte,
S'il ne s'en peut aller que le Diable l'emporte.
Quand sept ans & le iour d'apres sont expirez,
1290   La femme & le mary sont-ils pas separez?
Lors que l'on a passé cette longueur d'absence,
Est-on tenu de faire vne reconnoissance?
Apres quinze ou seize ans, vn grand barbon viendroit
Dire, c'est moy, mon coeur, & l'on le reprendroit?
1295   De semblables aueus ne sont plus à la mode,
Et cette bonne foy seroit trop incommode.
Qu'il soit donc Alcidor, ou qu'il ne le soit pas,
Il peut si l'on m'en croit, retourner sur ses pas;
La teste luy blanchit, & les jambes luy tremblent,
1300   La Turquie est fort bonne à ceux qui luy ressemblent.

FRIPESAVCES.

Tu fais vn trop grand bruit.

PHENICE.

Ma foy ie veux parler,
Il se veut introduire afin de nous voler:
Mais s'il entre chez nous, d'vne belle maniere
Il aura sur le corps marmite & cremaliere.
1305   Il faut bien l'auertir qu'il ne soit pas si sot;
Il seroit affeublé d'vn couuercle de pot;
Ie luy ferois voler toutes les vstenciles,
Il ne marcheroit plus qu'auecque des bequilles.

FRIPESAVCES.

Ma foy, nous auons beau faire les entendus,
1310   C'est vrayment à ce coup que nous sommes perdus.

LVCINDE.

Que cét euenement a d'estranges surprises!

FRIPESAVCES.

Nous n'auons pour nous deux qu'à plyer nos chemises.

PHENICE.

Tu n'as point trop à rire, attendons en la fin.

FRIPESAVCES.

Pour moy, i'ay resolu de ioüer au plus fin,
1315   Et de confesser tout.

LVCINDE.

Est-ce ainsi que l'on m'ayme?

PHENICE.

Si tu confesses tout, i'en vseray de mesme.

LVCINDE.

Et tout retombera sur moy?

PHENICE.

Ie n'en sçay rien.

FRIPESAVCES.

I'ay fait ce qu'on m'a dit, comme vn homme de bien.

PHENICE.

Et moy ie n'ay rien dit, que ce qu'on m'a fait dire.

LVCINDE.

1320 Excusez-vous l'vn l'autre afin qu'on me deschire.

MANILLE.

O mon cher Alcidor! c'est vous asseurément,
Mon esprit ny mon coeur n'en doutent nullement;
Et par tous vos discours la preuue est aueree,
Par qui nostre maison se voit deshonorée.
1325 Mais il faut l'empescher de rire à nos despens,
Il faut nous en saisir auant qu'il soit long-temps.
Ie vais adroitement empescher qu'il ne sorte,
Pour vous, sans faire bruit, venez auec main forte.

ALCIDOR.

Vous me verrez bien-tost assez bien escorté,
1330 Pour donner l'accolade à ce fils apposté.

MANILLE.

Il n'en faut point douter; ie lis sur leurs visages,
Comment ils m'ont iouée à quatre personnages.
Ouy, leur couleur est pasle, & leur coeur tout tremblant,
Mais d'auoir rien apris ne faisons pas semblant.
1335 Lucinde, en bonne soeur, visitez vostre frere:
Voyez s'il auroit point refroidy sa colere.

Pour diuertissement vous luy direz encor,
Que l'homme qui s'en va n'est qu'vn faux Alcidor,
Et qu'il m'a confessé que par galanterie,
1340 Il s'estoit informé de l'estat de ma vie:
Induit par Matamore, il estoit venu voir
Si i'estois vn esprit que l'on pût deceuoir.

FRIPESAVCES.

Cét emprunteur de noms se doit appeller Charle.

MANILLE.

A tous coups ce maraut m'interrompt quand ie parle.
1345 Il clabaudoit tout haut quand ie parlois tout bas.
Allez, & vous, Phenice, accompagnez ses pas;
Toy, demeure & me dis où tu trouuas Sillare
Quand tu me l'amenas? ton visage s'effare,
Où le rencontras-tu?

FRIPESAVCES.

Moy? ie le rencontray
1350 Aupres d'vn Cabaret.

MANILLE.

Où?

FRIPESAVCES.

Où i'estois entré.

MANILLE.

Mais il en faut sçauoir, & l'enseigne & la ruë:
Respons sans hesiter, & sans baisser la veuë.

FRIPESAVCES.

Madame, i'ay trouué Lisandre prés d'icy.

MANILLE.

Quoy, ce fils aposté s'appelle donc ainsi?
1355 Ce Sillare nouueau s'appelle donc Lisandre?
Poursuis, & me dis tout, où ie te feray pendre.

FRIPESAVCES.

C'est ainsi qu'il s'appelle, à ne vous celer rien:
Mais c'est vn fils vnique auec beaucoup de bien,

Qui prist pour vostre fille vne amour legitime,
Et dont les procedez se trouueront sans crime.

MANILLE.

Sans crime à me tromper? à venir desguisé?
A feindre des Romans? prendre vn nom supposé?
Cela s'est-il pas fait, & par ton assistance?

FRIPESAVCES.

Ouy, Madame, & pourtant auec toute innocence.
I'ay tout veu, i'ay tout sceu.

MANILLE.

Tu t'excuses en vain.

FRIPESAVCES.

I'en ferois bien serment, i'en leuerois la main.

MANILLE.

Enfin, de cette amour clandestine & sinistre,
Tu n'as donc pas esté le principal ministre?
Tu ne m'as point duppée, & de bonne façon,
Iusques dans mon logis amenant ce garçon?
Infidelle valet, infame Parasite,
Tu ne sausseras plus ton pain dans ma marmite;
Apres ce lasche tour, ie serois sans raison,
Si tu mettois iamais le pied dans ma maison.
Deslogeons sans trompette, allons, qu'on se retire;
Mais viste, promptement, sans qu'il faille le dire,
Ou l'on te va rosser, en compere, en amy.

FRIPESAVCES.

Me voila bien payé de six ans & demy.
En ce petit moment ma fortune est bien faite:
C'est pour deuenir riche vne belle recette;
Et ce qui suffiroit pour me faire enrager,
Ie sors de la maison sans boire & sans manger.
Apres m'estre bruslé le nez en la cuisine,
Auoir mis tout en train pour la feste voisine,
Apresté tant de mets pour faire vn bon repas,
Par l'ordre des Demons ie n'en mangeray pas.
S'il faut quitter ainsi la marmitte & la poësle,
Que maudit soit l'Amour & quiconque s'en mesle;
Au Diable le fripon, dont les meilleurs valets
Ont l'estomac si vuide en portant des poulets.
Adieu boeuf de poitrine, & cimier agreable,

| | Adieu beau mouton gras au goust si delectable,
| | Adieu cochons rôtis, adieu chapons bardez,
| | Adieu petits dindons, tant bardez que lardez;
| 1395 | Adieu levraux, perdrix, & pigeonnaux en paste,
| | Dont vn Diable incarné ne veut pas que ie taste.
| | Adieu tarte à la cresme, adieu pouplain sucré,
| | Puissiez-vous estrangler ceux qui m'en ont sevré.
| | On a beau toutefois me traitter de la sorte,
| 1400 | Si feray-je le guet autour de cette porte.
| | Ie vay proche d'icy faire quelque repas,
| | Afin de reuenir promptement sur mes pas.
| | Me dût-on assommer, me dût-on faire pendre,
| | Ie sçauray si ie puis, que deuiendra Lisandre.

Fin du quatriesme Acte.

ACTE CINQVIESME

SCENE PREMIERE.

FRIPESAVCES.

1405 On dit que bien souuent entre les bords du verre,
Et le nez du beuueur, tout le vin tombe à terre:
Ie l'espreuue à mon dam, moy qui ce mesme iour
Estois vn truchement, vn messager d'amour,
Pour qui tournoient au feu des broches sauoureuses,
1410 Et pour qui l'on marquoit des tonnes plantureuses.
Le Diable pour ma perte est venu du sabat,
Qui m'a fait desnicher de mon pauure grabat;
Et par vn si grand trouble, & des rigueurs si grandes,
A troublé mon piot, & soustrait mes viandes;
1415 Qu'aujourd'huy sans vigueur, sans force & sans suport,
Ie suis vn messager pour conduire à la mort:
Et me trouuant les dents aussi longues qu'vne aulne,
Ie suis vn truchement à demander l'aumosne;
Ie ne mange plus rien, & d'vn pas chancelant
1420 Ie ne fais que gober les mouches en volant;
Ie ne suis plus admis à seruir de Maistresses,
Et ie n'ay plus d'employ qu'à me gratter les fesses.
Mais quoy, ie ne serois accablé qu'à demy,
Si ie n'estois priué de mon meilleur amy;
1425 Tous mes boyaux plaintifs ne me font rien entendre
Qui soit si douloureux que le sort de Lisandre.
Ha! qu'il est malheureux cét aymable garçon,
Qui me souloit tousiours de si bonne façon,
Mais d'vn coeur liberal, d'vne ame noble & franche,
1430 Tantost aux deux Faisants, tantost à la Croix blanche,
Au Broc, à la Bastille, à la Cage, au Daufin,
A la Table Roland, à la Pomme de Pin,
A saint Roch, au Poirier & dans la Magdelaine,
D'où ie ne sortois point qu'auec la pance pleine.
1435 Mais nous estions traittez encor d'autre façon,
Quand nous allions chez Guille, ou bien chez Meneçon,
Dans ce petit Paris où toute chose abonde,
Qu'on peut comme le grand nommer vn petit Monde.
O le pauure garçon! le Destin ne veut pas
1440 Qu'il me donne iamais vn malheureux repas.

SCENE SECONDE

LE CAPITAN, FRIPESAVCES, CASCARET.

LE CAPITAN.

Selon les sentimens que l'on m'a fait entendre,
En cette occasion tu parles de Lisandre.
Mais il est succombé ce petit Escolier,
A qui si hautement tu seruois de pilier:
1445 Pour qui tu m'as quitté sans craindre ma vengeance.

FRIPESAVCES.

Monsieur, pour mes erreurs ayez de l'indulgence;
Guerrier incomparable aux exploits si fameux,
Accusez-en l'excés d'vn vin trouble & fumeux;
Lors que ie debittay des choses si badines,
1450 I'auois bien beu dix pots, ou quarante chopines.

LE CAPITAN.

Va, ie puis ta fortune & le iour te rauir;
Mais ie suis genereux, & ie te veux seruir.
Ie sçay qu'on t'a chassé pour faire ma vengeance.

FRIPESAVCES.

Monsieur, on m'a cassé comme vn pot de fayence.

LE CAPITAN.

1455 Il est bon.

FRIPESAVCES.

Mais pourtant si vous auiez parlé,
Ce miserable pot ne seroit que feslé.

LE CAPITAN.

Qui t'a chassé?

FRIPESAVCES.

Manille.

LE CAPITAN.

			Elle est d'humeur colere:
Mais ie te remettray deussay-je luy desplaire.
Ie connois Alcidor reuenu depuis peu;
I'ay mis pour son sujet plus d'vne ville en feu;
Et pour ne rien celer, s'il faut que ie l'ordonne,
Il faudra que Manille à l'instant te pardonne.

FRIPESAVCES.

O qu'à vostre grandeur ie serois obligé!
Sans prendre mon bonnet i'ay receu mon congé.
Mais par vne faueur grande comme est la vostre,
Ie puis rafubler l'vn, & m'excuser de l'autre.

LE CAPITAN.

Va donc, frape à la porte, & frape hautement:
Ie puis dans ce logis en vser librement.

FRIPESAVCES.

I'ay frapé comme il faut, on vient.

LE CAPITAN.

					Belle demande?

SCENE TROISIESME

PHENICE, ALCIDOR, LE CAPITAN,
CASCARET, FRIPESAVCES.

PHENICE.

1470 L'auis est bien pressant, ou l'audace est bien grande.

ALCIDOR.

Qui pour fraper si fort est assez effronté?

LE CAPITAN.

C'est vostre seruiteur.

ALCIDOR.

      C'est assez bien heurté.
Monsieur, que voulez-vous?

LE CAPITAN.

       Monsieur, ie veux vous dire,
Que vous poussiez la rouë à finir mon martyre;
1475 Vous estes bien receu, vous estes estably,
Et vous ne mettrez pas vos amis en oubly:
Si vous estes ancré, c'est par mon industrie.

ALCIDOR.

Ostez de vos papiers, ces termes ie vous prie,
Moy, si ie suis ancré c'est par vostre faueur?

LE CAPITAN.

1480 Ce n'est donc pas par moy? voyez ce vieux resveur?
Ie ne suis point l'autheur de sa bonne fortune,
Ie ne l'ay point produit.

ALCIDOR.

      Ce discours m'importune,
Et m'importune fort à dire verité.

LE CAPITAN.

Qu'en dis-tu, Cascaret?

CASCARET.

Il craint d'estre escouté.

ALCIDOR.

Vn homme tel que moy ne craint point qu'on l'escoute.

LE CAPITAN.

Qu'il est homme de bien!

ALCIDOR.

N'en soyez point en doute.

LE CAPITAN.

Enfin, vous auez sceu prendre l'occasion,
Vous auez bien vsé de nostre inuention.

ALCIDOR.

De quelle inuention? i'entends mal ce langage.

LE CAPITAN.

Quoy? i'aurois pris le soin de vous sifler en cage,
Et de vous rendre Chef d'vne bonne maison,
Et vous me penseriez brider comme vn oyson:
Pour vous tenir bien ferme il faut changer de nottes.

ALCIDOR.

On ne me sifle point ainsi que les linotes.

CASCARET.

Il est, ma foy, plaisant.

LE CAPITAN.

Respondez, & sans bruit,
Mon valet que voila vous a-t-il pas instruit,
Afin que là dedans on vous prist pour vn homme
Qui s'appelle Alcidor?

ALCIDOR.

                C'est ainsi qu'on me nomme.

LE CAPITAN.

C'est comme l'on doit dire à tout autre qu'à moy.

ALCIDOR.

1500   Ie le puis dire à tous.

CASCARET.

                Il vaut trop, sur ma foy,
A force de le dire il pourroit bien le croire.

ALCIDOR.

Tout ce qu'il m'aprenoit estoit ma propre Histoire.

LE CAPITAN.

En ce role nouueau vous auez reüssy.

ALCIDOR.

Ie fay mon propre role en commandant icy.

LE CAPITAN.

1505   Mais toy, tu le connois?

FRIPESAVCES.

                Ie le dois bien connoistre,
C'est vrayment Alcidor, mon Seigneur & mon Maistre.
Ie le connois pour tel, & iusqu'au monument
Ie desmentiray ceux qui diront autrement.

LE CAPITAN.

Quoy? pour vn imposteur offenser ma personne.

FRIPESAVCES.

1510   La verité, Monsieur, cette audace me donne;
I'ay mangé de son pain, de ce bon Alcidor,
Et si c'est son plaisir i'en veux manger encor.

ALCIDOR.

A t'accorder cela ton Zele me conuie;

Tu pourras en manger le reste de ta vie.

FRIPESAVCES.

1515
Monsieur, pour ce beau mot i'embrasse vos genous.

LE CAPITAN.

Alcidor, faux ou vray faites du bien à tous:
Accordez-moy Lucinde, & me prenez pour gendre.

ALCIDOR.

Il faudra le choisir auant que de le prendre;
Mais nous n'entendons point de prendre des filous,
1520
Et nous ne voulons point de gens faits comme vous.

LE CAPITAN.

De gens faits comme moy? si i'entrois en colere.

ALCIDOR.

Allez, grand fanfaron, nous ne vous craignons guere.
Rentrons dans le logis, & s'il y met le pied
Il n'en sortira pas sans estre estropié.

SCENE QVATRIESME

LE CAPITAN, CASCARET.

LE CAPITAN.

1525 Ma bile est enflâmée, & tout mon sang s'embrase.

CASCARET.

Cét Alcidor sans doute, est le patron de case:
Voicy qui comme vous m'estonne & me surprend.

LE CAPITAN.

La rencontre est bizarre.

CASCARET.

Ou le miracle est grand.
On peut dire, Monsieur, que c'est vne merueille
1530 Qui i'amais n'eust encor ny n'aura sa pareille.
Il semble qu'Alcidor de ie ne sçay pas où,
A trauers de la Mer soit passé par vn trou
Ainsi qu'vn godeno que de fine maniere
Brioché fait sortir hors de sa gibesiere.
1535 Et pour faire vne fourbe à Manille aujourd'huy,
Nous auons esté droit nous adresser à luy.

LE CAPITAN.

Mais ie me veux vanger des paroles dernieres:
Bien-tost tous ces quartiers seront des Cimetieres.
Auec trois grains de poudre, & le bout d'vn tison,
1540 Ie veux faire en esclats voler cette maison;
Et pour me satisfaire, il faudra que Manille
Auec son Alcidor, & Lisandre & sa fille,
Son valet, sa seruante, & son chien, & son chat,
Plus haut que les clochers fassent vn entre-chat:
1545 Et lors que ma fureur auec ce coup de foudre,
Aura dans vn moment reduit ces corps en poudre,
En portant ma vangeance encore plus auant,
I'iray sous ce debris pour les soufler au vent:
Les cendres d'Alcidor iront en Tartarie;
1550 Et celles de Manille iront en Barbarie;
Les cendres de Lucinde aux terres du Mogor;
Et celles de Lisandre au Royaume d'Onor.

CASCARET.

Celles de Fripesauces?

LE CAPITAN.

En la Magellanique.

CASCARET.

Et celles de Phenice?

LE CAPITAN.

A la coste d'Afrique.

CASCARET.

1555 Du chien?

LE CAPITAN.

Vers le détroit nommé Bebelmandel.

CASCARET.

Et les cendres du chat?

LE CAPITAN.

S'en iront au bordel.

CASCARET.

    C'est pour faire à Paris vn merueilleux esclandre,
Mille fils de putains naistroient de cette cendre:
Vous en auez, ie pense, enuoyé des miliers,
1560 Au quartier du Marais, & ruë aux Grauiliers.

LE CAPITAN.

    Tay toy, tu me fais rire, & ie suis dans la rage;
Ie pense à repousser vn si sensible outrage.

CASCARET.

    Vous deuez, ce me semble, en vser autrement:
Puisque cette Lucinde estime vn autre amant,
1565 Il faut la mespriser, il faut se moquer d'elle,
Et de vostre costé faire vne amour nouuelle.

LE CAPITAN.

De plus riches partis, & de meilleur estoc,
Si tost qu'il me plaira de parler, me sont hoc:
Ie suiuray ce conseil. Mais fuyons, ie voy fondre
Auec ce vieux Preuost, des Archers en grand nombre.

SCENE CINQVIESME

LVCILE ET SES ARCHERS.

LVCILE.

Compagnons, gardons bien d'alarmer le quartier:
Il faut pour bien agir qu'on sçache son mestier,
Que tout le gros demeure au coin de cette ruë,
Deux à deux, trois à trois pour n'estre guere en veuë;
1575 Pour moy qui vay tout seul fraper à la maison,
I'auertiray si tost qu'il en sera saison:
Ie veux faire l'entrée, & vous ferez le reste;
I'entends pis mille fois que la foudre & la peste:
Ie diray doucement, c'est de la part du Roy;
1580 Mais s'il arriue apres que ie vous crie, à moy!
Venez tous aussi-tost, & d'vne bonne sorte
De la buche apportée enfoncez cette porte:
Six garderont l'entrée, & douze là dedans
Furetteront par tout de crainte d'accidens;
1585 Il faut que du galand la capture soit faite,
Et qu'il soit bien logé, tout le iour ie vous traite.
Mais ce Valet en sort, il faut comme prudens,
Tâcher de descouurir ce qu'on fait là dedans;
Prendre langue en ces cas est faire en homme habile.

FRIPESAVCES.

1590 Phenice l'a bien dit, sans doute c'est Lucile.

LVCILE.

A la mine qu'il fait il semble peu gaillard.
Vn mot.

FRIPESAVCES.

Que vous plaist-t-il?

LVCILE.

Où vas-tu?

FRIPESAVCES.

Quelque part.

####LVCILE.

Connois-tu ce baston, chante vn autre ramage;
Ie fay mettre souuent de tels oyseaux en cage.

####FRIPESAVCES.

1595 Ha! Monsieur le Preuost! ou bien Monsieur l'Exempt?
Commandez, de bon coeur ie suis obeïssant.

####LVCILE.

Que fais-t-on au logis?

####FRIPESAVCES.

On y pleure, on y crie.

####LVCILE.

En sçais-tu le sujet? dis le moy ie te prie.

####FRIPESAVCES.

Ce sont des differens, ce sont de grands debats;
1600 Ce que la femme veut le mary ne veut pas.
Si ce bruit dure encor, ie iure sur mon ame,
Qu'on ne pourra seruir le mary ny la femme.

####LVCILE.

Mais pourquoy disputer? encore, à quels propos?

####FRIPESAVCES.

Il faut puis qu'il vous plaist, vous le dire en trois mots.
1605 C'est pour certain garçon qu'on appelle Lisandre,
Qu'on a mis en iustice, & qu'on veut faire pendre.

####LVCILE.

Quel est donc ce Lisandre?

####FRIPESAVCES.

Vn Enfant d'Orleans,
Qui ce disoit sorty des mains des mescreans,
Et semblant vn forçat sorty de la cadene,
1610 S'introduisit ceans.

####LVCILE.

O qu'il me met en peine!

Il a fait quelque vol, ce traistre, ce vaurien.

FRIPESAVCES.

Il a volé le coeur à qui voloit le sien;
Apres s'estre introduit pour le fils de Manille,
Il a donné soupçon qu'il carressoit sa fille:
Enfin pour ce sujet, pour s'estre desguisé,
Et pour s'estre produit sous vn nom supposé,
Il fut mis hier au soir dans la Conciergerie;
Et l'on fait son procés.

LVCILE.

C'est vne moquerie,
Ie n'entend point cela.

FRIPESAVCES.

Le faut-il dire encor?
Lisandre qui passoit pour le fils d'Alcidor,
Pour frere de Lucinde, & se disoit Sillare,
Qui fut mené captif en vn païs barbare,
Par le mesme Alcidor sur ce temps reuenu,
Pour vn lâche imposteur se trouue reconnu,
Et comme corrupteur d'vne fille bien née,
Il est pres de finir sa triste destinée.

LVCILE.

Mais dy moy tout le reste? & pour quelle raison
La femme & le mary grondent dans la maison?

FRIPESAVCES.

Vous le sçaurez bien-tost, c'est pource que Manille
Qui connoist que Lisandre ayme ardemment sa fille,
Voudroit de ce ieune homme empescher le trespas:
Mais son cruel mary veut qu'il passe le pas.
Pour moy ie croy que l'air qu'on respire en Afrique
Suffit à rendre vn coeur aussi dur qu'vne brique;
Ie ne sçay qui le porte à s'obstiner ainsi.
A grands coups de baston les Turcs l'ont endurcy.

LVCILE.

A ce pauure garçon tu serois fauorable?
Tu le plains de bon coeur.

FRIPESAVCES.

C'est qu'il est fort aimable;

                    I'enrage d'auoir veu trauerser son desir,
1640   Et mangerois du bien pour luy faire plaisir.
                    Falloit-il qu'en ce deüil aujourd'huy ie le visse!
                    Il n'est rien que pour luy de bon coeur ie ne fisse;
                    Depuis son accident ie ne fay que pleurer.

                                    LVCILE.

                    Ne pleures pas si fort, on l'en peut retirer:
1645   Nous entendons vn peu le Droit, & la Coustume,
                    Et sommes pour le poil ainsi que pour la plume.

                                    FRIPESAVCES.

                    Il resve, tout va bien.

                                    LVCILE.

                                            O miserable fils!
                    Ie venois pour te prendre, & ie te treuue pris.
                    Ie te voulois punir, lors qu'vne main plus rude
1650   Corrige ton desordre & ton ingratitude.
                    Si faudra-t-il t'aider, & de tout mon pouuoir,
                    Mieux que toy, mieux que toy, ie feray mon deuoir.
                    L'estat où ie te voy me donne de la crainte;
                    Il faut te retirer d'vn si grand labyrinthe.
1655   Dy-moy? cét Alcidor n'a-t-il pas vne soeur
                    Voisine d'Orleans?

                                    FRIPESAVCES.

                                            C'est sans doute, Monsieur,
                    C'est là que ce garçon vid Lucinde si belle,
                    Qu'il a perdu depuis l'esprit pour l'amour d'elle.

                                    LVCILE.

                    Ils sont assez aisez?

                                    FRIPESAVCES.

                                            Cela m'est bien connu,
1660   Ie connois leur despence, & sçay leur reuenu.

                                    LVCILE.

                    Mais Manille est honneste, & sa fille de mesme?

                                    FRIPESAVCES.

                    Toutes deux ont le bruit d'vne sagesse extrême,
                    Et ie sçay que Lucinde en cét engagement,
                    Auecque ce Lisandre a vescu chastement.

LVCILE.

Dieu le veüille. Et pourquoy cependant introduire,
Ce frere supposé qui pouuoit la seduire?

FRIPESAVCES.

Pour empescher l'effet d'vn hymen proposé,
A quoy iamais son coeur ne se fut disposé.
C'est ce qui de tous deux a produit la misere.

LVCILE.

Ne sçaurois-je en secret entretenir sa mere?
Pour chercher le biais de faire quelque accord.

FRIPESAVCES.

Cela se peut, Monsieur, mais la voila qui sort
Auec son Alcidor. De ce trouble ils deuisent.

LVCILE.

Auant que leur parler escoutons ce qu'ils disent.

SCENE SIXIESME

ALCIDOR, MANILLE, LVCILE,
FRIPESAVCES.

ALCIDOR.

1675   Ayez soin du mesnage, & moy de mon honneur.
Mais il sera puny ce lâche suborneur.

MANILLE.

Mais donnez-vous vn peu le loisir de m'entendre?

ALCIDOR.

Non, ie vous dis encor que ie le feray pendre,
Deussay-je à cet effet employer tout mon bien.

LVCILE.

1680   Monsieur, n'en iurez pas, car vous n'en ferez rien.

ALCIDOR.

Qui m'en empeschera?

LVCILE.

Moy, moy qui suis son pere.

ALCIDOR.

Le fussiez-vous cent fois, il ne m'importe guere.

LVCILE.

Nous verrons.

ALCIDOR.

Nous verrons s'il ne fait pas le saut.

LVCILE.

Vous vous emportez trop, & vous parlez trop haut;
1685   Vous rendez criminelle vne cause ciuile;
Mais i'ay de bons amis, & bon credit en ville.

ALCIDOR.

Vous en aurez besoin pour pouuoir empescher
Le cours de la Iustice, & l'honneur m'est si cher,
Que pour estre vangé de ma fille rauie,
Ie n'espargneray point, ny mon bien, ny ma vie.

LVCILE.

Nous verrons de nous deux à qui l'emportera.

ALCIDOR.

Ie n'ay qu'vne maison, mais elle sautera;
Et quelque arpent de terre, & quelque arpent de vigne,
Plutost que ie n'en tire vne vengeance insigne.
I'y mettray tout pour tout.

LVCILE.

      Et moy, graces à Dieu,
I'ay sur les bords du Loire, en vn assez beau lieu,
Vn Colombier qui vaut trois mille francs de rente,
Et quelqu'autre à la ville; & de plus ie me vante,
D'auoir quelques deniers dedans mon coffre fort
Qui pourront exempter Lisandre de la mort.

ALCIDOR.

Ie ne m'estonne point de propos ridicules;
Ie le feray perir.

LVCILE.

     Vos fortes fiévres mules.
Pour quel grand auantage, & pour quelle raison,
Voulez-vous ainsi perdre vn enfant de maison?

ALCIDOR.

Pourquoy m'offence-t-il? pourquoy perd-t-il ma fille?
Et deshonore-t-il vne honneste famille?

FRIPESAVCES.

La tache n'est pas grande, on la pourroit oster,
Sans qu'vn arrest mortel se dûst executer,
Si l'on donnoit Lucinde à Lisandre pour femme.

LVCILE.

Lors que cela seroit, Monsieur vaut bien Madame.

MANILLE.

Vous l'approuueriez donc?

LVCILE.

C'est ainsi que i'entends.

FRIPESAVCES.

C'est comme il faut parler pour estre tous contents.

MANILLE.

Iamais à cét accord nous ne serons contraires.

LVCILE.

Vous n'auez qu'vne fille?

MANILLE.

Elle n'a soeurs ny freres.

ALCIDOR.

1715   Vostre fils est vnique?

LVCILE.

Et pour son entretien,
S'il est bon mesnager n'aura que trop de bien.
Mais tous deux l'auez veu; iouöns sans auantage,
Ie voudrois de Lucinde auoir veu le visage.

LVCILE, ALCIDOR, FRIPESAVCES,
LVCINDE, PHENICE, MANILLE.

MANILLE.

Ma fille, aduancez-vous, & saluëz Monsieur.

LVCILE.

1720
 Cette belle est vrayment digne d'vn seruiteur.
En d'assez beaux filets mon fils s'est laissé prendre;
De bon coeur maintenant ie pardonne à Lisandre.

PHENICE.

Il n'en parle pas mal, il s'y connoist des mieux.

LVCINDE.

Tay-toy.

LVCILE.

 Ie ne suis plus cêt homme lubieux?

PHENICE.

1725
 Hé! de grace, Monsieur, excusez ces paroles:
Les sages sçauent bien que les femmes sont folles.

LVCILE.

 Nous traittions en discours, mais traittons en effet;
Touchons-nous dans la main.

ALCIDOR.

      Monsieur, cela vaut fait.

FRIPESAVCES.

Voila, voila parlé.

MANILLE.

    Ha! c'est nous faire grace.

ALCIDOR.

1730 C'est aussi bien que vous vn party qu'on embrasse.

LVCILE *parlant à Fripesauces.*

 Va dire à mes Archers qui ne sont pas trop loin,
Que d'eux pour aujourd'huy ie n'ay pas de besoin.
Qu'ils boiuent les santez de Lucinde & Lisandre;
I'acquitteray bien-tost ce qu'ils pourront despendre.

ALCIDOR.

1735 Nous allons cependant querir le prisonnier.

MANILLE.

 Tien les clefs de la caue, & celle du grenier.
Apres t'estre meslé de ce doux hymenée,
Tu te peux à loisir souler toute l'année.
Va donner ordre à tout pour un ample repas.

FRIPESAVCES.

1740 Ie promets sur ce point de ne m'endormir pas.

MANILLE.

 Ne manque pas aussi d'amener vn Notaire
Pour passer le Contract...

FRIPESAVCES.

      Et faire bonne chere.
De plus, i'ameineray auec vn conuoy seur,
Et plus d'vn patissier, & plus d'vn rotisseur.
1745 O les Hostes plaintifs de la peau que ie tire!
Vous aurez de la ioye apres vn long martyre;
Boyaux lâches & plats, vous deuiendrez rondins;
Ie m'en vay vous remplir comme de vrais boudins,
Et dans vn grand hanap, dans vne large Coupe,
1750 Ie vay iusqu'à demain boire à toute la Troupe.

PARASITE

NOTES

Lettre

- : Chaune: Charles d'Albert d'Ailly, duc de Chaulnes depuis 1653, date de la mort de son frère aîné.

- 24: gouuernemens: le jeune duc de Chaulnes ne deviendra "gouverneur" que beaucoup plus tard. Il se peut que Tristan fasse ici allusion à un gouvernement subalterne délégué au duc pendant qu'il faisait ses armes.

- 50: erres: habitudes

    ...il continue toujours ses premières erres de parler contre un homme qu'il ne nomme point. (Malherbe. *Lettres*, 25 mars 1610).

- 57: Pequigny: Claire Charlotte d'Ailly, comtesse de Chaulnes, dame de Pecquigny, etc., épousa Honoré d'Albert en 1619. A la mort de son mari, elle reprit le nom de Mme de Pecquigny. En 1645-6, Tristan fait partie de sa maison en tant que chevalier d'honneur. Il écrit plusieurs poèmes pour elle et lui dédie *La Mort de Chrispe*.

    Thermodon: rivière du Pont sur les bords de laquelle vivaient les Amazones.

Imprimeur

- 5: Pièces graves...: L'imprimeur semble oublier ici *La Folie du sage* et *La Célimène*.

- 24: *Coromène*: probablement inachevé, ce roman ne vit pas le jour.

- 32: quartiers: pays éloignés

    Prépare ton départ et pense à ta retraite.
    Pour en délibérer, et choisir le quartier, (Corneille. *Médée*, vv. 502-503).

Privilège

> Guise: vers la fin de sa vie, Tristan devient gentilhomme de la maison du duc de Guise. C'est à l'Hôtel de Guise qu'il meurt, le 7 septembre 1655.

Personnages

> sur les ancêtres de certains de ces personnages, cf. l'introduction. Remarquer que Manille ne figure pas parmi les personnages.

9: dessus: sur (cf. *Osman*, v. 942).

14: patience: repos

> Je le laisserais en patience, s'il n'érigeait point de trophée... (Cyrano. *Lettre sat. contre Scarron*).

15: tous: tout, variable devant un adj.

> Deux bergers amoureux, tous remplis de langueur (Molière. *Sicil.*, II).

22: recharge: retour insistant

> Que vous me pressez! Encore une nouvelle recharge... (Bossuet. *Serm. Impén. finale*).

26: battre la semelle: marcher, aller et venir (cf. v. 257).

28: corps: partie du vêtement féminin couvrant le buste

> Elle ne peut durer lacée dans son corps de jupe (Furetière. *R.C.*, III, 3).

32: poulet: billet de galanterie (cf. v. 1390)

> S'elle baille en cachette, ou reçoit un poulet (Régnier. *Elég.*, II).

38: se bat sur la perche: fait de vains efforts

> Mon esprit se bat sur la perche
> Comme fait un émerillon
> Qui veut voler le papillon (Tristan. *Vers héroïques, Ep. burlesque*).

43: tracassé: tracasser: aller et venir, s'agiter (familier)

>Il sort rarement de chez soi; il aime la chambre...où il tracasse. (La Bruyère, XIV, 64).

44: flatter: apaiser

>Mais que je tâche en vain de flatter nos tourments (Corneille. *Rod.*, v. 1069).

51: pied de veau: jeu de mots: dans le langage familier, un pied de veau était une révérence basse et servile

>De te voir dans cette posture
>Faire à Louis le pied de veau. (Racine. *Couplet sur la réception de Fontenelle*).

52: museau: nez, visage

>Ardez le beau museau (Molière. *Dépit amoureux*, IV, 4).

53: pastez de requeste: petit pâté fait de "menu" de volaille, i.e., de gésiers, de foies, de bouts d'ailes, etc.

>Ne trouvant dans Paris aucun Pâtissier...lui voulut faire crédit seulement d'un Pâté de requête (D'Assoucy. *Avantures d'Italie*, XII).

55: scoffion: escofion, coiffure des femmes du peuple, des femmes mal coiffées

>D'abord leurs scoffions ont volé par la place,
>Et, laissant voir à nu deux têtes sans cheveux, (Molière. *Etourdi*, vv. 1944-1945).

56: ruelle de veau: rouelle, partie de la cuisse du veau

83: reliquat: ce qui reste

>Nous avons très-bien dîné des reliquats du repas des noces (*Acad.*, 1694).

84: releué: d'un haut goût

>...de perdrix relevées d'un fumet surprenant (Molière. *Bourg. gent.*, IV, 1).

101: hipocras: jeu de mots: Fripesauces se coupe: l'hipocras est une boisson délicieuse faite de vin, de sucre, de canelle, etc., qui, d'après certains, aurait été inventée par Hypocrate.

104: bourlet...bassin: on mettait un bourrelet (garni de bourre) sur les pots de chambre (cf. v. 873)

> ...dans un bassin
> Des ragouts qu'un malade offre à son médecin. (Régnier. *Sat.*, IV).

116: deuant: d'abord, auparavant (cf. *Sénèque*, v. 1026).

117: fait: affaire, question

> Je viens de me ressouvenir d'une de mes amies, qui sera notre fait. (Molière. *Avare*, IV, 1).

124: Orpheline: i.e., de père

141: sortable: convenable

> Mais il est difficile aux maux insupportables
> De trouver au besoin des paroles sortables (Rotrou. *Laure pers.*, V, 8).

157: brigade: groupe

> ...quelqu'un de sa brigade. (Molière. *Etourdi*, v. 1192).

170: en (Alger): déjà vieilli, l'emploi de *en* et *dans* se faisait encore pour les villes de Grèce et d'Orient (cf. v. 801)

> Il va vous emmener votre fils en Alger (Molière. *Fourb.*, II, 7).

177: cf. v. 1283

188: pretendu: futur (cf. *Folie*, v. 487).

193: fourbe: fourberie (cf. v. 1535)

> Voyez un peu la fourbe! (Molière. *Etourdi*, v. 945).

201: debiter: raconter

> On vient de débiter, Madame, une nouvelle
> Que je ne savais pas (Molière. *Tartuffe*, vv. 685-686).

207: vison visu: vis-à-vis

> Comme ils sont logés vison-visu,... (La Fontaine. *Contes*, III, 4).

209: despence: garde-manger

> Ces pommes étaient au fond d'une dépense (Rousseau. *Confessions*, I).

214: oublie: pâtisserie ronde, cuite entre deux fers

> Douze cornets d'oublies et deux verres d'eau claire. (Dancourt. *Sancho Pança*, V, 12).

216: diligente: presse (cf. v. 417)

> Notre galant, s'étant diligenté,
> Se retira sans bruit et sans clarté (La Fontaine. *Contes*, II, 4).

223: place Maubert: cette place, entourée de cabarets, était alors de fort mauvaise répute.

224: sans vert: au dépourvu

> C'est ce qui fait toujours que je suis pris sans vert (Molière. *Etourdi*, v. 1109).

233: longe de veau: partie du veau entre le cuisseau et les côtelettes de filet

> Une longe de veau de rivière, blanche, délicate... (Molière. *Bourg. gent.*, IV, 1).

eschinée: quartier du dos d'un cochon

> ...des jambons, des eschinées et autres menues chosettes (Marg. de Navarre. *Hept.*, 11bis).

238: semble d': emploi explétif

> ...ne sait ce que c'est de perfection (Bossuet. *Vie cachée*).

239: Las-d'aller: fainéant

> ...ung de leur compaignie nommé Lasdaller (Rabelais, I, 38).

240: les degrez de la Cour du Palais: c'est là que s'assemblaient les valets sans condition qui cherchaient des maîtres (cf. Frères Parfaict, tome 8, article *Parasite*).

255: maroquins: jeu de mots

> De moy tu n'auras paix ni treve
> Que je ne t'aye veue en Greve
> La peau passée en maroquin [i.e., marquée de coups]
> (Régnier. *Ode sur une vieille maquerelle*).

257: battre la semelle: aller et venir (cf. v. 26).

265: barbes: chevaux de Barbarie, petits et légers; genets: chevaux d'Espagne.

266: ta fièvre quartaine: fièvre quarte; imprécation (cf. v. 1702)

>Si vous y manquez, votre fièvre quartaine (Molière. *Etourdi*, v. 1632).

274: il part bien de la main: un beau partir de la main se dit de la course qu'on lui [le cheval] fait faire sur une ligne droite.

283: Aloyau: terme de cuisine: pièce de la chair du boeuf qui se trouve le long des reins. (cf. v. 708).

287: bardé: jeu de mots: une barde est une armure de cheval, mais c'est aussi une tranche de lard mince de laquelle on couvre les oiseaux trop gras pour être lardés. (cf. v. 1394).

301: assassine: qui inspire une grande passion

>Que dit-elle de moy, cette gente assassine? (Molière. *Etourdi*, v. 220).

308: quart d'escu: pièce de 15 sous retirée de la circulation dès 1640, d'où le comique du vers

>Quand bien vous l'auriez assommée,
>Serez-vous mieux d'un quart d'écu? (Scarron. *Virgile trav.*, II, 2400).

de poids: non rognée, qui a encore le poids fixé par la loi (cf. v. 357)

>Cela est-il de poids? (Molière. *Médecin malgré lui*, II, 9).

315: Preste-jan: empereur des Abyssins (Pharas ta Jan: Lion sur cheval; cf. l'appellation moderne: Lion de Judée).

321: Monbaze, Soffola, Melinde: villes d'Afrique; Monbaza est le chef-lieu de l'île de ce nom; Soffola est le nom d'une ville, d'une région maritime et d'une rivière du Mozambique; Mélinde, à l'embouchure du Zambèze, capitale du royaume de ce nom, colonie portugaise au XVIIe siècle

>Ethiopie inferieure, ou *Zenzibar*...est diuisée en cinq Parties suiuantes... Coste de Zenzibar/ Ceste Coste embrasse toute la Coste de la mer, depuis le Cap de bonne Esperance, iusques à ligne Equinoctiale: elle contient six Royaumes: Monomotapa. Sophola. Quiloa. Mozambique. Mossabe. Et Mellinde. Portans tous les noms de leurs villes capitales. (Tristan. *Princ. de Cosmographie*, p. 121).

339: pot: malentendu dû à un jeu de mots; pot, en termes de guerre, est un morion qui couvre le haut de la tête. Fripesauces ne le voit pas comme tel.

342: armet: armure de tête (cf. *Chrispe*, v. 132).

344: parmy: au milieu de, à travers (cf. *Osman*, v. 1597).

350: Maluoisie: vin provenant de la presqu'île grecque de ce nom.

357: peze: est de poids (cf. v. 308).

360: prendre pinte au colet: le collet est le bourrelet qui termine le goulot de la bouteille.

368: rebutter: refuser (cf. *Osman*, v. 1092)

> Une servante lui présenta les vieilles bottes de la Rancune qu'il rebuta rudement (Scarron. *Roman com.*, II, 2).

369-70: à remarquer que la rime ici n'est même pas suffisante.

392: Convent: prononcé *couvent* selon Vaugelas

> Choisis d'épouser dans quatre jours, ou Monsieur, ou un convent (Molière. *Malade im.*, I, 5).

402: au moins: je vous en avertis (cf. *Mariane*, v. 935).

404: sensuit: (sic) faut-il lire *s'ensuit* ou *s'enfuit*? Cette deuxième leçon, quoique plus éloignée de l'original du point de vue typographique, semble être la plus logique.

406: possible: peut-être (cf. *Mariane*, v. 655).

413: si: pourtant (cf. *Panthée*, v. 706).

417: en diligence: en hâte (cf. v. 216)

> Prince, que tardez-vous? Partez en diligence. (Racine. *Britannicus*, v. 1563).

424: trauersez: contrariés, empêchés (cf. *Folie*, v. 425).

425: heur: bonheur, chance (cf. *Panthée*, v. 448).

427: diuertira: détournera

> [d'un autre côté] Divertir de vos pas leur plus chaude poursuite (Corneille. *Clitandre*, v. 397).

432: entend: comprend (cf. *Folie*, v. 1262).

436: front: expression de visage (cf. *Sénèque*, v. 1135).

439: chagrine: irritable, morose

> Un homme de talent, s'il est chagrin et austère, il effarouche les jeunes gens... (La Bruyère, XII, 30).

457: congé: permission

> ...c'est sans mon congé. (Molière. *Etourdi*, v. 118).

485: confondus: mêlés ensemble

> Dans vos intérêts n'en confondez point d'autres. (Corneille. *Pompée*, v. 614).

495: moustache: mèche de cheveux

> Lettre amoureuse "A elle mesme, sur vne importunité, consolée par vne moustache de ses cheveux" (Tristan. *Lettres*, XXXIV).

500: marque: manifeste, laisse apparaître

> Vous faites le poète, et vous devez...marquer cet air pédant (Molière. *Imp. de Vers.*, sc. 1).

501: De: avec (cf. v. 1133).

512: mangeur de charettes ferrées: fanfaron

> Je ne sçais comme mon père est coiffé de cet avaleur de charrettes ferrées. (Cramail. *Comédie des proverbes*, sc. 7).

528: il court sur ton marché: il tâche d'obtenir un avantage que tu recherches

> Mlle Paulet serait bien marrie que j'eusse couru sur son marché (Chapelain. *Lettres*, I, 642).

531: Facteur: agent

> Ils avaient des comptoirs, des facteurs, des agents (La Fontaine. *Fables*, XII, 7).

532: frairie: ripaille (mot bas selon *Acad.*, 1694)

> Un loup donc, étant de frairie (La Fontaine. *Fables*, III, 9).

559: fendeur de nazeaux: bravache, fanfaron (*Acad.*, 1694) (cf. v. 1049).

562: manteau: est-ce une allusion au droit de manteau (somme de dix livres annuelles payées aux secrétaires de la maison de France) ou sommes-nous en présence d'un manteau "Dont le dessus servit à nous doubler la panse." (St-Amant. *Les goinfres*).

578: à vau l'eau: dans la ruine

> ...la vente de notre guidon est allée à vau-l'eau (Sévigné, 15 mai 1676).

585: espouster: battre (cf. v. 717)

> Ouy-da, trés-volontiers, je l'épousteray bien (Molière. *Etourdi*, v. 1577).

586: deschanter: se dédire

> Tu vois qu'à chaque instant il te fait deschanter (Molière. *Etourdi*, v. 921).

604: pistolle: dans le langage populaire, dix francs (cf. v. 606).

614: conseil: résolution (cf. *Osman*, v. 854).

615: peteur d'Eglise

> Et l'autre en fut chassé comme un péteux d'Eglise. (Régnier. *Sat.*, XIV).

616: remise: délai

> Par un peu de remise épargnons son ennui. (Corneille. *Polyeucte*, v. 23).

624: ie me creve: je mange à l'excès

> Il soupe, il crève, on y court. (La Fontaine. *Contes*, I, 8).

628: muid: futaille de dimension variable. A Paris, elle était d'environ 18 hectolitres.

> On accorda de laisser passer cent muids de blé par jour pour la Ville. (Retz. *Mémoires*).

638: recherché: interrogé, sujet d'une enquête

> Le magistrat pourrait le rechercher (La Fontaine. *Contes*, III, 2).

639: ferrerois la mule: ferrer la mule, acheter une chose pour quelqu'un et la lui compter plus cher.

> Il n'y avait pas un denier davantage que ce que je vous ai dit; et puis croyez-vous que je voulusse ferrer la mule en cette occasion? (Furetière. *Roman bourg.*, I, 16).

640: couché: rédigé

> Voici comment Luther coucha l'article VI du sacrement de l'autel. (Bossuet. *Histoire des variations*, 4).

641: ces quatre derniers vers devraient être mis dans la bouche de Lisandre.

647: Entre les deux treteaux: toujours au cabaret et ne faire qu'ivrogner (Richelet).

655: Guespin d'Orléans: natif d'Orléans et, en général, un rusé

> Chiches, tenans, ingratz, gueppins. (Le Plessis. *Ethiq. d'Arist.*).

656: trauerser: contrarier, empêcher (cf. *Folie*, v. 425).

659: brechet: sternum des oiseaux

672: point: chez les cordonniers, se dit des divisions qui sont marquées sur le compas avec lequel ils prennent la mesure pour faire des souliers (Trévoux) (cf. aussi *Chrispe*, v. 411).

684: Zolinde: lame d'épée des plus fines provenant d'Olinde (Brésil).

688: appellé: défié

> [il tirait l'épée souvent et] il me pria d'appeler pour lui Melbeville. (Retz. *Mémoires*).

690: ganif: canif

> Il me déroba mes plumes, mon ganif, et mon écritoire. (Sorel. *Francion*, IV).

693: dessiné: conçu (cf. *Mariane*, v. 782).

695: *sic*

698: bale: sans valeur

> Allez, rimeur de balle, opprobre du métier. (Molière. *Femmes sav.*, v. 1016).

699: Maistre à la douzaine: sans valeur; le douzain valait un sou.

706: traites: donne à manger (cf. v. 1586)

> Je serai bien aise que l'on traite en chair M. le baron de Gondi. (Retz. *Lettres*, 3 déc. 1668).

707: gardes-foyers: rôtis qui ont traîné longtemps à la broche.

708: aloyau: pièce de la chair du boeuf qui se trouve le long des reins (cf. v. 283).

717: espousté: battu (cf. v. 585).

724: esloigna: s'éloigna de

> Ses vaisseaux en bon ordre ont éloigné la ville. (Corneille. *Pompée*, v. 741).

730: défait: détruit

> [il attendit qu'ils] se défissent eux-mêmes par le désordre de leur gouvernement (Bossuet. *Hist. univ.*).

731: rablu: râblé, aux reins vigoureux

> Peste, l'heureux grison! qu'il est rablu! (T. Corneille. *Comt. d'Orgueil*, III, 9).

733: chaut: chaud, délicat

> ...voilà un nom bien chaud à prendre. (Sévigné, 21 août 1680).

740: Greue: Place de Grèves aujourd'hui Place de l'Hôtel de Ville, où avaient lieu les exécutions et où se réunissaient les ouvriers en quête de travail.

741: demistié: demi setier; mesure qui contient une demi-chopine.

746: la Mothe Massas et François Paumier: deux ivrognes célèbres (cf. Saint-Amant. *La chambre du débauché* et Berthaut, *Ode à la louange de tous les cabarets de Paris*, dédiée à M. de la Motte Massas.

747: galand: sens très divers (diable, pied plat, malin, etc.; cf. vv. 1101, 1254, 1585; La Fontaine. *Contes*, I, 10, passim).

762: monmon: porter un momon, un défi au jeu de dés porté par les masques pendant le carnaval (cf. v. 874)

> Est-ce un momon que vous allez porter? (Molière. *Bourg. gent.*, V, 1).

766: Iaffe...Thyr: Jaffa et Tyr (Sour, en Syrie).

780: pratique: adresse (cf. *Panthée*, v. 1604).

801: dans Alger: à Alger (cf. v. 170).

811: funeste: triste, tragique (cf. *Mariane*, v. 1454).

850: on s'est equiuoqué: on s'est trompé

> Je dois être bien moqué
> De m'être tant équivoqué. (Scarron. *Virg. trav.*, III, 681-2).

863: matoise: rusée, sans scrupules (cf. v. 897)

> Prenez cette matoise, et lui donnez la main. (Molière. *Etourdi*, v. 982).

865: fantosme: apparition, mannequin

> ...fit le procez de ce duc et le fit mettre en figure et représentation en fantosme, comme on dit, à quatre quartiers. (Aubigné. *Hist. univ.*, XIV, 3).

873: bourlet de bassin: cf. v. 104.

874: porte-tu des monmons: cf. v. 762.

877: poste: petit fripon, garçon qui n'étudie pas

> Toutes choses qui conviennent bien à un vrai poste d'écolier. (Sorel. *Francion*, III).

897: matois: rusé, sans scrupules (cf. v. 863).

904: La langue m'a fourché: j'ai laissé échapper un mot pour un autre
> Je ne sais auquel la langue a fourché le premier: ils appellent...Mme de Maintenon Mme de *Maintenant*. (Sévigné, 18 sept. 1680).

907: vieux: vieil (cf. *Osman*, v. 1049).

910: ta maniere: la leçon est sans doute fautive: lire *la* manière.

913: berlan: brelan, tripot, maison de jeux

> Dans un maudit brelan, ton maître joue et perd. (Regnard. *Joueur*, v. 32).

914: allebran: halbran, jeune canard sauvage; n.b.: halbrené: oiseau de proie aux plumes rompues, au figuré, en mauvais équipage

...tous harassez et hallebrenez qu'ils sont. (Montaigne, III, 5).

915: Simulacre: statue

Le saint simulacre offensé (Scarron. *Virg. trav.*, II, 752).

917: Monopoleur: appelation rendue odieuse par le peuple qui l'étend aux exacteurs des impôts et maletôtes.

925: penard: vieillard cassé

...ces penards chagrins
Nous viennent étourdir de leurs discours badins. (Molière. *Etourdi*, vv. 61-62).

937: quartier: pension payée tous les trois mois

Et ce visage enfin plus pâle qu'un rentier
A l'aspect d'un arrêt qui retranche un quartier. (Boileau. *Satire*, III, 3-4).

938: dependre: dépenser

L'épargne est une science de ne rien dépendre mal à propos. (Malherbe. *Bienfaits de Sénèque*, II, 35).

942-4: Romant...Lisandre...Caliste: *L'histoire tragi-comique de nostre temps, sous les noms de Lysandre et de Caliste,* de Vital d'Audiguier eut, de 1615 à 1654 (date du *Parasite*) au moins 26 éditions, dont 16 en français, 4 en anglais, 2 en hollandais, 3 en allemand, et une édition bilingue. Sa popularité, pendant un certain temps, éclipsa celle de l'*Astrée*, tant en France qu'à l'étranger.

946: fagots: bagatelles, choses ridicules

S'ils ne sont pas aussi grands conteurs de fagots... (Chapelain. *Lettres*, I, 340).

947: croyez, charbonnez: jeu de mots (croyez: crayez) crayer: écrire à la craie, et charbonner: écrire au charbon.

953: c'est mon: "avis" sous-entendu

Ardez, vraiment, c'est mon, (Corneille. *Gal. palais*, v. 1392).

C'est le "çamon", si populaire au XVIIe siècle: Çamon, ma foi! J'en suis d'avis (Molière. *Mal. im.*, I, 2).

956: vuidé: (anc. fr.) rusé, fin, tout fait

>Tu es un homme bien fait pour tourner quatre broches.
>(Cramail. *Com. des proverbes*, sc. dernière).

961: passe sans flus: flux est un jeu de cartes où on considère la série de cartes appelée flux. Le joueur auquel manquent les cartes de la même sorte, annonce "passe sans flux". Au figuré, marque de mécontentement ou d'indifférence

>Soudain l'asne tourna visage, disant, avoine bien advenant, non la forche, je dis, qui me dit, passe sans flux.
>(Rabelais, V, 7).

962: huis: porte (déjà vieilli)

>Or comme à coups de pied l'huis s'était presque ouvert
>(Régnier. *Sat.*, XI).

977: inmanus: commencement de la prière "In manus tuas, Domine, commendo spiritum meum".

980: Preuost de Salle: celui qui enseigne à la place du maître d'armes (Richelet).

984: Preuost d'une Mareschaussée: juge royal dans les provinces sous l'autorité des Maréchaux de France; il a juridiction sur les vagabonds, faux-monnayeurs, etc.

988: levriers: jeu de mots: sergents et archers

>Il s'en alla aussi vite à sa maison que si tous les lévriers du bourreau eussent été après lui (Sorel. *Francion*, II).

999: i'en rabas quinze: je perds de l'estime que j'avais; quinze, du jeu de paume, valeur du premier coup.

>Si cela est [qu'elle a empoisonné son père], j'en rabats beaucoup. (D'Alembert. *Lettre*, 2 jan. 1772).

1003: galanterie: chose de peu d'importance (cf. v. 515, où le mot est employé dans le sens ordinaire, et v. 1339 où il l'est dans un sens différent)

>...c'est une galanterie extravagante qui a tant d'irrégularités... (Corneille. *Illus.*, examen).

1024: fièvre pourprée: maladie durant laquelle le corps est couvert de taches bleues et noirâtres.

1031: fait: façon d'agir

> ...leur fait n'est que bonne mine. (La Fontaine. *Fables*, IV, 14).

1033: sein: marque naturelle quelconque sur le corps (cf. v. 1206).

1039: enseigne: marque qui sert à faire reconnaître (cf. *Osman*, v. 1208).

1044: fabuleux: inventé

> Votre fils s'est laissé prévenir en ma faveur par les rapports fabuleux. (La Fontaine. *Psyché*, II).

1049: fendans: fanfarons (cf. v. 559)

> Depuis les plus chétifs jusques aux plus fendans (Régnier. *Sat.*, XIII).

1060: Tandis: pendant ce temps (cf. *Sénèque*, v. 291).

1062: deuant: d'abord, auparavant (cf. *Sénèque*, v. 1062).

1074: preuenu: agi avant lui (cf. *Mariane*, v. 739).

1079: apparence: possibilité

> ...souffrir un discours si loin de l'apparence (Molière. *Amphytrion*, v. 425).

1080: de facile croyance: facile à persuader

> Les amants sont toujours de légère croyance (La Fontaine. *Les filles de Minée*).

1098: credit: réputation (cf. *Osman*, v. 191).

1101: galand: sens très divers: diable, pied plat, malin, etc. (cf. v. 747).

1109: comme de cire: fort à propos

> Votre jardin viendra de cire; (La Fontaine. *Magn.*).

1111: bonnace: calme de la mer (cf. *Folie*, v. 401).

1120: aduanture: destin, ce qui arrive (cf. *Osman*, v. 101).

1132: vert: violent

> [il] leur donne des coups de poings avec une verte atteinte. (Sorel. *Francion*, IX).

1133: d'un leuier on m'harne: de: avec (cf. v. 501); levier: gros bâton

> Donne deux tours sifflans de son noueux levier (Du Bartas. *Les Capitaines*).

> herner: ereiner, éreinter

>> Je me contente de l'erner à coups de baston (Tournebu. *Les contens*, IV, 2).

1153: succeder: réussir (cf. *Osman*, v. 78).

1158-9: gras, maigre: viande, repas sans viande

> Ils m'ont donné un si magnifique repas en maigre. (Sévigné, 27 mai 1680).

1164: ceans: ici

> ...qu'Aristote n'a point d'autorité céans. (Racine. *Plaideurs*, v. 750).

1169: roüillé: roullé

> Comme il rouille les yeux. (La Fontaine. *Coupe ench.*, v. 12).

1182: se défait: se trouble, est embarassé

> Courage,...Ne vous défaites pas. (Molière. *Princ. d'Elide*, IV, 1).

1185: instruit: bâti, organisé

> Louis en personne,
> Déjà prêt à passer, instruit, dispose, ordonne. (Boileau. *Ep.*, IV).

1192: admirable: surprenant (cf. *Folie*, v. 1472).

1203: groselle: groseille, valant peu de chose

> ...qui ne vaut trois groselles. (Larivey. *Tromperies*, IV, 5).

1206: sein: marque naturelle (cf. v. 1033).

1219: allaigre: vif, leste (vieilli)

> Pour s'échapper de nous Dieu sait s'il est allègre. (Racine. *Plaideurs*, v. 43).

754

1254: galand: cf. v. 747

fait de l'entendu: joue l'homme informé (cf. v. 1309)

...tous les autres fissent les entendus... (Sévigné, 1 nov. 1688).

1256: corrompe: séduise, débauche

Deux coeurs nés généreux qu'un traître a corrompus. (Voltaire. *Fanat.*, III, 11).

1259: Remettez-vous: rappelez-vous

Que vous vous remettiez les traits de mon visage. (Hauteroche. *Bourg. de qualité*, II, 2).

1260: alleure: allure, manière, façon d'agir

Vous nous offrez des gens d'une agréable allure. (Boursault. *Mots à la mode*, sc. 4).

1271: ravie: ce n'est pas Lisandre, mais une des deux jeunes filles qui devrait parler ici.

1272: endroit: moment (cf. *Sénèque*, v. 1182).

1278: affronter: tromper avec impudence

S'il faut qu'on vous affronte
Croyez qu'il m'a trompé le premier à ce conte. (Molière. *Etourdi*, vv. 1571-1572).

1281: seul dans trois bateaux: se donne une importance ridicule

[Votre serviteur] Arrive en trois bateaux exprès pour vous parler. (La Fontaine. *Fables*, IX, 3).

1284: desguaine: dégaine, façon ridicule

Oui, tu m'aimes d'une belle dégaine. (Molière. *D. Juan*, II, 1).

1293: barbon: vieillard (péjoratif)

Pour le jeune ou pour le barbon
A tout âge l'amour est bon. (Molière. *Mar. forcé*, introd.).

1306: affeublé: affublé, habillé bizarrement (cf. v. 1466)

Ce fut elle qui...affubla M. de Brissac de ce bonnet. (St-Simon. *Mém.*).

1307: ustenciles: sens plus large qu'aujourd'hui: tout ce qui est nécessaire à un ménage (masc. ou fém.)

>...et autres pareilles ustanciles. (Chapelain. *Lettres*).

1309: faire les entendus: jouer aux hommes informés (cf. v. 1254).

1323: auerée: prouvée, vérifiée (cf. *Mariane*, v. 842).

1332: quatre personnages: i.e., Lisandre, Lucinde, Phénice et Fripesauces.

1334: rien: quelque chose (cf. *Panthée*, v. 797).

1339: galanterie: (cf. vv. 515, 1003).

1343: Charle: y aurait-il ici une allusion à Charles IV de Lorraine, le prince aux intrigues perpétuelles?

1345: Clabaudoit: aboyait, criait sans raison

>Il virent que je ne clabaudais autre chose, sinon qu'ils n'étaient pas plus savants qu'Aristote. (Cyrano. *Etats et emp. de la lune*).

1359: amour: masculin ou féminin (cf. *Folie*, v. 476).

1390: poulets: billets de galanterie (cf. v. 32).

1391: cimier: pièce de chair se levant le long du dos de l'animal, des côtes à la queue.

1394: bardez: couverts d'une tranche de lard (cf. v. 287).

1397: pouplain: poupelin, pâtisserie délicate faite d'oeufs, de sucre, etc.

>Des tourtes, poupelins et tartes. (Scarron. *Virg. trav.*, I, 973).

1407: à mon dam: à mon détriment (cf. *Chrispe*, v. 1195).

1408: truchement: interprète (cf. *Mariane*, v. 1595).

1414: piot: vin (pop.)

>Leur voyant de piot la cervelle échauffée... (Régnier. *Sat.*, X).

1430-38: sur ces cabarets, voir A. de La Fizelière, *Vins à la mode et cabarets au XVIIe siècle* (1876).

1444: hautement: orgueilleusement ou fermement

> L'homme, de sa nature, pense hautement...de lui-même. (La Bruyère, XI, 69).

1449: badines: niaises, sottes

> Ma foi, j'en suis d'avis, que ces penards chagrins
> Nous viennent étourdir de leurs contes badins. (Molière. *Etourdi*, vv. 61-62).

1458: remettray: réconcilierai

> A vous remettre bien je me veux appliquer. (Molière. *Fem. sav.*, v. 1048).

1466: rafubler: habiller bizarrement de nouveau (cf. v. 1306), ici, remettre.

1474: poussiez la rouë: aidiez

> Poussant trop à la roue, il peut tout renverser. (Boissy. *Impatient*, IV, 11).

1477: ancré: établi

> Enfin chez mon rival je m'ancre avec adresse. (Molière. *Etourdi*, v. 1091).

1490: sifler en cage: instruire de ce qu'on doit faire

> Un docteur politique qui les a sifflés, et qui leur a mis dans la tête... (Balzac. *De la cour*, 2e discours).

1492: brider comme un oyson: me traiter en sot (oison bridé: sot)

> Ou des oisons bridés, guenuches, éléphants. (Régnier. *Sat.*, XI).

1507: monument: tombeau (cf. *Panthée*, v. 1340).

1525: bile: colère

> Le Père Brisacier...n'en eut pas plutôt avis que sa bile se rechauffa. (Racine. *Port-Royal*, II).

1526: patron de case: maître de la maison (fam.)

> Voyez-vous ces cases étroites
> Et ces palais si grands, si beaux. (La Fontaine. *Fables*, III, 8).

1533: godeno: marionette de bois; fig.: petit homme mal fait

>   Quel est ce godenot fagoté de la sorte? (La Fontaine. *Ragotin*, I, 8).

1534: Brioché: Pierre Datelin, dit Briocci, farceur italien, montreur de marionettes.

1535: fourbe: fourberie (cf. v. 193).

1536: auons esté: sommes allés

>   Je ne reviens pas, car je n'ai pas été. (Molière. *Dép. am.*, v. 235).

1551: Mogor: Mogol, "le plus puissant Roi des Indes."

>   ...la grande Prouince des *Mogores* (Tristan. *Princ. cosmogr.*, p. 104).

1552: Onor: ville de l'Inde, à vingt lieues de Goa

>   La Pointe Occidentale [des Indes]...est diuisée en quatre parties suiuantes:...CAMARECOVCAN. V. Pr: Onor,... (Tristan. *Princ. cosmogr.*, p. 104).

1553: Magellanique: Patagonie

1555: Bebelmandel: Bab el Mandeb, détroit entre la Mer Rouge et le Golfe d'Aden

>   Arabie Heureuse: La Coste Occidentale embrasse la Coste de la mer depuis la Coste d'Enfer iusques au destroit de *Bebelmandel* (Tristan. *Princ. cosmogr.*, p. 97).

1557: esclandre: incident fâcheux, rixe

>   Le pauvre Loup, dans cet esclandre,
>   ....
>   Ne put ni fuir ni se défendre. (La Fontaine. *Fables*, III, 2).

1560: Au quartier du Marais, et ruë aux Grauiliers: le Marais était un des meilleurs quartiers de la ville; la rue des Graviliers était très à la mode, et même Henri IV y avait fait construire un corps de logis.

1567: estoc: extraction

>   Je voudrais bien le marier à une petite fille qui est un peu juive de son estoc, mais les millions nous paraissent de bonne maison. (Sévigné, 13 oct. 1675).

1568: me sont hoc: me sont assurés

> Mais comme ce bruit n'est pas hoc... (Loret. *Muse hist.*, 16 août 1664).

Sc. 5 : le nom de Fripesauces devrait figurer ici.

1573: gros: troupe nombreuse

> Et l'on dit que, suivi d'un gros d'amis fidèles,
> On l'a vu se mêler au milieu des rebelles. (Racine. *Mithridate*, vv. 1439-1440).

1585: galand: sens très divers (cf. v. 747).

1586: traite: donne à manger (cf. v. 706).

1589: Prendre langue: s'informer, aller aux renseignements

> Retirez-vous et me laissez prendre langue. (Dancourt. *L'opérateur*, sc. 6).

1595: Preuost...Exempt: un prévôt était un magistrat chargé d'une juridiction ou préposé à une haute surveillance; un exempt était un officier de police (cf. v. 984).

1609: cadene: chaîne à laquelle on attache un galérien

> Les chrestiens perdirent dix huict mille hommes, que morts, que mis à la cadenne. (D'Aubigné. *Foen.*, IV, 20).

1617: Conciergerie: prison dans l'enclos du palais de Paris.

1629: pource que: parce que (cf. *Panthée*, v. 1102).

1630: connoist: comprent, se rend compte (cf. *Folie*, v. 1659).

1632: passe le pas: en vienne à cela (cf. *Célimène*, v. 1378).

1646: pour le poil ainsi que pour la plume: propre à plus d'une chose

> Le nom d'Angélique est au poil et à la plume, passant partout, bon en prose et bon en vers. (Furetière. *Rom. bourg.*, I).

1647: resve: médite (cf. *Folie*, v. 352).

1651: si: pourtant (cf. *Panthée*, v. 706).

1662: bruit: renommée (cf. *Osman*, v. 808).

1671: biais: moyen détourné (cf. *Folie*, v. 1406).

1697: Colombier: à Orléans, ne pouvaient prétendre au droit de Colombier à pied que le seigneur haut justicier avec censive ou le seigneur de fief sans justice qui avait une directe censuelle sur au moins 50 arpents. (art. 178)

1701: estonne: ébranle (cf. *Mariane*, v. 1157).

1702: Vos fortes fièvres mules: imprécation (cf. v. 266)

> Mais leurs fièvres males-mules, ne lit-on assez d'exemples.
> (Préface, *Supplément du Catholicon*).

1704: de maison: de condition

> Clarice est de maison, et n'est pas sans beauté. (Corneille. *Menteur*, v. 1044).

1710: vaut: mérite:

> Le peuple ne vaut pas que vous payiez ses crimes. (Corneille. *Oedipe*, v. 834).

Sc. 7 : L'indication de scène devrait figurer ici.

1720: seruiteur: qui courtise une femme (cf. *Folie*, argument, acte V).

1749: hanap: grand vaisseau à boire

> Ces gens ont des hanaps trop grands;
> Notre nectar veut d'autres verres. (La Fontaine. *Lett.*, XXIII).

OSMAN

INTRODUCTION

    Osman qui est, selon Lancaster (II,773), "the most interesting and genuine Turkish tragedy before *Bajazet*" date probablement de la fin de 1646 ou du début de 1647, quoique la pièce ne soit pas imprimée avant 1656. Phénomène curieux, le privilège du 17 juin 1647 est accordé pour vingt ans, période de temps excessivement longue si l'on se rappelle que celui de *La Mariane* n'était valable que pour neuf ans et les autres pour cinq et sept ans. Comment peut-on expliquer ce long privilège et le délai entre la composition et l'impression de la pièce? Bernardin (p. 263) suggère que les troubles de la Fronde et la mort de Tristan en sont la cause. Il nous semble, toutefois, qu'il faille écarter la première hypothèse, car, entre 1647 et 1656, Tristan fait imprimer deux pièces de théâtre et les *Vers héroïques*; en outre, on réimprime les *Heures*, les *Plaidoyers* et toutes les pièces, séparément ou en recueil. Par contre, nous pensons, comme Bernardin, que la mort de Tristan a pu motiver la publication de la pièce. On trouve si peu d'allusions à *Osman* parmi les contemporains de Tristan (Pellisson en parle et la pièce est mentionnée dans le *Baron de Crasse*) que l'on est en droit de se demander si la pièce a jamais été représentée, car elle ne figure sur aucun registre. Il est à supposer que le public du dix-septième siècle n'apprécia guère la pièce et que Tristan, partageant peut-être le jugement de ses contemporains, la voua à l'oubli d'où Quinault la tira peu après la mort de l'auteur, faisant preuve en ceci, de plus d'enthousiasme que de jugement.

    Les sujets turcs étaient à la mode et Denis Coppée avait même écrit une pièce sur la mort d'Osman en 1623, mais il est fort peu probable que Tristan ait connu cette pièce. Il a pu trouver des renseignements dans diverses oeuvres et particulièrement dans *Les Histoires tragiques de notre temps* (1635) de Saint-Lazare, dans le *Mercurio* (1646) de Victoria Siri, oeuvre qui est d'ailleurs dédiée à Gaston d'Orléans, ou encore dans *L'Histoire générale du Sérail* (1624) de Michel Baudier. Il se peut également que Tristan ait eu l'occasion de rencontrer M. de Cézy, ambassadeur de France à Constantinople, qui charmait tout Paris avec ses récits sur la Turquie.

    A la mort du Sultan Achmet-Khan 1er, en 1617, son fils aîné Osman n'a que treize ans. Selon les décrets du défunt, son frère Moustapha qui a passé quatorze ans en captivité et qui a échappé deux fois à un arrêt de mort lancé contre lui, doit monter sur le trône. Cependant, les longues années de captivité ont miné la raison de Moustapha qui a sombré dans la folie, et les courtisans qui veulent exercer le pouvoir font passer ses accès de folie pour des signes de sainteté. Trois mois plus tard, en février 1618, les Grands de l'Empire font rentrer Moustapha dans

sa captivité et monter sur le trône le jeune Osman qui semble posséder
toutes les qualités d'un sultan. Grâce au génie militaire du grand vizir
Khalil-Pacha, Osman remporte une victoire sur les Perses et signe un
traité de paix honorable avec eux en septembre 1618. L'année suivante,
il conclut une paix avec la Pologne. En 1620, Guzeldji-Ali-Pacha est
nommé grand vizir et il devient le favori d'Osman. Toutefois, la paix
établie avec la Pologne est rompue et la guerre reprend. La défaite des
Polonais, suivant de peu plusieurs victoires navales remportées sur les
Florentins, consacre la gloire du jeune sultan. L'année suivante, cependant, marque déjà le début de la chute d'Osman; en janvier 1621, il fait
étrangler son frère Muhammed; la disette, résultat de l'hiver pénible, a
déjà créé le mécontentement parmi les janissaires qui commencent maintenant à s'exprimer ouvertement contre la rigueur excessive d'Osman; la
mort du grand vizir Guzeldji-Ali-Pacha survient peu après. Redoutant
l'ambition de la Russie et contre l'avis de tous ses conseillers, Osman
entreprend la conquête de la Pologne qui doit lui servir de rempart
contre la Russie. Vaincu à la bataille de Choczim, Osman conclut la
paix et rentre dans sa capitale. Le pays et l'armée sont fatigués de la
guerre et cependant, en dépit de cela, Osman commence immédiatement à
lever une armée en Asie. Les janissaires qui se croient menacés, commencent à s'agiter; sur ces entrefaites, Osman annonce qu'il part en
pèlerinage à la Mecque. Croyant que ce départ n'est qu'une ruse et que
le sultan va se mettre à la tête des troupes en Egypte, les janissaires
font éclater la révolte. Osman est contraint de renoncer à son pèlerinage, mais il refuse de céder aux instances des janissaires et de leur
livrer les chefs du pays. Les janissaires lancent l'assaut contre le
sérail et on fait sortir Moustapha de captivité pour le remettre sur le
trône. Voyant que les janissaires mettent à mort le grand vizir et les
autres chefs du pays, Osman cherche à fuir par mer, mais il découvre que
les marins ont abandonné les navires. Revêtu d'un simple habit blanc, il
cherche à se cacher mais il finit par être découvert. Il sera enfermé au
château des Sept-Tours où, malgré ses supplications, on le fera étrangler.

Tristan suit assez fidèlement l'histoire et ne changera que le dénouement. Contrairement à l'histoire, Osman ne meurt pas étouffé dans un
cachot, mais en plein jour et après une lutte glorieuse. A part cela, on
ne trouve que des changements de détails: l'avarice et le zèle religieux
d'Osman sont passés sous silence; Tristan accorde un rôle plus important
à la fille du Moufti et à sa passion pour Osman; il invente de toutes
pièces le rôle de la soeur du sultan et réduit à peu de choses le rôle du
Moufti, du grand vizir Hussein (Ussin) et de Moustapha.

Signalons également que Tristan observe les unités et les règles de
la bienséance sans trop de difficultés. L'unité de temps ne présente
aucun problème, mais il force la vraisemblance quant à l'unité de lieu,
car, comme dans *Le Cid*, trop d'événements ont lieu dans un même décor.
En ce qui concerne l'unité d'action, l'usage exigeait une action princi-
pale à laquelle étaient étroitement liés des épisodes secondaires; Tristan
se conformera à cette pratique avec de légères variantes. On trouve à
l'époque des pièces qui ne suivent pas le schéma que nous avons indiqué
plus haut, mais qui présentent plutôt une série d'actions simultanées;
en est ainsi pour *Osman* où "le fil principal est la lutte du sultan Osman

pour conserver le pouvoir, le deuxième fil est l'amour qu'éprouve pour Osman la Fille du Muphti."[1]

D'une manière générale, Tristan observe les règles de la bienséance et ne s'en écarte vraiment que dans le récit de la mort d'Osman; ce manquement s'explique sans doute par le goût du pittoresque et de la couleur locale, et par "la somptuosité barbare de l'Islam" (Scherer, p. 154) qui se fait sentir dans les personnages, dans leurs paroles et leurs actions; il ne serait donc pas faux de voir dans *Osman* un des derniers exemples de ces complaisances pour le pittoresque.

Il est difficile de parler d'*Osman* sans aussi tenir compte de *Bajazet*; les comparaisons avec Racine s'imposent et, malheureusement ne mettent guère Tristan sous un jour favorable, car les faiblesses d'*Osman* ne sont que trop évidentes. Toutefois, force nous est de rendre justice à Tristan et de reconnaître qu'il a su créer avec Osman et la fille du Moufti, des personnages frappants qui n'ont rien à envier à ceux de Racine.

---

[1]Jacques Scherer. *La dramaturgie classique en France*, p. 97.

BIBLIOGRAPHIE

Une seule édition ancienne: *Osman* (Paris: Luynes, 1656). In 12 de (8)-62-(1) pages.

```
p.    (1):   titre
pp.  (3-6):  épître
p.    (8):   personnages
pp.  1-62:   texte
p.   (63):   privilège (17 juin 1647; achevé d'imprimer du 1er février
             1656).
```

OSMAN

TRAGEDIE.

Du Sieur TRISTAN

l'Hermite.

A PARIS,

Chez Gvillavme de Lvynes,
Libraire Iuré au Palais dans la Salle
des Merciers, à la Iustice.

———

M. DC. LVI.
Auec Priuilege du Roy.

A

MONSEIGNEVR

LE COMTE

DE

BVSSY,

LIEVTENANT GENERAL
des Armées du Roy, Mestre de
Camp General de la Caualerie
Françoise & estrangere, &c.

MONSEIGNEVR,

　　Alors que ie me suis proposé de mettre soubs vostre protection
cette derniere Tragedie de feu Monsieur Tristan, ie n'ay fait apres sa
Mort, que ce qu'il auoit dessein de faire pendant sa vie. Ma bonne
fortune, qui me fit autrefois auoir quelque part dans sa confidence,
me rendit le témoin de son estime pour vostre Merite & de son inclination pour vostre Personne: Ie sçay qu'il a tousiours fait comme son
interest propre de vostre gloire, & qu'il a sans cesse contribué ses
loüanges à vostre reputation, & ses souhaits à vostre prosperité.
Si cet Homme inimitable n'auoit pas encore cessé de viure, il ne
manqueroit point icy de vous asseurer auec vn stile doux & pompeux,
que si vous souffrez que vostre Nom deffende cet Ouurage, il n'aura
point à craindre dans le Monde les Monstres que ses pareils ont
accoustumé d'y rencontrer. Il vous diroit que l'Enuie n'osera
l'attaquer, le voyant sous la protection des Vertus & des Graces qui
vous accompagnent, & qu'elle est auiourd'huy trop bien persuadée de
la grandeur de vos qualitez éclattantes, pour ne pas respecter les
choses que vous auoüez: Il exprimeroit auantageusement tous les
trais admirables de vostre Coeur & de vostre Esprit. Il parleroit
auec éclat de cette noble audace, qui s'est tousiours si glorieusement conseruée dans les Heros de vostre Maison fameuse, & qui vous
fait auancer si ardemment par tout où l'honneur vous appelle. Enfin,
MONSEIGNEVR, il publieroit à toute l'Europe vne verité qui est cognuë
de toute la France; C'est qu'il y a peu de Seigneurs en ce Royaume
qui soient accomplis comme vous estes, & qui puissent vn iour auec
plus de valeur & de succez que vous, seruir aux grandes Conquestes
que les Oracles promettent à nostre Ieune & Incomparable Monarque.
Quant à moy, quelques instructions fauorables que i'aye eu l'honneur
de receuoir de cet Escriuain renommé, de qui ie pleure encore la perte, ie ne suis pas assez éclairé pour traiter à fonds vne matiere si
delicatte que celle de vostre Panegyrique. Il n'estoit permis qu'au

plus sçauant pinceau des Siecles passez de tirer le visage d'Alexandre,
& c'estoit sans doute à la plus excellente Plume du nostre, à representer vos auantages. Ie suis forcé de vous auoüer qu'il est presque
impossible de bien figurer la splendeur des clartez qui nous éblöüis-
sent comme les vostres, & ie sens bien que cet illustre Mort, dont la
Memoire est immortelle, ne m'a pas laissé tout l'art d'ont il sçauoit
vous honorer, bien qu'il m'en ait laissé tout le zele. C'est ce qui
me fait haster de me dire auec mes profonds respects.

   MONSEIGNEVR,

           Vostre tres-humble & tres-
            obeïssant seruiteur.

             QVINAVLT.

LES PERSONNAGES.

LA SVLTANE Soeur.

FATIME Esclaue de la Sultane Soeur.

LEONTINE Esclaue de la Sultane Soeur.

OSMAN Empereur.

La Fille du MOVPHTI.

SELIM Bassa.

MAMVD Bassa.

ORCAN Bassa.

LODIA Precepteur d'Osman.

Vn CAPIGI ou Huissier de la Porte.

Des IANISSAIRES.

———————

La Scene est à Constantinople.

Le Theatre est la façade du Palais ou Serail, oū il y a vne Porte au milieu qui s'ouure & se ferme, à costé vne fenestre, oū l'on pourra tirer vn rideau, lors qu'Osman reçoit les plaintes des Ianissaires.

OSMAN,

TRAGEDIE.

ACTE I

SCENE PREMIERE

La SVLTANE Soeur, *dormante*.

Demevre, Parricide, arreste sacrilege!
Quoy! le sang Othoman n'a point de priuilege:
On l'espanche à ma veüe, on perd deuant mes yeux
Le plus grand des mortels & le plus glorieux!
Ah! c'est fait, il est mort, i'en suis trop asseurée,
De cet illustre corps l'Ame s'est separée!

SCENE II

FATIME, la SVLTANE Soeur, LEONTINE.

FATIME.

Qvel bruit s'est eleué qui s'augmente si fort?

La SVLTANE Soeur.

Acheuez inhumains!

LEONTINE.

C'est Madame qui dort.

FATIME.

C'est vn songe fâcheux dont elle est trauaillée.

LEONTINE.

Il faut la reueiller; mais elle est reueillée.

La SVLTANE Soeur.

O sommeil outrageux qui me trouble si fort,
On peut bien t'appeller le frere de la Mort!
Puis qu'assis sur nos yeux auec tes noires ailes
Tu donnes des frayeurs & des peines mortelles,
Leontine!

LEONTINE.

Madame!

La SVLTANE Soeur.

Ah! vien me consoler
D'vne vaine douleur dont ie ne puis parler,
D'vn songe furieux qui m'a donné des peines,
Par qui mon sang encore est figé dans mes veines,
Et qui sera suiuy de si mauuais effects
Que possible il faudra succomber sous le faix.

LEONTINE.

C'est vn songe, Madame, vn deceueur, vn traistre,

Dont on est garenty dez qu'on l'a pû connoistre.
Tousiours à bon augure on prend les plus mauuais;
L'image de la Guerre y figure la Paix:
Ses matieres de pleurs monstrent que l'on doit rire,
Et ce qu'il a de doux, est ce qu'il a de pire.

La SVLTANE.

Ie croirois comme toy que toute cette peur
Naistroit d'vne chimere & d'vn songe trompeur,
N'estoit que nos apprests & la rumeur publique
Me le font estimer vn songe prophetique;
Mais, Fatime! sans toy ie ne craindrois plus rien.
La fille du Mouphti s'oppose à nostre bien;
En voyant son portrait, Osman la crût si belle,
Que son retardement n'est que pour l'amour d'elle.
Mais comment parut-il ce portrait si fatal,
De qui l'enchantement nous cause tant de mal?
Fut-ce par accident ou fut-ce par addresse,
Que tu le laissas choir aux pieds de sa Hautesse?

FATIME.

Ce fut par vn malheur que ie ne comprens pas:
Auec ce bracelet il tomba de mon bras.

La SVLTANE.

Vn soupçon là dessus me tombe en la pensée,
Que Fatime en ce fait peut estre interessée,
Et que d'vn trait subtil & non pas imprudent,
Elle fit par dessein naistre cet accident.
Qu'en est-il?

FATIME.

   Moy, Madame, ah que l'Enfer m'abisme!
Si iamais ie pensay!

La SVLTANE.

    Comment! c'est vn beau crime,
Ne t'en excuse point, ne fais point de serment:
La Fille du Mouphti merite infiniment;
Suiuant ce stratagême Osman est à la veille
D'vne felicité qui n'a point de pareille;
Et soit par vne addresse, ou soit par vn hazard,
Tu dois en ce bon-heur entrer de quelque part:
Il te seieroit trop mal de porter vne chaîne
Et d'auoir pour amie vne Sultane Reyne.

FATIME.

55 Hé, Madame, oubliez mon indiscretion
Et ne me soupçonnez d'aucune ambition,
Car ie refuserois l'honneur d'vne Couronne
Pour acheuer mes iour pres de vostre Personne!

La SVLTANE.

60 Les fuseaux de ton sort ne roulent pas ainsi:
La Sultane future en prendra le soucy;
Tu ne sçaurois manquer d'estre dans son estime,
Il faudra pour le moins vn Bassa pour Fatime.
Si le malheur aussi vient à nous accabler,
65 Que ces Soldats mutins que l'on void s'assembler,
Auecque leur desordre augmentent leur licence
Et priuent le Sultan de Sceptre & de Puissance,
L'innocente Fatime, à qui la chaine plaist,
Demeurera tousiours Esclaue comme elle est.

Se tournant vers Leontine,

Toy qui de Mustapha prens vn soin charitable
70 Et dont il a tousiours la visite agreable,
Vas voir cet homme saint, cet illustre Parent,
A qui de l'aduenir le cours est apparent,
Consulte son esprit sur la matiere sombre,
Qui me donne des soins & des peines sans nombre;
75 Afin que son conseil dissippe ma terreur,
Dis luy que i'ay songé... Mais voicy l'Empereur.

SCENE III

OSMAN, La SVLTANE Soeur, vn Huissier.

OSMAN.

Enfin, c'est fait, ma soeur! la chose est preparée
Pour succeder bien-tost comme elle est desirée,
En cette occasion rien ne nous peut manquer;
Dans quatre grands Vaisseaux i'ay tout fait embarquer; 80
Et le Perse animé, le Russe & le Cosaque,
Qui vont forcer Bizance à la premiere attaque
Et donner tout en proye à leurs cruels efforts,
N'auront pas le loisir de piller nos tresors;
Ie n'auray pas l'ennuy de voir reduire en cendre 85
Cette grande Cité que ie ne puis deffendre;
Ne trouuant plus icy que ce Camp mutiné,
Que ces lâches Soldats qui m'ont abandonné,
Qui ne gardent plus d'ordre & font assez cŏprendre,
Que de leur multitude on ne doit rien attendre; 90
Le dessein de partir ne se peut differer.
Ne pouuant nous deffendre, il faut nous retirer.
Nous ne sçaurions attendre auec ces tristes restes
Qu'vne perte apparente & des succez funestes;
Il faut ceder au temps, à l'orage obscurcy, 95
Qui ne nous permet plus de demeurer icy.
La foiblesse est trop grande en ce bord où nous sommes;
Nous reuiendrons vn iour quand nous aurons des hommes,
Et mesme il est predit dans nos sacrez escrits
Qu'enfin nous reprendrons ce qu'on nous aura pris. 100

La SVLTANE.

Seigneur, qui vous fait craindre vne telle auanture?

OSMAN.

Des Soldats dont le luxe amolit la nature,
Des courages faillis qui font de tous costez
Mourir la discipline entre les voluptez.
Ie n'ay plus de Soldats que ce Corps lâche & traistre, 105
Amoureux du Repos, ennemy de son Maistre,
Sorty de race infame & de sang de Chrestien,
Qu'autrefois mes Ayeulx prirent pour leur Soûtien,
Mais qui reste inutile au sort qui nous accable,

La SVLTANE Soeur.

110 Ces Soldats sont pourtant vn Corps considerable.

OSMAN.

Quel fut deuant Ouchin ce courage boüillant,
Qui les a fait passer pour vn Corps si vaillant?
Le Niester tint pour faux tout ce qu'on en raconte,
Il rougit de leur sang bien moins que de leur honte;
115 Les lâches balançoient accompagnant mes pas,
Ils venoient au combat & ne combatoient pas.
Aux lieux où leur valeur m'estoit si necessaire,
On trouuoit vn Eunuque au lieu d'vn Ianissaire:
Leur lâcheté stupide en ce fameux abord,
120 Ne donnoit pas vn coup en receuant la Mort.
On les voyoit tomber, ces Coeurs pusilanimes,
Non comme des Soldats, mais comme des victimes,
Comme des animaux abrutis comme ils sont,
Sans auancer le bras & sans leuer le front.
125 Voyant ce grand desordre & ces terreurs extremes,
I'en fis autant perir que les Ennemis mesmes,
Ie coupay mille bras dans ce iuste courroux;
Pour les traisner par force à la presse des coups:
Le fils de Sigismond rauy de leur deffaite,
130 En les faisant plier, se mocqua du Prophete,
Passa dessus leurs corps, donna jusqu'à mon parc,
Perça mes pauillons des flesches de son arc,
Et se fust acharné long-temps à la tuërie,
Si ie n'eusse en personne arresté la furie,
135 Si ie n'eusse exposé le sang des Othomans,
Pour attiedir l'ardeur de ces grands mouuements.
Quoy? me commettre encor à des Ames si basses,
Qui ne peuuent oüir prieres ny menaces,
Quand vn foible Ennemy se met à les chasser,
140 Et ne reprennent coeur que pour me menacer?
Ie veux pour mon repos comme pour leur suplice
En vn autre climat faire vne autre Milice.
L'Egypte enfante assez de Soldats florissans
Qui sont fort courageux & fort obeïssans,
145 Et qui sans m'estourdir d'vne plainte importune,
Trouueront de la ioye à suiure ma fortune.
Ils sçauront comme moy combattre à coups de main,
Ils supporteront mieux & le froid & la faim.

La SVLTANE.

En prenant le conseil de faire vne retraite,
150 Il eust fallu tenir la chose plus secrette;
Il eust esté besoin que vous fussiez party
Deuant que dans la ville on en fust auerty.
Le Peuple en est ému, le Soldat en murmure,
Et tant d'aduis receus sont de mauuais augure.

OSMAN.

155 Gardons bien de tomber dans des pensers si bas:
Ils peuuent murmurer, mais ie ne les crains pas,
Et quelque bruit mutin qui par tout retentisse,
Il faut que ie m'embarque & que l'on m'obeïsse.
Ne porterois-ie enfin le tiltre d'Empereur,
160 Que pour estre conduit par la commune erreur?
Quoy? l'on me chargeroit d'inuisibles entraues,
Pour m'adiouster en suite au nombre des Esclaues?
Quoy? l'on me contraindroit de garder la Cité?
Ie puis passer ailleurs en toute liberté:
165 D'vn pouuoir absolu sans qu'on ait rien à dire,
Ie puis mettre par tout le siege de l'Empire.
Aussi ces bruits confus ne m'empescheront pas
De porter dans l'Asie, & mon Trosne, & mes pas,
D'y faire vne Milice & plus belle & plus forte,
170 Que celle qui sans fruit murmure à nostre Porte,
Qui portera la Guerre aux lieux qu'il me plaira,
Et qui fera perir quiconque en parlera.
Que si nos Matelots ne mettent point au large,
C'est que nostre vaisseau n'a point encor sa charge:
175 I'y veux faire embarquer le plus beau des Tresors,
Que iamais la Nature ait produit sur ces bors,

En se tournant vers Fatime.

Cette ieune beauté de charmes si pourueuë,
Qu'on m'a representée & que ie n'ay point veuë.

FATIME.

Seigneur! elle est bien faite, elle a beaucoup d'apas,
180 Qu'en vn objet vulgaire on ne rencontre pas;
Mais à n'en point mentir, i'estime dauantage
Les traits de son esprit que ceux de son visage.

OSMAN.

Mais elle a les yeux noirs & les cheueux aussi?
Sa gorge est belle encor?

FATIME.

Seigneur, elle est ainsi.

OSMAN.

185 Sa taille?

FATIME.

Auantageuse.

OSMAN.

    Et son Esprit?

 FATIME.

      Celeste.

 OSMAN.

Sa parole?

 FATIME.

Charmante.

 OSMAN.

    Et son humeur?

 FATIME.

      Modeste.

 OSMAN.

Agreable?

 FATIME.

Mais fiere & pleine d'vn orguëil
A mettre d'vn amant l'esperance au cercueil.

 OSMAN.

Elle dedaignera l'amour que i'ay pour elle?

 FATIME.

190 Seigneur, ie ne croy pas qu'elle soit si cruelle.

 La SVLTANE.

Fatime est en credit, Fatime est en honneur,
Voyez comme elle traite auecque son Seigneur!

 OSMAN.

Quoy? son aimable esprit respond à son visage?
A-t'elle tant d'appas?

FATIME.

Elle en a dauantage;
195 Mais quoy, ie suis suspecte auec quelque raison,

La Sultane luy fait vn signe
comme pour luy imposer silence.

Ayant esté long-temps nourrie en sa Maison,
Possible l'amitié m'a fasciné la veuë,
Et sa ieune beauté d'appas est moins pourueuë.

La SVLTANE.

Elle est interessée à la loüer si fort.
200 Au hazard du naufrage elle tend vers le port;
Mais vostre amour, Seigneur, se trouue sans exemple!
Vous vous en estes pris à la voir dans le Temple,
C'estoit ne la point voir, on n'a iamais parlé
Que l'on fust esblouy par vn Soleil voilé.

OSMAN.

205 Mais, ma soeur, i'en ay veu la taille & la peinture.

La SVLTANE.

Mais, Seigneur, ce portrait peut estre vne imposture.

OSMAN.

Quelqu'vn aura-t'il pris plaisir à m'abuser?

La SVLTANE.

On aura pris plaisir à la fauoriser.

OSMAN.

On ne peut me tromper sans vne audace extreme.

La SVLTANE.

210 Le Peintre aura voulu la tromper elle mesme.

OSMAN.

C'est soupçonner vn mal sans aucun fondement.

La SVLTANE.

Mais c'est aussi, Seigneur, aimer legerement.

OSMAN.

Il n'importe comment; ie me veux satisfaire.

La SVLTANE.

215 Seigneur! vn prompt depart vous seroit necessaire,
Et ie redoute fort que cet obiet charmant
Apporte vn grand obstacle à vostre embarquement.
Son Pere à vos desirs oppose des scrupules.

OSMAN.

On combat de ma part ses raisons ridicules;
Par mon commandement le Vizir est parti
220 Pour dire promptement mon desir au Mouphti.

La SVLTANE.

Vous sçauez son humeur qui n'est guere traitable.

OSMAN.

Il sçait que ma colere est assez redoutable.

La SVLTANE.

Si i'ose declarer le danger que i'y voy,
I'ay peur qu'à vos desirs il oppose la Loy,
225 Et que de cet effort à l'instant ne resulte
Tous les mauuais effects qui naissent d'vn tumulte.
Desia le Ianissaire émû par la Cité,
Est contre le Serrail à demy revolté.
Il ne faut qu'vn pretexte à ces ames cruelles,
230 Qui brulent de desir pour les choses nouuelles:
Vous leur en donnez deux en cette occasion,
En choquant la Police & la Religion.
De moy, ie tiens desia pour presages sinistres,
L'audace qui les porte à blâmer vos Ministres;
235 Contre vos seruiteurs exprimer leur courroux,
C'est indirectement se vouloir prendre à vous;
Il est mesme apparent que ces troupes rebelles
De vos desseins secrets ont apris des nouuelles.

OSMAN.

Qui leur auroit appris? l'Aga qui n'en sçait rien?

La SVLTANE.

240 Des traitres, des meschans, qui font les gens de bien,
Dieu fasse s'il luy plaist que ma peur soit trompée.

OSMAN.

Horsmis le Musulman qui porte mon espée,
Et tousiours pour me plaire a cent propos flateurs,
Ie ne puis soupçonner nul de mes seruiteurs.

La SVLTANE.

245 Le Selictar Aga qui fait le Politique?
Et s'entretient tousiours pour la cause publique?
Ah! mon esprit le craint, & seroit esbahy
Que cet homme trompeur ne vous eust point trahy;
L'Aspic qui s'entortille à l'heure qu'on l'enchante,
250 A bien moins de replis que cette Ame meschante;
Dans ses deguisements ie le connois, Seigneur!
Ie vois distinctement dans le fonds de son coeur.
En sa noirceur cachée il pense à quelque ouurage,
Que n'expriment iamais sa voix, ny son visage,
255 Il vous trahit sans doute & va par ce forfait,
Esclaircir les horreurs d'vn songe que i'ay fait.

OSMAN.

Hé! de grace, ma Soeur, ne parlons point de songes;
On ne peut rien connoistre en leurs confus mensonges,
Et les faire expliquer par le plus entendu,
260 N'est rien qu'vne folie & que du temps perdu;
Ie fis dés l'autre Lune vn songe épouuantable
Qui n'a point eu depuis de suitte remarquable.
Selon qu'on expliquoit le Chameau debridé,
Ie deuois de l'Empire estre depossedé;
265 Mais tous ces pronostics sont des chimeres vaines;
Ce farouche animal est encor sous les resnes;
Il aura beau gemir & beau se tourmenter,
Ie sçay parfaitement comme il faut le domter.

La SVLTANE.

Seigneur, le coup encore peut suiure la menace.
270 Le temps n'est point passé.

OSMAN.

Non; mais il faut qu'il passe;
Pour tromper le malheur il faut nous en aller;
Partons dés cette nuit; mais qui nous veut parler?

FATIME.

Vn Eunuque, Seigneur, a quelque charge expresse
D'apporter promptement vn mot à ta Hautesse.

OSMAN.

275 C'est de chez le Mouphti que ce Messager vient,
Et c'est à mon Vizir que l'Eunuque appartient.
Il faut que le Mouphti dans son independance,
Fasse à mes passions accorder sa prudence.
S'il me fait perdre encor du temps à le prier...
280 Mais sçachons ce que c'est, donne moy ce papier.

LETTRE DV GRAND
VIZIR.

Seigneur, par cet Expres, i'auertis ta Hautesse,
Que le Mouphti dispute auec ton grand Vizir,
Et fait lutter les Loix & sa feinte sagesse
Contre sa propre gloire & son propre desir.

285 Si i'ose mettre icy l'espoir dont ie me flatte,
De l'offre auantageuse il est fort combattu;
Mais auant que ceder il veut qu'on le combatte,
Et que sa resistance exprime sa vertu.

Tandis vn bruit confus s'espand parmy la ville;
290 Ce qui pour ton respect m'afflige au dernier point.
Encor pour coniurer cette Guerre ciuile,
Ie fais chercher l'Aga & ne le trouue point.

Dans l'aueugle transport d'vne brutalle rage,
Ie voy de tous costez le Ianissaire armé;
295 Seigneur, fay donner ordre à ce naissant orage;
Ie voudrois estre mort & qu'il fust bien calmé.

La SVLTANE.

Seigneur, vostre Vizir, si i'entends bien sa lettre,
Du costé de l'amour vous semble tout promettre;
Mais il y marque aussi que les mauuais Destins
300 Semblent vous menasser du costé des mutins.

OSMAN.

C'est se troubler l'esprit d'vne crainte inutile.
Nous mettrons bien-tost l'ordre & la paix dans la ville,
Et nous viendrons à bout d'vn plus puissant party,
Ayant auecque nous la fille du Mouphti.

Parlant à l'Eunuque.

305 Dis luy qu'il m'est aisé de calmer la tempeste,
Qui bruit pres du Serrail & gronde sur sa teste,
Et que le seul peril dont il est menacé,
Est à n'acheuer pas ce qu'il a commencé.
Il n'a qu'à satisfaire à mon ardente enuie,

310
Pour asseurer par là mon bon-heur & sa vie;
Qu'il presse le Mouphti, ie te le dis encor.

Parlant à l'Huissier.

Qu'on luy donne vne Veste & qui soit de drap d'or.

Fin du premier Acte.

ACTE II

SCENE PREMIERE

La SVLTANE Soeur, FATIME, LEONTINE.

La SVLTANE.

Songe plein de terreur, espouuentable Histoire,
Dont le funeste objet repasse en ma memoire,
315 M'offriras-tu tousiours des matieres de deüil,
Et dois-tu m'obseder iusques dans le cercueüil?
Faut-il absolument que mon Ame craintiue
Souffre vn cruel effet parauant qu'il arriue,
Comme si ce malheur par le Ciel reserué,
320 N'affligeoit pas assez quand il est arriué?
Icy dans les replis des nuages d'vn songe,
Ie tiens pour verité ce qui n'est qu'vn mensonge,
Car c'est vn accident dont le Ciel m'aduertit,
Vn aduis d'vne part qui iamais ne mentit,
325 Vn rais misterieux d'vne lumiere sainte,
Qui tient enueloppé le vray parmy la feinte;
Mais le Ciel toutefois, peut durant le sommeil,
Estonner nostre esprit, pour nous donner conseil;
La resolution de nostre destinée
330 Tousiours dans ses aduis n'est pas determinée;
Les Foudres murmurant ne tombent pas tousiours,
Vn mouuement du coeur en detourne le cours.
O Fortune inconstante & de qui les caprices,
Eleuent & font choir les plus grands edifices!
335 Et qui prens sans raison plaisir a déthrôner
Ceux à qui iustement tu deurois tout donner,
I'ay peur qu'aueuglément tu ne choques mon frere:
A ses nobles desseins tu fus tousiours contraire.
Le feras tu perir & l'accableras-tu,
340 A cause de l'amour qu'il porte à la vertu?
Tempere ton despit, suspend ta ialousie,
Et permets pour le moins qu'il passe dans l'Asie.
Astres qui menacez les plus beaux de ses iours,
Pour changer ses destins, prenez vn autre cours,
345 Et n'exterminez pas par vne iniuste guerre,
Celuy qu'on peut nommer vn Astre de la Terre!
Et vous saints Messagers, sacrez Nonces des Cieux,
Esclairez son esprit & dessillez ses yeux:
Donnez luy des conseils, faites qu'il les appreuue,
350 Et l'ostez du danger où sa teste se treuue.

Il suit imprudemment vn conseil qui le perd,
Et d'vn oeil confiant il void l'abysme ouuert:
Son coeur se resioüit au plus fort de l'orage,
Au point de son trespas il fait vn mariage.
On a beau le presser, on a beau l'aduertir,
Il veut faire vne nopce au temps qu'il doit partir:
Il croit estre asseuré quand ie voy qu'il succombe.
Il fait dresser son lit, lors qu'on ouure sa tombe.
O que mon ame souffre à preuoir ses malheurs,
Et que son mauuais sort me coustera de pleurs!
Mais le voicy.

SCENE II

OSMAN, La SVLTANE Soeur,
FATIME, LEONTINE.

OSMAN.

Ma Soeur respand tousiours des larmes;
Son Ame incessament prend de faulses alarmes;
La nuit elle s'applique à songer mon trespas,
Le iour elle ressent les maux que ie n'ay pas:
De grace à ma faueur, quitte cette humeur noire,
Et te tiens asseurée à l'ombre de ma gloire.
Ie sçay fort bien l'ennuy dont ton coeur est touché
Que ta discretion m'a finement caché.
Ie sçay bien qu'vn Hermite enclos dans sa celule,
Vient de donner du trouble à ton esprit credule,
Qu'il te fait redouter vn songe deceuant,
Dont la solidité n'est rien qu'ombre & que vent.
Crois-tu donc Mustapha! ce Deruis frenetique
Est-ce vne bouche à rendre vne voix prophetique?

La SVLTANE Soeur.

Seigneur, ce vieux Hermite est du sang Othoman!
Acmet estoit son frere, il est oncle d'Osman,
On a veu dans ses mains les resnes de l'Empire,
Et maintenant au Ciel son coeur deuot aspire;
Il prie, il souffre, il ieûne, & de hautes clartez
Le consolent par fois dans ses austeritez.

OSMAN.

Mais enfin ses clartez pour les choses futures,
Passant par son esprit, deuiennent fort obscures.

La SVLTANE Soeur.

Mais, Seigneur, ce qu'il dit, n'a rien qui soit suspect,
Et toute sa folie est digne de respect,
Car les sacrez transports donnez à ses merites,
Des Anges immortels nous marquent les visites.

OSMAN.

Et sur quels fondements l'explique t'on ainsi?
Sçachons en la raison.

La SVLTANE.

La raison, la voicy.
Lors que de tous pechez vne Ame s'est purgée;
De dons surnaturels elle est auantagée,
Et s'eleuant au Ciel, elle manque aux accords,
Dont elle doit regler les mouuemens du Corps:
Delà viennent, Seigneur, ces gestes qui font rire,
Que l'ignorant mesprise & que le Sage admire,
Et nous deuons tousiours reuerer les propos,
De ceux de qui l'esprit n'est iamais en repos.
En leurs dereglements la grace est manifeste,
Puis qu'ils sont agitez d'vne cause Celeste.

OSMAN.

Mais les autres Estats, quand ils sont menacez,
Demandent-ils ainsi conseil aux insensez,
Et voit on quelque part que tes grands Politiques
Concertent leur conduite auec des frenetiques?

La SVLTANE.

Cet Estat eleué sur les plus grands Estats,
Subsiste par des Loix que les autres n'ont pas;
Et sa propre grandeur fait voir la difference
De nostre Politique & de nostre creance.

OSMAN.

Mais sur le songe enfin qu'a dit cet obsedé?

La SVLTANE.

Qu'Osman dans peu de iours se verra degradé,
Qu'vn, qu'on estime abiect, s'en va tenir sa place,
Ayant precipité sa derniere disgrace.
C'est le iuste sujet des plaintes que ie fais.

OSMAN.

Ma soeur, pour m'obliger ne m'en parle iamais.
Si i'entrois en colere, il me prendroit enuie
De voir s'il a preueu le terme de sa vie,
Si de quelque fer chaud il peut estre aueuglé,
Si d'vne corde d'arc il doit estre estranglé:
S'il ne craint point la flame, ou n'a point peur encore
De trouuer en beuuant trop d'eau dans le Bosphore.

La SVLTANE.

Ha! c'est à quoy, Seigneur! il ne faut pas penser.

OSMAN.

420 Par ces traits d'impudence il m'y pourroit forcer.

La SVLTANE.

Parmy vos sentiments la Pieté le garde.

OSMAN.

Qu'il ne parle donc plus de rien qui me regarde.
Ie luy ferois possible vn fort mauuais party.

SCENE III

MAMVD, OSMAN, ORCANE,
SELIM, la Fille du MOVPHTI.

MAMVD.

Seigneur, voicy venir la fille du Mouphti,
Le Grand Vizir l'amene.

OSMAN.

O Cieux! quelle nouuelle?
Ha! ma Soeur, la voicy.

La SVLTANE.

Ie vais au deuant d'elle.

OSMAN.

Seroit-ce icy l'obiet dont mon coeur est espris?
Cette mine superbe estonne mes esprits.

La SVLTANE Soeur.

Mon frere vous attend auec impatience.

OSMAN.
Il regarde le portrait.

En ce pinceau trompeur i'eus trop de confiance.

La Fille du MOVPHTI.

Madame, par ce choix il me fait tant d'honneur,
Que rien que sa bonté n'égale mon bon-heur.

OSMAN.

O Cieux qu'elle a le port imperieux & graue!
Aupres d'elle ma Soeur ne semble qu'vne Esclaue;
Mais elle a plus d'orgueil vingt fois que de beauté,
Le portrait qu'on en fit est vn portrait flaté.
Ce ne sont pas ses yeux, ce n'est pas son visage,
Et cette gorge peinte esclate dauantage.
Cet Himen dessiné ne s'accomplira pas.

440　　　　　Au pris de sa Peinture elle a trop peu d'appas.
　　　　　　Ha! Fatime.

　　　　　　　　　　　FATIME.

　　　　　　　　　Seigneur, ô Dieux ie suis perduë!

　　　　　　　　　　　OSMAN.

　　　　　　C'est donc cette beauté de graces si pourueüe?
　　　　　　Combien as tu receu pour la loüer si fort?
　　　　　　Va, va, ton sexe seul t'exempte de la mort.
445　　　　　Aux aueugles desirs la Prudence succede,
　　　　　　Et i'ay perdu mon mal en voyant mon remede.

　　　　　　　S'auançant vers la Fille du Mouphti.

　　　　　　Madame, ie ne veux que ce que me permet
　　　　　　Auec facilité la Loy de Mahomet.
　　　　　　Ie ne donneray point en irritant le Temple,
450　　　　　Aux Sultans à venir vn si mauuais exemple;
　　　　　　Mon esprit a gousté les raisons du Mouphti;
　　　　　　I'estois dans vne erreur, enfin i'en suis sorti.
　　　　　　Sans perdre plus de temps, allez qu'on la r'amene.

　　　　　　　　　　　SELIM.

　　　　　　Mamud, suiuons ses pas.

　　　　　　　　　　La Fille du MOVPHTI.

　　　　　　　　　　　　　N'en prenez pas la peine.

　　　　　　　　　　La SVLTANE.

455　　　　　Apres auoir vanté sa grace & ses appas,
　　　　　　Que Fatime la suiue & ne reuienne pas.

　　　　　　　　　　　FATIME.

　　　　　　Madame, pardonnez si i'ay commis ce crime.

　　　　　　　　　　La SVLTANE.

　　　　　　Sors viste.

　　　　　　　　　　　LEONTINE.

　　　　　　　　　Il ne faut plus de Bassa pour Fatime.

　　　　　　　　　　La Fille du MOVPHTI.

　　　　　　De grace retournez, ne m'accompagnez plus,

	Selim, tes complimens sont icy superflus;
460	Et puis que l'Empereur n'ayme pas ma presence,
	Me seruir est pecher contre la complaisance:
	Tu n'en sçaurois douter, il s'en est expliqué.
	Pourquoy donc s'arrester pres d'vn sujet mocqué,
465	D'vne Fille à peu pres sur le Trone placée,
	Et qu'on a du Serrail indignement chassée?
	M'elisant pour sa femme, Osman s'estoit mespris,
	Ie suis auec raison digne de son mépris:
	La Fille du Mouphti n'est pas d'vne naissance,
470	Qu'il pût tant honorer auecque bien-sceance;
	Il luy faut vn objet qu'auecque plus de soin,
	Quelqu'vn de ses Bassas fasse venir de loin.
	Quelque beauté Latine ou quelqu'autre captiue,
	Que l'on aura tiré des mains de quelque Iuifue
475	Et que l'on aura veüe en plus d'vne autre Cour,
	Sera plus à propos l'objet de son Amour;
	Mais ie voudrois sçauoir d'où luy vient ce caprice,
	De ioindre à m'enleuer la force à l'artifice.
	Et m'honorer si fort pour se rire de moy,
480	Et se mocquer ainsi du Ciel & de la Loy:
	Le Prophete là haut n'aura point de puissance,
	Ou deuant qu'il soit peu, i'en auray la vengeance.
	Il aura contre luy tous les bons Musulmans,
	Les Anges, les humains, les Cieux, les Elemens,
485	Et n'eust-il que moy seule à sa mort preparée,
	Qu'il sçache que sa vie est fort mal asseuré,
	Dites luy, dites luy.

SELIM.
Se tournant vers Mamud.

Madame, vn mot tout bas.
Prends garde que quelqu'vn ne nous escoute pas.

La Fille du MOVPHTI.

Hé! que me veux-tu dire?

SELIM.

Vn secret d'importance.

La Fille du MOVPHTI.

490   C'est?

SELIM.

Que tout nostre camp fera vostre vengeance;
Et que possible mesme auant la fin du iour,
Vous verrez mal traiter ce Prince à vostre tour.

La Fille du MOVPHTI.

O promesse agreable & douce autant que vaine!

SELIM.

C'est selon l'apparence vne chose certaine.

La Fille du MOVPHTI.

495 Mais de quelle façon?

SELIM.

     Escoutez seulement,
Ie vous vais declarer le tout confidemment.
A me garder la Foy vous estes engagée,
Par les cruels mépris qui vous ont outragée.

La Fille du MOVPHTI.

Poursuis-donc?

SELIM.

    Vous sçauez que ce presomptueux,
500 Vient de faire vn voyage assez infructueux.
Il s'estoit aueuglé d'vne superbe enuie,
De voir en Conquerant les murs de Cracouie;
Mais de cette entreprise il fut mal satisfaict:
Ce furent des desseins qui n'eurent point d'effet.
505 Et quoy que proposast son ardeur indiscrette,
Tout son camp mutiné voulut faire retraite;
Luy qui honteusement retourna sur ses pas,
En conçeut vn dépit contre tous ses Soldats;
Mais auec tant de rage & si-peu de Iustice,
510 Qu'il resolut dés lors d'esteindre sa Milice,
De transporter son siege & ses tresors ailleurs,
Pour trouuer vn terroir & des Soldats meilleurs,
Et laisser cette ville en proye à l'Infidelle,
Comme pour l'immoler à sa haine mortelle:
515 Vous voyez la noirceur de ce grand attentat,
S'il chocque la Patrie & les loix de l'Estat.
Tandis il fait courir vn bruit qu'il s'achemine,
Pour accomplir vn voeu vers la sainte Medine,
Et que tant de tresors dessus l'onde portez
520 Sont pour y faire voir ses liberalitez;
Mais il se trompera sur ce qu'il se propose;
C'est assez que Selim ait decouuert la chose;
La Milice auertie, auant qu'il soit demain,
Verra son crime escrit & signé de sa main:
525 Le Selictar Aga m'a confié n'aguere,

Vne lettre d'Osman pour le Bassa du Caire.
Qui fait voir clairement tout ce que i'en ay dit.
Est-ce assez pour remettre vn esprit interdit?
Rien ne nous est suspect, lisez là cette lettre,
530 Par qui vostre desir se pourra tout promettre.

La Fille du MOVPHTI.

Ha! ce qu'on me fait voir & qu'on m'a fait ouïr,
En flattant ma douleur, la fait euanouïr!

Au BASSA du Caire.

Nous enleuons d'icy le debris de l'Empire,
Et d'aller voir le Nil nous auons resolu,
535 Viens au deuant de nous & sagement dechire
Ce billet important dés que tu l'auras leu.

SELIM.

Quoy qu'il ait commandé, la lettre est toute entiere,
Et doit à ses malheurs seruir d'ample matiere:
Pourueu que du Mouphti nous soyons secondez,
540 Les passages bien-tost seront si bien gardez,
Qu'il peut dés ce moment perdre la fantaisie
D'aller asseoir son thrône au delà de l'Asie.

La Fille du MOVPHTI.

Trauaille à la reuolte & fais dés auiourd'huy
Que pour tout renuerser il ne tienne qu'à luy.
545 Mon Pere absolument sçachant cette nouuelle,
Mourra de desplaisir, ou prendra ma querele.

SELIM.

Mais si i'auois tant fait auecque mes amis,
Que du Thrône auiourd'huy le Sultan fust demis,
Et que selon le droit & selon vostre enuie,
550 Osman dans les sept Tours allast perdre la vie,
Dites-moy de quel prix seroit recompensé
Le glorieux Selim, l'ayant ainsi poussé.

La Fille du MOVPHTI.

D'vn honneur nompareil, d'vne immortelle gloire,
Qui mettroit à iamais sa valeur dans l'Histoire.

SELIM.

555 Mais rien de vostre part?

La Fille du MOVPHTI.

       Si tu sçais me vanger,
Ie sçauray de quel front tu braues le danger.
Marche à cette entreprise & que rien ne t'arreste.
Ie connoistray ton coeur quand ie verray sa teste.

    SELIM.

Il suffit, il suffit.

    La Fille du MOVPHTI.

       Va donc & souuiens-toy,
Que tu sers ta Patrie, en t'employant pour moy.

    MAMVD.

Selim, retirons-nous, i'ay peur qu'on nous decouure,
I'entends vn certain bruit d'vne porte qui s'ouure.

SCENE IV

SELIM, ORCANE, MAMVD.

SELIM.

C'est Orcane, vn des chefs de nostre faction.

ORCANE.

Le Sultan vient de faire vne belle action.

SELIM.

565 Elle est épouuantable.

MAMVD.

Elle est assez estrange.

ORCANE.

Mais elle est à sa gloire, elle est à sa loüange,
Il faut que dans l'Histoire elle luy donne lieu,
Et l'y fasse passer pour quelque Demi-Dieu.
S'il est rien de pareil à son dernier voyage.
570 C'est la solemnité de ce beau mariage.

MAMVD.

Ce sont des coups d'Estat de son conseil secret.

SELIM.

Ce sont des procedez qu'on void auec regret.
Et des deportements dont la milice émuë,
Si nous en sommes crûs, n'aura iamais la veuë.
575 Nous sommes tous deceus, nous sommes tous trahis,
Le Sultan va passer dans vn autre pays:
Et ceux qu'il fait agir au bien de ses affaires,
Ne veulent plus du tout qu'il ait de Ianissaires.
Que de femmes de morts, que de Soldats blessez,
580 Par son proche depart seront recompensez!
Nous, qui depuis long-temps attendons à la Porte,
Serons aussi payez d'vne pareille sorte:
Et des gens ébarbez, des bouffons, des flateurs
S'engraisseront du sang de ses bons seruiteurs:

585 Sans auoir d'aucun faix les espaules chargées,
Ils boiront nos sueurs en doux sorbet changées.

MAMVD.

Il y faut donner ordre, il faut bien empescher
La suitte des conseils qui nous coustent si cher,
590 Et que ses conseillers, ces lâches hypocrites
Soient reconnus d'vn prix digne de leurs merites,
Il faudra les traiter auec toute rigueur.

SELIM.

Ie seray des premiers à leur manger le coeur.

ORCANE.

Ie croy que le Mouphti sera de la partie;
Il estoit au Diuan quand sa fille est sortie:
595 Encor que son esprit soit prudent & caché,
D'vn affront si sanglant son coeur paroist touché,
Il a pris le chemin du camp de la milice,
Feignant d'estre appellé pour vn fait de police.

SELIM.

Allons le consulter sur cette affaire icy,
600 Cependant que du port on prendra le soucy;
Que l'on empeschera qu'auiourd'huy l'on embarque
Ny Sultan, ny Bassas, ny personne de marque.

MAMVD.

Nous sommes tous perdus s'il vient à se sauuer.

ORCANE.

Mamud, prens cette charge & nous viens retrouuer.
605 Tout ce qui peut passer du costé de l'Asie,
Nous mettant en peril, nous tient en ialousie,
Auecque vigilance il s'y faut gouuerner.

MAMVD.

Ie conçois assez bien l'ordre qu'il faut donner,
Et ie vais employer à ce secret office,
610 Les plus forts regiments qui soient dans la milice.

SELIM.

Va donc, de nostre part nous n'épargnerons rien,
Pour faire auecque nous armer les gens de bien.

ACTE III

SCENE PREMIERE

LA FILLE DV MOVPHTI.

STANCES.

Prince grand, mais trop orgueilleux
Des dons rares & merueilleux
Que le Ciel fit à ta naissance!
Ne presume pas tant d'vn glorieus destin;
Tu connois ta valeur, tu connois ta puissance,
Mais tu ne connois pas ta fin.

Ne triomphe pas du mépris,
Dont tu m'as mise à si bas pris;
Le Ciel abhorre les Superbes.
C'est auec trop d'orgueüil auiourd'huy t'eleuer;
La Foudre bien souuent met plus bas que les herbes,
Les Cedres qui la vont brauer.

Entre ceux qui te sont soûmis,
Tu ne peux faire d'Ennemis,
Qui ne soient fort considerables.
Le bon-heur des plus grands dont on craint le pouuoir,
Peut estre trauersé par les desplus miserables,
S'ils sont armez du desespoir.

Vne assez grande passion,
Va faire à ma discretion
Cette vengeance desirée.
Selim en ma faueur dessine ton trespas:
Au gré de mes desirs ta mort est asseurée,
Ou bien son amour ne l'est pas.

Lors qu'il m'offre sa liberté,
Tout l'espoir dont il s'est flatté
Se fonde sur tes funerailles.
C'est de tes derniers maux que doit naistre son bien:
Il faut qu'il ait tiré ton coeur de tes entrailles,
Pour auoir quelque part au mien.

Mais que dis-je, auoir quelque part?
Son merite arriue trop tard,
Pour s'introduire en cette place.
Il a beau pour me plaire icy s'abandonner;

                    Il faut qu'il soit certain quelque chose qu'il fasse,
                       Que mon coeur n'est plus à donner.

                       Cieux! des sentimens incertains
650   Font secrettement que ie crains
                       Vn effet que ie solicite.
                    Puis qu'au destin d'Osman mon triste sort est joint,
                    Faites qu'absolument il ait ce qu'il merite,
                       Ou ce qu'il ne merite point!

655   Quoy pour ses interests auoir le coeur si tendre?
                    Que diroit-on de toy si l'on t'alloit entendre?
                    Quel reproche honteux ne te feroit on pas
                    Si l'on voyoit en toy des sentiments si bas?
                    Ce genereux dépit que le mépris excite,
660   Te laisse donc encor penser à son merite,
                    Et souffre qu'en peignant sa grace & sa valeur,
                    Ta memoire s'applique à deceuoir ton coeur?
                    Tu l'aimes? ouy, ie l'ayme: & bien qu'en veux tu dire,
                    Raison, qui sur mon ame a pris vn tel empire,
665   Que dans les mouuements du plus grand desplaisir,
                    Tu ne luy laisses pas l'vsage du desir?
                    Ouy! i'ayme ce cruel, ouy, i'ayme ce barbare,
                    Et confesse tousiours que son merite est rare;
                    Ie trouue que sa mine ebloüit tous les yeux,
670   Qu'il semble que ce Prince est descendu des Cieux,
                    Comme vn brillant esclair, comme vn foudre de guerre,
                    Capable de domter tous les coeurs de la terre.
                    Ie treuue que sans crime on le peut adorer,
                    Et que tout nostre sexe a droit d'en soupirer.
675   Mais iusques à quel point s'egare ta pensée?
                    Oses-tu discourir ainsi qu'vne insensée,
                    Oublier ta disgrace & mettre sur l'Autel,
                    Vn monstre en cruauté, ton ennemy mortel?
                    Qui te fit receuoir comme Sultane Reyne,
680   Et qui t'a degradée auecque tant de haine,
                    Apres t'auoir monstré par vn soûris amer,
                    Que tu n'es point aimable & qu'il ne peut t'aimer?
                    Ha! c'est vne rigueur, Ha! c'est vne insolence
                    Qui ne doit point tenir ma colere en balance.
685   Sur le point de sa perte encore balancer?
                    C'est trop: & ma raison a droit de me tancer.
                    Il faut que le superbe apprenne à son dommage
                    A respecter vn sexe à qui tout doit hommage.
                    Il faut que le cruel accablé par les siens,
690   Soit trop chargé d'ennuis pour se mocquer des miens.
                    Il faut pour satisfaire à ma haine infinie,
                    Qu'on éclate tout haut contre sa Tyrannie,
                    Qu'il soit hay de tous, qu'il soit abandonné,
                    Qu'il soit assiegé, pris, degradé, detrôné,
695   Que sa haute valeur se treuue mesprisée,
                    Qu'aux plus petits du Peuple il serue de risée,

Qu'il perde toute estime & toute authorité,
Qu'ayant perdu l'espoir il perde la clarté;
Et qu'il sçache, emporté de ce courant funeste,
Que s'il m'eust conseruée, il eust sauué le reste.
Voila les sentiments que ie dois conceuoir,
Pour demeurer toūjours aux termes du deuoir.
Que Selim contre luy mene donc les rebelles;
Mais cet homme qui vient, m'en dira des nouuelles.

SCENE II

LA FILLE DV MOVPHTI, MVSVLMAN.

La Fille du MOVPHTI.

705 Approche, Mussulman, qui te fait larmoyer?

MVSVLMAN.

C'est, Madame, vn succez qui me vient d'effrayer,
Vn prodige d'audace, vn miracle de gloire
Que la posterité ne voudra iamais croire,
Et que moy qui l'ay veu, ce rare euenement,
710 Ne puis m'imaginer qu'auec estonnement.

La Fille du MOVPHTI.

Hé! de grace, dy moy, quelle est cette auanture?
Le sang du Saint Mouphti t'en prie & t'en coniure.

MVSVLMAN.

Madame, en vn moment vingt mil hommes armez
S'estoient parmy la ville en bataillons formez.
715 Ils murmuroient tout haut & parmy leurs murmures,
Contre le grand Vizir vomissoient des iniures,
Disoient que cet objet & de haine & d'horreur,
Qui vouloit vers le Caire enleuer l'Empereur,
Meritoit sur le champ de perir d'vn supplice
720 Qui se treuuast conforme à sa noire malice.
Les armes à la main ils alloient le treuuer,
Iuroient que le Serrail ne le pourroit sauuer,
Et poussans mille cris qui montoient iusqu'aux nuës,
Ils en gagnoient desia toutes les auenuës;
725 Lors que pour effrayer les chefs de ce party,
Les portes s'entrouurant, Osman en est sorty,
Et s'est conduit au pas vers cette multitude,
Qui ne l'a veu venir qu'auec inquietude.
Il sembloit qu'auec art il auoit dedaigné
730 Que dans vn si bel acte il fust accompagné.
Estant seul à cheual, sa personne admirable
Aux yeux de tout le monde estoit plus venerable.
Pour donner l'espouuante à ce grand armement,
Quarente Capigis le suiuoient seulement,
735 Et six Pages d'honneur dont l'vn portoit sa trousse,
Et les autres tenoient les cordons de sa housse:
Dessus ses brodequins & sur sa veste encor,

　　　　　　Eclatoient des rubis, des perles & de l'or,
　　　　　　Et dessus le foureau d'vn riche Cimeterre,
740　　　　Qu'on redoute aux combats à l'egal du Tonnerre,
　　　　　　Et qui fait resplendir de mortelles clartez,
　　　　　　De larges diamants brilloient de tous costez;
　　　　　　Mais cette belle taille & cet air magnifique,
　　　　　　Qui font comme l'amour la Fortune publique,
745　　　　Eblouïssoient les yeux & frappoient les esprits
　　　　　　Auec mille brillans qui sont d'vn autre pris.
　　　　　　Apres auoir lancé des regards tout de flame,
　　　　　　Qui passants sur les fronts penetroient iusqu'à l'ame,
　　　　　　Et faisant dans les coeurs vn merueilleux progrez,
750　　　　Voicy ce qu'à la troupe il a dit a peu pres.
　　　　　　Qui veut dans ce tumulte attirer ma disgrace?
　　　　　　Ne suis-je pas Osman, de l'Othomane race?
　　　　　　Qui fais trembler la terre à mon Auguste aspect,
　　　　　　Et qui sers le Prophete auec humble respect?
755　　　　A t'on peu remarquer quelque sujet de blâme,
　　　　　　Entre mes actions mesme au fonds de mon Ame,
　　　　　　Pour vouloir abaisser à de seruiles Loix,
　　　　　　Celuy qui sous ses pieds tient les testes des Rois?
　　　　　　Qu'est-ce qu'on peut produire à mon desauantage?
760　　　　Me peut-on accuser de manquer de courage,
　　　　　　Et n'ay ie pas fait voir les traits d'vne valeur,
　　　　　　Dont les plus grands perils augmentent la chaleur?
　　　　　　Lors que sur les Chrestiens i'ay fait quelque conqueste,
　　　　　　Ay-ie lâché le pied marchant à vostre teste?
765　　　　Et quelqu'vn m'a-t'il veu balancer tant soit peu,
　　　　　　Pour donner auec vous au iour du plus grand feu?
　　　　　　Suis-je vn Prince hebeté, suis-je vn Prince barbare,
　　　　　　Voluptueux, ingrat, cruel, iniuste, auare,
　　　　　　Qui de vin chaque iour s'enyure en lieu secret,
770　　　　Et que l'on voye au trône auec quelque regret?
　　　　　　Entre tant de soldats est-il quelque personne,
　　　　　　Qui de vices pareils m'accuse ou me soupçonne?
　　　　　　Il n'a rien qu'à parler, il n'a qu'à repartir,
　　　　　　Ie le feray mourir aussi-tost que mentir.
775　　　　Il mit, disant ces mots, la main au cimeterre,
　　　　　　Et porta ses regards sur tous les gens de guerre,
　　　　　　Qui touchez & transis d'vn si noble couroux,
　　　　　　Iettant les armes bas, se mirent à genoux,
　　　　　　Et comme en vn instant amolis par des charmes
780　　　　Autour de l'Empereur verserent tous des larmes;
　　　　　　En suitte le Sultan par tout s'est promené,
　　　　　　Visitant tous les rangs de ce Camp estonné,
　　　　　　Et voyant des soldats dont la mine insolente,
　　　　　　Sembloit respecter peu la sienne menaçante
785　　　　Il a fait vn signal parmy les assemblez
　　　　　　A douze Capigis qui les ont estranglez;
　　　　　　Mais soudain, sans murmure & sans qu'à ce spectacle,
　　　　　　La troupe soûleuée ait apporté d'obstacle,
　　　　　　Et vingt mille soldats d'vn seul homme pressez,

	Sont deuenus muets comme marbres glacez:
790	Ainsi le grand Osman laissant par tout la crainte,
	Du Serail qu'il habite, a regagné l'enceinte;
	Mais tout au petit pas & comme en faisant voir
	Qu'il faut que l'Vniuers tremble sous son pouuoir.
795	Madame, c'est ainsi que la chose s'est faite.

        La Fille du MOVPHTI.

L'euenement est beau, i'en suis fort satisfaite,
C'est assez.

        MVSVLMAN.

        Mais Selim qui tourne icy ses pas,
Possible vous dira ce que ie ne sçay pas,
Luy qui faisoit agir cette troupe animée.

        La Fille du MOVPHTI.

800   Il suffit du succez dont tu m'as informée.

SCENE III

SELIM, La Fille du MOVPHTI.

SELIM.

Madame, par l'auis que ie viens vous donner,
D'vn effet merueilleux ie vay vous estonner,
Et de quelque vertu dont vous souyez pourueuë,
Cela vous surprendra, vous en serez emuë;
805   Escoutez vne chose estrange au dernier point.

La Fille du MOVPHTI.

Selim, tes lâchetez ne me surprendront point;
On me vient d'auertir qu'elles sont sans pareilles,
Et leur bruit à l'instant a frappé mes oreilles.
Bien loin d'executer ce que tu m'as promis,
810   Tu viens d'abandonner tous nos meilleurs amis?
Osman, seul à cheual t'a fait quitter les armes,
Et fleschir les genoux & respandre des larmes:
Et vrayement ton courage a fort bien reussy,
Puis que dans ce danger tes pleurs l'ont adoucy:
815   Quoy? ce braue Bassa, cette ame grande & forte,
Se laisse espouuanter aux Huissiers de la Porte?
Vne terreur soudaine a figé tout son sang,
Il en frissonne encor, il en paroist tout blanc;
Mais puis qu'on le remarque entre ceux qui murmurent,
820   Il faudra que sa fuite, ou la mort le r'asseurent.
Retourne voir Osman, ce Heros glorieux,
Qui tire à point nommé des larmes de tes yeux.
Va l'adorer encore & par ta flaterie,
Modere adroictement l'excez de sa furie.
825   Suis-le vers le grand Caire auecque ses Mignons,
De peur d'estre estouffé comme tes compagnons:
Euite sagement tout accident funeste,
Mais ne me voy iamais.

SELIM.

                    Apprenez donc le reste.
Madame, vous sçaurez qu'eloigné de la peur,
830   Ie n'ay iamais manqué ny de foy, ny de coeur,
Escoutez-moy de grace.

La Fille du MOVPHTI.

                    Et que me peux tu dire?

SELIM.

Que seul i'ay releué la gloire de l'Empire,
Qu'Osman est en peril & que ce mesme iour,
Quelque grand changement fera voir mon amour.

La Fille du MOVPHTI.

835 Ne tien point ces propos; ta vanité me blesse,
Dis plustost que tes pleurs feront voir ta foiblesse.
Va, va, par ma vengeance, egalant son mespris,
I'auray de ce beau coup & la peine & le prix,
Il apprendra bien-tost par vne fin tragique,
840 Que i'aspire à l'honneur d'vne fille Heroïque.
Il sçaura qu'auiourd'huy mon coeur s'eleue bien
Au dessus de mon Sexe & possible du sien:
I'ay des pressentiments, quoy que Selim me iure,
Que cette seule main vangera mon injure.

SELIM.

845 Mais Madame, escoutez.

La Fille du MOVPHTI.

Ha! ie n'escoute rien.

SELIM.

Madame ie tairay ce que vous sçauez bien,
Ce desespoir d'Osman, cette audace effroyable,
Dont encor la grandeur me paroist incroyable.
Apprenez seulement que lors qu'il est sorty,
850 I'estois dans la Mosquée auecque le Mouphti,
Qui pour mieux appuyer ce coup de consequence,
Animoit nos Bassas par sa viue Eloquence,
Excitoit tout le peuple & luy donnoit horreur
Des dangereux conseils qu'embrasse l'Empereur:
855 Desia de tous costez la populace instruite
De ses mauuais desseins, du complot, de sa suitte,
Murmuroit dans le Temple & parloit hautement
Contre la cruauté de son gouuernement:
Alors qu'vn Ianissaire approchant auec peine,
860 Tout couuert de sueur, comme tout hors d'haleine,
Aborda vostre Pere & luy vint annoncer,
Ce qui tout en public se venoit de passer,
Et comme Osman superbe & tout enflé de gloire,
Rentroit dans le Serrail apres cette Victoire,
865 Et de son bel exploict laissoit nos mutinez
Auec confusion sur la place estonnez.
Nous y marchons, Madame, & vostre Pere mesme
Vient pour les rasseurer dans ce peril extreme,
Leur reproche tout haut comme vne trahison

870 Cette docilité contraire à la raison.
Ce lâche abaissement deuant vne puissance
Qui pour nous exposer, nous soustrait sa presence,
Et transportant ailleurs son Siege & ses tresors,
Ne laisse que sa haine en ces funestes bords.
875 Ses propos sont goustez, sa voix est vn Tonnerre
Qui resueille l'audace au coeur des gens de guerre.
Lors deux Bassas & moy courons de rang en rang,
Et de termes pareils leurs echauffons le sang,
Mettons deuant leurs yeux de nouuelles images,
880 De tant d'affronts receus, de mespris & d'outrages,
Et faisans contempler à ces soldats troublez
Leurs tristes compagnons sur le champ estranglez,
Leur ostons le respect qu'ils ont pour la personne
D'vn qui les extermine, ou qui les abandonne.
885 Les Ianissaires lors reprennent leurs esprits
Et les armes en main poussent de nouueaux cris,
Marchent vers le Serrail d'vne vistesse prompte
Et se promettent bien de reparer leur honte:
Moy ie marche à leur teste & leur parle tousiours,
890 Afin que leur ardeur s'echausse à mon discours.
Quoy qu'on puisse opposer à des troupes si fortes,
Nous allons du Serrail faire enfoncer les portes.

    La Fille du MOVPHTI.

Comment, de but en blanc, sans luy faire sçauoir
Que l'on s'appaisera s'il fait mieux son deuoir?

    SELIM.

895 Madame, vostre Pere est vn grand Politique:
De treuuer vn pretexte il sçait bien la pratique.
Deux articles deuant luy seront exposez,
Et nous sçauons fort bien qu'ils seront refusez.
Sur ce premier refus nostre effroyable ligue,
900 De mesme qu'vn torrent qui renuerse vne digue,
Et va du Laboureur destruire le trauail,
Ira du mesme pas enfoncer le Serrail.

    La Fille du MOVPHTI.

Pour coniurer bien-tost cette grande tempeste,
Osman n'aura qu'à faire vn signe de la teste,
905 L'auantage, Selim, n'est pas donné des Cieux
De pouuoir soûtenir les regards de ses yeux.

    SELIM.

Vous le verrez.

La Fille du MOVPHTI.

Va donc sans tarder dauantage,
Profite bien du temps, poursui ce grand ouurage:
L'occasion est chauue & prompte à s'eloigner;
910 Aussi-tost qu'elle s'offre, il la faut empoigner;
Mais encor que Selim auecque diligence,
Au hazard de perir trauaille à ma vengeance,
C'est genereusement; qu'il se souuienne bien
Que pour tous ses trauaux ie ne luy promets rien.

SELIM.

915 Tu ne me promets rien pour vn si grand seruice?
C'est par ingratitude ou c'est par artifice:
Ie n'ay qu'à trauailler, pour en venir à bout,
Tu ne me promets rien; mais ie me promets tout.

Fin du troisiéme Acte.

ACTE IV

SCENE PREMIERE

OSMAN, LODIA Precepteur.

OSMAN.

M'embarqver à la haste? il ne sera pas dit
Que ce nouueau murmure ait eu tãt de credit,
Et que pour euiter des rumeurs populaires,
Vn Sultan soit de nuit passé dans ses galeres.
Quoy? dans cette foiblesse Osman pourroit tomber?
Non, non, il veut partir & non se derober.
Il faut que la trompette en tous lieux retentisse,
Et que de mon depart le peuple elle aduertisse.
Ie veux sortir au pas, & voir si sans effroy
Quelqu'vn entreprendra de parler contre moy.
Le Bassa de la mer sans sujet apprehende,
Il n'a pas digeré les choses qu'il me mande;
Et ce zele qu'il n'a que pour ma seureté,
Doit estre plus ialoux de mon authorité.
Ie ne suis pas aussi resolu de le croire;
Ie prendray seul le soin de conseruer ma Gloire.
Dis luy qu'à mon egard les affaires vont bien:
Tandis, qu'il se repose & qu'il ne craigne rien.
Apres auoir remis la trouppe mutinée,
Ie pourray m'embarquer demain l'apresdinée;
Qu'il tienne cependant ses soldats sur la Mer,
Afin que les forçats soient tous prests à ramer;
Et toy, qui pris tousiours soin de ma nourriture,
Vien me donner conseil dessus cette auanture,
Et sans dissimuler dis moy ton sentiment
Sur l'estat de ce trouble & de mon partement;
Parle & sans me flater.

LODIA.

      Seigneur, ton grand courage
S'accroist dans le peril & depite l'orage;
Mais la fureur des vents, l'orgueil des flots mutins
Font souuent faire bris aux plus heureux destins;
Et c'est pourquoy, Seigneur, toutes les sages testes
Auec discretion respectent les tempestes:
Tempere s'il te plaist la force de ton coeur,
Qui de tout, en tous lieux, veut demeurer vainqueur,
Et mesnage vn peux mieux le cours de cette vie,

Dont Alexandre mesme eut soûpiré d'enuie.
Garde mieux ta Personne & n'expose pas tant
Ces tresors qu'vn malheur peut perdre en vn instãt.
Tu sçais que ta milice est toute mecontente,
Et qu'elle est en fureur autour de toy flotante:
S'il faut qu'elle s'eleue vne seconde fois,
Elle te peut porter en de mauuais détroicts;
L'Histoire te conseille & si tu la contemples,
Beaucoup de tes ayeux te fourniront d'Exemples,
Qui s'estans mal conduits ou s'estans mal gardez,
Par ces Soldats mutins ont esté degradez,
Et pour s'estre conduicts par de mauuaises traces,
Auec confusion sont morts dans leurs disgraces.
Seigneur, dessus ce point ie ne te flatte pas,
Demeure s'il te plaist, ou bien haste tes pas.
Oppose ta puissance à ce torrent terrible,
Si tu crois en auoir vn succez infaillible;
Sinon destourne-toy pour le laisser passer,
De peur que sa fureur vienne à te terrasser.

OSMAN.

Le sang à ce discours au visage me monte.
Ie partirois pour viure & viure auecque honte;
Et ie serois par là reduit honteusement
A porter d'Empereur le tiltre indignement;
Quoy? des Soldats mutins, sans coeur & sans conduitte,
M'obligeroient à prendre vne honteuse fuite?
Ie craindrois leurs clameurs, ie craindrois leur abort,
Moy qui dans les combats n'ay peu craindre la mort,
Moy, qui portant mes pas aussi loin que mes Peres,
Ay semé la terreur sous les deux Hemispheres,
Ie serois ebranlé par ces fils de Chrestiens,
Qu'vn opprobre odieux met au nombre des chiens?
Quand ils s'assembleroient, cette canaille emuë
Ne pourroient soûtenir vn éclat de ma veuë.
Puis, que feroit le peuple en cette occasion?
Se voudroit-il mesler dans la sedition?
Seroit-il aueuglé iusqu'à me méconnoistre,
Luy qui m'a veu regner apres m'auoir veu naistre?
Pourroit-il oublier l'honneur de nos Ayeux
Dont la grandeur encore eclate dans nos yeux?

LODIA.

Non, non, Seigneur! ton peuple est selon l'ordinaire,
D'vne humeur pacifique, & douce, & debonnaire,
Il pense à son trafic, il pense à son trauail,
Et sçait qu'il vit en paix par l'ordre du Serrail;
Que sans l'auctorité d'vn Sultan Iuste & Sage,
Ses femmes & ses biens seroient mis au pillage,
Et qu'il seroit porté dans d'extremes dangers

	Par nos propres Soldats ou par des Estrangers:
1000	

```
1000        Par nos propres Soldats ou par des Estrangers:
            Il est tout alarmé de ces rumeurs publiques
            Et de se voir contraint de fermer ses boutiques;
            Mais quoy que de son Peuple Osman soit fort aimé,
            Qu'est-ce que peut tenter ce peuple desarmé?
1005        Pour abatre auiourd'huy l'orgueil du Ianissaire,
            Vn secours plus puissant te seroit necessaire.

                        OSMAN.

            Ie n'ay pour arrester tous ces braues guerriers
            Qu'à faire du Serrail armer les Officiers?

                        LODIA.

            Vn autre expedient me vient à la pensée:
1010        Contre quelqu'vn des tiens cette troupe est poussée?
            L'honneur de tes bien-faits irrite son courroux;
            De tout ce qui la fâche elle se prend à nous,
            Saoule de nostre sang, cette race mutine,
            Qui porte en ton Estat vne ardeur intestine:
1015        Nous serons trop heureux t'exprimant nostre foy,
            De seruir de victime & de mourir pour toy.

                        OSMAN.

            Comment, pour contenter ces troupes criminelles
            Nous abandonnerions nos seruiteurs fidelles?
            Nous aurions trop d'horreur de cette lâcheté;
1020        Lors que nous les perdrons, nous perdrons la clarté.
            Mais que me veut ma Soeur les yeux couuerts de larmes?
```

SCENE II

La SVLTANE Soeur, OSMAN, LODIA.

La SVLTANE Soeur.

Seigneur, tout est perdu: vingt mil hõmes en armes
Menacent le Serrail & viennent fondre icy!
Tu les verras bien-tost.

OSMAN.

            Ils nous verront aussi;
Mais du cours de tes pleurs essuye vn peu la trace,
Car c'est vne foiblesse indigne de ta race.

La SVLTANE Soeur.

Seigneur! souffre mes pleurs dans ce mortel effroy,
Sçachant que ie ne pleure & ne crains que pour toy!
S'il falloit qu'auiourd'huy tu fusses dans le Caire,
L'image de la mort ne m'estonneroit guere;
Mais te voyant icy dans vn grand embaras,
Ayant de tous costez des mutins sur les bras,
Te sçachant assiegé de toute vne Milice,
Ie m'afflige, Seigneur, auec quelque Iustice:
Tu n'as fait qu'echaper de l'orage passé,
Et ie vois qu'aussi-tost il est recommancé!

LODIA.

I'ay peur que le Mouphti dont toute la famille
S'interesse au mépris qu'on a fait de sa fille,
Par vn trait de vengeance en cette occasion,
N'ait reueillé le trouble & la sedition,
Et retordant la Loy d'vne subtile addresse,
N'en explique les points pour nuire à ta Hautesse.

La SVLTANE.

On dit que consulté par ces mutins armez,
Il escrit des billets dont ils sont animez,
Et qu'au lieu qu'il deuroit leur imposer silence,
Ce meschant en raison fonde leur insolence.
Par ses escrits, Seigneur! comme par ses discours
A la fureur passée il donne vn plus grand cours.

OSMAN.

Si ce vieux hypocrite excite ma colere,
1050 Par le Chef glorieux d'Acmat qui fut mon Pere,
Bien que parmy le peuple on le reuere tant,
Ie luy feray voler la teste en vn instant.
Et par là feray voir au Peuple de la Thrace,

*A ce vers il se fait grand bruit
derriere le Theatre.*

Qu'vn trespas violent suit de pres ma menace,
1055 Et que le châtiment ne peut iamais manquer
A quiconque entreprend de me venir choquer;
Mais quel grãd bruit desia vient frapper nos oreilles?
Oze t'on nous troubler par des rumeurs pareilles?
Dépesche de ma part, va t'en leur ordonner
1060 De garder le silence, ou de s'en retourner:
Si de ce mandement il n'ont aucune crainte,
I'iray sur le balcon pour entendre leur plainte.

SCENE III

Vn CAPIGI, ORCANE, MAMVD,
SELIM, Compagnie de Soldats.

CAPIGI.

Mvsulmans, qui vous meut? qui vous met en fureur?
Et que pretendez-vous?

ORCANE.

Parler à l'Empereur.

MAMVD.

1065 Nous luy voulons parler & pretendons encore
L'informer sur le champ des choses qu'il ignore.

CAPIGI.

Possible vos soupçons vous le font figurer?

SELIM.

Ouy, de ce qu'il ignore ou qu'il veut ignorer,
D'vn dangereux Conseil qui va perdre l'Empire,
1070 S'il ne fait pour Osman quelque chose de pire.

CAPIGI.

Parlez de l'Empereur auec plus de respect.

SELIM.

Nous sçauons comme toy ce qui nous est suspect.
Nous connoissons fort bien cette fausse fenestre,
D'où souuent en secret il nous oit sans parestre;
1075 Mais ce n'est plus le temps de surprendre les siens;
L'excez de ses rigueurs relâche nos liens,
Et son Camp glorieux, qu'il mal-traite & qu'il braue.
Ne sçauroit plus souffrir qu'on le traite en Esclaue,
Nous voulons promptement luy donner des aduis.

ORCANE.

1080 Et si nous pretendons encor qu'ils soient suiuis.

MAMVD.

Osman parest en vn Balcon.

Ouure donc cette porte auant que l'on t'en presse:

SELIM.

Ouure, ouure vistement.

CAPIGI.

Vous voyez sa Hautesse.

SCENE IV

OSMAN, ORCANE, SELIM, MAMVD.

OSMAN.

    Qvi vous fait assembler pour me donner conseil?
    L'ombre est-elle en estat d'eclairer le Soleil?
1085   Et ceux dont le reproche a diffamé la vie,
    Doiuent-ils se mesler de regler mon enuie?
    Vous estes vous emus en fuyant les combats,
    Pour voir si vostre sens vaut mieux que vostre bras?
    Et si pour restablir les affaires publiques
1090   De fort mauuais Soldats seront bons politiques?
    Il fait beau voir icy ces Enfans de tribut,
    Qui de tous les humains sont le dernier rebut,
    Nous empresser ainsi de leurs vaines requestes,
    Eux dont la lâcheté retarde nos conquestes:
1095   Ne leur souuient-il plus qu'au temps qu'il faut marcher
    Nostre Hautesse mesme a peine à les chercher?
    Lors qu'il faut rauager d'estrangeres Prouinces,
    Porter nos alliez, ou châtier des Princes
    Et rendre à cét Empire vn seruice important,
1100   Leur Corps si paresseux ne se haste pas tant.
    En ces occasions, ces gens qui font les braues,
    Se tiennent iour & nuit enfermez dans des caues,
    S'enyurent en secret, n'osent se faire voir,
    De crainte de respondre à la voix du deuoir,
1105   De peur de partager vne gloire immortelle,
    S'ils marchoient sur mes pas où l'honneur les appelle.
       Auez vous oublié combien les Polonnois
    En vne Lune ou deux vous ont battus de fois?
    Mais en nombre inegal, sans nulle resistance,
1110   Et mesme sans garder de rang ny de distance,
    Sans redouter la honte & d'autres chastiments
    Et sans prester l'oreille à nos commandements.
    Allez, hommes sans coeur! sortez, lâche canaille!
    Tesmoignez vostre audace au front d'vne bataille,
1115   Opposez vous à lors à nos mauuais destins,
    Et dans vn plain repos faites moins les mutins.
    Reglez vos actions, ô Milice impudente!
    Et non les volontez d'vne Ame independante
    Dont vostre lâcheté soûtient mal l'interest,
1120   Et qui peut librement faire ce qu'il luy plaist:
    Vous excitez en vain cette rumeur mutine,
    Lors que ie veux partir pour la Sainte Medine,
    Vers le sacré tombeau ie porteray mes pas,
    Que vos seditions ne retarderont pas.

ORCANE.

1125 Seigneur, accorde nous vn moment d'audance;
Donne toy pour ta gloire vn peu de patience!
Nous auons quelque chose à te representer.

CAPIGI.

Silence, le Sultan fait signe d'escouter.

ORCANE.

Seigneur, qui des grands Rois és le Maistre ou l'Arbitre!
1130 Qui te nomme vn Soleil, te donne vn iuste tiltre;
Mais comme l'on connoist & comme nous voyons,
De cét Astre brillant nous sommes les rayons,
Puisque nostre valeur exprime sa puissance
Et fait sentir sa bonne ou mauuaise influence.
1135 Nous pouuons dire aussi que l'Empire est vn Corps
Composé de Citez, d'hommes & de tresors,
Et que pour luy fournir des forces necessaires,
Nous sommes auiourd'huy ses nerfs & les arteres:
Toy, Seigneur, és son Chef qui le dois gouuerner,
1140 Regler ses mouuements & non l'abandonner!
Car c'est en cet Employ que ta vertu parfaite
Doit hautement respondre à la Loy du Prophete.
Ne te souuient-il plus lors que sur nos pauoys
Nous t'éleuames haut en te donnant nos voix,
1145 Quand nostre election vint auec la Puissance,
Auantager ainsi l'ordre de ta naissance?
Nous ne t'auons éleu que pour nous bien traiter,
Pour payer nos trauaux & non pour nous quitter,
Et les douleurs aussi que nous auons senties.
1150 C'est de quoy ce grand Chef rompt auec ses parties,
Et suiuant d'vn depit le mouuement ardant,
Va par vn prompt depart se perdre en nous perdant.
 Seigneur, pour desoler nos troupes éplorées,
Tu fais semer par tout des raisons colorées,
1155 De pretextes diuers appuyant ton courroux
Tu blâmes nostre Corps & tu te plains de nous:
Nous auons raualé la Gloire de l'Empire,
Que nous auons plié deuant les Polonnois,
1160 Sans vouloir escouter tes ordres ny ta voix;
Seigneur, quand de faillir nous serions incapables,
Voulant nous accuser, tu nous rendrois coupables;
Mais sur ce braue fait à ta veuë intenté,
Crois moins à ta colere & plus à ta bonté.
1165 Pense mieux à la chose & ta noble indulgence
Esteindra dans ton coeur tout desir de vengeance;
Quand tu fis ce voyage estrange & mal-heureux,
Manquas-tu de Soldats braues & genereux?
Vne histoire fidelle en a conté cent mille
1170 Victimes en ces lieux d'vn projet inutile,

D'vn dessein qui pour toy sembloit vn peu trop bas,
Et que les gens de bien ne te conseilloient pas;
Nous ne manquasmes point dans ce triste voyage
D'ardeur pour te seruir, de force & de courage:
Si nos armes alors eurent peu de bon-heur,
L'on y vid de la perte & non du deshonneur,
Et le Niester superbe a trop fait de trophée
D'vne troupe Turquesque en ses flots estoufée:
Toutesfois l'Ennemy dont tu dis les exploits,
Serré de tous costez & reduit aux abois,
D'vne Milice foible, & lâche, & méprisée,
Receut pourtant la Paix qui luy fut imposée;
Cinq articles nouueaux de son Prince acceptez
Decouurent clairement qu'ils furent les domptez;
Pourquoy donc auiourd'huy ta Hautesse animée
Nous doit elle traiter en deserteurs d'armée?
Et veut elle en fuyant nous reduire à la faim.
Lors qu'elle est obligée à nous donner du pain?
Pourquoy faut-il, Seigneur! employer l'artifice
Pour tromper auiourd'huy ton Peuple & ta Milice;
Quoy? feindre pour la Mecque vn voeu de Sainteté,
C'est te trahir toy mesme auec impieté!
Et c'est prendre à tesmoin la Puissance Diuine
D'vne mauuaise foy que Bisance deuine,
Et qui sous la couleur d'vn voile specieux
A paru dés l'abord toute claire à nos yeux.
Nous sçauons bien, Seigneur! que ce pelerinage
Est vrayment vne fuite & non pas vn voyage:
Il ne faut point vser de serments superflus;
On void bien que tu parts pour ne reuenir plus.
Tu n'as rien oublié de toutes tes richesses;
On en a veu remplir vn grand nombre de quaisses;
Et le soin d'emporter tes plus riches tresors
T'a fait mesme passer iusqu'au sejour des morts.
L'ame du grand Acmat dans vne voûte obscure,
Si l'on en croit les tiens, en a fait vn murmure,
S'est plainte bassement de quoy l'on est entré
Pour oster vne enseigne à son Turban sacré,
Et mesme t'a repris par des songes funestes,
Du dessein que tu fais d'abandonner ses restes.
Quitte donc cet objet qui t'est pernicieux,
Et qui peut t'attirer la colere des Cieux;
Et pour mieux conseruer ta gloire & ta Couronne,
Sois vn peu moins facile aux conseils qu'on te donne:
Reconnois le danger où ce charme t'a mis,
Et discerne les tiens d'entre tes Ennemis;
C'est ce que nostre Corps en larmes te demande!

MAMVD.

Et les testes des trois qu'il faut que l'on nous rende.
Pour nous voir à la fin d'vn si grand desplaisir,

1220   Il faut que nous ayons celle du grand Vizir,
        Celle du Secretaire & celle de ce traistre
        Qui s'est rendu si riche en derobant son Maistre.

                        OSMAN.

        Leur audace à tel point ose se deregler!
        Où sont des Capigis qu'on les aille estrangler.

                        ORCANE.

1225   Ne ferme plus l'oreille à nos iustes requestes!
        Seigneur, fais sur le champ qu'on nous donne ces testes.
        Si tu ne satisfais nos desirs promptement,
        Nous irons les saisir dans ton appartement.

                        LODIA.

        Quoy? parler à la Porte auec tant d'insolence?
1230   Musulmans, l'Empereur vous impose silence!
        Il est temps de vous taire & de vous retirer.

                        SELIM.

        Non pas sans le reuoir, & sans te déchirer;
        Monstre qui te nourris des miseres publiques,
        Et t'enrichis toûjours par des moyens obliques,
1235   Qu'on tire sur ce traistre, il a beau se cacher,
        D'entre les bras d'Osman nous l'irons arracher.
        Donnons, mes Compagnons, cette affaire auancée,
        N'a pas lieu maintenant d'estre plus balancée:
        C'est trop indignement se laisser rebuter,
1240   C'est assez discourir; il faut executer.
        Mamud, pour consoler tout le Camp qui soûpire,
        Ordonne de l'attaque & que le canon tire.

                    Fin du quatriéme Acte.

ACTE V

SCENE PREMIERE

OSMAN Seul.

      O Fortune! Nimphe inconstante,
      Qui sur vne conque flotante
1245   Fais tourner ta voile à tout vent!
Auras-tu pour Osman des outrages sans nombre?
Il est si fort changé que ce n'est plus que l'ombre
De ce grand Empereur qu'il fut auparauant.

      Le desordre de la licence
1250 Qui choque auiourd'huy ma Puissance
      N'eut iamais de comparaison.
On ne void en ce lieu, que sang & que tueries,
On brise le Serrail, & le feu des furies
Se porte sans respect iusqu'en cette Maison.

1255 D'icy la Raison est bannie;
      Le cours d'vne aueugle manie
      N'y reconnoist plus le deuoir.
En ces extremitez quel secours dois-ie attendre?
Mes amis sont esteints, ce n'est plus rien que cendre
1260 Et tous mes ennemis accroissent leur pouuoir.

      Monstres ennemis du merite,
      Et que son bel esclat irrite!
      Finirez-vous par mon trepas?
Et vous chers seruiteurs, honorables victimes,
1265 Dont la fidelité passe pour des grands crimes,
Mourray-ie du regret de ne vous vanger pas?

      Rien n'est égal à ma disgrace:
      Le mal-heur me suit à la trace.
      Ie ne sçay plus où me guider.
1270 Ie me trouue accablé de soucis & de peines,
Et qui ne connoit point les miseres humaines,
Pour en voir le Tableau n'a qu'à me regarder.

      Mon Turban n'a plus sa Couronne;
      Son esclat pompeux enuironne
1275   Le front d'vn Deruis hebeté.
Moustapha l'insensé m'oste mon heritage,
Tout le monde me quitte & pour tout auantage
Ie n'ay que ma valeur qui ne m'a point quitté.

	Mustapha proclamé prendroit vne Couronne
1280	Sur la teste d'Osman? d'Osman? cela m'estonne.
	Si les fils d'Ismaël dont le Camp glorieux
	Paroist tantost vaincu, tantost victorieux,
	Auoient en nos combats le sort si fauorable
	Que leur prosperité me rendit miserable,
1285	Encor qu'à leur progrez ie me visse immolé,
	Ce malheur éclatant me rendroit consolé;
	I'y verrois pour le moins quelqu'ombre de Iustice,
	Vn beau coup me feroit tomber au precipice.
	Si c'estoit Ladislas, que i'ay veu quelquesfois
1290	Combatre au premier rang dans de fameux exploits,
	Et monstrer aux perils vn courage intrepide,
	Que pousse la valeur & que la gloire guide,
	Ie ne trouuerois pas mon sort trop inhumain,
	Ie dirois, ie peris, mais d'vne belle main,
1295	Et le bras glorieux sous lequel ie succombe,
	De ses propres Lauriers peut honorer ma Tombe;
	Mais que ie sois destruit, mais que ie sois chassé,
	Par vn homme idiot, par vn oncle insensé,
	Qui s'est reduit luy mesme en vn lieu solitaire,
1300	Qui ne sçauroit parler, ny ne sçauroit se taire.
	Qu'à ce Prince hebeté l'Empire soit offert,
	C'est vn nouueau Dedale où ma raison se perd:
	C'est vn accablement où toute ma constance
	Ne sçauroit opposer assez de resistance,
1305	Ie ne puis démesler vn noeud si fort confus,
	Ie m'y void, ie m'y cherche, & ne m'y trouue plus.
	Toutesfois quelque espoir flate encore mon ame.
	Vssin Bassa me garde vn zele tout de flame,
	Il peut encor pour moy quelque ligue former
1310	Auec son confident le Bassa de la Mer.
	Il faut que i'aille voir ce couple si fidele
	Qui soûtiendra ma chûte & prendra ma querelle:
	Il faut mettre à l'épreuue vne longue amitié,
	Que peuuent augmenter les traits de la pitié.
1315	Cieux! qu'est-ce que ie vois? cette fille importune
	Accroit par son objet ma mauuaise fortune.
	Ne prenons pas la route où ses pas sont tournez,
	Ou passons promptement le mouchoir sur le nez.

SCENE II

La Fille du MOVPHTI, OSMAN, FATIME.

La Fille du MOVPHTI.

Arreste! digne Prince autant que miserable,
1320 Sois ciuil à qui plaint ton sort si deplorable,
Et saluë en passant la fille d'vn Mouphti
Qui de tant de mal-heurs t'auroit bien garenty,
Si tu n'eusses troublé la paix de sa famille,
En faisant vn éclat au mespris de sa fille.
1325 Si ton orgueil trop grand eust vn peu respecté
L'éclat de ses vertus & de sa sainteté,
Tes iours auroient le calme au lieu de la tempeste,
Le Diadesme encor brilleroit sur ta teste,
Et le sacré respect de la religion
1330 Prendroit tes interests en cette occasion.
Mon Pere affermissant sur ton front la Couronne,
Maintiendroit le respect qu'on doit à ta personne:
Auant que de la sorte on t'osast assaillir
La Loy de Mahomet viendroit à deffaillir.
1335 Dans tes mauuais succez tu vois ton iniustice;
Tu vois quel est le tort que t'a fait ton caprice.
Que me peux-tu respondre en ce funeste iour?

OSMAN.

Que ie trouue mes maux plus doux que ton amour.

La Fille du MOVPHTI.

I'aurois par mon amour affermy ta Puissance.

OSMAN.

1340 Ce mal auroit possible accablé ma constance.

La Fille du MOVPHTI.

Mon amour en ta bouche vn mal se peut nommer!

OSMAN.

Ie penserois plustost à mourir qu'à t'aymer.

La Fille du MOVPHTI.

Seigneur! par ces rigueurs tu punis mon audace,
Qui trop insolemment s'attache à ta disgrace:
Aussi t'oser blâmer durant cette saison,
C'est manquer de courage autant que de raison.
Pardonne moy ce crime, ô Prince magnanime!
Si ce premier transport peut passer pour vn crime,
Tu sçais bien que mon Sexe a trop de vanité
Pour estre sans dépit quand il est rebuté;
Mais ie tiendrois pourtant mes pensers condemnables
S'ils osoient insulter au sort des miserables.
  Si la publique voix d'vne aueugle fureur
N'auoit point à tes yeux fait vn autre Empereur,
Si ton authorité refrenoit la licence,
Si le Serail encor estoit en ta puissance,
Et qu'on t'en vid sortir en glorieux vainqueur,
Ie prendrois vn poignard pour te percer le coeur,
Et faire voir à tous par l'effet de ma haine,
Que ie merite bien d'estre Sultane Reyne.
Mais auiourd'huy, Seigneur, te voyant dethrôné,
Mal voulu des Soldats, des tiens abandonné,
Sans credit, sans amis, & mesme sans retraite,
Ie suspens ma vengeance & nostre Paix est faite.
Mon coeur en tes malheurs treuue si peu de droit,
Qu'il iroit s'opposer à qui te poursuiuroit,
Te seruant de bouclier dans cette violence
Pour preseruer ton sein des traits que l'on te lance:
Mais sur ces sentiments ne t'imagine pas
Que ta grandeur passée eut pour moy des appas.
Ie trouuois ta personne encor plus precieuse
Et ie ne t'aimois point comme vne ambitieuse.
De peur que ton esprit ne soit en quelque erreur
I'aymois Osman luy mesme & non pas l'Empereur,
Et ie consideroix en ta noble personne
Des brillants d'autre prix que ceux de ta Couronne.
  Si les decrets du Ciel, si l'ordre du Destin
Auoient mis sous mes Loix les Climats du Matin,
Et si par des progrez où ta valeur aspire,
Le Danube & le Rhin couloient dans mon Empire,
Osman de ces Estats seroit Maistre auiourd'huy;
Il n'auroit qu'à m'aimer & tout seroit à luy,
Ne fust-il qu'vn Soldat vestu d'vne cuirasse,
N'eut-il rien que son coeur, son esprit & sa grace,
Et mon ame seroit encore au desespoir
De n'auoir rien de plus pour mettre en son pouuoir.

OSMAN.

C'est assez, c'est-assez, n'en dis pas dauantage!
Vn si tendre propos amolit mon courage,
I'ay besoin qu'il soit ferme en l'estat où ie suis,
Et ces traits de ton zele augmentent mes ennuis.

La Fille du MOVPHTI.

Mon zele est grand, Seigneur! & souhaite ta gloire.

OSMAN.

L'assiette où ie me vois m'oblige de le croire;
Mais Osman moins que toy se trouue interessé.
Ne me retarde plus. A Dieu ie suis pressé.

La Fille du MOVPHTI.

1395 Mais où vas-tu, Seigneur! delaissé de la sorte?
Tu cours à ton trépas.

OSMAN.

            Il n'importe, il n'importe.

La Fille du MOVPHTI.

Veuille te retirer en cet appartement,
On te cherche par tout.

OSMAN.

            Nullement, nullement.

La Fille du MOVPHTI.

Ta teste est mise à prix, ne t'expose donc guere.

OSMAN.

1400 Au plus hardy marchand, ie la vendray bien chere.

SCENE III

La Fille du MOVPHTI, FATIME.

La Fille du MOVPHTI.

Ha! le coeur insensible, ha! le cruel qu'il est,
Sa cruauté me tuë & sa vertu me plaist:
Il ne me peut souffrir, il me hait, il m'abhorre;
Il me quitte, il me fuit & si ie l'ayme encore.
1405 O! Sultan mal-heureux, on va dessus tes traces.
On va par ton trepas terminer tes disgraces,
Et ton coeur qui paroist & si grand & si haut,
Ne pourra soustenir vn si puissant assaut.
Ie vois ta resistance & vois ton Cimeterre,
1410 Faire voler d'abord quelques testes par terre;
Mais il faudra subir les loix de ton mal-heur,
Et qu'à la fin le nombre accable la valeur:
Il faudra que des tiens la fureur sans seconde,
Donne vne nuict derniere aux plus beaux iours du monde.
1415 Pourquoy t'ay-ie reueu, Prince trop glorieux!
Que n'ay-je esté pour toy sans oreille, sans yeux,
Sans orgueil, sans courroux, sans esprit, sans adresse,
Sans soûpirs &, sans pleurs, ou plustost sans tendresse?
Pourquoy de ton obiet me laissay-je toucher?
1420 Ou pourquoy n'es-tu pas plus tendre qu'vn rocher?
Pourquoy ta cruauté n'est elle point capable
D'estre pour mon suiet vn peu moins qu'implacable?
Ie te suiurois par tout dans ce pressant danger,
Soit pour te secourir, ou soit pour te vanger:
1425 Et si toute esperance enfin estoit perduë,
I'aurois au moins le bien de perir à ta veuë,
De marquer de mon sang la grandeur de ma foy,
Et te dire en mourant: Osman, ie meurs pour toy!
D'vn courage constant ie meurs pour ta querelle,
1430 Et ie ne voudrois pas que ma mort fust plus belle:
Souuiens-toy, que toy seul eut droit de me charmer,
Que ie cesse de viure & non pas de t'aymer.

FATIME.

Ha Madame! arrestez ces larmes & ces plaintes,
Possible son salut dissipera vos craintes.

La Fille du MOVPHTI.

1435 Ha Fatime!

FATIME.

    Iamais ie n'ay bien sçeu comment,
Ce feu dans vostre sein s'éprit si viuement,
Et si ce souuenir n'accroist vostre martyre,
Dites-m'en quelque chose.

  La Fille du MOVPHTI.

          Ha! le puis-je bien dire
Sans rougir, sans fremir? le puis-je dire, ô Dieux!
1440 Tout ce mal m'est venu d'auoir ouuert les yeux!
Vn bruit auantageux en ma triste memoire
Auoit desia tracé mille traits à sa gloire,
Lors que par sa presence & sans aucun dessein
Il se graua luy mesme au milieu de mon sein.
1445 En vn iour triomphant, ie le vis ce Monarque,
Dont le sort glorieux semble brauer la Parque.
Que le iour estoit beau qui me fut si fatal!
Ie le vis comme en pompe il sortoit à cheual;
Lors que pour eleuer sa haute renommée
1450 Il menoit vers le Nort vne puissante armée.
Iamais les yeux mortels n'ont rien veu de pareil,
Il auoit de l'éclat autant que le Soleil.
Il sembloit qu'il marchast pour mettre tout en flame,
Et ce feu dangereux ne brûla que mon ame.
1455 I'obseruay trop ce Prince aimable & redouté,
Qui, s'il n'ostoit la vie, ostoit la liberté.
Tant de charmans appas, de graces de merueilles,
Entrerent par mes yeux comme par mes oreilles,
Que ma raison timide à ce premier abord
1460 Laissa rauir mon coeur sans faire aucun effort,
Et par tant de vertus & de charmes seduite,
Se porta d'elle mesme à quitter ma conduite:
Elle laissa mon ame au pouuoir de mes sens,
A la discretion de ces desirs naissans
1465 Qui prenans tousiours force & croissans à toute heure,
Ont empiré le mal dont il faut que ie meure.
A quels termes cruels, à quel point de mal-heur,
M'ont reduitte depuis ma crainte & ma douleur?
Mais enfin la douleur plus viuement empreinte
1470 En mon ame enflamée a surmonté la crainte.
I'ay quitté les soûpirs, les pleurs & les regrets,
Pour soulager mon mal par de meilleurs secrets:
En de tranquilles nuits vingt fois ie suis allée
Conduite de l'Amour, nuds pieds, écheuelée,
1475 En des Antres obscurs, aux entrailles des monts,
Pour demander auis & secours aux Demons:
Mais tout cela sans fruit; car leur noire puissance
En receuant mes soins, trompoit mon innocence;
Enfin comme l'amour quand il est bien puissant
1480 Se rend ingenieux & deuient agissant,

           Ie me voulus seruir de cette aimable fille,
           Que la soeur du Sultan prit en nostre famille:
           Tu sçay bien tout le reste, il me souuint de toy,
           Ie deposay bien-tost mon secret à ta foy,
1485   Auec cette fatale & funeste peinture
           Qui causa de nous deux la mauuaise auanture;
           Mais quels hommes de sang, quels horribles coureurs
           Auec vn si grand bruit augmentent mes terreurs?
           Ha! mon espoir se perd & mes craintes s'accroissent.
1490   C'en est fait ie l'aprens de ces gens qui paroissent;
           Ils viennent tout expres m'en faire le rapport.
           Qu'est ce que vous cherchez?

SCENE IV

LA FILLE DV MOVPHTI, FATIME, MAMVD.

MAMVD.

        Madame, Osman est mort.
C'est de la part d'Orcan que nos venons te dire
Qu'il a perdu la vie aussi bien que l'Empire,
1495 Et ce mesme Bassa t'en diroit le destail,
N'estoit que Mustapha le retient au Serail;
Mais de ce grand auis ma bouche s'est chargée.
D'où vient que tout à coup sa couleur est changée?
Il semble à ce discours que des ennuis pressans
1500 Luy veuillent dérober la liberté des sens.

FATIME.

Vn repentir tardif à son courroux succede;
Mais quoy? cet accident est vn mal sans remede?

La Fille du MOVPHTI.

Ha! Fatime.

FATIME.

Ha! Madame.

La Fille du MOVPHTI.

        Osman mort auiourd'huy,
Toute nostre esperance est morte auecque luy;
1505 Mais aprens moy le reste & de quelle maniere
Le Sultan, fils d'Acmat, a perdu la lumiere.

MAMVD.

Madame, il l'a perduë auec tant de valeur,
Que Mustapha luy mesme en a de la douleur;
Il pleure cette mort, luy qui l'a commandée,
1510 Et qui d'vne fenestre encor l'a regardée.

La Fille du MOVPHTI.

Ie m'en estonne fort, vne belle action
Apporte à ses Autheurs bien peu d'affliction;
Mais poursui ce recit!

MAMVD.

      Pour vous dire le reste
D'vne chose admirable autant qu'elle est funeste,
1515 Quand l'Empereur qui vit, par tout fut proclamé,
Osman de ce grand bruit ne fut point alarmé;
Mais trauesty pourtant, alla parmy la ville
Faire de ses amis la recherche inutile:
Car les amis de Cour, ces mouches des Palais,
1520 Dans les aduersitez ne nous suiuent iamais:
Et si dans vn bon sort leur lâcheté nous loüe,
Leur main dans vn mauuais nous iette de la bouë.
Peu de gens prirent part à son grand déplaisir,
Horsmis Vssin Bassa qu'il fit son grand Vizir.
1525 Honneur infructueux, sans credit, sans puissance,
Et dont la fin bien-tost a suiuy la naissance:
Il vouloit sous ce tiltre haranguer les Soldats,
Leur donner des raisons qu'ils ne receuoient pas;
Mais ces impatiens choquez de son audace,
1530 L'ont en moins d'vn moment dechiré sur la place,
Et ce peuple animé traisne encor les morceaux
De son corps miserable à trauers les ruisseaux.
Tandis, Osman le cherche & faisant ceste queste,
Trouue vne Compagnie & Selim à la teste.
1535 D'vn mouchoir à l'instant il tâche à se cacher,
Mais Selim reconnoist ce qu'il alloit chercher,
Le decouure à sa troupe & luy criant: arreste!
Tient pour le terrasser sa pertuisane preste.
Le Sultan pour cela ne s'épouuante pas,
1540 Met le sabre à la main, le vient ioindre au grand pas,
Et parant vn grand coup auecque la main gauche,
Luy met le corps en deux comme vne herbe qu'on fauche.
En suitte se seruant du mesme coutelas,
Il fait soudain voler vingt testes & vingt bras:
1545 Les premiers abatus, il entre dans la presse,
Frappe de tous costez & chamaille sans cesse,
Penetre auec le fer iusqu'au septiéme rang
Et ne donne aucun coup sans répandre du sang:
De mesme qu'vn Lyon pressé dans vne chasse,
1550 Qui valets & piqueurs, chiens & cheuaux terrasse,
Et paroit au peril noblement courroucé
En s'addressant tousiours à ceux qui l'ont blessé,
Ainsi le grand Osman deça, delà s'arreste
A quiconque paroît luy vouloir faire teste.
1555 Et sans destruire ceux qui semblent s'effroyer,
Il court aux plus hardis & les va foudroyer:
Ie croy qu'infatigable en sa propre furie
Il en eut iusqu'au soir fait vne boucherie,
Si tandis qu'il tenoit encor le bras haussé,
1560 D'vn grand coup par derriere on ne l'eut point blessé:
Mais le sifflant éclair d'vne trenchante hache
La moitié du bras droit de l'autre luy détache:

| | Dés qu'il est desarmé, qu'il est hors de combat,
| | Chacun se iette à luy, par terre l'on l'abat,
| 1565 | Et comme encor d'vn bras il lutte dans la fange,
| | Qu'il en tient quelques-vns qu'auec les dents il mange,
| | D'autres prennent le temps de le venir charger,
| | Et luy coupent le col sans courre aucun danger.

La Fille du MOVPHTI.

| | O brutale furie! ô cruauté barbare!
| 1570 | A t'on peu l'exercer sur vn sujet si rare?
| | Ainsi donc fut meurtry par des monstres peruers
| | Le Prince le plus grand qui fut en l'Vniuers.

MAMVD.

| | Ce chef si glorieux, cette teste Heroïque
| | Est portée au Serrail sur le fer d'vne pique.
| 1575 | On diroit qu'elle iette vn regard menaçant,
| | Que d'vn feu de vengeance elle éclaire en passant,
| | Et l'vn de nos Deruis remarque en ce visage
| | De nos prochains mal-heurs vn asseuré presage.

La Fille du MOVPHTI.

| | C'est assez, c'est assez, de grace, arreste toy!
| 1580 | On n'a rien fait encore, on ne peut rien sans moy.
| | Quoy que fidelement ta bouche me raconte,
| | L'Imperieux Osman vit encor à ma honte.

MAMVD.

Osman viuroit encor?

La Fille du MOVPHTI.

| | Ouy, ouy, tu ne sçay pas
| | Qu'vn obstacle secret s'oppose à son trepas;
| 1585 | De quelque haut exploit dont ta troupe se vante,
| | Le Sultan n'est point mort, puisque ie suis viuante;
| | Ie l'apperçois encor noblement depité
| | Au retour de Pologne où les siens l'ont quitté.
| | Quand son grand coeur contraint de cacher sa colere
| 1590 | Brule d'vn feu secret qui par ses yeux éclaire:
| | Ie le vois, ce grand Prince au point d'vn partement,
| | Qui fait connoistre aux siens son mécontentement,
| | Ie l'aperçois qui m'ayme & qui me persecute,
| | Qu'il braue les mal-heurs & qu'il leur sert de butte.
| 1595 | Ie vois son Port Auguste & plein de Majesté,
| | Qui releue l'éclat d'vne masle beauté:
| | Et vois mesme briller parmy l'air qu'il respire,
| | La grandeur Othomane & celle de l'Empire.
| | On ne l'a point destruit, encor qu'on l'ait surpris,

1600
Il nage dans mon sang, il court dans mes esprits;
Auec son insolence, auec son iniustice,
Il subsiste en mon coeur; mais il faut qu'il perisse.
Il mourra sur le champ, cet aimable inhumain,
Qui ne pouuoit mourir que d'vn coup de ma main.

*Elle se donne trois coups
de poignard.*

MAMVD.

1605 Ha! Madame, arrestez, vous meurtrir de la sorte.

La Fille du MOVPHTI.

C'en est fait! c'en est fait!

FATIME.

Ha! mal-heur, elle est morte;
Soustenez-la de grace & faites promptement
Qu'on mette nos deux corps dedans vn monument.

Fin du cinquiesme Acte.

Extraict du Priuilege du Roy.

    Par Grace & Priuilege du Roy, donné à Paris le 17. Iuin 1647 signé le Brun, il est permis au sieur Tristan l'Hermite, de faire imprimer vne piece de Theatre de sa Compositiõ, intitulée OSMAN TRAGEDIE, & ce pendant le temps & espace de vingt ans entiers & acomplis, à commancer du iour qu'elle sera acheuée d'imprimer, & deffences sont faites à tous Libraires, Imprimeurs & autres, de l'imprimer à peine de trois mil liures d'amande, confiscation des Exemplaires, de tous depens, dommages & interests, comme il est plus amplement porté par lesdites lettres.

    Et ledit sieur Tristan a cedé & transporté le droit de son Priuilege à Guillaume de Luynes, pour en iouïr le temps porté par iceluy.

    Acheué d'imprimer pour la premiere fois, le premier Feurier 1656.

    Les Exemplaires ont esté fournis.

OSMAN

NOTES

Epître, p. 1: Bussy: Roger de Rabutin, comte de Bussy, l'auteur de l'*Histoire amoureuse des Gaules*, des *Mémoires*, des *Maximes d'amour*, etc.

p. 3: Maison fameuse: en effet, cette famille était une des plus anciennes de la Bourgogne.

Personnages:

Lodio: Khodja est un titre (précepteur). Tristan en fait un nom propre.

Capigi: portier du sérail (cf. v. 734).

Bassa: Titre viager; amiral ou général (cf. vv. 929, 1308).

Ianissaires: soldats qui servaient à la garde du sultan. Corps créé au XIVe siècle et recruté au début parmi les prisonniers chrétiens.

Texte:

1: Demeure: arrête-toi

> Un de mes beaux chevaux demeura dès Palaiseau. (Sévigné, 23 mai 1671).

Parricide: attentat sur la personne d'un souverain; personne coupable d'un tel attentat (cf. *Sénèque*, v. 126).

3: espanche: verse, répand

> Un sang pur par mes mains épanché. (Racine. *Athalie*, v. 749).

perd: fait périr

> ...tu perds et ressuscites. (Racine. *Athalie*, v. 1123).

11: outrageux: qui outrage, blesse

> Cesse de me tenir ce discours outrageux. (Corneille. *Pol.*, v. 1562).

17: furieux: prodigieux, extraordinaire

> Je vais vous montrer une furieuse plaie. (Molière. *Préc. rid.*, xi).

19: effects: événements (cf. vv. 318, 651)

> Ceux qui ont blamé l'autre [*Mélite*] de peu d'effets, auront ici de quoi se satisfaire. (Corneille. *Clitandre*, préf.).

20: possible: peut-être (cf. *Mariane*, v. 655).

24: figure: représente

> Ta bouche trop longtemps m'a trop figuré un tourment que ton coeur a toujours ignoré. (Quinault. *Les rivales*, I, 3).

32: bien: bonheur, joie

> Si le bien de vous voir m'était... (Corneille. *Nic.*, v. 485).

35: fatal: voulu par le destin (cf. *Mariane*, v. 1097).

37: addresse: ruse, fourberie

> ...une des plus subtiles adresses de votre politique (Pascal. *Provinciales*, XIII).

45: abisme: engloutisse

> Sous un déluge d'eau il abîma le monde. (Corneille. *Att.*, v. 1578).

46: (sic) ne faudrait-il pas lire plutôt *Si iamais i'y pensay!* ou *Si iamais ie pensay*...

59: fuseaux: fuseaux sur lesquels les Parques filaient le fil de la vie.

Sc. 3: Fatime devrait figurer ici.

78: succeder: réussir (cf. *Parasite*, v. 1153)

> Les amants trouvent mille voies
> Pour faire succéder un amoureux dessein (Tristan. *Maison d'Astrée*).

81: le Perse, le Russe, le Cosaque: le règne d'Osman n'est qu'une série continuelle de guerres. Celle contre les Perses durait depuis longtemps.

91: differer: retarder

> Je suis fâchée, ma très-chère que la poste vous diffère mes lettres de quelques jours. (Sévigné, 9 oct. 1676).

94: succez: issue, résultat (cf. *Sénèque*, v. 84).

> funestes: tragiques, sombres (cf. *Mariane*, v. 1454).

97: bord: rivage (cf. v. 874)

> Voyant nos bords et notre flotte en armes (Corneille. *Pomp.*, v. 465).

101: auanture: ce qui arrive, destin (cf. v. 942; *Parasite*, v. 1120)

> ...bénissons notre heureuse aventure (Corneille. *Pol.*, v. 1811).

102: luxe: débauche

> Balthazar...mêle la profanation avec le luxe... (Bossuet. *Hist. univ.*, II, 6).

111: Ouchin: Choczim, lieu d'une victoire des Polonais sur les Turcs (cf. vv. 1177, 1289).

113: Niester: Dniester, fleuve qui prend sa source en Gallicie et se jette dans la mer Noire (ca. 900 km). C'est sur les bords de ce fleuve que la bataille de Choczim a eu lieu.

119: abord: attaque (cf. v. 979)

> De ces vieux ennemis va soutenir l'abord. (Corneille. *Cid*, v. 1087).

129: Le fils de Sigismond: Vladislas (cf. vv. 111-113, 1177, 1289).

130: Prophete: Mahomet

131: parc: camp militaire

> Son parc [celui de Kara Mustapha devant Vienne en 1683], c'est-à-dire l'enclos de ses tentes, était aussi grand que la ville assiégée. (Voltaire. *Ann. Emp. Léopold*).

142: faire: lever; *faire* pouvait remplacer presque n'importe quel verbe. (cf. *Folie*, v. 800).

152: Deuant que: avant que (cf. *Sénèque*, v. 1026).

191: credit: réputation (cf. v. 920; *Parasite*, v. 1098; cf. aussi *Folie*, vv. 466, 1089)

> Certes vous m'allez mettre en crédit par la ville. (Corneille. *Menteur*, v. 982).

192: traite auecque: se comporte avec

> Ne vous offensez pas, objet rare et charmant,
> Si ma haine avec lui traite un peu rudement. (Corneille. *Théodore*, vv. 465-466).

197: possible: peut-être (cf. *Mariane*, v. 655).

m'a fasciné la veuë: m'a charmé, trompé

> Quel fantôme d'Europe a fasciné ta vue? (Voltaire. *Alz.*, IV, 4).

200: tend: se dirige

> Où tend Mascarille à cette heure? (Molière. *Dépit am.*, v. 233).

215: obiet: être aimé (cf. *Folie*, v. 245).

224: Loy: le Grand Moufti était l'autorité suprême en loi canonique, équivalente, à cette époque, à la loi même du pays.

232: choquant: affrontant ouvertement (cf. vv. 337, 1056, 1250; cf. aussi *Mariane*, v. 155)

> En faveur des chrétiens s'il choquait son courroux... (Corneille. *Pol.*, v. 1485).

233: De moy: quant à moi (cf. *Sénèque*, v. 207).

239: Aga: titre du commandant des janissaires et de certains officiers de la cour.

245: Selictar Aga: chef chargé de porter les armes du Sultan. (cf. v. 525).

263: Selon qu': *que* pouvait remplacer n'importe quel composé avec *lequel*

> De la façon enfin qu'avec toi j'ai vécu (Corneille. *Cinna*, v. 1459).

281: Expres: messager chargé d'une mission particulière

> Si nous avons de bonnes nouvelles, je vous les manderai par un homme exprès à toute bride. (Sévigné, 11 déc. 1664).

286: combattu: employé ici au fig.

> Mais de mille remords son esprit combattu... (Racine. *Andr.*, v. 1463).

287: auant que: avant de (cf. *Sénèque*, v. 1287).

289: Tandis: pendant ce temps (cf. *Sénèque*, v. 291).

297: entends: comprends (cf. *Folie*, v. 1262).

314: objet: spectacle (cf. *Folie*, v. 245).

    repasse: revient (en pensée, pour examiner) (cf. *Célimène*, v. 1005)

        Repasse mes bontés et tes ingratitudes (Corneille. *Toison*, v. 1160).

318: effet: événement (cf. v. 19).

    parauant: avant, auparavant (vieilli)

        Quelques semaines paravant... (Loret. *Muse hist.*, 17 janv. 1660).

323: accident: coup du sort, ce qui survient (cf. *Sénèque*, v. 1267).

324: part: source

        Ce que j'avance ici me vient de bonne part. (Molière. *Etourdi*, v. 1021).

328: Estonner: ébranler (cf. *Mariane*, v. 1157).

329: resolution: dissolution, anéantissement (cf. *Chrispe*, v. 1648).

331: Foudres: genre incertain au XVIIe siècle (cf. *Folie*, v. 1016).

    murmurant: faisant du bruit, du tumulte (cf. *Sénèque*, v. 199).

334: choir: tomber

        Quand même sur ma tête il ferait choir l'empire (Corneille. *Théodore*, v. 512).

337: choques: affrontes ouvertement (cf. v. 232).

367: ennuy: chagrin, tourment, désespoir

        De quelque grand ennui qu'on puisse être agité (Molière. *D.G.*, v. 1130).

373: frenetique: fou furieux (cf. v. 402)

        Raisonnez avec un frénétique et contre un homme qu'une fièvre ardente fait extravaguer... (Bossuet. *Hist. univ.*, II, 25).

373: et sq.: Mustapha, frère d'Achmet I devient empereur à la mort de celui-ci en 1617; ce faible d'esprit fut déposé après quatre mois d'un règne absurde. Quatre ans plus tard, quand les janissaires déposèrent Osman, ils sortirent Mustapha de sa prison où il végétait et le remirent sur le trône (cf. introduction). Pour cacher sa folie, on fit passer son extérieur taciturne et ses années de prison pour des "méditations sublimes" et des excès de sagesse et de piété. (cf. vv. 1275-1276).

376: Acmat: Achmet Ier, frère de Mustapha et père d'Osman. (cf. Introduction et v. 1050).

381: clartez: explications, renseignements

> Dom Louis du secret a toutes les clartés (Molière. D.G., v. 1750).

390: auantagée: à qui un avantage est fait

> Cette créature si avantagée par son créateur... (Bossuet. Prov., I).

402: frenetiques: fous furieux (cf. v. 373).

408: degradé: destitué, privé d'un titre (cf. v. 964)

> [Rome] vous dégraderait peut-être dés demain
> Du titre glorieux de citoyen Romain. (Corneille. Nic., vv. 161-162).

409: s'en va tenir: est sur le point de tenir

> Le jour s'en va paraître... (Corneille. Clitandre, v. 20).

421: Pieté: pitié (cf. Folie, v. 136).

Sc. 3: Tous les personnages de la scène précédente devraient figurer ici.

427: obiet: être aimé (cf. Folie, v. 245).

428: superbe: qui s'élève au dessus des autres, altière (cf. Chrispe, v. 342).

estonne: ébranle (cf. Mariane, v. 1157).

439: dessiné: entrepris, conçu (cf. Mariane, v. 782).

440: Au pris: (sic) faut-il lire au prix? (cf. Chrispe, v. 162).

451: gousté: approuvé, connu la valeur de quelque chose (cf. v. 875)

> [Les hommes] goûtent aisément un projet d'ambition que quelques grands ont médité. (La Bruyère, XII, 114).

463: s'en est: *en* pouvait représenter une idée, au sens de *à ce sujet*

> Je parlerais d'ici à demain là-dessus; j'en écris à M. l'Archevêque. (Sévigné, 15 janvier 1674).

474: tiré: "Les règles d'accord du participe passé étaient loin d'être absolues au XVIIe siècle; Vaugelas, Ménage, Bouhours, Thomas, Corneille, admettaient encore que le participe ne s'accordât pas dans les phrases construites comme celle-ci, quand il était suivi d'autres mots." (Bernardin, p. 486, note 3).

482: deuant qu': avant qu' (cf. *Sénèque*, v. 1026).

487: ces indications scéniques devraient suivre la deuxième partie du vers.

496: confidemment: confidentiellement

> Répondez-moi précisément...et m'apprenez confidemment celle de nos dames qui... (Scarron. *Roman com.*, II, 19).

501: superbe: qui s'élève au dessus des autres (cf. *Chrispe*, v. 342).

502: Cracouie: ville de Pologne, sur la Vistule, ancienne résidence des rois de Pologne.

510: Milice: armée (cf. v. 957)

> Avoir dompté comme eux l'Espagne et sa milice. (Corneille. *Au roi, retour de Flandre*, 7).

517: Tandis: pendant ce temps (cf. *Sénèque*, v. 291).

525: Selictar Aga: cf. vv. 239, 245.

533: debris: ce qui a échappé à la destruction (cf. *Mariane*, v. 1698).

542: asseoir: établir

> Près de la forteresse [il] Assied son camp. (La Fontaine. *Contes*, III, 2).

550: sept Tours: château-fort où, en effet, Osman trouva la mort. (cf. Intro.).

569: voyage: expédition (cf. v. 1167).

571: coups d'Estat: actes graves d'un gouvernement dictés par la raison d'Etat

> Il ne faut plus que vous parliez d'agir puissamment, ni de faire des coups d'Etat qu'avec la Reine. (Balzac. *Lettres*).

580: proche: près d'avoir lieu (cf. aussi *Chrispe*, v. 1651)

> Il semblait nous parler de son proche hyménée. (Corneille. *Horace*, v. 1787 var.).

581: Porte: la Sublime Porte, la cour du Sultan.

583: ébarbez: hommes sans barbes

> Les femmes ont plus de plaisir avec ceux qui ont la barbe longue qu'avec les rasez et les esbarbez. (Cholières. *6e après-dinée*).

594: Divan: diouân, chambre du conseil d'Etat de la Turquie.

598: police: législation, institutions politiques

> L'ignorance de la religion et de la police du pays n'était excusée en aucun état... (Bossuet. *Hist. univ.*, III, 3).

621: Superbes: qui s'élèvent au dessus des autres, altiers (cf. *Chrispe*, v. 342).

622: eleuer: exalter, emplir de fierté

> J'appréhendai que le bon succès de cette matinée ne lui élevât le coeur. (Retz. *Mémoires*, II).

629: trauersé: troublé, dérangé, contrarié (cf. *Folie*, v. 425).

638: flatté: entretenu dans l'espérance trompeuse d'une chose

> De quoi viens-tu flatter mon esprit désolé? (Racine. *Phèdre*, v. 739).

640: derniers maux: extrême douleur

> Nous vous serons obligés de la dernière obligation. (Molière. *Préc. rid.*, sc. x).

642: auoir...part: prendre part, participer (cf. *Sénèque*, v. 1514).

651: effet: événement (cf. v. 19).

671: foudre: genre incertain au XVIIe siècle (cf. *Folie*, v. 1016).

685: balancer: hésiter (cf. v. 765)

> Tandis qu'à me répondre ici vous balancez (Racine. *Athalie*, v. 1630).

687: à son dommage: à ses dépens (cf. *Mariane*, v. 1756)

> Ces arrogants, à leur dommage,
> Apprendront un autre langage. (Malherbe. *Pour les pairs de France*).

698: clarté: éclat (cf. v. 1020)

> [un rang] Dont je n'ai pu de loin soutenir la clarté (Racine. *Brit.*, v. 617).

699: de: par (cf. *Folie*, v. 1109).

702: aux termes du deuoir: dans l'état de

> Mais parlez à son père, et bientôt son pouvoir
> Remettra son esprit aux termes du devoir. (Corneille. *Illus.*, vv. 595-596).

706: succez: issue, résultat (cf. *Sénèque*, v. 84).

715: murmures: grondements, tumulte (cf. *Sénèque*, v. 199).

734: Capigis: portiers du sérail, gardes des portes (cf. personnages).

735: trousse: manteau plié qu'on attache derrière la selle; carquois

> Plus une trousse d'Amazone,
> Ses flèches et son baudrier. (Scarron. *Virg. trav.*, V).

736: housse: couverture qui garnit la selle et protège le cavalier

> ...comme un banquier en carrosse et en housse (Régnier. *Sat.*, II, 12).

751: disgrace: malheur (cf. *Sénèque*, v. 1540).

753: aspect: présence

> A ce terrible aspect j'ai ramassé mes armes (Molière. *Princ. El.*, v. 213).

757: Loix: contrainte imposée par un vainqueur; autorité supérieure (cf. v. 1378)

> Observe exactement la loi que je t'impose. (Corneille. *Cinna*, v. 1426).

765: balancer: hésiter (cf. v. 685).

766: donner: s'élancer, charger (cf. v. 1237)

> Ils donnèrent dans les ennemis et les ouvrirent. (Acad., 1694).

773: repartir: répliquer promptement (cf. *Mariane*, v. 1523).

782: estonné: ébranlé (cf. *Mariane*, v. 1157).

808: bruit: renommée, éclat (cf. *Parasite*, v. 1662)

> Faut-il donc s'éloigner de tant de belles choses
> Pour acquérir un bruit qui n'est rien que de l'air? (Tristan. *Le départ forcé*).

816: aux: par les (cf. *Folie*, v. 1418).

854: conseils: résolutions, desseins (cf. v. 1069; *Parasite*, v. 614)

> Seigneur, par ce conseil prudent et rigoureux,
> C'est acheter la paix du sang d'un malheureux. (Racine. *Andr.*, vv. 615-616).

859: Alors qu': lorsqu' (cf. *Sénèque*, v. 510).

871: abaissement: humiliation, soumission

> Il y a deux choses qui composent la pénitence: la mortification du corps et l'abaissement de l'esprit. (Bossuet. *Panég. St-Fr.*, I).

874: bords: rivages (cf. v. 97).

875: goustez: approuvés (cf. v. 451).

893: de but en blanc: sans précaution, sans considération

> On ne parle pas comme cela de but en blanc (Molière. *Mal. imag.*, II, 1).

902: enfoncer: forcer

> Sus, sus, brisons la porte, enfonçons la maison (Corneille. *Médée*, v. 1563).

909: chauue: difficile à saisir

> Mais l'occasion, qui est chauve, ne revient plus. (St-Simon. *Mém.*).

913: genereusement: avec grandeur d'âme

    Secourons l'innocence, et généreusement (Rotrou. *Antig.*, V, 3).

920: murmure: grondement, bruit (cf. *Sénèque*, v. 199).

    credit: réputation, influence (cf. v. 191).

923: tomber [dans]: en venir à

    Pour tomber dans l'exemple, il y avait l'autre jour... (Molière. *Crit. Ec. des femmes*, iii).

924: se derober: partir furtivement (cf. *Panthée*, v. 1620)

    Je me dérobai de mes camarades... (Scarron. *Rom. com.*, II, 14).

929: Bassa: titre viager: général ou amiral (cf. personnages).

930: digeré: mis en ordre, organisé

    Le Sénat devait digérer et proposer toutes les affaires. (Bossuet. *Hist. univ.*, III, 7).

    mande: fait savoir, annonce

    Tu tiens ces nouvelles de mon oncle...à qui mon père les a mandées par une lettre? (Molière. *Fourb. Scapin*, I, 1).

933: resolu de: résolu à, décidé à (cf. *Folie*, v. 255; *Sénèque*, v. 1336)

    Je suis résolu de l'ignorer. (Malherbe. *Lettre à Mme*...[s.d.]).

936: Tandis: pendant ce temps (cf. *Sénèque*, v. 291).

937: remis: pardonné

    Ce n'est pas un forfait qu'on ne puisse remettre. (Corneille. *Mél.*, v. 1376).

941: nourriture: éducation (cf. *Panthée*, v. 1224).

942: dessus: sur (cf. *Parasite*, v. 9)

    Je la place dessus ou dessous la table. (Sévigné, 23 oct. 1675).

    auanture: destin, ce qui arrive (cf. v. 101).

944: partement: départ (cf. v. 1591)

    Pourquoi veux-tu si fort hâter ton partement (Tristan. *L'agonie mortelle*).

843

946: depite: défie, brave (vieilli)

> Je dépite l'Envie, et les traits qu'elle tire. (Tristan. *Les secretes consolations*).

947: mutins: révoltés, turbulents

> ...renversa l'orgueil de ce peuple mutin. (Rotrou. *Sosies*, II, 3).

948: bris: naufrage

> Si quelqu'un a fait bris, nous lui équipons une autre barque. (Malherbe. *Bienf. Sénèque*, IV, 11).

957: milice: armée (cf. v. 510).

964: degradez: destitués, privés d'un titre (cf. v. 408).

966: disgraces: malheurs (cf. *Sénèque*, v. 1540).

970: succez: issue, résultat (cf. *Sénèque*, v. 84).

977: conduitte: direction morale

> ...Notre ami leur père,
> Nous commit leur conduite à son heure dernière. (Molière. *Ecole maris*, vv. 99-100).

979: abort: abord, attaque (cf. v. 119).

985: emuë: agitée, en émeute (cf. vv. 1063, 1087; cf. aussi *Chrispe*, v. 568)

> Il n'en fallut pas davantage pour émouvoir ces ouvriers.
> Ils sortirent tous ensemble, criant comme des furieux.
> (Bossuet. *Hist. univ.*, II, 26).

986: pourroient: le verbe pouvait être au pluriel avec un sujet collectif (cf. *Sénèque*, v. 943).

995: trafic: commerce

> Un marchand grec en certaine contrée
> Faisant trafic... (La Fontaine. *Fables*, VIII, 8).

1014: intestine: intérieure

> Damon, je te décris mes travaux intestins. (St-Amant. *Visions*, 3).

1020: clarté: éclat (cf. v. 698).

1030: image: idée

> Pour écarter de lui ces images funèbres (Racine. *Esther*, v. 393).

1031: embaras: tracas, souci, contretemps

> Des embarras du trône effet inévitable (Racine. *Esther*, v. 542).

1049: vieux: vieil (cf. *Parasite*, v. 907)

> ...d'un vieux hôte irrité. (St-Amant. *Les goinfres*, 12).

1050: Chef: tête

> Et son chef couronné
> De cent fleurs de lis d'or. (Régnier. *Ep.*, I).

Acmat: Achmet Ier, père d'Osman (cf. v. 376).

1053: Thrace: nom donné par les anciens Grecs et Romains à la partie orientale de la péninsule des Balkans.

1056: choquer: affronter ouvertement (cf. v. 232).

1058: rumeurs: bruits sourds annonçant une disposition à la révolte

> En ce temps un petit écrit de Luther mit en rumeur toute l'Allemagne. (Bossuet. *Var.*, IV, 1).

1059: Dépesche: exécute rapidement

> Après la matière principale, dépêchons ce qui en approche. (Malherbe. *Bienf. Sénèque*, V, 1).

1063: meut: pousse, incite (cf. v. 985).

1064: pretendez: exigez, prétendez...à (cf. *Folie*, v. 782).

1069: Conseil: résolution, dessein (cf. v. 854).

1074: oit: entend

> On n'oit que le silence (Viau. *Pyr. et T.*, IV, 1).

1077: Camp: armée en campagne

> M. de Brissac qui revenait de camp... (Retz. *Mémoires*).

1080: Et si: et pourtant (cf. *Panthée*, v. 706).

1082: vistement: vite

> M. le Chevalier lui manda de redescendre vitement. (Sévigné, 2 mars 1689).

1086: enuie: volonté, désir (cf. *Sénèque*, v. 112).

1087: emus: soulevés, révoltés (cf. v. 985).

1091: Il fait beau: cette chose est belle à voir (ironique, ici)

> Cette maison est bien située et bien bâtie, il y fait beau (Acad., 1694).

> Enfans de tribut: enfants que le Sultan levait en certains pays par forme de tribut, surtout sur les chrétiens.

1092: rebut: personne refusée, dédaignée (cf. *Parasite*, v. 368)

> Le rebut de Pompée est encor quelque chose. (Corneille. *Sert.*, v. 294).

1098: porter: soumettre

> Je porte ma tête à la justice du roi. (Rousseau. *A M. du Theil*).

1108: Lune: mois du calendrier sémitique.

1131: connoist: comprend, se rend compte (cf. *Folie*, v. 1659).

1143: pauoys: pavois, grands boucliers en usage au Moyen Age; élever sur le pavois, chez les Francs, proclamer roi.

1151: mouuement: impulsion, excitation (cf. *Sénèque*, v. 1315).

1158: raualé: avili, humilié

> Quelle inégalité ravale ta vertu? (Corneille. *Cid*, v. 1515).

1167: voyage: expédition, campagne (cf. v. 569).

1177: Niester: sur la bataille de Choczim, sur le Dniester, cf. vv. 111-113.

1178: Turquesque: turque

> ...plusieurs instruments à la turquesque (Molière. *Bourg. gent.*, IV, 5).

> estouffée: noyée

1189: artifice: ruse, fraude

>Seigneur, vous savez trop avec quel artifice
>Un faux Astyanax fut offert au supplice. (Racine. *Andr.*, vv. 221-222).

1195: couleur: apparence (cf. aussi *Sénèque*, v. 430)

>...ils n'adorent en toi
>Que de fausses couleurs qui te peignent en roi. (Corneille. *Perth.*, vv. 1357-1358).

1208: enseigne: marque qui sert à faire reconnaître (cf. *Parasite*, v. 1039)

>Avec ces enseignes, je pense que je donnerai assez à entendre qui elle est. (Voiture. *Lettres*, 38).

1209: repris: censuré

>A quoi qu'en reprenant on soit assujettie,
>Je ne m'attendais pas à cette repartie. (Molière. *Mis.*, vv. 961-962).

1223: desplaisir: désespoir, profonde douleur

>...me veux-tu faire mourir de déplaisir? (Molière. *Am. méd.*, I, 2).

1237: Donnons: chargeons (cf. v. 766).

1244: conque: grande coquille marine bivalve.

1250: choque: affronte ouvertement (cf. v. 232).

1256: manie: folie, rage

>Malheureux mille foix celui dont la manie
>Veut aux règles de l'art asservir son génie. (Boileau. *Sat.*, II, 85).

1259: esteints: morts (cf. *Folie*, v. 1081).

1275-6: Deruis hébété...Mustapha: (cf. introduction et vv. 373 et sq.).

1281: fils d'Ismaël: Ismaël, fils d'Abraham et de sa servante Agar; chassé dans le désert, il y eut douze fils, fondateurs des douze tribus arabes.

1289: Ladislas: cf. introduction et vv. 111-113, 129, 1177. A remarquer qu'à la bataille de Choczim, les Polonais étaient sous les ordres de Chodkiewicz.

1299: Qui s'est reduit: qui vit dans la retraite

> Cet homme était dans une grande débauche, mais il est bien réduit. (*Acad.*, 1694).

1308: Vssin Bassa: cf. personnages.

1312: prendra ma querelle: supportera ma cause, mes intérêts

> De puissants défenseurs prendront notre querelle. (Racine. *Phèdre*, v. 1365).

1316: objet: vue, spectacle (cf. *Folie*, v. 245).

1319: autant (modifiait un adj. ou un adv.) aussi

> Une personne autant affligée que l'était Chimène... (*Sentiments de l'Académie sur le Cid*).

1324: éclat: manifestation retentissante d'un sentiment

> C'étaient de vains éclats de générosité. (Corneille. *Perth.*, v. 1689).

1334: deffaillir: manquer, faire défaut (cf. *Sénèque*, v. 508).

1335: súccez: résultats (cf. *Sénèque*, v. 84).

1344: insolemment: audacieusement (cf. *Chrispe*, v. 134).

disgrace: malheur (cf. *Sénèque*, v. 1540).

1346: courage: coeur (cf. *Folie*, v. 526).

1348: transport: manifestation d'une passion

> La gloire fit toujours nos transports les plus doux. (Racine. *Alex.*, v. 880).

1362: Mal voulu: mal vu

> Un amant mal voulu ne pouvait se montrer de bonne grâce à sa maîtresse. (Corneille. *Horace*, examen).

1378: Loix: contrainte imposée par le vainqueur (cf. v. 757).

climats (du Matin): pays, contrées (de l'Orient)

> L'or de tous les climats qu'entoure l'océan (Molière. *Am. med.*, II, 7).

1388: tendre: attendrissant

> Qui ne serait touché d'un si tendre spectacle? (Corneille. *Pol.*, v. 1787).

courage: coeur (cf. *Folie*, v. 526).

1392: assiette: position, situation (comparer à *Panthée*, v. 820)

> Ce pays si important par son assiette et par ses ports... (Retz. *Sur la conduite de M. le Prince*, V).

1393: interessé: blessé

> ...ne craint point que le temps l'intéresse. (La Mothe le Vayer. *Oeuvres* [1662], I, 448).

1400: chere (sic)

1402: vertu: courage

> Pour épuiser sa vertu, la guerre va épuiser toutes ses inventions. (Bossuet. *O.F. de Condé*).

1404: et si: et pourtant (cf. *Panthée*, v. 706).

1419: de: par (cf. *Folie*, v. 1109).

obiet: vue, spectacle (cf. *Folie*, v. 245).

1502: (sic) ce point d'interrogation semble mal à propos.

1505: aprens: fais savoir

> Belles âmes soyez apprises
> Que l'horreur de vos corps... (Viau. *Ode au Prince d'Orange*).

1514: funeste: tragique (cf. *Mariane*, v. 1454).

1533: Tandis: pendant ce temps (cf. *Sénèque*, v. 291).

1546: chamaille: se bat

> Chamailla comme un forcené
> Et pensant fendre une Gorgone... (Scarron. *Virg. trav.*, VI, 1134).

1554: faire teste: tenir tête, résister

> Tandis qu'il faisait tête aux princes d'Arménie... (Corneille. *Rod.*, v. 651).

1566: mange: mord

1568: courre: infinitif ancien de *courir* (cf. *Panthée*, v. 242).

1571: meurtry: assassiné (cf. *Mariane*, v. 381).

1587: depité: irrité

>Il s'est dépité de ce que vous lui avez dit (Acad., 1694).

1591: partement: départ (cf. v. 944).

1594: butte: cible

>Qu'ils soient au lieu de moi, le reste de leurs ans,
>La butte du mépris dont ils m'ont fait la proie. (Racan. *Psaume* 34).

1597: parmy: au milieu, à travers (cf. *Parasite*, v. 344)

>Et cherchons un héros, parmi cet univers... (Boileau. *Sat.*, VII).

1605: meurtrir: assassiner (cf. *Mariane*, v. 381).

1608: monument: tombeau (cf. *Panthée*, v. 1340).